Arbeitsrecht in der Pandemie

Europäische Hochschulschriften Recht

European University Studies in Law

Publications Universitaires Européennes de Droit

Band/Volume 6730

Marvin Alexander Ruth

Arbeitsrecht in der Pandemie

Eine individualarbeitsrechtliche Betrachtung unter besonderer Berücksichtigung der COVID-19-Pandemie

PETER LANG

Bibliografische Information der Deutschen Nationalbibliothek
Die Deutsche Nationalbibliothek verzeichnet diese Publikation in der Deutschen Nationalbibliografie; detaillierte bibliografische Daten sind im Internet über http://dnb.d-nb.de abrufbar.

Zugleich Dissertation, Universität Augsburg, 2022

D 384
ISSN 0531-7312
ISBN 978-3-631-89466-8 (Print)
E-ISBN 978-3-631-89824-6 (E-PDF)
E-ISBN 978-3-631-89825-3 (EPUB)
DOI 10.3726/b20722

Peter Lang – Berlin · Bern · Bruxelles · New York · Oxford · Warszawa · Wien

Diese Publikation wurde begutachtet.

www.peterlang.com

Meinen Eltern

Vorwort

Anfang des Jahres 2020 wurden in Deutschland die ersten Infektionen mit dem Erreger SARS-CoV-2 verzeichnet. Die sich entwickelnde Pandemie stellte die Gesellschaft vor zahlreiche Herausforderungen und wirkte sich durch staatliche Eindämmungsmaßnahmen schnell auf das Leben jedes Einzelnen aus. Unmittelbar betroffen waren auch die Arbeitsverhältnisse. Fragen danach, ob Arbeitnehmer trotz der allgemeinen pandemischen Gefahr noch arbeiten müssen, ob die Arbeitsleistung nicht vielleicht auch im Home-Office erbracht werden kann und wer im Fall einer staatlichen Absonderungsanordnung eigentlich „haftet" – der Arbeitgeber durch Entgeltfortzahlung oder der Staat mittels Entschädigungsleistung – beherrschten alsbald den Alltag und die Rechtswissenschaft. Vor diesem Hintergrund ist es Ziel dieser Arbeit, die Auswirkungen der denkbaren pandemiespezifischen Konstellationen auf das Arbeitsverhältnis aufzuzeigen und Ausgestaltungs-, Veränderungs- und Beendigungsmöglichkeiten der arbeitsvertraglichen Parteien darzustellen.

Die besondere Herausforderung der Arbeit war die Aktualität des Themas, die sich nicht nur durch ständige Gesetzesänderungen zeigte, sondern auch dadurch, dass in rasanter Geschwindigkeit Unmengen an Rechtsliteratur und Rechtsprechung veröffentlicht wurden, die eine konstante Anpassung und Überarbeitung der Arbeit erforderlich machten.

Die vorliegende Arbeit wurde im August 2022 fertiggestellt und im September 2022 von der Juristischen Fakultät der Universität Augsburg als Dissertation angenommen. Grundlage der Veröffentlichung ist der Literatur-, Rechtsprechungs- und Gesetzesstand von August 2022.

Besonderer Dank gilt zunächst meinem Doktorvater Herrn Professor Dr. Martin Maties, der in vielerlei Hinsicht zum Gelingen dieser Arbeit beigetragen hat. Nicht nur hat er mir trotz hoher Auslastung durch interne Doktoranden die Promotion als externer Promovend erst ermöglicht, sondern auch an der Themenfindung maßgeblich mitgewirkt. Bedanken möchte ich mich auch für die überaus angenehme und unkomplizierte Betreuung und schließlich die Förderung eines schnellen Promotionsverfahrens. In diesem Zusammenhang gilt ein besonderer Dank auch Frau Professor Dr. Martina Benecke für die zügige Erstellung des Zweitgutachtens.

Ebenfalls herzlich bedanken möchte ich mich bei Herrn Dr. Thomas Jansen, für den ich von 2015 bis 2020 als studentischer bzw. wissenschaftlicher Mitarbeiter neben dem Studium tätig war. Diese Tätigkeit hat nicht nur meine

Begeisterung für Jura und den Beruf eines Anwalts geweckt, sondern durch die Einblicke und Erfahrungen auch maßgeblich zu meinem weiteren Werdegang beigetragen.

Großer Dank gebührt ferner meiner Freundin Dr. Amelie Rossipaul und meinem ehemaligen Kommilitonen und Freund Dr. Nepomuk Nothelfer, ohne deren positiven Einfluss ich diese Arbeit wohl nie geschrieben hätte.

Schließlich danke ich meinen Eltern Christina und Ernst-Hermann Ruth für ihre immerwährende und allzeit bedingungslose Unterstützung. Ihnen ist diese Arbeit gewidmet.

Hamburg, November 2022
Marvin Ruth

Inhaltsverzeichnis

Abkürzungsverzeichnis

2019-nCoV	Verordnung über die Ausdehnung der Meldepflicht nach § 6 Absatz 1 Satz 1 Nummer 1 und § 7 Absatz 1 Satz 1 des Infektionsschutzgesetzes auf Infektionen mit dem erstmals im Dezember 2019 in Wuhan/ Volksrepublik China aufgetretenen neuartigen Coronavirus
a.	anders
a.E.	am Ende
a.F.	alte Fassung
Abs.	Absatz
AGB	Allgemeine Geschäftsbedingungen
Anm.	Anmerkung
AP	Arbeitsrechtliche Praxis (Zeitschrift)
Arbeitsunfähigkeits-Richtlinie	Richtlinien über die Beurteilung der Arbeitsunfähigkeit und die Maßnahmen zur stufenweisen Wiedereingliederung
ArbG	Arbeitsgericht
ArbRAktuell	Arbeitsrecht Aktuell (Zeitschrift)
ArbRB	Der Arbeits-Rechtsberater (Zeitschrift)
ArbSchG	Arbeitsschutzgesetz
ArbStättV	Arbeitsstättenverordnung
ArbZG	Arbeitszeitgesetz
ARP	Arbeitsschutz in Recht und Praxis (Zeitschrift)
AuA	Arbeit und Arbeitsrecht (Zeitschrift)
Aufl.	Auflage
AÜG	Arbeitnehmerüberlassungsgesetz
AZO	Arbeitszeitordnung
B+P	Zeitschrift für Betrieb und Personal (Zeitschrift)
BAG	Bundesarbeitsgericht
BAGE	Entscheidungen des Bundesarbeitsgerichts
BAnz AT	Bundesanzeiger Amtlicher Teil
BAuA	Bundesanstalt für Arbeitsschutz und Arbeitsmedizin
BayMBl.	Bayerisches Ministerialblatt

BayIfSMV	Bayerische Infektionsschutzmaßnahmenverordnung
BB	Betriebs-Berater (Zeitschrift)
BC	Zeitschrift für Bilanzierung, Rechnungswesen und Controlling (Zeitschrift)
BDSG	Bundesdatenschutzgesetz
BeckOGK	beck-online.Grosskommentar
BeckOK	Beck'scher Online-Kommentar
BeckOK ArbR	Beck'scher Online-Kommentar Arbeitsrecht
BeckOK InfSchR	Beck'scher Online-Kommentar Infektionsschutzrecht
Begr.	Begründer
Beschl. v.	Beschluss vom
BetrVG	Betriebsverfassungsgesetz
Bevölkerungsschutz-gesetz	Gesetz zum Schutz der Bevölkerung bei einer epidemischen Lage von nationaler Tragweite
BfArM	Bundesinstitut für Arzneimittel und Medizinprodukte
BGB	Bürgerliches Gesetzbuch
BGH	Bundesgerichtshof
BIP	Bruttoinlandsprodukt
BMAS	Bundesministerium für Arbeit und Soziales
BMG	Bundesministerium für Gesundheit
BMI	Bundesministerium des Innern und für Heimat
BR-Drs.	Bundesrat-Drucksache
BSeuchG	Bundesseuchengesetz
BSG	Bundessozialgericht
bspw.	beispielsweise
BT-Drs.	Bundestag-Drucksache
BT-PlPr.	Bundestag-Plenarprotokoll
BUrlG	Mindesturlaubsgesetz für Arbeitnehmer (Bundesurlaubsgesetz)
BVerfG	Bundesverfassungsgericht
BVerwG	Bundesverwaltungsgericht
BZgA	Bundeszentrale für gesundheitliche Aufklärung
bzw.	beziehungsweise
CCZ	Corporate Compliance Zeitschrift (Zeitschrift)
Corona-ImpfV	Verordnung zum Anspruch auf Schutzimpfung gegen das Coronavirus SARS-CoV-2
COVID-19	coronavirus disease 2019

COVID-19-ArbZV	Verordnung zu Abweichungen vom Arbeitszeitgesetz infolge der COVID-19-Epidemie
COVuR	COVID-19 und Recht (Zeitschrift)
DB	Der Betrieb (Zeitschrift)
ders.	derselbe
DGUV	Deutsche Gesetzliche Unfallversicherung
dies.	dieselbe(n)
DSGVO	EU-Datenschutzgrundverordnung
DStR	Deutsches Steuerrecht
DVBl.	Deutsches Verwaltungsblatt
EFZG	Entgeltfortzahlungsgesetz
EGBGB	Einführungsgesetz zum Bürgerlichen Gesetzbuche
EL	Ergänzungslieferung
ErfK	Erfurter Kommentar zum Arbeitsrecht
f.	folgende(r) - Singular
FA	Fachanwalt Arbeitsrecht – Zeitschrift für die beratende und die gerichtliche Praxis (Zeitschrift)
FAU	Friedrich-Alexander-Universität Erlangen-Nürnberg
FAZ	Frankfurter Allgemeine Zeitung
ff.	folgende - Plural
FS	Festschrift
GewO	Gewerbeordnung
GG	Grundgesetz der Bundesrepublik Deutschland
ggf.	gegebenenfalls
GmbHR	GmbHRundschau (Zeitschrift)
GWR	Gesellschaft- und Wirtschaftsrecht (Zeitschrift)
h.M.	herrschende(r) Meinung
i.S.	im Sinne
i.S.d.	im Sinne des/der
i.S.v.	im Sinne von
IfSG	Infektionsschutzgesetz
i.V.m.	in Verbindung mit
JA	Juristische Arbeitsblätter (Zeitschrift)
jM	juris – Die Monatszeitschrift (Zeitschrift)
juris PR-ArbR	JurisPraxisReport Arbeitsrecht
jurisPK	Juris PraxisKommentar
JZ	JuristenZeitung (Zeitschrift)

KBV	Kassenärztliche Bundesvereinigung
Kita(s)	Kindertagesstätte(n)
KugBeV	Verordnung über die Bezugsdauer für das Kurzarbeitergeld
KugV	Verordnung über Erleichterungen der Kurzarbeit
KugverlV	Kurzarbeitergeldverlängerungsverordnung
LAG	Landesarbeitsgericht
m.w.N.	mit weiteren Nachweisen
MDR	Mitteldeutscher Rundfunk
MDR	Monatsschrift für Deutsches Recht (Zeitschrift)
MHdB ArbR	Münchener Handbuch zum Arbeitsrecht
MiLoG	Mindestlohngesetz
MüKoBGB	Münchener Kommentar zum BGB
n.F.	neue Fassung
NachwG	Nachweisgesetz
NJ	Neue Justiz (Zeitschrift)
NJOZ	Neue Juristische Online-Zeitschrift (Zeitschrift)
NJW	Neue Juristische Wochenschrift (Zeitschrift)
NZA	Neue Zeitschrift für Arbeitsrecht (Zeitschrift)
NZA-RR	NZA-Rechtsprechungsreport Arbeitsrecht (Zeitschrift)
NZG	Neue Zeitschrift für Gesellschaftsrecht (Zeitschrift)
NZS	Neue Zeitschrift für Sozialrecht (Zeitschrift)
o.Ä.	oder Ähnliches
öAT	Zeitschrift für das öffentliche Arbeits- und Tarifrecht (Zeitschrift)
OK	Online-Kommentar
ÖPNV	Öffentlicher Personennahverkehr
PflegeZG	Pflegezeitgesetz
RAGE	Entscheidungen des Reichsarbeitsgerichts
RdA	Recht der Arbeit (Zeitschrift)
RegE	Regierungsentwurf
RKI	Robert Koch-Institut
Rn.	Randnummer
S.	Satz
SächsCoronaSchVO	Sächsische Corona-Schutz-Verordnung

SARS	Schweres akutes respiratorisches Syndrom/ severe acute respiratory syndrome
SARS-CoV-2	Severe acute respiratory syndrome coronavirus type 2
SchAusnahmV	COVID-19-Schutzmaßnahmen-Ausnahmenverordnung
SchRModG	Gesetz zur Modernisierung des Schuldrechts
SchuldRMod	Schuldrechtsmodernisierung
SGB	Sozialgesetzbuch
Sozialschutzpaket	Gesetz für den erleichterten Zugang zu sozialer Sicherung und zum Einsatz und zur Absicherung sozialer Dienstleister aufgrund des Coronavirus SARS-CoV-2
SPA	Schnellinformationen für Personalmanagement und Arbeitsrecht
SprAuG	Sprecherausschussgesetz
STIKO	Ständige Impfkommission
SWR	Südwestrundfunk
TV-L	Tarifvertrag für den Öffentlichen Dienst der Länder
TVG	Tarifvertragsgesetz
TVK	Tarifvertrag für die Musiker in Konzert- und Theaterorchestern
TVöD	Tarifvertrag für den öffentlichen Dienst
TVöD-AT	Tarifvertrag für den öffentlichen Dienst-Allgemeiner Teil
TzBfG	Teilzeit- und Befristungsgesetz
u.a.	unter anderem
Urt. v.	Urteil vom
V	Verkündung
Var.	Variante
VBG	Verwaltungs-Berufsgenossenschaft
vgl.	vergleiche
VwVfG	Verwaltungsverfahrensgesetz
WHO	World Health Organization
z.B.	zum Beispiel
ZD	Zeitschrift für Datenschutz (Zeitschrift)
ZDF	Zweites Deutsches Fernsehen
ZfA	Zeitschrift für Arbeitsrecht (Zeitschrift)

Teil 1 Einführung

Aktuelle Relevanz

Seit der Erreger SARS-CoV-2 Ende 2019 zum ersten Mal in der chinesischen Stadt Wuhan nachgewiesen wurde, hat die dadurch ausgelöste COVID-19-Pandemie das Leben in den vergangenen zweieinhalb Jahren global beeinflusst wie kein anderes Ereignis seit dem Zweiten Weltkrieg.[1] Bis heute[2] haben sich nach Fallzahlen der WHO weltweit ca. 585 Millionen Menschen mit dem Erreger SARS-CoV-2 infiziert, ca. 6,4 Millionen Menschen sind an der Corona-Erkrankung verstorben.[3] Obwohl inzwischen jedenfalls in weiten Teilen der Welt Impfstoffe gegen den pandemischen Erreger verfügbar und je nach Land große Teile der Bevölkerung durch Schutzimpfungen immunisiert sind, stellt die COVID-19-Pandemie die gesamte Weltbevölkerung noch immer vor soziale, politische und ökonomische Herausforderungen. Gleichwohl wirkt sich die COVID-19-Pandemie aktuell – im Sommer 2022 – wesentlich weniger gravierend aus als noch im vergangenen Winter 2021/2022.

Um das pandemische Infektionsgeschehen einzudämmen, wurden global wie national umfassende Maßnahmen getroffen, die sich in enormem Ausmaß nachteilig auf die Volkswirtschaft ausgewirkt haben.[4] Zu diesen Maßnahmen zählten

---

1 So bezeichnete auch die ehemalige Bundeskanzlerin Merkel die Pandemie als größte Herausforderung seit dem Zweiten Weltkrieg. Siehe *Bundesregierung*, Fernsehansprache von Bundeskanzlerin Angela Merkel vom 18.03.2020, abrufbar unter: https://www.bundesregierung.de/resource/blob/975232/1732182/d4af29b-a76f62f61f1320c32d39a7383/fernsehansprache-von-bundeskanzlerin-angela-merkel-data.pdf.

2 Letzter Stand der Bearbeitung: 12.08.2022.

3 *WHO*, Coronavirus (COVID-19) Dashboard, abrufbar unter: https://covid19.who.int. Deutschlandweite Statistiken veröffentlicht das RKI. Siehe *RKI*, COVID-19: Fallzahlen in Deutschland und weltweit, Fallzahlen in Deutschland, Stand: 12.08.2022, abrufbar unter: https://www.rki.de/DE/Content/InfAZ/N/Neuartiges_Coronavirus/Fallzahlen.html.

4 So lag das BIP in Deutschland im zweiten Quartal 2020 zehn Prozent unter dem Vorquartal. Siehe *Rudnicka*, Veränderung des Bruttoinlandsprodukts (BIP) in Deutschland gegenüber dem Vorquartal (preis-, saison- und kalenderbereinigt) vom 3. Quartal 2017 bis zum 3. Quartal 2021, Statista, Stand: 25.11.2021, abrufbar unter: https://de.statista.com/statistik/daten/studie/2284/umfrage/veraenderung-des-bruttoinlandsprodukts-der-deutschen-wirtschaft/.

bspw. die Schließungen von Produktionsstätten (im Ausland), des Einzelhandels sowie der Bildungs- und Betreuungsinstitutionen. Dass sich diese Maßnahmen ebenso auf Arbeitsverhältnisse auswirken würden, ist evident. So führten behördlich angeordnete Schließungen von Betrieben zum einen dazu, dass die dort beschäftigten Arbeitnehmer[5] ihre Arbeitsleistung nicht mehr erbringen konnten, jedenfalls soweit diese nicht auch im Home-Office tätig werden konnten (und mussten). Zum anderen konnten auch ggf. Abnehmer dieser Betriebe (im Inland) ihre Arbeitnehmer wegen ausbleibender Zulieferungen nicht mehr (sinnvoll) beschäftigen. Behördlich angeordnete Schließungen von Schulen oder Kitas führten dazu, dass Arbeitnehmer die Betreuung ihrer Kinder neu organisieren und ggf. persönlich übernehmen mussten. Neben diesen mittelbaren Auswirkungen der Pandemie, die sich erst durch staatliches Tätigwerden realisierten, wirkte bzw. wirkt sich die Pandemie auch unmittelbar dadurch aus, dass sich ein großer Teil der Bevölkerung und damit auch der Arbeitnehmer mit dem pandemischen Erreger infizierte bzw. infiziert. Infolgedessen fallen Arbeitnehmer krankheitsbedingt aus und Kollegen, die mit diesen Arbeitnehmern in Kontakt standen, wurden infektionsschutzrechtlich abgesondert oder Betroffene eines Tätigkeitsverbots und durften die Arbeitsleistung nicht mehr erbringen.[6]

Die arbeitsrechtlichen Fragestellungen, die mit einer Pandemie und ihren Auswirkungen einhergehen, sind vielfältig. Primär stellt sich die Frage, ob der Arbeitnehmer seine Arbeitsleistung erbringen muss und falls nicht, ob der Arbeitgeber dennoch Lohnfortzahlung schuldet. Ist Letzteres nicht der Fall, kommen ggf. Entschädigungsansprüche des Arbeitnehmers gegen den Staat in Betracht, die der Vollständigkeit halber berücksichtigt werden müssen, auch wenn diese nicht arbeitsrechtlicher Natur sind. Neben dem Schicksal der arbeitsvertraglichen Hauptpflichten kommt im Pandemiefall auch den beiderseitigen Nebenpflichten, insbesondere den Schutzpflichten des Arbeitgebers, herausragende Bedeutung zu.

---

5 Im Rahmen der nachfolgenden Bearbeitung wird ausschließlich das generische Maskulinum verwendet, womit stets sämtliche Geschlechter angesprochen werden.

6 Während Kontaktpersonen nachweislich Infizierter in der COVID-19-Pandemie die längste Zeit Betroffene einer behördlichen Quarantäneanordnung wurden, wird diesen aktuell lediglich dringend empfohlen, für fünf Tage zu Hause zu bleiben und selbstständig Kontakte zu reduzieren. Siehe *RKI*, Empfehlungen zu Isolierung und Quarantäne bei SARS-CoV-2-Infektion und -Exposition, Stand: 02.05.2022, abrufbar unter: https://www.rki.de/DE/Content/InfAZ/N/Neuartiges_Coronavirus/Quarantaene/Absonderung.html.

Während sich das Interesse des Arbeitnehmers im Pandemiefall vorwiegend auf die Lohnfortzahlung und die Möglichkeit zur Leistungserbringung im Home-Office beschränkt, können die arbeitgeberseitigen Bedürfnisse wesentlich umfassender sein und mehr Handlungsspielraum erfordern. So wird sich die Frage stellen, ob der Arbeitgeber etwa krankheits- oder quarantänebedingten Ausfall bestimmter Arbeitnehmer dadurch abfedern kann, dass er andere Arbeitnehmer zur Übernahme deren Tätigkeiten oder zur Leistung von Überstunden anweist. Vergleichsweise höhere Relevanz kommt der Frage zu, ob der Arbeitgeber die Arbeitszeit des Arbeitnehmers – idealerweise damit einhergehend auch die Vergütung – reduzieren kann, da der Bedarf an Arbeitskraft pandemiebedingt in den meisten Branchen vermindert sein dürfte. Diesbezüglich hat die Kurzarbeit herausragende Praxisrelevanz,[7] die jedoch nur unter bestimmten Voraussetzungen wirksam eingeführt werden kann. Vor diesem Hintergrund kann es sich anbieten, bereits bei der Vertragsgestaltung das Risiko eines Pandemie- bzw. Krisenfalls zu bedenken und vorausschauende Parteivereinbarungen zu treffen.

Die aufgeworfenen Fragen spiegeln nur eine Auswahl der pandemiespezifisch relevanten arbeitsrechtlichen Fragestellungen wider. Gleichwohl wird bereits dadurch die hohe Praxisrelevanz derselben deutlich und die Notwendigkeit einer umfassenden Auseinandersetzung aufgezeigt. Dies gilt insbesondere im Hinblick darauf, dass die COVID-19-Pandemie mit hoher Wahrscheinlichkeit nicht die letzte Pandemie in diesem Jahrhundert gewesen sein wird.

Gang der Darstellung

Auch wenn sich der Pandemiefall auf sämtliche Bereiche des Arbeitsrechts auswirkt, können in dieser Arbeit nicht alle arbeitsrechtlichen Auswirkungen im Detail behandelt werden. So werden im Schwerpunkt individualarbeitsrechtliche Aspekte untersucht,[8] etwaige Mitbestimmungsrechte des Betriebsrats werden nur in Grundzügen dargestellt. Auf sozial- und infektionsschutzrechtliche Aspekte wird nur eingegangen, sofern diese im arbeitsrechtlichen Kontext

---

7 So waren in der COVID-19-Pandemie im April 2020 ca. 6 Millionen Arbeitnehmer in Kurzarbeit beschäftigt. Siehe *Rudnicka*, Anzahl der Kurzarbeiter in Deutschland von 1991 bis 2019 (Jahresdurchschnittswerte) und in den Monaten von Januar 2020 bis Oktober 2021, Statista, Stand: 25.11.2021, abrufbar unter: https://de.statista.com/statistik/daten/studie/2603/umfrage/entwicklung-des-bestands-an-kurzarbeitern/.

8 Allerdings sind auch die pandemiespezifischen individualarbeitsrechtlichen Konstellationen so umfassend, dass sich der Anspruch der Arbeit darauf beschränkt, einen guten Überblick über die relevantesten Aspekte zu geben.

relevant sind. Die Ausführungen beziehen sich grundsätzlich auf einen vollbeschäftigten Arbeitnehmer, sodass insbesondere das TzBfG nicht berücksichtigt wird. Dies gilt auch für das BBiG.

Die Arbeit ist in fünf Teile untergliedert. Im Anschluss an diese Einführung werden als Ausgangspunkt zunächst die gewöhnlichen arbeitsvertraglichen Pflichten, (Ausgestaltungs-,)[9] Veränderungs- sowie Beendigungsmöglichkeiten des Arbeitnehmers und Arbeitgebers dargestellt (Teil 2). Im Anschluss daran und als Schwerpunkt der Arbeit werden dieselben ausführlich im Pandemiefall untersucht (Teil 3). Sodann werden vertragliche Gestaltungsmöglichkeiten aufgezeigt, die für den Arbeitgeber im Hinblick auf eine Pandemie empfehlenswert sind (Teil 4). In einer Schlussbetrachtung werden schließlich die wesentlichen Erkenntnisse zusammengefasst (Teil 5).

9 Ausgestaltungsmöglichkeiten meint Gestaltungsmöglichkeiten in Ausübung des Weisungsrechts gemäß § 106 GewO, die ausschließlich dem Arbeitgeber zustehen.

Teil 2 Das Arbeitsverhältnis außerhalb einer Pandemie

In diesem allgemeinen Teil der Arbeit werden in zwei Kapiteln, beginnend mit dem Arbeitnehmer, jeweils die Pflichten, (Ausgestaltungs-,) Veränderungs- und Beendigungsmöglichkeiten der Arbeitsvertragsparteien dargestellt. Dabei beziehen sich die Ausführungen auf das Arbeitsverhältnis unter normalen Umständen, also außerhalb einer Pandemie. Untersucht werden in dieser Ausgangssituation der Normalfall eines gesunden Arbeitnehmers sowie der Fall eines Arbeitnehmers, der gewöhnlich erkrankt ist. Dieser allgemeine Teil soll als Grundlage für den dritten Teil dieser Arbeit dienen, der die Pflichten, (Ausgestaltungs-,) Veränderungs- und Beendigungsmöglichkeiten der arbeitsvertraglichen Parteien im Pandemiefall zum Gegenstand hat. Durch diesen Aufbau sollen die Unterschiede, die ein Pandemiefall für das Arbeitsverhältnis mit sich bringt, deutlich werden.

Kapitel 1 Pflichten, Veränderungs- und Beendigungsmöglichkeiten des Arbeitnehmers

Das Arbeitsverhältnis beinhaltet zahlreiche Pflichten des Arbeitnehmers. Diesem können aber auch Veränderungs- und Beendigungsmöglichkeiten zustehen. Dieses Kapitel gibt einen Überblick über diese „im Normalfall".

A. Pflichten des Arbeitnehmers

Die arbeitsvertraglichen Pflichten des Arbeitnehmers setzen sich aus der vertraglichen Hauptpflicht – der Arbeitspflicht – und Nebenleistungs- sowie Nebenpflichten zusammen. Welche konkreten arbeitsvertraglichen Pflichten für den Arbeitnehmer grundsätzlich bestehen, ergibt sich aus dem Arbeitsvertrag. Im Hinblick auf die Frage, ob diese Pflichten bestehen, ist es dann entscheidend, ob der Arbeitnehmer gesund, also arbeitsfähig ist oder (arbeitsunfähig) krank.

I. Pflichten des gesunden Arbeitnehmers

Als Grundkonstellation werden zunächst die arbeitsvertraglichen Pflichten des gesunden Arbeitnehmers dargestellt.

1. *Arbeitspflicht, § 611a Abs. 1 S. 1 BGB*

Dabei wird zunächst auf die Arbeitspflicht als arbeitsvertragliche Hauptpflicht des Arbeitnehmers eingegangen.

a) *Überblick und Systematik*

Nachdem der Arbeitsvertrag zunächst nicht kodifiziert war, wurde im Rahmen der Novellierung des AÜG vom 1. April 2017 die Norm des § 611a in das BGB eingefügt. Diese regelt den Arbeitsvertrag nunmehr als eigenständigen Vertragstypus. In Einklang mit der bei gegenseitigen Verträgen üblichen Normstruktur enthält Abs. 1 der Norm die Charakterisierung der Hauptpflicht des Arbeitnehmers und Abs. 2 die synallagmatische Hauptpflicht des Arbeitgebers. So wird der Arbeitnehmer durch den Arbeitsvertrag im Dienste eines anderen zur Leistung weisungsgebundener, fremdbestimmter Arbeit in persönlicher Abhängigkeit verpflichtet, § 611a Abs. 1 S. 1 BGB. Im Gegenzug ist der Arbeitgeber zur Zahlung der vereinbarten Vergütung verpflichtet, § 611a Abs. 2 BGB.

Das Arbeitsverhältnis wird maßgeblich durch die persönliche Bindung der Parteien geprägt, die sich insbesondere auch auf den Inhalt der Nebenpflichten auswirkt.[10] Diese Bindung trug dazu bei, dass das Arbeitsverhältnis bis in die 1960er-Jahre als personenrechtliches Gemeinschaftsverhältnis charakterisiert wurde.[11] Nachdem sich diese Einordnung allerdings als rechtsdogmatisch nicht korrekt erwiesen hat, wurde diese Auffassung verworfen[12] und das Arbeitsverhältnis wird mittlerweile als Austauschverhältnis eingeordnet.[13]

Bereits aus der Gesetzessystematik ergibt sich, dass § 611a BGB im Verhältnis zu dem in § 611 BGB normierten Dienstvertrag *lex specialis* ist.[14] So ist festzuhalten, dass Hauptpflicht des Arbeitnehmers die Erbringung von Diensten jeder Art sein kann, § 611 Abs. 2 BGB, wobei davon ausgenommen freilich solche Dienste

---

10 BAG, Urt. v. 07.09.1995 – 8 AZR 828/93, NZA 1996, 637 (638); siehe auch Teil 2 Kapitel 1 A. I. 2. a).

11 BAG, Urt. v. 10.11.1955 – 2 AZR 591/54, BAGE 2, 221 Rn. 5; heute noch vertreten von *Schrader/Thoms/Mahler*, NZA 2018, 965.

12 *Richardi/Fischinger*, in: Staudinger, BGB, Buch 2. Recht der Schuldverhältnisse, Stand: 26.08.2020, Vorbemerkung zu § 611a BGB Rn. 70.

13 *Thüsing*, in: Henssler/Willemsen/Kalb (Hrsg.), Arbeitsrecht Kommentar, 10. Aufl. 2022, § 611a BGB Rn. 501; *Richardi/Fischinger*, in: Staudinger, BGB, Buch 2. Recht der Schuldverhältnisse, Stand: 26.08.2020, Vorbemerkung zu § 611a BGB Rn. 76.

14 *Thüsing*, in: Henssler/Willemsen/Kalb (Hrsg.), Arbeitsrecht Kommentar, 10. Aufl. 2022, § 611a BGB Rn. 7; *Joussen*, in: Rolfs/Giesen/Kreikebohm/Meßling/Udsching (Hrsg.), BeckOK ArbR, 64. Edition, Stand: 01.06.2022, § 611a BGB Rn. 4.

sind, die gegen ein Verbotsgesetz, § 134 BGB, oder die guten Sitten, § 138 BGB, verstoßen. Aus dem Verhältnis zum Dienstvertrag folgt zudem, dass der Arbeitnehmer in Abgrenzung zum Unternehmer i.S.d. § 631 BGB keinen bestimmten Arbeitserfolg schuldet,[15] sondern vielmehr die Erbringung einer zeitabhängigen Tätigkeit.[16] Diese zeitabhängige Arbeitsleistung muss der Arbeitnehmer tatsächlich erbringen, um seine Leistungspflicht zu erfüllen, da in der bloßen Arbeitsbereitschaft in der Regel keine Erfüllungshandlung gesehen werden kann.[17] In diesem Zusammenhang gilt es zu erwähnen, dass es sich bei der Arbeitspflicht nach h.M. in Rechtsprechung und Schrifttum um eine absolute Fixschuld handelt.[18] Kommt der Arbeitnehmer dieser nicht in dem dafür vorgesehenen zeitlichen Rahmen nach, wird sie unmöglich, § 275 Abs. 1 BGB, da der Arbeitnehmer sie aufgrund des Dauerschuldcharakters des Arbeitsverhältnisses nicht nachholen kann; schließlich ist er auch an den Folgetagen wieder zur Arbeitsleistung verpflichtet.[19]

Vor dem Hintergrund, dass ein konkreter Erfolg vom Arbeitnehmer nicht geschuldet wird, ist es konsequent, dass die Arbeitsleistung nicht am Maßstab etwaiger objektiver Norm- oder Durchschnittsleistungen beurteilt wird, sondern auf Grundlage des persönlichen, individuellen Leistungsvermögens des Arbeitnehmers. Dies gilt gleichermaßen für die Arbeitsintensität wie für die Arbeitsqualität. Denn anderenfalls würde man über hohe Anforderungen hinsichtlich dieser Faktoren letztlich doch dazu gelangen, dass ein bestimmter Arbeitserfolg erbracht werden muss.[20] Zusammenfassend besteht die Hauptpflicht des Arbeitnehmers darin, dass dieser „[...] die übertragene Arbeit unter Anspannung der ihm möglichen Fähigkeiten ordnungsgemäß [...] verrichten, d.h. konzentriert

---

15 *Joussen*, in: Rolfs/Giesen/Kreikebohm/Meßling/Udsching (Hrsg.), BeckOK ArbR, 64. Edition, Stand: 01.06.2022, § 611a BGB Rn. 347.

16 *Richardi/Fischinger*, in: Staudinger, BGB, Buch 2. Recht der Schuldverhältnisse, Stand: 26.08.2020, § 611a BGB Rn. 1068; *Thüsing*, in: Henssler/Willemsen/Kalb (Hrsg.), Arbeitsrecht Kommentar, 10. Aufl. 2022, § 611a BGB Rn. 437.

17 *Joussen*, in: Rolfs/Giesen/Kreikebohm/Meßling/Udsching (Hrsg.), BeckOK ArbR, 64. Edition, Stand: 01.06.2022, § 611a BGB Rn. 348 m.w.N.

18 *Preis*, in: Müller-Glöge/Preis/Schmidt (Hrsg.), ErfK, 22. Aufl. 2022, § 611a BGB Rn. 675 m.w.N.; *Henssler*, in: Säcker/Rixecker/Oetker/Limperg (Hrsg.), MüKoBGB, 8. Aufl. 2020, § 615 BGB Rn. 3.

19 BAG, Urt. v. 19.08.2015 – 5 AZR 975/13, NZA 2015, 1460 (1461).

20 BAG, Urt. v. 11.12. 2003 – 2 AZR 667/02, NZA 2004, 784 (786); *Joussen*, in: Rolfs/Giesen/Kreikebohm/Meßling/Udsching (Hrsg.), BeckOK ArbR, 64. Edition, Stand: 01.06.2022, § 611a BGB Rn. 349.

und sorgfältig […] arbeiten [muss] und die Arbeit nicht […] unterbrechen [darf], um privaten Interessen nachzugehen.“[21]

b) Inhalt

Der genaue Inhalt der Arbeitspflicht ergibt sich aus dem individuellen Arbeitsvertrag. Während es theoretisch denkbar wäre, diesen Inhalt detailliert vertraglich festzulegen, orientiert sich die Praxis regelmäßig an der gesetzlichen Mindestanforderung des § 2 Abs. 1 S. 2 Nr. 5 NachwG, wonach eine kurze Charakterisierung oder Beschreibung der vom Arbeitnehmer zu leistenden Tätigkeit erforderlich ist. Klarzustellen ist in diesem Zusammenhang, dass § 2 NachwG keine Formerfordernisse für den Arbeitsvertrag normiert, deren Nichtvorliegen die Unwirksamkeit desselben gemäß § 125 S. 1 BGB nach sich ziehen würde. Vielmehr handelt es sich bei der Nachweispflicht um eine dem Vertragsschluss nachgelagerte Pflicht des Arbeitgebers, dem Arbeitnehmer spätestens einen Monat nach vereinbartem Beginn des Arbeitsverhältnisses die wesentlichen Vertragsbedingungen schriftlich auszuhändigen, vgl. § 2 Abs. 1 S. 1 NachwG. Das Telos der Norm – der Arbeitnehmerschutz – wird allerdings auch gewahrt, wenn die Mindestangaben der § 2 Abs. 1-3 NachwG von vornherein in einem schriftlichen Arbeitsvertrag enthalten sind, sodass in diesem Fall die Nachweispflicht entfällt, § 2 Abs. 5 NachwG.[22] So handelt es sich bei der Nachweispflicht nach § 2 NachwG zwar originär nicht um eine Pflicht, die sich auf den Arbeitsvertrag bezieht; ein mittelbarer Bezug ergibt sich aber daraus, dass die Pflicht regelmäßig bereits durch den Arbeitsvertrag erfüllt wird.

Ist der Inhalt der Arbeitspflicht nicht im Einzelnen vereinbart, können primär sowohl die Vertragsauslegung (§§ 133, 157 BGB) als auch die Berücksichtigung der Stellenbeschreibung Mittel der Wahl sein, um die Arbeitspflicht inhaltlich genauer zu bestimmen. Gleichermaßen kann auch die arbeitsvertragliche Angabe einer Berufsbezeichnung aufschlussreich sein, da Nebentätigkeiten, die nach der Verkehrsanschauung zu einem bestimmten Berufsbild gehören, von der Hauptpflicht umfasst sein können.[23] Vor dem Hintergrund, dass der Inhalt

---

21 BAG, Beschl. v. 14.01.1986 – 1 ABR 75/83, NZA 1986, 435 f.

22 *Preis*, in: Müller-Glöge/Preis/Schmidt (Hrsg.), ErfK, 22. Aufl. 2022, § 2 NachwG Rn. 2.

23 So ist ein Lehrer nicht lediglich zur Ausübung seiner Lehrtätigkeit verpflichtet, vielmehr kann auch die Teilnahme an Exkursionen oder Ausflügen von dessen Hauptpflicht umfasst sein. Siehe BAG, Urt. v. 20.11.1996 – 5 AZR 414/95, AP BGB § 611 Lehrer, Dozenten Nr. 127; *Joussen*, in: Rolfs/Giesen/Kreikebohm/Meßling/Udsching (Hrsg.), BeckOK ArbR, 64. Edition, Stand: 01.06.2022, § 611a BGB Rn. 351.

der Arbeitspflicht regelmäßig nicht im Detail beschrieben ist, ist insbesondere auch die Möglichkeit einer konkludenten Inhaltsbestimmung zu bedenken. Weist der Arbeitgeber den Arbeitnehmer an, eine bestimmte Tätigkeit zu übernehmen, die vertraglich nicht berücksichtigt wurde, kann in der Ausführung derselben die Bestimmung der Tätigkeit als Hauptpflicht liegen.[24]

Der Inhalt der Arbeitspflicht ist maßgeblich für den Umfang des Weisungsrechts des Arbeitgebers nach §§ 106, 6 Abs. 2 GewO,[25] durch dessen Ausübung dieser Inhalt, Ort und Zeit der Arbeitsleistung nach billigem Ermessen näher bestimmen kann, § 106 S. 1 Hs. 1 GewO.[26]

c) Arbeitsort

Hinsichtlich des Arbeitsorts ist schon aufgrund der rasant fortschreitenden Digitalisierung und im Hinblick auf die später zu untersuchende Arbeitspflicht im Pandemiefall zwischen der betrieblichen Arbeitsstätte und dem Home-Office als Arbeitsort zu differenzieren.

aa) Grundsatz: Betrieblicher Arbeitsort

Wie der Inhalt und die Durchführung der Arbeitspflicht ist auch der Arbeitsort in der Regel arbeitsvertraglich festgehalten. Fehlt es an einer Vereinbarung,[27] ergibt sich aus § 269 Abs. 1 BGB, dass die Arbeit grundsätzlich im Betrieb des Arbeitgebers zu erbringen ist.[28]

---

24 *Joussen*, in: Rolfs/Giesen/Kreikebohm/Meßling/Udsching (Hrsg.), BeckOK ArbR, 64. Edition, Stand: 01.06.2022, § 611a BGB Rn. 353.

25 Aus Gründen der Übersichtlichkeit wird § 6 Abs. 2 GewO im weiteren Verlauf der Arbeit größtenteils nicht mehr mitzitiert.

26 *Spinner*, in: Säcker/Rixecker/Oetker/Limperg (Hrsg.), MüKoBGB, 8. Aufl. 2020, § 611a BGB Rn. 925; ausführlich zum allgemeinen Weisungsrecht des Arbeitgebers siehe Teil 2 Kapitel 2 B. I. 1.

27 Wegen § 2 Abs. 1 S. 1 Nr. 4 NachwG wird der Arbeitsort in der Regel vertraglich geregelt sein. Zwar normiert § 2 NachwG keine Formerfordernisse des Arbeitsvertrages, sondern Mindestinhalte vertraglicher Bedingungen, die dem Arbeitnehmer spätestens einen Monat nach Beginn des Vertragsverhältnisses ausgehändigt werden müssen, vgl. § 2 Abs. 1 NachwG. Durch Aushändigung eines schriftlichen Arbeitsvertrages, der die Mindestinhalte beinhaltet, entfällt aber diese Pflicht, vgl. § 2 Abs. 4 NachwG.

28 LAG Baden-Württemberg, Entscheidung v. 10.12.2010 – 18 Sa 33/10, BeckRS 2011, 68907; *Maties*, in: Benecke (Hrsg.), BeckOGK, Stand: 01.03.2022, § 611a BGB Rn. 780.

bb) Relevante Ausnahme: Home-Office

Vor dem Hintergrund der Digitalisierung der Arbeitswelt und als Element der Arbeitswelt 4.0 kommt dem Home-Office seit Jahren zunehmend Bedeutung zu. Zuletzt hat die COVID-19-Pandemie die Leistungserbringung im Home-Office in den Fokus gerückt. Die nachfolgenden Ausführungen sollen daher – an dieser Stelle ohne Berücksichtigung der Home-Office-Regelungen aufgrund der COVID-19-Pandemie –[29] einen Überblick über den aktuellen Stand zum Home-Office in Deutschland geben.

(1) Terminologie

Im Hinblick auf die Terminologie ist zunächst klarzustellen, dass das Gesetz den Begriff des Home-Office nicht kennt.[30] Vielmehr spricht es u.a. in § 2 Abs. 7 ArbStättV[31] und § 5 Abs. 1 S. 1 BetrVG von dem Begriff des Telearbeitsplatzes bzw. der Telearbeit. Im Allgemeinen bezeichnet der Begriff der Telearbeit eine Tätigkeitsform, bei der der Arbeitnehmer seine Arbeitsleistung zumindest teilweise außerhalb der betrieblichen Arbeitsstätte erbringt.[32] Bezüglich der Telearbeit wird zwischen verschiedenen Formen differenziert. So übt der Arbeitnehmer im Fall der Teleheimarbeit seine Tätigkeit zu Hause – also im Home-Office[33] – aus. Im Fall der alternierenden Telearbeit wird dieser teilweise im Betrieb und teilweise zu Hause tätig.[34] Die mobile Telearbeit – auch

---

29 Hierzu siehe Teil 3 Kapitel 3 B. I., Teil 3 Kapitel 4 A. II. 2. b) und Teil 3 Kapitel 4 A. IV. 1.

30 Selbst die anlässlich der COVID-19-Pandemie erlassenen Normen wie § 28b Abs. 4 IfSG enthalten den Begriff des Home-Office nicht.

31 Gemäß § 2 Abs. 7 ArbStättV sind Telearbeitsplätze vom Arbeitgeber fest eingerichtete Bildschirmarbeitsplätze im Privatbereich der Beschäftigten, für die der Arbeitgeber eine mit den Beschäftigten vereinbarte wöchentliche Arbeitszeit und die Dauer der Einrichtung festgelegt hat. Ein Telearbeitsplatz ist vom Arbeitgeber erst dann eingerichtet, wenn Arbeitgeber und Beschäftigte die Bedingungen der Telearbeit arbeitsvertraglich oder im Rahmen einer Vereinbarung festgelegt haben und die benötigte Ausstattung des Telearbeitsplatzes mit Mobiliar, Arbeitsmitteln einschließlich der Kommunikationseinrichtungen durch den Arbeitgeber oder eine von ihm beauftragte Person im Privatbereich des Beschäftigten bereitgestellt und installiert ist.

32 *Wank*, NZA 1999, 225 (230).

33 *Krieger/Rudnik/Povedano Peramato*, NZA 2020, 473 f.

34 *Imping*, in: Taeger/Pohle (Hrsg.), Computerrechts-Handbuch, Werkstand: 36. EL Februar 2021, 70.11 Rn. 16.

Mobile-Office genannt – bezeichnet eine Arbeitsform, bei der der Arbeitnehmer die Arbeitsleistung an unterschiedlichen Orten erbringt.[35]

Spricht man nun vom Home-Office, geht daraus nicht klar hervor, welche Form der Telearbeit gemeint ist. Wie *Schlegel* zutreffend feststellt, kann darunter sowohl Telearbeit oder mobile Arbeit als auch das arbeitnehmerseitige Tätigwerden von zu Hause ohne vertragliche Grundlage verstanden werden.[36] Eine genaue Differenzierung ist allerdings nur erforderlich, wenn bestimmt werden soll, welche Pflichten mit der Leistungserbringung im Home-Office einhergehen. So findet nur bei Vorliegen eines Telearbeitsplatzes i.S.d. § 2 Abs. 7 S. 1 ArbStättV die ArbStättV in dem durch § 1 Abs. 4 ArbStättV bestimmten Umfang Anwendung. Unter welchen Voraussetzungen ein Telearbeitsplatz i.S.d. ArbStättV vorliegt und welche Pflichten bei Vorliegen eines solchen eingehalten werden müssen, wird an anderer Stelle behandelt.[37]

Klarzustellen ist hier lediglich, dass, wenn im Verlauf der Arbeit der Begriff des Home-Office verwendet wird, damit nur gemeint ist, dass der Arbeitnehmer von zu Hause aus tätig wird.

(2) Aktuelle Gesetzes- bzw. Rechtslage zum Home-Office

Fehlt es an einer anderweitigen Vereinbarung, ist der Arbeitsort gemäß § 269 Abs. 1 BGB der Betrieb des Arbeitgebers.[38] Grundsätzlich kann der Arbeitgeber aber auf Grundlage seines Weisungsrechts aus § 106 GewO den Arbeitsort nach billigem Ermessen näher bestimmen. So scheint zumindest nach dessen Wortlaut die Möglichkeit des Arbeitgebers gegeben, mittels Ausübung des Direktionsrechts die Leistungserbringung im Home-Office anzuordnen. Einer solchen Weisung steht jedoch entgegen, dass der Arbeitgeber so in die grundrechtlich geschützte Unverletzlichkeit der Wohnung (Art. 13 GG) des

---

35 Die Begründung zur ArbStättV bezeichnet „mobiles Arbeiten“ als „gelegentliches Arbeiten von zuhause aus oder während der Reisetätigkeit, Abrufen von Emails nach Feierabend außerhalb des Unternehmens, Arbeit zuhause ohne eingerichteten Bildschirmarbeitsplatz usw.“, BR-Drs. 506/16, 24.

36 *Schlegel*, in: ders./Meßling/Bockholdt, COVID-19 – Corona-Gesetzgebung – Gesundheit und Soziales, 2. Aufl. 2022, § 18 Rn. 39.

37 Siehe Teil 4 Kapitel 3 A. I.

38 LAG Baden-Württemberg, Entscheidung v. 10.12.2010 – 18 Sa 33/10, BeckRS 2011, 68907; *Maties*, in: Benecke (Hrsg.), BeckOGK, Stand: 01.03.2022, § 611a BGB Rn. 780.

Arbeitnehmers eingreifen würde.[39] Aus diesem Grund wird eine Home-Office-Pflicht des Arbeitnehmers auf Grundlage einer entsprechenden Weisung des Arbeitgebers nach § 106 GewO abgelehnt.[40] Zudem besteht, anders als bspw. in den Niederlanden,[41] arbeitnehmerseitig bisher auch kein allgemeiner Anspruch, die Arbeitsleistung (teilweise) im Home-Office zu erbringen.[42]

Auch gibt es aktuell[43] keine gesetzgeberischen Bestreben jedenfalls zur Einführung eines Home-Office-Anspruches. Allerdings strengt Bundesarbeitsminister *Hubertus Heil* insbesondere seit dem Jahr 2020 große Bemühungen an, einen allgemeinen Mobile-Office-Anspruch gesetzlich zu verankern. So sollte durch das Mobile Arbeit-Gesetz („MAG") in einem neu zu statuierenden § 111 GewO zunächst mobile Arbeit definiert[44] und in Abs. 2 ein Anspruch auf mobile Arbeit an 24 Tagen im Jahr normiert werden.[45] Nachdem dieses Vorbringen auf viel Widerstand gestoßen war,[46] hat auch *Heil* davon Abstand genommen. Statt eines gesetzlich verankerten Anspruchs forderte er später nur noch das arbeitnehmerseitige Recht auf ein Gespräch mit dem Arbeitgeber, der im Fall einer Ablehnung

---

39 *Benkert*, NJW-Spezial 2019, 306; *Richter*, ArbRAktuell 2019, 142 (143); *Maties*, in: Koch/Kubiciel/Wollenschläger (Hrsg.), 50 Jahre Juristische Fakultät Augsburg, 2021, 429.

40 So auch *Preis*, in: Müller-Glöge/Preis/Schmidt (Hrsg.), ErfK, 22. Aufl. 2022, § 106 GewO Rn. 28a; *Müller*, DB 2019, 1624 (1626) m.w.N.; *Maties*, in: Koch/Kubiciel/Wollenschläger (Hrsg.), 50 Jahre Juristische Fakultät Augsburg, 2021, 430.

41 Siehe dazu *Schwiering/Zurel*, ZD 2016, 17 (18).

42 ArbG Augsburg Urt. v. 07.05.2020 – 3 Ga 9/20, COVuR 2020, 332; *Benkert*, NJW-Spezial 2019, 306; *Krieger/Rudnik/Povedano Peramato*, NZA 2020, 473 (478); *Sievers*, jM 2020, 189 (193).

43 Letzter Stand der Bearbeitung: 12.08.2022.

44 Nach § 111 Abs. 1 S. 2 des MAG-Entwurfes vom 14.01.2021 arbeitet ein Arbeitnehmer oder eine Arbeitnehmerin mobil, wenn er oder sie die geschuldete Arbeitsleistung unter Verwendung von Informationstechnologie außerhalb der Betriebsstätte von einem Ort oder von Orten seiner oder ihrer Wahl (Nr. 1) oder von einem mit dem Arbeitgeber vereinbarten Ort oder von mit dem Arbeitgeber vereinbarten Orten erbringt (Nr. 2). Von dieser mobilen Arbeit wäre also auch das Home-Office erfasst.

45 Für den ursprünglichen Referentenentwurf siehe *Verband der freien Berufe im Lande Niedersachsen e.V.*, Referentenentwurf des BMAS, Entwurf eines Gesetzes zur mobilen Arbeit, abrufbar unter: https://freie-berufe-niedersachsen.de/wp-content/uploads/2020/10/BMAS-Entwurf-eines-Gesetzes-zur-mobilen-Arbeit.pdf.

46 Siehe *FAZ*, Koalition streitet über Recht auf Homeoffice, Stand: 05.10.2020, abrufbar unter: https://www.faz.net/aktuell/wirtschaft/koalition-streitet-ueber-recht-auf-homeoffice-nach-heil-vorstoss-16986452.html.

des Home-Office-Wunsches diese gut begründen muss.[47] Entsprechend war der Anspruch auf mobile Arbeit an 24 Tagen im Jahr im zweiten Referentenentwurf nicht mehr enthalten.[48] Letztlich konnte das MAG-Gesetzgebungsverfahren bis Ende der Legislaturperiode nicht abgeschlossen werden.

In dem Koalitionsvertrag zwischen SPD, Bündnis 90/Die Grünen und der FDP vom 24. November 2021 findet auch das Home-Office Erwähnung. Home-Office soll „[...] als eine Möglichkeit der Mobilen Arbeit rechtlich von der Telearbeit und dem Geltungsbereich der Arbeitsstättenverordnung ab[gegrenzt werden].“[49] Wohl aufbauend auf den Bemühungen von *Hubertus Heil* sollen „Beschäftigte in geeigneten Tätigkeiten [...] einen Erörterungsanspruch über mobiles Arbeiten und Homeoffice [erhalten]. Arbeitgeber können dem Wunsch der Beschäftigten nur dann widersprechen, wenn betriebliche Belange entgegenstehen.“[50]

Anfang 2022 hat *Heil* erneut vorgebracht, auch nach Ende der COVID-19-Pandemie einen Home-Office-Anspruch gesetzlich verankern zu wollen.[51]

Es bleibt aber vorerst dabei, dass ein gesetzlicher Home-Office- bzw. Mobile-Office-Anspruch des Arbeitnehmers nicht besteht. Somit vermag grundsätzlich nur eine individualvertragliche oder kollektivrechtliche Vereinbarung die arbeitnehmerseitige Leistungserbringung im Home-Office rechtmäßig zu ermöglichen.

---

47 *Zeit-Online,* Hubertus Heil rückt vom Recht auf Homeoffice ab, Stand: 14.11.2020, abrufbar unter: https://www.zeit.de/arbeit/2020-11/recht-auf-homeoffice-hubertus-heil-union.

48 Zu den Referentenentwürfen siehe etwa *Dohrmann*, NZA 2021, 691 (692 ff.); *Siebert/Pletke*, öAT 2021, 96 f.; zum zweiten Referentenentwurf siehe *Schiefer*, DB 2021, 114 (117 ff.).

49 *SPD*, Mehr Fortschritt wagen, Bündnis für Freiheit, Gerechtigkeit und Nachhaltigkeit, Koalitionsvertrag zwischen SPD, Bündnis 90/Die Grünen und FDP, S. 68, abrufbar unter: https://www.spd.de/fileadmin/Dokumente/Koalitionsvertrag/Koalitionsvertrag_2021-2025.pdf.

50 *SPD*, Mehr Fortschritt wagen, Bündnis für Freiheit, Gerechtigkeit und Nachhaltigkeit, Koalitionsvertrag zwischen SPD, Bündnis 90/Die Grünen und FDP, S. 68 f., abrufbar unter: https://www.spd.de/fileadmin/Dokumente/Koalitionsvertrag/Koalitionsvertrag_2021-2025.pdf.

51 Siehe *Tagesschau*, Heil will dauerhaften Anspruch auf Homeoffice, Stand: 12.01.2022, abrufbar unter: https://www.tagesschau.de/wirtschaft/unternehmen/homeoffice-anspruch-arbeitsminister-heil-101.html.

d) *Arbeitszeit*

Auch die abzuleistende Arbeitszeit ergibt sich in der Regel aus dem Arbeitsvertrag. Allerdings kann der Arbeitgeber in Ausübung seines Weisungsrechts „[...] grundsätzlich einseitig die wöchentliche Arbeitszeit auf die einzelnen Wochentage verteilen und Beginn und Ende der täglichen Arbeitszeit sowie die Pausen festlegen."[52] Dabei ist Arbeitszeit i.S.d. ArbZG die Zeit vom Beginn bis zum Ende der Arbeit ohne die Ruhepausen, § 2 Abs. 1 S. 1 Hs. 1 ArbZG. Fehlt es an einer Vereinbarung über die Arbeitszeit, gilt die betriebsübliche Arbeitszeit.[53]

Hinsichtlich der Grenzen der Arbeitszeit sind insbesondere die Vorschriften des ArbZG zu beachten. Beispielhaft zu nennen sind etwa § 3 ArbZG, der die maximale werktägliche Arbeitszeit normiert, §§ 4 und 5 ArbZG, die Ruhepausen und Ruhezeit zum Gegenstand haben, sowie § 9 ff. ArbZG, die Regelungen zur Sonn- und Feiertagsruhe bzw. -beschäftigung beinhalten.

Zwar geht das ArbZG von sechs Werktagen aus,[54] an welchen die Arbeitszeit grundsätzlich acht Stunden nicht überschreiten darf, § 3 S. 1 ArbZG. „Der durchschnittliche Arbeitnehmer darf ‚in Vollzeit' [aber] so verstehen, dass die regelmäßige Dauer der Arbeitszeit – unter Zugrundelegung einer Fünf-Tage-Woche und der in § 3 S. 1 ArbZG vorgesehenen acht Stunden arbeitstäglich – 40 Wochenstunden nicht übersteigt."[55]

2. *Nebenleistungs- und Nebenpflichten*

Nach den allgemeinen Ausführungen zur Arbeitspflicht werden nun die Nebenleistungs- und Nebenpflichten eines Arbeitnehmers dargestellt. Dabei geht der Darstellung relevanter Nebenpflichten ein allgemeiner Überblick voraus.

a) *Allgemeiner Überblick*

Neben der Hauptpflicht treffen den Arbeitnehmer Nebenleistungspflichten und unselbstständige Nebenpflichten. Nebenleistungspflichten, die auch als leistungsbezogene Nebenpflichten bezeichnet werden, stehen akzessorisch zur

52 LAG Baden-Württemberg, Urt. v. 28.10.1991 – 4b Sa 27/91, BeckRS 1991, 30739113.

53 LAG Baden-Württemberg, Urt. v. 28.10.1991 – 4b Sa 27/91, BeckRS 1991, 30739113.

54 *Kock*, in: Rolfs/Giesen/Kreikebohm/Meßling/Udsching (Hrsg.), BeckOK ArbR, 64. Edition, Stand: 01.06.2022, § 3 ArbZG Rn. 3.

55 BAG, Urt. v. 25.03.2015 – 5 AZR 602/13, NZA 2015, 1002 (1003).

Hauptpflicht.[56] Aber auch unselbstständige Nebenpflichten, die auch als Treuepflichten bezeichnet werden,[57] bestehen grundsätzlich nicht völlig losgelöst von der Arbeitspflicht. Vielmehr dienen sie der Vorbereitung und Förderung der Erbringung der Arbeitsleistung, dem Erhalt der Leistungsmöglichkeit und der Sicherung des Leistungserfolges.[58] Neben dem engen Bezug zur Leistungspflicht können die Nebenpflichten auch durch die individuellen Vertragsparteien im Einzelfall beeinflusst werden.[59] Grund dafür ist die eingangs erwähnte persönliche Bindung der arbeitsvertraglichen Parteien.[60]

Der systematischen Einordnung als Nebenleistungs- oder unselbstständige Nebenpflicht kommt allerdings keine praktische Bedeutung zu, da sich diese entweder direkt aus dem Arbeitsvertrag ergeben oder ihre dogmatische Grundlage in § 242 BGB und § 241 Abs. 2 BGB finden.[61] Bereits § 242 BGB, nach dem der Schuldner verpflichtet ist, die Leistung so zu bewirken, wie Treu und Glauben mit Rücksicht auf die Verkehrssitte es erfordern, konstituiert einen objektiven Verhaltensmaßstab, aus dem sich ergibt, dass neben die Hauptpflicht zur Arbeitsleistung bestimmte Neben(leistungs)pflichten des Arbeitnehmers treten.[62] Dies wird durch § 241 Abs. 2 BGB betont, nach welchem das Schuldverhältnis nach seinem Inhalt jede Seite zur Rücksicht auf die Rechte, Rechtsgüter und Interessen des anderen Teils verpflichten kann.

b) Auswahl relevanter Nebenpflichten

Da insbesondere auf der Arbeitnehmerseite eine Vielzahl von Nebenpflichten anerkannt ist, haben sich in der Literatur unterschiedliche Ansätze zur Kategorisierung derselben herausgebildet. Dazu zählt bspw. die Unterteilung in

---

56 *Maties*, in: Benecke (Hrsg.), BeckOGK, Stand: 01.03.2022, § 611a BGB Rn. 886; *Reichold*, in: Kiel/Lunk/Oetker (Hrsg.), MHdB ArbR, Band 1: Individualarbeitsrecht I, 4. Aufl. 2018, § 56 Rn. 1.

57 *Maties*, in: Benecke (Hrsg.), BeckOGK, Stand: 01.03.2022, § 611a BGB Rn. 887.

58 BGH, Urt. v. 13.11.2012 – XI ZR 145/12, BeckRS 2012, 24814 Rn. 28; *Preis*, in: Müller-Glöge/Preis/Schmidt (Hrsg.), ErfK, 22. Aufl. 2022, § 611a BGB Rn. 708; in BAG, Urt. v. 02.11.2016 – 10 AZR 596/15, AP GewO § 106 Nr. 31 wurde trotz krankheitsbedingten Ausschlusses der Leistungspflicht eine Nebenpflicht des Arbeitnehmers bei dringendem betrieblichem Anlass bejaht.

59 *Maties*, in: Benecke (Hrsg.), BeckOGK, Stand: 01.03.2022, § 611a BGB Rn. 889.

60 BAG, Urt. v. 07.09.1995 – 8 AZR 828/93, NZA 1996, 637 (638).

61 *Maties*, in: Benecke (Hrsg.), BeckOGK, Stand: 01.03.2022, § 611a BGB Rn. 886.

62 *Reichold*, in: Kiel/Lunk/Oetker (Hrsg.), MHdB ArbR, Band 1: Individualarbeitsrecht I, 5. Aufl. 2021, § 53 Rn. 12.

Handlungs- und Unterlassungspflichten oder vorvertragliche, vertragliche und nachvertragliche Nebenpflichten.[63] Der Aufbau in dieser Arbeit verzichtet auf eine derartige Kategorisierung und konzentriert sich auf die für diese Arbeit relevanten Fallgruppen. Dazu zählen das dienstliche Verhalten, die Pflicht zur Wahrung der betrieblichen Ordnung, das außerdienstliche Verhalten, Anzeige-, Aufklärungs- und Auskunftspflichten sowie die Schadensabwendungspflicht, wobei sich insbesondere die letzten beiden Fallgruppen teilweise überschneiden.

aa) Dienstliche Verhaltenspflichten

Während der Erbringung der Arbeitsleistung im Betrieb muss der Arbeitnehmer insbesondere die öffentlich-rechtlichen Arbeitsschutzvorschriften des ArbSchG[64] berücksichtigen, die die allgemeine Rücksichtnahmepflicht aus § 241 Abs. 2 BGB konkretisieren.[65] So sind Beschäftigte verpflichtet, nach ihren Möglichkeiten sowie gemäß der Unterweisung und Weisung des Arbeitgebers für ihre Sicherheit und Gesundheit bei der Arbeit Sorge zu tragen, § 15 Abs. 1 S. 1 ArbSchG. Zudem haben die Beschäftigten auch für die Sicherheit und Gesundheit der Personen zu sorgen, die von ihren Handlungen oder Unterlassungen bei der Arbeit betroffen sind, § 15 Abs. 1 S. 2 ArbSchG. Diese Pflicht besteht insbesondere darin, dass Maschinen, Geräte, Werkzeuge, Arbeitsstoffe, Transportmittel und sonstige Arbeitsmittel sowie Schutzvorrichtungen und die ihnen zur Verfügung gestellte persönliche Schutzausrüstung bestimmungsgemäß verwendet werden müssen, § 15 Abs. 2 ArbSchG. Aus § 16 ArbSchG folgen sodann besondere Unterstützungspflichten des Arbeitnehmers.

bb) Pflicht zur Wahrung der betrieblichen Ordnung

Ist der Arbeitnehmer verpflichtet, seine Arbeitsleistung im Betrieb zu erbringen, muss er die betriebliche Ordnung wahren.[66] Soweit die Wahrung der betrieblichen Ordnung notwendig ist, um die Arbeitspflicht zu erfüllen, ist diese bereits

---

63 *Joussen*, in: Rolfs/Giesen/Kreikebohm/Meßling/Udsching (Hrsg.), BeckOK ArbR, 64. Edition, Stand: 01.06.2022, § 611a BGB Rn. 444.

64 Hinsichtlich der Terminologie des ArbSchG sei darauf hingewiesen, dass die Regelungen für Beschäftigte gelten und dabei neben Arbeitnehmern auch zur Berufsbildung Beschäftigte, arbeitnehmerähnliche Personen, Beamte, Richter, Soldaten sowie Beschäftigte in Werkstätten für Behinderte adressieren, § 2 Abs. 2 ArbSchG.

65 *Kleinebrink*, NZA 2020, 1361 (1362).

66 *Spinner*, in: Säcker/Rixecker/Oetker/Limperg (Hrsg.), MüKoBGB, 8. Aufl. 2020, § 611a BGB Rn. 981.

Bestandteil der Hauptpflicht. Im Übrigen ist § 241 Abs. 2 BGB dogmatische Grundlage.[67]

Aus der Pflicht zur Wahrung der betrieblichen Ordnung resultiert allgemein die Pflicht, rechtmäßigen Verhaltensanordnungen nachzukommen. Dazu kann die Duldung von sowie die Mitwirkung an Kontrollen zählen, die zur Aufrechterhaltung der betrieblichen Ordnung nötig sind.[68] Klassische Beispiele sind etwa Tor- oder Taschenkontrollen. Denkbar ist in diesem Zusammenhang grundsätzlich auch die Durchführung von Gesundheitskontrollen der Arbeitnehmer. Derartige Verhaltensanordnungen sind regelmäßig in Betriebs- oder Arbeitsordnungen festgesetzt, die der Mitbestimmung des Betriebsrats unterliegen, § 87 Abs. 1 Nr. 1 BetrVG.[69]

cc) Außerdienstliche Verhaltenspflichten

Wie in dem allgemeinen Überblick bereits gezeigt wurde,[70] weisen auch Nebenpflichten grundsätzlich einen engen Bezug zur Hauptpflicht auf. Dementsprechend ist anerkannt, dass eine außerdienstliche Verhaltenspflicht nur bei einem unmittelbaren Zusammenhang zur Hauptpflicht des Arbeitnehmers bestehen kann.[71] Nachdem diese in einer zeitabhängigen Leistungserbringung besteht, also auf bestimmte Arbeitszeiten beschränkt ist, sind außerhalb dieser Arbeitszeiten auch Nebenpflichten grundsätzlich abzulehnen. In Einklang damit führt das BAG aus, dass „[d]ie Gestaltung des privaten Lebensbereiches […] außerhalb der Einflußsphäre des Arbeitgebers [steht] und […] durch arbeitsvertragliche Pflichten nur insoweit eingeschränkt [wird], als sich das private Verhalten auf den betrieblichen Bereich auswirkt und dort zu Störungen führt […].“[72] So

67 *Reichold*, in: Kiel/Lunk/Oetker (Hrsg.), MHdB ArbR, Band 1: Individualarbeitsrecht I, 5. Aufl. 2021, § 55 Rn. 14.

68 *Spinner*, in: Säcker/Rixecker/Oetker/Limperg (Hrsg.), MüKoBGB, 8. Aufl. 2020, § 611a BGB Rn. 981 ff.

69 BAG, Beschl. v. 15.04.2014 – 1 ABR 2/13, NZA 2014, 551; *Reichold*, in: Kiel/Lunk/Oetker (Hrsg.), MHdB ArbR, Band 1: Individualarbeitsrecht I, 5. Aufl. 2021, § 55 Rn. 14; allgemein zur Mitbestimmung des Betriebsrats siehe Teil 2 Kapitel 2 A I. 3.

70 Siehe Teil 2 Kapitel 1 A. I. 2. a).

71 *Reichold*, in: Weth/Thomae/Reichold (Hrsg.), Arbeitsrecht im Krankenhaus, 2. Aufl. 2011, E. Pflichten des Arbeitnehmers, Rn. 41.

72 BAG, Urt. v. 23.06.1994 – 2 AZR 617/93, NZA 1994, 1080 (1082).

besteht bspw. grundsätzlich keine allgemeine Pflicht des Arbeitnehmers, sich gesundheitsfördernd zu verhalten.[73]

Arbeitsvertragliche Pflichten können sich mithin nur im Ausnahmefall auf den privaten Lebensbereich des Arbeitnehmers erstrecken. Voraussetzung für die ausnahmsweise Bejahung einer außerdienstlichen Verhaltenspflicht ist, dass eine Grundrechtsabwägung in Form der praktischen Konkordanz – konkret Art. 12 GG und Art. 14 GG aufseiten des Arbeitgebers und Art. 2 GG aufseiten des Arbeitnehmers – zugunsten des Arbeitgebers ausfällt.[74] Einfallstor für diese Abwägung ist § 241 Abs. 2 BGB, der dogmatische Grundlage der Nebenpflichten ist und mittelbare Grundrechtswirkung entfaltet.

Zusammenfassend ist festzuhalten, dass im Regelfall keine außerdienstlichen Verhaltenspflichten des Arbeitnehmers bestehen. Da sich der Gang der Untersuchung im weiteren Verlauf der Arbeit aber auch auf die Nebenpflichten im Pandemiefall,[75] der einen Ausnahmefall begründen kann, erstreckt, wird dieser Fallgruppe noch höhere Relevanz zukommen.

dd) Anzeige-, Aufklärungs- und Auskunftspflichten

Im Gegensatz zu außerdienstlichen Verhaltenspflichten sind Anzeige-, Aufklärungs- und Auskunftspflichten klassische Nebenpflichten eines Arbeitnehmers.

Anzeigepflichten fußen auf der Pflicht des Arbeitnehmers aus § 241 Abs. 2 BGB, auf die Rechte, Rechtsgüter und Interessen des Arbeitgebers Rücksicht zu nehmen,[76] und sind insbesondere hinsichtlich drohender Schäden des Arbeitgebers anerkannt. Die Anzeigepflicht ist gleichsam Bestandteil der Schadensabwendungspflicht des Arbeitnehmers, die diesen unter bestimmten Voraussetzungen auch zur Vornahme weitergehender Maßnahmen verpflichten kann.[77]

Im Krankheitsfall des Arbeitnehmers besteht schon kraft Gesetzes die Pflicht, dem Arbeitgeber die Arbeitsunfähigkeit und deren voraussichtliche Dauer unverzüglich mitzuteilen, § 5 Abs. 1 S. 1 EFZG.[78] Aber auch in anderen Fällen, in

---

73 *Schäfer*, NZA 1992, 529 (534); anders während der Arbeitsunfähigkeit, siehe BAG, Urt. v. 13.11.1979 – 6 AZR 934/77, AP KSchG 1969 § 1 Krankheit Nr. 5.

74 Allerdings gilt im Rahmen dieser Abwägung eine leichte Tendenz zugunsten des Arbeitnehmers, siehe *Maties*, in: Benecke (Hrsg.), BeckOGK, Stand: 01.03.2022, § 611a BGB Rn. 894.

75 Siehe Teil 3 Kapitel 3 A. III. 3.

76 *Joussen*, in: Rolfs/Giesen/Kreikebohm/Meßling/Udsching (Hrsg.), BeckOK ArbR, 64. Edition, Stand: 01.06.2022, § 611a BGB Rn. 446.

77 Siehe dazu Teil 2 Kapitel 1 A. I. 2. b) ee).

78 Siehe dazu Teil 2 Kapitel 1 A. II. 2. b).

welchen der Arbeitnehmer an der Leistungserbringung gehindert ist, hat dieser „[...] den Arbeitgeber im Rahmen des Zumutbaren unaufgefordert und rechtzeitig über Umstände zu informieren, die einer Erfüllung der Arbeitspflicht entgegenstehen [...].“[79]

Aufklärungspflichten des Arbeitnehmers können nur im Einzelfall bestehen und setzen eine umfangreiche Interessenabwägung voraus, da sich nach Ansicht des BAG grundsätzlich jede Vertragspartei eigenständig um die Wahrnehmung ihrer Interessen kümmern muss.[80]

Ein Auskunftsanspruch des Arbeitgebers – gleichsam also eine Auskunftspflicht des Arbeitnehmers – ist im Arbeitsverhältnis aus § 242 BGB anerkannt, „[...] soweit der Anspruchsberechtigte in entschuldbarer Weise über Bestehen oder Umfang seines Rechts im Ungewissen ist, während der Verpflichtete unschwer Auskunft erteilen kann [...].“[81] Diese Auskunftspflicht umfasst insbesondere die Pflicht, den Arbeitgeber wahrheitsgemäß „[...] über den Stand der Erfüllung der ihm übertragenen Aufgaben [zu informieren].“[82]

ee) Schadensabwendungspflicht

Als weitere Ausprägung der §§ 242 und 241 Abs. 2 BGB kann der Arbeitnehmer verpflichtet sein, dem Arbeitgeber drohende Schäden abzuwenden. Diese sog. Schadensabwendungspflicht umfasst zum einen die Verpflichtung des Arbeitnehmers, dem Arbeitgeber keine Schäden aktiv zu verursachen, und zum anderen, drohende Schäden durch externe Faktoren wie Dritte abzuwenden.[83] Diese Verpflichtung besteht jedenfalls, sofern dem Arbeitnehmer die Schadensabwendung möglich ist und soweit diese in seinen Arbeitsbereich fällt.[84]

Neben der Schadensabwendungspflicht besteht auch eine Anzeigepflicht.[85] Die Schadensabwendungspflicht findet ihre Grenzen in dem Grundsatz der Zumutbarkeit.[86]

---

79 BAG, Urt. v. 26.03.2015 – 2 AZR 517/14, NZA 2015, 1180 (1181).

80 BAG, Urt. v. 11.12.2001 – 3 AZR 339/00, NZA 2002, 1150 (1152); *Spinner*, in: Säcker/Rixecker/Oetker/Limperg (Hrsg.), MüKoBGB, 8. Aufl. 2020, § 611a BGB Rn. 1030.

81 BAG, Urt. v. 18.01.1996 – 6 AZR 314/95, NZA 1997, 41 (42).

82 LAG Mecklenburg-Vorpommern, Urt. v. 15.09.2011 – 5 Sa 53/11, NZA-RR 2012, 246 f.

83 *Maties*, in: Benecke (Hrsg.), BeckOGK, Stand: 01.03.2022, § 611a BGB Rn. 915.

84 *Preis*, in: Müller-Glöge/Preis/Schmidt (Hrsg.), ErfK, 22. Aufl. 2022, § 611a BGB Rn. 744.

85 BAG, Urt. v. 18.06.1970 – 1 AZR 520/69, NJW 1970, 1861.

86 *Preis*, in: Müller-Glöge/Preis/Schmidt (Hrsg.), ErfK, 22. Aufl. 2022, § 611a BGB Rn. 745.

Aus der Schadensabwendungspflicht kann sich eine Vielzahl höchst praxisrelevanter Schlussfolgerungen ergeben. Zum einen kann der Arbeitnehmer auf dieser Grundlage in Notfällen[87] verpflichtet sein, Arbeiten zu übernehmen, die die eigentlichen Grenzen seiner vertraglichen Hauptpflicht übersteigen. Mithin kann er verpflichtet sein, eine andere als die üblicherweise geschuldete Tätigkeit zu leisten. Ebenso kann er zur Leistung von Überstunden verpflichtet sein, wenn anderenfalls ein nicht unerheblicher Schaden für den Betrieb zu befürchten wäre.[88] Bei Vorliegen eines berechtigten Interesses des Arbeitgebers kann der Arbeitnehmer auch einer Duldungspflicht hinsichtlich einer ärztlichen Gesundheitsuntersuchung unterliegen.[89]

II. Pflichten des gewöhnlich erkrankten Arbeitnehmers

Im Anschluss an die Darstellung der arbeitsvertraglichen Pflichten des gesunden Arbeitnehmers werden nun dieselben im gewöhnlichen Krankheitsfall des Arbeitnehmers aufgezeigt.

1. Ausschluss der Arbeitspflicht

Im Krankheitsfall des Arbeitnehmers ist dieser regelmäßig nicht zur Erbringung der Arbeitsleistung verpflichtet.[90] Gleichwohl sind stets die konkreten Umstände des Einzelfalles maßgeblich.

Das Erlöschen der Primärpflicht kann sich zunächst aus der Unmöglichkeit der Leistungserbringung nach § 275 Abs. 1 BGB ergeben. Ist die Leistungserbringung noch möglich, aber unzumutbar, kann der Arbeitnehmer die Leistung gemäß § 275 Abs. 3 BGB verweigern und wird dadurch von der Arbeitspflicht frei. Ob sich der Ausschluss der Leistungspflicht im Krankheitsfall des Arbeitnehmers kraft Gesetzes infolge der Unmöglichkeit der Leistungserbringung oder erst infolge der Erhebung der Einrede nach § 275 Abs. 3 BGB ergibt, hat das BAG bisher offen gelassen[91] und wird in der Literatur nicht einheitlich beurteilt. Vor

---

87 Ausführlich zum Notfall siehe Teil 3 Kapitel 3 A. III. 5.

88 *Preis*, in: Müller-Glöge/Preis/Schmidt (Hrsg.), ErfK, 22. Aufl. 2022, § 611a BGB Rn. 745.

89 BAG, Urt. v. 06.11.1997 – 2 AZR 801/96, NZA 1998, 326 (327); demgegenüber besteht eine allgemeine Nebenpflicht zur Gesundheitsuntersuchung nicht, BAG, Urt. v. 16.09.1997 – 9 AZR 538/96, NZA 1998, 651 (652).

90 Eine Ausnahme von diesem Grundsatz kommt im Fall des symptomlos erkrankten Arbeitnehmers in Betracht. Ausführlich dazu siehe Teil 3 Kapitel 3 A. II. 2. b).

91 BAG, Urt. v. 02.11.2016 – 10 AZR 596/15, NJW 2017, 906 (908).

einer Auseinandersetzung mit dieser Meinungsstreitigkeit wird im Folgenden zunächst ein Überblick über die Tatbestände der Unmöglichkeit, § 275 Abs. 1 BGB, und der Unzumutbarkeit, § 275 Abs. 3 BGB, gegeben.

a) Infolge Unmöglichkeit, § 275 Abs. 1 BGB

Der Anspruch auf Leistung ist ausgeschlossen, soweit diese für den Schuldner oder jedermann unmöglich ist, § 275 Abs. 1 BGB. Seit der Schuldrechtsmodernisierung im Jahr 2002 erfasst diese Norm sämtliche Formen der Unmöglichkeit, im Einzelnen die tatsächliche und rechtliche, anfängliche und nachträgliche, objektive und subjektive, zu vertretende und nicht zu vertretende sowie vollständige und teilweise Unmöglichkeit. Während bis zu dieser Neuregelung auf eine umfassende Kasuistik zurückgegriffen werden musste, um den unterschiedlichen Arten der Unmöglichkeit Rechnung zu tragen, ist diese mittlerweile allein für Systematisierungszwecke noch von Relevanz.[92] Im Ergebnis ist daher eine Entscheidung der im Schrifttum diskutierten Kontroverse, ob im Krankheitsfall eines Arbeitnehmers eine objektive oder subjektive Unmöglichkeit vorliegt, nicht mehr ausschlaggebend. Denn seit der Schuldrechtsreform erlischt die Leistungspflicht in jedem Fall der Unmöglichkeit gemäß § 275 Abs. 1 BGB. Aus Gründen der Vollständigkeit soll dieser Diskurs aber in der gebotenen Kürze dargestellt werden.

Eine subjektive Unmöglichkeit i.S.d. § 275 Abs. 1 Var. 1 BGB, die auch als Unvermögen bezeichnet wird,[93] „[…] liegt vor, wenn der Schuldner zur Leistung außerstande ist, sie aber von einem anderen oder unter Mitwirkung eines anderen erbracht werden kann."[94] Eine objektive Unmöglichkeit liegt hingegen vor, wenn die Leistung „[…] nach den Naturgesetzen oder nach dem Stand der Erkenntnis von Wissenschaft und Technik schlechthin nicht erbracht werden kann."[95]

Auf den ersten Blick spricht die Tatsache, dass der Arbeitnehmer ein höchstpersönlicher Schuldner ist, für die Annahme einer subjektiven Unmöglichkeit. Die Höchstpersönlichkeit der Leistungsverpflichtung ergibt sich aus § 613 S. 1

---

92 *Ulber*, in: Grunewald/Maier-Reimer/Westermann (Hrsg.), Erman BGB, 16. Aufl. 2020, § 275 BGB Rn. 1.

93 *Lorenz*, in: Hau/Poseck (Hrsg.), BeckOK BGB, 62. Edition, Stand: 01.05.2022, § 275 BGB Rn. 45.

94 *Lorenz*, in: Hau/Poseck (Hrsg.), BeckOK BGB, 62. Edition, Stand: 01.05.2022, § 275 BGB Rn. 45.

95 BGH, Urt. v. 13.01.2011 – III ZR 87/10, NJW 2011, 756.

BGB, der für Dienst- und Arbeitsverträge gleichermaßen gilt[96] und besagt, dass der zur Dienstleistung Verpflichtete die Dienste im Zweifel in Person zu leisten hat. Zwar handelt es sich hierbei um eine dispositive Norm,[97] doch ändert dies nichts daran, dass die Arbeitspflicht grundsätzlich eine persönliche Leistungsverpflichtung darstellt.[98] Kann also der höchstpersönliche Schuldner die geschuldete Leistung nicht erbringen, so fehlt ihm – wie in der Definition vorausgesetzt – die Fähigkeit, die Leistung zu erbringen, und der Schluss liegt nahe, die subjektive Unmöglichkeit zu bejahen. Dabei bliebe aber der zweite Teil der Definition unberücksichtigt. Denn für die subjektive Unmöglichkeit ist zudem erforderlich, dass die Leistung von einem anderen oder unter Mitwirkung eines anderen erbracht werden kann. Kann nur der höchstpersönliche Schuldner die Leistungspflicht erfüllen, ist die Erfüllung für alle anderen schon *per definitionem* ausgeschlossen. Mithin führt der Krankheitsfall des Arbeitnehmers, sofern er überhaupt zur Unmöglichkeit nach § 275 Abs. 1 BGB führt,[99] richtigerweise zur objektiven Unmöglichkeit.[100] Dieses Ergebnis lässt sich auch mit der höchstrichterlichen Definition der objektiven Unmöglichkeit vereinbaren. Denn wenn nur ein höchstpersönlicher Schuldner die Leistung erbringen kann und die Leistungserbringung diesem unmöglich wird, kann sie schlechthin nicht erbracht werden. Festzuhalten bleibt allerdings, dass die Rechtsfolgen unabhängig von einer Einordnung als subjektive oder objektive Unmöglichkeit dieselben sind.

b) Infolge Geltendmachung des Leistungsverweigerungsrechts nach § 275 Abs. 3 BGB

Ist kein Fall der Unmöglichkeit nach § 275 Abs. 1 BGB gegeben, kann sich der Ausschluss der Leistungspflicht auch daraus ergeben, dass der Schuldner die Einrede des § 275 Abs. 2 oder Abs. 3 BGB erhebt. Da für die vorliegende Arbeit allein § 275 Abs. 3 BGB relevant ist, findet Abs. 2 keine weitere Berücksichtigung.

Gemäß § 275 Abs. 3 BGB kann der Schuldner die Leistung verweigern, wenn er die Leistung persönlich zu erbringen hat und sie ihm unter Abwägung

---

96 *Müller-Glöge*, in: Säcker/Rixecker/Oetker/Limperg (Hrsg.), MüKoBGB, 8. Aufl. 2020, § 613 BGB Rn. 1.

97 *Preis*, in: Müller-Glöge/Preis/Schmidt (Hrsg.), ErfK, 22. Aufl. 2022, § 613 BGB Rn. 3.

98 *Preis*, in: Müller-Glöge/Preis/Schmidt (Hrsg.), ErfK, 22. Aufl. 2022, § 613 BGB Rn. 1.

99 Ausführlich dazu siehe Teil 2 Kapitel 1 A. II. 1.

100 So auch *Riehm*, in: Gsell (Hrsg.), BeckOGK, Stand: 01.07.2022, § 275 BGB Rn. 147; a.A. *Lorenz*, in: Hau/Poseck (Hrsg.), BeckOK BGB, 62. Edition, Stand: 01.05.2022, § 275 BGB Rn. 46.

des seiner Leistung entgegenstehenden Hindernisses mit dem Leistungsinteresse des Gläubigers nicht zugemutet werden kann. Diese Norm dient dazu, das Spannungsverhältnis zwischen Vertragstreue und Unzumutbarkeit der Leistungserbringung zugunsten des Schuldners aufzulösen, wenn diese aufgrund erschwerender Umstände eine erhebliche Belastung für den Schuldner darstellt.[101]

Sofern die Anwendbarkeit des § 275 Abs. 3 BGB nicht durch den vorrangigen § 275 Abs. 1 BGB gesperrt ist, kann sich der Arbeitnehmer vorbehaltlich einer Interessenabwägung zu seinen Gunsten wegen § 613 S. 1 BGB auf das Leistungsverweigerungsrecht des § 275 Abs. 3 BGB berufen. Der Gesetzesvorrang des § 275 Abs. 1 BGB gegenüber § 275 Abs. 3 BGB gilt im Fall der subjektiven Unmöglichkeit, die von § 275 Abs. 3 BGB nicht erfasst wird.[102]

c) Ausschluss der Arbeitspflicht im gewöhnlichen Krankheitsfall

Während es aufgrund identischer Rechtsfolge mittlerweile irrelevant ist, ob eine subjektive oder objektive Unmöglichkeit vorliegt, ist es zumindest in der Theorie von Bedeutung, ob der Krankheitsfall eines Arbeitnehmers die Unmöglichkeit der Leistung i.S.d. § 275 Abs. 1 BGB begründet, die *ipso iure* zum Ausschluss der Leistungspflicht führt, oder ob der Arbeitnehmer die Einrede wegen subjektiver Unzumutbarkeit nach § 275 Abs. 3 BGB erheben muss, um von der Leistungspflicht frei zu werden.

Einigkeit besteht insoweit, als der Arbeitnehmer, der seine Arbeitsleistung nach ärztlicher Einschätzung objektiv nicht erbringen kann (z.B. ein Pianist, der sich die Hände gebrochen hat), nach § 275 Abs. 1 BGB kraft Gesetzes von seiner Leistungspflicht befreit wird.[103] Umstritten ist aber, woraus sich der Ausschluss der Leistungspflicht ergibt, wenn der Arbeitnehmer zwar gesundheitlich beeinträchtigt, aber tatsächlich noch zur Erbringung der Arbeitsleistung in der Lage ist. *Canaris* vertritt in diesem Fall die Auffassung, dass dessen Hauptpflicht nach § 275 Abs. 1 BGB erlischt, und begründet diese damit, dass die Gesundheit zu den höchsten Gütern gehöre und daher bei einem noch so großen Interesse des

---

101 *Ulber*, in: Grunewald/Maier-Reimer/Westermann, Erman BGB, 16. Aufl. 2020, § 275 BGB Rn. 80.

102 *Lorenz*, in: Hau/Poseck (Hrsg.), BeckOK BGB, 62. Edition, Stand: 01.05.2022, § 275 BGB Rn. 63.

103 *Schulze*, in: ders. (Schriftleitung), Bürgerliches Gesetzbuch, Handkommentar, 11. Aufl. 2021, § 275 BGB Rn. 15; *Ernst*, in: Säcker/Rixecker/Oetker/Limperg (Hrsg.), MüKoBGB, 8. Aufl. 2019, § 275 BGB Rn. 40; *Gotthardt/Greiner*, DB 2002, 2106 (2107).

Arbeitgebers für eine Interessenabwägung von vornherein kein Raum bestehe.[104] Nach der u.a. von *Löwisch* und *Faust* vertretenen Gegenansicht soll stets § 275 Abs. 3 BGB einschlägig sein.[105] Aus der Sicht *Löwischs* kann der arbeitsunfähig erkrankte Arbeitnehmer nicht von § 275 Abs. 1 BGB erfasst werden, da „[…] man […] nicht an der Möglichkeit vorbei[kommt], dass der kranke Arbeitnehmer trotz seiner Erkrankung arbeitet […].“[106] Sachgerechter sei daher das Leistungsverweigerungsrecht.[107] Auch nach der Auffassung von *Faust* sind die Leistungsverweigerungsrechte anzuwenden, „[…] wenn eine Erfüllung durch überobligatorische Anstrengungen in Betracht kommt […].“[108]

Die zweitgenannte Ansicht, die auch in Einklang mit dem Wortlaut der Tatbestände steht, überzeugt. Denn § 275 Abs. 1 BGB normiert den Ausschluss der Leistungspflicht im Fall der Unmöglichkeit, die aber nur gegeben ist, wenn die Leistung auf Dauer nicht erbracht werden kann. § 275 Abs. 3 BGB gewährt dem persönlichen Schuldner ein Leistungsverweigerungsrecht, wenn ihm die Leistungserbringung in Abwägung mit dem Gläubigerinteresse nicht zugemutet werden kann. Im Fall des arbeitsunfähig erkrankten Arbeitnehmers kann nicht pauschal davon ausgegangen werden, dass die Leistung nicht erbracht werden kann. Vielmehr wird sie regelmäßig davon abhängen, ob der Arbeitnehmer – wie von *Faust* beschrieben – überobligatorische Anstrengungen unternimmt, um die Leistung zu erbringen. Die Auffassung von *Canaris* ist zum einen zu pauschal, um denkbare Einzelfälle zu einem sachgerechten Ergebnis zu führen. Zum anderen überzeugt dessen Argumentation nicht, nach der die Gesundheit als höchstes Gut einer Interessenabwägung von vornherein nicht zugänglich wäre. Die in Art. 2 Abs. 2 GG verfassungsrechtlich geschützten Güter des Lebens und der körperlichen Unversehrtheit sind im Wege der praktischen Konkordanz durchaus einer Abwägung mit den in Art. 12 und 14 GG geschützten

---

104 *Canaris*, JZ 2001, 499 (504); § 275 Abs. 1 BGB bejahend auch *Joussen*, NZA 2001, 745 (747); die Verfasser beziehen sich auf § 275 Abs. 2 BGB des Gesetzesentwurfes des SchuldRModG, siehe BT-Drs. 14/6040. Dieser Abs. 2 umfasste die heute normierten § 275 Abs. 2 und 3 BGB, sodass die Ausführungen der Verfasser vollumfänglich berücksichtigt werden können.

105 *Löwisch*, NZA 2001, 465; *Faust*, in: Huber/Faust, SchuldRMod, 1. Teil, 2. Kapitel Rn. 11 ff.

106 *Löwisch*, NZA 2001, 465.

107 *Löwisch*, NZA 2001, 465.

108 *Faust*, in: Huber/Faust, SchuldRMod, 2002, 1. Teil, 2. Kapitel Rn. 12.

Arbeitgeberinteressen zugänglich.[109] Es ist gerade Ziel der Interessenabwägung, die Einfallstor für die mittelbare Drittwirkung der Grundrechte ist,[110] diesen Ausgleich zu schaffen. Folglich würde der Ausschluss der Interessenabwägung das Telos der Norm unterlaufen und den Anwendungsbereich der Norm beschränken. Richtigerweise sind also die Fälle, in welchen der Arbeitnehmer zwar erkrankt, objektiv aber noch zur Leistungserbringung imstande ist, über § 275 Abs. 3 BGB zu lösen. Diese Lösung ist auch interessengerecht: Im gesundheitlichen *worst case* für den Arbeitnehmer entfällt dessen Leistungspflicht nach § 275 Abs. 1 BGB, ohne dass es dazu einer Handlung des ohnehin geplagten Arbeitnehmers bedarf. In Fällen, in welchen die Leistungserbringung theoretisch noch möglich wäre, würde es zu weit gehen, wenn auch *ipso iure* die Arbeitspflicht entfiele. Vielmehr muss zunächst die Grenze der Zumutbarkeit für den Arbeitnehmer überschritten und das Leistungsverweigerungsrecht des § 275 Abs. 3 BGB durch den Arbeitnehmer geltend gemacht werden, damit dieser von der Arbeitspflicht befreit wird.[111]

In der Praxis dürfte dem Streit jedoch keine Relevanz zukommen, da in der für den arbeitsunfähig erkrankten Arbeitnehmer geltenden Pflicht, dem Arbeitgeber die Arbeitsunfähigkeit mitzuteilen, § 5 Abs. 1 S. 1 EFZG,[112] die konkludente Erhebung der Einrede des § 275 Abs. 3 BGB gesehen werden kann.[113]

2. *Nebenpflichten bei gewöhnlicher Krankheit*

Unabhängig von der Arbeitspflicht, die – wie gezeigt – im Krankheitsfall des Arbeitnehmers in der Regel nicht besteht, bestehen Nebenpflichten des Arbeitnehmers, wovon die für diese Arbeit relevanten Nebenpflichten im Folgenden aufgezeigt werden.

---

109 *Schulze-Fielitz*, in: Dreier (Hrsg.), Grundgesetz-Kommentar, 3. Aufl. 2013, Art. 2 Abs. 2 GG Rn. 54.

110 *Brose*, NZA 2011, 719 (720).

111 Unter Verweis auf die Ausführungen in Teil 2 Kapitel 1 A. II. 1 b) a.E. sei darauf hingewiesen, dass für diejenigen, die in der Krankheit eines Arbeitnehmers ein Leistungshindernis sehen, welches die subjektive Unmöglichkeit begründet, schon kein Spielraum für eine Anwendbarkeit des § 275 Abs. 3 BGB verbleibt und sich folgerichtig der Ausschluss der Leistungspflicht stets aus § 275 Abs. 1 BGB ergeben muss.

112 Ausführlich dazu siehe Teil 2 Kapitel 1 A. II. 2. b).

113 *Canaris*, JZ 2001, 499 (504); *Gotthardt/Greiner*, DB 2002, 2106 (2111).

a) *Außerdienstliche Verhaltenspflicht*

Als Ausnahme zu dem Grundsatz, dass der private Lebensbereich des Arbeitnehmers von arbeitsvertraglichen Verpflichtungen frei ist, ist der Arbeitnehmer im Krankheitsfall verpflichtet, „[...] sich so [zu] verhalten, dass er bald wieder gesund wird und an seinen Arbeitsplatz zurückkehren kann. Er hat alles zu unterlassen, was seine Genesung verzögern könnte."[114] Es kann also ein pflichtwidriges Verhalten des Arbeitnehmers darstellen, „[...] wenn er bei bescheinigter Arbeitsunfähigkeit den Heilungserfolg durch gesundheitswidriges Verhalten gefährdet. Dies ist nicht nur der Fall, wenn er nebenher bei einem anderen Arbeitgeber arbeitet, sondern kann auch gegeben sein, wenn er Freizeitaktivitäten nachgeht, die mit der Arbeitsunfähigkeit nur schwer in Einklang zu bringen sind [...]."[115]

b) *Anzeige-, Aufklärungs- und Auskunftspflichten*

Unabhängig von etwaigen arbeitsvertraglichen Mitteilungspflichten treffen den Arbeitnehmer im Krankheitsfall bereits gesetzlich umfassende Anzeige- und Nachweispflichten nach § 5 Abs. 1 EFZG. So hat der Arbeitnehmer dem Arbeitgeber die Arbeitsunfähigkeit und deren voraussichtliche Dauer unverzüglich mitzuteilen, § 5 Abs. 1 S. 1 EFZG. Die Anforderungen an diese Mitteilung unterscheiden sich abhängig davon, ob der Arbeitnehmer einen Arzt konsultiert oder eine eigene Diagnose vorgenommen hat. In letzterem Fall sind eine subjektive Schilderung des persönlichen Befindens des Arbeitnehmers sowie dessen subjektive Prognose der Krankheitsdauer ausreichend. Hat der Arbeitnehmer einen Arzt aufgesucht, muss dieser den Arbeitgeber über die relevanten Erkenntnisse aus dem Arztbesuch informieren.[116] Die Art der Erkrankung muss der Arbeitnehmer dem Arbeitgeber allerdings grundsätzlich nicht mitteilen.[117] Dauert die Arbeitsunfähigkeit länger als drei Kalendertage, hat der Arbeitnehmer eine ärztliche Bescheinigung über das Bestehen der Arbeitsunfähigkeit sowie deren voraussichtliche Dauer spätestens an dem darauffolgenden Arbeitstag vorzulegen,

---

114 BAG, Urt. v. 02.03.2006 – 2 AZR 53/05, NZA-RR 2006, 636.

115 BAG, Urt. v. 02.03.2006 – 2 AZR 53/05, NZA-RR 2006, 636.

116 *Reinhard*, in: Müller-Glöge/Preis/Schmidt (Hrsg.), ErfK, 22. Aufl. 2022, § 5 EFZG Rn. 5.

117 *Ricken*, in: Rolfs/Giesen/Kreikebohm/Meßling/Udsching (Hrsg.), BeckOK ArbR, 64. Edition, Stand: 01.06.2022, § 5 EFZG Rn. 5; *Sievers*, jM 2020, 189 (200).

§ 5 Abs. 1 S. 2 EFZG.[118] Der Arbeitgeber ist aber berechtigt, die Vorlage der ärztlichen Bescheinigung früher zu verlangen, § 5 Abs. 1 S. 3 EFZG. Daher kann arbeitsvertraglich vereinbart werden, dass bereits ab dem ersten Fehltag eine ärztliche Bescheinigung vorgelegt werden muss. Dauert die Arbeitsunfähigkeit länger als in der Bescheinigung angegeben, ist der Arbeitnehmer verpflichtet, eine neue ärztliche Bescheinigung vorzulegen, § 5 Abs. 1 S. 4 EFZG.[119]

Sollte der Arbeitgeber Zweifel daran haben, dass der Arbeitnehmer – wie für den Entgeltfortzahlungsanspruch aus § 3 Abs. 1 S. 1 EFZG erforderlich – unverschuldet erkrankt ist, trifft diesen zwar die entsprechende Darlegungs- und Beweislast; der Arbeitnehmer ist aber verpflichtet, erforderliche Auskünfte zu erteilen und den Arbeitgeber bei der Aufklärung zu unterstützen.[120]

B. Keine Ausgestaltungsmöglichkeiten des Arbeitnehmers

Grundsätzlich stehen die arbeitsvertraglichen Pflichten nicht zur einseitigen Disposition durch Arbeitnehmer oder Arbeitgeber. Sollen vertragliche Elemente verändert werden, bedarf es daher grundsätzlich einer Vereinbarung in Form eines Änderungsvertrages. Sind aber Inhalt, Ort und Zeit der Arbeitsleistung arbeitsvertraglich noch nicht hinreichend festgelegt, können diese vom Arbeitgeber in Ausübung des Weisungsrechts nach § 106 GewO konkretisiert werden.[121] Die Möglichkeit, die Modalitäten der Arbeitspflicht im arbeitsvertraglich vorgegebenen Rahmen zu verändern, steht daher allein dem Arbeitgeber zu.[122]

---

118 Zur Erschütterung des Beweiswerts einer Arbeitsunfähigkeitsbescheinigung siehe BAG, Urt. v. 08.09.2021 – 5 AZR 149/21, NZA 2022, 39 ff. Zu diesem Urteil siehe *Fuhlrott/Mai*, NZA 2022, 97 ff.

119 Ist der Arbeitnehmer Mitglied einer gesetzlichen Krankenkasse, muss die ärztliche Bescheinigung einen Vermerk des behandelnden Arztes darüber enthalten, dass der Krankenkasse unverzüglich eine Bescheinigung über die Arbeitsunfähigkeit mit Angaben über den Befund und die voraussichtliche Dauer der Arbeitsunfähigkeit übersandt wird, § 5 Abs. 1 S. 5 EFZG.

120 LAG Baden-Württemberg, Urt. v. 30.03.2000 – 4 Sa 108/99, NZA-RR 2000, 349.

121 Ausführlich zum Weisungsrecht des Arbeitgebers siehe Teil 2 Kapitel 2 B. I. 1.

122 LAG Rheinland-Pfalz, Urt. v. 18.12.2014 – 5 Sa 378/14, BeckRS 2015, 66249; siehe ausführlich Teil 2 Kapitel 2 B. I.

C. Veränderungs- und Beendigungsmöglichkeiten des Arbeitnehmers

Zum Abschluss dieses Kapitels wird knapp aufgezeigt, welche Möglichkeiten dem Arbeitnehmer zustehen, die bestehenden Modalitäten im Arbeitsverhältnis zu verändern und wie der Arbeitnehmer dieses einseitig beenden kann. Dabei gelten die nachfolgenden Ausführungen für den Normalfall wie für den Krankheitsfall des Arbeitnehmers außerhalb einer Pandemie gleichermaßen. Im Krankheitsfall wird regelmäßig die Arbeitspflicht erlöschen, entweder *ipso iure* nach § 275 Abs. 1 BGB oder durch die Geltendmachung des Leistungsverweigerungsrechts des § 275 Abs. 3 BGB.[123] Auf die Veränderungs- oder Beendigungsmöglichkeiten wirkt sich die gewöhnliche Krankheit jedoch nicht aus.

I. Veränderungsmöglichkeiten

Als Veränderungsmöglichkeiten kommen zumindest in der Theorie die arbeitnehmerseitige Änderungskündigung und der Anspruch auf Vertragsanpassung wegen Störung der Geschäftsgrundlage in Betracht.

1. Änderungskündigung

Zwar hat der Arbeitnehmer wie der Arbeitgeber[124] auch die Möglichkeit, eine Änderungskündigung zu erklären. Dieser kommt in der Praxis allerdings keine Relevanz zu, sodass auf weitere Ausführungen zur arbeitnehmerseitigen Änderungskündigung verzichtet wird.

2. Anspruch auf Vertragsanpassung, § 313 Abs. 1 BGB

Auch kann grundsätzlich der Anspruch auf Vertragsanpassung wegen Störung der Geschäftsgrundlage gemäß § 313 Abs. 1 BGB angedacht werden. Fraglich ist allerdings die Anwendbarkeit dieser Norm im Arbeitsrecht. So hat das BAG entschieden, dass „[d]as Kündigungsrecht […] gegenüber einer Vertragsanpassung nach § 313 BGB lex specialis [ist]. Tatbestände, die eine Störung oder den Wegfall der Geschäftsgrundlage bewirken könnten, sind kündigungsrechtlich im Rahmen der §§ 2, 1 KSchG zu würdigen."[125] Diese Formulierung lässt den Schluss zu, dass der Vorrang des Kündigungsrechts nur für den Arbeitgeber gilt, der sonst die kündigungsschutzrechtlichen Vorschriften umgehen könnte.

---

123 Siehe ausführlich dazu Teil 2 Kapitel 1 A. II.

124 Hierzu siehe Teil 2 Kapitel 2 C. I.

125 BAG, Urt. v. 08.10.2009 – 2 AZR 235/08, NZA 2010, 465.

Da für den Arbeitnehmer die Vorschriften des KSchG nicht gelten, scheint die Annahme gerechtfertigt, dass für diesen das Kündigungsrecht nicht *lex specialis* ist. Mithin steht der Anwendung der Norm auf Arbeitnehmerseite nichts entgegen.

Der Anspruch auf Vertragsanpassung setzt voraus, dass sich Umstände, die zur Grundlage des Vertrags geworden sind, nach Vertragsschluss schwerwiegend verändert haben, die Parteien den Vertrag nicht oder mit anderem Inhalt geschlossen hätten, wenn sie diese Veränderung vorausgesehen hätten und dem Arbeitnehmer unter Berücksichtigung aller Umstände des Einzelfalls, insbesondere der vertraglichen oder gesetzlichen Risikoverteilung, das Festhalten am unveränderten Vertrag nicht zugemutet werden kann, vgl. § 313 Abs. 1 BGB.

Sofern dieser Anspruch für den Arbeitnehmer im Pandemiefall in Betracht kommt, wird an späterer Stelle darauf eingegangen. Die Praxisrelevanz der arbeitnehmerseitigen Geltendmachung eines Anspruchs aus § 313 Abs. 1 BGB dürfte sich allerdings auch in Grenzen halten.[126]

II. Beendigungsmöglichkeiten

Möchte der Arbeitnehmer sich vom Arbeitsverhältnis lösen, so kann er dies freilich mittels ordentlicher oder ggf. außerordentlicher Kündigung, § 626 Abs. 1 BGB. Unter Umständen kommt auch eine Beendigung durch Anfechtung (§ 142 BGB) in Betracht. Zudem ist es den Parteien stets unbenommen, das Arbeitsverhältnis mittels Aufhebungsvertrages gemeinsam zu beenden. Da der Anfechtung und dem Aufhebungsvertrag im weiteren Verlauf der Arbeit keine und den arbeitnehmerseitigen Beendigungsmöglichkeiten nur untergeordnete Bedeutung zukommt, soll im Folgenden ein knapper Überblick über die ordentliche und außerordentliche arbeitnehmerseitige Kündigung genügen.[127]

---

126 Dafür spricht jedenfalls, dass sich in der arbeitsrechtlichen Literatur – soweit ersichtlich – keine Ausführungen zum arbeitnehmerseitigen Anspruch auf Vertragsanpassung nach § 313 Abs. 1 BGB finden lassen.

127 Vertiefend zur ordentlichen Kündigung siehe etwa *Gieseler*, in: Mestwerdt/Spengler/Dubon (Hrsg.), Kündigungsschutzrecht, 2. Aufl. 2021, § 1 KSchG Rn. 203 ff.; zur außerordentlichen Kündigung siehe etwa *Niemann*, in: Müller-Glöge/Preis/Schmidt (Hrsg.), ErfK, 22. Aufl. 2022, § 626 BGB Rn. 158 ff.; *Vossen*, in: Linck/Preis/Schmidt (Hrsg.), Kündigungsrecht, 6. Aufl. 2021, § 626 BGB Rn. 378 ff.

1. Ordentliche Kündigung

Der Arbeitnehmer kann unter Wahrung der geltenden Kündigungsfrist das Arbeitsverhältnis ordentlich kündigen, wenn die Dauer desselben weder bestimmt noch aus der Beschaffenheit oder dem Zwecke der Dienste zu entnehmen ist, vgl. § 620 Abs. 2 BGB. Soweit einzel- oder tarifvertraglich keine Kündigungsfrist festgelegt wurde, ist § 622 Abs. 1 BGB maßgeblich. Danach kann das Arbeitsverhältnis arbeitnehmerseitig mit einer Frist von vier Wochen zum Fünfzehnten oder zum Ende eines Kalendermonats gekündigt werden. Während einer vereinbarten Probezeit, längstens für die Dauer von sechs Monaten, kann das Arbeitsverhältnis mit einer Frist von zwei Wochen gekündigt werden, § 622 Abs. 3 BGB. Die Kündigung bedarf nach § 623 BGB der Schriftform (§ 126 BGB), die elektronische Form ist ausdrücklich ausgeschlossen. Vorschriften des KSchG muss der Arbeitnehmer im Gegensatz zum Arbeitgeber nicht beachten.

2. Außerordentliche Kündigung

Unter bestimmten Umständen kann der Arbeitnehmer das Arbeitsverhältnis auch außerordentlich kündigen. Voraussetzung ist das Vorliegen eines wichtigen Grundes i.S.d. § 626 BGB.[128] Dazu müssen Tatsachen vorliegen, auf Grund derer dem Arbeitnehmer unter Berücksichtigung aller Umstände des Einzelfalles und unter Abwägung der Interessen beider Vertragsteile die Fortsetzung des Arbeitsverhältnisses bis zum Ablauf der Kündigungsfrist oder bis zu der vereinbarten Beendigung des Arbeitsverhältnisses nicht zugemutet werden kann, vgl. § 626 Abs. 1 BGB.[129] Zu beachten ist, dass es auch bei der außerordentlichen Kündigung durch den Arbeitnehmer grundsätzlich einer Abmahnung bedarf.[130] Allerdings ist diese „[…] ausnahmsweise […] entbehrlich, wenn keine Aussicht auf Rückkehr des Vertragspartners zum vertragskonformen Verhalten besteht […].“[131]

Die außerordentliche Kündigung kann nur innerhalb von zwei Wochen erfolgen, wobei die Frist mit dem Zeitpunkt beginnt, in dem der Kündigungsberechtigte von den für die Kündigung maßgebenden Tatsachen Kenntnis erlangt, § 626 Abs. 2 S. 1 und 2 BGB. Der Kündigende muss dem anderen Teil auf Verlangen den Kündigungsgrund unverzüglich schriftlich mitteilen, § 626 Abs. 2 S. 3

---

128 BAG, Urt. v. 12.03.2009 – 2 AZR 894/07, NZA 2009, 840 (841).

129 Zu einzelnen Tatbeständen siehe *Niemann*, in: Müller-Glöge/Preis/Schmidt (Hrsg.), ErfK, 22. Aufl. 2022, § 626 BGB Rn. 159 ff.

130 BAG, Urt. v. 26.07.2007 – 8 AZR 796/06, NZA 2007, 1419 (1420).

131 BAG, Urt. v. 26.07.2007 – 8 AZR 796/06, NZA 2007, 1419 (1420).

BGB. Wird die Kündigung als „fristlose“ Kündigung erklärt, endet das Arbeitsverhältnis mit Zugang derselben.[132]

3. *Kündigung wegen Störung der Geschäftsgrundlage*

Im Rahmen der arbeitnehmerseitigen Beendigungsmöglichkeiten stellt sich die Frage, ob dieser das Arbeitsverhältnis gemäß § 313 Abs. 3 S. 2 i.V.m. S. 1 BGB kündigen kann. Arbeitnehmerseitig stehen jedenfalls keine zu beachtenden kündigungsschutzrechtlichen Vorschriften entgegen. Allerdings ist die außerordentliche Kündigung gemäß § 626 BGB als spezielleres Gestaltungsrecht vorrangig zu erklären.[133] Der Arbeitnehmer muss das Arbeitsverhältnis daher vorrangig außerordentlich kündigen, sodass der Kündigung wegen Störung der Geschäftsgrundlage kaum Praxisrelevanz zukommt.

4. *Abschließender Hinweis*

Die aufgezeigten Grundsätze zur arbeitnehmerseitigen Kündigung gelten gleichermaßen auch im gewöhnlichen Krankheitsfall des Arbeitnehmers. Allerdings wird in der Regel seitens des Arbeitnehmers kein Interesse an der Beendigung des Arbeitsverhältnisses im Krankheitsfall bestehen. Dem Arbeitnehmer ist vielmehr wichtig, dass das Arbeitsverhältnis aufrechterhalten und sein Lohn fortgezahlt wird.[134] Dies gilt ebenso im Pandemiefall, sodass auf arbeitnehmerseitige Beendigungsmöglichkeiten im Pandemiefall später nicht eingegangen wird.

Kapitel 2 Pflichten, Ausgestaltungs-, Veränderungs- und Beendigungsmöglichkeiten des Arbeitgebers

Spiegelbildlich zu dem vorangegangenen Kapitel werden in diesem Kapitel die Pflichten, Veränderungs-, und Beendigungsmöglichkeiten des Arbeitgebers außerhalb einer Pandemie dargestellt. Zudem wird auf die Ausgestaltungsmöglichkeiten des Arbeitgebers im Rahmen seines Weisungsrechts aus § 106 GewO eingegangen.

---

132 *Vossen*, in: Linck/Preis/Schmidt (Hrsg.), Kündigungsrecht, 6. Aufl. 2021, § 626 BGB Rn. 1.

133 *Preis*, in: Linck/Preis/Schmidt (Hrsg.), Kündigungsrecht, 6. Aufl. 2021, 1. Teil K. Rn. 72; siehe auch *Oetker*, in: Müller-Glöge/Preis/Schmidt (Hrsg.), ErfK, 22. Aufl. 2022, § 2 KSchG Rn. 1a m.w.N.

134 *Maties*, in: Koch/Kubiciel/Wollenschläger (Hrsg.), 50 Jahre Juristische Fakultät Augsburg, 2021, 419 spricht bezüglich des Lohns des Arbeitnehmers von dessen „[…] vordinglichste[m] Interesse […].“

A. Pflichten des Arbeitgebers

Zunächst werden die Pflichten des Arbeitgebers aufgezeigt. Dabei wird auch die Pflicht zur Beteiligung des Betriebsrats berücksichtigt.

I. Pflichten des Arbeitgebers im Normalfall

In Einklang mit dem bekannten Aufbau werden zunächst die Arbeitgeberpflichten im Normalfall und anschließend im gewöhnlichen Krankheitsfall des Arbeitnehmers untersucht.

1. Vergütungspflicht, § 611a Abs. 2 BGB

Als synallagmatische Gegenleistungspflicht zur Arbeitspflicht[135] normiert § 611a Abs. 2 BGB die arbeitgeberseitige Pflicht zur Zahlung der vereinbarten Vergütung. Fehlt es an einer ausdrücklichen Vereinbarung, gilt eine solche als stillschweigend vereinbart, wenn die Dienstleistung den Umständen nach nur gegen eine Vergütung zu erwarten ist, vgl. § 612 Abs. 1 BGB.[136]

Während es aus terminologischer Sicht zeitweilig gebräuchlich war, die Vergütung eines Arbeiters als „Lohn" und die eines Angestellten als „Gehalt" zu bezeichnen, werden mittlerweile beide Begriffe überwiegend synonym verwendet.[137] Gängig sind zudem die Bezeichnungen des Entgelts und der Bezüge.[138] In der Praxis ist die Vergütung häufig in Tarifverträgen festgelegt; tarifvertragliche Regelungen werden im Rahmen dieser Arbeit allerdings nicht vertieft behandelt.

Hinsichtlich der Vergütung gilt der Grundsatz „Ohne Arbeit kein Lohn",[139] der sich aus § 326 Abs. 1 S. 1 Hs. 1 BGB ergibt und wie jeder Grundsatz auch

---

135 *Maties*, in: Benecke (Hrsg.), BeckOGK, Stand: 01.03.2022, § 611a BGB Rn. 1064.

136 Im Hinblick auf Überstunden ist darauf hinzuweisen, dass „[d]iese Bestimmung […] auch anzuwenden [ist], wenn über die vertraglich geschuldete Tätigkeit hinaus Sonderleistungen erbracht werden, die durch die vereinbarte Vergütung nicht abgegolten sind, und weder einzelvertraglich noch tarifvertraglich geregelt ist, wie diese Dienste zu vergüten sind […]." Siehe BAG, Urt. v. 29.01.2003 – 5 AZR 703/01, NJOZ 2003, 2847 (2849); BAG, Urt. v. 20.01.2010 – 5 AZR 986/08, AP BGB § 611 Lehrer, Dozenten Nr. 187 Rn. 16.

137 *Joussen*, in: Rolfs/Giesen/Kreikebohm/Meßling/Udsching (Hrsg.), BeckOK ArbR, 64. Edition, Stand: 01.06.2022, § 611a BGB Rn. 185.

138 *Maties*, in: Benecke (Hrsg.), BeckOGK, Stand: 01.03.2022, § 611a BGB Rn. 1064.

139 BT-Drs. 14/6857, 48; *Maties*, in: Benecke (Hrsg.), BeckOGK, Stand: 01.03.2022, § 611a BGB Rn. 1222; *Thüsing*, in: Henssler/Willemsen/Kalb (Hrsg.), Arbeitsrecht Kommentar, 10. Aufl. 2022, § 611a BGB Rn. 554.

Ausnahmen kennt. Dazu zählen etwa § 3 Abs. 1 S. 1 EFZG und §§ 615, 616 BGB, die die Vergütungspflicht auch aufrechterhalten, wenn der Arbeitnehmer seine Arbeitsleistung nicht erbringt. Diesen anspruchserhaltenden Normen wird im Fortgang der Arbeit hohe Relevanz zukommen.

a) Höhe der Vergütung

Die Höhe der Vergütung können die Arbeitsvertragsparteien als Ausprägung des Grundsatzes der Vertragsfreiheit grundsätzlich frei vereinbaren. Allerdings wird der Arbeitnehmer durch bestimmte gesetzliche Regelungen vor sog. Billiglöhnen geschützt. Zum einen verdient das MiLoG an dieser Stelle Erwähnung, das in § 1 Abs. 1 einen Mindestlohn zwingend regelt. Seit der ursprünglichen Höhe von 8,50 Euro wurde der Mindestlohn durch drei Mindestlohnanpassungsverordnungen schrittweise erhöht und beträgt gemäß § 1 Nr. 3 der dritten Mindestlohnanpassungsverordnung aktuell (ab dem 1. Juli 2022) 10,45 Euro je Zeitstunde. Ab dem 1. Oktober 2022 wird der Mindestlohn 12,00 Euro je Zeitstunde betragen, § 1 Abs. 2 MiLoG. Der Anspruch aus § 1 Abs. 1 MiLoG besteht parallel zum Vergütungsanspruch aus § 611a Abs. 2 BGB als eigenständiger gesetzlicher Anspruch und ist erfüllt, „[...] wenn die für den Kalendermonat gezahlte Bruttovergütung den Betrag erreicht, der sich aus der Multiplikation der Anzahl der in diesem Monat tatsächlich geleisteten Arbeitsstunden mit dem gesetzlichen Mindestlohn ergibt.“[140]

Als weitere, vor „Billiglöhnen“ schützende Norm ist § 4 Abs. 3 TVG zu nennen, der das Günstigkeitsprinzip normiert[141] und für tarifgebundene Arbeitnehmer mindestens den tariflichen Lohn sichert.

Ist die Höhe der Vergütung nicht bestimmt, so ist bei dem Bestehen einer Taxe die taxmäßige Vergütung, in Ermangelung einer Taxe die übliche Vergütung als vereinbart anzusehen, § 612 Abs. 2 BGB. Bei Taxen handelt es sich um gesetzliche oder behördliche Vergütungsanordnungen, die es für Arbeitsverhältnisse bislang nicht gibt,[142] sodass sich die Vergütung nach der üblichen Vergütung richtet. Bemessungsgrundlage derselben sind „[...] nach den für gleiche oder ähnliche Dienstleistungen in gleichen oder ähnlichen Gewerben oder Berufen unter Berücksichtigung der persönlichen Verhältnisse des Berechtigten gezahlten Entgelte [...]“.[143] Besteht keine übliche Vergütung oder kann eine

---

140 BAG, Urt. v. 25.05.2016 – 5 AZR 135/16, BeckRS 2016, 69232.

141 *Maties*, in: Benecke (Hrsg.), BeckOGK, Stand: 01.03.2022, § 611a BGB Rn. 1199.

142 *Preis*, in: Müller-Glöge/Preis/Schmidt (Hrsg.), ErfK, 22. Aufl. 2022, § 612 BGB Rn. 36 m.w.N.

143 BGH, Urt. v. 24.10.1989 – X ZR 58/88, NJW-RR 1990, 349 (350).

solche nicht ermittelt werden, kann der Arbeitnehmer auf Grundlage des § 316 BGB die Vergütung einseitig bestimmen.[144] Die Bestimmung muss nach billigem Ermessen getroffen werden, § 315 Abs. 1 BGB. Entspricht die Bestimmung des Arbeitnehmers nicht der Billigkeit, so wird sie durch Urteil getroffen, § 315 Abs. 3 S. 2 Hs. 1 BGB.

b) Erfüllung und Verzug

Das Arbeitsentgelt ist in Euro zu berechnen und auszuzahlen, §§ 107 Abs. 1, 6 Abs. 2 GewO.[145] In der Regel wird es mittels bargeldloser Überweisung ausgezahlt, wobei aufgrund der Qualifizierung als Schickschuld Erfüllung erst mit Gutschrift auf dem Konto des Arbeitnehmers eintritt.[146]

Leistet der Arbeitgeber die Vergütung nicht rechtzeitig, gelten die allgemeinen Verzugsvorschriften der §§ 280 Abs. 1, 2, 286, 288 Abs. 1 BGB. Diesbezüglich kann § 614 BGB relevant werden, der die Fälligkeit der Vergütung regelt und in S. 1 besagt, dass die Vergütung nach Leistung der Dienste zu entrichten ist. Ist die Vergütung nach Zeitabschnitten bemessen, so ist sie nach dem Ablauf der einzelnen Zeitabschnitte zu entrichten, § 614 S. 2 BGB. Allerdings handelt es sich bei § 614 um eine dispositive Regelung.[147] Da die Fälligkeit der Vergütung häufig arbeitsvertraglich geregelt ist, kommt der Norm in der Praxis kaum Bedeutung zu.

2. Nebenleistungs- und Nebenpflichten

Neben der Primärpflicht treffen auch den Arbeitgeber Nebenleistungs- und Nebenpflichten.[148]

---

144 *Joussen*, in: Rolfs/Giesen/Kreikebohm/Meßling/Udsching (Hrsg.), BeckOK ArbR, 64. Edition, Stand: 01.06.2022, § 612 BGB Rn. 36.

145 § 107 Abs. 2 S. 1 GewO bestimmt, dass Arbeitgeber und Arbeitnehmer Sachbezüge als Teil des Arbeitsentgelts vereinbaren können, wenn dies dem Interesse des Arbeitnehmers oder der Eigenart des Arbeitsverhältnisses entspricht.

146 *Preis*, in: Müller-Glöge/Preis/Schmidt (Hrsg.), ErfK, 22. Aufl. 2022, § 611a BGB Rn. 398.

147 BAG, Urt. v. 15.01.2002 – 1 AZR 165/01, NJOZ 2003, 1391 (1393); *Preis*, in: Müller-Glöge/Preis/Schmidt (Hrsg.), ErfK, 22. Aufl. 2022, § 614 BGB Rn. 2.

148 Zu den Nebenleistungs- und Nebenpflichten des Arbeitnehmers siehe Teil 2 Kapitel 1 A I. 2.

a) Allgemeiner Überblick

Bekanntermaßen sind Nebenleistungspflichten akzessorisch zur Hauptpflicht,[149] sodass arbeitgeberseitige Nebenleistungspflichten all solche Nebenpflichten sind, die in Zusammenhang mit der Vergütungspflicht stehen. Beispielhaft zu nennen sind etwa die Lohnabrechnung und die Abführung der Arbeitgeberbeiträge.[150] Da den Nebenleistungspflichten im Verlauf der Arbeit keine Bedeutung zukommt, beschränken sich die nachfolgenden Ausführungen auf die Nebenpflichten. Hinsichtlich dieser wird wie bei der Darstellung der Nebenpflichten des Arbeitnehmers auf eine Systematisierung verzichtet. Vielmehr konzentrieren sich die Ausführungen auch an dieser Stelle auf die Nebenpflichten, welche im Verlauf der Arbeit – insbesondere im Pandemiefall – relevant werden.

b) Auswahl relevanter Nebenpflichten

Dazu zählen sowohl die Beschäftigungspflicht[151] als auch die Schutzpflichten des Arbeitgebers.

aa) Beschäftigungspflicht

Der Arbeitnehmer hat einen allgemeinen Beschäftigungsanspruch gegen den Arbeitgeber. Umgekehrt ist also der Arbeitgeber verpflichtet, den Arbeitnehmer zu beschäftigen. Während diese Beschäftigungspflicht ursprünglich aus dem allgemeinen Persönlichkeitsrecht des Arbeitnehmers (Art. 1, 2 GG) hergeleitet wurde,[152] ergibt sich diese nach neuerer Rechtsprechung des BAG aus Treu und Glauben. „Der Anspruch [und umgekehrt die Pflicht] ist abzuleiten aus den §§ 611, 613 BGB i.V. mit § 242 BGB. Die Generalklausel des § 242 BGB wird dabei ausgefüllt durch die Wertentscheidung der Art. 1 und 2 GG.“[153]

---

149 *Reichold*, in: Kiel/Lunk/Oetker (Hrsg.), MHdB ArbR, Band 1: Individualarbeitsrecht I, 5. Aufl. 2021, § 53 Rn. 12.

150 *Maties*, in: Benecke (Hrsg.), BeckOGK, Stand: 01.03.2022, § 611a BGB Rn. 1449 f.; *Spinner*, in: Säcker/Rixecker/Oetker/Limperg (Hrsg.), MüKoBGB, 8. Aufl. 2020, § 611a BGB Rn. 900.

151 *Maties*, in: Benecke (Hrsg.), BeckOGK, Stand: 01.03.2022, § 611a BGB Rn. 1374 ff.; nach Auffassung von *Preis*, in: Müller-Glöge/Preis/Schmidt (Hrsg.), ErfK, 22. Aufl. 2022, § 611a BGB Rn. 564 kann der Beschäftigungsanspruch „[...] als rechtsfortbildende Konkretisierung der Hauptpflichten [des Arbeitgebers] eingeordnet werden.“

152 BAG, Urt. v. 10.11.1955 – 2 AZR 591/54, NJW 1956, 359.

153 BAG, Beschl. v. 27.02.1985 – GS 1/84, NZA 1985, 702 (703). § 611 wird im Fließtext – anstelle von § 611a BGB – nur zitiert, da zum Zeitpunkt der zitierten Entscheidung der Arbeitsvertrag gemäß § 611a BGB noch nicht kodifiziert war.

Die Beschäftigungspflicht findet ihre Grenze dort, wo überwiegende schutzwürdige Interessen des Arbeitgebers entgegenstehen.[154] „Das kann etwa der Fall sein beim Wegfall der Vertrauensgrundlage, bei Auftragsmangel oder bei einem demnächst zur Konkurrenz abwandernden Arbeitnehmer aus Gründen der Wahrung von Betriebsgeheimnissen."[155]

Der Beschäftigungspflicht wird im späteren Verlauf der Arbeit insbesondere Relevanz zukommen, wenn der Arbeitgeber den Arbeitnehmer in pandemiespezifischen Situationen freistellen möchte.

bb) Schutzpflichten

Für jede Partei eines Schuldverhältnisses gilt schon nach § 241 Abs. 2 BGB die Pflicht, auf die Rechte, Rechtsgüter und Interessen des anderen Teils Rücksicht zu nehmen. So können bereits aus dieser allgemeinen Regelung bestimmte Schutzpflichten hergeleitet werden. Darüber hinaus gilt im Arbeitsverhältnis als Ausprägung der Fürsorgepflicht[156] § 618 BGB, der den Arbeitgeber privatrechtlich zur Einhaltung öffentlich-rechtlicher Schutzmaßnahmen verpflichtet und so das Bindeglied zu den öffentlich-rechtlichen Arbeitsschutzregelungen darstellt.[157] Dieser ist zwingender Natur und kann somit nicht abbedungen werden. Nach § 618 Abs. 1 BGB hat der Dienstberechtigte Räume, Vorrichtungen oder Gerätschaften, die er zur Verrichtung der Dienste zu beschaffen hat, so einzurichten und zu unterhalten und Dienstleistungen, die unter seiner Anordnung oder Leitung vorzunehmen sind, so zu regeln, dass der Verpflichtete gegen Gefahr für Leben und Gesundheit soweit geschützt ist, als die Natur der Dienstleistung es gestattet.

Aufgrund dieser zivilrechtlichen Verankerung des sonst öffentlich-rechtlichen Arbeitsschutzes erlangen Verstöße gegen öffentlich-rechtliche Schutznormen auch zivilrechtlich Bedeutung („Doppelwirkung der Vorschriften des technischen Arbeitsschutzes").[158] Zu öffentlich-rechtlichen Schutzvorschriften zählen alle Normen, die dem Arbeitgeber mittels Gesetzen oder Rechtsverordnungen

---

154 BAG, Beschl. v. 27.02.1985 – GS 1/84, NZA 1985, 702 (703).

155 BAG, Beschl. v. 27.02.1985 – GS 1/84, NZA 1985, 702 (703).

156 BAG, Urt. v. 10.03.1976 – 5 AZR 34/75, AP BGB § 618 Nr. 17.

157 BAG, Urt. v. 12.08.2008 – 9 AZR 1117/06, NZA 2009, 102; *Joussen*, in: Rolfs/Giesen/Kreikebohm/Meßling/Udsching (Hrsg.), BeckOK ArbR, 64. Edition, Stand: 01.06.2022, § 618 BGB Rn. 2; *Koenen/Lehnart*, BB 2020, 1525.

158 BAG, Urt. v. 12.08.2008 – 9 AZR 1117/06, NZA 2009, 102; BAG, Urt. v. 19.05.2009 – 9 AZR 241/08, NZA 2009, 775 (776).

nach § 18 ArbSchG auferlegt werden oder die die Unfallversicherungsträger nach § 15 SGB VII erlassen haben.[159] Allerdings gelten nicht automatisch alle öffentlich-rechtlichen Arbeitsschutzvorschriften auch für jedes Arbeitsverhältnis. Vielmehr müssen diese erst ins Privatrecht „transformiert" werden.[160] Dazu muss mittels Auslegung ermittelt werden, ob der Arbeitnehmer einen Anspruch auf bestimmte Schutzmaßnahmen hat. Denn „[e]ine Arbeitsschutzbestimmung wirkt über § 618 I BGB nach der bisherigen Rechtsprechung nur dann anspruchsbegründend, wenn ihr Inhalt geeignet ist, Gegenstand einer arbeitsvertraglichen Vereinbarung zu sein [...]."[161] Dies ist wiederum dann der Fall, wenn die Regelung auch den Schutz des individuellen Arbeitnehmers bezweckt. Für die später zu beleuchtenden Schutzpflichten des Arbeitgebers in einer Pandemie wird dieser „individuelle Einschlag" in der Regel zu bejahen sein.

Die öffentlich-rechtlichen Schutzvorschriften lassen sich in den technischen Arbeitsschutz, der auch als Arbeitssicherheit bezeichnet wird, und den sozialen Arbeitsschutz, der insbesondere den Arbeitszeitschutz beinhaltet, unterteilen. Klarzustellen ist allerdings, dass § 618 BGB primär den technischen Arbeitsschutz betrifft.[162] Der Vollständigkeit halber und aufgrund hoher Relevanz im späteren Verlauf der Arbeit soll allerdings auch auf den Arbeitszeitschutz eingegangen werden.

(1) Arbeitssicherheit (Technischer Arbeitsschutz)

Die technischen Arbeitsschutzvorschriften setzen einen Mindeststandard in zweierlei Hinsicht. So muss der Arbeitgeber auch zivilrechtlich im Arbeitsverhältnis das vorgegebene Mindestmaß eines Schutzes einhalten. Gleichzeitig kann der Arbeitnehmer jedoch auch keinen höheren Schutzstandard verlangen.[163] Wichtige öffentlich-rechtliche Normen zur Arbeitssicherheit enthält das ArbSchG. Zweck des ArbSchG ist es, die Sicherheit und den Gesundheitsschutz

---

159 *Roloff*, in: Müller-Glöge/Preis/Schmidt (Hrsg.), ErfK, 22. Aufl. 2022, § 618 BGB Rn. 2; vgl. auch *Kleinebrink*, ArbRB 2020, 377; *von Steinau-Steinrück/Jöris*, NJW-Spezial 2020, 370.

160 BAG, Urt. v. 12.08.2008 – 9 AZR 1117/06, NZA 2009, 102 (103).

161 BAG, Urt. v. 12.08.2008 – 9 AZR 1117/06, NZA 2009, 102 (103).

162 Siehe hierzu *Henssler*, in: Säcker/Rixecker/Oetker/Limperg (Hrsg.), MüKoBGB, 8. Aufl. 2020, § 618 BGB Rn. 12, 25.

163 *Nipperdey*, in: Schreiber (Hrsg.), Die Reichsgerichtspraxis im deutschen Rechtsleben, Festgabe der juristischen Fakultäten zum 50jährigen Bestehen des Reichsgerichts, Band IV, 1929, S. 203 (217); *Joussen*, in: Rolfs/Giesen/Kreikebohm/Meßling/Udsching (Hrsg.), BeckOK ArbR, 64. Edition, Stand: 01.06.2022, § 618 BGB Rn. 3.

der Beschäftigten bei der Arbeit durch Maßnahmen des Arbeitsschutzes zu sichern und zu verbessern, vgl. § 1 Abs. 1 S. 1 ArbSchG. Dazu normiert § 3 ArbSchG Grundpflichten des Arbeitgebers, § 4 ArbSchG allgemeine Grundsätze und § 12 ArbSchG eine Unterweisungspflicht.[164]

Der Arbeitgeber ist verpflichtet, die erforderlichen Maßnahmen des Arbeitsschutzes unter Berücksichtigung der Umstände zu treffen, die Sicherheit und Gesundheit der Beschäftigten bei der Arbeit beeinflussen, § 3 Abs. 1 S. 1 ArbSchG. Um diese Pflicht erfüllen zu können, bedarf es zunächst einer Gefährdungsbeurteilung nach § 5 Abs. 1 ArbSchG.[165] Dabei hat der Arbeitgeber die Beurteilung je nach Art der Tätigkeiten vorzunehmen, § 5 Abs. 2 S. 1 ArbSchG. Die Schutzmaßnahmen hat der Arbeitgeber sodann stets auf ihre Wirksamkeit zu überprüfen und erforderlichenfalls sich ändernden Gegebenheiten anzupassen, § 3 Abs. 1 S. 2 ArbSchG. Er hat so eine Verbesserung von Sicherheit und Gesundheitsschutz der Beschäftigten anzustreben, § 3 Abs. 1 S. 3 ArbSchG. Wie sich schon aus dem Wortlaut (erforderlich bzw. erforderlichenfalls) erschließen lässt, gilt bezüglich der arbeitgeberseitigen Maßnahmen der Verhältnismäßigkeitsgrundsatz.[166] Mithin muss die Arbeitsschutzmaßnahme unter Berücksichtigung der dafür erforderlichen Aufwendungen geeignet, erforderlich und angemessen sein (verhältnismäßig im engeren Sinne). Die Kosten für Arbeitsschutzmaßnahmen hat freilich der Arbeitgeber zu tragen, § 3 Abs. 3 ArbSchG.

§ 4 ArbSchG legt in den Nr. 1-8 allgemeine Grundsätze für Arbeitsschutzmaßnahmen fest. Danach ist etwa die Arbeit so zu gestalten, dass eine Gefährdung für das Leben sowie die physische und psychische Gesundheit möglichst vermieden und die verbleibende Gefährdung möglichst geringgehalten wird, § 4 Nr. 1 ArbSchG. Bei den Maßnahmen sind der Stand von Technik, Arbeitsmedizin und Hygiene sowie sonstige gesicherte arbeitswissenschaftliche Erkenntnisse zu berücksichtigen, § 4 Nr. 3 ArbSchG. Dieser Regelung kommt in einer Pandemie hohe Relevanz zu, da darüber Empfehlungen und Stellungnahmen etwa des RKI, der BAuA oder des BMAS berücksichtigt werden müssen.[167]

---

164 Hinsichtlich der Terminologie des ArbSchG sei darauf hingewiesen, dass die Regelungen für Beschäftigte gelten und dabei neben Arbeitnehmern auch zur Berufsbildung Beschäftigte, arbeitnehmerähnliche Personen, Beamte, Richter, Soldaten sowie Beschäftigte in Werkstätten für Behinderte adressieren, § 2 Abs. 2 ArbSchG.

165 *Seiwerth/Witschen*, NZA 2020, 825 (826).

166 *Roloff*, in: Müller-Glöge/Preis/Schmidt (Hrsg.), ErfK, 22. Aufl. 2022, § 3 ArbSchG Rn. 2.

167 Zu den Schutzpflichten des Arbeitgebers in der Pandemie siehe Teil 3 Kapitel 4 A. II. 2.

Nach § 12 Abs. 1 S. 1 ArbSchG hat der Arbeitgeber die Beschäftigten über Sicherheit und Gesundheitsschutz bei der Arbeit während ihrer Arbeitszeit ausreichend und angemessen zu unterweisen.[168] Die Norm konstituiert eine allgemeine Unterweisungspflicht, spezielle Unterweisungspflichten ergeben sich etwa aus § 8 Abs. 1 S. 2 und § 9 Abs. 1 ArbSchG. Entscheidend bezüglich der allgemeinen Unterweisungspflicht ist, dass die Unterweisung an die Gefährdungsentwicklung angepasst sein und erforderlichenfalls regelmäßig wiederholt werden muss, § 12 Abs. 1 S. 4 ArbSchG.

Grundsätzlich gilt es bei jeglichen kollektiven Maßnahmen, die die Verhütung von Arbeitsunfällen und Berufskrankheiten sowie den Gesundheitsschutz im Rahmen der gesetzlichen oder Unfallverhütungsvorschriften betreffen, zu beachten, dass dem Betriebsrat – sofern vorhanden – gemäß § 87 Abs. 1 Nr. 7 BetrVG ein Mitbestimmungsrecht zusteht.

(2) Exkurs: *Arbeitszeitschutz (Sozialer Arbeitsschutz)*

Als weiteres Standbein des Arbeitsschutzrechts soll auch der Arbeitszeitschutz in Grundzügen dargestellt werden, der seine gesetzliche Grundlage im ArbZG findet. Zweck des ArbZG ist es, die Sicherheit und den Gesundheitsschutz der Arbeitnehmer[169] zu gewährleisten, die Rahmenbedingungen für flexible Arbeitszeiten zu verbessern sowie den Sonntag und die staatlich anerkannten Feiertage zu schützen, vgl. § 1 ArbZG.

Der Arbeitszeitschutz setzt sich aus mehreren Regelungsbereichen zusammen. Dazu zählen zunächst Vorschriften zur werktäglichen Arbeitszeit und zu arbeitsfreien Zeiten, also zur Dauer der Tätigkeit, § 3 ff. ArbZG.[170] Im Weiteren werden in den §§ 9 f. ArbZG das grundsätzliche Beschäftigungsverbot an Sonn- und gesetzlichen Feiertagen sowie diesbezügliche Ausnahmen geregelt. So dürfen Arbeitnehmer an Sonn- und Feiertagen beschäftigt werden, sofern die Arbeiten nicht an Werktagen vorgenommen werden können, § 10 Abs. 1 ArbZG. Hohe Relevanz wird im Pandemiefall § 14 ArbZG zukommen, der in Notfällen oder außergewöhnlichen Fällen Abweichungen von den starren Regeln des

168 Für Beschäftigte des öffentlichen Dienstes ergibt sich die Unterrichtungspflicht aus § 14 ArbSchG.

169 Arbeitnehmer im Sinne des ArbZG sind Arbeiter und Angestellte sowie die zu ihrer Berufsbildung Beschäftigten, § 2 Abs. 2 ArbZG.

170 Nach § 7 Abs. 1 ArbZG können abweichende Regelungen zu den §§ 3 - 6 ArbZG in einem Tarifvertrag oder in einer Betriebs- oder Dienstvereinbarung zugelassen werden.

ArbZG ermöglicht. Abschließend bedarf es der Erwähnung, dass das ArbZG auf bestimmte Arbeitnehmer nicht anzuwenden ist, § 18 ArbZG. Dazu zählen etwa leitende Angestellte i.S.d. § 5 Abs. 3 BetrVG[171] und Chefärzte, § 18 Abs. 1 Nr. 1 ArbZG.

3. *Pflicht zur Beteiligung des Betriebsrats*

Sofern ein Betriebsrat gewählt wurde, muss der Arbeitgeber diesen sowohl in der Planungsphase als auch bei der Durchführung von Maßnahmen beteiligen.[172] Existiert kein Betriebsrat, kann der Arbeitgeber in den arbeitsvertraglichen Grenzen Maßnahmen einseitig auf Grundlage seines Direktionsrechts anordnen.[173] Insbesondere im späteren Verlauf der Arbeit, wenn Ausgestaltungs- und Veränderungsmöglichkeiten des Arbeitgebers im Pandemiefall dargestellt werden,[174] kommt der Beteiligung des Betriebsrats Bedeutung zu.

a) *Im Vorfeld der Maßnahme*

Der Arbeitgeber ist zunächst verpflichtet, den Betriebsrat rechtzeitig umfassend zu unterrichten, damit dieser seine Aufgaben nach dem BetrVG wahrnehmen kann, § 80 Abs. 2 S. 1 Hs. 1 BetrVG. Darüber hinaus hat der Arbeitgeber den Betriebsrat über die Planung insbesondere von Arbeitsverfahren und Arbeitsabläufen rechtzeitig unter Vorlage der erforderlichen Informationen zu unterrichten, § 90 Abs. 1 Nr. 3 BetrVG. Er hat mit dem Betriebsrat die vorgesehenen Maßnahmen und ihre Auswirkungen auf die Arbeitnehmer, insbesondere auf die

---

171 Leitender Angestellter ist gemäß § 5 Abs. 3 S. 2 BetrVG, wer nach Arbeitsvertrag und Stellung im Unternehmen oder im Betrieb zur selbständigen Einstellung und Entlassung von im Betrieb oder in der Betriebsabteilung beschäftigten Arbeitnehmern berechtigt ist (Nr. 1) oder Generalvollmacht oder Prokura hat und die Prokura auch im Verhältnis zum Arbeitgeber nicht unbedeutend ist (Nr. 2) oder regelmäßig sonstige Aufgaben wahrnimmt, die für den Bestand und die Entwicklung des Unternehmens oder eines Betriebs von Bedeutung sind und deren Erfüllung besondere Erfahrungen und Kenntnisse voraussetzt, wenn er dabei entweder die Entscheidungen im Wesentlichen frei von Weisungen trifft oder sie maßgeblich beeinflusst; dies kann auch bei Vorgaben insbesondere aufgrund von Rechtsvorschriften, Plänen oder Richtlinien sowie bei Zusammenarbeit mit anderen leitenden Angestellten gegeben sein (Nr. 3).

172 Grundsätzlich steht es den Arbeitnehmern frei, einen Betriebsrat zu wählen, sofern die Betriebsratsfähigkeit i.S.d. § 1 BetrVG gegeben ist.

173 *Werner*, in: Rolfs/Giesen/Kreikebohm/Meßling/Udsching (Hrsg.), BeckOK ArbR, 64. Edition, Stand: 01.06.2022, § 87 BetrVG Rn. 3.

174 Siehe dazu Teil 3 Kapitel 4 B. und C.

Art ihrer Arbeit sowie die sich daraus ergebenden Anforderungen an die Arbeitnehmer so rechtzeitig zu beraten, dass Vorschläge und Bedenken des Betriebsrats bei der Planung berücksichtig werden können, § 90 Abs. 2 S. 1 BetrVG. Auch bei personellen Einzelmaßnahmen kann der Betriebsrat zu beteiligen sein, § 99 Abs. 1 BetrVG, etwa wenn der Arbeitgeber eine Versetzung beabsichtigt. Diesem Beteiligungsrecht kann insbesondere im Hinblick auf Home-Office-Anordnungen oder -Vereinbarungen Bedeutung zukommen.

Will der Arbeitgeber ein Arbeitsverhältnis kündigen, muss der Betriebsrat vorher angehört werden, § 102 Abs. 1 S. 1 BetrVG. Dabei hat der Arbeitgeber dem Betriebsrat die Kündigungsgründe mitzuteilen, § 102 Abs. 1 S. 2 BetrVG. Unterlässt der Arbeitgeber die Anhörung, so ist die Kündigung unwirksam § 102 Abs. 1 S. 3 BetrVG.

b) Während der Durchführung der Maßnahme

Der Schwerpunkt der in dieser Arbeit nur kursorisch betrachteten Beteiligungsrechte liegt auf den zwingenden Mitbestimmungsrechten des Betriebsrats nach § 87 Abs. 1 BetrVG, die nur bestehen, soweit es an einer gesetzlichen oder tariflichen Regelung fehlt. Die Wirksamkeit einer von § 87 Abs. 1 BetrVG erfassten Maßnahme hängt von der Zustimmung des Betriebsrats ab.[175] Folgerichtig ist die Anordnung einer Maßnahme ohne Zustimmung rechtswidrig.[176] Zur Beteiligung des Betriebsrats bietet sich der Abschluss einer Betriebsvereinbarung nach § 77 Abs. 2 BetrVG an,[177] da diese nach § 77 Abs. 4 S. 1 BetrVG unmittelbar und zwingend gilt und es so keiner individualvertraglichen Vereinbarung mit jedem Arbeitnehmer bedarf.[178] Soweit Mitbestimmungsrechte des Betriebsrats

---

175 Siehe u.a. BAG, Beschl. v. 22.12.1980 – 1 ABR 2/79, AP GG Art. 9 Arbeitskampf Nr. 70; BAG, Urt. v. 21.01.2003 – 3 AZR 30/02, NZA 2004, 331 (333).

176 *Werner*, in: Rolfs/Giesen/Kreikebohm/Meßling/Udsching (Hrsg.), BeckOK ArbR, 64. Edition, Stand: 01.06.2022, § 87 BetrVG Rn. 1 m.w.N.

177 Zum notwendigen Inhalt der Betriebsvereinbarung siehe etwa *Kleinebrink*, ArbRB 2020, 221 (222); *Zieglmeier*, DStR 2020, 729 (730). *Maties*, in: Koch/Kubiciel/Wollenschläger (Hrsg.), 50 Jahre Juristische Fakultät Augsburg, 2021, 421 weist indes darauf hin, dass diese Auffassung nicht damit zu vereinbaren ist, „[…] dass der Betriebsrat die Rechtsposition des Arbeitnehmers nicht verschlechtern darf […].“

178 Dies gilt allerdings nicht für leitende Angestellte, da das BetrVG gemäß § 5 Abs. 3 S. 1 BetrVG auf leitende Angestellte grundsätzlich keine Anwendung findet. Falls ein Sprecherausschuss besteht, kommt aber eine Einführung von Kurzarbeit über die Richtlinien i.S.d. § 28 Abs. 1 SprAuG in Betracht (siehe etwa *Kleinebrink*, ArbRB 2020, 221 (222)).

in Betracht kommen, ist allgemein darauf hinzuweisen, dass diese grundsätzlich[179] nur zu berücksichtigen sind, wenn ein kollektiver Bezug gegeben ist. Dieser fehlt, wenn nur ein einzelner Arbeitnehmer betroffen ist.[180]

Ähnlich wie schon bei den Abschnitten zu den Nebenpflichten der arbeitsvertraglichen Parteien werden im Folgenden nur die pandemiespezifisch relevanten Mitbestimmungsrechte angesprochen.

c) Auswahl pandemiespezifisch relevanter Mitbestimmungsrechte

Zunächst steht dem Betriebsrat, soweit eine gesetzliche oder tarifliche Regelung nicht besteht, bei Fragen der Ordnung des Betriebs und des Verhaltens der Arbeitnehmer im Betrieb ein Mitbestimmungsrecht zu, § 87 Abs. 1 Nr. 1 BetrVG. Im Gegensatz zu Maßnahmen, die allein das Arbeitsverhalten betreffen, ist der Betriebsrat also bei Maßnahmen, die auch das Ordnungsverhalten betreffen, mitbestimmungsberechtigt.[181] So besteht das Mitbestimmungsrecht etwa bei Arbeitnehmerkontrollen nur, soweit die Maßnahme auf die Ordnung des Betriebs abzielt.[182] Insbesondere bei betrieblichen Gesundheitskontrollen[183] in der Pandemie wird dieses Mitbestimmungsrecht zu beachten sein. Greift der Arbeitgeber zum Zweck der Durchführung der Gesundheitskontrolle auf technische Einrichtungen zurück, ist zudem das Mitbestimmungsrecht des § 87 Abs. 1 Nr. 6 BetrVG zu berücksichtigen.

Ein weiteres, für diese Arbeit relevantes Mitbestimmungsrecht ergibt sich aus § 87 Abs. 1 Nr. 2 BetrVG bezüglich des Beginns und Endes der täglichen Arbeitszeit einschließlich der Pausen sowie Verteilung der Arbeitszeit auf die einzelnen Wochentage. Muss in einer Pandemie bspw. im Gesundheitssektor wesentlich mehr gearbeitet werden als gewöhnlich oder in anderen Branchen deutlich weniger und die Arbeitszeiten werden etwa durch die Anordnung von Überstunden oder die Einführung von Kurzarbeit[184] modifiziert, ist der Betriebsrat

---

179 Im Fall von Maßnahmen ohne kollektiven Bezug, die § 87 Abs. 1 Nr. 5 und Nr. 9 BetrVG unterfallen, sind diese Mitbestimmungsrechte auch zu berücksichtigen. Siehe *Werner*, in: Rolfs/Giesen/Kreikebohm/Meßling/Udsching (Hrsg.), BeckOK ArbR, 64. Edition, Stand: 01.06.2022, § 87 BetrVG Rn. 12.

180 *Kania*, in: Müller-Glöge/Preis/Schmidt (Hrsg.), ErfK, 22. Aufl. 2022, § 87 BetrVG Rn. 6.

181 BAG, Urt. v. 23.08.2018 – 2 AZR 235/18, AP BGB § 626 Nr. 272 Rn. 27.

182 *Werner*, in: Rolfs/Giesen/Kreikebohm/Meßling/Udsching (Hrsg.), BeckOK ArbR, 64. Edition, Stand: 01.06.2022, § 87 BetrVG Rn. 29.

183 In der COVID-19-Pandemie waren Arbeitgeber bspw. auch verpflichtet, Tests anzubieten. Siehe dazu Teil 3 Kapitel 4 A. II. 2. b).

184 *Werner*, in: Rolfs/Giesen/Kreikebohm/Meßling/Udsching (Hrsg.), BeckOK ArbR, 64. Edition, Stand: 01.06.2022, § 87 BetrVG Rn. 70.

zu beteiligen. In diesen Konstellationen ist ggf. auch das Mitbestimmungsrecht des § 87 Abs. 1 Nr. 3 BetrVG zu berücksichtigen, das bei der vorübergehenden Verkürzung oder Verlängerung der betriebsüblichen Arbeitszeit einschlägig ist. Parallel zu Fragen der Arbeitszeit stellen sich ggf. Fragen der betrieblichen Lohngestaltung. Ein diesbezügliches Mitbestimmungsrecht ergibt sich aus § 87 Abs. 1 Nr. 10 BetrVG.

Überragende Bedeutung kommt schließlich dem Mitbestimmungsrecht bei Regelungen über die Verhütung von Arbeitsunfällen und Berufskrankheiten sowie über den Gesundheitsschutz im Rahmen der gesetzlichen Vorschriften oder der Unfallverhütungsvorschriften zu, § 87 Abs. 1 Nr. 7 BetrVG. Bei jeglichen Schutzmaßnahmen, die der Arbeitgeber in einer Pandemie ergreift,[185] wird dieses Mitbestimmungsrecht zu berücksichtigen sein.

d) Beteiligung des Betriebsrats in Notsituationen

Während die zwingende Mitbestimmung des Betriebsrats auch in Eilfällen nicht suspendiert werden kann,[186] soll der Arbeitgeber im Notfall auch ohne Mitwirkung des Betriebsrats entscheiden können.[187] „Schon dem Grundsatz der vertrauensvollen Arbeit (§ 2I BetrVG) kann entnommen werden, daß in […] extremen Notsituationen der Arbeitgeber das Recht hat, vorläufig zur Abwendung akuter Gefahren oder Schäden eine Maßnahme durchzuführen, wenn er unverzüglich die Beteiligung des Betriebsrats nachholt."[188] An einen Notfall sind jedoch hohe Anforderungen geknüpft. So kann „[u]nter einem Notfall […] in Abgrenzung gegenüber dem Eilfall jedenfalls nur eine plötzl., nicht voraussehbar gewesene und schwerwiegende Situation verstanden werden, die zur Verhinderung nicht wiedergutzumachender Schäden zu unaufschiebbaren Maßnahmen zwingt […]."[189]

II. Vergütungspflicht im gewöhnlichen Krankheitsfall des Arbeitnehmers

Im Krankheitsfall des Arbeitnehmers erlischt dessen Arbeitspflicht, entweder gemäß § 275 Abs. 1 BGB bei objektiver Nichterbringbarkeit der Leistung oder

185 Zu den Schutzpflichten des Arbeitgebers in der Pandemie siehe Teil 3 Kapitel 4 A. II. 2.
186 BAG, Beschl. v. 09.07.2013 – 1 ABR 19/12, NZA 2014, 99 (101).
187 BAG, Beschl. v. 19.02.1991 – 1 ABR 31/90, NZA 1991, 609 (611); *Koch*, in: Schaub/Koch, Arbeitsrecht von A-Z, 26. Aufl. 2022, Betriebsrat (Beteiligungsrechte).
188 BAG, Beschl. v. 19.02.1991 – 1 ABR 31/90, NZA 1991, 609 (611).
189 BAG, Beschl. v. 02.03.1982 – 1 ABR 74/79, AP BetrVG 1972 § 87 Arbeitszeit Nr. 6.

im Übrigen durch arbeitnehmerseitige Erhebung der Einrede nach § 275 Abs. 3 BGB.[190] Nach dem aus § 326 Abs. 1 S. 1 Hs. 1 BGB hergeleiteten Grundsatz „Ohne Arbeit kein Lohn" würde die Vergütungspflicht auch entfallen. Allerdings kommen im Krankheitsfall des Arbeitnehmers zum Schutz desselben zwei vergütungserhaltende Normen in Betracht. Die prominenteste Regelung in diesem Zusammenhang ist § 3 Abs. 1 S. 1 EFZG, die primär der existenziellen Absicherung des Arbeitnehmers im Krankheitsfall dient.[191]

1. Vergütungspflicht gemäß § 3 Abs. 1 S. 1 EFZG

Wird ein Arbeitnehmer durch Arbeitsunfähigkeit infolge Krankheit an seiner Arbeitsleistung verhindert, ohne dass ihn ein Verschulden trifft, so hat er Anspruch auf Entgeltfortzahlung im Krankheitsfall durch den Arbeitgeber für die Zeit der Arbeitsunfähigkeit bis zur Dauer von sechs Wochen, § 3 Abs. 1 S. 1 EFZG. Da einzelnen Tatbestandsmerkmalen im späteren Verlauf der Arbeit hohe Bedeutung zukommt, werden diese im Folgenden überblicksartig dargestellt.

a) Arbeitsunfähigkeit infolge Krankheit

Allgemeine Voraussetzung ist freilich zunächst, dass ein Arbeitsverhältnis besteht. Erforderlich ist sodann, dass der Arbeitnehmer infolge Krankheit arbeitsunfähig geworden ist. Sowohl bezüglich der Krankheit als auch bezüglich der Arbeitsunfähigkeit fehlt es an einer Legaldefinition, sodass insbesondere diesbezügliche Rechtsprechung maßgeblich ist. So ist nach Auffassung des BAG „Krankheit im Sinne des EFZG [...] jeder regelwidrige Körper- oder Geisteszustand. Was regelwidrig ist, bestimmt sich nach dem Stand der (medizinischen) Wissenschaft [...]."[192] Dabei ist es grundsätzlich ohne Belang, auf welcher Ursache die Erkrankung gründet.[193] So ist auch ein regelwidriger Körper- oder Geisteszustand, der bereits seit der Geburt vorliegt, als Krankheit anzusehen.[194]

Arbeitsunfähig infolge der Krankheit ist ein Arbeitnehmer nur, „[...] wenn ein Krankheitsgeschehen [...][diesen] außer Stand setzt, die ihm nach dem Inhalt des Arbeitsverhältnisses obliegende Arbeit zu verrichten, bzw. wenn er

---

190 Siehe dazu ausführlich Teil 2 Kapitel 1 A. II. 1.

191 *Greiner*, in: Kiel/Lunk/Oetker (Hrsg.), MHdB ArbR, Band 1: Individualarbeitsrecht I, 5. Aufl. 2021, § 79 Rn. 5.

192 BAG, Urt. v. 09.04.2014 – 10 AZR 637/13, NZA 2014, 719 (720).

193 *Feichtinger*, in: ders./Malkmus (Hrsg.), Entgeltfortzahlungsrecht, 2. Aufl. 2010, § 3 EFZG Rn. 21.

194 BAG, Urt. v. 05.04.1976 – 5 AZR 397/75, AP LohnFG § 1 Nr. 40.

die Arbeit nur unter der Gefahr, in absehbar naher Zeit seinen Zustand zu verschlimmern, fortsetzen könnte […].“[195] Nachdem das BAG befunden hat, dass die sozialrechtliche Arbeitsunfähigkeits-Richtlinie mit dem arbeitsrechtlichen Begriff der Arbeitsunfähigkeit in Einklang steht,[196] ist auch diese bei der Frage, ob Arbeitsunfähigkeit vorliegt, zu berücksichtigen.

Das Vorliegen der Arbeitsunfähigkeit ist von einem Arzt festzustellen,[197] wobei allein eine objektive Sichtweise maßgeblich ist. Die subjektive Wahrnehmung des Arbeitnehmers ist hingegen ohne Belang.[198] So ist unter Berücksichtigung der Umstände des Einzelfalles, insbesondere des Ausmaßes der Erkrankung, aber auch der Eigenart der Arbeitspflicht[199] von einem Arzt zu ermitteln, ob der Arbeitnehmer arbeitsunfähig ist.[200] Dass die Eigenart der Arbeitspflicht entscheidend ist, ergibt sich auch aus § 2 Abs. 5 S. 1 der Arbeitsunfähigkeits-Richtlinie. So setzt die vertragsärztliche Beurteilung die Befragung zur aktuell ausgeübten Tätigkeit und zu den damit verbundenen Anforderungen und Belastungen voraus.

b) Dadurch Verhinderung an der Arbeitsleistung (Monokausalität)

Entscheidend ist, dass allein die krankheitsbedingte Arbeitsunfähigkeit für die Arbeitsverhinderung kausal sein darf.[201] Gebräuchlich ist mithin der Terminus der Monokausalität.[202] „Das ist nicht der Fall, wenn der Arbeitnehmer

---

195 BAG, Urt. v. 14.01.1972 – 5 AZR 264/71, AP LohnFG § 1 Nr. 12; BAG, Urt. v. 09.01.1985 – 5 AZR 415/82, AP LohnFG § 1 Nr. 62; BAG, Urt. v. 07.08.1991 – 5 AZR 410/90, NZA 1992, 69.

196 BAG, Urt. v. 21.11.2018 – 7 AZR 394/17, NZA 2019, 309 (313).

197 *Feichtinger*, in: ders./Malkmus (Hrsg.), Entgeltfortzahlungsrecht, 2. Aufl. 2010, § 3 EFZG Rn. 55.

198 *Feichtinger*, in: ders./Malkmus (Hrsg.), Entgeltfortzahlungsrecht, 2. Aufl. 2010, § 3 EFZG Rn. 27.

199 BAG, Urt. v. 25.06.1981 – 6 AZR 940/78, NJW 1982, 712.

200 *Feichtinger*, in: ders./Malkmus (Hrsg.), Entgeltfortzahlungsrecht, 2. Aufl. 2010, § 3 EFZG Rn. 28.

201 BAG, Urt. v. 26.06.1996 – 5 AZR 872/94, NZA 1996, 1087 (1088); BAG, Urt. v. 05.07.1995 – 5 AZR 135/94, NJW 1996, 1617 (1618); BAG, Urt. v. 08.03.1989 – 5 AZR 116/88, NZA 1989, 688 (689); *Ricken*, in: Rolfs/Giesen/Kreikebohm/Meßling/Udsching (Hrsg.), BeckOK ArbR, 64. Edition, Stand: 01.06.2022, § 3 EFZG Rn. 21; *Preis*, in: Müller-Glöge/Preis/Schmidt (Hrsg.), ErfK, 22. Aufl. 2022, § 3 EFZG Rn. 14.

202 *Ricken*, in: Rolfs/Giesen/Kreikebohm/Meßling/Udsching (Hrsg.), BeckOK ArbR, 64. Edition, Stand: 01.06.2022, § 3 EFZG Rn. 21; *Reinhard*, in: Müller-Glöge/Preis/Schmidt (Hrsg.), ErfK, 22. Aufl. 2022, § 3 EFZG Rn. 14.

auch aus einem anderen Grund […] nicht gearbeitet hätte […].“[203] Sind also mehrere Umstände für die Verhinderung kausal, greift § 3 Abs. 1 S. 1 EFZG als anspruchserhaltende Norm nicht.[204]

Hat der Arbeitnehmer auch aus einer anderen Rechtsgrundlage einen Vergütungsanspruch gegen den Arbeitgeber, ist die Anspruchskonkurrenz nach normativen Gesichtspunkten zu lösen, wenn sich die Lösung nicht bereits aus dem Gesetz ergibt. Erkrankt etwa der Arbeitnehmer während seines Urlaubs, ergibt sich aus § 9 BUrlG, dass die durch ärztliches Zeugnis nachgewiesenen Tage der Arbeitsunfähigkeit auf den Jahresurlaub nicht angerechnet werden. Ist der Arbeitgeber für Arbeitszeit, die gleichzeitig infolge eines gesetzlichen Feiertags ausgefallen ist, zur Entgeltfortzahlung gemäß § 3 EFZG verpflichtet, bemisst sich die Höhe des fortzuzahlenden Entgelts nach § 2 EFZG, vgl. § 4 Abs. 2 EFZG.

c) Kein Verschulden

Zuletzt darf dem Arbeitnehmer hinsichtlich seiner krankheitsbedingten Arbeitsunfähigkeit kein Verschuldensvorwurf gemacht werden können. An dieser Stelle gilt es zu betonen, dass es sich bei dem Merkmal des Verschuldens im Rahmen des § 3 EFZG keinesfalls um den zivilrechtlich allgemein bekannten Verschuldensmaßstab des § 276 BGB handelt, sondern vielmehr um „ein Verschulden gegen sich selbst“.[205] Dieses wird vom BAG bejaht, wenn der Arbeitnehmer „[…] in erheblichem Maße gegen die von einem verständigen Menschen im eigenen Interesse zu erwartende Verhaltensweise verstößt […].“[206] „Erforderlich ist ein grober oder gröblicher Verstoß gegen das Eigeninteresse eines verständigen Menschen und damit ein besonders leichtfertiges oder vorsätzliches Verhalten […].“[207] In diesen Fällen würde es Billigkeitserwägungen widersprechen, dem Arbeitgeber die Vergütungspflicht aufzuerlegen.[208] Während gewöhnliche Krankheiten in der Regel nicht schuldhaft i.S.d. § 3 EFZG verursacht werden, kann dies bspw. der Fall sein, wenn der Arbeitnehmer einer konkreten ärztlichen

---

203 BAG, Urt. v. 15.02.2012 – 7 AZR 774/10, NZA 2012, 1112 (1115) Rn. 37.

204 *Sievers*, in: Boecken/Düwell/Diller/Hanau (Hrsg.), Gesamtes Arbeitsrecht, 2016, § 3 EFZG Rn. 48.

205 BAG, Urt. v. 18.03.2015 – 10 AZR 99/14, NJW 2015, 2444 f.; *Reinhard*, in: Müller-Glöge/Preis/Schmidt (Hrsg.), ErfK, 22. Aufl. 2022, § 3 EFZG Rn. 23.

206 BAG, Urt. v. 27.05.1992 – 5 AZR 297/91, BeckRS 1992, 30741372; BAG, Urt. v. 18.03.2015 – 10 AZR 99/14, NZA 2015, 801 (802).

207 BAG, Urt. v. 18.03.2015 – 10 AZR 99/14, NZA 2015, 801 (802).

208 BAG, Urt. v. 11.11.1987 – 5 AZR 497/86, NJW 1988, 1546 (1547).

Weisung zuwiderhandelt.[209] Kann nicht dem Arbeitnehmer dieser spezifische Verschuldensvorwurf gemacht werden, sondern hat der Arbeitgeber die krankheitsbedingte Arbeitsunfähigkeit des Arbeitnehmers zu verantworten, bleibt die Vergütungspflicht wegen § 326 Abs. 2 S. 1 Var. 1 BGB bestehen. Beweisbelastet ist grundsätzlich der Arbeitgeber, da das Vorbringen, dass die Zahlungspflicht wegen Verschuldens des Arbeitnehmers nicht besteht, eine Einwendung ist.[210] Den Arbeitnehmer können allerdings Mitwirkungspflichten bei der Aufklärung treffen.[211]

d) Wartezeit, § 3 Abs. 3 EFZG

Im Übrigen ist zu beachten, dass der Entgeltfortzahlungsanspruch nach § 3 Abs. 1 EFZG erst nach vierwöchiger ununterbrochener Dauer des Arbeitsverhältnisses entsteht, vgl. § 3 Abs. 3 EFZG. Dabei kommt es allein darauf an, dass das Arbeitsverhältnis in rechtlicher Hinsicht für vier Wochen ununterbrochen bestanden hat. Die tatsächliche Beschäftigung des Arbeitnehmers ist hingegen nicht erforderlich.[212] Erkrankt ein Arbeitnehmer während der vierwöchigen Wartezeit arbeitsunfähig, besteht ein Anspruch auf Krankengeld aus § 44 Abs. 1 SGB V gegen die Krankenkasse.[213]

e) Rechtsfolge

Sind die tatbestandlichen Voraussetzungen des § 3 Abs. 1 S. 1 EFZG erfüllt, bleibt der Arbeitgeber entgegen dem Grundsatz des § 326 Abs. 1 S. 1 Hs. 1 BGB bis zur Dauer von sechs Wochen[214] zur Vergütung verpflichtet. Wird der Arbeitnehmer infolge derselben Krankheit erneut arbeitsunfähig, so verliert er wegen der erneuten Arbeitsunfähigkeit den Anspruch nach S. 1 für einen weiteren Zeitraum von sechs Wochen gemäß § 3 Abs. 1 S. 2 EFZG nicht, wenn er vor der erneuten Arbeitsunfähigkeit mindestens sechs Monate nicht infolge derselben

---

209 *Ricken*, in: Rolfs/Giesen/Kreikebohm/Meßling/Udsching (Hrsg.), BeckOK ArbR, 64. Edition, Stand: 01.06.2022, § 3 EFZG Rn. 37.

210 LAG Baden-Württemberg, Urt. v. 30.03. 2000 – 4 Sa 108/99, NZA-RR 2000, 349.

211 LAG Baden-Württemberg, Urt. v. 30.03. 2000 – 4 Sa 108/99, NZA-RR 2000, 349.

212 *Reinhard*, in: Müller-Glöge/Preis/Schmidt (Hrsg.), ErfK, 22. Aufl. 2022, § 3 EFZG Rn. 33; *Ricken*, in: Rolfs/Giesen/Kreikebohm/Meßling/Udsching (Hrsg.), BeckOK ArbR, 64. Edition, Stand: 01.06.2022, § 3 EFZG Rn. 60.

213 *Sievers*, in: Boecken/Düwell/Diller/Hanau (Hrsg.), Gesamtes Arbeitsrecht, 2016, § 3 EFZG Rn. 9.

214 Danach kommt ein Anspruch auf Krankengeld gemäß § 44 SGB V in Betracht.

Krankheit arbeitsunfähig war (Nr. 1) oder seit Beginn der ersten Arbeitsunfähigkeit infolge derselben Krankheit eine Frist von zwölf Monaten abgelaufen ist (Nr. 2). Diese Regelung wird im Pandemiefall eher keine Relevanz entfalten, auch wenn – wie in der COVID-19-Pandemie – Fälle auftreten, in welchen sich Personen mehrfach infizieren.[215] Denn „[w]iederholte Arbeitsunfähigkeit infolge derselben Krankheit liegt dann vor, wenn die Krankheit, auf der die frühere Arbeitsunfähigkeit beruhte, in der Zeit zwischen dem Ende der voraufgegangenen und dem Beginn der neuen Arbeitsunfähigkeit medizinisch nicht vollständig ausgeheilt war, sondern als Grundleiden latent weiterbestanden hat, so daß die neue Erkrankung nur eine Fortsetzung der früheren Erkrankung bedeutet […].“[216] Im Fall der Mehrfachinfektion mit dem pandemischen Erreger und daraus resultierenden Mehrfacherkrankungen wird ein Grundleiden durch die vorherige pandemische Erkrankung in der Regel nicht vorliegen. Vielmehr werden insbesondere virale Erreger, die regelmäßig mutieren, zu neuen Infektionen und neuen Erkrankungen führen, die in keinem Zusammenhang zu einer vorherigen pandemischen Erkrankung stehen.

Eine individualvertragliche oder kollektivrechtliche Abweichung von § 3 EFZG ist wegen § 12 EFZG nicht möglich.

2. *Vergütungspflicht gemäß § 616 S. 1 BGB*

Muss ein Arbeitnehmer einen Arzt aufsuchen[217] oder ist krank, ohne aber krankheitsbedingt arbeitsunfähig zu sein, kommt eine Anwendung des § 616 S. 1 BGB in Betracht.[218] Bei festgestellter krankheitsbedingter Arbeitsunfähigkeit scheidet eine Anwendung des § 616 S. 1 BGB auf Arbeitnehmer hingegen aus, da diesbezüglich die Vorschriften des EFZG als *leges speciales* Vorrang genießen.[219]

---

215 *NTV*, Schweden meldet erste Mehrfachinfektion, Stand: 16.10.2020, abrufbar unter: https://www.n-tv.de/panorama/Schweden-meldet-erste-Mehrfachinfektion-article22106961.html.

216 BAG, Urt. v. 14.11.1984 – 5 AZR 394/82, AP LohnFG § 1 Nr. 61.

217 Differenzierend zu den Fällen, in welchen der Arztbesuch ein persönlicher Verhinderungsgrund ist, siehe *Preis*, in: Müller-Glöge/Preis/Schmidt (Hrsg.), ErfK, 22. Aufl. 2022, § 616 BGB Rn. 7.

218 BAG, Urt. v. 29.02.1984 – 5 AZR 455/81 Rn. 16; *Krause*, in: Henssler/Willemsen/Kalb (Hrsg.), Arbeitsrecht Kommentar, 10. Aufl. 2022, § 616 BGB Rn. 20 ff.; *Joussen*, in: Rolfs/Giesen/Kreikebohm/Meßling/Udsching (Hrsg.), BeckOK ArbR, 64. Edition, Stand: 01.06.2022, § 616 BGB Rn. 10.

219 *Krause*, in: Henssler/Willemsen/Kalb (Hrsg.), Arbeitsrecht Kommentar, 10. Aufl. 2022, § 616 BGB Rn. 20 ff.

Gemäß § 616 S. 1 BGB wird der zur Dienstleistung Verpflichtete seines Anspruchs auf Vergütung nicht dadurch verlustig, dass er für eine verhältnismäßig nicht erhebliche Zeit durch einen in seiner Person liegenden Grund ohne sein Verschulden an der Dienstleistung verhindert wird. Wie sich bereits aus dem Wortlaut der Norm ergibt, regelt auch diese keinen eigenen Anspruch des Arbeitnehmers. Vielmehr erhält auch diese den Vergütungsanspruch in Abweichung zum Grundsatz des § 326 Abs. 1 S. 1 Hs. 1 BGB aufrecht.[220]

Da wie § 3 Abs. 1 S. 1 EFZG auch § 616 S. 1 BGB im späteren Verlauf der Arbeit hohe Bedeutung zukommen wird, bedarf es vorab einer allgemeinen Darstellung der Tatbestandsvoraussetzungen.[221]

a) Arbeitsverhinderung

Ein bestehendes Arbeitsverhältnis vorausgesetzt, ist erforderlich, dass der Arbeitnehmer an der Arbeitsleistung verhindert wird. Darunter fällt nicht nur, dass diesem die Arbeitsleistung gemäß § 275 Abs. 1 BGB unmöglich wird. Vielmehr ist grundsätzlich auch erfasst, dass der Arbeitnehmer infolge der Erhebung der Einrede des § 275 Abs. 3 BGB von seiner Leistungspflicht frei wird.[222] Eine Unzumutbarkeit i.S.d § 275 Abs. 3 BGB ist jedoch nur als Arbeitsverhinderung i.S.d § 616 S. 1 BGB zu sehen, wenn für den Arbeitnehmer eine Pflichtenkollision besteht, bei der die Arbeitspflicht hinter den konkurrierenden Pflichten zurücktritt.[223]

b) Wegen eines in der Person des Arbeitnehmers liegenden Grundes

Entscheidend ist, dass der Arbeitnehmer aufgrund eines subjektiven, also in seiner Sphäre liegenden Grundes an der Arbeitsleistung verhindert wird.

---

220 Siehe dazu auch *Joussen*, in: Rolfs/Giesen/Kreikebohm/Meßling/Udsching (Hrsg.), BeckOK ArbR, 64. Edition, Stand: 01.06.2022, § 616 BGB Rn. 4.

221 Es sei darauf hingewiesen, dass die Norm schon nach dem Wortlaut nicht nur für Arbeitnehmer gilt, sondern für alle Dienstleistungsverpflichteten. Da diese Arbeit im Schwerpunkt arbeitsvertragliche Pflichten behandelt, wird im Folgenden jedoch häufig nicht vom Dienste-, sondern vom Arbeitnehmer die Rede sein.

222 Siehe BAG, Urt. v. 19.04.1978 – 5 AZR 834/76, NJW 1978, 2316 (2317); *Preis*, in: Müller-Glöge/Preis/Schmidt (Hrsg.), ErfK, 22. Aufl. 2022, § 616 BGB Rn. 3; *Henssler*, in: Säcker/Rixecker/Oetker/Limperg (Hrsg.), MüKoBGB, 8. Aufl. 2020, § 616 BGB Rn. 18.

223 *Joussen*, in: Rolfs/Giesen/Kreikebohm/Meßling/Udsching (Hrsg.), BeckOK ArbR, 64. Edition, Stand: 01.06.2022, § 616 BGB Rn. 16; zu Beispielen der Unzumutbarkeit siehe auch *Bieder*, in: Benecke (Hrsg.), BeckOGK, Stand: 01.07.2022 § 616 Rn. 24 ff.

Hierzu zählen insbesondere familiäre Ereignisse und persönliche Unglücksfälle sowie die vorrangige Erfüllung religiöser Pflichten.[224] Bestehen hingegen objektive Gründe, die eine Mehrzahl an Arbeitnehmern an der Leistungserbringung hindern können, greift der anspruchserhaltende § 616 S. 1 BGB nicht.[225] Hierbei kommt es nicht darauf an, ob tatsächlich eine Mehrzahl an Arbeitnehmern wegen des objektiven Grundes an der Arbeit verhindert war. Vielmehr ist anhand einer normativ-hypothetischen Betrachtung zu ermitteln, ob der Verhinderungsgrund gleichsam auch andere Arbeitnehmer betreffen könnte.[226] Die tatbestandliche Beschränkung auf Verhinderungen, die ihren Grund in der subjektiven Sphäre des Arbeitnehmers haben, ergibt sich neben dem Wortlaut auch aus dem Telos der Norm. Während der Arbeitgeber Arbeitsverhinderungen aus subjektiven Gründen der Arbeitnehmer noch überblicken kann, würde eine Ausdehnung auf objektive Gründe dem Arbeitgeber ein unkalkulierbares Risiko aufbürden.[227]

c) Kausalität

Der in der Person des Arbeitnehmers liegende Grund muss für die Arbeitsverhinderung kausal sein.[228] Fraglich im Hinblick auf später zu behandelnde pandemiespezifische Konstellationen ist hier insbesondere, ob das Vorliegen mehrerer Gründe den anspruchserhaltenden § 616 S. 1 BGB ausschließt. Nach Auffassung von *Tillmanns* muss insbesondere unter Verweis auf Rechtsprechung zum aufgehobenen § 1 LohnFG[229] der in der Person liegende Grund alleinige Ursache der

---

224 *Preis*, in: Müller-Glöge/Preis/Schmidt (Hrsg.), ErfK, 22. Aufl. 2022, § 616 BGB Rn. 4; BAG, Urt. v. 27.04.1983 – 4 AZR 506/80, AP BGB § 616 Nr. 61; für weitere Einzelfälle aus der Rechtsprechung siehe etwa *Tillmanns*, in: Kiel/Lunk/Oetker (Hrsg.), MHdB ArbR, Band 1: Individualarbeitsrecht I, 5. Aufl. 2021, § 77 Rn. 27.

225 BAG, Urt. v. 08.12.1982 – 4 AZR 134/80, AP BGB § 616 Nr. 58; in Tarifverträgen sind regelmäßig Fälle der persönlichen Verhinderung i.S.d. § 616 S. 1 BGB verankert, siehe etwa § 29 TV-L oder § 29 TVöD-AT; für Einzelfälle objektiver Verhinderungsgründe siehe etwa *Tillmanns*, in: Kiel/Lunk/Oetker (Hrsg.), MHdB ArbR, Band 1: Individualarbeitsrecht I, 5. Aufl. 2021, § 77 Rn. 27.

226 *Bieder*, in: Benecke (Hrsg.), BeckOGK, Stand: 01.07.2022, § 616 BGB Rn. 15.

227 *Joussen*, in: Rolfs/Giesen/Kreikebohm/Meßling/Udsching (Hrsg.), BeckOK ArbR, 64. Edition, Stand: 01.06.2022, § 616 BGB Rn. 19.

228 *Joussen*, in: Rolfs/Giesen/Kreikebohm/Meßling/Udsching (Hrsg.), BeckOK ArbR, 64. Edition, Stand: 01.06.2022, § 616 BGB Rn. 39.

229 BAG, Urt. v. 17.11.1977 – 5 AZR 599/76, AP BurlG § 9 Nr. 8; BAG, Urt. v. 25.05.1983 – 5 AZR 236/80, AP LohnFG § 1 Nr. 53.

Arbeitsverhinderung sein.[230] In Einklang damit spricht *Bieder* vom Erfordernis der Monokausalität.[231] Konsequent müsste bei Aufeinandertreffen von mindestens zwei Verhinderungsgründen die Kausalität abgelehnt werden. Dies leuchtet jedenfalls ein, wenn neben dem aus der persönlichen Sphäre des Arbeitnehmers stammenden Verhinderungsgrund ein objektiver Verhinderungsgrund besteht. Liegen hingegen mehrere Verhinderungsgründe vor, die aber alle der persönlichen Sphäre des Arbeitnehmers zuzuordnen sind, müsste aus normativen Gesichtspunkten das Tatbestandsmerkmal erfüllt sein. Denn der Arbeitnehmer kann nicht schlechter gestellt werden, wenn mehrere persönliche Ursachen ihn an der Arbeit verhindern, als wenn nur eine persönliche Ursache ihn verhindert. Auch das Telos der Norm, dem Arbeitgeber nur kalkulierbare Risiken aus der Sphäre des Arbeitnehmers aufzubürden, steht dem nicht entgegen. Mithin ist die Kausalität i.S.d. § 616 S. 1 BGB auch zu bejahen, wenn mehrere Verhinderungsgründe vorliegen, diese aber alle aus der subjektiven Sphäre des Arbeitnehmers stammen. Liegen hingegen gleichzeitig ein subjektiver und ein objektiver Verhinderungsgrund vor, ist in Einklang mit der h.M. in Schrifttum und Judikatur der Entgeltfortzahlungsanspruch des § 616 S. 1 BGB abzulehnen.

Haben mehrere zeitlich aufeinanderfolgende Gründe die Arbeitsverhinderung zur Folge, die jeweils zur Entgeltfortzahlung führen, so wird vertreten, dass auf die erste Ursache abzustellen ist.[232]

d) Für eine verhältnismäßig nicht erhebliche Zeit

§ 616 S. 1 BGB als anspruchserhaltende Norm greift nur, wenn der Arbeitnehmer für eine verhältnismäßig nicht erhebliche Zeit verhindert ist. Diese stellt ein Tatbestandsmerkmal dar,[233] sodass bei Überschreiten der verhältnismäßig nicht

---

230 *Tillmanns*, in: Kiel/Lunk/Oetker (Hrsg.), MHdB ArbR, Band 1: Individualarbeitsrecht I, 5. Aufl. 2021, § 77 Rn. 28.

231 *Bieder*, in: Benecke (Hrsg.), BeckOGK, Stand: 01.07.2022, § 616 BGB Rn. 35.

232 Siehe etwa *Henssler*, in: Säcker/Rixecker/Oetker/Limperg (Hrsg.), MüKoBGB, 8. Aufl. 2020, § 616 BGB Rn. 62; *Bieder*, in: Benecke (Hrsg.), BeckOGK, Stand: 01.07.2022, § 616 BGB Rn. 35; *Joussen*, in: Rolfs/Giesen/Kreikebohm/Meßling/Udsching (Hrsg.), BeckOK ArbR, 64. Edition, Stand: 01.06.2022, § 616 BGB Rn. 40; a.A. *Tillmanns*, in: Kiel/Lunk/Oetker (Hrsg.), MHdB ArbR, Band 1: Individualarbeitsrecht I, 5. Aufl. 2021, § 77 Rn. 28, nach dem Kollisionen von Verhinderungsgründen im Wege der Gesetzeskonkurrenz zu lösen sind.

233 *Bieder*, in: Benecke (Hrsg.), BeckOGK, Stand: 01.07.2022, § 616 BGB Rn. 36; *Henssler*, in: Säcker/Rixecker/Oetker/Limperg (Hrsg.), MüKoBGB, 8. Aufl. 2020, § 616 BGB Rn. 69.

erheblichen Zeit der Vergütungsanspruch insgesamt entfällt.[234] *Maties* spricht daher vom 0-oder-100-Prinzip.[235]

Aufgrund dessen, dass die Zeit *verhältnismäßig* nicht erheblich sein darf, verbietet sich eine pauschale Festlegung, bei welchem Verhinderungszeitraum dieses Merkmal (noch) gegeben ist.[236] Nach älterer Rechtsprechung des BAG und wohl h.M. ist bei der Ermittlung einer verhältnismäßig nicht erheblichen Zeit „[…] auf die gesamten Umstände des konkreten Einzelfalles abzustellen […]. Insbesondere kommt es auf die Länge der Verhinderung im Verhältnis zur Länge der bisherigen Beschäftigung an […].“[237] *Schaub* hat auf dieser Grundlage Richtwerte entwickelt, wonach etwa bei einer Gesamtbeschäftigungsdauer von einem Jahr eine Woche eine verhältnismäßig nicht erhebliche Zeit darstellen soll.[238] Nach anderer Auffassung soll ereignisbezogen bestimmt werden, ob eine Zeit noch verhältnismäßig nicht erheblich ist.[239]

Letztlich hat sich in einer Vielzahl unterschiedlicher Urteile bestätigt, dass jedenfalls die konkreten Umstände des Einzelfalles maßgeblich sind. So hat das BAG einerseits „[…] die Entgeltfortzahlung bei Erkrankung naher Angehöriger dann ausgeschlossen, wenn der Arbeitnehmer länger als 6 Wochen verhindert ist […].“[240] In einem anderen Urteil entschied das BAG, dass „[e]in Zeitraum [von] bis zu fünf Arbeitstagen […] in aller Regel als verhältnismäßig nicht

---

234 Grundlegend dazu BAG, Beschl. v. 18.12.1959 – GS 8/58 (2 AZR 158/56), BeckRS 1959, 103351; *Maties*, in: Koch/Kubiciel/Wollenschläger (Hrsg.), 50 Jahre Juristische Fakultät Augsburg, 2021, 434.

235 *Maties*, in: Koch/Kubiciel/Wollenschläger (Hrsg.), 50 Jahre Juristische Fakultät Augsburg, 2021, 434.

236 *Preis*, in: Müller-Glöge/Preis/Schmidt (Hrsg.), ErfK, 22. Aufl. 2022, § 616 BGB Rn. 10a; *Noack*, NZA 2021, 251 (253).

237 BAG, Beschl. v. 17.12.1959 – GS 2/59 (2 AZR 477/58), BeckRS 1959, 103352 (B.VII); siehe auch *Bieder*, in: Benecke (Hrsg.), BeckOGK, Stand: 01.07.2021, § 616 BGB Rn. 37; kritisch dazu u.a. *Preis*, in: Müller-Glöge/Preis/Schmidt (Hrsg.), ErfK, 22. Aufl. 2022, § 616 Rn. 10a; a.A. *Sievers*, jM 2020, 189.

238 *Schaub*, AuA 1996, 82 (83).

239 *Oetker*, in: Staudinger, BGB, Buch 2. Recht der Schuldverhältnisse, Neubearbeitung 2022, §§ 613a-619a BGB, § 616 BGB Rn. 104; wohl auch *Tillmanns*, in: Kiel/Lunk/Oetker (Hrsg.), MHdB ArbR, Band 1: Individualarbeitsrecht I, 5. Aufl. 2021, § 77 Rn. 31; *Henssler*, in: Säcker/Rixecker/Oetker/Limperg (Hrsg.), MüKoBGB, 8. Aufl. 2020, § 616 BGB Rn. 68.

240 BAG, Urt. v. 20.07.1977 – 5 AZR 325/76, AP BGB § 616 Nr. 47.

erheblich i.S. von § 616 I 1 BGB anzusehen [ist]."[241] Dieser Richtwert wird vielfach im Schrifttum vertreten.[242] Teilweise werden in Anlehnung an § 2 PflegeZG zehn Tage als Grenze gesehen.[243] Dies ist darauf zurückzuführen, dass gemäß § 2 Abs. 1 PflegeZG Beschäftigte bei Betreuungsbedarf Angehöriger bis zu zehn Arbeitstage der Arbeit fernbleiben dürfen und die Norm den Titel „Kurzzeitige Arbeitsverhinderung" trägt, wobei „kurzzeitig" und „verhältnismäßig nicht erhebliche Zeit" synonym verstanden werden.[244] Bundesarbeitsminister *Hubertus Heil* ging bei der Frage der Lohnfortzahlung bei Kinderbetreuung sogar lediglich von in der Regel zwei bis drei Tagen aus.[245]

Dieser Überblick über die Judikatur und die unterschiedlichen Auffassungen im Schrifttum zu der Frage, welcher Zeitraum unter einer verhältnismäßig nicht erheblichen Zeit zu verstehen ist, soll an dieser Stelle genügen. Ob pandemiebedingte Verhinderungszeiträume infolge infektionsschutzrechtlicher Absonderungsanordnungen etwa in der COVID-19-Pandemie noch unter diesen unbestimmten Rechtsbegriff subsumiert werden können, wird im späteren Verlauf der Arbeit aufgezeigt.[246]

e) Kein Verschulden

Zuletzt darf der Arbeitnehmer die Arbeitsverhinderung nicht zu verschulden haben, § 616 S. 1 BGB. Dabei ist nicht auf die Arbeitsverhinderung, sondern auf deren Ursache abzustellen.[247] Wie auch im Rahmen des § 3 Abs. 1 S. 1 EFZG

---

241 BAG, Urt. v. 19.04.1978 – 5 AZR 834/76, NJW 1978, 2316 (bezgl. der Pflege erkrankter Angehöriger).

242 *Oetker*, in: Staudinger, BGB, Buch 2. Recht der Schuldverhältnisse, Neubearbeitung 2022, §§ 613a-619a BGB, § 616 BGB Rn. 107 bei der Pflege von Angehörigen; *Klein*, NJ 2020, 377 (380); *Fuhlrott/Fischer*, NZA 2020, 345 (348); *Besgen*, B+P, 235 (237); *Noack*, NZA 2021, 251 (253); *Maties*, in: Koch/Kubiciel/Wollenschläger (Hrsg.), 50 Jahre Juristische Fakultät Augsburg, 2021, 435 hält 5-7 Tage für angemessen; *Kleinebrink*, DB 2020, 952 (955).

243 *Sievers*, jM 2020, 189; *Kolbe*, BB 2009, 1414 (1415 f.); *Gallner*, in: Müller-Glöge/Preis/Schmidt (Hrsg.), ErfK, 22. Aufl. 2022, § 2 PflegeZG Rn. 4.

244 *Sievers*, jM 2020, 189.

245 Siehe *BMAS*, Lohnfortzahlung bei Kinderbetreuung, Stand: 15.03.2020, abrufbar unter: https://www.bmas.de/DE/Service/Presse/Meldungen/2020/lohnfortzahlung-bei-kinderbetreuung.html.

246 Siehe hierzu Teil 3 Kapitel 4 A. I. 2. b) aa) (2) (d).

247 BAG, Urt. v. 11.08.1988 – 8 AZR 721/85, AP BGB § 611 Gefährdungshaftung des Arbeitgebers Nr. 7; *Tillmanns*, in: Kiel/Lunk/Oetker (Hrsg.), MHdB ArbR, Band 1: Individualarbeitsrecht I, 5. Aufl. 2021, § 77 Rn. 29.

meint Verschulden i.S.d. § 616 S. 1 BGB ein „Verschulden gegen sich selbst“,[248] welches das BAG bejaht, wenn der Arbeitnehmer „[...] in erheblichem Maße gegen die von einem verständigen Menschen im eigenen Interesse zu erwartende Verhaltensweise verstößt [...]“.[249] Als rechtsdogmatische Grundlage dieses engen Verschuldensmaßstabes dient der dem § 254 BGB immanente Rechtsgedanke, dass es gegen das Verbot des *venire contra factum proprium* verstößt,[250] wenn der Arbeitnehmer Vergütung verlangt, obwohl er selbst an dem Entstehen der Verhinderung mitgewirkt hat.

f) Abdingbarkeit der Norm

Zuletzt ist kurz auf die Abdingbarkeit des § 616 S. 1 BGB einzugehen.[251] Im Umkehrschluss aus § 619 BGB, nach dem nur die Verpflichtungen nach den §§ 617 und 618 BGB nicht im Voraus durch Vertrag aufgehoben oder beschränkt werden können, wird gefolgert, dass § 616 BGB dispositiv ist.[252] Abweichende Regelungen sind daher individualvertraglich (sogar konkludent)[253] und kollektivrechtlich möglich.[254] In der Praxis wird insbesondere in Tarifverträgen von der Abweichungsmöglichkeit Gebrauch gemacht. So sehen zahlreiche Tarifverträge konkretisierte Fallgruppen vor, in welchen Entgeltfortzahlung gemäß § 616 S. 1 BGB geleistet wird.[255] Diese sind als abschließend anzusehen, wenn die Auslegung ergibt, dass grundsätzlich nur die tatsächlich erbrachte Arbeitsleistung

248 *Krause*, in: Henssler/Willemsen/Kalb (Hrsg.), Arbeitsrecht Kommentar, 10. Aufl. 2022, § 616 BGB Rn. 44; siehe auch Teil 2 Kapitel 2 A. II. 1. c).

249 BAG, Urt. v. 27. Mai 1992 – 5 AZR 297/91, BeckRS 1992, 30741372; BAG, Urt. v. 18.03.2015 – 10 AZR 99/14, NZA 2015, 801.

250 *Krause*, in: Henssler/Willemsen/Kalb (Hrsg.), Arbeitsrecht Kommentar, 10. Aufl. 2022, § 616 BGB Rn. 44.

251 Siehe dazu auch Teil 4 Kapitel 4. A. II. B.

252 *Preis*, in: Müller-Glöge/Preis/Schmidt (Hrsg.), ErfK, 22. Aufl. 2022, § 616 BGB Rn. 13; *Baumgärtner*, in: Hau/Poseck (Hrsg.), BeckOK BGB, 62. Edition, Stand: 01.05.2022, § 616 BGB Rn. 4; *Henssler*, in: Säcker/Rixecker/Oetker/Limperg (Hrsg.), MüKoBGB, 8. Aufl. 2020, § 616 BGB Rn. 74.

253 Unter strengen Voraussetzungen möglich, siehe BGH, Urt. v. 06.04.1995 – VII ZR 36/94, NJW 1995, 2629.

254 *Joussen*, in: Rolfs/Giesen/Kreikebohm/Meßling/Udsching (Hrsg.), BeckOK ArbR, 64. Edition, Stand: 01.06.2022, § 616 BGB Rn. 6.

255 Siehe etwa § 29 TVöD, der in Abs. 1 Fälle von Arbeitsverhinderung und zugehöriges Ausmaß der Freistellung regelt.

sowie die geregelten Ausnahmefälle vergütet werden sollen.[256] Inwieweit in AGB von § 616 BGB abgewichen werden kann, ist umstritten und wird an anderer Stelle behandelt.[257]

B. Ausgestaltung der arbeitsvertraglichen Modalitäten

Nachdem die allgemeinen Pflichten des Arbeitgebers dargestellt wurden, werden im Folgenden dessen Möglichkeiten aufgezeigt, die arbeitsvertraglichen Parameter durch Ausübung des (ggf. erweiterten) Weisungsrechts nach §§ 106, 6 Abs. 2 GewO auszugestalten. Dabei finden auch etwaige Beteiligungsrechte des Betriebsrats Berücksichtigung.

I. Im Normalfall

Hinsichtlich der Ausgestaltungsmöglichkeiten mittels Weisungsrechts wird zwischen dem Normalfall und dem gewöhnlichen Krankheitsfall eines Arbeitnehmers differenziert.

1. Weisungsrecht des Arbeitgebers, §§ 106, 6 Abs. 2 GewO

Zu unterscheiden ist zudem zwischen dem allgemeinen Weisungsrecht des Arbeitgebers und dem anerkannten erweiterten Weisungsrecht in Ausnahme- und Notfällen.

a) Allgemeines

Das Weisungsrecht – welches auch als Direktionsrecht bezeichnet wird –[258] findet seine rechtliche Grundlage originär in § 106 GewO, der über § 6 Abs. 2 GewO auf alle Arbeitnehmer Anwendung findet. Seit Einführung des § 611a BGB findet sich auch dort ein Verweis zum Weisungsrecht.

Gemäß § 106 S. 1 GewO kann der Arbeitgeber Inhalt, Ort und Zeit der Arbeitsleistung nach billigem Ermessen näher bestimmen, soweit diese Arbeitsbedingungen nicht durch den Arbeitsvertrag, Bestimmungen einer Betriebsvereinbarung, eines anwendbaren Tarifvertrages oder gesetzliche Vorschriften festgelegt sind. Aus § 611a Abs. 1 S. 2 BGB ergibt sich ergänzend, dass das Weisungsrecht neben Inhalt, Ort und Zeit auch die Durchführung betreffen kann.

---

256 *Tillmanns*, in: Kiel/Lunk/Oetker (Hrsg.), MHdB ArbR, Band 1: Individualarbeitsrecht I, 5. Aufl. 2021, § 77 Rn. 13.

257 Siehe hierzu Teil 4 Kapitel 4 B.

258 Siehe etwa BAG, Urt. v. 23.09.2004 – 6 AZR 567/03, NZA 2005, 359.

Während mittels Weisung betreffend den Inhalt der Leistungsverpflichtung bestimmt wird, welche Arbeitsleistungen Gegenstand der Arbeitspflicht sind, betrifft eine Weisung zur Durchführung die Frage, wie die Leistung erbracht werden soll.[259] Das Weisungsrecht erstreckt sich auch auf leistungssichernde Nebenpflichten.[260] Klarzustellen ist, dass die Ausübung des Weisungsrechts es dem Arbeitgeber nicht ermöglicht, die Hauptpflicht des Arbeitnehmers zu verändern. Vielmehr kann die Leistungspflicht mittels Weisung hinsichtlich Inhalt, Ort, Zeit und auch Durchführung im Rahmen der genannten Grenzen des § 106 S. 1 GewO nur konkretisiert werden.[261]

Nach § 106 S. 2 GewO gilt das Weisungsrecht auch hinsichtlich der Ordnung und des Verhaltens der Arbeitnehmer im Betrieb. In diesem Zusammenhang ist das Mitbestimmungsrecht des Betriebsrats aus § 87 Abs. 1 Nr. 1 BetrVG zu berücksichtigen.[262] Nach § 106 S. 3 GewO hat der Arbeitgeber bei der Ermessensausübung auch auf Behinderungen des Arbeitnehmers Rücksicht zu nehmen. Der Arbeitgeber übt das Weisungsrecht regelmäßig durch einseitige empfangsbedürftige Willenserklärung aus.[263]

b) Grenzen des Weisungsrechts

Die Grenzen des Weisungsrechts werden durch den Arbeitsvertrag, Bestimmungen einer Betriebsvereinbarung, eines anwendbaren Tarifvertrags oder gesetzliche Vorschriften vorgegeben, vgl. § 106 S. 1 GewO a.E.

Im Hinblick auf arbeitsvertragliche Grenzen ist maßgeblich, wie ausführlich die Leistungsverpflichtung des Arbeitnehmers im Arbeitsvertrag beschrieben ist.[264] Je detaillierter die Pflichten bereits vertraglich vereinbart sind, desto weniger Spielraum verbleibt für die Ausübung des Weisungsrechts.[265] Sind

---

259 *Maties*, in: Benecke (Hrsg.), BeckOGK, Stand: 01.03.2022, § 611a BGB Rn. 107.

260 BAG, Urt. v. 23.08.2012 – 8 AZR 804/11, NZA 2013, 268 (270). Leistungssichernde Nebenpflichten sind „Pflichten […], deren Erfüllung unumgänglich ist, um den Austausch der Hauptleistungen sinnvoll zu ermöglichen […].“ Siehe BAG, Urt. v. 23.06.2009 – 2 AZR 606/08, NJW 2009, 3115 (3116).

261 *Maties*, in: Benecke (Hrsg.), BeckOGK, Stand: 01.03.2022, § 611a BGB Rn. 756.

262 *Tillmanns*, in: Rolfs/Giesen/Kreikebohm/Meßling/Udsching (Hrsg.), 61. Edition, Stand: 01.09.2021, § 106 GewO Rn. 31.

263 *Wank*, in: Ennuschat/Wank/Winkler (Hrsg.), Gewerbeordnung, 9. Aufl. 2020, § 106 GewO Rn. 19.

264 *Maschmann*, in: Benecke (Hrsg.), BeckOGK, Stand: 01.05.2022, § 106 GewO Rn. 45.

265 *Wank*, in: Ennuschat/Wank/Winkler (Hrsg.), Gewerbeordnung, 9. Aufl. 2020, § 106 GewO Rn. 2.

bestimmte Bereiche im Arbeitsvertrag bereits abschließend konkretisiert, besteht diesbezüglich kein Weisungsrecht mehr. Wäre seitens des Arbeitgebers dennoch eine andere Ausgestaltung gewünscht, bleibt diesem nur der Abschluss einer Änderungsvereinbarung mit dem Arbeitnehmer oder der Ausspruch einer Änderungskündigung.[266]

Das Weisungsrecht kann weiter durch Bestimmungen einer Betriebsvereinbarung oder einen anwendbaren Tarifvertrag begrenzt sein, wobei hierauf in dieser Arbeit allerdings nicht weiter eingegangen werden soll.

Zuletzt können der Ausübung des Weisungsrechts auch gesetzliche Regelungen entgegenstehen, die sich zum Großteil aus dem technischen und sozialen Arbeitsschutzrecht ergeben.[267] Freilich muss die Weisung auch in Einklang mit allgemeinen straf- und öffentlich-rechtlichen Regelungen erfolgen.[268]

Bei Überschreitung der Grenzen des Weisungsrechts kann die Auslegung ergeben, dass diese als arbeitgeberseitiger Antrag gerichtet auf Vertragsänderung zu bewerten ist. Kommt der Arbeitnehmer dieser Weisung widerspruchslos nach, kann darin die konkludente Annahme des Antrags auf Vertragsänderung liegen.[269]

c) Ausübung nach billigem Ermessen

Der Arbeitgeber darf das Weisungsrecht nur nach billigem Ermessen ausüben, vgl. § 106 S. 1 GewO. „Die Grundsätze der Billigkeit sind gewahrt, wenn alle wesentlichen Umstände des Falles abgewogen und die beiderseitigen Interessen angemessen berücksichtigt sind.“[270] „§ 315 BGB findet bei der Überprüfung einer Weisung nach § 106 GewO grundsätzlich[271] entsprechend Anwendung.“[272] Mithin ist eine Weisung nur verbindlich, wenn sie der Billigkeit entspricht, vgl. § 315 Abs. 3 S. 1 BGB. In Einklang damit hat das BAG ausdrücklich bestätigt,

---

266 Zur Änderungskündigung siehe Teil 2 Kapitel 2 C.II.

267 *Maschmann*, in: Benecke (Hrsg.), BeckOGK, Stand: 01.05.2022, § 106 GewO Rn. 75; zu Beispielen siehe *Lembke*, in: Henssler/Willemsen/Kalb (Hrsg.), Arbeitsrecht Kommentar, 10. Aufl. 2022 § 106 GewO Rn. 108 ff.

268 *Preis*, in: Müller-Glöge/Preis/Schmidt (Hrsg.), ErfK, 22. Aufl. 2022, § 106 GewO Rn. 5.

269 *Maschmann*, in: Benecke (Hrsg.), BeckOGK, Stand: 01.05.2022, § 106 GewO Rn. 16.

270 BAG, Urt. v. 17.04.2002 – 4 AZR 174/01, NZA 2003, 159.

271 § 315 Abs. 3 S. 2 BGB ist nicht anwendbar, siehe BAG, Urt. v. 18.10.2017 – 10 AZR 330/16, NZA 2017, 1452.

272 BAG, Urt. v. 18.10.2017 – 10 AZR 330/16, NZA 2017, 1452; a.A. *Hromadka*, NZA 2017, 601 (602); denselben bestätigend *Preis*, NZA 2015, 1 (5); *Wank*, in: Ennuschat/Wank/Winkler (Hrsg.), Gewerbeordnung, 9. Aufl. 2020, § 106 GewO Rn. 2.

dass „[e]in Arbeitnehmer […] nach § 106 S. 1 GewO, § 315 BGB nicht – auch nicht vorläufig – an eine Weisung des Arbeitgebers gebunden [ist], die die Grenzen billigen Ermessens nicht wahrt. [Konsequent können] Sanktionen […] vonseiten des Arbeitgebers an die Nichtbefolgung einer solchen unbilligen Weisung nicht geknüpft werden."[273] Schätzt der Arbeitnehmer eine Weisung jedoch zu Unrecht als unbillig ein und arbeitet deshalb nicht, hat er keinen Anspruch auf Vergütung und muss arbeitgeberseitige Ahndungen befürchten.[274]

Wie sich schon aus der Natur des Weisungsrechts – „[…] als änderndes Gestaltungsrecht […]"[275] des Arbeitgebers – ergibt, kann der Arbeitnehmer grundsätzlich nicht verlangen, dass der Arbeitgeber nach seinen Wünschen von dem Weisungsrecht Gebrauch macht.[276] Insbesondere muss der Arbeitgeber keine Sozialauswahl im Sinne des § 1 Abs. 3 KSchG treffen.[277] Gleichwohl sind im Rahmen der Abwägung auch die sozialen Lebensverhältnisse zu berücksichtigen.[278]

In bestimmten Konstellationen kann das Ermessen des Arbeitgebers allerdings auf Null reduziert sein.[279] So kann sich etwa „[…] aus der Fürsorgepflicht des Arbeitgebers eine Versetzungspflicht ergeben, wenn ein schutzwürdiges Interesse des Arbeitnehmers vorliegt und dem Arbeitgeber die Versetzung möglich und zumutbar ist […]."[280]

2. *Erweitertes Weisungsrecht in Notsituationen*

Das allgemeine Weisungsrecht kann mittels Vereinbarung erweitert werden.[281] Aber auch ohne eine entsprechende Vereinbarung ist in Notsituationen ein erweitertes Weisungsrecht anerkannt, das aus den Treu- und Fürsorgepflichten (§§ 241 Abs. 2, 242 BGB) hergeleitet wird und dem Arbeitgeber einen Spielraum

---

273 BAG, Urt. v. 18.10.2017 – 10 AZR 330/16, NZA 2017, 1452; a.A. BAG, Urt. v. 22.02.2012 – 5 AZR 249/11, NZA 2012, 858.

274 *Linck*, in: Schaub (Begr.), ArbR-HdB, 19. Aufl. 2021, § 45 Rn. 19.

275 *Maschmann*, in: Benecke (Hrsg.), BeckOGK, Stand: 01.05.2022, § 106 GewO Rn. 30.

276 *Bauer/Opolony*, BB 2002, 1590 (1591); *Lembke*, in: Henssler/Willemsen/Kalb (Hrsg.), Arbeitsrecht Kommentar, 10. Aufl. 2022, § 106 GewO Rn. 117.

277 BAG, Urt. v. 26.09.2012 – 10 AZR 413/11, AP GewO § 106 Nr. 16 Rn. 35.

278 BAG, Urt. v. 26.09.2012 – 10 AZR 413/11, AP GewO § 106 Nr. 16 Rn. 35.

279 *Lembke*, in: Henssler/Willemsen/Kalb (Hrsg.), Arbeitsrecht Kommentar, 10. Aufl. 2022, § 106 GewO Rn. 117.

280 LAG Rheinland-Pfalz, Urt. v. 13.04.2005 – 9 Sa 932/04, BeckRS 2005, 42582.

281 *Preis*, in: Müller-Glöge/Preis/Schmidt (Hrsg.), ErfK, 22. Aufl. 2022, § 106 GewO Rn. 17.

zugesteht, der über die Grenzen des allgemeinen Weisungsrechts hinausgeht.[282] Dieses erweiterte Weisungsrecht kann als rechtliches Instrument gesehen werden, das eine Abänderung der arbeitsvertraglichen Modalitäten unter strengen Voraussetzungen ermöglicht. So „[…] darf der Arbeitgeber den Arbeitnehmer auch ohne dessen Einverständnis in gewissen Ausnahmefällen, etwa zur vorübergehenden Vertretung erkrankter oder beurlaubter Arbeitskameraden, in Notstandsfällen und unter Umständen auch aus disziplinarischen Gründen, zu einer geringerwertigen Tätigkeit einsetzen."[283] Danach ist also zumindest die Anordnung zur Ausübung einer geringerwertigen Tätigkeit ausdrücklich von dem erweiterten Weisungsrecht gedeckt, wenn entweder ein Ausnahmefall, ein Notstandsfall oder disziplinarische Gründe[284] es gebieten. Darüber hinaus stellt das BAG in einer späteren Entscheidung klar, dass der Arbeitgeber in Ausnahmefällen insgesamt über die arbeitsvertraglichen Grenzen hinaus Weisungen vornehmen kann, indem es die Weisung zur Ausübung einer geringerwertigen Tätigkeit lediglich als Regelbeispiel anführt.[285] Somit können im Ausnahme- bzw. Notfall auch Weisungen, die hinsichtlich des Arbeitsorts und der Arbeitszeit über die arbeitsvertraglichen Grenzen hinausgehen, auf Grundlage des erweiterten Weisungsrechts rechtmäßig erteilt werden.[286] Bei Überschreitung der Grenzen des ArbZG ist allerdings die Einhaltung des § 14 ArbZG zu berücksichtigen.[287]

Für die später ausführlich zu untersuchende Konstellation eines Pandemiefalls wird der Frage, ob ein Ausnahme- oder Notstandsfall besteht, hohe Relevanz zukommen. Denn nur dann steht dem Arbeitgeber der Gestaltungsspielraum des erweiterten Weisungsrechts zu. Hinsichtlich des Vorliegens eines

---

282 *Maties*, in: Benecke (Hrsg.), BeckOGK, Stand: 01.03.2022, § 611a BGB Rn. 832 ff.; *Falter*, BB 2009, 1974 (1978); siehe auch *Joussen* in: Rolfs/Giesen/Kreikebohm/Meßling/Udsching (Hrsg.), BeckOK ArbR, 64. Edition, Stand: 01.06.2022, § 611a BGB Rn. 366.

283 BAG, Urt. v. 08.10.1962 – 2 AZR 550/61, AP BGB § 611 Direktionsrecht Nr. 18.

284 Kritisch dazu *Maties*, in: Benecke (Hrsg.), BeckOGK, Stand: 01.03.2022, § 611a BGB Rn. 833.

285 BAG, Urt. v. 03.12.1980 – 5 AZR 477/78, AP § 615 BGB Böswilligkeit Nr. 4, („[…] insbesondere eine geringerwertige Tätigkeit […]").

286 So auch *Maties*, in: Benecke (Hrsg.), BeckOGK, Stand: 01.03.2022, § 611a BGB Rn. 834.

287 *Joussen*, in: Rolfs/Giesen/Kreikebohm/Meßling/Udsching (Hrsg.), BeckOK ArbR, 64. Edition, Stand: 01.06.2022, § 611a BGB Rn. 380.

Ausnahme- oder Notfalls wird oft ein Rückgriff auf § 14 ArbZG vorgenommen.[288] Danach kann von bestimmten Vorschriften des ArbZG bei vorübergehenden Arbeiten in Notfällen und in außergewöhnlichen Fällen, die unabhängig vom Willen der Betroffenen eintreten und deren Folgen nicht auf andere Weise zu beseitigen sind, abgewichen werden, vgl. § 14 Abs. 1 ArbZG. Insbesondere bei Katastrophen soll ein Notfall bejaht werden können.[289] Ob im Pandemiefall ein vergleichbarer Notfall vorliegen kann, wird an späterer Stelle ausgeführt.[290]

II. Im gewöhnlichen Krankheitsfall des Arbeitnehmers

Im Krankheitsfall des Arbeitnehmers erlischt in der Regel dessen Arbeitspflicht.[291] Folgerichtig hat der Arbeitgeber „[w]ährend der Dauer einer krankheitsbedingten Arbeitsunfähigkeit […] kein Weisungsrecht gemäß § 106 GewO in Bezug auf die Arbeitspflicht als Hauptleistungspflicht sowie die unmittelbar damit zusammenhängenden Nebenleistungspflichten, die der Arbeitspflicht nahekommen oder sogar Bestandteil der arbeitsvertraglichen Hauptleistungspflicht sind und ausschließlich den Interessen des Arbeitgebers dienen."[292] Im Übrigen bleibt das Weisungsrecht allerdings bestehen.[293]

Abschließend ist unter Verweis auf vorgenannte Rechtsprechung darauf hinzuweisen, dass die Erkrankung eines Arbeitnehmers einen Ausnahmefall darstellen kann, der gegenüber den übrigen, gesunden Arbeitnehmern die Möglichkeit der Ausübung des erweiterten Direktionsrechts eröffnet.[294] Der Arbeitgeber kann diese also etwa zur Übernahme anderer als vertraglich geschuldeter Tätigkeiten anweisen und in den Grenzen des ArbZG Überstunden anordnen.

C. Veränderungsmöglichkeiten

Nachdem aufgezeigt wurde, wie der Arbeitgeber in Ausübung des (erweiterten) Weisungsrechts die arbeitsvertraglichen Bedingungen ausgestalten kann,

---

288 *Müller*, FA 2020, 123; *Müller/Becker*, COVuR 2020, 126 (129 f.); das BAG zog auch schon die Vorgängerregelung § 14 Abs. 1 AZO heran, siehe BAG, Urt. v. 03.12.1980 – 5 AZR 477/78, AP § 615 BGB Böswilligkeit Nr. 4.

289 *Maties*, in: Benecke (Hrsg.), BeckOGK, Stand: 01.03.2022, § 611a BGB Rn. 833.

290 Siehe dazu Teil 3 Kapitel 4 B. I. 2.

291 Siehe ausführlich dazu Teil 2 Kapitel 1 A. II. 1.

292 BAG, Urt. v. 02.11.2016 – 10 AZR 596/15, NZA 2017, 183.

293 Siehe dazu ausführlich *Preis*, in: Müller-Glöge/Preis/Schmidt (Hrsg.), ErfK, 22. Aufl. 2022, § 106 GewO Rn. 6.

294 BAG, Urt. v. 08.10.1962 – 2 AZR 550/61, AP BGB § 611 Direktionsrecht Nr. 18.

befasst sich der nachfolgende Abschnitt mit der Frage, ob und ggf. wie der Arbeitgeber darüberhinausgehend arbeitsvertragliche Änderungen einseitig herbeiführen kann.

Zunächst wird auf die arbeitgeberseitige Möglichkeit, den Arbeitnehmer freizustellen, eingegangen. Die Freistellung des Arbeitnehmers wird als Veränderungsmöglichkeit qualifiziert, da diese weder dem Direktionsrecht unterfällt[295] noch eine Beendigungsmöglichkeit darstellt. Denn weder konkretisiert die Freistellung arbeitsvertragliche Pflichten noch beendet diese das Arbeitsverhältnis dauerhaft. Vielmehr wird die Leistungspflicht des Arbeitnehmers nur temporär suspendiert. Aus diesen Gründen scheint die Einordnung als Veränderungsmöglichkeit gerechtfertigt.

Neben der Freistellung des Arbeitnehmers wird auf die „klassischere" Veränderungsmöglichkeit der Änderungskündigung eingegangen. Auch wenn diese als Sonderform der Kündigung auch im Abschnitt „Beendigungsmöglichkeiten" behandelt werden könnte, handelt es sich dabei um ein rechtliches Instrument, das es dem Arbeitgeber in der Praxis regelmäßig ermöglicht, geänderte Arbeitsbedingungen einzuführen. Zwar kann der Arbeitgeber die bestehenden Vertragsbedingungen auch durch Erklärung der Änderungskündigung nicht einseitig ändern oder neue Vertragsbedingungen einseitig festlegen. Allerdings wird der Arbeitnehmer in der Regel lieber das Vertragsverhältnis zu den neuen, wenn auch oftmals nachteiligeren Bedingungen weiterführen bzw. aufnehmen wollen,[296] als seine Erwerbstätigkeit zu verlieren. Aus diesem Grund wird die Änderungskündigung in dieser Arbeit als Veränderungsmöglichkeit eingeordnet. Zuletzt ist kurz der Anspruch auf Vertragsanpassung gemäß § 313 Abs. 1 BGB anzusprechen.

I. Freistellung

Als arbeitgeberseitige Veränderungsmöglichkeit kommt zunächst die Freistellung des Arbeitnehmers in Betracht. Grundsätzlich trifft den Arbeitgeber allerdings eine Beschäftigungspflicht, die ihre rechtliche Grundlage in §§ 611, 613 BGB i.V.m. § 242

---

295 Schließlich stellt die Freistellung keine Konkretisierung der arbeitsvertraglichen Hauptpflicht dar, sondern den Verzicht auf dieselbe. Siehe *Maties*, in: Koch/Kubiciel/Wollenschläger (Hrsg.), 50 Jahre Juristische Fakultät Augsburg, 2021, 423.

296 Ob mit Annahme des Angebots zur Fortsetzung des Arbeitsverhältnisses zu geänderten Arbeitsbedingungen die bestehenden Vertragsbedingungen geändert werden oder ein Neuvertrag geschlossen wird, ist umstritten. Siehe dazu etwa *Oetker*, in: Müller-Glöge/Preis/Schmidt (Hrsg.), ErfK, 22. Aufl. 2022, § 2 KSchG Rn. 10.

BGB findet.[297] Sie „[...] beruht auf der arbeitsvertraglichen Förderungspflicht des Arbeitgebers im Hinblick auf das Beschäftigungsinteresse des Arbeitnehmers unter Berücksichtigung der verfassungsrechtlichen Wertentscheidungen der Art. 1 und 2 GG zum Persönlichkeitsschutz."[298] Die einseitige Freistellung (Suspendierung) durch den Arbeitgeber ist daher grundsätzlich rechtlich nicht zulässig.[299] Diese kann nur ausnahmsweise rechtlich zulässig sein, wenn „[...] überwiegende schutzwerte Interessen des Arbeitgebers [der Beschäftigung des Arbeitnehmers] entgegenstehen."[300] Es bedarf daher im konkreten Einzelfall einer Interessenabwägung, im Rahmen derer zu prüfen ist, „[...] ob das Interesse des Arbeitgebers an der Nichtbeschäftigung schutzwürdig ist und überwiegt. Das kann etwa der Fall sein beim Wegfall der Vertrauensgrundlage, bei Auftragsmangel oder bei einem demnächst zur Konkurrenz abwandernden Arbeitnehmer aus Gründen der Wahrung von Betriebsgeheimnissen."[301] Sollte eine einseitige Freistellung nicht rechtmäßig gewesen sein, so bleibt die Beschäftigungspflicht bestehen. Ein allgemeines Beteiligungsrecht des Betriebsrats im Fall der Freistellung des Arbeitnehmers besteht nicht.

II. Änderungskündigung, § 2 KSchG

Kann der Arbeitgeber eine Änderung der Vertragspflichten nicht einvernehmlich erreichen, steht diesem unter bestimmten Voraussetzungen das Instrument der Änderungskündigung zur Verfügung. Ziel derselben ist nicht die Beendigung des Arbeitsverhältnisses, sondern die Fortsetzung zu anderen Konditionen.[302] Die nachstehenden Ausführungen zur Änderungskündigung sind nur allgemeiner Natur. Auf spezifische Voraussetzungen der Änderungskündigung, etwa zur Einführung von Kurzarbeit oder Home-Office, wird an anderer Stelle eingegangen.[303]

Anders als die arbeitnehmerseitige Änderungskündigung ist die arbeitgeberseitige Änderungskündigung gesetzlich geregelt, vgl. § 2 KSchG. Ausweislich § 2 S. 1

---

297 BAG, Beschl. v. 27.02.1985 – GS 1/84, NZA 1985, 702 (703); *Stück*, MDR 2009, 1209 (1211). § 611 wird im Fließtext – anstelle von § 611a BGB – nur zitiert, da zum Zeitpunkt der zitierten Entscheidung der Arbeitsvertrag gemäß § 611a BGB noch nicht kodifiziert war.

298 BAG, Urt. v. 09.04.2014 – 10 AZR 637/13, NZA 2014, 719 (720).

299 BAG, Urt. v. 21.09.1993 – 9 AZR 335/91, NZA 1994, 268.

300 BAG, Beschl. v. 27.02.1985 – GS 1/84, NZA 1985, 702 (703).

301 BAG, Beschl. v. 27.02.1985 – GS 1/84, NZA 1985, 702 (703).

302 *Molkenbur*, in: Henssler/Willemsen/Kalb (Hrsg.), Arbeitsrecht Kommentar, 10. Aufl. 2022, § 2 KSchG Vorbemerkung Rn. 1.

303 Siehe hierzu Teil 3 Kapitel 4 C. II. 3. und 4.

KSchG setzt sich diese aus der Kündigung und dem Angebot der Fortsetzung des Arbeitsverhältnisses zu geänderten Vertragsbedingungen zusammen. Trotz dieser Verknüpfung stellt die Änderungskündigung eine „echte Kündigung" dar,[304] sodass die üblichen Anforderungen an das Kündigungselement zu stellen sind.[305] Somit bedarf es insbesondere einer wirksamen, das Schriftformgebot des § 623 BGB wahrenden Kündigungserklärung. Auch das zweite Element, das Angebot, hat schriftlich zu erfolgen.[306] „Dieses Angebot muss, wie jedes Angebot i.S. von § 145 BGB, bestimmt oder bestimmbar sein."[307] Die neuen Arbeitsbedingungen müssen für den Arbeitnehmer eindeutig erkennbar sein.[308] Darüber hinaus hat das Änderungsangebot einer Verhältnismäßigkeitsprüfung standzuhalten. So müssen „[d]ie Änderungen [...] geeignet und erforderlich sein, um den Inhalt des Arbeitsvertrages den geänderten Beschäftigungsmöglichkeiten anzupassen. Diese Voraussetzungen müssen für alle Vertragsänderungen vorliegen. Ausgangspunkt ist die bisherige vertragliche Regelung, d.h.: Die angebotenen Änderungen dürfen sich nicht weiter vom Inhalt des bisherigen Arbeitsverhältnisses entfernen, als zur Erreichung des angestrebten Zieles erforderlich ist."[309] An der Verhältnismäßigkeit fehlt es etwa, wenn die beabsichtigte Änderung der Vertragsbedingungen schon durch Ausübung des Weisungsrechts nach § 106 GewO erreicht werden kann.[310]

Lehnt der Arbeitnehmer das Angebot ab, endet das Arbeitsverhältnis nach Ablauf der Kündigungsfrist. Nimmt der Arbeitnehmer das Angebot an, ist umstritten, ob damit ein Neuvertrag abgeschlossen wird[311] oder die bestehenden Vertragsbedingungen geändert werden.[312]

---

304 *Rolfs*, in: ders./Giesen/Kreikebohm/Meßling/Udsching (Hrsg.), BeckOK ArbR, 64. Edition, Stand: 01.06.2022, § 2 KSchG Rn. 6; *Oetker*, in: Müller-Glöge/Preis/Schmidt (Hrsg.), ErfK, 21. Aufl. 2021, § 2 KSchG Rn. 7.

305 Siehe hierzu Teil 2 Kapitel 2 D.

306 BAG, Urt. v. 10.09.2009 – 2 AZR 822/07, NZA 2010, 333 (335) Rn. 16.

307 BAG, Urt. v. 10.09.2009 – 2 AZR 822/07, NZA 2010, 333.

308 BAG, Urt. v. 10.09.2009 – 2 AZR 822/07, NZA 2010, 333.

309 BAG, Urt. v. 23.06.2005 – 2 AZR 642/04, NZA 2006, 92.

310 BAG, Urt. v. 06.09.2007 – 2 AZR 368/06, NZA-RR 2008, 291.

311 Das BAG hat im Urt. v. 27.03.2018 – 4 AZR 208/17, NZA 2018, 1264 einen Neuvertrag bejaht, gleichzeitig aber ausdrücklich offengelassen, „[...] ob im Fall der Annahme des Änderungsangebots im Rahmen der Änderungskündigung auch ohne einen entsprechenden Hinweis im Angebot des Arbeitgebers stets die Vereinbarung eines Neuvertrags [...] anzunehmen ist."

312 So etwa *Oetker*, in: Müller-Glöge/Preis/Schmidt (Hrsg.), ErfK, 22. Aufl. 2022, § 2 KSchG Rn. 10.

Entsprechend der bekannten Systematik bei Beendigungskündigungen kann auch die Änderungskündigung ordentlich und ggf. außerordentlich erklärt werden. Während die ordentliche Änderungskündigung auch einen personen-, verhaltens- oder betriebsbedingten Grund voraussetzt, bedarf die außerordentliche Änderungskündigung eines wichtigen Grundes i.S.d. § 626 Abs. 1 BGB.[313] Zu beachten ist, dass die Änderungskündigung in der Regel milderes Mittel zur Beendigungskündigung ist,[314] im Übrigen jedoch *ultima ratio*.

Sowohl bei der ordentlichen als auch der außerordentlichen Änderungskündigung ist der Betriebsrat gemäß § 102 BetrVG zu beteiligen.[315] Hierbei ist dem Betriebsrat nicht nur der Kündigungsgrund, sondern auch das konkrete Änderungsangebot mitzuteilen.[316] Insbesondere im Fall der Versetzung ist ggf. auch das Beteiligungsrecht gemäß § 99 BetrVG zu beachten.

III. Anspruch auf Vertragsanpassung, § 313 Abs. 1 BGB

Das allgemeine Schuldrecht beinhaltet mit § 313 Abs. 1 BGB eine Norm, die beide Vertragsparteien bei Vorliegen bestimmter Voraussetzungen zur Vertragsanpassung berechtigt. Erforderlich ist, dass sich Umstände, die zur Grundlage des Vertrags geworden sind, nach Vertragsschluss schwerwiegend verändert haben, die Parteien den Vertrag nicht oder mit anderem Inhalt geschlossen hätten, wenn sie diese Veränderung vorausgesehen hätten, und einer Partei unter Berücksichtigung aller Umstände des Einzelfalls, insbesondere der vertraglichen oder gesetzlichen Risikoverteilung, das Festhalten am unveränderten Vertrag nicht zugemutet werden kann, vgl. § 313 Abs. 1 BGB.

Nach ihrem Wortlaut scheint diese Regelung ein weiteres Instrument darstellen zu können, dessen sich der Arbeitgeber bedienen kann, um etwa auf die später zu untersuchenden pandemiebedingten Umstände zu reagieren. Allerdings hat das BAG klargestellt, dass „[s]oweit der Wegfall der Geschäftsgrundlage eine

---

313 Siehe auch Teil 2 Kapitel 2 D.

314 *Juli*, in: Grobys/Panzer-Heemeier (Hrsg.), StichwortKommentar Arbeitsrecht, 3. Aufl. Edition 16, 2021, Änderungskündigung Rn. 6.; „[e]ine Änderungskündigung kann nur in „Extremfällen" unterbleiben, das heißt wenn der Arbeitgeber bei vernünftiger Betrachtung nicht mit einer Annahme des neuen Vertragsangebots durch den Arbeitnehmer rechnen konnte und ein derartiges Angebot vielmehr beleidigenden Charakter haben würde.", BAG, Urt. v. 21.09.2006 – 2 AZR 607/05, NZA 2007, 431.

315 BAG, Urt. v. 10.03.1982 – 4 AZR 158/79, NJW 1982, 2839; BAG, Urt. v. 29.06.1988 – 7 AZR 459/87, NZA 1989, 364.

316 BAG, Urt. v. 10.03.1982 – 4 AZR 158/79, NJW 1982, 2839.

Änderung der Arbeitsbedingungen notwendig macht, […] der Arbeitgeber eine Änderungskündigung auszusprechen [hat].“[317] Diese ist also als *lex specialis* vorrangig zum Anspruch auf Vertragsanpassung wegen Störung der Geschäftsgrundlage.[318] Mithin spielt § 313 BGB, jedenfalls soweit es um einen arbeitgeberseitigen Anspruch auf Vertragsanpassung aus Abs. 1 geht, im Arbeitsrecht keine Rolle.

D. Beendigungsmöglichkeiten

Wie der Arbeitnehmer kann auch der Arbeitgeber das Arbeitsverhältnis grundsätzlich ordentlich[319] und unter strengeren Voraussetzungen auch außerordentlich[320] kündigen. Die Ausführungen sollen in diesem allgemeinen Teil nur kursorischer Natur sein.[321]

I. Ordentliche Kündigung

Die formalen Anforderungen der ordentlichen Arbeitnehmer- und Arbeitgeberkündigung sind weitgehend identisch. So ist Voraussetzung eine ordnungsgemäße Kündigungserklärung,[322] insbesondere ist das Schriftformerfordernis gemäß § 623 BGB zu beachten. Zudem muss die Kündigungsfrist gewahrt werden. Soweit diese nicht einzel- oder tarifvertraglich festgelegt wurde, ist wieder § 622 BGB maßgeblich. So kann der Arbeitgeber zunächst auf Grundlage des § 622 Abs. 1 BGB mit einer Frist von vier Wochen zum Fünfzehnten oder zum Ende eines Kalendermonats kündigen. Diese Frist verlängert sich aber nach Maßgabe des § 622 Abs. 2 BGB für den Arbeitgeber abhängig davon, wie lange das Arbeitsverhältnis bestanden hat. Während einer vereinbarten Probezeit,

---

317 BAG, Urt. v. 16.05.2002 – 2 AZR 292/01, NJW 2003, 1139; so auch *Sievers*, jM 2020, 189 (199).

318 BAG, Urt. v. 16.05.2002 – 2 AZR 292/01, NJW 2003, 1139 (1141).

319 Die ordentliche Kündigung kann individualvertraglich oder kollektivrechtlich ausgeschlossen werden. In bestimmten Fällen ist die ordentliche Kündigung auch gesetzlich ausgeschlossen, siehe etwa § 17 MuSchG.

320 Das Kündigungsverbot des § 17 MuSchG soll auch die außerordentliche Kündigung erfassen. Siehe *Dahm*, in: Rolfs/Giesen/Kreikebohm/Meßling/Udsching (Hrsg.), BeckOK ArbR, 61. Edition, Stand: 01.09.2021, § 17 MuSchG Rn. 6.

321 Demgegenüber wird in Teil 3 Kapitel 4 D. ausführlich auf die relevanten Beendigungsmöglichkeiten in der Pandemie eingegangen.

322 Ausführlich zur Kündigungserklärung siehe *Müller-Glöge*, in: ders./Preis/Schmidt (Hrsg.), ErfK, 22. Aufl. 2022, § 620 BGB Rn. 18 ff.

längstens für die Dauer von sechs Monaten, kann das Arbeitsverhältnis mit einer Frist von lediglich zwei Wochen gekündigt werden, § 622 Abs. 3 BGB. Der Kündigungsgrund muss in der Kündigungserklärung grundsätzlich nicht angegeben werden.[323] Die Kündigung wird mit Zugang beim Arbeitnehmer wirksam, § 130 BGB.[324]

Anders als der Arbeitnehmer muss der Arbeitgeber die Kündigungsschutzvorschriften des KSchG beachten, wenn dessen Geltungsbereich eröffnet ist. Insbesondere muss die Kündigung sozial gerechtfertigt sein, § 1 KSchG.

1. Geltungsbereich des KSchG

Aus § 1 Abs. 1 KSchG ergibt sich zunächst der persönliche Geltungsbereich. So gilt das KSchG in persönlicher Hinsicht nur für Arbeitnehmer, deren Arbeitsverhältnis in demselben Betrieb oder Unternehmen ohne Unterbrechung länger als sechs Monate bestanden hat, vgl. § 1 Abs. 1 KSchG.

Der betriebliche Geltungsbereich ergibt sich aus § 23 KSchG. Dieser bestimmt in Abs. 1 S. 1 zunächst, dass die Vorschriften des ersten Abschnitts (Allgemeiner Kündigungsschutz) sowie des zweiten Abschnitts (Kündigungsschutz im Rahmen der Betriebsverfassung und Personalvertretung) für Betriebe und Verwaltungen des privaten und des öffentlichen Rechts gelten. Aus § 23 Abs. 1 S. 2 und S. 3 KSchG ergibt sich sodann abhängig vom Beginn des Beschäftigungsverhältnisses eine unterschiedliche Mindestanzahl an Arbeitnehmern, derer es für die Geltung des KSchG bedarf. So greifen die Kündigungsschutzvorschriften für ab dem 1. Januar 2004 eingestellte Arbeitnehmer erst, wenn mehr als zehn Arbeitnehmer beschäftigt werden. Bis zum 31. Dezember 2003 lag der Schwellenwert noch bei fünf Arbeitnehmern. Grund dafür, die Geltung der Kündigungsschutzvorschriften von einer bestimmten Anzahl an beschäftigten Arbeitnehmern abhängig zu machen, ist, dass für Kleinbetriebe „[...] im Interesse des Betriebsfriedens und der Funktionsfähigkeit des Betriebes notwendige Entlassungen erleichtert möglich sein sollen."[325]

2. Erfordernis der sozialen Rechtfertigung

Ist der Geltungsbereich des KSchG eröffnet, gilt § 1 Abs. 1 KSchG, wonach die Wirksamkeit der ordentlichen arbeitgeberseitigen Kündigung davon abhängt,

---

323 BAG, Urt. v. 16.09.2004 – 2 AZR 447/03, NZA 2005, 1263.

324 Ausführlich zum Zugang siehe etwa *Huch-Hallwachs*, in: Herrler (Hrsg.), Münchener Vertragshandbuch, Bürgerliches Recht II, 8. Aufl. 2020, XIX. 34 Anm. 3.

325 BT-Drs. 13/4612, 9.

ob sie sozial gerechtfertigt ist. Sozial ungerechtfertigt ist die Kündigung insbesondere, wenn sie nicht durch Gründe, die in der Person oder in dem Verhalten des Arbeitnehmers liegen, oder durch dringende betriebliche Erfordernisse, die einer Weiterbeschäftigung des Arbeitnehmers in diesem Betrieb entgegenstehen, bedingt ist, § 1 Abs. 2 S. 1 KSchG. Die Kündigung muss daher entweder personen-, verhaltens- oder betriebsbedingt erfolgen.

Vor einer Auseinandersetzung mit diesen Kündigungsgründen im Einzelnen kann festgehalten werden, dass allen eine Störung des Arbeitsverhältnisses gemein ist.[326] Die Kündigung, gleich aus welchem Grund, muss stets *ultima ratio*[327] sein. Daraus folgt, dass keine Beschäftigungsmöglichkeit an einem anderen Arbeitsplatz bestehen darf. Zudem muss wegen § 1 Abs. 2 S. 3 KSchG auch der Ausspruch einer Änderungskündigung als milderes Mittel erwogen werden. Schließlich bedarf es stets sowohl einer negativen Prognose als auch einer Interessenabwägung.

a) Personenbedingte Kündigung

Der Arbeitgeber kann den Arbeitnehmer personenbedingt nur wirksam kündigen, wenn dieser seiner Arbeitspflicht gar nicht oder nicht vertragsgemäß nachkommt.[328] Der Kündigungsgrund muss auf einer „[…] in dessen persönlichen Verhältnissen oder Eigenschaften liegenden „Störquelle“ beruhen […],“[329] also auf die persönliche Eignung und Fähigkeit des Arbeitnehmers zurückzuführen sein.[330] Entscheidend ist, dass die Nicht- oder Schlechtleistung des Arbeitnehmers nicht auf ein steuerbares Verhalten desselben zurückzuführen ist. Im Fall der personenbedingten Kündigung liegt also eine unverschuldete Vertragsstörung durch den Arbeitnehmer vor.[331] Aufgrund dessen ist eine Abmahnung vor Erklärung der personenbedingten Kündigung regelmäßig entbehrlich.[332]

---

326 *Oetker*, in: Müller-Glöge/Preis/Schmidt (Hrsg.), ErfK, 22. Aufl. 2022, § 1 KSchG Rn. 67 ff.

327 Zum „ultima-ratio-Prinzip“ siehe *Stückmann/Kohlepp*, RdA 2000, 331 (338 ff.).

328 BAG, Urt. v. 18.01.2007 – 2 AZR 731/05, NZA 2007, 680 (681); *Oetker*, in: Müller-Glöge/Preis/Schmidt (Hrsg.), ErfK, 22. Aufl. 2022, § 1 KSchG Rn. 103.

329 BAG, Urt. v. 23.05.2013 – 2 AZR 120/12, NZA 2013, 1211 (1212) Rn. 21.

330 *Vossen*, in: Linck/Preis/Schmidt (Hrsg.), Kündigungsrecht, 6. Aufl. 2021, § 1 KSchG Rn. 124.

331 *Rolfs*, in: ders./Giesen/Kreikebohm/Meßling/Udsching (Hrsg.), BeckOK ArbR, 64. Edition, Stand: 01.06.2022, § 1 KSchG Überschrift vor Rn. 104; *Oetker*, in: Müller-Glöge/Preis/Schmidt (Hrsg.), ErfK, 22. Aufl. 2022, § 1 KSchG Rn. 99.

332 LAG Düsseldorf, Urt. v. 06.03.1986 – 5 Sa 1224/85, NZA 1986, 431; nach Auffassung des BAG in BAG, Urt. v. 30.09.1993 – 2 AZR 283/93, NZA 1994, 615 (620) kann „[a]uch bei personenbedingten Kündigungsgründen […] das Erfordernis einer Abmahnung in Betracht kommen.“; ausführlich zur Abmahnung bei der

Die personenbedingte Kündigung setzt im Weiteren eine negative Prognose des Arbeitgebers dergestalt voraus, dass „[...] mit der alsbaldigen Wiederherstellung der Fähigkeit und Eignung [des Arbeitnehmers] zur ordnungsgemäßen Erbringung der Arbeitsleistung nicht gerechnet werden kann [...].“[333] Zudem „[...] muss die fehlende oder beeinträchtigte Fähigkeit und Eignung zur Erbringung der Arbeitsleistung zu konkreten Störungen des Arbeitsverhältnisses führen, die im Zeitpunkt der Kündigung noch andauern, bzw. auch künftig zu befürchten sind [...] und durch eine Umsetzung nicht beseitigt werden können [...].“[334]

Die Vertragsstörung wiederum muss „[...] zu einer erheblichen Beeinträchtigung der betrieblichen Interessen führen [...].“[335]

Zuletzt ist eine Interessenabwägung vorzunehmen.[336] „Gegenüber dem Interesse des Arbeitnehmers, seinen Arbeitsplatz zu behalten, ist zu prüfen, ob die Störung des Arbeitsverhältnisses so gewichtig ist, dass die erheblichen betrieblichen oder wirtschaftlichen Interessen des Arbeitgebers überwiegen [...].“[337] Wenn dies nicht der Fall ist, muss der Arbeitgeber die Störung billigerweise hinnehmen.

Klassisches Beispiel für einen personenbedingten Kündigungsgrund ist die Krankheit des Arbeitnehmers.[338]

---

personenbedingten Kündigung siehe *Vossen*, in: Linck/Preis/Schmidt (Hrsg.), Kündigungsrecht, 6. Aufl. 2021, § 1 KSchG Rn. 127 ff.

333 *Vossen*, in: Linck/Preis/Schmidt (Hrsg.), Kündigungsrecht, 6. Aufl. 2021, § 1 KSchG Rn. 124.

334 *Vossen*, in: Linck/Preis/Schmidt (Hrsg.), Kündigungsrecht, 6. Aufl. 2021, § 1 KSchG Rn. 125; in diesem Sinne auch *Rolfs*, in: ders./Giesen/Kreikebohm/Meßling/Udsching (Hrsg.), BeckOK ArbR, 64. Edition, Stand: 01.06.2022, § 1 KSchG Überschrift vor Rn. 107.

335 BAG, Urt. v. 26.09.1991 – 2 AZR 132/91, NZA 1992, 1073 (1076); siehe auch *Rolfs*, in: ders./Giesen/Kreikebohm/Meßling/Udsching (Hrsg.), BeckOK ArbR, 64. Edition, Stand: 01.06.2022, § 1 KSchG Rn. 109 ff.

336 Siehe hierzu auch *Rolfs*, in: ders./Giesen/Kreikebohm/Meßling/Udsching (Hrsg.), BeckOK ArbR, 64. Edition, Stand: 01.06.2022, § 1 KSchG Überschrift vor Rn. 118 ff.; *Hergenröder*, in: Säcker/Rixecker/Oetker/Limperg (Hrsg.), MüKoBGB, 8. Aufl. 2020, § 1 KSchG Rn. 156.

337 *Rolfs*, in: ders./Giesen/Kreikebohm/Meßling/Udsching (Hrsg.), BeckOK ArbR, 64. Edition, Stand: 01.06.2022, § 1 KSchG Rn. 118 m.w.N.

338 *Rolfs*, in: ders./Giesen/Kreikebohm/Meßling/Udsching (Hrsg.), BeckOK ArbR, 64. Edition, Stand: 01.06.2022, § 1 KSchG Rn. 103; ausführlich dazu siehe *Vossen*, in: Linck/Preis/Schmidt (Hrsg.), Kündigungsrecht, 6. Aufl. 2021, § 1 KSchG Rn. 134 ff.

b) *Verhaltensbedingte Kündigung*

„Ein verhaltensbedingter Kündigungsgrund i.S. von § 1 II KSchG liegt vor, wenn der Arbeitnehmer mit dem ihm vorgeworfenen Verhalten eine Vertragspflicht – regelmäßig schuldhaft – verletzt, das Arbeitsverhältnis dadurch konkret beeinträchtigt wird, eine zumutbare Möglichkeit einer anderen Beschäftigung nicht besteht und die Lösung des Arbeitsverhältnisses in Abwägung der Interessen beider Vertragsparteien nach den Einzelfallumständen billigenswert und angemessen erscheint."[339] Insbesondere im Hinblick auf die später zu behandelnden Kündigungsmöglichkeiten im Pandemiefall[340] sei darauf hingewiesen, dass auch eine Verletzung der Rücksichtnahmepflicht aus § 241 Abs. 2 BGB eine verhaltensbedingte Kündigung rechtfertigen kann.[341]

Da die verhaltensbedingte Kündigung keine Strafe für eine Pflichtverletzung des Arbeitnehmers ist, sondern weitere Pflichtverletzungen verhindern soll,[342] muss der Arbeitgeber auch eine Prognose vornehmen. Diese fällt negativ aus, „[...] wenn aus der konkreten Vertragspflichtverletzung [des Arbeitnehmers] und der daraus resultierenden Vertragsstörung geschlossen werden kann, der Arbeitnehmer werde auch zukünftig den Arbeitsvertrag nach einer Kündigungsandrohung erneut in gleicher oder ähnlicher Weise verletzen [...]."[343]

Vor diesem Hintergrund ist der Arbeitnehmer vor der verhaltensbedingten Kündigung in der Regel abzumahnen.[344] „Liegt [allerdings] eine ordnungsgemäße Abmahnung vor und verletzt der Arbeitnehmer erneut seine vertraglichen Pflichten, kann regelmäßig davon ausgegangen werden, es werde auch zukünftig zu weiteren Vertragsstörungen kommen [...]."[345]

In Einzelfällen kann die Abgrenzung der verhaltensbedingten zur personenbedingten Kündigung Schwierigkeiten bereiten. Maßgebliches

---

339 BAG, Urt. v. 24.06.2004 – 2 AZR 63/03, NZA 2005, 158.

340 Siehe dazu Teil 3 Kapitel 4 D.

341 BAG, Urt. v. 24.06.2004 – 2 AZR 63/03, NZA 2005, 159.

342 BAG, Urt. v. 12.01.2006 – 2 AZR 179/05, NZA 2006, 980.

343 BAG, Urt. v. 19.02.2009 – 2 AZR 603/07, NZA 2009, 894 (895).

344 Gleichwohl „[ist eine] Abmahnung [...] auch unter Berücksichtigung des Verhältnismäßigkeitsgrundsatzes ausnahmsweise entbehrlich, wenn eine Verhaltensänderung in Zukunft – trotz Abmahnung – nicht erwartet werden kann oder es sich um eine solch schwere Pflichtverletzung handelt, deren Rechtswidrigkeit dem Arbeitnehmer ohne weiteres erkennbar ist und bei der eine Hinnahme des Verhaltens durch den Arbeitgeber offensichtlich ausgeschlossen werden kann." Siehe BAG, Urt. v. 12.01.2006 – 2 AZR 179/05, NZA 2006, 980.

345 BAG, Urt. v. 19.02.2009 – 2 AZR 603/07, NZA 2009, 894 (895).

Abgrenzungskriterium ist, „[...] ob ein vertragswidriges steuerbares Verhalten seitens des Arbeitnehmers vorliegt."[346] Ist das der Fall, ist die verhaltensbedingte Kündigung statthaft.

c) Betriebsbedingte Kündigung

Eine Kündigung ist auch sozial gerechtfertigt, wenn sie durch dringende betriebliche Erfordernisse, die einer Weiterbeschäftigung des Arbeitnehmers entgegenstehen, bedingt ist, vgl. § 1 Abs. 2 S. 1 KSchG.

Nach der Rechtsprechung des BAG[347] liegen „[d]ringende betriebliche Erfordernisse i. S. von § 1 II 1 KSchG [...] vor, wenn das Bedürfnis für eine Weiterbeschäftigung des Arbeitnehmers im Betrieb entfallen ist [...]. Regelmäßig entsteht ein solches Erfordernis nicht allein und unmittelbar durch bestimmte wirtschaftliche Entwicklungen (Produktions- oder Umsatzrückgang etc.), sondern auf Grund einer hierdurch veranlassten Organisationsentscheidung des Arbeitgebers (unternehmerische Entscheidung)."[348]

Der Arbeitgeber muss also eine unternehmerische Entscheidung getroffen haben, die den Wegfall der Beschäftigungsmöglichkeit des Arbeitnehmers zur Folge hat. Eine Überprüfung dieser Organisationsentscheidung kann durch die Gerichte nur eingeschränkt darauf, „[...] ob sie offensichtlich unsachlich, unvernünftig oder willkürlich ist [...]"[349], erfolgen. „Offenbar unsachlich kann [diese] sein, wenn sie unmittelbar oder mittelbar gegen Gesetze oder Verträge verstößt oder deren Umgehung dient oder sie sich nur unter Verstoß gegen Gesetzes- oder Tarifrecht realisieren lässt."[350]

Demgegenüber können die Gerichte vollumfänglich überprüfen, ob der Arbeitgeber die unternehmerische Entscheidung tatsächlich umgesetzt hat und diese Umsetzung zum Wegfall der Beschäftigungsmöglichkeit geführt hat.[351] Der Wortlaut des § 1 Abs. 2 S. 1 KSchG, wonach die Kündigung durch dringende betriebliche Erfordernisse bedingt sein muss, lässt erkennen, dass die unternehmerische Entscheidung für den Wegfall der Beschäftigungsmöglichkeit

---

346 *Vossen*, in: Linck/Preis/Schmidt (Hrsg.), Kündigungsrecht, 6. Aufl. 2021, § 1 KSchG Rn. 119.

347 Zur Rechtsentwicklung siehe etwa *Rolfs*, in: ders./Giesen/Kreikebohm/Meßling/Udsching (Hrsg.), BeckOK ArbR, 64. Edition, Stand: 01.06.2022, § 1 KSchG Rn. 340.1.

348 BAG, Urt. v. 07.07.2011 – 2 AZR 12/10, NJW 2012, 475 (478) Rn. 41 m.w.N.

349 BAG, Urt. v. 07.07.2011 – 2 AZR 12/10, NJW 2012, 475 (478) Rn. 41 m.w.N.

350 BAG, Urt. v. 07.10.2004 – 2 AZR 122/04, NZA 2005, 352.

351 BAG, Urt. v. 07.07.2011 – 2 AZR 12/10, NJW 2012, 475 (478) Rn. 41.

kausal sein muss.[352] Dazu genügt es, „wenn die Umsetzung einer unternehmerischen (Organisations-)Entscheidung auf der betrieblichen Ebene spätestens mit Ablauf der Kündigungsfrist zu einem voraussichtlich dauerhaften Wegfall des Beschäftigungsbedarfs führt. Diese Prognose muss schon im Zeitpunkt des Zugangs der Kündigung objektiv berechtigt sein."[353]

Zuletzt ist speziell bei der betriebsbedingten Kündigung zu beachten, dass diese trotz des Vorliegens der aufgeführten Voraussetzungen sozial ungerechtfertigt (und damit unwirksam) sein kann, wenn der Arbeitgeber bei der Auswahl des Arbeitnehmers die Dauer der Betriebszugehörigkeit, das Lebensalter, die Unterhaltspflichten und die Schwerbehinderung des Arbeitnehmers nicht oder nicht ausreichend berücksichtigt hat, § 1 Abs. 3 S. 1 Hs. 1 KSchG. Von dieser Sozialauswahl ausgenommen sind Arbeitnehmer, deren Weiterbeschäftigung, insbesondere wegen ihrer Kenntnisse, Fähigkeiten und Leistungen oder zur Sicherung einer ausgewogenen Personalstruktur des Betriebes, im berechtigten betrieblichen Interesse liegt, § 1 Abs. 3 S. 2 KSchG.

II. Außerordentliche Kündigung

Freilich hat auch der Arbeitgeber bei Vorliegen eines wichtigen Grundes i.S.d. § 626 BGB die Möglichkeit, das Arbeitsverhältnis außerordentlich zu kündigen.[354] Die Voraussetzungen unterscheiden sich nicht von denen der außerordentlichen arbeitnehmerseitigen Kündigung. So müssen arbeitgeberseitig Tatsachen vorliegen, auf Grund derer dem Arbeitgeber unter Berücksichtigung aller Umstände des Einzelfalles und unter Abwägung der Interessen beider Vertragsteile die Fortsetzung des Arbeitsverhältnisses bis zum Ablauf der Kündigungsfrist oder bis zu der vereinbarten Beendigung des Arbeitsverhältnisses nicht zugemutet werden kann, vgl. § 626 Abs. 1 BGB.[355] Der Arbeitgeber muss die Kündigung innerhalb von zwei Wochen nach Kenntniserlangung der für die Kündigung maßgebenden Tatsachen erklären, § 626 Abs. 2 S. 1 und 2 BGB. Zudem muss dieser dem Arbeitnehmer auf Verlangen den Kündigungsgrund unverzüglich schriftlich mitteilen, § 626 Abs. 2 S. 3 BGB. Auch hat die außerordentliche Kündigung gemäß § 623 BGB schriftlich zu erfolgen.

---

352 *Rolfs*, in: ders./Giesen/Kreikebohm/Meßling/Udsching (Hrsg.), BeckOK ArbR, 64. Edition, Stand: 01.06.2022, § 1 KSchG Rn. 372.

353 BAG, Urt. v. 31.07.2014 – AZR 422/13, NZA 2015, 101.

354 BAG, Urt. v. 12.03.2009 – 2 AZR 894/07, NZA 2009, 840 (841).

355 Zu einzelnen Beispielen siehe *Niemann*, in: Müller-Glöge/Preis/Schmidt (Hrsg.), ErfK, 22. Aufl. 2022, § 626 BGB Rn. 61 ff.

III. Kündigung wegen Störung der Geschäftsgrundlage, § 313 Abs. 3 S. 2 BGB

Zuletzt ist kurz die Frage aufzuwerfen, ob als Kündigungsgrund § 313 Abs. 3 S. 2 i.V.m. S. 1 BGB herangezogen werden kann. Dem ist jedoch entgegenzuhalten, dass der Arbeitgeber sich dadurch den Kündigungsschutzvorschriften entziehen könnte. Zudem ist vorrangig die außerordentliche Kündigung gemäß § 626 BGB zu erklären.[356] Eine Kündigung wegen Störung der Geschäftsgrundlage scheidet im Arbeitsverhältnis mithin aus.[357]

IV. Beteiligung des Betriebsrats, § 102 BetrVG

Allen Kündigungen ist gemein, dass – sofern ein Betriebsrat gewählt wurde – dieser anzuhören ist, § 102 Abs. 1 S. 1 BetrVG. Dabei hat der Arbeitgeber die Kündigungsgründe mitzuteilen, § 102 Abs. 1 S. 2 BetrVG.

Hat der Betriebsrat gegen eine ordentliche Kündigung Bedenken, so hat er diese unter Angabe der Gründe dem Arbeitgeber spätestens innerhalb einer Woche schriftlich mitzuteilen, anderenfalls gilt die Zustimmung zur Kündigung als erteilt, § 102 Abs. 2 S. 1 und 2 BetrVG. Bei einer außerordentlichen Kündigung sind Bedenken innerhalb von drei Tagen schriftlich mitzuteilen, § 102 Abs. 2 S. 3 BetrVG.

Die Anhörung stellt eine Wirksamkeitsvoraussetzung der Kündigung dar, vgl. § 102 Abs. 1 S. 3 BetrVG, sodass eine unterbliebene bzw. nicht ordnungsgemäße Anhörung zur Unwirksamkeit der Kündigung führt.

Zusammenfassung

Dieser zweite Teil hat die arbeitsvertraglichen Pflichten des Arbeitnehmers und Arbeitgebers im „Normalfall" und im gewöhnlichen Krankheitsfall des Arbeitnehmers aufgezeigt. So ist der Arbeitnehmer grundsätzlich zur Arbeitsleistung und der Arbeitgeber zur Leistung der Vergütung verpflichtet, § 611a BGB. Im gewöhnlichen Krankheitsfall des Arbeitnehmers erlischt die Arbeitspflicht in der Regel durch Geltendmachung des Leistungsverweigerungsrechts gemäß § 275 Abs. 3 BGB. Der Arbeitgeber schuldet in Ausnahme zum Grundsatz

---

356 *Preis*, in: Linck/Preis/Schmidt (Hrsg.), Kündigungsrecht, 6. Aufl. 2021, 1. Teil K. Rn. 72; siehe auch *Oetker*, in: Müller-Glöge/Preis/Schmidt (Hrsg.), ErfK, 22. Aufl. 2022, § 2 KSchG Rn. 1a m.w.N.

357 *Preis*, in: Linck/Preis/Schmidt (Hrsg.), Kündigungsrecht, 6. Aufl. 2021, 1. Teil K. Rn. 72.

„Ohne Arbeit kein Lohn" aber regelmäßig Entgeltfortzahlung über § 3 Abs. 1 S. 1 EFZG. Sowohl aufseiten des Arbeitnehmers wie auch des Arbeitgebers bestehen Nebenpflichten, die sich im normalen Alltag vergleichsweise wenig bemerkbar machen, in dem sogleich zu behandelnden Teil, der einen Pandemiefall voraussetzt, jedoch äußerst relevant werden können.

Im Rahmen der arbeitsvertraglichen Grenzen kann der Arbeitgeber den Inhalt, die Durchführung, Ort und Zeit der Arbeitsleistung nach billigem Ermessen konkretisieren, § 106 S. 1 GewO, § 611a Abs. 1 S. 2 BGB. Darüber hinaus ist der Arbeitgeber im Not- oder außergewöhnlichen Fall auch zur Ausübung des erweiterten Weisungsrechts berechtigt, das die rechtmäßige Weisung auch über die arbeitsvertraglichen Grenzen hinaus ermöglicht.

Beiden arbeitsvertraglichen Parteien stehen Veränderungsmöglichkeiten zu, wenngleich die des Arbeitnehmers kaum praxisrelevant sind. So kann theoretisch auch der Arbeitnehmer eine Änderungskündigung erklären oder diesem ein Anspruch auf Vertragsanpassung gemäß § 313 Abs. 1 BGB zustehen. Allerdings scheint es sich hierbei eher um theoretische Möglichkeiten zu handeln.

Zu den arbeitgeberseitigen Veränderungsmöglichkeiten zählt zunächst die Freistellung. Aufgrund der Beschäftigungspflicht gegenüber dem Arbeitnehmer setzt diese voraus, dass gegenüber dem Beschäftigungsinteresse des Arbeitnehmers die schutzwürdigen Interessen des Arbeitgebers an der Nichtbeschäftigung überwiegen. Neben der Freistellung steht auch dem Arbeitgeber die Möglichkeit der Änderungskündigung zu, die in § 2 KSchG geregelt ist.

Schließlich können sowohl Arbeitnehmer als auch Arbeitgeber das Arbeitsverhältnis ordentlich und ggf. außerordentlich kündigen. Im Rahmen der ordentlichen Kündigung muss der Arbeitgeber die Vorschriften des KSchG beachten, sofern dessen Geltungsbereich eröffnet ist.

Teil 3 Das Arbeitsverhältnis in einer Pandemie

Nachdem zuvor ein Überblick über das Arbeitsverhältnis außerhalb einer Pandemie gegeben wurde, widmet sich dieser Teil als Schwerpunkt der Arbeit einer umfassenden Untersuchung des Arbeitsverhältnisses in einer Pandemie. Nach einer allgemeinen Einführung zur Pandemie (Kapitel 1) werden zunächst pandemiespezifisch relevante Gesetzesnormen aufgezeigt (Kapitel 2). Sodann werden zuerst die arbeitsvertraglichen Pflichten und Veränderungsmöglichkeiten des Arbeitnehmers im Pandemiefall dargestellt (Kapitel 3). Gegenstand des letzten Kapitels sind schließlich die Pflichten, Ausgestaltungs-, Veränderungs- und Beendigungsmöglichkeiten des Arbeitgebers in einer Pandemie (Kapitel 4).

Kapitel 1 Einführung zur Pandemie

Bevor auf das Arbeitsverhältnis im Pandemiefall eingegangen werden kann, bedarf es zunächst eines allgemeinen Überblicks zur Pandemie. Dazu wird auch eine Auswahl der Pandemien in der jüngeren Vergangenheit knapp dargestellt.

A. Allgemeines

Das Robert Koch-Institut (RKI) als „nationale infektionsepidemiologische Leitstelle“[358] beschreibt eine Pandemie im Wesentlichen als eine „[...] weltweite starke Ausbreitung einer Infektionskrankheit mit hohen Erkrankungszahlen und i.d.R. auch mit schweren Krankheitsverläufen.“[359] In Abgrenzung zu einer Epidemie zeichnet sich eine Pandemie dadurch aus, dass es nicht nur lokal, sondern weltweit zum Ausbruch einer Infektionskrankheit kommt.[360] Abzugrenzen

---

358 BT-Drs. 14/2530, 45.

359 *RKI*, Infektionsschutz und Infektionsepidemiologie, Fachwörter – Definitionen – Interpretationen, Pandemie S. 99, abrufbar unter: https://www.rki.de/DE/Content/Service/Publikationen/Fachwoerterbuch_Infektionsschutz.pdf?__blob=publicationFile.

360 „Eine Pandemie bezeichnet eine weltweite Epidemie.“ Siehe *RKI*, Was ist eine Pandemie?, Stand: 10.06.2009, abrufbar unter: https://www.rki.de/SharedDocs/FAQ/Pandemie/FAQ18.html.

ist die Pandemie ferner von der Endemie, die ein länger andauerndes, aber lokal begrenztes Infektionsgeschehen bezeichnet.[361]

Eine Pandemie kann durch unterschiedliche Erreger verursacht werden. So spricht man von einer Influenza-Pandemie[362], wenn diese durch ein (neuartiges) Influenzavirus verursacht wird. „Influenzaviren zirkulieren weltweit - auch bei Tieren, insbesondere Wasservögeln - und verändern ihr Erbgut kontinuierlich. Aufgrund der genetischen Variabilität der Viren und der Möglichkeit des Reassortments (Neukombination von Erbgutsequenzen) zwischen verschiedenen Subtypen von Influenza A-Viren kommt es immer wieder zum Überspringen der Artengrenze: Menschen können sich mit neuen Influenzaviren von Vögeln (z.B. Influenza A(H5N1); Influenza A(H7N9)) oder Schweinen (z.B. Influenza A(H3N2)v) infizieren."[363]

Auch wenn es sich bei der jüngsten Pandemie - der durch das Coronavirus SARS-CoV-2 ausgelösten COVID-19-Pandemie - nicht um eine Influenzapandemie handelt, wird der nachfolgende historische Überblick zeigen, dass dieser insgesamt die größte Relevanz zukommt.

B. Pandemien in der jüngeren Geschichte (Auswahl)

Um einen Überblick über die relevanten pandemiespezifischen Erreger zu erhalten, ist ein kurzer Blick auf eine Auswahl[364] an Pandemien in der jüngeren Geschichte zu werfen. Dabei folgt der Überblick einem chronologischen Aufbau und geht zunächst auf Pandemien im 20. Jahrhundert ein.

---

361 *Kloepfer/Deye*, DVBl. 2009, 1208 (1209).

362 Vertiefend zur Influenzapandemie siehe *Braun/Reiter/Bartels/Haas*, Influenzapandemie, Begriff, Grundlagen, Entstehung, abrufbar unter: https://www.rki.de/DE/Content/InfAZ/I/Influenza/IPV/Bevoelkerungsschutz_03-2007.pdf?__blob=publicationFile. Die WHO hat für die Influenzapandemie ein Phasenmodell aufgestellt, siehe *WHO*, Pandemic Influenza Preparedness and Response, S. 24 ff., Stand: 03.03.2009, Download möglich unter: https://apps.who.int/iris/rest/bitstreams/52477/retrieve. Zu diesem Modell siehe auch *Kloepfer/Deye*, DVBl. 2009, 1208 (1210).

363 Siehe *RKI*, Antworten auf häufig gestellte Fragen zur Pandemieplanung, Stand: 05.12.2016, abrufbar unter: https://www.rki.de/SharedDocs/FAQ/Pandemieplanung/FAQ_Liste_Pandemieplanung.html.

364 Auf die Cholera-Pandemie(n) wird nicht eingegangen.

I. Pandemien im 20. Jahrhundert

Die erste und schlimmste Pandemie, die auch als tödlichste Pandemie der jüngeren Geschichte bezeichnet wird, ist die Spanische Grippe, die sich „[...] zwischen Frühjahr 1918 und Anfang 1919 in drei Wellen über die Welt [verbreitete].“[365] Pandemischer Erreger war das Influenza-Virus A/H1N1. Zu den Symptomen zählten insbesondere in der zweiten Welle „[...] hohe[s] Fieber, rasende [...] Kopf- und Gliederschmerzen. Schwerkranke bluteten aus Nasen und Ohren oder spuckten Blut. Aus Sauerstoffmangel liefen sie im Gesicht blau an.“[366] Schätzungen zufolge infizierten sich zwischen 500 Millionen Menschen und einem Drittel der damaligen Weltbevölkerung.[367] Wie viele Menschenleben sie tatsächlich gefordert hat, ist nicht abschließend geklärt. Die Schätzungen bewegen sich allerdings zwischen 25 und 100 Millionen.[368]

Auf die Spanische Grippe folgte im Jahr 1957 die Asiatische Grippe, die vergleichsweise wesentlich milder ausfiel und bis zum Jahr 1960 weltweit etwa ein bis zwei Millionen Menschen das Leben kostete.[369] Auslöser war das Influenza-Virus A/H2N2.

Bereits im Jahr 1968 hatte die Weltbevölkerung schon mit der nächsten Pandemie – der Hongkong-Grippe – zu kämpfen, an deren Folgen zwischen eine und vier Millionen Menschen verstarben. Auslöser war das Influenza-Virus A/H3N2.[370]

II. Pandemien im 21. Jahrhundert

Auch in dem noch jungen 21. Jahrhundert kam es bereits zu Pandemieausbrüchen.

---

365 *Michels*, Vierteljahrshefte für Zeitgeschichte, 58. Jahrgang, Heft 1, Januar 2010, S. 2.

366 *Michels*, Vierteljahrshefte für Zeitgeschichte, 58. Jahrgang, Heft 1, Januar 2010, S. 16.

367 *Centers for Disease Control and Prevention*, 1918 Pandemic (H1N1 virus), abrufbar unter: https://www.cdc.gov/flu/pandemic-resources/1918-pandemic-h1n1.html.

368 Siehe *Michels*, Vierteljahrshefte für Zeitgeschichte, 58. Jahrgang, Heft 1, Januar 2010, S. 2 m.w.N.

369 *Kutzner*, Die Debatte über die Asiatische Grippe, Ein systemrelevantes Beispiel für die Gegenwart?, Bundeszentrale für politische Bildung, Stand: 19.05.2020, abrufbar unter: https://www.bpb.de/geschichte/zeitgeschichte/deutschlandarchiv/310154/debatte-zur-herkunft-der-asiatischen-grippe-1957.

370 Siehe hierzu *Tenberg*, „Jede Pandemie geht irgendwann zu Ende“, Interview in der WirtschaftsWoche, Stand: 22.11.2021, abrufbar unter: https://www.wiwo.de/politik/deutschland/hongkong-grippe-die-vergessene-pandemie-jede-pandemie-geht-irgendwann-zu-ende/27097334.html.

1. Exkurs: *SARS (SARS-CoV)*

Im Jahr 2003 verbreitete sich der Erreger SARS (*severe acute respiratory syndrome*), der als Beta-Coronavirus einzuordnen[371] und Vorläufer des Auslösers (SARS-CoV-2) der aktuellen COVID-19-Pandemie ist. „Coronaviren sind unter Säugetieren und Vögeln weit verbreitet. Sie verursachen beim Menschen vorwiegend milde Erkältungskrankheiten, können aber mitunter schwere Lungenentzündungen hervorrufen."[372]

Auch wenn der SARS-Erreger letztlich nicht zu einer Pandemie führte,[373] soll wegen des Bezugs zur aktuellen COVID-19-Pandemie ein kurzer Überblick dazu gegeben werden. So häuften sich Ende des Jahres 2002 in einer südchinesischen Provinz Meldungen atypischer Pneumonien, deren Entstehung unklar war und deren Verlauf oft tödlich endete.[374] Nach einer anfänglichen Verbreitung über Südchina nach Vietnam und Hongkong erlangte die Krankheit im Februar 2003 weltweit Aufmerksamkeit und wird seitdem als SARS bezeichnet. „Ab Februar 2003 kam es zu einer raschen weltweiten Ausbreitung der Erkrankung: Während der Epidemie[375] von November 2002 bis Juli 2003 erkrankten mehr als 8.000 Personen in rund 30 Ländern auf 6 Kontinenten; 744 der Erkrankten starben. Die am stärksten betroffenen Länder bzw. Regionen waren China, Hongkong, Taiwan, Singapur, Hanoi in Vietnam und Toronto in Kanada. [...] Klinisch ist SARS durch plötzlich auftretendes Fieber mit trockenem Husten, Myalgien und Atemnot bzw. Atembeschwerden gekennzeichnet. Auch leichte oder asymptomatische Verläufe nach einer Infektion sind möglich. Die Übertragung erfolgt hauptsächlich durch eine Tröpfcheninfektion (selten auch Schmierinfektion). Die Letalität lag bei etwa 11 %, sie stieg mit dem Lebensalter."[376]

---

371 *RKI*, Epidemiologischer Steckbrief zu SARS-CoV-2 und COVID-19 Nr. 1, Stand: 26.11.2021, abrufbar unter: https://www.rki.de/DE/Content/InfAZ/N/Neuartiges_Coronavirus/Steckbrief.

372 *RKI*, Epidemiologischer Steckbrief zu SARS-CoV-2 und COVID-19 Nr. 1, Stand: 26.11.2021, abrufbar unter: https://www.rki.de/DE/Content/InfAZ/N/Neuartiges_Coronavirus/Steckbrief.

373 So etwa *Kloepfer/Deye*, DVBl. 2009, 1208.

374 *RKI*, Epidemiologisches Bulletin, Ausgabe 8/2004, S. 1 SARS-Übersicht, abrufbar unter: https://www.rki.de/DE/Content/Infekt/EpidBull/Archiv/2004/Ausgabenlinks/08_04.pdf?__blob=publicationFile.

375 Der Begriff der Epidemie bezeichnet im Unterschied zur Pandemie einen lokal begrenzten Ausbruch einer neuartigen Krankheit.

376 *RKI*, Epidemiologisches Bulletin, Ausgabe 8/2004 S. 1 SARS-Übersicht, abrufbar unter: https://www.rki.de/DE/Content/Infekt/EpidBull/Archiv/2004/Ausgabenlinks/08_04.pdf?__blob=publicationFile.

2. *„Schweinegrippe"-Pandemie (Influenza-Virus A/H1N1(pdm09))*

Ausgelöst durch das Influenza-Virus A/H1N1 verbreitete sich im Jahr 2009 die sog. Schweinegrippe, die zum Ausbruch einer Pandemie führte.[377] Die Bezeichnung als Schweinegrippe ist darauf zurückzuführen, dass sich die spezifische Virusvariante aus vier verschiedenen Viren, darunter der nordamerikanischen Schweineinfluenza, zusammensetzt.[378] Die Symptome entsprachen weitestgehend denen der saisonalen Influenza.[379] Auch wenn der Basiserreger A/H1N1 kein neuartiges Influenza-Virus darstellte, war er in seiner spezifischen Ausprägung doch unbekannt. Atypisch für dieses Influenza-Virus war, dass besonders der junge Bevölkerungsanteil (bis 65 Jahre) betroffen war. Dies war wohl darauf zurückzuführen, dass ältere Menschen im Laufe ihres Lebens schon mit H1N1-Viren in Kontakt gekommen waren und so Antikörper aufgebaut hatten.[380] Die Pandemie wurde am 10. August 2010 von der WHO für beendet erklärt. Allerdings zirkuliert der Erreger seitdem als saisonales Influenza-Virus.[381]

3. *COVID-19-Pandemie (SARS-CoV-2)*

Bisher größte Relevanz im 21. Jahrhundert kommt der noch aktuellen COVID-19-Pandemie[382] zu. Auslöser derselben ist der Erreger SARS-CoV-2, der im Vergleich zum bekannten Erreger SARS ein neues Beta-Coronavirus ist[383] und

---

377 *RKI*, Antworten auf häufig gestellte Fragen zur Influenzapandemie 2009, Stand: 10.01.2017, abrufbar unter: https://www.rki.de/SharedDocs/FAQ/Pandemie/Pandemie.html.

378 *RKI*, Epidemiologisches Bulletin, Ausgabe 21/2010, S. 191, abrufbar unter: https://www.rki.de/DE/Content/Infekt/EpidBull/Archiv/2010/Ausgaben/21_10.pdf?__blob=publicationFile.

379 *RKI*, Epidemiologisches Bulletin, Ausgabe 18/2009, S. 173, abrufbar unter: https://www.rki.de/DE/Content/Infekt/EpidBull/Archiv/2009/Ausgaben/18_09.pdf?__blob=publicationFile.

380 *Centers for Disease Control and Prevention*, 2009 H1N1 Pandemic (H1N1pdm09 virus), abrufbar unter: https://www.cdc.gov/flu/pandemic-resources/2009-h1n1-pandemic.html.

381 *Centers for Disease Control and Prevention*, 2009 H1N1 Pandemic (H1N1pdm09 virus), abrufbar unter: https://www.cdc.gov/flu/pandemic-resources/2009-h1n1-pandemic.html.

382 Vielmals auch als Corona-Pandemie bezeichnet.

383 *RKI*, Epidemiologischer Steckbrief zu SARS-CoV-2 und COVID-19 Nr. 1, Stand: 26.11.2021, abrufbar unter: https://www.rki.de/DE/Content/InfAZ/N/Neuartiges_Coronavirus/Steckbrief.

zum Ausbruch der COVID-19-Erkrankung führen kann. Wie bereits dargestellt, verursachen Coronaviren „[…] beim Menschen vorwiegend milde Erkältungskrankheiten, können aber mitunter schwere Lungenentzündungen hervorrufen."[384] In Einklang damit zählen zu den Symptomen derzeit[385] überwiegend Husten (42 %), Fieber (26 %), Schnupfen (31 %) sowie die Störung des Geruchs- und/oder Geschmackssinns (19%).[386] Die Pneumonie wurde zeitweise mit einer Wahrscheinlichkeit von 1% noch aufgeführt, wird jedoch mittlerweile vom RKI nicht mehr als Symptom genannt. Dies dürfte darauf zurückzuführen sein, dass die aktuell vorherrschende Virusvariante *Omikron*[387] im Fall der Erkrankung im Vergleich zu vorherigen Virusvarianten wohl regelmäßig einen milderen Krankheitsverlauf nach sich zieht.[388]

Die COVID-19-Pandemie nahm ihren Anfang Ende des Jahres 2019 in der chinesischen Stadt Wuhan und verbreitete sich daraufhin in rasanter Geschwindigkeit weltweit.[389] Die erste Infektion in Deutschland wurde am 28. Januar 2020

384 *RKI*, Epidemiologischer Steckbrief zu SARS-CoV-2 und COVID-19 Nr. 1, Stand: 26.11.2021, abrufbar unter: https://www.rki.de/DE/Content/InfAZ/N/Neuartiges_Coronavirus/Steckbrief.

385 Der pandemische Erreger ist im Laufe der Pandemie mehrmals mutiert. Je nach Mutation waren unterschiedliche Symptome häufiger charakteristisch. Letzter Stand der Bearbeitung: 12.08.2022.

386 *RKI*, Epidemiologischer Steckbrief zu SARS-CoV-2 und COVID-19 Nr. 8, Stand: 26.11.2021, abrufbar unter: https://www.rki.de/DE/Content/InfAZ/N/Neuartiges_Coronavirus/Steckbrief.

387 Für eine Übersicht zu den Virusvarianten von SARS-CoV-2 siehe *BZgA*, Mutationen: Virusvarianten von SARS-CoV-2, Stand: 10.01.2022, abrufbar unter: https://www.infektionsschutz.de/coronavirus/basisinformationen/varianten-des-coronavirus-sars-cov-2/. Explizit zur Omikron-Variante siehe *RKI*, Weiterführende Informationsquellen zu den jeweiligen Steckbriefkapiteln, auch mit Blick auf die aktuell vorherrschende Omikron-Variante, Stand: 17.02.2022, abrufbar unter: https://www.rki.de/DE/Content/InfAZ/N/Neuartiges_Coronavirus/Steckbrief_Hinweise.html.

388 „Omikron scheint einen leichteren Krankheitsverlauf zu verursachen als die Delta-Variante […]." Siehe *UN Bonn*, Die Omikron-Variante: Fakten von Mythen trennen, Stand: 24.01.2022, abrufbar unter: https://www.unbonn.org/de/news/die-omikron-variante-fakten-von-mythen-trennen.

389 Ausführlich zu den Phasen der COVID-19-Pandemie in Deutschland siehe *Schilling/Tolksdorf/Marquis/Faber/Pfoch/Buda/Haas/Schuler/Altmann/Grote/Diercke*, Die verschiedenen Phasen der COVID-19-Pandemie in Deutschland: Eine deskriptive Analyse von Januar 2020 bis Februar 2021, Download möglich unter: https://link.springer.com/content/pdf/10.1007/s00103-021-03394-x.pdf.

verzeichnet.[390] Bereits im März 2020 erlebte Deutschland die erste Welle eines hohen Infektionsgeschehens. Aktuell[391] befindet sich Deutschland in der fünften Welle der COVID-19-Pandemie.

Bereits am 21. Dezember 2020 wurde mit *Cormirnaty* der BioNTech Manufacturing GmbH der erste COVID-19-Impfstoff in Deutschland zugelassen. Darauf folgten am 6. Januar 2021 die Zulassungen des Impfstoffes *Spikevax* der Moderna Biotech Spain, S.L., am 21. Januar 2021 des Impfstoffes *Vaxzevria* der AstraZeneca AB und am 3. März 2021 des Impfstoffes *COVID-19 Vaccine Janssen* des Herstellers Janssen-Cilag International NV. Zuletzt wurde am 20.12.2021 der Impfstoff *Nuvaxovid* des Herstellers Novavax CZ a.s. zugelassen.[392] Bis heute[393] sind 76,2 % der deutschen Bevölkerung grundimmunisiert. 61,9 % haben zusätzlich mindestens eine Auffrischimpfung, die auch als sog. Booster bezeichnet wird, erhalten.[394]

Seit Ausbruch der COVID-19-Pandemie haben sich in Deutschland ca. 31,5 Millionen[395] Menschen (weltweit ca. 585 Millionen Menschen) mit SARS-CoV-2 infiziert,[396] ca. 145.000 Menschen in Deutschland (ca. 6,4 Millionen Menschen weltweit) hat die COVID-19-Pandemie bislang das Leben gekostet.[397]

Gemessen an diesen Zahlen ist die COVID-19-Pandemie die schlimmste Pandemie nach der Spanischen Grippe im letzten Jahrhundert. Nicht umsonst wurde sie von der ehemaligen Bundeskanzlerin *Angela Merkel* als größte Herausforderung seit dem Zweiten Weltkrieg bezeichnet.[398] Aufgrund dessen wird

---

390 *RKI*, Beschreibung des bisherigen Ausbruchsgeschehens mit dem neuartigen Coronavirus SARS-CoV-2 in Deutschland, Stand: 13.02.2020, abrufbar unter: https://www.rki.de/DE/Content/Infekt/EpidBull/Archiv/2020/07/Art_02.html.

391 Letzter Stand der Bearbeitung: 12.08.2022.

392 Siehe *Paul-Ehrlich-Institut*, COVID-19-Impfstoffe, Stand: 21.01.2022, abrufbar unter: https://www.pei.de/DE/arzneimittel/impfstoffe/covid-19/covid-19-node.html.

393 Letzter Stand der Bearbeitung: 12.08.2022.

394 Siehe *BMG*, Aktueller Impfstatus, Stand: 12.08.2022, abrufbar unter: https://impfdashboard.de.

395 *RKI*, COVID-19: Fallzahlen in Deutschland und weltweit, Stand: 12.08.2022, abrufbar unter: https://www.rki.de/DE/Content/InfAZ/N/Neuartiges_Coronavirus/Fallzahlen.html.

396 Unter Berücksichtigung asymptomatischer Krankheitsverläufe ist von einer hohen Dunkelziffer auszugehen.

397 Aktuelle weltweite Zahlen werden von der WHO veröffentlicht unter: https://covid19.who.int. Deutschlandweite Statistiken veröffentlicht das RKI unter: https://www.rki.de/DE/Content/InfAZ/N/Neuartiges_Coronavirus/Fallzahlen.html.

398 Siehe *Bundesregierung*, Fernsehansprache von Bundeskanzlerin Angela Merkel vom 18.03.2020, abrufbar unter: https://www.bundesregierung.de/resource/blob/975232/

die COVID-19-Pandemie auch die meisten Beispiele für diese Arbeit liefern.[399] Relevant sind insbesondere die (temporär) erlassenen Regelungen, die sich auf jeden einzelnen Bürger im Allgemeinen, aber auch auf Arbeitnehmer und Arbeitgeber im Speziellen auswirken konnten bzw. können.

C. Potenzielle gesamtgesellschaftliche Auswirkungen einer Pandemie

Während Pandemien – wie etwa die Schweinegrippe – verhältnismäßig harmlos verlaufen können, hat erst jüngst die COVID-19-Pandemie gezeigt (und zeigt bis heute), dass Pandemien sich auch in erheblichem Ausmaß auf die Gesamtbevölkerung und den gesellschaftlichen Alltag auswirken können.

Wie sich schon aus der Pandemie-Definition des RKI als „[...] weltweite starke Ausbreitung einer Infektionskrankheit mit hohen Erkrankungszahlen und i.d.R. auch mit schweren Krankheitsverläufen[...]“[400] schließen lässt, bedarf es der Umsetzung gebotener Maßnahmen, um die Pandemie zu bekämpfen, jedenfalls aber das Pandemiegeschehen einzudämmen. In dem in Deutschland vorherrschenden föderalistischen System geschieht dies dergestalt, dass zunächst auf kommunaler und Landesebene Verwaltungsakte (insbesondere Allgemeinverfügungen) und Rechtsverordnungen und schließlich auf Bundesebene Rechtsverordnungen und Parlamentsgesetze erlassen werden, um die notwendigen Maßnahmen rechtmäßig anordnen zu können.[401] Zu derartigen Maßnahmen zählen etwa wenig eingriffsintensive Maßnahmen wie das Tragen eines Mund-Nasen-Schutzes und das Einhalten von Abstandsgeboten, aber auch

---

1732182/d4af29ba76f62f61f1320c32d39a73-83/fernsehansprache-von-bundeskanzlerin-angela-merkel-data.pdf.

399 Freilich können die Erfahrungen aus der COVID-19-Pandemie nicht ohne Weiteres auf zukünftige Pandemien übertragen werden. Vielmehr werden die Maßnahmen stets von den konkreten Umständen im Einzelfall, insbesondere den Charakteristika des pandemischen Erregers abhängen. Gleichwohl kann der Umgang mit der COVID-19-Pandemie eine Indizwirkung entfalten, welche Maßstäbe und rechtlichen Instrumente auch in zukünftigen Pandemie gelten bzw. zum Tragen kommen.

400 *RKI,* Infektionsschutz und Infektionsepidemiologie, Fachwörter – Definitionen – Interpretationen, Pandemie S. 99, abrufbar unter: https://www.rki.de/DE/Content/Service/Publikationen/Fachwoerterbuch_Infektionsschutz.pdf?__blob=publicationFile.

401 Gesetzliche Grundlagen beinhaltet das IfSG, auf das in Teil 3 Kapitel 2 näher eingegangen wird.

eingriffsschwere Maßnahmen wie Kontaktbeschränkungen bzw. -verbote oder die Verhängung eines Lockdowns.[402]

Sobald Impfstoffe gegen den pandemischen Erreger hergestellt sind, wird abhängig von der Gefährlichkeit desselben eine allgemeine Impfpflicht zumindest angedacht werden. So befürwortete etwa Bundeskanzler *Olaf Scholz* eine allgemeine Impfpflicht in der COVID-19-Pandemie.[403] Bei entsprechenden Debatten im Bundestag über die Einführung derselben konnte ein Konsens jedoch (bisher) nicht erreicht werden.[404] Jedenfalls aber ist wie in der COVID-19-Pandemie mit der Einführung von sog. 3G- (geimpft, genesen oder getestet), 2G- (geimpft, genesen) bis hin zu sog. 2G-Plus (geimpft oder genesen und zusätzlich negativ getestet)-Modellen,[405] zuerst auf freiwilliger Basis[406] und später ggf. landes-[407] oder sogar bundesweit, zu rechnen. Zunächst hatte etwa Österreich mit Wirkung zum 8. November 2021 die 2G-Regel zur Bekämpfung

---

402 Dieser Begriff stand während der COVID-19-Pandemie für die Schließung ganzer Branchen wie der Gastronomie. Teilweise (z.B. in Bayern) durfte man sich nicht mehr ohne triftigen Grund außerhalb der eigenen Wohnung aufhalten. Siehe BayBMl. 2020 Nr. 130 vom 24.03.2020.

403 Siehe *ZDF*, Interview, Designierter Kanzler im ZDF, Stand: 30.11.2021, abrufbar unter: https://www.zdf.de/nachrichten/politik/corona-olaf-scholz-impfpflicht-100.html. Mit dem Gesetz zur Stärkung der Impfprävention gegen COVID-19 und zur Änderung weiterer Vorschriften im Zusammenhang mit der COVID-19-Pandemie vom 10.12.2021 wurde § 20a in das IfSG eingefügt, der vorsieht, dass insbesondere Personen die in Krankenhäusern arbeiten, ab 15. März 2022 geimpft oder genesen sein müssen, vgl. § 20a Abs. 1 Nr. 1a) IfSG.

404 Siehe *Tagesschau*, Politik des Zweifels, Stand: 26.01.2022, abrufbar unter: https://www.tagesschau.de/inland/analyse-impfpflichtdebatte-bundestag-101.html.

405 Für einen knappen Überblick über die Modelle siehe *BZgA*, Was bedeuten die 3G-, 3G-Plus-, 2G- und 2G-Plus-Regeln?, abrufbar unter: https://www.infektionsschutz.de/download/5609-1640004234-BZgA_Infografik_2G_3G.pdf/.

406 Bspw. gab es in Hamburg ein 3G-Modell mit einer 2G-Option. Gastronomen und Veranstalter konnten selbst wählen, für welches Modell sie sich entscheiden. Dabei fielen mit der Wahl der 2G-Option Vorgaben wie das Tragen eines Mund-Nasen-Schutzes weg. Siehe *NDR*, 2G-Optionsmodell in Hamburg gilt: Geteilte Meinungen, Stand: 29.08.2021, abrufbar unter: https://www.ndr.de/nachrichten/hamburg/coronavirus/2G-Optionsmodell-in-Hamburg-gilt-Geteilte-Meinungen,corona8652.html.

407 Bspw. hat Sachsen mit Wirkung zum 08.11.2021 als erstes Bundesland landesweit die 2G-Regel eingeführt. Siehe *MDR*, Ab Montag: FFP2-Masken im Nahverkehr und 2G-Regel in Sachsen, Stand: 05.11.2021, abrufbar unter: https://www.mdr.de/nachrichten/sachsen/corona-verordnung-zwei-g-strengere-regeln-kabinett-100.html.

der COVID-19-Pandemie eingeführt,[408] sodass daraufhin nur noch Geimpften oder Genesenen bspw. der Friseur- oder Restaurantbesuch erlaubt war. Knapp einen Monat später hatten auch in Deutschland Bund und Länder eine bundesweite 2G-Zugangsregelung beschlossen. So hatten ungeimpfte Personen nur noch Zugang zu Geschäften des täglichen Bedarfs; der Einzelhandel und Sport-, Freizeit- sowie Kultureinrichtungen durften grundsätzlich nur noch besucht werden, wenn die Schutzimpfung oder der Genesenenstatus nachgewiesen werden konnte.[409] Die Bundesländer hatten teilweise die strengere 2G-Plus-Regel erlassen.[410]

Aktuell[411] hat sich die pandemische Lage jedenfalls vorerst[412] weitgehend beruhigt. Zwar herrscht auch derzeit ein hohes Infektionsgeschehen vor. Allerdings sind von den vorgenannten umfassenden Pandemiemaßnahmen die meisten inzwischen außer Kraft, was auf eine hohe Immunisierung in der Bevölkerung und eine vergleichsweise schwache vorherrschende Virusvariante zurückzuführen sein dürfte. Verblieben ist im Wesentlichen die Pflicht zum Tragen eines Mund-Nasen-Schutzes im ÖPNV, Regional-, Fern- und Luftverkehr.

Allgemein dienen die pandemiebedingt veranlassten Maßnahmen stets zwei Zielen: primär dazu, Leben und Gesundheit zu schützen, sekundär dazu, eine Überlastung des Gesundheitssystems zu verhindern.[413] Wie eingriffsintensiv die Maßnahmen sind bzw. sein werden, wird vom aktuellen Infektionsgeschehen abhängen. Zur Bestimmung dessen wurde im Rahmen der COVID-19-Pandemie bspw. zunächst der sog. Sieben-Tage-Inzidenzwert herangezogen.[414] Dieser

---

408 *Ulrich*, 2G-Regel als Anstoß zum Impfen, ZDF, Stand: 08.11.2021, abrufbar unter: https://www.zdf.de/nachrichten/politik/corona-oesterreich-impfen-anreize-100.html.

409 Siehe *Bundesregierung*, Corona-Pandemie: Das haben Bund und Länder vereinbart, Stand: 21.03.2022, abrufbar unter: https://www.bundesregierung.de/breg-de/themen/coronavirus/corona-diese-regeln-und-einschraenkung-gelten-1734724.

410 Für einen Überblick über die aktuell geltenden Regelungen in den Bundesländern siehe *BMG*, Aktuelle Regelungen, abrufbar unter: https://www.zusammengegencorona.de/informieren/alltag-und-reisen/aktuelle-regelungen/.

411 Letzter Stand der Bearbeitung: 12.08.2022.

412 Erfahrungsgemäß ist die pandemische Lage in den Sommermonaten wesentlich weniger dramatisch als in den Wintermonaten.

413 Ausweislich des § 28a Abs. 3 S. 1 IfSG in der Fassung vom 18.11.2020 (BGBl. I 2020, 2401) sind Schutzmaßnahmen insbesondere an dem Schutz von Leben und Gesundheit und der Funktionsfähigkeit des Gesundheitssystems auszurichten.

414 Siehe § 28a Abs. 3 S. 4 IfSG in der Fassung vom 18.11.2020 (BGBl. I 2020, 2401).

spiegelt wider, wie viele Infektionen pro 100.000 Einwohner in den letzten sieben Tagen registriert wurden. Im späteren Verlauf der COVID-19-Pandemie wurde maßgeblich auf die sog. Hospitalisierungsrate abgestellt.[415] Diese gibt an, wie viele Menschen pro 100.000 Einwohner in den letzten sieben Tagen aufgrund ihrer Infektion auf eine stationäre Behandlung im Krankenhaus angewiesen sind. Gleichwohl sollen die Sieben-Tage-Inzidenz und die verfügbaren intensivmedizinischen Behandlungskapazitäten sowie die Anzahl der gegen COVID-19 geimpften Personen bei der Bewertung des Infektionsgeschehens berücksichtigt werden, vgl. § 28a Abs. 3 S. 5 IfSG.

Kapitel 2 Auswahl pandemiespezifisch relevanter Regelungen im IfSG

Als Grundlage für die Untersuchung der arbeitsvertraglichen Pflichten in einer Pandemie ist es unerlässlich, pandemiespezifisch relevante Normen bereits vorab zu beleuchten. Übergeordnete Bedeutung in zweierlei Hinsicht kommt dabei dem IfSG zu. Zum einen regelt dieses die Gesetzesgrundlagen für behördliche Maßnahmen, die auch gegenüber Arbeitnehmern erlassen werden und sich so auf die Arbeitspflicht auswirken können. Zum anderen normiert es mit § 56 IfSG einen Entschädigungsanspruch, dessen Konkurrenzverhältnis zu Normen, die den Vergütungsanspruch des Arbeitnehmers aufrecht erhalten, zu klären ist. Die relevanten Normen im IfSG werden daher im Folgenden aufgezeigt.

A. Allgemeiner Überblick zum IfSG

Das IfSG ist zur Konsolidierung und Novellierung der früheren seuchenrechtlichen Vorschriften am 1. Januar 2001 in Kraft getreten.[416] Es dient dazu, übertragbaren Krankheiten[417] beim Menschen vorzubeugen, Infektionen frühzeitig zu erkennen und ihre Weiterverbreitung zu verhindern, § 1 Abs. 1 IfSG. Zu diesen Zwecken normiert das IfSG insbesondere Maßnahmen zur Überwachung (3. Abschnitt), Verhütung (4. Abschnitt) und Bekämpfung (5. Abschnitt) übertragbarer Krankheiten. Da für diesen Teil der Arbeit unterstellt wird, dass

---

415 Siehe § 28a Abs. 3 S. 4 IfSG, geändert am 14.09.2021 (BGBl. I 2021, 4152).

416 *Eckart*, in: ders./Winkelmüller (Hrsg.), BeckOK InfSchR, 10. Edition, Stand: 15.01.2022, § 1 IfSG Rn. 1.

417 Übertragbare Krankheit i.S.d. IfSG ist eine durch Krankheitserreger oder deren toxische Produkte, die unmittelbar oder mittelbar auf den Menschen übertragen werden, verursachte Krankheit, § 2 Nr. 3 IfSG.

bereits ein Pandemiefall eingetreten ist, beschränken sich die Ausführungen im Wesentlichen auf die Maßnahmen zur Bekämpfung übertragbarer Krankheiten aus dem 5. Abschnitt des IfSG.

Die im IfSG enthaltenen Maßnahmen gegen übertragbare Krankheiten bei Menschen sind Gegenstand der konkurrierenden Gesetzgebung, Art. 74 Abs. 1 Nr. 19 GG, sodass infolge des Erlasses des IfSG durch den Bundesgesetzgeber die Gesetzgebungskompetenz der Länder erloschen ist, vgl. Art. 72 Abs. 1 GG.[418] Dies ist pandemiespezifisch insofern von Relevanz, als die Länder für die Bereiche, die das IfSG abschließend regelt, keine Regelungen erlassen können.[419]

Das IfSG wurde insbesondere im Rahmen der COVID-19-Pandemie durch mehrere Bevölkerungsschutzgesetze novelliert.[420] Teilweise gelten die Neuregelungen nur zeitlich begrenzt. Sollte dies für eine in dieser Arbeit relevante Regelung gelten, wird an entsprechender Stelle darauf hingewiesen.

B. Anwendbarkeit des IfSG in einer Pandemie

Grundvoraussetzung für die Anwendbarkeit des IfSG ist das Vorliegen einer übertragbaren Krankheit, vgl. schon § 1 Abs. 1 IfSG. Während die Krankheit isoliert nicht definiert ist, beinhaltet § 2 IfSG eine Legaldefinition der übertragbaren Krankheit. Hierbei handelt es sich um eine durch Krankheitserreger oder deren toxische Produkte, die unmittelbar oder mittelbar auf den Menschen übertragen werden, verursachte Krankheit, § 2 Nr. 3 IfSG. Krankheitserreger ist ein vermehrungsfähiges Agens (Virus, Bakterium, Pilz, Parasit) oder ein sonstiges biologisches transmissibles Agens, das bei Menschen eine Infektion oder übertragbare Krankheit verursachen kann, § 2 Nr. 1 IfSG. Ein pandemischer Erreger ist Krankheitserreger in diesem Sinne, die dadurch verursachte Krankheit übertragbare Krankheit im Sinne des § 2 Nr. 3 IfSG. Denn läge kein

---

418 *Seiler*, in: Epping/Hillgruber (Hrsg.), BeckOK GG, 51. Edition, Stand: 15.05.2021, Art. 72 GG Rn. 3.

419 Höchst fraglich ist in diesem Zusammenhang bspw. die Wirksamkeit von Eingriffsgrundlagen nach dem BayIfSG, das im März 2020 anlässlich der COVID-19-Pandemie in Bayern erlassen wurde. (So auch *Eckart*, in: ders./Winkelmüller (Hrsg.), BeckOK InfSchR, 10. Edition, Stand: 15.01.2022, § 1 IfSG Rn. 2.) Eine vertiefte Behandlung dieser Thematik kann und soll in dieser Arbeit allerdings nicht erfolgen.

420 Siehe BGBl. I 2020, 587 ff. (1. Bevölkerungsschutzgesetz vom 27.03.2020); BGBl. I 2020, 1018 ff. (2. Bevölkerungsschutzgesetz vom 19.05.2020; BGBl. I 2020, 2397 ff. (3. Bevölkerungsschutzgesetz vom 18.11.2020); BGBl. I 2021, 802 ff. (4. Bevölkerungsschutzgesetz vom 22.04.2021).

vermehrungsfähiges Agens vor, das eine Infektion oder auf Menschen übertragbare Krankheit verursachen kann, wäre der Ausbruch einer Pandemie wegen eines solchen Erregers schon denklogisch ausgeschlossen. So handelt es sich bspw. bei dem SARS-CoV-2-Erreger um einen Krankheitserreger i.S.d. § 2 Nr. 1 IfSG und bei COVID-19 (Coronavirus-Krankheit) um eine übertragbare Krankheit im Sinne des § 2 Nr. 3 IfSG.[421]

Im Zusammenhang mit einer Pandemie spielt auch die Begrifflichkeit der epidemischen Lage von nationaler Tragweite eine entscheidende Rolle. So setzt etwa § 28a Abs. 1 IfSG, der besondere Schutzmaßnahmen zur Verhinderung der Verbreitung der Coronavirus-Krankheit-2019 (COVID-19) auflistet, eine epidemische Lage von nationaler Tragweite voraus.[422] Diese kann der Bundestag feststellen, wenn eine ernsthafte Gefahr für die öffentliche Gesundheit in der gesamten Bundesrepublik Deutschland besteht, weil die WHO eine gesundheitliche Notlage von internationaler Tragweite ausgerufen hat und die Einschleppung einer bedrohlichen übertragbaren Krankheit in die Bundesrepublik Deutschland droht (Nr. 1) oder eine dynamische Ausbreitung einer bedrohlichen übertragbaren Krankheit über mehrere Länder in der Bundesrepublik Deutschland droht oder stattfindet (Nr. 2), § 5 Abs. 1 S. 1 i.V.m. S. 6 IfSG. Anlässlich der Verbreitung des Erregers SARS-CoV-2 hat der Generaldirektor der WHO, *Dr. Tedros Adhanom Ghebreyesus*, am 30. Januar 2020 eine gesundheitliche Notlage von internationaler Tragweite ausgerufen.[423] Daraufhin hat der Deutsche Bundestag am 25. März 2020 eine epidemische Lage von nationaler Tragweite festgestellt.[424] Diese endete mit Ablauf des 25. November 2021.[425]

---

421 U.a. OVG Lüneburg, Beschl. v. 09.06.2020 – 13 MN 211/20, BeckRS 2020, 11781 Rn. 19; OVG Münster, Beschl. v. 17.06.2020 – 13 B 594/20.NE, BeckRS 2020, 13236 Rn. 9.

422 Es ist zu beachten, dass § 28a IfSG schon ausweislich des Titels nur für die COVID-19-Pandemie gilt.

423 *Tagesschau*, WHO erklärt internationale Notlage, Stand: 31.01.2020, abrufbar unter: https://www.tagesschau.de/ausland/coronavirus-who-101.html.

424 BT-PlPr. 19/154, 19169 (C).

425 Siehe *BMG*, Gesetz zur Änderung des Infektionsschutzgesetzes und weiterer Gesetze anlässlich der Aufhebung der Feststellung der epidemischen Lage von nationaler Tragweite, abrufbar unter: https://www.bundesgesundheitsministerium.de/ministerium/gesetze-und-verordnungen/guv-20-lp/ifsg-aend.html.

C. Zuständige Behörden

Auf globaler Ebene ist die WHO zuständige Stelle im Bereich des Gesundheitsschutzes.[426] Dieser kommt in der Pandemie insbesondere dadurch eine tragende Rolle zu, dass sie für die Mitgliedsstaaten rechtlich bindende Regelungen erlassen kann.[427]

Das RKI ist die nationale Behörde zur Vorbeugung übertragbarer Krankheiten sowie zur frühzeitigen Erkennung und Verhinderung der Weiterverbreitung von Infektionen, § 4 Abs. 1 S. 1 IfSG. Daher kommt diesem im Pandemiefall herausragende Bedeutung zu. Zu dessen Aufgaben gehört insbesondere die Erstellung von Richtlinien, Empfehlungen, Merkblättern und sonstigen Informationen zur Vorbeugung, Erkennung und Verhinderung der Weiterverbreitung übertragbarer Krankheiten, § 4 Abs. 2 Nr. 1 IfSG. Diese medizinisch-epidemiologischen Einschätzungen des RKI sind maßgebend für die zeitliche Ausgestaltung konkreter infektionsschutzrechtlicher Maßnahmen wie der Absonderung nach § 30 IfSG.

Auf Landesebene sind die Landesgesundheitsbehörden zuständig, auf kommunaler Ebene die zuständigen Gesundheitsämter.[428] Die zuständigen Behörden werden grundsätzlich durch die Landesregierungen mittels Rechtsverordnung bestimmt, § 54 S. 1 Hs. 1 IfSG.

D. Schutzmaßnahmen, § 28 ff. IfSG

Gesetzesgrundlagen für Schutzmaßnahmen zur Bekämpfung übertragbarer Krankheiten finden sich in §§ 28 ff. IfSG. Zentrale Norm in dem Maßnahmengefüge ist § 28 IfSG, der in Abs. 1 S. 1 Hs. 1 eine Generalklausel bereithält.[429] Danach trifft die zuständige Behörde, wenn Kranke, Krankheitsverdächtige, Ansteckungsverdächtige oder Ausscheider festgestellt werden oder sich ergibt, dass ein Verstorbener krank, krankheitsverdächtig oder Ausscheider war, insbesondere die in § 28a und in den §§ 29 bis 31 IfSG genannten Schutzmaßnahmen, soweit und solange es zur Verhinderung der Verbreitung übertragbarer Krankheiten

---

426 Siehe *Kaltenborn/Kreft*, in: Huster/Kingreen (Hrsg.), Handbuch Infektionsschutzrecht, 2021, Teil 1 Kapitel 3 Rn. 8.

427 Siehe *Kaltenborn/Kreft*, in: Huster/Kingreen (Hrsg.), Handbuch Infektionsschutzrecht, 2021, Teil 1 Kapitel 3 Rn. 8.

428 BT-Drs. 14/2530, 45.

429 Siehe *Kießling*, in: dies. (Hrsg.), Infektionsschutzgesetz: IfSG, 2. Aufl. 2021, § 28 IfSG Rn. 1; *Johann/Gabriel*, in: Eckart/Winkelmüller (Hrsg.), BeckOK InfSchR, 12. Edition, Stand: 01.07.2022, § 28 IfSG Rn. 3.

erforderlich ist. § 28a Abs. 1 beinhaltet besondere (konkrete) Schutzmaßnahmen zur Verhinderung der Verbreitung von COVID-19. Die weiteren als Regelbeispiele aufgeführten Schutzmaßnahmen sind die Beobachtung, § 29 IfSG, die Absonderung (auch als Quarantäne bezeichnet)[430], § 30 IfSG, und das berufliche Tätigkeitsverbot, § 31 IfSG. Auf diese Schutzmaßnahmen wird im Anschluss an die Auseinandersetzung mit § 28 IfSG noch näher einzugehen sein.

Wie aus dem Wortlaut des § 28 Abs. 1 S. 1 Hs. 1 IfSG bereits ersichtlich, ist die Behörde bei Vorliegen der Tatbestandsvoraussetzungen zur Vornahme einer Schutzmaßnahme verpflichtet. Ein Ermessen besteht lediglich in Form des Auswahlermessens.[431] § 28 Abs. 3 IfSG verweist darauf, dass bestimmte Normen des 4. Abschnitts des IfSG, der die Verhütung übertragbarer Krankheiten zum Gegenstand hat, für die Schutzmaßnahmen nach Abs. 1 entsprechend gelten. Erwähnenswert ist davon insbesondere, dass die Schutzmaßnahmen auf Vorschlag des Gesundheitsamtes von der zuständigen Behörde angeordnet werden, § 16 Abs. 6 S. 1 IfSG, und nur bei Gefahr im Verzug das Gesundheitsamt die erforderlichen Maßnahmen selbst anordnen kann, § 16 Abs. 7 S. 1 IfSG. Zudem haben Widerspruch und Anfechtungsklage gegen die Maßnahmen keine aufschiebende Wirkung, § 16 Abs. 8 IfSG. Daher müsste diese bei Erhebung eines Rechtsbehelfs im Wege des einstweiligen Rechtsschutzes nach §§ 80 Abs. 5 S. 1 Var. 1, 80 Abs. 2 S. 1 Nr. 3 VwGO angeordnet werden, um die Vollziehbarkeit der Anordnung zu hemmen. Insbesondere durch diese Nomen wird deutlich, dass es sich bei den Maßnahmen auf Grundlage der §§ 28 ff. IfSG um Verwaltungsakte i.S.d. § 35 VwVfG handelt. Die Maßnahmen werden mithin wirksam mit Bekanntgabe, § 43 Abs. 1 S. 1. i.V.m § 41 VwVfG.

I. Betroffene

Den Schutzmaßnahmen des § 28 und der §§ 29-31 IfSG ist zunächst gemein, dass sie gegenüber Kranken, Krankheits- und Ansteckungsverdächtigen sowie Ausscheidern erlassen werden können. Diese Personengruppen stellen Störer im

---

430 Im Rahmen der COVID-19-Pandemie wurde die Überschrift „Quarantäne" des § 30 IfSG durch die der Absonderung ersetzt. Siehe dazu Teil 3 Kapitel 2 D. II. 1. c).

431 *Johann/Gabriel*, in: Eckart/Winkelmüller (Hrsg.), BeckOK InfSchR, 12. Edition, Stand: 01.07.2022, § 28 IfSG vor Rn. 1.

polizeirechtlichen Sinne dar.[432] Es bedarf zunächst einer Übersicht über die entsprechenden Legaldefinitionen.

1. Kranker, § 2 Nr. 4 IfSG

Kranker ist eine Person, die an einer übertragbaren Krankheit erkrankt ist, § 2 Nr. 4 IfSG. Während die übertragbare Krankheit im IfSG legaldefiniert ist,[433] ergibt sich aus diesem nicht, unter welchen Voraussetzungen eine Person erkrankt ist. Die Rechtsliteratur bejaht eine Erkrankung, wenn eine Person die charakteristischen Symptome der übertragbaren Krankheit aufweist und die Erkrankung ärztlich diagnostiziert wurde.[434] In der COVID-19-Pandemie war somit Kranker, wer die charakteristischen Symptome wie Husten (42 %) oder Fieber (26 %)[435] aufwies und eine entsprechende Diagnose vorweisen konnte.

2. Krankheitsverdächtiger, § 2 Nr. 5 IfSG

Krankheitsverdächtiger ist eine Person, bei der Symptome bestehen, welche das Vorliegen einer bestimmten übertragbaren Krankheit vermuten lassen, § 2 Nr. 5 IfSG. „Symptome sind zusammen mit einer Krankheit auftretende Erscheinungen."[436] Abzustellen ist insbesondere auf objektive, also durch einen Arzt festgestellte Symptome.[437] Im Gegensatz zum Kranken fehlt es beim Krankheitsverdächtigen an einer ärztlichen Diagnose der Krankheit. Es besteht allein ein Gefahrenverdacht.[438]

---

432 BVerwG, Urt. v. 22.03. 2012 – 3 C 16/11, NJW 2012, 2823 (2825); zur Bezeichnung als Störer siehe BT-Drs. 17/5708, 19 zu Nr. 6; BGH, Urt. v. 30. 11. 1978 – III ZR 43/ 77, NJW 1979, 422 (424).

433 Übertragbare Krankheit ist eine durch Krankheitserreger oder deren toxische Produkte, die unmittelbar oder mittelbar auf den Menschen übertragen werden, verursachte Krankheit, § 2 Nr. 3 IfSG.

434 *Gabriel*, in: Eckart/Winkelmüller (Hrsg.), BeckOK InfSchR, 12. Edition, Stand: 01.07.2022, § 2 IfSG Rn. 25; *Gerhardt*, in: ders., Infektionsschutzgesetz, 6. Aufl. 2022, § 2 IfSG Rn. 33.

435 *RKI*, Epidemiologischer Steckbrief zu SARS-CoV-2 und COVID-19 Nr. 8, Stand: 26.11.2021, abrufbar unter: https://www.rki.de/DE/Content/InfAZ/N/Neuartiges_Coronavirus/Steckbrief.

436 *Gabriel*, in: Eckart/Winkelmüller (Hrsg.), BeckOK InfSchR, 12. Edition, Stand: 01.07.2022, § 2 IfSG Rn. 27.

437 *Gabriel*, in: Eckart/Winkelmüller (Hrsg.), BeckOK InfSchR, 12. Edition, Stand: 01.07.2022, § 2 IfSG Rn. 27.

438 BVerwG, Urt. v. 22.03. 2012 – 3 C 16/11, NJW 2012, 2823 (2825).

Zur Ermittlung, wann Symptome das Vorliegen einer bestimmten übertragbaren Krankheit vermuten lassen, wird im Schrifttum auf die Rechtsprechung des BVerwG zum Ansteckungsverdächtigen zurückgegriffen.[439] Danach „[…] ist der im allgemeinen Polizei- und Ordnungsrecht geltende Grundsatz heranzuziehen, dass an die Wahrscheinlichkeit des Schadenseintritts umso geringere Anforderungen zu stellen sind, je größer und folgenschwerer der möglicherweise eintretende Schaden ist […].“[440] Es wird daher insbesondere auf die „[…] Eigenheiten der jeweiligen Krankheit und [die] verfügbaren epidemiologischen Erkenntnisse und Wertungen […]“[441] ankommen, ob die Symptome einen Krankheitsverdacht vermuten lassen. In einer Pandemie wird man den Krankheitsverdacht bei objektivem Vorliegen der charakteristischen Symptome des pandemischen Erregers wegen der Gefährlichkeit für die Gesamtbevölkerung in der Regel bejahen können.

3. *Ansteckungsverdächtiger, § 2 Nr. 7 IfSG*

Ansteckungsverdächtiger ist eine Person, von der anzunehmen ist, dass sie Krankheitserreger aufgenommen hat, ohne krank, krankheitsverdächtig oder Ausscheider zu sein, § 2 Nr. 7 IfSG. In dem bereits angesprochenen Urteil aus dem Jahr 2012 hat das BVerwG diese Anforderungen konkretisiert. So ist „[d]ie Aufnahme von Krankheitserregern […] i. S. von § 2 Nr. 7 IfSG ‚anzunehmen‘, wenn der Betroffene mit hinreichender Wahrscheinlichkeit Kontakt zu einer infizierten Person oder einem infizierten Gegenstand hatte […].“[442] „Erforderlich und ausreichend ist, dass die Annahme, der Betroffene habe Krankheitserreger aufgenommen, wahrscheinlicher ist als das Gegenteil […].“[443]

Wie schon beim Krankheitsverdächtigen aufgezeigt, ist bezüglich der Wahrscheinlichkeit zu berücksichtigen, dass gemäß dem „[…] im allgemeinen Polizei- und Ordnungsrecht geltende[n] Grundsatz […] an die Wahrscheinlichkeit des Schadenseintritts umso geringere Anforderungen zu stellen sind, je größer und folgenschwerer der möglicherweise eintretende Schaden ist […].“[444] So

---

439 *Gabriel,* in: Eckart/Winkelmüller (Hrsg.), BeckOK InfSchR, 12. Edition, Stand: 01.07.2022, § 2 IfSG Rn. 30; *Gerhardt,* in: ders., Infektionsschutzgesetz, 6. Aufl. 2022, § 2 IfSG Rn. 38.

440 BVerwG, Urt. v. 22.03.2012 – 3 C 16/11, NJW 2012, 2823 (2826).

441 BVerwG, Urt. v. 22.03.2012 – 3 C 16/11, NJW 2012, 2823 (2827).

442 BVerwG, Urt. v. 22.03.2012 – 3 C 16/11, NJW 2012, 2823 (2826).

443 BVerwG, Urt. v. 22.03.2012 – 3 C 16/11, NJW 2012, 2823 (2826).

444 BVerwG, Urt. v. 22.03.2012 – 3 C 16/11, NJW 2012, 2823 (2826).

reicht „[...][i]m Falle eines hochansteckenden Krankheitserregers, der bei einer Infektion mit großer Wahrscheinlichkeit zu einer tödlich verlaufenden Erkrankung führen würde, [...] die vergleichsweise geringe Wahrscheinlichkeit eines infektionsrelevanten Kontakts [...][aus].“[445] Ob diese Anforderungen im Einzelfall erfüllt sind, „[...] beurteilt sich unter Berücksichtigung der Eigenheiten der jeweiligen Krankheit und der verfügbaren epidemiologischen Erkenntnisse und Wertungen sowie anhand der Erkenntnisse über Zeitpunkt, Art und Umfang der möglichen Exposition der betreffenden Person und über deren Empfänglichkeit für die Krankheit.“[446] Erneut sind im Pandemiefall wegen der Gefährlichkeit des pandemischen Erregers für die Gesamtbevölkerung nur geringe Anforderungen an die Wahrscheinlichkeit der Übertragung des Krankheitserregers zu stellen.

Nach alledem sind insbesondere symptomlose Kontaktpersonen nachweislich Infizierter im Pandemiefall als Ansteckungsverdächtige zu bewerten.[447]

Exkurs: Kontaktperson in der COVID-19-Pandemie

Während das RKI in der COVID-19-Pandemie ursprünglich zwischen mehreren Kategorien von Kontaktpersonen differenziert hat, wurde später[448] nur noch zwischen (normalen) und engen Kontaktpersonen differenziert. „Personen, die mit einem bestätigten COVID-19-Fall im infektiösen Zeitintervall Kontakt hatten, w[u]rden als ‚Kontaktperson‘ bezeichnet.“[449] Das infektiöse Zeitintervall hing davon ab, ob der bestätigte Fall symptomatisch oder asymptomatisch war. In ersterem Fall begann dieses zwei Tage vor Symptombeginn und dauerte bis zehn Tage nach Symptombeginn an. Im Fall eines asymptomatischen Verlaufs „[...][wurde] das Datum der Probennahme für den positiven Labornachweis als Näherung für den fehlenden Symptombeginn angenommen.“[450] Das infektiöse

---

445 BVerwG, Urt. v. 22.03.2012 – 3 C 16/11, NJW 2012, 2823 (2827).

446 BVerwG, Urt. v. 22.03.2012 – 3 C 16/11, NJW 2012, 2823 (2827).

447 BVerwG, Urt. v. 22.03.2012 – 3 C 16/11, NJW 2012, 2823 (2825).

448 Bis zum 02.05.2022.

449 Siehe *RKI*, Kontaktpersonen-Nachverfolgung (KP-N) bei SARS-CoV-2-Infektionen, Ziffer 1.3., Stand: 14.01.2022, abrufbar unter: https://www.rki.de/DE/Content/InfAZ/N/Neuartiges_Coronavirus/Kontaktperson/Management.html.

450 Siehe *RKI*, Kontaktpersonen-Nachverfolgung (KP-N) bei SARS-CoV-2-Infektionen, Ziffer 1.3., Stand: 14.01.2022, abrufbar unter: https://www.rki.de/DE/Content/InfAZ/N/Neuartiges_Coronavirus/Kontaktperson/Management.html.

Zeitintervall begann dann zwei Tage vor der Probennahme und dauert bis zehn Tage nach der Probenahme.[451]

Als enge Kontaktpersonen wurden Personen in drei Fällen eingestuft: zunächst, wenn die Person länger als zehn Minuten ohne adäquaten Schutz in engem Kontakt mit dem nachweislich Infizierten stand. Ein enger Kontakt bestand, wenn der Abstand zum nachweislich Infizierten weniger als 1,5m betrug. Ein adäquater Schutz war gegeben, wenn die Kontaktperson und der nachweislich Infizierte für die Dauer des Kontakts einen Mund-Nasen-Schutz oder eine FFP2-Maske[452] korrekt getragen haben. Als enge Kontaktperson galt ferner eine Person, die mit dem nachweislich Infizierten ein Gespräch „face-to-face" ohne adäquaten Schutz geführt hat oder direkt in Kontakt mit respiratorischem Sekret kam. Auf die Dauer des Gesprächs kam es dabei nicht an. Zuletzt wurde eine Person als enge Kontaktperson eingestuft, wenn sich die Kontaktperson und der nachweislich Infizierte „[...] im selben Raum mit wahrscheinlich hoher Konzentration infektiöser Aerosole unabhängig vom Abstand länger als 10 Minuten [...]"[453] aufgehalten haben. Hier war es unerheblich, ob durchgehend und korrekt der Mund-Nasen-Schutz oder eine FFP2-Maske getragen wurde.[454]

Wurde eine Person als eine enge Kontaktperson eingestuft, musste sich diese unverzüglich in Quarantäne begeben.[455] Bis September 2021 wurde eine 14-tägige Quarantäne empfohlen. Später galt für die allgemeine Bevölkerung grundsätzlich eine zehntägige Quarantäne. Diese konnte auf sieben Tage verkürzt werden, wenn ein am siebten Tag durchgeführter PCR- oder zertifizierter Antigentest negativ ausfiel.[456]

---

451 Siehe *RKI*, Kontaktpersonen-Nachverfolgung (KP-N) bei SARS-CoV-2-Infektionen, Ziffer 1.3., Stand: 14.01.2022, abrufbar unter: https://www.rki.de/DE/Content/InfAZ/N/Neuartiges_Coronavirus/Kontaktperson/Management.html.

452 Zu Konformitätsanforderungen an Atemschutzmasken in der Pandemie siehe *Felz*, ARP 2021, 159.

453 Siehe *RKI*, Kontaktpersonen-Nachverfolgung (KP-N) bei SARS-CoV-2-Infektionen, Ziffer 3.1., Stand: 14.01.2022, abrufbar unter: https://www.rki.de/DE/Content/InfAZ/N/Neuartiges_Coronavirus/Kontaktperson/Management.html.

454 Siehe *RKI*, Kontaktpersonen-Nachverfolgung (KP-N) bei SARS-CoV-2-Infektionen, Ziffer 3.1., Stand: 14.01.2022, abrufbar unter: https://www.rki.de/DE/Content/InfAZ/N/Neuartiges_Coronavirus/Kontaktperson/Management.html.

455 Siehe *RKI*, Kontaktpersonen-Nachverfolgung (KP-N) bei SARS-CoV-2-Infektionen, Ziffer 3.2.2., Stand: 14.01.2022, abrufbar unter: https://www.rki.de/DE/Content/InfAZ/N/Neuartiges_Coronavirus/Kontaktperson/Management.html.

456 Siehe *RKI*, Quarantäne- und Isolierungsdauern bei SARS-CoV-2-Expositionen und -Infektionen; entsprechend Beschluss der Ministerpräsidentenkonferenz vom 7. und

Darüber hinaus waren unter bestimmten Voraussetzungen Ausnahmen vorgesehen. So galten gemäß den Landesverordnungen der Länder i.V.m. der SchAusnahmV[457] Ausnahmen der Quarantäne zunächst für Personen, die bereits dreimal geimpft wurden, also einen vollständigen Impfschutz und eine sog. Boosterimpfung nachweisen konnten. Die Ausnahme galt zudem für Genesene innerhalb der ersten drei Monate nach Erkrankung und für vollständig Geimpfte innerhalb der ersten drei Monate nach der zweiten Impfung. Gleichermaßen ausgenommen von der Quarantänepflicht waren Genesene mit zusätzlicher Impfung sowie Personen, die mit dem Vakzin der Janssen-Cilag International NV geimpft und zwei weitere Male geimpft wurden.[458]

Aktuell[459] gilt für Kontaktpersonen lediglich eine dringende Empfehlung, für fünf Tage Kontakte selbstständig zu reduzieren und eine tägliche Selbsttestung mit einem Antigen-Schnelltest durchzuführen.[460]

Die dargestellten Kriterien hinsichtlich einer engen Kontaktperson können in Bezug auf künftige Pandemien maximal eine Indizwirkung entfalten. Denn es wird stets von den spezifischen Eigenschaften des jeweiligen pandemischen Erregers und neuen epidemiologischen Erkenntnissen abhängen, ob eine Person als infektionsschutzrechtlich relevante (enge) Kontaktperson eingeordnet wird.

4. *Ausscheider, § 2 Nr. 6 IfSG*

Ausscheider ist eine Person, die Krankheitserreger ausscheidet und dadurch eine Ansteckungsquelle für die Allgemeinheit sein kann, ohne krank oder krankheitsverdächtig zu sein, § 2 Nr. 6 IfSG. Ausscheiden bezeichnet dabei jeden Vorgang, bei dem Krankheitserreger abgesondert werden, bspw. über die Atemwege.[461]

---

24. Januar 2022, außer Kraft seit 02.05.2022, Stand: 21.03.2022, abrufbar unter: https://www.rki.de/DE/Content/InfAZ/N/Neuartiges_Coronavirus/Quarantaene/Absonderung-Archiv.html.

457 Siehe etwa § 35 Abs. 4 der HmbSARS-CoV-2-EindämmungsVO, geltend ab 19. Januar 2022, i.V.m. § 7 SchAusnahmV. Die jeweils aktuelle Fassung der HmbSARS-CoV-2-EindämmungsVO ist abrufbar unter: https://www.hamburg.de/verordnung/.

458 Siehe hierzu *BMG*, Verordnung zur Änderung der COVID-19-Schutzmaßnahmen-Ausnahmenverordnung und der Coronavirus-Einreiseverordnung, Stand: 14.01.2022, abrufbar unter: https://www.bundesgesundheitsministerium.de/service/gesetze-und-verordnungen/vo-aend-covid-19-schausnahmv-und-coronavirus-einreisev.html.

459 Letzter Stand der Bearbeitung: 12.08.2022.

460 Siehe *RKI*, Empfehlungen zu Isolierung und Quarantäne bei SARS-CoV-2-Infektion und -Exposition, Stand: 02.05.2022, abrufbar unter: https://www.rki.de/DE/Content/InfAZ/N/Neuartiges_Coronavirus/Quarantaene/Absonderung.html.

461 *Gerhardt*, in: ders. (Hrsg.), Infektionsschutzgesetz, 6. Aufl. 2022, § 2 IfSG Rn. 42.

Als Ausscheider sind also Personen einzuordnen, die infiziert sind, aber keine Symptome zeigen.[462] So kann es bspw. auch bei dem Coronavirus SARS-CoV-2 liegen, das bereits präsymptomatisch über die oberen Atemwege übertragen werden kann.[463] In der COVID-19-Pandemie kam der Personengruppe der Ausscheider hohe Relevanz zu, da eine Vielzahl der Infizierten asymptomatisch war.[464]

II. Auswahl relevanter Schutzmaßnahmen

Nachdem die möglichen Betroffenen infektionsschutzrechtlicher Schutzmaßnahmen aufgezeigt wurden, werden im Weiteren die wichtigsten Schutzmaßnahmen des IfSG zur Bekämpfung übertragbarer Krankheiten dargestellt. Nach einem Überblick über die allgemeinen Schutzmaßnahmen werden auch Normen berücksichtigt, die spezifisch anlässlich der COVID-19-Pandemie erlassen wurden und schon ausweislich deren Überschriften nur für diese Pandemie gelten. Zwar werden diese spezifischen Normen auf künftige Pandemien nicht (direkt) angewendet werden können. Allerdings zeigen sie insbesondere, mit welchen Maßnahmen in einer Pandemie gerechnet werden muss und welche Voraussetzungen dafür vorliegen müssen. Ein Überblick ist daher unerlässlich.

1. Allgemeine Schutzmaßnahmen zur Bekämpfung übertragbarer Krankheiten im IfSG

Im Folgenden werden, ausgehend von der Generalklausel des § 28 IfSG, zunächst die allgemeinen Schutzmaßnahmen zur Bekämpfung übertragbarer Krankheiten dargestellt.

---

462 *Kießling*, in: dies. (Hrsg.), Infektionsschutzgesetz: IfSG, 2. Aufl. 2021, § 2 IfSG Rn. 25.

463 *RKI*, Epidemiologisches Bulletin, Ausgabe 39/2020, S. 54 f., abrufbar unter: https://www.rki.de/DE/Content/Infekt/EpidBull/Archiv/2020/Ausgaben/39_20.pdf?__blob=publicationFile.

464 Studien zufolge bleiben etwa 20 % der Infizierten ohne Symptome. Siehe *Buitrago-Garcia/Egly-Gany/Counotte/Hossmann/Imeri/Ipekci/Salanti/Low*, Occurrence and transmission potential of asymptomatic and presymptomatic SARS-CoV-2 infections: A living systematic review and meta-analysis, PLOS Medicine, Stand: 22.09.2020, abrufbar unter: https://journals.plos.org/plosmedicine/article?id=10.1371/journal.pmed.1003346.

a) *Regelbeispiel des § 28 Abs. 1 S. 1 Hs. 2 IfSG*

In § 28 Abs. 1 S. 1 Hs. 2 IfSG enthält § 28 IfSG selbst ein Regelbeispiel einer Schutzmaßnahme, demzufolge die zuständige Behörde Personen verpflichten kann, den Ort, an dem sie sich befinden, nicht oder nur unter bestimmten Bedingungen zu verlassen oder von ihr bestimmte Orte oder öffentliche Orte nicht oder nur unter bestimmten Bedingungen zu betreten. Nach Auffassung von *Johann* und *Gabriel* ist der Ort, an dem sie sich befinden, primär „[…] die eigene Wohnung bzw. der Ort der gewöhnlichen Unterkunft […].“[465] Zu beachten ist allerdings, dass bei der Absonderung in die Wohnung § 30 IfSG als *lex specialis* vorrangig anzuwenden ist.[466]

b) *Beobachtung, § 29 IfSG*

Im System der Schutzmaßnahmen zur Bekämpfung übertragbarer Krankheiten stellt die Beobachtung die schwächste Maßnahme dar.[467] Nach § 29 Abs. 1 IfSG können Kranke, Krankheits- und Ansteckungsverdächtige sowie Ausscheider einer Beobachtung unterworfen werden. § 29 Abs. 2 IfSG konstituiert für den Betroffenen gewisse Pflichten, darunter in S. 1 zunächst die Pflicht, die erforderlichen Untersuchungen durch die Beauftragten des Gesundheitsamtes zu dulden und den Anordnungen des Gesundheitsamtes Folge zu leisten. Die Norm umfasst auch die Verpflichtung, sich gegen den pandemischen Erreger testen zu lassen.[468] Aus § 29 Abs. 2 S. 3 IfSG ergibt sich zudem, dass der Betroffene der Beobachtung den Beauftragten des Gesundheitsamtes zum Zwecke der Befragung oder der Untersuchung den Zutritt zu seiner Wohnung gestatten, auf Verlangen über alle den Gesundheitszustand betreffenden Umstände Auskunft geben und im Falle des Wechsels der Hauptwohnung oder des gewöhnlichen Aufenthaltes unverzüglich dem bisher zuständigen Gesundheitsamt Anzeige erstatten muss. Um diese staatlichen Eingriffe rechtfertigen zu können, schränkt § 29 Abs. 2 S. 5 IfSG die Grundrechte der körperlichen Unversehrtheit, Art. 2 Abs. 2 S. 1 GG, der Freiheit der Person, Art. 2 Abs. 2 S. 2 GG, und der Unverletzlichkeit der Wohnung, Art. 13 Abs. 1 GG, ausdrücklich ein.

---

465 *Gabriel,* in: Eckart/Winkelmüller (Hrsg.), BeckOK InfSchR, 12. Edition, Stand: 01.07.2022, § 28 IfSG Rn. 34 unter Verweis auf VGH München, Beschl. v. 28.04.2020 – 20 NE 20.849, BeckRS 2020, 722 Rn. 32.

466 *Kießling,* in: dies. (Hrsg.), Infektionsschutzgesetz: IfSG, 2. Aufl. 2021, § 28 IfSG Rn. 53.

467 BT-Drs. 3/1888, 26 zu § 35.

468 VGH München, Beschl. v. 02.03.2021 – 20 NE 21.353, BeckRS 2021, 3413 Rn. 12.

Praxisrelevanz kommt der Beobachtung im Wesentlichen nur dadurch zu, dass sie regelmäßig zusätzlich zu einer Maßnahme nach § 30 oder § 31 IfSG angeordnet wird, um die Wirkung dieser Maßnahmen bewerten und ggf. mittels anderer Maßnahmen reagieren zu können.[469] Auf die Pflichten des Arbeitnehmers im bestehenden Arbeitsverhältnis wirkt sich die Beobachtung jedoch nicht unmittelbar aus, weshalb sie in dieser Arbeit nicht weiter thematisiert wird.

c) Absonderung, § 30 IfSG

Anders verhält es sich mit der Absonderung nach § 30 IfSG, die eine der wichtigsten Schutzmaßnahmen darstellt.[470] Häufig wird die Absonderung mit dem Begriff der Quarantäne gleichgesetzt. Dies ist darauf zurückzuführen, dass die amtliche Überschrift des § 30 IfSG bis zum Erlass des Bevölkerungsschutzgesetzes vom 19. Mai 2020 „Quarantäne" lautete. Eine Änderung zur Absonderung wurde vorgenommen, da „[...] die Quarantäne sich aus [medizinischer] Sicht auf ansteckungsverdächtige Personen bezieht, die Isolation dagegen auf nachweislich Erkrankte. Absonderung ist der übergeordnete Begriff, der sowohl Quarantäne als auch Isolation umfasst."[471]

§ 30 Abs. 1 S. 1 IfSG kommt in einer Pandemie in der Regel keine Bedeutung zu, da dieser nur bei Erkrankung mit der Lungenpest oder an von Mensch zu Mensch übertragbarem hämorrhagischem Fieber als Rechtsgrundlage dienen kann. Relevant ist vielmehr § 30 Abs. 1 S. 2 IfSG. Danach kann gegenüber den bekannten Adressaten angeordnet werden, dass sie in einem geeigneten Krankenhaus oder in sonst geeigneter Weise abgesondert werden. Auf dieser Grundlage kann bspw. auch eine Absonderung in die Wohnung des Adressaten angeordnet werden.[472] Eine Einschränkung erfährt § 30 Abs. 1 S. 2 IfSG dadurch, dass die Absonderung bei Ausscheidern nur angeordnet werden kann, wenn sie andere Schutzmaßnahmen nicht befolgen, befolgen können oder befolgen würden und dadurch ihre Umgebung gefährden, § 30 Abs. 1 S. 2 Hs. 2 IfSG.

---

469 *Johann/Gabriel*, in: Eckart/Winkelmüller (Hrsg.), BeckOK InfSchR, 12. Edition, Stand: 01.07.2022, § 29 IfSG Rn. 1; siehe auch *Kießling*, in: dies. (Hrsg.), Infektionsschutzgesetz: IfSG, 2. Aufl. 2021, § 30 IfSG, Rn. 24.

470 BT-Drs. 3/1888, 26 zu § 36; *Stöß/Putzer*, NJW 2020, 1465 (1466) halten fest, dass die Bekämpfung der COVID-19-Pandemie insbesondere durch Absonderung ansteckungsverdächtiger Personen erfolgte.

471 BT-Drs. 19/18967, 59.

472 *Johann/Gabriel*, in: Eckart/Winkelmüller (Hrsg.), BeckOK InfSchR, 12. Edition, Stand: 01.07.2022, § 30 IfSG Rn. 21; *Lutz*, in: Häberle (Hrsg.), Erbs/Kohlhaas, Strafrechtliche Nebengesetze, Werkstand: 240. EL April 2022, § 30 IfSG Rn. 1a.

Die praktische Relevanz dieser Einschränkung ist fraglich, da auch Maßnahmen gegenüber den anderen Betroffenen dem Verhältnismäßigkeitsgrundsatz genügen müssen. Insbesondere muss die Anordnung der Absonderung das relativ mildeste Mittel sein.[473] Ausweislich der Gesetzesbegründung soll dadurch klargestellt werden, dass „[…] die Behörde die Absonderung anordnen können [soll], ohne zuvor andere Schutzmaßnahmen anordnen zu müssen, deren rechtlicher Bestand zweifelhaft ist."[474] Dies ist darauf zurückzuführen, dass in der Vorgängerregelung die Behörde die Absonderung nur anordnen konnte, wenn der Ausscheider bisherigen Anordnungen der Behörde nicht Folge leistete.[475]

d) Berufliches Tätigkeitsverbot, § 31 IfSG

Neben der Beobachtung nach § 29 IfSG und der Absonderung nach § 30 IfSG kann die zuständige Behörde Kranken, Krankheits- und Ansteckungsverdächtigen sowie Ausscheidern die Ausübung bestimmter beruflicher Tätigkeiten ganz oder teilweise untersagen, § 31 S. 1 IfSG. Zweck dieser Regelung ist es, durch das Tätigkeitsverbot zu verhindern, dass infizierte Personen während der Berufsausübung Krankheitserreger übertragen.[476] Diese Regelung gilt nicht nur für die üblichen Personengruppen im IfSG, sondern auch für sonstige Personen wie Carrier. Diese tragen die Krankheitserreger so in oder an sich, dass im Einzelfall die Gefahr einer Weiterverbreitung besteht, § 31 S. 2 IfSG. Allerdings können Carrier den Krankheitserreger nicht durch gewöhnlichen sozialen Kontakt, sondern nur auf speziellen Übertragungswegen weitergeben. So sind etwa HIV-Infizierte als Carrier zu qualifizieren.[477]

Wie bei allen Schutzmaßnahmen zur Bekämpfung übertragbarer Krankheiten muss auch bei der Anordnung des beruflichen Tätigkeitsverbots der Verhältnismäßigkeitsgrundsatz gewahrt werden.[478] Diskussionspotenzial bietet an dieser Stelle die Frage, ob die Absonderung nach § 30 IfSG nicht eine mildere, gleich effektive Schutzmaßnahme sein kann. Dafür, dass es sich zumindest um eine mildere Maßnahme handelt, spricht die Gesetzessystematik, die in §§ 29

---

473 *Johann/Gabriel*, in: Eckart/Winkelmüller (Hrsg.), BeckOK InfSchR, 12. Edition, Stand: 01.07.2022, § 30 IfSG Rn. 16.

474 BT-Drs. 8/2468, 29.

475 BT-Drs. 8/2468, 29.

476 *Kießling*, in: dies. (Hrsg.), Infektionsschutzgesetz: IfSG, 2. Aufl. 2021, § 31 IfSG Rn. 1.

477 *Gerhardt*, in: ders. (Hrsg.), Infektionsschutzgesetz, 6. Aufl. 2022, § 31 IfSG Rn. 8.

478 *Johann/Gabriel*, in: Eckart/Winkelmüller (Hrsg.), BeckOK InfSchR, 12. Edition, Stand: 01.07.2022, § 31 IfSG Rn. 10.

bis 31 IfSG beispielhaft Schutzmaßnahmen normiert. So stellt die Beobachtung nach § 29 IfSG ausweislich der Gesetzesbegründung die schwächste Maßnahme dar.[479] Davon ausgehend müsste das in § 31 IfSG normierte Tätigkeitsverbot die eingriffsintensivste Maßnahme sein, die Absonderung nach § 30 IfSG wäre diesbezüglich in der Mitte anzusiedeln und im Verhältnis zum Tätigkeitsverbot somit als milderer Eingriff zu sehen. Gegen diese Beurteilung spricht allerdings, dass für all diejenigen, die ihre Arbeitsleistung an einem Ort zu erbringen haben, der aufgrund der Absonderungsanordnung nicht aufgesucht werden darf, auch die Absonderung als Tätigkeitsverbot wirkt (z.B. ein Friseur, der Adressat einer Absonderungsanordnung in häusliche Quarantäne ist). Denn durch diese Anordnung wird die Arbeitsleistung für diese Arbeitnehmer vollständig rechtlich unmöglich.[480] Unter diesem Gesichtspunkt wäre eher umgekehrt das Tätigkeitsverbot als mildere Maßnahme im Verhältnis zur Absonderung nach § 30 IfSG einzuordnen, da die Absonderung den Betroffenen ggf. zusätzlich zu der Wirkung eines Tätigkeitsverbots mit der Verpflichtung belastet, einen vorgegebenen Ort für eine vorgegebene Dauer nicht zu verlassen.[481] Entsprechend wäre die Absonderung nach § 30 IfSG also keinesfalls als milderes Mittel im Verhältnis zum Tätigkeitsverbot nach § 31 IfSG zu qualifizieren.

Eine andere Beurteilung könnte sich nur dann ergeben, wenn das Tätigkeitsverbot des § 31 IfSG als absolutes Tätigkeitsverbot zu verstehen wäre, das ggf. auch die Tätigkeit im Home-Office erfasst. Dafür spricht allein der Titel der Norm, der diese ohne Einschränkung als Rechtsgrundlage für ein berufliches Tätigkeitsverbot kennzeichnet. Gegen eine solche Einschätzung spricht allerdings der Zweck der Regelung, der darin besteht, zu verhindern, dass infizierte Personen während der Berufsausübung Krankheitserreger übertragen.[482] Ist ein Arbeitnehmer imstande, in der eigenen Wohnung seiner Arbeitspflicht nachzukommen, gefährdet er dadurch keine anderen Personen (neben ggf. anderen Haushaltsangehörigen, die er ohnehin potenziell gefährdet). Das Telos der Norm spricht also dafür, den Anwendungsbereich der Norm auf Fälle zu beschränken, in welchen der Arbeitnehmer kraft Natur seines Berufs mit anderen Personen in Kontakt kommt und dadurch aus infektionsschutzrechtlicher Sicht eine Risikoquelle darstellt. Gestützt wird diese Einschätzung durch den Wortlaut der Norm,

---

479 BT-Drs. 3/1888, 26 zu § 35.

480 *Hohenstatt/Krois,* NZA 2020, 413 (414) m.w.N.; *Weller/Lieberknecht/Habrich,* NJW 2020, 1017 (1018).

481 Siehe dazu BVerfG, Beschl. v. 29.04.1981 – 1 BvL 11/78, BeckRS 1981, 5506.

482 *Kießling,* in: dies. (Hrsg.), Infektionsschutzgesetz: IfSG, 2. Aufl. 2021, § 31 IfSG Rn. 1.

nach dem die zuständige Behörde die Ausübung bestimmter beruflicher Tätigkeiten ganz oder teilweise untersagen kann, § 31 S. 1 IfSG. Bereits aus der Formulierung, dass nur bestimmte berufliche Tätigkeiten untersagt werden können, kann hergeleitet werden, dass eine Untersagung nur gegenüber den Berufsgruppen erfolgen können soll, die beruflich stets mit anderen Menschen in Kontakt kommen und dadurch infektionsschutzrechtlich relevant sind. Zusätzlich bietet der Wortlaut der Norm den Spielraum, die Ausübung der Tätigkeit auch nur teilweise zu untersagen. Richtigerweise ist § 31 IfSG daher so zu verstehen, dass ein berufliches Tätigkeitsverbot rechtmäßig nur gegenüber Personen angeordnet werden kann, die aufgrund ihrer Infektion eine Gefahrenquelle für andere Personen darstellen. Da dies nicht der Fall ist, wenn der Arbeitnehmer in der eigenen Wohnung tätig wird, kann sich das Tätigkeitsverbot darauf nicht erstrecken.[483] Eine derartige Anordnung wäre nicht verhältnismäßig.

Dementsprechend wirken die Absonderung nach § 30 IfSG und das berufliche Tätigkeitsverbot nach § 31 IfSG unter bestimmten Umständen in gleichem Maße als Tätigkeitsverbot. Da die Absonderung zusätzlich in die grundrechtlich geschützte Fortbewegungsfreiheit eingreift, sprechen die besseren Gründe dafür, die Absonderung entgegen der Gesetzessystematik nicht als milderes Mittel zum Tätigkeitsverbot zu begreifen. Dies lässt letztlich den Schluss zu, dass in einer Pandemie die Anordnung eines Tätigkeitsverbots regelmäßig nicht ausreichen wird, um die weitere Verbreitung der Infektionskrankheit zu verhindern. Pandemiespezifisch dürfte § 31 IfSG daher nicht von hoher Relevanz sein.[484] Sein Anwendungsbereich wird sich vielmehr auf die Carrier-Konstellationen nach § 31 S. 2 IfSG konzentrieren.

2. *Auswahl relevanter spezifischer IfSG-Regelungen anlässlich der COVID-19-Pandemie*

Nach Darstellung der allgemeinen Schutzmaßnahmen zur Bekämpfung übertragbarer Krankheiten im IfSG werden im Folgenden Regelungen im Normengefüge des § 28 IfSG dargestellt, die spezifisch anlässlich der COVID-19-Pandemie erlassen wurden. Zu beachten ist allerdings, dass die Normen häufig modifiziert wurden. Die nachfolgenden Ausführungen geben den aktuellen Stand[485] wieder. Zudem werden relevante Inhalte vorangegangener Fassungen berücksichtigt.

---

483 a.A. *Müller*, FA 2020, 123 (126).

484 Dies zeigte jedenfalls die COVID-19-Pandemie. Bestätigend siehe etwa *Geulen/Sothmann*, ArbRAktuell 2020, 217; *Stöß/Putzer*, NJW 2020, 1465 (1466).

485 Letzter Stand der Bearbeitung: 12.08.2022.

a) *§ 28a IfSG – Besondere Schutzmaßnahmen zur Verhinderung der Verbreitung der Coronavirus-Krankheit-2019 (COVID-19)*

Im Rahmen der COVID-19-Pandemie hat der Gesetzgeber mit dem dritten Bevölkerungsschutzgesetz[486] § 28a in das IfSG eingefügt. Ausweislich des Titels der Norm regelt diese besondere Schutzmaßnahmen zur Verhinderung der Verbreitung der Coronavirus-Krankheit-2019 (COVID-19). So können notwendige Schutzmaßnahmen für die Dauer der Feststellung einer epidemischen Lage von nationaler Tragweite u.a. die Anordnung eines Abstandsgebots im öffentlichen Raum (§ 28a Abs. 1 Nr. 1 IfSG), die Verpflichtung zum Tragen einer Mund-Nasen-Bedeckung (Maskenpflicht) (§ 28a Abs. 1 Nr. 2 IfSG) und Ausgangs- oder Kontaktbeschränkungen im privaten und im öffentlichen Raum (§ 28a Abs. 1 Nr. 3 IfSG) sein. Auslöser für den Erlass des § 28a IfSG war, dass für einen Großteil der Schutzmaßnahmen in der COVID-19-Pandemie die Generalklausel des § 28 Abs. 1 S. 1 IfSG als Rechtsgrundlage gewählt und infolgedessen zunehmend hinterfragt wurde, ob dieses Vorgehen verfassungskonform ist.[487] Um dem Parlamentsvorbehalt und den Anforderungen der Wesentlichkeitstheorie des BVerfG gerecht zu werden, hat der Gesetzgeber letztlich reagiert und eine gesetzliche Präzisierung vorgenommen.[488] Ausweislich der Gesetzesbegründung „[...] werden [durch § 28a IfSG] die Regelbeispiele in § 28 Absatz 1 Satz 1 und 2 IfSG speziell für die SARS-CoV-2- Pandemie klarstellend erweitert [...].“[489]

Voraussetzung für die Anwendbarkeit der in § 28a Abs. 1 Nr. 1-17 IfSG katalogartig aufgenommenen Schutzmaßnahmen ist grundsätzlich das Vorliegen einer epidemischen Lage von nationaler Tragweite i.S.d. § 5 Abs. 1 S. 6 IfSG, die durch den Bundestag bei Vorliegen der Voraussetzungen festzustellen ist, § 5 Abs. 1 S. 1 IfSG. Allerdings können notwendige Schutzmaßnahmen i.S.d. § 28 Abs. 1 S. 1 IfSG auch unabhängig von einer epidemischen Lage von nationaler Tragweite etwa die Verpflichtung zum Tragen einer Atemschutzmaske in Arztpraxen oder Verkehrsmitteln des ÖPNV oder die Verpflichtung zur Testung auf eine Coronavirusinfektion sein, vgl. § 28a Abs. 7 IfSG. Darüber hinausgehende Maßnahmen können unabhängig von einer epidemischen Lage von nationaler Tragweite nur dann notwendige Schutzmaßnahmen sein, wenn ein lokaler Ausbruch des Infektionsgeschehens (Entstehen eines Hot-Spots) droht, vgl. § 28a Abs. 8 IfSG.

---

486 BGBl. I 2020, 2397 ff.

487 *Gerhardt*, in: ders. (Hrsg.), Infektionsschutzrecht, 6. Aufl. 2022, § 28a IfSG Rn. 1.

488 Siehe BT-Drs. 19/23944, 21.

489 BT-Drs. 19/23944, 31.

Die Schutzmaßnahmen dienen insbesondere dem Schutz von Leben und Gesundheit und der Funktionsfähigkeit des Gesundheitssystems, wobei absehbare Änderungen des Infektionsgeschehens durch ansteckendere, das Gesundheitssystem stärker belastende Virusvarianten zu berücksichtigen sind, vgl. § 28a Abs. 3 S. 1 IfSG. Die Schutzmaßnahmen sollen sich nach dem jeweiligen Infektionsgeschehen richten. Maßstab war hier zunächst die sog. Sieben-Tage-Inzidenz,[490] zuletzt die Hospitalisierungsrate. Letztere beschreibt die Anzahl der in Bezug auf COVID-19 in ein Krankenhaus aufgenommenen Personen je 100.000 Einwohner innerhalb von sieben Tagen, vgl. § 28a Abs. 3 S. 4 IfSG. Weitere Indikatoren wie die Sieben-Tage-Inzidenz, die verfügbaren intensivmedizinischen Behandlungskapazitäten und die Anzahl der gegen COVID-19 geimpften Personen sollen bei der Bewertung des Infektionsgeschehens berücksichtigt werden, vgl. § 28a Abs. 3 S. 5 IfSG.

Ein Großteil des Regelungsgehalts des § 28a Abs. 1 IfSG ist seit Ablauf des 19. März 2022 nicht mehr anwendbar.[491] Allein Rechtsverordnungen, die auf Grundlage von § 28a Abs. 7 oder Abs. 8 IfSG erlassen wurden, bleiben noch bis 23. September 2022 anwendbar, vgl. § 28a Abs. 10 IfSG.

b) § 28b IfSG – Bundesweit einheitliche Schutzmaßnahmen zur Verhinderung der Verbreitung der Coronavirus-Krankheit-2019 (COVID-19)

aa) Ursprungsfassung des § 28b IfSG

Am 22. April 2021 wurde mit dem vierten Bevölkerungsschutzgesetz[492] § 28b IfSG in das IfSG eingefügt, der als „bundesweit verbindliche Notbremse“[493] anzusehen war.[494] Denn wie der Gesetzesbegründung entnommen werden kann, führten insbesondere Virusvarianten wie B.1.1.7. zu einer Dynamisierung des Infektionsgeschehens und dadurch zu einer zunehmenden Belastung des Gesundheitssystems.[495] Zur Gewährleistung der Schutzpflicht für Leben und Gesundheit und Erhaltung der Funktionsfähigkeit des Gesundheitssystems[496] hielt

490 Siehe § 28a Abs. 3 S. 4 IfSG in der Fassung vom 18.11.2020 (BGBl. I 2020, 2401). Diese spiegelt wider, wie viele Infektionen pro 100.000 Einwohner in den letzten 7 Tagen registriert wurden.

491 BT-Drs. 20/958, 21.

492 BGBl. I 2021, 802 ff.

493 BT-Drs. 19/28444, 1.

494 Zum vierten Bevölkerungsschutzgesetz siehe etwa *Aligbe*, ARP 2021, 134.

495 BT-Drs. 19/28444, 1.

496 BT-Drs. 19/28444, 1.

es der Gesetzgeber für erforderlich, eine Regelung auf Bundesebene zu erlassen, um ein bundesweit einheitliches Vorgehen in der Pandemie sicherzustellen. So regelte die Norm als Kerninhalt in § 28b Abs. 1 IfSG a.F., dass, sobald in einem Landkreis oder einer kreisfreien Stadt an drei aufeinander folgenden Tagen die durch das RKI veröffentlichte Sieben-Tage-Inzidenz den Schwellenwert von 100 überschreitet, dort ab dem übernächsten Tag festgelegte Maßnahmen gelten, vgl. § 28b Abs. 1 S. 1 Nr. 1-10 IfSG a.F. Im Gegensatz zu den sonstigen Normen, auf deren Grundlage Schutzmaßnahmen angeordnet werden können, galten die Maßnahmen des § 28b Abs. 1 S. 1 Nr. 1-10 IfSG a.F. *ipso iure.*[497] Entscheidend war ausweislich des Wortlauts allein die Sieben-Tage-Inzidenz, die das RKI im Internet unter https://www.rki.de/inzidenzen für alle Landkreise und kreisfreien Städte fortlaufend veröffentlicht, vgl. § 28b Abs. 1 S. 2 IfSG a.F. Wurde dieser Schwellenwert an fünf aufeinanderfolgenden Werktagen unterschritten, so traten die Maßnahmen des Abs. 1 außer Kraft, vgl. § 28b Abs. 2 S. 1 IfSG a.F. Zu berücksichtigen ist allerdings, dass dann lediglich die Maßnahmen dieser Bundesregelung außer Kraft traten, etwaige Landesregelungen blieben davon unberührt.

§ 28b Abs. 3 IfSG a.F. regelte die Voraussetzungen von Präsenzunterricht an Schulen, § 28b Abs. 4 IfSG a.F. nahm Versammlungen i.S.d. Art. 8 GG sowie Zusammenkünfte, die der Religionsausübung i.S.d. Art. 4 GG dienen, von den Beschränkungen nach Abs. 1 aus. In § 28b Abs. 6 IfSG a.F. wurde die Bundesregierung ermächtigt, durch Rechtsverordnung bestimmte Gebote und Verbote zu erlassen sowie Präzisierungen, Erleichterungen oder Ausnahmen zu bestimmen, vgl. § 28b Abs. 6 Nr. 1 und 2 IfSG a.F.

§ 28b Abs. 7 S. 1 IfSG a.F. normierte erstmals gesetzlich die Pflicht des Arbeitgebers, Beschäftigten Home-Office anzubieten und dass diese das Angebot anzunehmen haben, soweit ihrerseits keine Gründe entgegenstehen, § 28b Abs. 7 S. 2 IfSG a.F. § 28b IfSG a.F. galt in der ursprünglichen Fassung gemäß Abs. 10 S. 1 maximal bis zum 30. Juni 2021.

bb) Fassung vom 22. November 2021[498]

Mit der Neufassung des § 28b IfSG vom 22. November 2021 wurde die Norm inhaltlich vollständig novelliert. Wesentlichster Bestandteil war die bundesweite Einführung des sog. 3G-Modells. Insbesondere durften Arbeitgeber und

---

497 BT-Drs. 19/28732, 19; *Johann/Gabriel*, in: Eckart/Winkelmüller (Hrsg.), BeckOK InfSchR, 10. Edition, Stand: 15.01.2022, § 28b IfSG vor Rn. 1.

498 BGBl. I 2021, 4906 (4907 ff.).

Beschäftigte danach Arbeitsstätten, in denen physische Kontakte von Arbeitgebern und Beschäftigten untereinander oder zu Dritten nicht ausgeschlossen werden konnten, nur betreten, wenn sie geimpfte, genesene oder getestete Personen i.S.d. COVID-19-Schutzmaßnahmen-Ausnahmenverordnung (SchAusnahmV)[499] waren und einen entsprechenden Nachweis mit sich führten oder bei dem Arbeitgeber hinterlegt hatten, § 28b Abs. 1 S. 1 IfSG a.F.[500]

Die Home-Office-Pflicht, die zuvor in § 28b Abs. 7 IfSG a.F. geregelt war, fand sich mit der Neufassung wortgleich in § 28b Abs. 4 IfSG a.F. wieder.

Gemäß § 28b Abs. 5 S. 1 IfSG a.F. durften Verkehrsmittel des Luftverkehrs, des öffentlichen Personennahverkehrs und des öffentlichen Personenfernverkehrs von Fahr- oder Fluggästen sowie dem Kontroll- und Servicepersonal nur unter Einhaltung der 3G-Regel sowie bei zusätzlichem Tragen einer Atemschutz- oder medizinischen Gesichtsmaske genutzt werden.

Der novellierte § 28b IfSG galt bis zum Ablauf des 19. März 2022, § 28b Abs. 7 S. 1 IfSG.

cc) Aktuelle Fassung seit 20. März 2022

In der aktuellen Fassung ist nunmehr allein die grundsätzliche Pflicht zum Tragen eines Mund-Nasen-Schutzes oder einer Atemschutzmaske in Verkehrsmitteln des Luft- und öffentlichen Personenfernverkehrs vorgesehen, vgl. § 28b Abs. 1 S. 1 IfSG. Die Norm gilt bis zum Ablauf des 23. September 2022, § 28b Abs. 2 IfSG.

c) § 28c IfSG – Verordnungsermächtigung für besondere Regelungen für Geimpfte, Getestete und vergleichbare Personen

Nachdem in der COVID-19-Pandemie etwa ein Fünftel der deutschen Bevölkerung zum ersten Mal[501] geimpft worden war, war die Frage nach Privilegien geimpfter Personen zunehmend Gegenstand öffentlicher Diskussionen.[502]

---

499 BAnz AT 08.05.2021 V1.

500 Weiterführend zur 3G-Regelung siehe *Fuhlrott/Schäffer*, NZA 2021, 1679 ff.; *Müller/Becker*, ArbRAktuell 2021, 683; *Felz*, ARP 2021, 358 ff.

501 Zur Erlangung eines zunächst vollständigen Impfschutzes (später als Grundimmunisierung bezeichnet) waren bei den meisten Impfstoffen zwei Schutzimpfungen und eine Wartezeit von 14 Tagen notwendig, siehe *BZgA*, Wirksamkeit und Sicherheit, Wann tritt die volle Schutzwirkung der COVID-19 Impfung ein? Stand: 11.08.2022, abrufbar unter: https://www.infektionsschutz.de/coronavirus/fragen-und-antworten/alles-zu-den-impfstoffen/wirksamkeit-und-sicherheit/#tab-4884-11.

502 *Kießling*, in: dies. (Hrsg.), Infektionsschutzgesetz: IfSG, 2. Aufl. 2021, § 28c IfSG Rn. 2.

Vor diesem Hintergrund wurde § 28c IfSG erlassen, der die Bundesregierung ermächtigt, durch Rechtsverordnung für Personen, bei denen von einer Immunisierung gegen das Coronavirus SARS-CoV-2 auszugehen ist oder die ein negatives Ergebnis eines Tests auf eine Infektion mit dem Coronavirus SARS-CoV-2 vorlegen können, Erleichterungen oder Ausnahmen zu regeln, § 28c S. 1 IfSG.[503]

Wie sich bereits aus dem Titel der Regelung ergibt, sind unter Personen, bei denen von einer Immunisierung auszugehen ist, zunächst geimpfte Personen zu verstehen.[504] Maßgeblich ist dabei, dass infolge der Impfung von einer Immunisierung auszugehen ist. In der COVID-19-Pandemie[505] waren zur Erreichung eines vollständigen Impfschutzes zunächst zwei Impfungen notwendig.[506] Erleichterungen und Ausnahmen können daneben auch für Personen erlassen werden, die ein negatives Ergebnis eines Tests auf eine Infektion mit dem Erreger SARS-CoV-2 nachweisen können. Schließlich werden auch vergleichbare Personen erfasst. Darunter dürften insbesondere genesene Personen fallen, sofern bei diesen Personen durch gebildete Antikörper von einer Immunisierung auszugehen ist.[507] Der Wortlaut des § 28c S. 1 IfSG stellt indes klar, dass Gewissheit hinsichtlich der Immunisierung nicht bestehen muss.

---

503 Rechtsverordnungen der Bundesregierung nach Satz 1 bedürfen der Zustimmung von Bundestag und Bundesrat, § 28c S. 2 IfSG.

504 BT-Drs. 19/28732, 21; *Johann/Gabriel*, in: Eckart/Winkelmüller (Hrsg.), BeckOK InfSchR, 12. Edition, Stand: 01.07.2022, § 28c IfSG Rn. 2.

505 Es ist damit zu rechnen, dass in künftigen Pandemien vergleichbare Regelungen gelten werden. Bezüglich der Frage, wann eine Immunisierung erreicht ist, muss auf die jeweiligen pandemiespezifischen Gegebenheiten, insbesondere die Charakteristika der verfügbaren Impfstoffe abgestellt werden.

506 Zur Erlangung eines zunächst vollständigen Impfschutzes (später als Grundimmunisierung bezeichnet) waren bei den meisten Impfstoffen zwei Schutzimpfungen und eine Wartezeit von 14 Tagen notwendig, siehe *BZgA*, Wirksamkeit und Sicherheit, Wann tritt die volle Schutzwirkung der COVID-19 Impfung ein? Stand: 11.08.2022, abrufbar unter: https://www.infektionsschutz.de/coronavirus/fragen-und-antworten/alles-zu-den-impfstoffen/wirksamkeit-und-sicherheit/#tab-4884-11. Über die Schutzimpfungen zur Grundimmunisierung hinaus wurden später Auffrischimpfungen – sog. Booster – zunächst empfohlen und sodann Voraussetzung für einen vollständigen Impfschutz. Siehe hierzu *BZgA*, Boostern: Auffrischimpfung gegen COVID-19, abrufbar unter: https://www.infektionsschutz.de/coronavirus/schutzimpfung/auffrischimpfung-gegen-covid-19/#c16120.

507 *Johann/Gabriel*, in: Eckart/Winkelmüller (Hrsg.), BeckOK InfSchR, 12. Edition, Stand: 01.07.2022, § 28c IfSG Rn. 3.

Auf Grundlage des § 28c IfSG wurde etwa die bereits angesprochene SchAusnahmV[508] erlassen.

III. Ablauf in der Praxis

Nachdem in der Theorie aufgezeigt wurde, gegenüber welchen Personengruppen infektionsschutzrechtliche Schutzmaßnahmen erlassen werden können und um welche es sich hierbei handelt, wird im Folgenden für das allgemeine Verständnis einmal der Ablauf in der Praxis skizziert.

§ 6 Abs. 1 Nr. 1 IfSG normiert die Meldepflicht bei dem Verdacht einer Erkrankung, der Erkrankung oder dem Tod in Bezug auf eine Krankheit, die katalogartig aufgeführt ist. § 7 Abs. 1 S. 1 IfSG regelt die Meldepflicht bezüglich des Nachweises bestimmter Krankheitserreger. Diese Meldepflichten können durch Rechtsverordnung des BMG mit Zustimmung des Bundesrates aufgehoben, eingeschränkt, erweitert oder auf andere übertragbare Krankheiten oder Krankheitserreger ausgedehnt werden, soweit die epidemische Lage dies zulässt oder erfordert, vgl. § 15 Abs. 1 S. 1 IfSG. Es ist damit zu rechnen, dass im Pandemiefall auf dieser Grundlage die pandemische Erkrankung und der pandemische Krankheitserreger in die Kataloge des §§ 6 und 7 IfSG aufgenommen werden und eine diesbezügliche Meldepflicht bestehen wird.[509] So wurde etwa in § 6 Abs. 1 Nr. 1 t) COVID-19 als meldepflichtige Erkrankung und in § 7 Abs. 1 Nr. 44a IfSG der Erreger SARS-CoV-2 als meldepflichtiger Erreger ergänzt.

Bei Verdacht der pandemischen Erkrankung, bestätigter Erkrankung oder Tod in Zusammenhang mit der Erkrankung ist insbesondere der feststellende Arzt sowie bei der Anwendung patientennaher Schnelltests bei Dritten die feststellende Person, wenn sie nach § 24 S. 2 IfSG oder aufgrund einer Rechtsverordnung nach § 24 S. 3 Nr. 1 IfSG zu solchen Schnelltests befugt ist, zur Meldung verpflichtet, § 8 Abs. 1 Nr. 1 Hs. 1 IfSG. Im Fall des Nachweises des pandemischen Krankheitserregers sind insbesondere die Leiter von Medizinaluntersuchungsämtern und sonstigen privaten oder öffentlichen Untersuchungsstellen zur Meldung verpflichtet, § 8 Abs. 1 Nr. 2 IfSG.

Diese Meldungen haben an das Gesundheitsamt zu erfolgen, in dessen Bezirk sich die betroffene Person derzeitig aufhält oder zuletzt aufhielt, § 9 Abs. 4 S. 1

---

508 BAnz AT 08.05.2021 V1.

509 Es ist allerdings davon auszugehen, dass bei einer neu auftretenden Pandemie die pandemische Erkrankung nicht von Beginn an im IfSG aufgeführt sein wird. So ergab sich im Fall der COVID-19-Pandemie die Meldepflicht vor der gesetzlichen Verankerung im IfSG aus § 1 Abs. 1 S. 1 2019-nCoV.

IfSG. Der Umfang der Meldepflicht bestimmt sich nach den § 9 Abs. 1 und 2 IfSG. Die verarbeiteten Daten werden sodann an die zuständige Landesbehörde und das RKI übermittelt, vgl. § 11 IfSG.

Auf dieser Grundlage wird die zuständige Behörde sodann Ermittlungen anstellen, vgl. § 25 IfSG und eine der bereits dargestellten Schutzmaßnahmen anordnen.

E. Entschädigungsanspruch, § 56 IfSG

Im 12. Abschnitt beinhaltet das IfSG Entschädigungsnormen. Herausragende Bedeutung kommt in einer Pandemie § 56 IfSG zu, der einen Entschädigungsanspruch für Personen normiert, die infolge infektionsschutzrechtlicher Maßnahmen einen Verdienstausfall erlitten haben.[510] Da sich im Hinblick auf die arbeitgeberseitige Vergütungspflicht im Pandemiefall regelmäßig die Frage der Normenkonkurrenz mit § 56 IfSG stellen wird, ist eine vertiefte Auseinandersetzung mit diesem Entschädigungsanspruch unerlässlich.

I. Tatbestandsvoraussetzungen

§ 56 Abs. 1 und Abs. 1a IfSG enthalten die Tatbestandsvoraussetzungen der Norm, die übrigen Abs. 2 bis 12 regeln die weiteren Modalitäten des Entschädigungsanspruchs.

1. Entschädigung nach § 56 Abs. 1 IfSG

Zunächst ist auf die Voraussetzungen des § 56 Abs. 1 IfSG einzugehen.

a) Entschädigung bei Tätigkeitsverbot, § 56 Abs. 1 S. 1 IfSG

Wer auf Grund des IfSG als Ausscheider, Ansteckungs- oder Krankheitsverdächtiger oder als sonstiger Träger von Krankheitserregern i.S.v. § 31 S. 2 Verboten in der Ausübung seiner bisherigen Erwerbstätigkeit unterliegt oder unterworfen wird und dadurch einen Verdienstausfall erleidet, erhält eine Entschädigung in Geld, vgl. § 56 Abs. 1 S. 1 IfSG.

---

510 Siehe auch *BMG*, Ansprüche auf Ersatz des Verdienstausfalls für Arbeitnehmer und Selbstständige, Fragen und Antworten zu den Entschädigungsansprüchen nach § 56 des Infektionsschutzgesetzes (IfSG), Stand: 25.03.2022, abrufbar unter: https://www.bundesgesundheitsministerium.de/coronavirus/informationen-arbeitnehmerselbstaendige.html.

Entscheidend ist zunächst, dass sich nach dem eindeutigen Wortlaut nur Ausscheider, Ansteckungs- und Krankheitsverdächtige auf § 56 Abs. 1 S. 1 IfSG berufen können. Der Kranke hingegen wird nicht erfasst. Dies ist ausweislich der Gesetzesbegründung auch beabsichtigt. Denn die Norm bezweckt die Gleichstellung der Betroffenen mit Kranken, die durch Leistungen von der Krankenversicherung abgesichert sind.[511] Mangels planwidriger Regelungslücke kommt eine analoge Anwendung für Kranke also nicht in Betracht.[512]

Voraussetzung des Entschädigungsanspruchs nach § 56 Abs. 1 S. 1 IfSG ist im Weiteren, dass der Betroffene einer Erwerbstätigkeit nachgeht. Anderenfalls kann ein zur Entschädigung berechtigender Verdienstausfall schon gar nicht vorliegen. Diese Voraussetzung ist bei einem Arbeitnehmer unproblematisch gegeben. Der Betroffene muss zudem einem Verbot in der Ausübung seiner Erwerbstätigkeit unterliegen oder unterworfen werden. Verbot i.S.d. S. 1 kann sowohl ein gesetzliches als auch ein durch die Exekutive verhängtes Verbot sein. Dies ergibt sich daraus, dass sowohl Adressaten, die einem Verbot unterliegen (gesetzliches Verbot), als auch Adressaten, die einem Verbot unterworfen werden (durch die Exekutive erlassenes Verbot), bei Verdienstausfall eine Entschädigung verlangen können.[513] Während die gesetzlichen Verbote des IfSG (§ 34 Abs. 1-3 und § 42 IfSG) nicht pandemiespezifisch relevant sind, gilt das Hauptaugenmerk den Verboten, die die Exekutive auf Grundlage von § 28 Abs. 1 S. 1 i.V.m § 31 IfSG erlassen kann.[514] Maßgeblich für einen Entschädigungsanspruch bei einem Tätigkeitsverbot ist, dass es den Arbeitnehmer unmittelbar an der Berufsausübung hindern muss. Im Umkehrschluss besteht daher bei Ausgangssperren oder Betriebsschließungen kein Entschädigungsanspruch,[515] da der Arbeitnehmer hier nur mittelbar gehindert wird.

b) *Entschädigung bei Absonderung, § 56 Abs. 1 S. 2 IfSG*

Der Entschädigungsanspruch nach S. 1 steht auch einer Person zu, die nach § 30 IfSG, auch i.V.m. § 32 IfSG, abgesondert wird oder sich auf Grund einer nach

---

511 Zur Vorgängerregelung (§ 48 BSeuchG) BT-Drs. III/1888, 27; siehe dazu auch BGH, Urt. v. 31.01.1972 – III ZR 209/67, NJW 1972, 632.

512 So auch *Maties*, in: Koch/Kubiciel/Wollenschläger (Hrsg.), 50 Jahre Juristische Fakultät Augsburg, 2021, 427.

513 *Eckart/Kruse*, in: Eckart/Winkelmüller (Hrsg.), BeckOK InfSchR, 12. Edition, Stand: 01.07.2022, § 56 IfSG Rn. 24 ff.

514 Zum Tätigkeitsverbot nach § 31 IfSG siehe Teil 3 Kapitel 2 D. II. 1. d).

515 So auch *Eckart/Kruse*, in: Eckart/Winkelmüller (Hrsg.), BeckOK InfSchR, 12. Edition, Stand: 01.07.2022, § 56 IfSG Rn. 25.

§ 36 Abs. 8 S. 1 Nr. 1 IfSG erlassenen Rechtsverordnung absondert, vgl. § 56 Abs. 1 S. 2 IfSG.

c) *Entschädigung bei vorsorglicher Absonderung bzw. vorsorglicher Unterlassung bestimmter Tätigkeiten, § 56 Abs. 1 S. 3 IfSG*

Eine Entschädigung in Geld kann auch einer Person gewährt werden, wenn diese sich bereits vor der Anordnung einer Absonderung nach § 30 IfSG oder eines beruflichen Tätigkeitsverbots nach § 31 IfSG vorsorglich abgesondert oder vorsorglich bestimmte berufliche Tätigkeiten ganz oder teilweise nicht ausgeübt hat und dadurch einen Verdienstausfall erleidet. Voraussetzung dafür ist, dass eine Absonderungsanordnung oder ein berufliches Tätigkeitsverbot bereits zum Zeitpunkt der vorsorglichen Absonderung oder der vorsorglichen Nichtausübung beruflicher Tätigkeiten hätte erlassen werden können, vgl. § 56 Abs. 1 S. 3 IfSG. Wie sich aus dem Wortlaut ergibt, liegt – anders als in den Fällen des tatsächlichen Tätigkeitsverbots oder der tatsächlichen Absonderung nach den § 56 Abs. 1 S. 1 und 2 IfSG – die Gewähr der Entschädigungsleistung im Fall des § 56 Abs. 1 S. 3 IfSG im Ermessen der zuständigen Behörde.

d) *Verdienstausfall*

Zuletzt muss die erwerbstätige Person einen Verdienstausfall erleiden. Ein solcher ist abzulehnen, wenn der Arbeitnehmer anderweitig einen Lohnanspruch hat. So führte der BGH schon zur Vorgängerregelung des § 56 IfSG aus, dass das Tatbestandsmerkmal des Verdienstausfalls nicht erfüllt ist, „[…] wenn dem Arbeitnehmer für den fraglichen Zeitraum ein gesetzlicher oder vertraglicher Anspruch auf Fortzahlung seines Lohns oder Gehalts gegen den Arbeitgeber zusteht.“[516] Der Staat soll nur dann eine Entschädigung leisten müssen, wenn der Arbeitnehmer anderenfalls einer Notlage ausgesetzt würde. „Das Nichtbestehen […] anderweitiger Ansprüche ist also (negative) Tatbestandsvoraussetzung [...].“[517] Es wird daher regelmäßig zu prüfen sein, ob dem Arbeitnehmer nicht ein Entgeltfortzahlungsanspruch, insbesondere nach § 3 EFZG, § 615 BGB oder § 616 BGB gegen den Arbeitgeber zusteht.

516 BGH, Urt. v. 30.11.1978 – III ZR 43/77, NJW 1979, 422 (424) zu § 49 BSeuchG.
517 BGH, Urt. v. 30.11.1978 – III ZR 43/77, NJW 1979, 422 (424) zu § 49 BSeuchG.

Zu beachten ist, dass ein Verdienstausfall ggf. vermieden werden kann, wenn die Arbeitsleistung auch im Home-Office erbracht werden kann und muss.[518]

e) Ausschluss nach § 56 Abs. 1 S. 4 IfSG

Kann dem Betroffenen eines Tätigkeitsverbots oder einer Absonderungsanordnung der Vorwurf des Mitverschuldens gemacht werden, ist eine Entschädigung ausgeschlossen, vgl. § 56 Abs. 1 S. 4 IfSG. Teilweise wird wie auch bei § 3 EFZG oder § 616 BGB von einem „Verschulden gegen sich selbst“ gesprochen.[519]

aa) Ausschluss nach § 56 Abs. 1 S. 4 Var. 1 und 2 IfSG

Eine Entschädigung erhält nicht, wer durch Inanspruchnahme einer Schutzimpfung oder anderen Maßnahme der spezifischen Prophylaxe, die gesetzlich vorgeschrieben ist oder im Bereich des gewöhnlichen Aufenthaltsorts des Betroffenen öffentlich empfohlen wurde, ein Tätigkeitsverbot oder eine Absonderung hätte vermeiden können, vgl. § 56 Abs. 1 S. 4 Var. 1 IfSG. Zu differenzieren ist also zum einen zwischen einer Schutzimpfung und einer anderen Maßnahme der spezifischen Prophylaxe, zum anderen danach, ob eine solche jeweils gesetzlich vorgeschrieben ist oder öffentlich empfohlen wurde. Schließlich ist jeweils erforderlich, dass durch die Schutzimpfung oder andere Prophylaxe ein Tätigkeitsverbot oder eine Absonderung hätte vermieden werden können.

(1) Schutzimpfung, § 56 Abs. 1 S. 4 Var. 1 IfSG

Eine Schutzimpfung ist die Gabe eines Impfstoffes mit dem Ziel, vor einer übertragbaren Krankheit zu schützen, § 2 Nr. 9 IfSG. Mit Blick auf das bisherige Vorgehen in der COVID-19-Pandemie, in der bis heute[520] eine allgemeine Impfpflicht nicht besteht, wird man davon ausgehen können, dass eine solche wohl auch in zukünftigen Pandemien (jedenfalls zunächst) nicht vorgeschrieben werden wird.[521] Etwas anderes kann freilich gelten, wenn eine pandemische Erkrankung im Hinblick auf die Schwere der Krankheitsverläufe und Letalitätsrate

518 Zum Recht des Arbeitnehmers auf Home-Office siehe Teil 3 Kapitel 3 B. Zur arbeitgeberseitigen Einführung von Home-Office siehe Teil 3 Kapitel 4 B. II und C. II. 4. Zur Home-Office Vereinbarung siehe Teil 4 Kapitel 3.

519 Siehe etwa *Noack*, NZA 2021, 251 (252); siehe dazu auch *Kümper*, in: Kießling (Hrsg.), Infektionsschutzgesetz: IfSG, 2. Aufl. 2021, § 56 IfSG Rn. 29.

520 Letzter Stand der Bearbeitung: 12.08.2022.

521 Zum Impffortschritt in der COVID-19-Pandemie siehe Teil 3 Kapitel 1 B. II. 3.

vergleichsweise wesentlich kritischer zu bewerten ist. Spezifische Impfpflichten können sich aber aus § 20 Abs. 9-12 IfSG ergeben.

Öffentliche Empfehlungen für Schutzimpfungen oder andere Maßnahmen der spezifischen Prophylaxe sollen die obersten Landesgesundheitsbehörden auf der Grundlage der jeweiligen Empfehlungen der Ständigen Impfkommission aussprechen, vgl. § 20 Abs. 3 IfSG. Im Fall der COVID-19-Pandemie hat die Ständige Impfkommission (STIKO) am 29. Januar 2021 eine Empfehlung ausgesprochen.[522] Diese Empfehlung allein hat noch keinen verbindlichen Charakter, sondern ist allein als Leitlinie zu verstehen.[523] Zwar soll sie als Grundlage für die öffentliche Empfehlung dienen. Den Landesgesundheitsbehörden ist es jedoch unbenommen, landesspezifische epidemiologische Eigenheiten bei der Empfehlung zu berücksichtigen.[524] Aktuell[525] wird eine Schutzimpfung gegen den Erreger SARS-CoV-2 von allen Landesgesundheitsbehörden öffentlich empfohlen.[526]

Überdies ist jedoch maßgeblich, dass die Schutzimpfung ein Tätigkeitsverbot oder eine Absonderung hätte vermeiden können. Eine hundertprozentige

522 *RKI*, Beschluss der STIKO zur 2. Aktualisierung der COVID-19-Impfempfehlung und die dazugehörige wissenschaftliche Begründung, Stand: 29.01.2021, abrufbar unter https://www.rki.de/DE/Content/Infekt/EpidBull/Archiv/2021/05/Art_01.html. Allgemein zur STIKO-Empfehlung siehe, *RKI*, STIKO-Empfehlung zur COVID-19-Impfung, Stand: 20.01.2022, abrufbar unter: https://www.rki.de/DE/Content/Infekt/Impfen/ImpfungenAZ/COVID-19/Impfempfehlung-Zusfassung.html.

523 *Gebhard*, in: Kießling, Infektionsschutzgesetz: IfSG, 2. Aufl. 2021, § 20 Rn. 17 m.w.N.

524 BT-Drs. 14/2530, 72.

525 Letzter Stand der Bearbeitung: 12.08.2022.

526 So werden etwa vom Bayerischen Staatsministerium für Umwelt und Gesundheit die nach § 20 Abs. 3 IfSG empfohlenen Schutzimpfungen und andere Maßnahmen der spezifischen Prophylaxe für die dort genannten Personenkreise und Indikationen öffentlich empfohlen, siehe Ziffer 2.1 der Bekanntmachung des Bayerischen Staatsministeriums für Umwelt und Gesundheit vom 24.09.2013, Az. L1d-G8360.82-2013/1-5. Ähnliche Bekanntmachungen haben auch die meisten anderen Landesbehörden veröffentlicht. Dies bestätigend siehe *Wissenschaftliche Dienste des Deutschen Bundestages*, Ausschluss Ungeimpfter von der Entschädigung nach § 56 IfSG, WD 3 – 3000 – 164/21 und WD 9 – 3000 – 081/21, Seite 8, abrufbar unter: https://www.bundestag.de/resource/blob/866096/a0759f3d6b5c1e7fe7abd19d03db807a/WD-3-164-21-pdf-data.pdf. Zur Liste mit Links zu den Bekanntmachungen der Landesbehörden siehe *RKI*, Weitere Informationen zu Schutzimpfungen deutscher und internationaler Institutionen, Stand: 09.05.2019, abrufbar unter: https://www.rki.de/DE/Content/Infekt/Impfen/Links/links_node.html. Zum Rechtsschein bezüglich einer öffentlichen Empfehlung siehe BSG, Urt. v. 02.10.2008 – B 9-9a VJ 1/07R, NJOZ 2009, 873.

Vermeidbarkeit einer Infektion durch eine Schutzimpfung ist regelmäßig nicht gewährleistet. Dies gilt etwa auch für die COVID-19-Pandemie.[527] Nach einer Ausarbeitung der *Wissenschaftlichen Dienste des Bundestages* könne eine Sicherheit bezüglich der Verhinderung eines Tätigkeitsverbots oder einer Absonderung daher nicht maßgeblich sein. Unter Verweis auf die Rechtsliteratur sei zumindest eine „hohe Wahrscheinlichkeit" vorauszusetzen.[528]

In der COVID-19-Pandemie haben die Landesgesundheitsministerien mit dem Bundesgesundheitsminister am 22. September 2021 beschlossen, dass die Länder ab dem 1. November 2021 Personen ohne vollen Impfschutz keine Entschädigungsleistungen auf Kosten der Allgemeinheit im Falle eines Tätigkeitsverbots bzw. einer Quarantäneanordnung gewähren, sofern für sie eine Impfempfehlung besteht und sie als Kontaktpersonen oder Reiserückkehrende aus Risikogebieten gelten.[529]

Unabhängig von diesem Beschluss der Exekutive, der im Hinblick auf den Gewaltenteilungsgrundsatz durchaus Bedenken begegnet, soll im Folgenden knapp auf der Frage eingegangen werden, ob Arbeitnehmer ihres Entschädigungsanspruchs verlustig werden bzw. wurden, wenn diese sich keiner Impfung unterziehen bzw. unterzogen haben.

Hierfür sind im Wesentlichen zwei Aspekte relevant. Zum einen müsste die Impfung – soweit nicht gesetzlich vorgeschrieben – öffentlich empfohlen worden sein. Dies ist aktuell der Fall, da die STIKO entsprechende Empfehlungen ausgesprochen hat[530] und die Landesgesundheitsbehörden sich diese in der Regel zu eigen machen.[531]

Darüber hinaus müsste die Impfung auch dazu führen, dass ein Tätigkeitsverbot oder eine Absonderung hätte vermieden werden können, vgl. § 56 Abs. 1 S. 4

---

527 Siehe *BMG*, Wirksamkeit und Sicherheit, abrufbar unter: https://www.zusammengegencorona.de/impfen/impfstoffe/wirksamkeit-und-sicherheit/.

528 *Wissenschaftliche Dienste des Deutschen Bundestages*, Ausschluss Ungeimpfter von der Entschädigung nach § 56 IfSG, WD 3 – 3000 – 164/21 und WD 9 – 3000 – 081/21, Seite 11, abrufbar unter: https://www.bundestag.de/resource/blob/866096/a0759f3d6b5c1e7fe7abd19d03db807a/WD-3-164-21-pdf-data.pdf.

529 Siehe *BMG*, Wann muss ich in Quarantäne, wann in Isolierung? Stand: 03.08.2022, abrufbar unter: https://www.zusammengegencorona.de/informieren/sich-und-andere-schuetzen/wann-muss-ich-in-quarantaene-und-wann-nicht/.

530 Siehe *RKI*, STIKO-Empfehlung zur COVID-19-Impfung, Stand: 20.01.2022, abrufbar unter: https://www.rki.de/DE/Content/Infekt/Impfen/ImpfungenAZ/COVID-19/Impfempfehlung-Zusfassung.html.

531 Siehe Fn. 523.

IfSG. Entscheidend ist insbesondere, ob aktuelle Regelungen für sog. Geimpfte – hier muss ggf. zwischen grundimmunisierten und geboosterten Personen[532] differenziert werden – Ausnahmen vorsehen. Dies ist derzeit[533] nicht der Fall. Die aktuellen Regeln sehen vor, dass gegenüber Infizierten eine fünftägige Isolation angeordnet wird und Kontaktpersonen dringend empfohlen wird, Kontakte selbstständig zu reduzieren. Darüber hinaus wird Infizierten und Kontaktpersonen gleichermaßen die tägliche Selbsttestung dringend empfohlen.[534] Eine Differenzierung zwischen geimpften und ungeimpften Personen wird zum jetzigen Zeitpunkt hingegen nicht vorgenommen. Wegen der derzeit nur fünftägigen Isolationszeit kommt dem Entschädigungsanspruch aktuell aber ohnehin keine Relevanz zu. Da fünf Tage nach vielfach vertretener Auffassung eine verhältnismäßig nicht erhebliche Zeit darstellen,[535] wird Arbeitnehmern im Fall der Absonderung über § 616 S. 1 BGB der Lohn fortgezahlt werden, sodass § 56 IfSG nicht zur Anwendung kommt.[536]

Allerdings war die Rechtslage in der COVID-19-Pandemie lange Zeit eine andere. Zum einen wurden die lange maßgeblichen Absonderungszeiten von zehn bzw. 14 Tagen als verhältnismäßig erhebliche Zeit bewertet, was dazu führt, dass der Tatbestand des § 616 S. 1 BGB nicht erfüllt ist und eine Anwendung des § 56 IfSG in Betracht kam. Zum anderen gab es spezifische Ausnahmeregelungen für Personen mit einer Auffrischimpfung, sodass diese für die Frage, ob eine Vermeidbarkeit i.S.d. § 56 Abs. 1 S. 4 IfSG gegeben ist, entscheidend war. So waren zeitweise etwa geboosterte Kontaktpersonen nachweislich Infizierter, die

---

532 Grundimmunisierte Personen waren in der COVID-19-Pandemie Personen, die zwei Impfdosen erhalten hatten. Geboosterte Personen sind solche, die darüber hinaus eine Auffrischimpfung erhalten haben. Siehe hierzu *RKI*, Von der STIKO empfohlene Impfstoffe und Impfabstände zur Grundimmunisierung und Auffrischimpfung gegen COVID-19 von Immungesunden, 29.11.2021, abrufbar unter: https://www.rki.de/SharedDocs/FAQ/COVID-Impfen/Tabelle_Grundimmunisierung_Auffrischimpfung.pdf?__blob=publicationFile.

533 Letzter Stand der Bearbeitung: 12.08.2022.

534 *RKI*, Empfehlungen zu Isolierung und Quarantäne bei SARS-CoV-2-Infektion und -Exposition, Stand: 02.05.2022, abrufbar unter: https://www.rki.de/DE/Content/InfAZ/N/Neuartiges_Coronavirus/Quarantaene/Absonderung.html.

535 *Oetker*, in: Staudinger, BGB, Buch 2. Recht der Schuldverhältnisse, Neubearbeitung 2022, §§ 613a-619a BGB, § 616 BGB Rn. 107 bei der Pflege von Angehörigen; *Klein*, NJ 2020, 377 (380); *Fuhlrott/Fischer*, NZA 2020, 345 (348); *Besgen*, B+P, 235 (237); *Noack*, NZA 2021, 251 (253); *Maties*, in: Koch/Kubiciel/Wollenschläger (Hrsg.), 50 Jahre Juristische Fakultät Augsburg, 2021, 435 hält fünf bis sieben Tage für angemessen.

536 Zu dem Verhältnis der beiden Normen siehe Teil 3 Kapitel 2 E. III. 2.

im infektionsschutzrechtlichen Sinne als Ansteckungsverdächtige (§ 2 Nr. 7 IfSG) zu qualifizieren sind, von einer Quarantäne ausgenommen, vgl. für Hamburg etwa § 35 Abs. 4 der HmbSARS-CoV-2-EindämmungsVO, geltend ab 19. Januar 2022, i.V.m. § 7 SchAusnahmV.[537] Wurde ein Arbeitnehmer damals als Ansteckungsverdächtiger Betroffener einer Absonderungsanordnung und musste sich in Quarantäne begeben, weil er sich keiner Auffrischimpfung unterzogen hat, griff der Entschädigungsanspruch wegen des Ausschlusses gemäß § 56 Abs. 1 S. 4 Var. 1 IfSG nicht. Für die übrigen potenziellen Entschädigungsberechtigten, also den Krankheitsverdächtigen und den Ausscheider, galt dies jedoch nicht.[538]

Unabhängig etwaiger gesetzlicher pauschaler Erleichterungen für grundimmunisierte oder geboosterte Personen, kommt im Hinblick auf die Vermeidbarkeit eines Tätigkeitsverbots oder einer Absonderung auch der Frage entscheidende Bedeutung zu, inwieweit eine Impfung das Risiko einer Infektion mit der jeweils vorherrschenden pandemischen Erregervariante überhaupt noch reduzieren kann. So sind etwa die aktuell verfügbaren Impfstoffe gegen die seit geraumer Zeit vorherrschende Omikron-Variante wesentlich weniger sensibel.[539] In diesem und ähnlichen Fällen wird man eine Vermeidbarkeit eines Tätigkeitsverbots oder einer Absonderung bei fehlendem Impfschutz nicht annehmen können, sodass eine Entschädigung jedenfalls gemäß § 56 Abs. 1 S. 4 Var. 1 IfSG nicht ausgeschlossen sein dürfte.

---

537 Übersichtlich hierzu siehe auch *RKI*, Quarantäne- und Isolierungsdauern bei SARS-CoV-2-Expositionen und -Infektionen; entsprechend Beschluss der Ministerpräsidentenkonferenz vom 7. und 24. Januar 2022, außer Kraft seit 02.05.2022, Stand: 21.03.2022, abrufbar unter: https://www.rki.de/DE/Content/InfAZ/N/Neuartiges_Coronavirus/Quarantaene/Absonderung-Archiv.html.

538 Siehe hierzu *RKI*, Quarantäne- und Isolierungsdauern bei SARS-CoV-2-Expositionen und -Infektionen; entsprechend Beschluss der Ministerpräsidentenkonferenz vom 7. und 24. Januar 2022, außer Kraft seit 02.05.2022, Stand: 21.03.2022, abrufbar unter: https://www.rki.de/DE/Content/InfAZ/N/Neuartiges_Coronavirus/Quarantaene/Absonderung-Archiv.html.

539 Siehe *FAU*, Omikron-Variante weitgehend resistent gegen antivirale Medikamente, Stand: 11.01.2022, abrufbar unter: https://www.fau.de/2022/01/news/wissenschaft/omikron-variante-weitgehend-resistent-gegen-antivirale-medikamente/. Zur Studie siehe *Cell*, The Omicron variant is highly resistant against antibody-mediated neutralization: Implications for control of the COVID-19 pandemic, abrufbar unter: https://www.sciencedirect.com/science/article/pii/S0092867421014951.

(2) Andere Maßnahmen der medizinischen Prophylaxe, § 56 Abs. 1 S. 4 Var. 2 IfSG

Andere Maßnahmen der medizinischen Prophylaxe sind die Gabe von Antikörpern (passive Immunprophylaxe) oder die Gabe von Medikamenten (Chemoprophylaxe) zum Schutz vor Weiterverbreitung bestimmter übertragbarer Krankheiten, § 2 Nr. 10 IfSG. In der COVID-19-Pandemie waren derartige Maßnahmen weder gesetzlich vorgeschrieben noch gab es öffentliche Empfehlungen. Eine Maskenpflicht oder das Einhalten von Abstandsgeboten wird von dieser Legaldefinition nicht erfasst.

bb) Ausschluss nach § 56 Abs. 1 S. 4 Var. 3 IfSG

Die Entschädigung nach § 56 Abs. 1 S. 1 und 2 IfSG ist ferner ausgeschlossen, wenn durch Nichtantritt einer vermeidbaren Reise in ein bereits zum Zeitpunkt der Abreise eingestuftes Risikogebiet ein Verbot in der Ausübung der Tätigkeit oder eine Absonderung hätte vermieden werden können, vgl. § 56 Abs. 1 S. 4 Var. 2 IfSG. Eine Reise ist vermeidbar, wenn zum Zeitpunkt der Abreise keine zwingenden und unaufschiebbaren Gründe für die Reise vorlagen, § 56 Abs. 1 S. 5 IfSG.

Zunächst ist festzuhalten, dass es sich bei dem Reiseziel um ein Risikogebiet handeln muss. Dieses wird legaldefiniert als ein Gebiet außerhalb der Bundesrepublik Deutschland, für das vom BMG im Einvernehmen mit dem Auswärtigen Amt und dem BMI ein erhöhtes Risiko für eine Infektion mit einer bestimmten bedrohlichen übertragbaren Krankheit festgestellt wurde, vgl. § 2 Nr. 17 Hs. 1 IfSG. Die Einstufung als Risikogebiet erfolgt mit Ablauf des ersten Tages nach Veröffentlichung der Feststellung durch das RKI im Internet unter der Adresse https://www.rki.de/risikogebiete, § 2 Nr. 17 Hs. 2 IfSG. Im späteren Verlauf der COVID-19-Pandemie wurden als Unterfälle des Risikogebiets auch die sog. Virusvarianten-Gebiete sowie Hochinzidenzgebiete eingeführt. Als Virusvarianten-Gebiete werden solche bezeichnet, in denen sich bestimmte Virusvarianten ausgebreitet haben. Hochinzidenzgebiete zeichnen sich durch besonders hohe Fallzahlen aus.[540]

Hohe Relevanz kommt insbesondere im Hinblick auf Dienstreisen der Frage zu, was unter zwingenden und unaufschiebbaren Reisegründen i.S.d. § 56 Abs. 1 S. 5 IfSG zu verstehen ist. Aus der Gesetzesbegründung ergibt sich, dass es sich

540 *RKI*, Informationen zur Ausweisung internationaler Risikogebiete durch das Auswärtige Amt, BMG und BMI, Stand: 21.01.2022, abrufbar unter: https://www.rki.de/DE/Content/InfAZ/N/Neuartiges_Coronavirus/Risikogebiete_neu.html.

um „[...] besondere und außergewöhnliche Umstände [handeln muss], wie die Geburt des eigenen Kindes oder das Ableben eines nahen Angehörigen wie eines Eltern- oder Großelternteils oder eines eigenen Kindes.“[541] Ausdrücklich keine zwingenden und unaufschiebbaren Gründe sind „[...] sonstige private oder dienstliche Feierlichkeiten, Urlaubsreisen oder verschiebbare Dienstreisen.“[542] Im Umkehrschluss lässt sich in Bezug auf Dienstreisen festhalten, dass der Gesetzgeber Spielraum für Dienstreisen gesehen hat, die nicht verschoben werden können. Unter Berücksichtigung der Regelbeispiele für zwingende und unaufschiebbare Gründe werden daran aber sehr strenge Anforderungen zu stellen sein.

2. *Entschädigung nach § 56 Abs. 1a IfSG*

§ 56 Abs. 1a IfSG erweitert den Entschädigungsanspruch tatbestandlich insbesondere auf Fälle, in welchen Einrichtungen zur Betreuung von Kindern, Schulen oder Einrichtungen für Menschen mit Behinderungen von der zuständigen Behörde zur Verhinderung der Verbreitung von Infektionen oder übertragbaren Krankheiten auf Grund des IfSG vorübergehend geschlossen werden oder deren Betreten untersagt wird, vgl. § 56 Abs. 1a Nr. 1 IfSG. Die Voraussetzungen der § 56 Abs. 1a Nr. 1-3 IfSG müssen dabei kumulativ vorliegen, sollen aber aus Gründen der Übersichtlichkeit jeweils isoliert betrachtet werden. Grundvoraussetzung des Entschädigungsanspruchs nach § 56 Abs. 1a IfSG ist, dass der Bundestag eine epidemische Lage von nationaler Tragweite festgestellt hat.[543] Allerdings besteht der Anspruch nach § 56 Abs. 1a S. 1 IfSG in Bezug auf die dort genannten Maßnahmen auch unabhängig von der epidemischen Lage von nationaler Tragweite, soweit diese zur Verhinderung der Verbreitung von COVID-19 im Zeitraum bis zum Ablauf des 23. September 2022 erfolgen, vgl. § 56 Abs. 1a S. 5 IfSG.

a) *Schließung einer Bildungs- oder Betreuungsinstitution, § 56 Abs. 1a S. 1 Nr. 1 IfSG*

Voraussetzung ist sodann, dass der Anspruchsteller eine erwerbstätige Person ist. Im Weiteren müssen Einrichtungen zur Betreuung von Kindern, Schulen oder Einrichtungen für Menschen mit Behinderungen von der zuständigen Behörde insbesondere vorübergehend geschlossen werden oder deren Betreten,

---

541 BT-Drs. 19/23944, 38.
542 BT-Drs. 19/23944, 38.
543 Siehe hierzu § 5 IfSG.

auch aufgrund einer Absonderung, untersagt werden. Entscheidend ist, dass die Schließung oder das Betretungsverbot zur Verhinderung der Verbreitung von Infektionen oder übertragbaren Krankheiten auf Grund des IfSG angeordnet wurde. Gleichgestellt werden Fälle, in welchen die zuständige Behörde aus Gründen des Infektionsschutzes Schul- oder Betriebsferien anordnet oder verlängert oder die Präsenzpflicht in einer Schule aufgehoben, der Zugang zum Kinderbetreuungsangebot eingeschränkt wird oder eine behördliche Empfehlung vorliegt, vom Besuch einer Einrichtung zur Betreuung von Kindern, einer Schule oder einer Einrichtung für Menschen mit Behinderungen abzusehen, vgl. § 56 Abs. 1a S. 1 Nr. 1 IfSG. Zu Kinderbetreuungseinrichtungen zählen neben Kitas „[…] auch Horte […] und selbst verwaltete Kinderläden.“[544]

b) Betreuungsbedarf, § 56 Abs. 1a S. 1 Nr. 2 IfSG

Erforderlich ist zudem, dass die erwerbstätige Person ihr Kind, das das zwölfte Lebensjahr noch nicht vollendet hat oder behindert und auf Hilfe angewiesen ist, in diesem Zeitraum selbst beaufsichtigt, betreut oder pflegt, weil sie keine anderweitige zumutbare Betreuungsmöglichkeit sicherstellen kann. Dies ist nur dann der Fall, wenn weder ein Anspruch auf Kinder-Notbetreuung[545] besteht noch der andere Elternteil die Kindesbetreuung übernehmen kann.[546] Soweit andere Familienangehörige keiner Risikogruppe angehören, stellt auch die Betreuung durch diese eine zumutbare Betreuungsmöglichkeit dar.[547] Nach Einschätzung von *Fuhlrott* und *Fischer* können Kinder ab dem Alter von 14 Jahren die Beaufsichtigung jüngerer Geschwister übernehmen.[548] Auch wenn eine solche Altersgrenze als objektives Kriterium zur Handhabung in der Praxis sicherlich tauglich ist, scheint es allgemein sachgerechter, die Fähigkeit der Beaufsichtigung jüngerer Geschwister an dem Grad der persönlichen Entwicklung und Reife des Kindes auszurichten.

---

544 *Stöß/Putzer*, NJW 2020, 1465 (1468).

545 Notbetreuungen wurden primär „[...] für Kinder von Arbeitnehmern in sog. systemrelevanten Berufen (Ärzte, Pflege, usw.) [eingerichtet].“ Siehe *Geulen/Sothmann*, ArbRAktuell 2020, 217 (218).

546 BT-Drs. 19/18111, 24.

547 BT-Drs. 19/18111, 24.

548 *Fuhlrott/Fischer*, NZA 2020, 345 (348); kritisch dazu *Eckart/Kruse*, in: Eckart/Winkelmüller (Hrsg.), BeckOK InfSchR, 12. Edition, Stand: 01.07.2022, § 56 Rn. 52.1; *Stöß/Putzer*, NJW 2020, 1465 (1469) halten eine Altersgrenze bei 16 Jahren für sachgerechter.

Zur Betreuung der Kinder müssen vorrangig Überstunden abgebaut werden, bevor sich Arbeitnehmer auf § 56 Abs. 1a IfSG berufen können.[549] Zudem ist die Möglichkeit der Leistungserbringung im Home-Office zu bedenken.[550] Wurde im Betrieb wirksam Kurzarbeit eingeführt, so wird unter Verweis auf Gesetzesmaterialien vertreten, dass der Arbeitnehmer durch die verringerte Arbeitszeit und die dadurch erhöhte zeitliche Möglichkeit der Kinderbetreuung keinen Anspruch auf Entschädigung nach § 56 Abs. 1a IfSG hat.[551] Dies leuchtet ein, da der Arbeitnehmer jedenfalls im Umfang der verringerten Arbeitszeit die Betreuung selbst übernehmen kann.

Anspruchsberechtigte haben gegenüber der zuständigen Behörde, auf Verlangen des Arbeitgebers auch diesem gegenüber, darzulegen, dass sie in diesem Zeitraum keine zumutbare Betreuungsmöglichkeit für das Kind sicherstellen können, § 56 Abs. 1a S. 2 IfSG.

c) Verdienstausfall, § 56 Abs. 1a S. 1 Nr. 3 IfSG

Zuletzt muss auch im Fall des § 56 Abs. 1a IfSG ein Verdienstausfall vorliegen. Diesbezüglich kann grundsätzlich auf die Ausführungen zu § 56 Abs. 1 IfSG verwiesen werden.[552] Allerdings wird jedenfalls § 616 S. 1 BGB im Rahmen des § 56 Abs. 1a IfSG weniger praxisrelevant sein, da die Schließung von Betreuungsinstitutionen regelmäßig für eine verhältnismäßig erhebliche Zeit andauern wird.[553]

d) Ausschluss, § 56 Abs. 1a S. 3 IfSG

Der Entschädigungsanspruch ist freilich ausgeschlossen, soweit eine Schließung ohnehin wegen der Schul- oder Betriebsferien erfolgen würde, § 56 Abs. 1a S. 3 IfSG.

---

549 BT-Drs. 19/18111, 24; *Stöß/Putzer*, NJW 2020, 1465 (1469); *Kleinebrink*, DB 2020, 952 (955); *Geulen/Sothmann*, ArbRAktuell 2020, 217 (219).

550 BT-Drs. 19/18111, 24; zu Kriterien zur Vereinbarkeit der Leistungserbringung im Home-Office und der Kinderbetreuung siehe knapp *Müller/Becker*, COVuR 2020, 126 (128); *Geulen/Sothmann*, ArbRAktuell 2020, 217 (219).

551 BT-Drs. 19/18111, 24; *Stöß/Putzer*, NJW 2020, 1465 (1469); *Klein*, NJ 2020, 377 (380); differenzierender *Müller/Becker*, COVuR 2020, 126 (127 f.).

552 Siehe Teil 3 Kapitel 2 E. I. 1. d.)

553 So auch *Stöß/Putzer*, NJW 2020, 1465 (1469); *Kleinebrink*, DB 2020, 952 (955); in diesem Sinne auch *Maties*, in: Koch/Kubiciel/Wollenschläger (Hrsg.), 50 Jahre Juristische Fakultät Augsburg, 2021, 438.

II. Rechtsfolge

Liegen die tatbestandlichen Voraussetzungen vor, kann der Anspruchsteller Entschädigung verlangen.

1. Entschädigungsleistung

a) Ausgangspunkt: Verdienstausfall

Die Entschädigung bemisst sich im Fall des § 56 Abs. 1 IfSG nach dem Verdienstausfall,[554] § 56 Abs. 2 S. 1 IfSG, und wird für die ersten sechs Wochen auch in Höhe des Verdienstausfalls gewährt, § 56 Abs. 2 S. 2 IfSG. Vom Beginn der siebenten Woche an wird die Entschädigung abweichend von S. 2 in Höhe von 67 Prozent des der erwerbstätigen Person entstandenen Verdienstausfalls gewährt; für einen vollen Monat wird höchstens ein Betrag von 2.016 Euro gewährt, § 56 Abs. 2 S. 3 IfSG. Allerdings wird sich die pandemiebedingte Relevanz dieser Regelung in Grenzen halten. Denn bspw. in der COVID-19-Pandemie betrug der maßgebliche Zeitraum nach der medizinisch-epidemiologischen Einschätzung des RKI für Tätigkeitsverbote oder Absonderungsanordnungen maximal 14 Tage.[555] Längere Zeiträume werden höchstens bei Kranken in Frage kommen; diese können sich aber nicht auf § 56 IfSG berufen.[556]

Im Fall des § 56 Abs. 1a IfSG wird die Entschädigung von Beginn an in der in S. 3 bestimmten Höhe von 67 Prozent des entstandenen Verdienstausfalls gewährt, § 56 Abs. 2 S. 4 IfSG. Für jede erwerbstätige Person wird diese Entschädigung für die Dauer der vom Deutschen Bundestag nach § 5 Abs. 1 S. 1

---

554 Als Verdienstausfall gilt das Netto-Arbeitsentgelt, vgl. § 56 Abs. 3 S. 1-3 IfSG, wobei sich der Betrag um das Kurzarbeitergeld und um das Zuschuss-Wintergeld, auf das der Arbeitnehmer Anspruch hätte, wenn er nicht aus den in Abs. 1 genannten Gründen an der Arbeitsleistung verhindert wäre, erhöht, § 56 Abs. 3 S. 4 IfSG.

555 Bis September 2021 wurde eine 14-tägige Quarantäne empfohlen. Später wurde eine zehntägige Quarantäne empfohlen, siehe *RKI*, Quarantäne- und Isolierungsdauern bei SARS-CoV-2-Expositionen und -Infektionen; entsprechend Beschluss der Ministerpräsidentenkonferenz vom 7. und 24. Januar 2022, außer Kraft seit 02.05.2022, Stand: 21.03.2022, abrufbar unter: https://www.rki.de/DE/Content/InfAZ/N/Neuartiges_Coronavirus/Quarantaene/Absonderung-Archiv.html. Aktuell (12.08.2022) werden Infizierte nur noch für fünf Tage abgesondert und Kontaktpersonen wird empfohlen, Kontakte für fünf Tage selbstständig zu reduzieren. Siehe *RKI*, Empfehlungen zu Isolierung und Quarantäne bei SARS-CoV-2-Infektion und -Exposition, Stand: 02.05.2022, abrufbar unter: https://www.rki.de/DE/Content/InfAZ/N/Neuartiges_Coronavirus/Quarantaene/Absonderung.html.

556 Siehe dazu Teil 3 Kapitel 2 E. III. 1.

IfSG festgestellten epidemischen Lage von nationaler Tragweite unabhängig von der Anzahl der Kinder für längstens zehn Wochen pro Jahr gewährt, für eine erwerbstätige Person, die ihr Kind allein beaufsichtigt, betreut oder pflegt, längstens für 20 Wochen pro Jahr, § 56 Abs. 2 S. 5 IfSG.

b) Anzurechnende Leistungen

Gemäß § 56 Abs. 8 S. 1 Nr. 1-4 IfSG sind bestimmte Bezüge des Arbeitnehmers auf die Entschädigung anzurechnen. Das gilt insbesondere für Zuschüsse des Arbeitgebers, § 56 Abs. 8 S. 1 Nr. 1 IfSG, Arbeitseinkommen aus einer Ersatztätigkeit, § 56 Abs. 8 S. 1 Nr. 2 IfSG und ggf. Arbeitslosengeld, § 56 Abs. 8 S. 1 Nr. 4 IfSG. Erwähnung verdient auch Nr. 3, nach dem auch der Wert desjenigen, das der Entschädigungsberechtigte durch Ausübung einer anderen als der verbotenen Tätigkeit zu erwerben böswillig unterlässt, anzurechnen ist. Den § 56 Abs. 8 S. 1 Nr. 1-3 IfSG ist gemein, dass die Bezüge nur auf die Entschädigung anzurechnen sind, soweit sie zusammen mit der Entschädigung den tatsächlichen Verdienstausfall übersteigen.

2. Abwicklung der Entschädigungszahlung im Arbeitsverhältnis

Der Arbeitnehmer als Anspruchsinhaber kann den Entschädigungsanspruch nicht selbst geltend machen. Dies wird insbesondere dadurch ersichtlich, dass es auf der Webseite zum Online-Antrag[557] nur für Arbeitgeber die Möglichkeit gibt, die Entschädigung zu beantragen.[558]

Der Arbeitgeber hat die Entschädigung zunächst für die zuständige Behörde auszuzahlen, vgl. § 56 Abs. 5 IfSG. Dieser wird daher im Schrifttum auch als Zahlstelle bezeichnet.[559] Die ausgezahlten Beträge werden dem Arbeitgeber auf Antrag von der zuständigen Behörde erstattet, § 56 Abs. 5 S. 3 IfSG.[560] Hierbei ist allerdings zu beachten, dass der Arbeitgeber nicht final und verbindlich über

557 Siehe *Ministerium für Arbeit, Gesundheit und Soziales des Landes Nordrhein-Westfalen*, Antrag bei Verdienstausfall wegen Quarantäne oder Tätigkeitsverbot, abrufbar unter: https://ifsg-online.de/antrag-taetigkeitsverbot.html.

558 Selbstständige hingegen können den Antrag selbst stellen.

559 *Kleinebrink*, DB 2020, 952 (955); *Grimm*, DB 2020, 1177 (1178).

560 Nach Ablauf von sechs Wochen im Fall des § 56 Abs. 1 IfSG und zehn bzw. 20 Wochen im Fall des § 56 Abs. 1a IfSG wird die Entschädigung von der zuständigen Behörde auf Antrag gewährt, § 56 Abs. 5 S. 4 IfSG. Die zuständige Behörde hat dem Arbeitgeber auf Antrag einen Vorschuss in der voraussichtlichen Höhe des Erstattungsbetrages zu gewähren, § 56 Abs. 12 IfSG.

die Höhe der Entschädigung entscheiden kann. Voraussetzung dafür wäre eine gesetzliche Beleihung.[561] Somit trägt der Arbeitgeber das Risiko, dass er in Vorleistung eine höhere Entschädigungssumme an den Arbeitnehmer auszahlt, als er erstattet bekommt. Den zu viel geleisteten Betrag wird er dann allerdings vom Arbeitnehmer zurückverlangen können.[562] Die Modalitäten der Antragstellung regelt § 56 Abs. 11 IfSG.

Bei Arbeitnehmern richtet sich die Fälligkeit nach der Fälligkeit des aus der bisherigen Tätigkeit erzielten Arbeitsentgelts, § 56 Abs. 6 S. 1 IfSG. Zahlungsverpflichteter ist das Land, in dem die tatbestandserfüllenden Voraussetzungen geschaffen wurden, vgl. § 66 Abs. 1 S. 1 IfSG.

III. Konkurrenzen

Von hoher Relevanz sind die Gesetzeskonkurrenzen des § 56 IfSG. In bestimmten Konstellationen kann ein Vergütungsanspruch des Arbeitnehmers (fort-) bestehen. Gleichzeitig können aber auch die Voraussetzungen für den Entschädigungsanspruch nach § 56 IfSG vorliegen. In diesen Konstellationen wird sich zugespitzt die Frage stellen, ob der Arbeitgeber oder der Staat das Risiko des Arbeitsausfalls tragen muss. Vor diesem Hintergrund und um im späteren Verlauf der Arbeit langwierige inzidente Ausführungen zu vermeiden, soll bereits an dieser Stelle auf die Konkurrenzverhältnisse eingegangen werden.

Grundsätzlich sind zwei Ansichten denkbar. Einerseits gehen große Teile des Schrifttums davon aus, dass § 56 IfSG wegen dessen öffentlicher Zwangswirkung im Kollisionsfall stets vorrangig anzuwenden ist.[563] Andererseits wird vertreten, dass es sich bei § 56 IfSG um eine subsidiäre Regelung handelt.[564] Dieser Diskurs

---

561 *BMG*, Ansprüche auf Ersatz des Verdienstausfalls für Arbeitnehmer und Selbstständige, Fragen und Antworten zu den Entschädigungsansprüchen nach § 56 des Infektionsschutzgesetzes (IfSG), Stand: 25.03.2022, abrufbar unter: https://www.bundesgesundheitsministerium.de/coronavirus/informationen-arbeitnehmerselbstaendige.html.

562 Siehe dazu auch *Noack*, NZA 2021, 251 (254).

563 *Greiner*, in: Kiel/Lunk/Oetker (Hrsg.), MHdB ArbR, Band 1: Individualarbeitsrecht I, 5. Aufl. 2021, § 80 Rn. 41; *Grimm*, DB 2020, 1177 (1178); *Bonanni*, ArbRB 2020, 110 (114) m.w.N.; *Dehmel/Hartmann*, BB 2020, 885 (891) m.w.N.; *Geulen/Sothmann*, ArbRAktuell 2020, 217; *Müller/Becker*, COVuR 2020, 126 (128); *Sagan/Brockfeld*, NJW 2020, 1112 (1113); *Sievers*, jM 2020, 189 (198); *Weller/Lieberknecht/Habrich*, NJW 2020, 1017 (1018).

564 Ausführlich dazu *Preis/Mazurek/Schmid*, NZA 2020, 1137 (1139); *Reinhard*, in: Müller-Glöge/Preis/Schmidt (Hrsg.), ErfK, 22. Aufl. 2022, § 3 EFZG Rn. 19a.

kann jedoch nicht im luftleeren Raum geführt werden, vielmehr müssen die denkbaren Normenkollisionen jeweils isoliert betrachtet werden.

1. *Mit § 3 Abs. 1 S. 1 EFZG*

Wie in der Literatur oftmals verkannt wird, kann es zu einer Normenkonkurrenz zwischen § 3 EFZG und § 56 IfSG gar nicht kommen.[565] Denn § 3 EFZG normiert einen Entgeltfortzahlungsanspruch für arbeitsunfähig erkrankte Arbeitnehmer, § 56 IfSG erfasst den Kranken allerdings bewusst gar nicht als anspruchsberechtigte Person.[566] Aus der Gesetzesbegründung ergibt sich, „[…] daß für die Billigkeitsentschädigung kein Raum ist, wenn und solange nicht das Berufsverbot, sondern Arbeitsunfähigkeit, etwa infolge Krankheit, die Ursache dafür ist, daß der Betroffene einen Verdienstausfall erleidet."[567] Da es also an einer planwidrigen Regelungslücke fehlt, kommt auch eine analoge Anwendung des § 56 IfSG für Kranke nicht in Betracht. § 3 EFZG und § 56 IfSG stehen zueinander mithin im Verhältnis der Alternativität.

2. *Mit § 616 S. 1 BGB*

Zu prüfen bleibt, ob bei Vorliegen der jeweiligen Voraussetzungen der Arbeitgeber nach § 616 S. 1 BGB zur Leistung der Vergütung verpflichtet ist oder der Staat über § 56 IfSG Entschädigung zu leisten hat.

Hauptargument derjenigen, die die vorrangige Anwendung des § 56 IfSG vertreten,[568] ist, dass der primäre Verhinderungsgrund die infektionsschutzrechtliche Maßnahme sein soll.[569] Knüpft man bezüglich des Verhinderungsgrundes an die infektionsschutzrechtliche Maßnahme an, liegt es zwar vordergründig auch nahe, § 56 Abs. 1 IfSG als infektionsschutzrechtlichen Entschädigungsanspruch vorrangig anzuwenden.

Dem sind allerdings gewichtige, teleologische, historische und Wortlautargumente entgegenzusetzen. So stellt § 56 IfSG ausweislich der Gesetzesbegründung

565 So zutreffend auch *Preis/Mazurek/Schmid*, NZA 2020, 1137 (1139).

566 BT-Drs. III/1888, 27, siehe dazu auch BGH, Urt. v. 31.01.1972 – III ZR 209/67, NJW 1972, 632; *Maties*, in: Koch/Kubiciel/Wollenschläger (Hrsg.), 50 Jahre Juristische Fakultät Augsburg, 2021, 427.

567 BT-Drs. III/1888, 28.

568 So halten es etwa *Baeck/Winzer/Abend*, NZG 2020, 1129 nicht für richtig, dass der Arbeitgeber nach Auffassung der Behörden zur Entgeltfortzahlung nach § 616 BGB verpflichtet ist.

569 Siehe etwa *Bonanni*, ArbRB 2020, 110 (114) m.w.N.

zur Vorgängerregelung eine Billigkeitsregelung dar.[570] Sie soll den Betroffenen vor einer existenziellen Notlage schützen.[571] Sie soll also nur dann greifen, wenn der Betroffene anderenfalls einen vollständigen Verdienstausfall erleidet. Intention des Gesetzgebers war es, eine finanzielle Grundsicherung für Betroffene eines Berufsverbots sicherzustellen. Sofern jedoch eine andere vergütungserhaltende Regelung greift, soll diese vorrangig anwendbar sein.

Zuletzt muss der Wortlaut des § 56 Abs. 1 IfSG berücksichtigt werden. Danach soll der Entschädigungsanspruch nur greifen, wenn der Adressat des Tätigkeitsverbots oder der Absonderungsanordnung einen Verdienstausfall erleidet. Hier wurde bewusst der weite Begriff des Verdienstausfalls gewählt, sodass auch bei Anwendbarkeit anspruchserhaltender Normen – wie etwa § 616 BGB – § 56 Abs. 1 IfSG nicht greifen soll.[572] Dies bestätigte auch der BGH in einem Urteil zur Vorgängerregelung des § 49 BSeuchG. Danach liegt „[e]in „Verdienstausfall" i.S. des § 49 I BSeuchG [...] nicht vor, wenn dem Arbeitnehmer für den fraglichen Zeitraum ein gesetzlicher oder vertraglicher Anspruch auf Fortzahlung seines Lohns oder Gehalts gegen den Arbeitgeber zusteht."[573] Der BGH führt ausdrücklich aus, dass „[...] ein Entschädigungsanspruch nach dem Bundesseuchengesetz dann gegeben ist, wenn der Anspruch nach § 616 I BGB entfällt."[574] In Einklang damit hat auch das OVG Lüneburg im Juli 2021 klargestellt, dass die Voraussetzung des Verdienstausfalls nicht erfüllt ist, „[...] wenn der Arbeitgeber ohnehin, z.B. aufgrund zivilrechtlicher Vorschriften, zur Zahlung des Arbeitsentgelts verpflichtet ist, obwohl der Arbeitnehmer nicht in der Lage ist, seine arbeitsvertraglichen Pflichten zu erfüllen."[575]

Aus alledem ergibt sich, dass § 56 IfSG allein subsidiär gelten soll.[576] § 56 IfSG ist daher in keinem Fall vorrangig anzuwenden, vielmehr dient er als letzte

570 BT-Drs. III/1888, 27.

571 BT-Drs. III/1888, 27.

572 *Maties*, in: Koch/Kubiciel/Wollenschläger (Hrsg.), 50 Jahre Juristische Fakultät Augsburg, 2021, 431.

573 BGH, Urt. v. 30.11.1978 – III ZR 43/77, NJW 1979, 422 (424).

574 BGH, Urt. v. 30.11.1978 – III ZR 43/77, NJW 1979, 422 (425).

575 OVG Lüneburg, Beschl. v. 02.07.2021 – 13 LA 258/21, BeckRS 2021, 18013 Rn. 8; so auch VG Koblenz, Urt. v. 10.05.2021 – 3 K 107/21.KO, COVuR 2021, 493 Rn. 21.

576 So auch *Preis/Mazurek/Schmid*, NZA 2020, 1137 (1139); *Reinhard*, in: Müller-Glöge/Preis/Schmidt (Hrsg.), ErfK, 22. Aufl. 2022, § 3 EFZG Rn. 19a; *Maties*, in: Koch/Kubiciel/Wollenschläger (Hrsg.), 50 Jahre Juristische Fakultät Augsburg, 2021, 431; a.A. *Bonanni*, ArbRB 2020, 110 (114); *Dehmel/Hartmann*, BB 2020, 885 (891); *Geulen/Sothmann*, ArbRAktuell 2020, 217; *Grimm*, DB 2020, 1177 (1178); *Müller/Becker*,

Absicherung für Betroffene. Dieser Entschädigungsanspruch kommt daher nur in Betracht, wenn tatsächlich keine andere Regelung einen Verdienst für den betroffenen Arbeitnehmer vorsieht. Es wird daher insbesondere entscheidend darauf ankommen, ob die Dauer der infektionsschutzrechtlichen Maßnahmen noch als verhältnismäßig nicht erhebliche Zeit i.S.d. § 616 S. 1 BGB anzusehen ist.[577] Diesbezüglich werden die Gegebenheiten der jeweiligen Pandemie und die medizinisch-epidemiologischen Einschätzungen des RKI maßgeblich sein.

IV. Sonstiges zum Entschädigungsanspruch nach § 56 IfSG

Seit dem 19. November 2020[578] ist für Entschädigungsansprüche gemäß § 56 IfSG nicht mehr die ordentliche Gerichtsbarkeit, sondern gemäß § 68 Abs. 1 IfSG die Verwaltungsgerichtsbarkeit sachlich zuständig.

Kapitel 3 Pflichten und Veränderungsmöglichkeiten des Arbeitnehmers

Nach Darstellung der allgemeinen Grundlagen zur Pandemie werden in diesem Kapitel primär die Pflichten des Arbeitnehmers im Pandemiefall aufgezeigt. Im Anschluss würde gemäß dem in dieser Arbeit gewählten Aufbau die Darstellung der arbeitnehmerseitigen Veränderungs- und Beendigungsmöglichkeiten im Pandemiefall folgen. Die einzige aus Arbeitnehmersicht wünschenswerte Veränderung arbeitsvertraglicher Modalitäten im Pandemiefall ist allerdings die Möglichkeit, die Arbeitsleistung im Home-Office erbringen zu können. Aus diesem Grund beschränken sich die Ausführungen im Rahmen der Veränderungsmöglichkeiten auf die Frage, ob der Arbeitnehmer im Pandemiefall einen Anspruch auf die Leistungserbringung im Home-Office haben kann.

Die arbeitnehmerseitige Kündigung im Pandemiefall ist kaum praxisrelevant.[579] Vielmehr ist dem Arbeitnehmer in der Regel daran gelegen, dass das Arbeitsverhältnis aufrechterhalten und der Lohn auch im Krisenfall fortgezahlt

---

COVuR 2020, 126 (128); *Sagan/Brockfeld*, NJW 2020, 1112 (1113); *Sievers*, jM 2020, 189 (198); *Weller/Lieberknecht/Habrich*, NJW 2020, 1017 (1018).

577 Für einen allgemeinen Überblick zu Rechtsprechung und Literatur zur verhältnismäßig nicht erheblichen Zeit im Rahmen des § 616 BGB siehe Teil 2 Kapitel 2 A. II. 2. d).

578 *Noack*, NZA 2021, 251 (252).

579 Denkbar wäre allenfalls, dass ein Arbeitnehmer – ggf. als Angehöriger einer Risikogruppe – aus Angst vor der Ansteckung mit dem pandemischen Erreger im Zusammenhang mit dem Beschäftigungsverhältnis dieses außerordentlich kündigen möchte.

wird. Zudem gelten ohnehin auch im Pandemiefall die allgemeinen Grundsätze. Aus diesem Grund wird auf die Darstellung arbeitnehmerseitiger Kündigungsmöglichkeiten im Pandemiefall verzichtet.[580]

A. Pflichten des Arbeitnehmers in einer Pandemie

Zunächst werden die Pflichten des Arbeitnehmers in einer Pandemie untersucht. Im Gegensatz zu den Konstellationen außerhalb einer Pandemie sind diese im Pandemiefall wesentlich facettenreicher und entsprechend rechtlich komplexer. So beschränkt sich der Untersuchungsumfang nicht auf die Konstellation, dass der Arbeitnehmer aufgrund einer Infektion mit dem pandemischen Erreger erkrankt. Vielmehr werden mit Blick auf die COVID-19-Pandemie alle denkbaren Konstellationen erfasst.

Wie sich die jeweilige Konstellation auf die Arbeitspflicht auswirkt, ob dem Arbeitnehmer in den spezifischen Situationen Leistungsverweigerungsrechte zustehen können und welche Nebenpflichten in der Pandemie bestehen, wird im Folgenden ausführlich dargestellt.

I. Pflicht zur Leistungserbringung im Home-Office

Für die nachfolgend zu untersuchenden Konstellationen bezüglich des Schicksals der Arbeitspflicht wird der Frage, ob der Arbeitnehmer im Pandemiefall zur Leistungserbringung im Home-Office verpflichtet sein kann, enorme Bedeutung zukommen. Denn häufig wird das Bestehen der Arbeitspflicht davon abhängen, ob die Leistungserbringung im Home-Office nach ihrer Eigenart möglich ist und ob der Arbeitnehmer zu derselben verpflichtet ist. Hohe Praxisrelevanz kommt insbesondere der Fallkonstellation zu, dass arbeitsfähigen Arbeitnehmern auf Grund einer Absonderungsanordnung die Ausübung ihrer Tätigkeit im Betrieb rechtlich unmöglich wird.

Auf Grund besagter Relevanz soll bereits an dieser Stelle unter Vorgriff auf spätere Ausführungen aufgezeigt werden, dass in einer Pandemie in der Regel die arbeitnehmerseitige Pflicht zur Leistungserbringung im Home-Office bestehen wird. So wird der Arbeitnehmer aus seiner Treuepflicht gemäß § 241 Abs. 2 BGB verpflichtet sein, die Arbeitsleistung im Home-Office zu erbringen, wenn sie anderweitig nicht erbracht werden kann.[581] Dies steht in direktem

---

580 Zu den allgemeinen Beendigungsmöglichkeiten des Arbeitnehmers siehe Teil 2 Kapitel 1 C. II.

581 Siehe dazu Teil 3 Kapitel 3 A. III. 5.

Zusammenhang damit, dass der Arbeitgeber in einer Pandemie in der Regel berechtigt sein wird, Home-Office mittels (erweiterten) Weisungsrechts anzuordnen.[582] Folgt man dieser Auffassung nicht, kommt auch eine Einführung des Home-Office-Arbeitsplatzes mittels (außerordentlicher) Änderungskündigung in Betracht.

Überdies kann in einer Pandemie unter Umständen eine gesetzliche Home-Office-Pflicht bestehen. So wurde in der COVID-19-Pandemie zunächst mit Erlass des § 28b Abs. 7 IfSG, später mit § 28b Abs. 4 IfSG grundsätzlich sowohl die Pflicht des Arbeitgebers, Home-Office anzubieten, als auch die Pflicht des Arbeitnehmers, dieses Angebot anzunehmen, gesetzlich geregelt.[583] Somit wurde erstmals eine Home-Office-Pflicht gesetzlich verankert.

Nach alledem wird man davon ausgehen können, dass, sofern die Leistungserbringung im Home-Office faktisch möglich ist, eine anderweitige Leistungserbringung ausgeschlossen ist und die Arbeitsleistung im Home-Office nicht im Einzelfall unzumutbar ist, eine Home-Office-Pflicht des Arbeitnehmers im Pandemiefall besteht.[584]

II. Schicksal der Arbeitspflicht

Im Folgenden wird nun untersucht, in welchen pandemiespezifischen Konstellationen die Arbeitspflicht wie im Normalfall besteht und in welchen Konstellationen der Arbeitnehmer ein Leistungsverweigerungsrecht geltend machen kann.

1. Bei bloßer Angst/Verunsicherung wegen der Pandemie

Die Entwicklung einer Pandemie ist mit hoher Verunsicherung und Ängsten in der Bevölkerung verbunden. Unter Umständen möchten besorgte Arbeitnehmer aus diesem Grund ihre Arbeitsleistung nicht wie gewöhnlich erbringen. Dies ist insbesondere zu Beginn einer Pandemie denkbar, da in diesem Stadium die Gefährlichkeit der pandemischen Erkrankung noch nicht richtig eingeschätzt werden kann. Grundsätzlich gilt, dass Arbeitnehmer durch allgemeine Verunsicherung und Ängste vor den Gefahren einer Pandemie nicht von der

582 Siehe ausführlich Teil 3 Kapitel 4 B. II.

583 Aktuell (12.08.2022) besteht eine gesetzliche Home-Office-Pflicht nicht.

584 Umgekehrt kann der Arbeitnehmer in der Pandemie aber auch zur Leistungserbringung im Home-Office berechtigt sein. Siehe insbesondere Teil 3 Kapitel 3 B.

Arbeitspflicht entbunden werden.[585] Weder erlischt die Leistungspflicht *ipso iure* nach § 275 Abs. 1 BGB noch steht ihnen das Leistungsverweigerungsrecht nach § 275 Abs. 3 BGB zu. Auch die Angst vor Ansteckung in öffentlichen Verkehrsmitteln rechtfertigt ein Fernbleiben von der Arbeit nicht, da das Wegerisiko beim Arbeitnehmer liegt.[586] Dies gilt sogar für den hypothetischen Fall, dass der öffentliche Nahverkehr aus Sicherheitsgründen eingestellt wird.[587] Kann der Arbeitnehmer dadurch den betrieblichen Arbeitsort nicht erreichen, entfällt in diesem spezifischen Fall seine Leistungspflicht allerdings infolge tatsächlicher Unmöglichkeit gemäß § 275 Abs. 1 BGB.[588]

Nur wenn der Arbeitnehmer objektiv einer deutlich höheren Gefahr als dem in der Pandemie ohnehin vergleichsweise hohen, aber allgemeinen Lebensrisiko ausgesetzt ist, kann eine Unzumutbarkeit der Arbeitsleistung gegeben sein und das Leistungsverweigerungsrecht des § 275 Abs. 3 BGB begründen.[589] Dies kann etwa der Fall sein, wenn der Arbeitgeber nur unzureichende Schutzmaßnahmen trifft[590] oder der Arbeitnehmer angewiesen wird, eine Dienstreise in ein Risikogebiet zu unternehmen.[591] Im Rahmen der Interessenabwägung des § 275 Abs. 3 BGB ist insbesondere zu berücksichtigen, ob Arbeitnehmer einer Risikogruppe[592] angehören, da diesen gegenüber erhöhte Schutzpflichten bestehen.

---

585 *Klein*, NJ 2020, 377 (381); *von Steinau-Steinrück/Mosch*, NJW-Spezial 2009, 578; *Besgen*, B+P 2020, 235 (238); *Dehmel/Hartmann*, BB 2020, 885; *Weller/Lieberknecht/Habrich*, NJW 2020, 1017 (1019); *Adjan/Lettmeier*, NZA 2021, 161.

586 *Preis*, in: Müller-Glöge/Preis/Schmidt (Hrsg.), ErfK, 22. Aufl. 2022, § 615 BGB Rn. 133; *Weller/Lieberknecht/Habrich*, NJW 2020, 1017 (1019).

587 *Stück/Wein*, AuA 2007, 345; *Schmidt/Novara*, DB 2009, 1817 (1820); *Klein*, NJ 2020, 377 (381). Ein pandemiebedingter Ausfall des ÖPNV war in Deutschland jedoch bislang nicht zu verzeichnen.

588 Die Vergütungspflicht des Arbeitgebers erlischt dann gemäß § 326 Abs. 1 S. 1 Hs. 1 BGB.

589 *Falter*, BB 2009, 1974 (1979); siehe auch *Bonanni*, ArbRB 2020, 110.

590 VG Schleswig-Holstein, Beschl. v. 18.08.2020 – 12 B 45/20, juris; ausführlich zu dieser Konstellation siehe Teil 3 Kapitel 3 A. II. 7.

591 Dies kann jedoch nicht gelten, wenn am Zielort der Dienstreise ein geringeres Infektionsgeschehen herrscht als am betrieblichen Arbeitsplatz. Ausführlich zu dieser Konstellation siehe Teil 3 Kapitel 3 A. II. 8.

592 Darunter sind Personen zu verstehen, die aufgrund bestimmter Vorerkrankungen ein erhöhtes Risiko für einen schweren Krankheitsverlauf haben. Für die COVID-19-Pandemie siehe *RKI*, Informationen und Hilfestellungen für Personen mit einem höheren Risiko für einen schweren COVID-19-Krankheitsverlauf, Stand: 29.10.2021, abrufbar unter: https://www.rki.de/DE/Content/InfAZ/N/Neuartiges_Coronavirus/Risikogruppen.html.

Verweigert der Arbeitnehmer die Arbeitsleistung im Betrieb fortlaufend ungerechtfertigt, kann dies eine außerordentliche Kündigung rechtfertigen.[593]

2. Bei pandemischer Erkrankung

Im Hinblick auf die Arbeitspflicht bei pandemiebedingter Erkrankung sind mehrere Konstellationen zu unterscheiden. So ist zunächst zwischen dem symptomatischen und dem asymptomatischen Arbeitnehmer zu differenzieren.[594] Symptomatisch ist eine Person, die infiziert ist und die charakteristischen Krankheitserscheinungen aufweist. Asymptomatisch sind demgegenüber Personen, die trotz Infizierung dauerhaft keine Krankheitserscheinungen aufweisen.[595] Zwar kann nicht zwangsläufig davon ausgegangen werden, dass es in jeder Pandemie auch zu asymptomatischen Krankheitsverläufen kommt. Allerdings ist diese Möglichkeit auch nicht pauschal ausgeschlossen, sodass es einer entsprechenden Betrachtung bedarf. Im Fall der COVID-19-Pandemie etwa wurden Fälle verzeichnet, in welchen Patienten mit dem Erreger SARS-CoV-2 infiziert waren, ohne Symptome zu zeigen.[596]

Neben der Differenzierung zwischen symptomatischen und asymptomatischen Krankheitsverläufen ist zu berücksichtigen, dass zusätzlich zu der bloßen Erkrankung auch eine infektionsschutzrechtliche Anordnung gemäß §§ 28 ff. IfSG ergehen kann.

a) Regelfall: Symptomatischer Krankheitsfall

aa) Bloße Erkrankung

Erkrankt ein Arbeitnehmer an der pandemischen Krankheit und weist die üblichen Symptome auf, ergeben sich hinsichtlich des Schicksals der Arbeitspflicht keine Abweichungen zum normalen Krankheitsfall.[597] Die Arbeitspflicht des

---

593 ArbG Kiel, Urt. v. 11.03.2021 – 6 Ca 1912 c/20, BeckRS 2021, 7859.

594 Daneben ist auch ein präsymptomatischer Arbeitnehmer denkbar. In diesem Fall ist der Arbeitnehmer zunächst asymptomatisch, wird aber noch symptomatisch. Es bedarf keiner gesonderten Betrachtung dieser Fallgruppe, vielmehr sind je nach Stadium die Ausführungen zum asymptomatischen bzw. symptomatischen Arbeitnehmer maßgebend.

595 Siehe dazu *RKI*, Epidemiologischer Steckbrief zu SARS-CoV-2 und COVID-19 Nr. 3, Stand: 26.11.2021, abrufbar unter: https://www.rki.de/DE/Content/InfAZ/N/Neuartiges_Coronavirus/Steckbrief.

596 *RKI*, Epidemiologischer Steckbrief zu SARS-CoV-2 und COVID-19 Nr. 8, Stand: 26.11.2021, abrufbar unter: https://www.rki.de/DE/Content/InfAZ/N/Neuartiges_Coronavirus/Steckbrief.

597 Siehe Teil 2 Kapitel 1 A. II.

Arbeitnehmers erlischt in der Regel durch Erhebung der Einrede nach § 275 Abs. 3 BGB.[598]

bb) Hinzutreten infektionsschutzrechtlicher Anordnung

Zudem wird der symptomatische Arbeitnehmer regelmäßig auch Betroffener einer infektionsschutzrechtlichen Maßnahme, insbesondere einer Absonderungsanordnung nach § 30 Abs. 1 S. 2 IfSG, werden. Eine solche Anordnung zieht die rechtliche Unmöglichkeit der Arbeitspflicht gemäß § 275 Abs. 1 BGB nach sich, soweit die Arbeitsleistung nicht im Home-Office erbracht werden kann.[599] Die Arbeitsleistung des symptomatischen Arbeitnehmers wird somit entweder durch die Erhebung der Einrede gemäß § 275 Abs. 3 BGB oder mit Zugang einer infektionsschutzrechtlichen Anordnung unmöglich. Der symptomatische Arbeitnehmer ist daher in der Regel nicht zur Arbeitsleistung verpflichtet.[600] Die Frage, ob hinsichtlich des Ausschlusses der Leistungspflicht an die Erkrankung oder die infektionsschutzrechtliche Maßnahme anzuknüpfen ist, wird erst im Rahmen der Vergütungspflicht entscheidend.[601]

b) Sonderfall: Asymptomatischer Krankheitsfall

Aufgrund der Möglichkeit symptomloser Krankheitsverläufe in einer Pandemie stellt sich die Frage, ob sich auch in dieser Konstellation, die rechtswissenschaftlich bisher nur oberflächlich untersucht wurde,[602] ein Ausschluss der Arbeitspflicht ergibt.

Die tatsächliche Unmöglichkeit, die gemäß § 275 Abs. 1 BGB zum Ausschluss der Leistungspflicht führen würde, kommt bei einem asymptomatischen Arbeitnehmer von vornherein nicht in Betracht. Allerdings gilt es bei diesem zu bedenken, dass eine Kenntnis von der Infektion nur bestehen kann, wenn

---

598 *Preis/Mazurek/Schmid*, NZA 2020, 1137 (1138); *Sagan/Brockfeld*, NJW 2020, 1112 (1113). In Einzelfällen – etwa bei einem sehr schweren Krankheitsverlauf – kann die Leistungspflicht des Arbeitnehmers bereits gemäß § 275 Abs. 1 BGB erloschen sein.

599 *Hohenstatt/Krois,* NZA 2020, 413 (414); *Weller/Lieberknecht/Habrich*, NJW 2020, 1017 (1018); bei Tätigkeitsverbot *Bieder*, in: Benecke (Hrsg.), BeckOGK, Stand: 01.07.2022, § 616 BGB Rn. 17. Zur Definition der rechtlichen Unmöglichkeit siehe BGH, Urt. v. 21.01.2010 – Xa ZR 175/07, NZG 2010, 310 (312).

600 Dies gilt freilich nicht, wenn der Arbeitnehmer die Einrede des § 275 Abs. 3 BGB nicht erhebt und auch keine infektionsschutzrechtliche Absonderungsanordnung ergeht oder ein Tätigkeitsverbot erlassen wird.

601 Siehe Teil 3 Kapitel 4 A. I. 2.

602 Siehe dazu *Düwell*, BB 2020, 891; *Preis/Mazurek/Schmid*, NZA 2020, 1137 (1138).

der Arbeitnehmer positiv auf den pandemischen Erreger getestet wurde. Ist das der Fall, ist der Arzt bzw. die befugte Testperson zur Meldung an das Gesundheitsamt verpflichtet, worauf in der Regel eine infektionsschutzrechtliche Absonderungsanordnung erlassen wird.[603] Im Sonderfall des asymptomatischen Arbeitnehmers können die Infektion mit dem pandemischen Erreger und das Hinzutreten einer infektionsschutzrechtlichen Maßnahme daher nicht isoliert betrachtet werden.

Mit Bekanntgabe der infektionsschutzrechtlichen Anordnung gegenüber dem asymptomatischen Arbeitnehmer wird diesem die Arbeitsleistung rechtlich unmöglich.[604] Dies gilt jedenfalls, soweit der Arbeitnehmer seine Arbeitspflicht nicht an dem Ort, an den er abgesondert wurde (regelmäßig die eigene Wohnung), erbringen kann. Für bestimmte Berufsgruppen, die ausschließlich an ihrem betrieblichen Arbeitsplatz ihre Tätigkeit ausüben können (bspw. Friseure oder medizinisches Personal), erlischt also mit Bekanntgabe der behördlichen Absonderungsanordnung die Leistungspflicht wegen rechtlicher Unmöglichkeit, § 275 Abs. 1 BGB.

Kann der Arbeitnehmer die Arbeitsleistung jedoch tatsächlich (zumindest teilweise) auch im Home-Office[605] erbringen, ist die Leistungspflicht nicht zwangsläufig (vollständig) gemäß § 275 Abs. 1 BGB ausgeschlossen.[606] In Betracht kommt insbesondere der Fall der teilweisen Unmöglichkeit, bei der der Schuldner entsprechend auch nur teilweise von der Leistungspflicht befreit wird.[607]

Fraglich bleibt indes, ob sich der asymptomatische Arbeitnehmer, dem die Arbeitsleistung aufgrund einer Home-Office-Möglichkeit nicht (vollständig) rechtlich unmöglich ist, auf die Einrede des § 275 Abs. 3 BGB berufen kann. Danach kann der Arbeitnehmer als persönlicher Schuldner die Leistung verweigern, wenn sie ihm unter Abwägung des seiner Leistung entgegenstehenden Hindernisses mit dem Leistungsinteresse des Arbeitgebers nicht zugemutet werden kann. Bei praxisnaher Betrachtung dürfte das Interesse des Arbeitgebers an

603 Ausführlich zum Ablauf siehe Teil 3 Kapitel 2 D. III. Wenngleich die Ausführungen sich nur auf die Absonderungsanordnung beziehen, gelten diese gleichermaßen, wenn ein Tätigkeitsverbot (§ 31 IfSG) erlassen wird.

604 *Sagan/Brockfeld*, NJW 2020, 1112 (1113); *Preis/Mazurek/Schmid*; NZA 2020, 1137.

605 Zur Terminologie siehe Teil 2 Kapitel 1 A. I. 1. c) bb) (1).

606 *Fischinger/Hengstberger*, JA, 2020, 561; *Günther/Böglmüller*, ArbRAktuell, 2020, 186; *Krieger/Rudnik/Povedano Peramato*, NZA 2020, 473 (476); *Klein*, NJ 2020, 377 (378).

607 *Ernst*, in: Säcker/Rixecker/Oetker/Limperg (Hrsg.), MüKoBGB, 8. Aufl. 2019, § 275 BGB Rn. 132.

der Arbeitsleistung eines symptomlosen Arbeitnehmers im Vergleich zu einem nicht infizierten Arbeitnehmer unverändert bestehen. Aufgrund der Tatsache, dass der Arbeitnehmer wegen der infektionsschutzrechtlichen Anordnung ohnehin nicht im Betrieb tätig werden darf, stehen der Erbringung der Arbeitsleistung insbesondere arbeitsschutzrechtliche Erwägungen nicht entgegen. Hinsichtlich der Interessen des asymptomatischen Arbeitnehmers muss differenziert werden. Einerseits ist denkbar, dass der Arbeitnehmer mangels Beschwerden seinen arbeitsvertraglichen Pflichten nach wie vor nachkommen will. Andererseits kann es durchaus auch im Interesse des Arbeitnehmers sein, bis zur vollständigen „Genesung" die Arbeitsleistung auszusetzen, um keine stressbedingte Verschlechterung des Befindens zu riskieren. Insbesondere ist anerkannt, dass grundsätzlich jede Infektion das Herz-Kreislauf-System überdurchschnittlich beansprucht.[608] Allerdings wird die Tätigkeit im Home-Office in der Regel darin bestehen, dass der Arbeitnehmer Büro- oder vergleichbare Tätigkeiten ausübt und somit keiner erheblichen körperlichen Belastung ausgesetzt ist. Dies spricht bereits dafür, die Interessenabwägung zugunsten des Arbeitgebers zu treffen und dem symptomlosen Arbeitnehmer die Einrede des § 275 Abs. 3 BGB nicht zu gewähren.

Im Rahmen der Interessenabwägung nach § 275 Abs. 3 BGB hat jedoch zudem die Frage Berücksichtigung zu finden, ob der asymptomatische Arbeitnehmer nach den Regeln des EFZG zur Lohnfortzahlung berechtigt wäre. Denn nach der Wertung des EFZG berechtigt das Vorliegen einer zur Arbeitsunfähigkeit führenden Krankheit stets zumindest zur Einrede des § 275 Abs. 3 BGB, wenn diese nicht ohnehin bereits zum Ausschluss der Leistungspflicht nach § 275 Abs. 1 BGB führt.[609] Gilt der asymptomatische Arbeitnehmer also als arbeitsunfähig erkrankt i.S.d. § 3 Abs. 1 S. 1 EFZG, müsste diesem, anders als nach der bisherigen Tendenz, das Leistungsverweigerungsrecht zugestanden werden.

Das BAG definiert Krankheit als einen regelwidrigen körperlichen oder geistigen Zustand.[610] Nach Auffassung von *Lepke* liegt ein solcher Zustand vor, „[…] wenn er nach allgemeiner Erfahrung unter Berücksichtigung eines natürlichen Verlaufs des Lebensgangs nicht bei jedem anderen Menschen gleichen Alters oder Geschlechts zu erwarten ist."[611] Während das BAG in älterer Rechtsprechung

608 *Jessen*, Heilberufe, Band 72, Ausgabe 05/2020, S. 18 f.

609 *Riehm*, in: Gsell (Hrsg.), BeckOGK, Stand: 01.07.2022, § 275 BGB Rn. 112; *Löwisch*, in: Wank/Hirte/Frey/Fleischer/Thüsing, FS für Wiedemann zum 70. Geburtstag, 2002, 323 f.

610 Siehe etwa BAG, Urt. v. 09.10.2002 – 5 AZR 443/01, NZA 2004, 257 (261).

611 *Lepke*, NZA-RR 1999, 57.

zusätzlich zum regelwidrigen Zustand die Notwendigkeit einer Behandlung voraussetzte,[612] verzichtet es mittlerweile auf dieses Erfordernis.[613] Eine Infektion mit einem Virus, bspw. dem SARS-CoV-2 Virus, führt zweifelsohne zu einem regelwidrigen körperlichen Zustand. Da das BAG das Erfordernis einer Heilbehandlung nicht weiter vertritt, steht es der Annahme einer Krankheit im Fall des asymptomatischen Arbeitnehmers nicht entgegen, dass er keiner Behandlung bedarf. Der symptomlose Arbeitnehmer ist mithin krank i.S.d. EFZG.

Arbeitsunfähig infolge Krankheit ist ein Arbeitnehmer jedoch nur, „[…] wenn ein Krankheitsgeschehen [...][diesen] außer Stand setzt, die ihm nach dem Inhalt des Arbeitsverhältnisses obliegende Arbeit zu verrichten, bzw. wenn er die Arbeit nur unter der Gefahr, in absehbar naher Zeit seinen Zustand zu verschlimmern, fortsetzen könnte […].“[614]

Nachdem der asymptomatische Arbeitnehmer durch seinen Krankheitszustand allein nicht außerstande ist, seiner Arbeitspflicht nachzukommen, könnte sich die Arbeitsunfähigkeit nur aus einer Gefahr der Verschlimmerung seines Gesundheitszustandes ergeben. Allerdings besteht kein Anlass zu der Annahme einer solchen Entwicklung. Denn charakteristisch für den asymptomatisch Erkrankten ist schließlich, dass sein persönliches Wohlbefinden trotz Infektion nicht beeinträchtigt ist. Vielmehr muss er sich nach seiner subjektiven Einschätzung wie im Normalfall – also gesund – fühlen. Geht nun dieser Arbeitnehmer einer Büro- oder vergleichbaren Tätigkeit in der eigenen Wohnung nach, ist er keiner derart erheblichen Belastung ausgesetzt, die die Prognose einer dadurch eintretenden Verschlechterung seines Befindens rechtfertigen könnte.

Mithin ist in der pandemiespezifisch besonderen Konstellation des symptomlosen Arbeitnehmers zwar das Vorliegen einer Krankheit zu bejahen, aber nicht einer solchen, die zur Arbeitsunfähigkeit führt.[615] Dafür spricht auch § 3 Abs. 2 der Arbeitsunfähigkeits-Richtlinie, demzufolge Arbeitsunfähigkeit

612 BAG, Urt. v. 01.06.1983 – 5 AZR 536/80, NJW 1983, 2659 (2660).

613 BAG, Urt. v. 09.04.2014 – 10 AZR 637/13, NZA 2014, 719 (720).

614 BAG, Urt. v. 14.01.1972 – 5 AZR 264/71, AP LohnFG § 1 Nr. 12; BAG, Urt. v. 09.01.1985 – 5 AZR 415/82, AP LohnFG § 1 Nr. 62; BAG, Urt. v. 07.08.1991 – 5 AZR 410/90, NZA 1992, 69.

615 So auch *Preis/Mazurek/Schmid*, NZA 2020, 1137 (1138); a.A. *Noack*, NZA 2021, 251 (252); *Reinhard*, in: Müller-Glöge/Preis/Schmidt (Hrsg.), ErfK, 22. Aufl. 2022, § 3 EFZG Rn. 10.

insbesondere nicht vorliegt, wenn Beschäftigungsverbote nach dem IfSG ausgesprochen wurden.[616]

Es ergibt sich somit auch unter Berücksichtigung des EFZG keine andere Bewertung hinsichtlich der Zumutbarkeit der Leistungserbringung i.S.d. § 275 Abs. 3 BGB. Nach alledem ist ein Leistungsverweigerungsrecht gemäß § 275 Abs. 3 BGB des asymptomatischen Arbeitnehmers abzulehnen, sodass dieser die Arbeitsleistung – soweit möglich – im Home-Office erbringen muss. Verändert sich der Status jedoch zum symptomatischen Arbeitnehmer, wird das Leistungsverweigerungsrecht in der Regel bestehen.[617]

3. *Bei Verdacht der pandemischen Erkrankung*

Die Konstellation der pandemischen Erkrankung und die Konstellation eines diesbezüglichen Verdachts sind in der Praxis gleichermaßen von Bedeutung. Daher wird im Folgenden untersucht, ob die Arbeitspflicht im Verdachtsfall besteht. Dabei ist zwischen dem Ansteckungs- und dem Krankheitsverdacht i.S.d. IfSG zu differenzieren.

a) Ansteckungsverdächtiger i.S.d. § 2 Nr. 7 IfSG

Ansteckungsverdächtiger ist eine Person, von der anzunehmen ist, dass sie Krankheitserreger aufgenommen hat, ohne krank, krankheitsverdächtig oder Ausscheider zu sein.[618] Da der Ansteckungsverdächtige keine Symptome aufweist, ist die Arbeitsleistung desselben weder unmöglich i.S.d. § 275 Abs. 1 BGB noch unzumutbar gemäß § 275 Abs. 3 BGB. Der Ausschluss der Leistungspflicht kann sich hier nur ergeben, wenn der ansteckungsverdächtige Arbeitnehmer Betroffener einer infektionsschutzrechtlichen Maßnahme (§ 30 oder § 31 IfSG) wird. Die Arbeitspflicht erlischt dann (ggf. teilweise) aufgrund (teilweiser) rechtlicher Unmöglichkeit für die Geltungsdauer der Anordnung. Denn soweit die Arbeitsleistung im Home-Office erbracht werden kann, besteht die Arbeitspflicht fort.[619]

---

616 Das BAG hat festgestellt, dass die sozialrechtliche Arbeitsunfähigkeits-Richtlinie mit dem Begriff der Arbeitsunfähigkeit in Einklang steht, sodass diese berücksichtigt werden kann. Siehe BAG, Urt. v. 21.11.2018 – 7 AZR 394/17, NZA 2019, 309 (313).

617 Siehe Teil 3 Kapitel 3 A. II. 2. a).

618 Insbesondere Kontaktpersonen nachweislich Infizierter sind als Ansteckungsverdächtige zu bewerten, siehe BVerwG, Urt. v. 22.03. 2012 – 3 C 16/11, NJW 2012, 2823 (2825). Ausführlicher zum Ansteckungsverdächtigen siehe Teil 3 Kapitel 2 D. I. 3.

619 Zur Home-Office-Pflicht siehe Teil 3 Kapitel 3 A. I.

Theoretisch ist es denkbar, dass der Arbeitnehmer zwar Kenntnis davon hat, dass er Kontakt zu einer nachweislich infizierten Person hatte, aber eine Absonderungsanordnung oder ein Tätigkeitsverbot noch nicht ergangen ist. In diesem Zeitraum kann es eine vertragliche Nebenpflicht gebieten, dass der Arbeitnehmer dem Betrieb zum Schutz der Kollegen fernbleibt.[620]

b) Krankheitsverdächtiger i.S.d. § 2 Nr. 5 IfSG

Krankheitsverdächtiger ist eine Person, bei der Symptome bestehen, welche das Vorliegen einer bestimmten übertragbaren Krankheit[621] vermuten lassen, § 2 Nr. 5 IfSG.[622] Dieser unterscheidet sich vom Kranken i.S.d. IfSG nur dadurch, dass es an einer entsprechenden ärztlichen Diagnose fehlt.[623] Gleichwohl ist bei Krankheitsverdächtigen nach der Rechtsprechung des BAG das Vorliegen einer Krankheit im medizinischen Sinne zu bejahen. Eine solche „[...] ist jeder regelwidrige körperliche oder geistige Zustand [...].“[624] Hat der Arbeitnehmer Symptome einer pandemischen Erkrankung, liegt zweifelsohne ein regelwidriger körperlicher Zustand vor. Mithin ist der Krankheitsverdächtige zwar nicht Kranker i.S.d. IfSG, wohl aber krank im medizinischen Sinne. Das hat zur Folge, dass dem krankheitsverdächtigen Arbeitnehmer das Leistungsverweigerungsrecht des § 275 Abs. 3 BGB zustehen kann. Danach kann der Arbeitnehmer die Arbeitsleistung verweigern, wenn sie ihm in Abwägung mit dem Arbeitgeberinteresse nicht zugemutet werden kann. Leidet der Arbeitnehmer unter schweren Symptomen wie hohem Fieber oder Gliederschmerzen, wird in der Regel eine Unzumutbarkeit der Arbeitsleistung zu bejahen sein.

Erhebt der krankheitsverdächtige Arbeitnehmer die Einrede des § 275 Abs. 3 BGB nicht, wird nur durch die infektionsschutzrechtliche Anordnung dessen Arbeitsleistung (ggf. teilweise) rechtlich unmöglich. Besteht die Möglichkeit zur Leistungserbringung im Home-Office, kann der krankheitsverdächtige Arbeitnehmer anders als der ansteckungsverdächtige Arbeitnehmer aber das Leistungsverweigerungsrecht des § 275 Abs. 3 BGB geltend machen. Auch im Fall

---

620 Ausführlich zu den Nebenpflichten des Arbeitnehmers im Pandemiefall siehe Teil 3 Kapitel 3 A. III.

621 Die übertragbare Krankheit wird in § 2 Nr. 3 IfSG legaldefiniert.

622 Für detaillierte Ausführungen zu den Voraussetzungen des Krankheitsverdächtigen siehe Teil 3 Kapitel 2 D I. 2.

623 *Gabriel*, in: Eckart/Winkelmüller (Hrsg.), BeckOK InfSchR, 12. Edition, Stand: 01.07.2022, § 2 IfSG Rn. 29.

624 BAG, Urt. v. 07.08.1991 – 5 AZR 410/90, NZA 1992, 69.

des Krankheitsverdachts kann eine Nebenpflicht bestehen, der betrieblichen Arbeitsstätte zum Schutz der Kollegen fernzubleiben.[625]

4. Bei Freistellung des Arbeitnehmers

Im Gegensatz zum Krankheits- oder Verdachtsfall, in dem die Frage nach dem Schicksal der Arbeitspflicht nicht pauschal beantwortet werden kann, lässt sich die Frage, wie sich die Freistellung auf die Arbeitspflicht auswirkt, leicht beantworten. Denn unabhängig davon, ob sich Arbeitgeber und Arbeitnehmer über eine Freistellung einigen oder die Freistellung durch den Arbeitgeber einseitig angeordnet wird, entfällt infolge einer rechtmäßigen Freistellung die Arbeitspflicht des Arbeitnehmers für den Freistellungszeitraum.[626] Da Gegenstand dieses Abschnitts allein die Frage nach dem Schicksal der Hauptpflicht des Arbeitnehmers ist, beschränken sich die Ausführungen zur Freistellung an dieser Stelle auf diese Feststellung.[627] Unter welchen Voraussetzungen der Arbeitgeber eine einseitige Freistellungsanordnung überhaupt rechtmäßig erklären kann, ist Gegenstand späterer Ausführungen.[628]

5. Bei Betriebsverbot

Im Pandemiefall muss spätestens bei längerfristig steigenden Infektionszahlen damit gerechnet werden, dass Betriebsverbote angeordnet werden. Hierbei handelt es sich um eine infektionsschutzrechtliche Maßnahme, die in der COVID-19-Pandemie ihre rechtliche Grundlage zunächst in Allgemeinverfügungen und Verordnungen der Exekutive fand. Erst im November 2020 wurde diese Maßnahme mit Erlass des § 28a IfSG als besondere Schutzmaßnahme gesetzlich verankert.[629]

Unabhängig davon, ob sich eine Betriebsuntersagung aus einer Allgemeinverfügung, Rechtsverordnung oder aus einem Parlamentsgesetz ergibt, hat diese offensichtlich zur Folge, dass der betroffene Betrieb temporär geschlossen werden muss. Auf den ersten Blick liegt der Schluss nahe, dass die Betriebsuntersagung

---

625 Ausführlich zu den Nebenpflichten des Arbeitnehmers im Pandemiefall siehe Teil 3 Kapitel 3 A. III.

626 *Oberthür/Esskandari*, in: Grobys/Panzer-Heemeier (Hrsg.), StichwortKommentar Arbeitsrecht, 3. Aufl. Edition 16, 2021, Freistellung Rn. 2.

627 Wie sich die Freistellung auf die Vergütungspflicht des Arbeitgebers auswirkt, wird in Teil 3 Kapitel 4 A. I. 4. untersucht.

628 Siehe dazu Teil 3 Kapitel 4 C. I.

629 BGBl. I 2020, 2397 ff.

gleichzeitig die rechtliche Unmöglichkeit (§ 275 Abs. 1 BGB) der Arbeitspflicht nach sich zieht.[630] Allerdings wird die Arbeitspflicht nur für diejenigen Arbeitnehmer, die dieser allein im Betrieb nachkommen können, in Gänze (rechtlich) unmöglich. Kann die Arbeitsleistung hingegen zumindest teilweise auch im Home-Office erbracht werden, liegt entweder gar keine oder nur eine teilweise Unmöglichkeit vor. Demzufolge ist die Arbeitspflicht des Arbeitnehmers nur ausgeschlossen, soweit dieser sie nicht auch im Home-Office erfüllen kann.[631]

6. Bei Betreuungsbedarf Angehöriger

„Wer sich verpflichtet, muß leisten; wer sich zu vielem verpflichtet, muß vieles leisten und kommt leicht in Bedrängnis."[632] Entsprechend dieser Erkenntnis von *Hanau* und *Strick* sind in einer Pandemie besonders diejenigen Arbeitnehmer betroffen, die neben ihren arbeitsvertraglichen Pflichten auch im privaten Lebensbereich, etwa durch die Betreuung (naher) Angehöriger, in hohem Maße gefordert sind. Die denkbaren Konstellationen, auf die im Folgenden näher eingegangen wird, sind vielfältig, jedoch nicht alle in gleichem Umfang pandemiespezifisch.

So ist die Erkrankung eines Kindes keine rein pandemiespezifische Konstellation, vielmehr ist es grundsätzlich erst einmal ohne Belang, ob das Kind gewöhnlich oder pandemiebedingt erkrankt ist. Da es sich im Rahmen denkbarer Betreuungsverpflichtungen wohl aber um die Fallgruppe mit der höchsten Praxisrelevanz handeln dürfte, kommt der Untersuchung entsprechende Gewichtung zu. Die vorübergehende Schließung von Schulen oder Kitas ist hingegen keine gewöhnliche, sondern – abgesehen von außergewöhnlichen Ereignissen wie Naturkatastrophen – eine pandemiebedingte Ausnahmesituation, die einer genauen Betrachtung bedarf. Schließlich ist zu bedenken, dass möglicherweise auch andere Angehörige wie Eltern oder (Ur)Großeltern, die im Regelfall autark sind, im Pandemiefall einer Betreuung bzw. Unterstützung bedürfen. Denn aufgrund des fortgeschrittenen Alters werden diese eher einer

---

630 Freilich ist dies grundsätzlich zutreffend. So etwa auch LAG Düsseldorf, Urt. v. 30.03.2021 – 8 Sa 674/20, COVuR 2021, 563 (566 f.).

631 *Günther/Böglmüller,* ArbRAktuell 2020, 186; *Fischinger/Hengstberger*, JA 2020, 561; *Hohenstatt/Krois,* NZA 2020, 413 die Unmöglichkeit richtigerweise bejahend im Fall eines angestellten Handwerkers; ausführlich zur arbeitgeberseitigen Anordnung des Home-Office siehe Teil 3 Kapitel 4 B. II.

632 *Hanau/Strick*, in: Knothe/Kohler (Hrsg.), Status Familiae, FS für Wacke zum 65. Geburtstag, 2001, 147.

Risikogruppe angehören[633] und alltägliche Erledigungen womöglich nicht mehr wie gewohnt bewältigen können. Hohe Relevanz hinsichtlich all dieser Konstellationen kommt erneut dem Home-Office zu, das in den einzelnen Konstellationen zunächst keine Berücksichtigung findet, sondern abschließend ganzheitlich untersucht wird.

a) Im Krankheitsfall eines Kindes

Die Frage nach der Arbeitspflicht des Arbeitnehmers im Krankheitsfall seines Kindes und dem korrelierenden Vergütungsanspruch stellt wegen der hohen Praxisrelevanz eine besonders relevante Konstellation im Arbeitsrecht dar. Rechtliche Komplexität erfährt diese Konstellation dadurch, dass mehrere unterschiedliche Normen Anwendung finden (können). So kommt mit § 275 Abs. 3 BGB zunächst ein allgemeines Leistungsverweigerungsrecht des Arbeitnehmers in Betracht. § 616 S. 1 BGB regelt einen Entgeltfortzahlungsanspruch des Arbeitnehmers bei persönlicher, vorübergehender und unverschuldeter Verhinderung desselben und betrifft daher im Gegensatz zu § 275 Abs. 3 BGB die Hauptpflicht des Arbeitgebers. Systematische Verwirrung stiftet § 45 SGB V, der in den Abs. 3 und 5 arbeitsrechtliche Freistellungsansprüche des Arbeitnehmers normiert.[634] Vor diesem Hintergrund einer Vielzahl zu berücksichtigender Normen ist an dieser Stelle einmal mehr klarzustellen, dass der in dieser Arbeit gewählte Aufbau die Hauptpflichten des Arbeitnehmers und Arbeitgebers jeweils isoliert betrachtet und Gegenstand dieses Abschnitts allein das Schicksal der Arbeitspflicht ist.[635]

---

633 Ausweislich der „Informationen und Hilfestellungen für Personen mit einem höheren Risiko für einen schweren COVID-19-Krankheitsverlauf" des RKI steigt das Risiko einer schweren Erkrankung ab 50 bis 60 Jahren stetig an. Siehe *RKI*, Informationen und Hilfestellungen für Personen mit einem höheren Risiko für einen schweren COVID-19-Krankheitsverlauf, Stand: 29.10.2020, abrufbar unter: https://www.rki.de/DE/Content/InfAZ/N/Neuartiges_Coronavirus/Risikogruppen.html.

634 *Greiner*, NZA 2007, 490; *Henssler*, in: Säcker/Rixecker/Oetker/Limperg (Hrsg.), MüKoBGB, 8. Aufl. 2020, § 616 BGB Rn. 27.

635 Spiegelbildlich werden die Aspekte zur Vergütungspflicht in Teil 3 Kapitel 4 A. I. 6. behandelt.

aa) Ausschluss der Leistungspflicht nach § 275 Abs. 3 BGB

Die Erkrankung eines Kindes gilt als eine der Hauptfallgruppen des allgemeinen Leistungsverweigerungsrechts nach § 275 Abs. 3 BGB.[636] Dabei kollidiert auf Arbeitnehmerseite die Arbeitspflicht gegenüber dem Arbeitgeber mit der elterlichen Verantwortung gegenüber dem erkrankten Kind. Wie dieses Spannungsverhältnis aufzulösen ist, ergibt sich durch die Durchführung der Interessenabwägung, die im Rahmen des § 275 Abs. 3 BGB vorzunehmen ist. Dabei sind das Leistungshindernis, also die Verhinderung wegen Erkrankung des Kindes, und das Arbeitgeberinteresse an der Arbeitsleistung des Arbeitnehmers abzuwägen. Insoweit ist maßgeblich, ob einem der kollidierenden Rechtsgüter bereits normativ eine vorrangige Stellung zukommt.[637] In der zu untersuchenden Konstellation stehen sich auf der einen Seite die arbeitsvertragliche Hauptpflicht des Arbeitnehmers, die sich lediglich aus einer einfachrechtlichen Parteivereinbarung ergibt,[638] und die elterliche Sorge, die sich neben der einfachgesetzlichen Regelung des § 1627 BGB insbesondere aus Art. 6 Abs. 2 S. 1 GG ergibt und somit Verfassungsrang genießt,[639] gegenüber.[640] Bereits die Tatsache, dass die elterliche Verantwortung im Verhältnis zur Arbeitspflicht normativ vorrangig ist, spricht dafür, diese im Rahmen der Interessenabwägung hinter der elterlichen Verantwortung zurücktreten zu lassen.[641] Im Weiteren sind allerdings sämtliche Einzelheiten des konkreten Krankheitsfalles zu berücksichtigen, darunter etwa das Alter des Kindes, die Art der konkreten Erkrankung und der Krankheitsverlauf.[642] Hinsichtlich des Alters kann unter Heranziehung des § 45 Abs. 1 SGB V angenommen werden, dass Kinder, die das zwölfte Lebensjahr noch nicht vollendet haben, vollumfänglich betreuungsbedürftig sind.[643] Zudem

---

636 Siehe RegE BT-Dr. 14/6040, 130, in dem die notwendige Versorgung schwerwiegend erkrankter Angehöriger als Anwendungsfall genannt wird; u.a. *Treichel*, NZA 2016, 459 (460); *Brose*, NZA 2011, 719 (720).

637 *Greiner*, NZA 2007, 490.

638 *Gotthardt/Greiner*, DB 2002, 2106 (2110).

639 *Greiner*, NZA 2007, 490; *Bonanni*, ArbRB 2020, 110 (112).

640 Die Anwendung des Art. 6 GG wird dabei dadurch möglich, dass im Rahmen der Zumutbarkeitsprüfung die Grundrechte mittelbare Drittwirkung entfalten. Siehe *Brose*, NZA 2011, 719 (720).

641 *Greiner*, NZA 2007, 490.

642 *Kießling/Jünemann*, DB 2005, 1684 (1686); *Müller*, FA 2020, 123 (125).

643 *Müller/Becker*, COVuR 2020, 126 f.; *Klein*, NJ 2020, 377 (380); *Bonanni*, ArbRB 2020, 110 (112).

wird vertreten, dass Kinder ab dem Alter von 14 Jahren die Beaufsichtigung jüngerer Geschwister übernehmen können.[644]

Unter Berücksichtigung des normativen Vorrangs der elterlichen Verantwortung bei der Erkrankung eines Kindes wird eine Unzumutbarkeit der Arbeitsleistung aber nur ausnahmsweise abzulehnen sein und das Leistungsverweigerungsrecht des § 275 Abs. 3 BGB in der Regel bestehen.[645] Gleichwohl sind auch derartige Ausnahmesituationen vorstellbar, bedenkt man etwa einen Chefarzt,[646] der wegen der Betreuung seines erkrankten Kindes eine lebensrettende Operation verweigern möchte.

Vor einem vorschnellen Rückgriff auf das Leistungsverweigerungsrecht des § 275 Abs. 3 BGB ist allerdings zu beachten, dass die Arbeitspflicht überhaupt nur einer Abwägung zugänglich ist, wenn sie mit der elterlichen Verantwortung auch tatsächlich kollidiert. So führte auch das BAG aus, dass eine Unmöglichkeit bzw. Unzumutbarkeit der Arbeitsleistung wegen Kindesbetreuung nur bei Vorliegen einer unverschuldeten Zwangslage in Betracht kommt.[647]

Mithin muss der Arbeitnehmer Maßnahmen treffen, um eine Pflichtenkollision zu verhindern. So kann der Arbeitnehmer seine elterliche Pflicht grundsätzlich entweder auf den Ehepartner, andere Angehörige[648] oder sogar Dritte[649] übertragen.[650] Gehen beide Elternteile einer Erwerbstätigkeit nach, liegt die

---

644 *Fuhlrott/Fischer*, NZA 2020, 345 (348); kritisch dazu *Eckart/Kruse*, in: Eckart/Winkelmüller (Hrsg.), BeckOK InfSchR, 12. Edition, Stand: 01.07.2022, § 56 Rn. 52.1; *Stöß/Putzer*, NJW 2020, 1465 (1469), halten eine Altersgrenze bei 16 Jahren für sachgerechter.

645 Siehe RegE BT-Dr. 14/6040, 130, in dem die notwendige Versorgung schwerwiegend erkrankter Angehöriger als Anwendungsfall genannt wird; u.a. *Treichel*, NZA 2016, 459 (460); *Müller*, FA 2020, 123.

646 *Gotthardt/Greiner*, DB 2002, 2106 (2111), wobei in deren Beispiel die leichte Grippeerkrankung des Arbeitnehmers als Leistungshindernis gewählt wird. Im Fall des erkrankten, betreuungsbedürftigen Kindes können aber in diesem Beispiel keine anderen Maßstäbe angelegt werden. Schließlich wiegt die (potenzielle) Rettung des menschlichen Lebens in diesem Einzelfall schwerer als die elterliche Pflicht.

647 BAG, Urt. v. 21.05.1992 – 2 AZR 10/92, NZA 1993, 115.

648 *Treichel*, NZA 2016, 459 (460).

649 Nach der Einschätzung von *Hohenstatt/Krois,* NZA 2020, 413 (414) kommen Dritte (Personen außerhalb des eigenen Hausstandes) unter Berücksichtigung der Empfehlungen der Bundesregierung und des RKI nicht als Betreuungspersonen in Betracht.

650 BAG, Urt. v. 21.05.1992 – 2 AZR 10/92, NZA 1993, 115 (117); *Greiner*, NZA 2007, 490 (491); nach *Treichel*, NZA 2016, 459 (461) steht es im alleinigen Ermessen der Sorgeberechtigten, ob sie die Pflicht übertragen oder nicht. Eine Pflicht zur Übertragung soll nicht bestehen.

Wahl, wer der Betreuungspflicht nachkommen soll, im Ermessen der Eltern.[651] Bezüglich anderer Angehöriger gilt es zu bedenken, dass im Pandemiefall Angehörige einer Risikogruppe, zu welchen im Regelfall Großeltern zählen, als potenzielle Betreuer entfallen dürften.[652] Ferner können Kontaktverbote einer Betreuung durch Dritte entgegenstehen.[653] Allgemein ist bei der Betreuung insbesondere durch Dritte zu berücksichtigen, dass die Betreuung des Kindes nicht zu einer unzumutbaren wirtschaftlichen Belastung für die Eltern führen darf.[654] Auch würde es zu weit gehen, dem anderen Elternteil abzuverlangen, seine berufliche Tätigkeit aufzugeben.[655]

Unabhängig davon, dass finanzielle Anstrengungen einer Betreuung durch andere Personen entgegenstehen können, kann je nach Art und Intensität der Erkrankung auch eine persönliche Betreuung durch einen Elternteil geboten sein. So liegt es nach *Kießling* und *Jünemann* etwa bei einem „[...] Kleinstkind mit höchst ansteckender Viruserkrankung."[656]

Neben anderen Betreuungsmöglichkeiten ist nach Auffassung von *Bonanni* auch an Urlaub, Abbau von Überstunden oder ggf. Home-Office zu denken.[657] Während der Abbau von Überstunden durchaus zumutbar ist, ist bezüglich des Home-Office zu bedenken, dass die vollständige Vereinbarkeit von Kindesbetreuung und Arbeitsleistung ggf. nicht möglich ist (dazu sogleich ausführlich).[658] Im Hinblick auf die vorrangige Inanspruchnahme von Urlaub ist zunächst zu berücksichtigen, dass der Urlaub grundsätzlich der Erholung des

---

651 *Müller/Becker*, COVuR 2020, 126; *Grimm*, DB 2020, 1177 (1180).

652 BT-Drs. 19/18111, 24 zu § 56 Abs. 1a IfSG n.F.; *Hohenstatt/Krois*, NZA 2020, 413 (414).

653 *Krieger/Rudnik/Povedano Peramato*, NZA 2020, 473 (478); *Müller/Becker*, COVuR 2020, 126.

654 *Hanau/Strick*, in: Knothe/Kohler (Hrsg.), Status Familiae, FS für Wacke zum 65. Geburtstag, 2001, 147 (164).

655 *Hanau/Strick*, in: Knothe/Kohler (Hrsg.), Status Familiae, FS für Wacke zum 65. Geburtstag, 2001, 147 (164); a.A. wohl BAG, Urt. v. 21.05.1992 – 2 AZR 10/92, NZA 1993, 115 (117), in dem das BAG von der Ehefrau eine Einwirkung auf den Ehepartner verlangte, der zufolge dieser erst nach Sicherung der Kinderbetreuung eine neue Stelle antreten soll.

656 *Kießling/Jünemann*, DB 2005, 1684 (1686); dazu auch *Müller/Becker*, COVuR 2020, 126.

657 *Bonanni*, ArbRB 2020, 110 (113); auch *Müller*, FA 2010, 2 (3) m.w.N. bejaht die Pflicht zur vorrangigen Inanspruchnahme von Erholungsurlaub.

658 Siehe Teil 3 Kapitel 3 A. II. 6. d).

Arbeitnehmers dient.[659] Gleichwohl haben sorgeverpflichtete Arbeitnehmer wohl in nahezu jedem Urlaub die Kindesbetreuung wahrzunehmen, sodass diese der Erholung des Arbeitnehmers nicht entgegenstehen kann. *Hohenstatt* und *Krois* sind der Auffassung, § 616 S. 1 BGB drohe leer zu laufen, wenn der Arbeitnehmer vorrangig Urlaub nehmen oder Überstunden abbauen muss.[660] Dem ist zu entgegnen, dass § 616 BGB in der Praxis häufig ohnehin individual- oder tarifvertraglich abbedungen wird. Zuzustimmen ist indes in der Hinsicht, dass der Pflicht zur vorrangigen Inanspruchnahme von Erholungsurlaub Gleichbehandlungsgesichtspunkte entgegenstehen können, wenn Arbeitnehmer ihre Urlaubsplanung für das Jahr schon abgeschlossen oder keine Überstunden angesammelt haben.[661] Richtigerweise ist daher nur Resturlaub aus dem vergangenen Jahr vorrangig zu nehmen.[662]

Neben diesen arbeitnehmerseitigen Möglichkeiten bzw. Pflichten zur Vermeidung der Pflichtenkollision kann diese auch verhindert werden, wenn hinsichtlich der Arbeitszeit Flexibilität besteht. Denn soweit die Arbeitszeit vertraglich nicht konkret vereinbart ist, hat der Arbeitgeber diese in Ausübung seines Weisungsrechts aus § 106 S. 1 GewO näher zu bestimmen und dabei die Interessen des Arbeitnehmers zu berücksichtigen. „Auf schutzwürdige familiäre Belange des Arbeitnehmers hat er Rücksicht zu nehmen, soweit einer vom Arbeitnehmer gewünschten Verteilung der Arbeitszeit nicht betriebliche Gründe oder berechtigte Belange anderer Arbeitnehmer entgegenstehen.“[663] Entsprechend kann auch eine familienfreundliche Bestimmung der Arbeitszeit durch den Arbeitgeber oder ggf. sogar eine diesbezüglich einvernehmliche Parteivereinbarung verhindern, dass die Arbeitspflicht mit der Pflicht zur elterlichen Sorge kollidiert.

Kann also insbesondere durch die Übertragung der Betreuungspflicht oder durch flexible Arbeitszeitgestaltungen eine Pflichtenkollision verhindert werden, ist die Arbeitsleistung nicht unzumutbar und besteht somit fort. Kommt es zu einer solchen Kollision, überwiegt in der Regel die elterliche Pflicht und die Arbeitspflicht erlischt, vorausgesetzt, dass im konkreten Einzelfall keine gewichtigeren Arbeitgeberinteressen entgegenstehen und der Arbeitnehmer das Leistungsverweigerungsrecht auch geltend macht. Dazu hat der Arbeitnehmer

659 *Lampe*, in: Rolfs/Giesen/Kreikebohm/Meßling/Udsching (Hrsg.), BeckOK ArbR, 64. Edition, Stand: 01.06.2022, § 8 BUrlG Rn. 1.

660 *Hohenstatt/Krois*, NZA 2020, 413 (414).

661 *Hohenstatt/Krois*, NZA 2020, 413 (414).

662 So auch *Hohenstatt/Krois*, NZA 2020, 413 (414).

663 BAG, Urt. v. 23.09.2004 – 6 AZR 567/03, NZA 2005, 359.

den Arbeitgeber zu informieren, dass er die Kinderbetreuung persönlich übernehmen muss und für einen anzugebenden Zeitraum der Arbeitspflicht nicht nachkommen kann.[664]

Bei praxisnaher Betrachtung dieser Konstellation, in der der Arbeitnehmer sein pandemisch erkranktes Kind zu betreuen hat, dürfte der Arbeitgeber an der Erbringung der Arbeitsleistung allerdings regelmäßig kein Interesse mehr haben, jedenfalls soweit die Arbeitsleistung im Betrieb erbracht werden muss. Denn als enge Kontaktperson[665] des erkrankten Kindes ist der Arbeitnehmer in der Regel als Ansteckungsverdächtiger im infektionsschutzrechtlichen Sinne zu qualifizieren.[666] Aus diesem Grund ist davon auszugehen, dass der Arbeitgeber den Arbeitnehmer – je nachdem, ob die Arbeitsleistung auch im Home-Office erbracht werden kann – zur Leistungserbringung im Home-Office anweist[667] oder freistellt. Zudem ist damit zu rechnen, dass die zuständige Behörde auf Grundlage von § 30 Abs. 1 S. 2 IfSG eine Absonderungsanordnung gegenüber dem ansteckungsverdächtigen Arbeitnehmer erlässt. Damit wird die Arbeitsleistung ggf. rechtlich unmöglich.[668] Eines Rückgriffes auf § 275 Abs. 3 BGB wird es daher oftmals nicht bedürfen.

bb) Arbeitsrechtliche Freistellungsansprüche, § 45 Abs. 3, 5 SGB V

Mit § 45 Abs. 3 und 5 SGB V verstecken sich inmitten des SGB V arbeitsrechtliche Freistellungsansprüche zum Zweck der Betreuung eines erkrankten Kindes. So haben Arbeitnehmer gemäß § 45 Abs. 3 S. 1 i.V.m. § 45 Abs. 1 SGB V einen Anspruch auf unbezahlte Freistellung von der Arbeitspflicht, wenn sie ihr erkranktes und versichertes Kind zu beaufsichtigen, zu pflegen oder zu betreuen haben, eine andere in ihrem Haushalt lebende Person das Kind nicht beaufsichtigen, betreuen oder pflegen kann und das Kind das zwölfte Lebensjahr noch nicht vollendet hat oder behindert und auf Hilfe angewiesen ist. Aus § 45 Abs. 5 SGB V ergibt sich zudem, dass den Anspruch auf unbezahlte Freistellung auch Arbeitnehmer haben, die nicht Versicherte mit Anspruch auf Krankengeld aus

---

664 *Kleinebrink*, DB 2020, 952 (953).

665 Für einen Überblick zur Einstufung als Kontaktperson in der COVID-19-Pandemie siehe Teil 3 Kapitel 2 D. I. 3 *Exkurs*.

666 *Maties*, in: Koch/Kubiciel/Wollenschläger (Hrsg.), 50 Jahre Juristische Fakultät Augsburg, 2021, 436. Etwas anderes kann gelten, wenn der Arbeitnehmer durch eine Vakzination oder vorherige Erkrankung gegen den pandemischen Erreger immun ist.

667 Zu der Zulässigkeit einer solchen Weisung siehe Teil 3 Kapitel 4 B. II.

668 *Oehme*, in: Kroiß (Hrsg.), Rechtsprobleme durch COVID-19, § 1 B. Rn. 4; *Klein*, NJ 2020, 377 (379).

§ 45 Abs. 1 SGB V sind. Nach Auffassung von *Joussen* löst diese Norm den Freistellungsanspruch von den Voraussetzungen, dass der Arbeitnehmer versichert sein und Anspruch auf Krankengeld haben muss.[669] Diese an den Wortlaut des § 45 Abs. 5 SGB V angelehnte Sichtweise lässt den Eindruck entstehen, dass der arbeitsrechtliche Freistellungsanspruch nunmehr allen Arbeitnehmern zusteht, ohne dass es jedoch einen Hinweis darauf gibt, welche Voraussetzungen an diesen Anspruch geknüpft sind. Klarheit schafft diesbezüglich *Tischler*, demzufolge es für den Freistellungsanspruch aus § 45 Abs. 5 SGB V zwar keiner Mitgliedschaft in einer gesetzlichen Krankenkasse bedarf, jedoch der Tatbestand für den Anspruch auf Krankengeld nach § 45 Abs. 1 SGB V erfüllt sein muss.[670] Diese einleuchtende Einschätzung wird durch die Gesetzesbegründung bestätigt, der zufolge die arbeitsrechtlichen Ansprüche unabhängig von einer Mitgliedschaft in einer gesetzlichen Krankenkasse bestehen sollen, um eine Gleichbehandlung der Arbeitnehmer zu gewährleisten.[671]

Der Freistellungsanspruch besteht für die Dauer des Anspruchs auf Krankengeld, § 45 Abs. 3 S. 1 SGB V, wobei das gleichermaßen für den Anspruch aus § 45 Abs. 5 SGB V gelten dürfte. Dazu ergibt sich aus § 45 Abs. 2 SGB V, dass der Anspruch auf Krankengeld nach Abs. 1 in jedem Kalenderjahr für jedes Kind längstens für 10 Arbeitstage, für alleinerziehende Versicherte längstens für 20 Arbeitstage besteht. Anlässlich der COVID-19-Pandemie wurden mit Erlass des § 45 Abs. 2a S. 1 SGB V[672] die Kinderkrankentage auf 30 bzw. 60 Tage für alleinerziehende Versicherte verdreifacht. Höchst praxisrelevant ist diesbezüglich, dass der Anspruch unabhängig von einer etwaigen Home-Office-Möglichkeit bestehen soll.[673]

Zu berücksichtigen ist allerdings, dass diese sozialrechtlich verankerten, aber arbeitsrechtlichen Freistellungsansprüche im Verhältnis zu § 275 Abs. 3 BGB und dem regelmäßig parallel dazu einschlägigen § 616 S. 1 BGB subsidiär sind.[674] Denn ausweislich des Wortlauts des § 45 Abs. 3 S. 1 SGB V besteht

---

669 *Joussen*, in: Becker/Kingreen (Hrsg.), SGB V, 8. Aufl. 2022, § 45 SGB V Rn. 10.

670 *Tischler*, in: Rolfs/Giesen/Kreikebohm/Meßling/Udsching (Hrsg.), BeckOK Sozialrecht, 62. Edition, Stand: 01.09.2021, § 45 SGB V Rn. 28; so auch *Kleinebrink*, DB 2020, 952 (956).

671 BT-Drs. 14/9585, 4.

672 Die Norm gilt bis zum 19. März 2022.

673 *Bundesrat*, Ausgewählte Tagesordnungspunkte der 999. Sitzung am 18.01.2021, abrufbar unter: https://www.bundesrat.de/DE/plenum/bundesrat-kompakt/21/999/999-node.html.

674 *Joussen*, in: Becker/Kingreen (Hrsg.), SGB V, 8. Aufl. 2022, § 45 SGB V Rn. 9; *Greiner*, NZA 2007, 490 (493).

der Anspruch auf unbezahlte Freistellung nur, soweit nicht aus dem gleichen Grund ein Anspruch auf bezahlte Freistellung besteht. Der Anwendungsbereich der Norm beginnt somit dort, wo der anspruchserhaltende § 616 S. 1 BGB seine zeitliche Grenze findet.[675] Voraussetzung dessen ist, dass der Arbeitnehmer nur für eine verhältnismäßig nicht erhebliche Zeit verhindert ist. Welche Anforderungen an dieses tatbestandliche Erfordernis[676] zu stellen sind, kann nicht pauschal bestimmt werden und hängt von den Umständen des Einzelfalles ab. In der Regel werden aber nur wenige Tage eine verhältnismäßig nicht erhebliche Zeit i.S.d. § 616 S. 1 BGB darstellen.[677]

Im Hinblick auf die Zeit, die ein pandemisch erkranktes Kind auf die elterliche Betreuung angewiesen sein wird, sind stets die spezifischen Eigenheiten der jeweiligen pandemischen Krankheit zu berücksichtigen. So war im Rahmen der COVID-19-Pandemie zunächst[678] „[…] die rasche, mindestens 10-tägige (Selbst-)Isolierung von Erkrankten und Personen, bei denen eine Virusausscheidung festgestellt worden ist, […]“[679] angezeigt. Mithin mussten mindestens zehn Tage als Betreuungszeitraum angesetzt werden. Dieser Zeitraum wird regelmäßig als erhebliche zeitliche Verhinderung bewertet,[680] weshalb in der Folge der anspruchserhaltende § 616 S. 1 BGB vollständig entfällt.[681] Als Konsequenz dürfte in dem Fall, dass das Kind des Arbeitnehmers pandemisch erkrankt, der Anspruch auf unbezahlte Freistellung aus § 45 Abs. 3, 5 SGB V bestehen. Der Arbeitnehmer kann dann letztlich wählen, ob er sich auf den

---

675 *Greiner*, NZA 2007, 490 (493).

676 *Bieder*, in: Benecke (Hrsg.), BeckOGK, Stand: 01.07.2022, § 616 BGB Rn. 36.

677 Ausführlich zu dem Tatbestandsmerkmal der verhältnismäßig nicht erheblichen Zeit siehe Teil 2 Kapitel 2 A. II. 2. d).

678 *RKI*, Quarantäne- und Isolierungsdauern bei SARS-CoV-2-Expositionen und -Infektionen; entsprechend Beschluss der Ministerpräsidentenkonferenz vom 7. und 24. Januar 2022, außer Kraft seit 02.05.2022, Stand: 21.03.2022, abrufbar unter: https://www.rki.de/DE/Content/InfAZ/N/Neuartiges_Coronavirus/Quarantaene/Absonderung-Archiv.html.

679 *RKI*, Epidemiologisches Bulletin, Ausgabe 39/2020, S. 3, abrufbar unter: https://www.rki.de/DE/Content/Infekt/EpidBull/Archiv/2020/Ausgaben/39_20.pdf?__blob=publicationFile.

680 BAG, Urt. v. 20.07.1977 – 5 AZR 325/76, AP BGB § 616 Nr. 47 nach dem nur wenige Tage eine nicht erhebliche Zeit darstellen; BAG, Urt. v. 19.04.1978 – 5 AZR 834/76, NJW 1978, 2316 (2317), nach dem fünf Tage eine nicht erhebliche Zeit darstellen.

681 *Henssler*, in: Säcker/Rixecker/Oetker/Limperg (Hrsg.), MüKoBGB, 8. Aufl. 2020, § 616 BGB Rn. 69; *Preis*, in: Müller-Glöge/Preis/Schmidt (Hrsg.), ErfK, 22. Aufl. 2022, § 616 BGB Rn. 10.

Freistellungsanspruch oder das Leistungsverweigerungsrecht des § 275 Abs. 3 BGB beruft.[682]

b) Bei Schließung von Bildungs- und Betreuungsinstitutionen

Pandemiespezifischere Szenarien als die Erkrankung eines Kindes sind Schließungen von Bildungs- und Betreuungsinstitutionen wie Schulen oder Kitas.[683] Während für Arbeitnehmer in systemrelevanten Berufen regelmäßig Notbetreuungen jedenfalls in Kitas eingerichtet werden,[684] stellt sich den übrigen sorgeberechtigten (und -verpflichteten) Arbeitnehmern die Frage, wie die Kinderbetreuung und die Arbeitspflicht in Einklang gebracht werden können. Der rechtliche Ausgangspunkt in diesen Situationen ist derselbe wie im Krankheitsfall des Kindes: das Leistungsverweigerungsrecht des § 275 Abs. 3 BGB. Und auch in dieser Konstellation kollidiert die Arbeitspflicht mit der elterlichen Sorge. Grundsätzlich kann daher wie bei der Erkrankung des Kindes von einer Tendenz zugunsten des Leistungsverweigerungsrechts ausgegangen werden. So führt das LAG Hamm aus, dass „[d]ie Erforderlichkeit der Betreuung von Kindern [...] als „entgegenstehendes Hindernis" zur vorübergehenden Leistungsverweigerung nach § 275 III BGB berechtigen [...] [kann]."[685] Mithin ist es nachvollziehbar, dass im Schrifttum teilweise pauschal davon ausgegangen wird, dass der Arbeitnehmer sich auf das Leistungsverweigerungsrecht des § 275 Abs. 3 BGB berufen kann.[686] Allerdings gilt auch in dieser Situation, dass der Arbeitnehmer zumutbare Maßnahmen ergreifen muss, um eine Ersatzbetreuung zu organisieren.[687] Zudem sind pandemiespezifische Besonderheiten zu berücksichtigen, die eine derart pauschale Lösung verbieten. So wird sich im Pandemiefall regelmäßig absehen lassen, dass Schließungen von Schulen, Kitas oder Kindergärten bevorstehen. Zum einen können stetig steigende Infektionszahlen dahingehend bereits eine Indizwirkung entfalten, zum anderen werden die Maßnahmen in der Regel eine gewisse Zeit vor ihrem Geltungsbeginn angekündigt. Den sorgeverpflichteten Arbeitnehmer trifft sodann die Pflicht, sich umgehend um eine Betreuungsperson zu kümmern,[688] um eine Pflichtenkollision zu vermeiden.

---

682 *Greiner*, NZA 2007, 490 (493).
683 Dazu kam es bspw. auch aufgrund der Ausbreitung der Schweinegrippe, siehe *Müller*, FA 2010, 2.
684 *Stück*, CCZ 2020, 205 (210).
685 LAG Hamm, Urt. v. 27.08.2007 – 6 Sa 751/07, BeckRS 2007, 46779.
686 Siehe u.a. *Sagan/Brockfeld*, NJW 2020, 1112 (1114).
687 *Kühl*, SPA 2020, 65 (66).
688 *Kühl*, SPA 2020, 65 (66).

Kann die Pflichtenkollision nicht vermieden werden, ist aufgrund der normativ vorrangigen elterlichen Sorgepflicht in der Regel von dem Bestehen des Leistungsverweigerungsrechts auszugehen.[689] Im Gegensatz zum krankheitsbedingten Betreuungsbedarf des Kindes entfallen in der Konstellation des durch Institutionsschließungen bedingten Betreuungsbedarfs Erwägungen zur arbeitgeberseitigen Freistellung oder infektionsschutzrechtlichen Absonderungsanordnung, die die Arbeitspflicht ohne Zutun des Arbeitnehmers entfallen ließen.

Wie bereits dargestellt, wurde anlässlich der COVID-19-Pandemie ein neuer § 45 Abs. 2a in das SGB V eingefügt. Dieser verdreifacht nicht nur den Anspruch auf Krankengeld für Versicherte, sondern regelt in S. 3 auch, dass der Anspruch auf Krankengeld für das Kalenderjahr 2022 insbesondere auch besteht, wenn Einrichtungen zur Betreuung von Kindern, Schulen oder Einrichtungen für Menschen mit Behinderung von der zuständigen Behörde zur Verhinderung der Verbreitung von Infektionen oder übertragbaren Krankheiten auf Grund des IfSG vorübergehend geschlossen werden.[690] Da dadurch letztlich der Anwendungsbereich des § 45 Abs. 1 SGB V erweitert wird, ist davon auszugehen, dass in Verbindung mit § 45 Abs. 3, Abs. 5 SGB V in dieser Situation auch ein Anspruch auf unbezahlte Freistellung besteht.[691]

c) *Sonstiger Betreuungs- bzw. Unterstützungsbedarf*

Neben der Betreuung des Nachwuchses ist denkbar, dass auch andere Angehörige, insbesondere Eltern oder Großeltern, im Pandemiefall auf Betreuung oder Unterstützung angewiesen sind, da sie regelmäßig einer Risikogruppe angehören.[692] Die Betreuungsnotwendigkeit kann sich zum einen daraus ergeben,

---

689 So auch *Reichold*, in: Kiel/Lunk/Oetker (Hrsg.), MHdB ArbR, Band 1, Individualarbeitsrecht I, 5. Aufl. 2021, § 41 Rn. 15.

690 Der Anspruch besteht ferner, wenn deren Betreten, auch auf Grund einer Absonderung, untersagt wird, oder wenn von der zuständigen Behörde aus Gründen des Infektionsschutzes Schul- oder Betriebsferien angeordnet oder verlängert werden oder die Präsenzpflicht in einer Schule aufgehoben wird oder der Zugang zum Kinderbetreuungsangebot eingeschränkt wird, oder das Kind auf Grund einer behördlichen Empfehlung die Einrichtung nicht besucht, § 45 Abs. 2a S. 3 SGB V.

691 So auch *Rolfs*, in: Müller-Glöge/Preis/Schmidt (Hrsg.), ErfK, 22. Aufl. 2022, § 45 SGB V Rn. 8b.

692 Ausweislich der „Informationen und Hilfestellungen für Personen mit einem höheren Risiko für einen schweren COVID-19-Krankheitsverlauf“ des RKI steigt das Risiko eine schweren Erkrankung ab 50 bis 60 Jahren stetig an. Siehe *RKI*, Informationen und Hilfestellungen für Personen mit einem höheren Risiko für einen schweren

dass der Angehörige pandemisch erkrankt ist, zum anderen aber auch daraus, dass der Angehörige als gleichsam Angehöriger einer Risikogruppe durch Teilnahme am alltäglichen Leben einem derart hohen Lebensrisiko ausgesetzt ist, dass bestimmte Erledigungen für den Angehörigen übernommen werden müssen. Grundsätzlich kann auch in diesen Konstellationen das Leistungsverweigerungsrecht des § 275 Abs. 3 BGB angedacht werden, insbesondere wird es nicht durch den ggf. einschlägigen § 2 PflegeZG verdrängt.[693] Es drängt sich jedoch sofort die Erkenntnis auf, dass in dieser Situation die Arbeitspflicht nicht mehr mit der verfassungsrechtlich verankerten elterlichen Sorge kollidiert. Dadurch ist der Ausgang der Interessenabwägung nicht von vornherein zulasten des Arbeitgeberinteresses vorgeprägt. Vielmehr kommt den konkreten Umständen des Einzelfalles im Rahmen dieser Interessenabwägung eine höhere Gewichtung zu. Zunächst ist aber auch in diesen Konstellationen zu bedenken, dass die Pflichtenkollision ggf. verhindert werden kann. Müssen bspw. lediglich alltägliche Besorgungen für einen Angehörigen erledigt werden, der einer Risikogruppe angehört, besteht die Möglichkeit, durch geschickte Zeiteinteilung eine Kollision mit der Arbeitspflicht zu vermeiden. Ist der Angehörige pandemisch erkrankt und möchte bzw. muss sich der Arbeitnehmer der Pflege desselben widmen, ist eine Kollision mit der Arbeitspflicht unvermeidlich.

Allerdings ist wie schon bei der Betreuung des pandemisch erkrankten Kindes bei praxisnaher Betrachtung davon auszugehen, dass der Arbeitgeber kein Interesse mehr daran hat, dass der ansteckungsverdächtige Arbeitnehmer seine Arbeitsleistung im Betrieb erbringt, sodass dieser ggf. zur Leistungserbringung im Home-Office angewiesen oder freigestellt wird. Daneben kann – je nach den aktuell geltenden Isolations- und Quarantäneregeln[694] – auch in diesem Fall eine infektionsschutzrechtliche Absonderungsanordnung ergehen, die die rechtliche

COVID-19-Krankheitsverlauf, Stand: 29.10.2020, abrufbar unter: https://www.rki.de/DE/Content/InfAZ/N/Neuartiges_Coronavirus/Risikogruppen.html.

693 *Preis/Nehring*, NZA 2008, 729 (731); *Linck*, BB 2008, 2738 (2739).

694 In der COVID-19-Pandemie wurden lange Zeit gegenüber Kontaktpersonen nachweislich Infizierter Absonderungsanordnungen erlassen. Zum letzten Stand der Bearbeitung (12.08.2022) wird Kontaktpersonen lediglich dringend empfohlen, selbstständig Kontakt zu reduzieren. Siehe *RKI*, Empfehlungen zu Isolierung und Quarantäne bei SARS-CoV-2-Infektion und -Exposition, Stand: 02.05.2022, abrufbar unter: https://www.rki.de/DE/Content/InfAZ/N/Neuartiges_Coronavirus/Quarantaene/Absonderung.html.

Unmöglichkeit der Arbeitsleistung nach sich ziehen kann.[695] Ein Rückgriff auf § 275 Abs. 3 BGB wird daher auch in dieser Konstellation regelmäßig nicht nötig sein.

Nach alledem verbleibt für eine Anwendbarkeit des § 275 Abs. 3 BGB kaum Raum. Denkbar wäre allenfalls, dass ein Angehöriger unter Spätfolgen einer pandemischen Infektion leidet und in dieser Zeit auf Betreuung angewiesen ist. Sollte anderweitig keine Betreuung dieses Angehörigen gewährleistet werden können, wird man in der Regel wohl auch ein Leistungsverweigerungsrecht bejahen müssen, da die Sorge um nahe Familienangehörige in der Regel gewichtiger zu bewerten sein wird als das Arbeitgeberinteresse an der Arbeitsleistung. Eine pauschale Allgemeineinschätzung verbietet sich allerdings. Vielmehr bedarf es – wie so oft – der Abwägung der konkreten Umstände im jeweiligen Einzelfall.

Parallel zu § 275 Abs. 3 BGB ist auch der eingangs erwähnte § 2 PflegeZG kurz anzudenken, der ein spezielles Leistungsverweigerungsrecht bereithält.[696] Im Hinblick auf das PflegeZG sind zunächst zwei Konstellationen denkbar. Zum einen kommt grundsätzlich in Betracht, dass die pandemische Erkrankung eines Angehörigen zu dessen Pflegebedürftigkeit führt, und zum anderen, dass Pflegeeinrichtungen pandemiebedingt geschlossen werden und dadurch ein Betreuungsbedarf für bereits pandemieunabhängig pflegebedürftig gewordene Angehörige besteht.

Ausgangspunkt für die rechtliche Bewertung der erstgenannten Konstellation ist § 2 Abs. 1 PflegeZG. Danach haben Beschäftigte das Recht, bis zu zehn Arbeitstage der Arbeit fernzubleiben, wenn dies erforderlich ist, um für einen pflegebedürftigen nahen Angehörigen in einer akut aufgetretenen Pflegesituation bedarfsgerechte Pflege zu organisieren oder eine pflegerische Versorgung in dieser Zeit sicherzustellen. Diese Norm wird in der Pandemie jedoch in der Regel nicht greifen, da die Pflegebedürftigkeit regelmäßig nicht gegeben sein wird. Denn pflegebedürftig im Sinne des PflegeZG sind Personen, die die Voraussetzungen nach den §§ 14 und 15 SGB XI erfüllen oder voraussichtlich erfüllen, § 7 Abs. 4 PflegeZG. Danach wiederum sind Personen pflegebedürftig, die gesundheitlich bedingte Beeinträchtigungen der Selbstständigkeit oder der Fähigkeiten aufweisen und deshalb der Hilfe durch andere bedürfen, wobei die Pflegebedürftigkeit auf Dauer, voraussichtlich mindestens für sechs Monate bestehen muss, § 14 Abs. 1 S. 1 und 3 SGB XI. Da pandemiebedingte Erkrankungen regelmäßig

---

695 *Hohenstatt/Krois,* NZA 2020, 413 (414) m.w.N.; *Weller/Lieberknecht/Habrich*, NJW 2020, 1017 (1018).

696 *Böhm*, in: dies., Pflegezeitgesetz, 2. Aufl. 2015, § 2 PflegeZG Rn. 1.

virale Erkrankungen sind, die keine derart lange Pflegebedürftigkeit erwarten lassen,[697] wird das PflegeZG im Pandemiefall in der Regel keine Anwendung finden. Etwas anderes kann freilich gelten, wenn ein Angehöriger aufgrund fortgeschrittenen Alters infolge der pandemiebedingten Infektion einen schweren Krankheitsverlauf erleidet und ggf. von Spätfolgen betroffen ist. In den sonstigen Fällen muss der Arbeitnehmer auf das allgemeine Leistungsverweigerungsrecht des § 275 Abs. 3 BGB zurückgreifen.

Nachdem in der COVID-19-Pandemie zahlreiche Pflegeeinrichtungen geschlossen wurden,[698] musste die Betreuung dieser Angehörigen nun auch persönlich organisiert werden. Aus diesem Grund wurden mit § 9 PflegeZG Sonderregelungen aus Anlass der COVID-19-Pandemie normiert. So haben Beschäftigte nach § 9 Abs. 1 PflegeZG abweichend von § 2 Abs. 1 PflegeZG das Recht, in dem Zeitraum vom 29. Oktober 2020 bis einschließlich 31. Dezember 2022 bis zu 20 Arbeitstage der Arbeit fernzubleiben, wenn die akute Pflegesituation auf Grund der COVID-19-Pandemie aufgetreten ist, wobei dieser Zusammenhang vermutet wird.

d) Pflicht zur Vereinbarung von Arbeit und Betreuung bei Home-Office-Möglichkeit

Wie bereits deutlich geworden ist, kommt der Leistungserbringung im Home-Office enorme Praxisrelevanz zu. Gegenstand der folgenden Ausführungen ist nun die Frage, ob sich an der Beurteilung, dass dem Arbeitnehmer aufgrund der Betreuungsverpflichtung in der Regel das Leistungsverweigerungsrecht des § 275 Abs. 3 BGB zusteht, etwas ändert, wenn der Arbeitnehmer die Leistung im Home-Office erbringen kann und muss.[699]

Dagegen spricht, dass die Pflichtenkollision unabhängig vom Arbeitsort besteht. Der Arbeitnehmer muss daher auch bei der Leistungserbringung im Home-Office die Betreuung seines Kindes gewährleisten und seiner Arbeitspflicht nachkommen. Konsequent müsste auch im Fall der häuslichen Kinderbetreuung

---

697 Vgl. dazu die Werte aus der COVID-19-Pandemie: Die mittlere Gesamtdauer der Krankenhausaufenthalte beträgt 8 Tage, maximal 18 Tage bei invasiver Beatmung. Siehe dazu *RKI*, Epidemiologischer Steckbrief zu SARS-CoV-2 und COVID-19 Nr. 11, Stand: 26.11.2021 abrufbar unter: https://www.rki.de/DE/Content/InfAZ/N/Neuartiges_Coronavirus/Steckbrief.

698 Siehe *Rolfs*, in: ders./Giesen/Kreikebohm/Meßling/Udsching (Hrsg.), BeckOK ArbR, 64. Edition, Stand: 01.06.2022, § 9 PflegeZG Rn. 1.

699 Zum möglichen Anspruch des Arbeitnehmers siehe Teil 3 Kapitel 3 B. Zur Anordnungsmöglichkeit des Arbeitgebers siehe Teil 3 Kapitel 4 B. II.

das Bestehen des Leistungsverweigerungsrechts bejaht werden.[700] Sachgerecht scheint allerdings eine Differenzierung danach, ob Gegenstand der Betreuung allein die Beaufsichtigung des Kindes ist oder der Arbeitnehmer weitergehenden Pflichten nachkommen muss. Genügt die physische Präsenz des Arbeitnehmers, die es ihm ermöglicht, das Kind im Auge zu behalten, kommt in Betracht, dass die Arbeitsleistung zumutbar ist und das Leistungsverweigerungsrecht nicht besteht.[701] *Hohenstatt* und *Krois* vertreten die Auffassung, dass die Arbeitsleistung neben der Betreuung der Kinder im Home-Office zumindest teilweise noch zumutbar ist.[702] Folgt man dieser Ansicht, wäre dem Arbeitnehmer nur ein teilweises Leistungsverweigerungsrecht zu gewähren, wobei sich der Umfang des Leistungsverweigerungsrechts nach den konkreten Umständen des Einzelfalls richtet. Zu berücksichtigen ist dabei insbesondere der zeitliche Umfang der notwendigen Betreuung und der Arbeitspflicht sowie die Frage, ob es hier zu Überschneidungen kommt.[703] Diese Ansicht von *Hohenstatt* und *Krois* überzeugt. Denn es ist nicht ersichtlich, wie der Arbeitnehmer gleichzeitig seine volle Arbeitsleistung erbringen können und ein Kind bzw. mehrere Kinder beaufsichtigen soll. Beide Pflichten werden sich in der Praxis in der Regel nicht vollständig vereinbaren lassen, sodass die Gewährung eines teilweisen Leistungsverweigerungsrechts zu einem sach- und interessengerechten Ergebnis führen kann. Bedenkt man etwa einen Arbeitnehmer, der gleichzeitig seiner Arbeitspflicht in Vollzeit nachkommen und Zwillinge im Kleinkindalter betreuen muss, wird die Erbringung der Arbeitsleistung in höherem Maße unzumutbar sein, als bei einem Arbeitnehmer in Teilzeit, der ein 10-jähriges Kind beaufsichtigen muss. Das Leistungsverweigerungsrecht soll daher nur bestehen, soweit die Arbeitsleistung aufgrund der Betreuungspflicht tatsächlich unzumutbar ist.

Diese Lösung kann gleichsam auch auf den Betreuungsfall sonstiger Angehöriger übertragen werden. Allerdings wird man hier ggf. vom Mobile-Office statt vom Home-Office sprechen müssen, wenn der Arbeitnehmer nicht zu Hause,

---

700 Dies bejahend *Dehmel/Hartmann*, BB 2020, 885 (886). Für ein Leistungsverweigerungsrecht des Arbeitnehmers bei pandemiebedingter Betreuungsverpflichtung spricht zudem, dass in der COVID-19-Pandemie der erhöhte Anspruch auf Kinderkrankengeld unabhängig von einer grundsätzlichen Home-Office-Möglichkeit zustehen sollte, siehe *Bundesrat,* Ausgewählte Tagesordnungspunkte der 999. Sitzung am 18.01.2021, abrufbar unter: https://www.bundesrat.de/DE/plenum/bundesrat-kompakt/21/999/999-node.html.

701 So etwa *Fuhlrott/Fischer,* NZA 2020, 345 (348).

702 *Hohenstatt/Krois,* NZA 2020, 413 (414).

703 *Müller*, FA 2020, 123 (125); *Müller/Becker*, COVuR 2020, 126 (128).

sondern in der Wohnung des zu betreuenden Angehörigen tätig wird. Für den Arbeitnehmer ergeben sich dadurch jedoch keine Unterschiede.[704] Die Leistungserbringung im Home-Office kann daher entscheidend dafür sein, ob und inwieweit die Arbeitspflicht in der Konstellation der Betreuungsverpflichtung des Arbeitnehmers besteht.

7. Bei unzureichenden Schutzmaßnahmen des Arbeitgebers

Der Arbeitgeber ist aus seiner Fürsorgepflicht gemäß §§ 611a, 618, 241 Abs. 2 BGB verpflichtet, Maßnahmen zum Schutz der Arbeitnehmer zu treffen.[705] Im Pandemiefall bedeutet das, Infektionen durch Aufklärungs- und konkrete Schutzmaßnahmen zu vermeiden.[706] Setzt der Arbeitgeber im Betrieb keine oder nur unzureichende Schutzmaßnahmen um, kommen arbeitnehmerseitig grundsätzlich zwei Leistungsverweigerungsrechte in Betracht.

a) Zurückbehaltungsrecht gemäß § 273 Abs. 1 BGB

Die unzureichende Umsetzung gebotener Schutzmaßnahmen kann ein Zurückbehaltungsrecht des Arbeitnehmers nach § 273 Abs. 1 BGB begründen.[707] Dieses setzt voraus, dass der Arbeitnehmer einen fälligen Anspruch gegen den Arbeitgeber hat. Ist das der Fall, kann der Arbeitnehmer die geschuldete Leistung verweigern, bis der Anspruch erfüllt wird, sofern sich aus dem Schuldverhältnis nichts anderes ergibt, vgl. § 273 Abs. 1 BGB. Das Zurückbehaltungsrecht eines Arbeitnehmers im Pandemiefall wegen unzureichender Schutzmaßnahmen kommt daher nur in Betracht, wenn der Arbeitnehmer gegen den Arbeitgeber auch einen Anspruch auf Implementierung einer konkreten Maßnahme hat. Fehlt es an entsprechenden konkreten Regelungen, steht dem Arbeitgeber ein Auswahlermessen zu und der Anspruch des Arbeitnehmers beschränkt sich grundsätzlich auf die Vornahme irgendeiner angemessenen Schutzmaßnahme oder ggf. auf die Aufnahme von Verhandlungen bezüglich entsprechender

---

704 Hinsichtlich der Schutzpflichten des Arbeitgebers können sich allerdings Unterschiede ergeben. Siehe dazu Teil 4 Kapitel 3 A.

705 Ausführlich zu den Schutzpflichten des Arbeitgebers in der Pandemie siehe Teil 3 Kapitel 4 A. II. 2.

706 *Falter*, BB 2009, 1974 (1980).

707 *Roloff*, in: Müller-Glöge/Preis/Schmidt, ErfK, 22. Aufl. 2022, § 618 BGB Rn. 16; *Günther/Böglmüller*, ArbRAktuell 2020, 186 (187); *Klein*, NJ 2020, 377 (381); *Kleinebrink*, ArbRB 2020, 377 (380).

Maßnahmen, wenn ein Betriebsrat gewählt wurde.[708] Gleichwohl ist denkbar, dass nur eine bestimmte Schutzmaßnahme den Anforderungen des § 618 BGB gerecht werden kann, sodass in diesem Fall das Auswahlermessen des Arbeitgebers „auf Null" reduziert wäre. Als Beispiel kann ein innerbetriebliches Gebot zum Tragen einer Atemschutzmaske oder eines Mund-Nasen-Schutzes angeführt werden, wenn etwa ausreichende Abstände zwischen den Arbeitnehmern nicht gewahrt werden können.

Das Zurückbehaltungsrecht gemäß § 273 Abs. 1 BGB ist jedenfalls dann anerkannt, wenn der Arbeitgeber öffentlich-rechtliche Arbeitsschutzvorschriften außer Acht lässt.[709] Das Risiko der Beurteilung, ob der Arbeitgeber tatsächlich keine ausreichenden Schutzmaßnahmen getroffen hat, liegt allerdings beim Arbeitnehmer. Irrt dieser über das Bestehen des Zurückbehaltungsrechts und setzt seine Arbeit aus, verliert der Arbeitnehmer nicht nur seinen Vergütungsanspruch, sondern begeht eine Pflichtverletzung,[710] die Schadensersatzansprüche begründen und ggf. nach erfolgloser Abmahnung eine verhaltensbedingte Kündigung rechtfertigen kann.

Die Anwendung des § 320 BGB kommt in der Konstellation unzureichender Schutzmaßnahmen des Arbeitgebers nicht in Betracht, da Schutzpflichten vertragliche Nebenpflichten sind, die keine synallagmatische Entsprechung auf Arbeitnehmerseite finden.[711]

b) Leistungsverweigerungsrecht gemäß § 275 Abs. 3 BGB

Neben dem Zurückbehaltungsrecht des § 273 Abs. 1 BGB kann auch das Leistungsverweigerungsrecht des § 275 Abs. 3 BGB angedacht werden. Dieses besteht nur, wenn dem Arbeitnehmer die Leistungserbringung nicht zugemutet werden kann. Eine solche Unzumutbarkeit kann im Hinblick auf unzureichende

---

708 *Hohenstatt/Sittard*, in: dies. (Hrsg.), Arbeitsrecht in Zeiten von Corona, 2. Aufl. 2021, VIII. 3.

709 BAG, Urt. v. 08.05.1996 – 5 AZR 315/95, AP BGB § 618 Nr. 23; *Roloff*, in: Müller-Glöge/Preis/Schmidt (Hrsg.), ErfK, 22. Aufl. 2022, § 618 BGB Rn. 16; *Günther/Böglmüller*, ArbRAktuell 2020, 186 (187); *Klein*, NJ 2020, 377 (381 f.); nach Auffassung des VGH Kassel, Beschl. v. 14.05.2020 – 1 B 1208/20, COVuR 2020, 262 (263) resultiert aus der Verletzung einer Arbeitsschutzpflicht nicht ohne Weiteres das Bestehen des Zurückbehaltungsrechts. Vielmehr „[...] richtet sich [dies] nach den Umständen im jeweiligen Einzelfall [...]."

710 BAG, Urt. v. 28.06.2018 – 2 AZR 436/17, NZA 2018, 1259 (1260); *Kleinebrink*, ArbRB 2020, 377 (380).

711 *Roloff*, in: Müller-Glöge/Preis/Schmidt (Hrsg.), ErfK, 22. Aufl. 2022, § 618 BGB Rn. 16.

Schutzmaßnahmen des Arbeitgebers nur vorliegen, wenn objektiv eine Gefahr von erheblichem Ausmaß oder für Leib oder Leben des Arbeitnehmers besteht.[712] Hierbei ist insbesondere zu berücksichtigen, ob der Arbeitnehmer einer Risikogruppe angehört.[713] Setzt der Arbeitgeber im Pandemiefall keine ausreichenden Schutzmaßnahmen um, kann daraus durchaus ein erhebliches Gesundheitsrisiko für den Arbeitnehmer resultieren, sodass das Leistungsverweigerungsrecht des § 275 Abs. 3 BGB in Betracht kommt.

Allerdings ist dieses vergleichsweise wenig praktikabel. So muss tatsächlich eine objektive Gefährdungslage gegeben sein, deren Nachweis der beweisbelastete Arbeitnehmer erbringen muss. Im Gegensatz dazu genügt für das Zurückbehaltungsrecht des § 273 Abs. 1 BGB der Nachweis, dass Schutzmaßnahmen nicht ausreichend umgesetzt wurden.[714]

8. *Bei Dienstreisen in ein Risikogebiet*[715]

Praxisrelevant im Pandemiefall ist auch, ob der Arbeitnehmer eine Dienstreise in ein Risikogebiet[716] antreten muss. Wie eingangs bereits klargestellt wurde, kann die allgemeine Angst oder Verunsicherung wegen einer Pandemie noch kein Leistungsverweigerungsrecht begründen.[717] Folgerichtig muss der Arbeitnehmer auch eine Dienstreise grundsätzlich wahrnehmen,[718] soweit Dienstreisen gemäß dem Arbeitsvertrag von der Arbeitspflicht umfasst sind. Die Weisung

---

712 *Klein*, NJ 2020, 377 (382); nach Auffassung von *von Steinau-Steinrück/Jöris*, NZA 2020, 1368 (1370) kann die Arbeitsleistung sogar trotz Einhaltung der Arbeitsschutzvorschriften im Einzelfall unzumutbar sein.

713 Ausführlich zum Leistungsverweigerungsrecht wegen Zugehörigkeit zu einer Risikogruppe siehe *Beden/Rombey*, BB 2020, 2870.

714 *Klein*, NJ 2020, 377 (382).

715 Zu sozialversicherungsrechtlichen Aspekten bei der Erkrankung eines Arbeitnehmers auf einer Dienstreise siehe *Arnold/Roll*, NZA 2021, 240.

716 Das Risikogebiet ist in § 2 Nr. 17 Hs. 1 IfSG legaldefiniert und bezeichnet ein Gebiet außerhalb der Bundesrepublik Deutschland, für das vom BMG im Einvernehmen mit dem Auswärtigen Amt und dem BMI ein erhöhtes Risiko für eine Infektion mit einer bestimmten bedrohlichen übertragbaren Krankheit festgestellt wurde. Zu den Kriterien der Qualifizierung als Risikogebiet siehe *RKI*, Informationen zur Ausweisung internationaler Risikogebiete durch das Auswärtige Amt, BMG und BMI, Stand: 21.01.2022, abrufbar unter: https://www.rki.de/DE/Content/InfAZ/N/Neuartiges_Coronavirus/Risikogebiete_neu.html.

717 Siehe Teil 3 Kapitel 3 A. II. 1; *Besgen*, B + P 2020, 235 (238).

718 *Fuhlrott*, GWR 2020, 107 (108).

zur Wahrnehmung einer konkreten Dienstreise kann der Arbeitgeber sodann auf Grundlage des § 106 S. 1 GewO rechtmäßig anordnen.

Für die Leistungsverweigerung des Arbeitnehmers im Hinblick auf eine anstehende Dienstreise gibt es aus rechtlicher Sicht nun zwei Anknüpfungspunkte. Zum einen kommt in Betracht, dass die Weisung zum Antritt der Dienstreise nicht dem erforderlichen billigen Ermessen entspricht, vgl. § 106 S. 1 GewO. Ist die Weisung des Arbeitgebers unbillig, ist der Arbeitnehmer nach neuerer Rechtsprechung des BAG auch vorläufig nicht an diese gebunden.[719] Daneben ist die Norm des § 275 Abs. 3 BGB zu bedenken, der zufolge der Arbeitnehmer die Dienstreise verweigern kann, sofern sie diesem unzumutbar ist. Grundsätzlich sind an die Unzumutbarkeit der Arbeitsleistung strengere Anforderungen zu stellen als an die Unbilligkeit der Weisung.[720] Im Hinblick auf eine Dienstreise in einer Pandemie dürfte grundsätzlich aber gleichermaßen die Weisung unbillig und die Arbeitspflicht unzumutbar sein, wenn eine ausdrückliche Reisewarnung des Auswärtigen Amts vorliegt. Für diesen Fall wird jedenfalls einhellig vertreten, dass der Arbeitnehmer den Antritt der Dienstreise verweigern kann.[721] Weitergehend wird teilweise vertreten, dass die Fürsorgepflicht des Arbeitgebers es bei ausdrücklicher Reisewarnung für ein Land oder der Einstufung als Risikogebiet schon gebietet, die Dienstreise des Arbeitnehmers abzusagen.[722] Allerdings muss grundsätzlich berücksichtigt werden, ob in dem Land bzw. Gebiet, für welches eine ausdrückliche Reisewarnung ausgesprochen wurde, tatsächlich ein höheres Infektionsgeschehen vorherrscht als im Inland. Denn es ist durchaus möglich, dass trotz einer ausdrücklichen Reisewarnung bzw. der Klassifizierung als Risikogebiet am Zielort grundsätzlich ein niedrigeres Infektionsrisiko besteht als im Inland. Zwar wird weiter berücksichtigt werden müssen, auf welche Art und Weise die Dienstreise erfolgen soll. So kann bei einer mehrstündigen Flugreise ein erheblich größeres Infektionsrisiko bestehen als bei einer Dienstfahrt mit dem eigenen Dienstwagen. Unter Berücksichtigung dieser aufgeworfenen Erwägungen ist der pauschalen Einschätzung, dass bei

---

719 BAG, Urt. v. 18.10.2017 – 10 AZR 330/16, NZA 2017, 1452.

720 *Hromadka*, NZA 2017, 601 (604 f.).

721 *von Steinau-Steinrück/Mosch*, NJW-Spezial 2009, 578; *Besgen*, B + P 2020, 235 (238); *Eckert*, BC 2020, 157; *Klein*, NJ 2020, 377 (385); *Stück*, CCZ 2020, 205 (211); *Sagan/Brockfeld*, NJW 2020, 1112 (1115); nicht differenzierend zwischen Unbilligkeit und Unzumutbarkeit *Beden/Rombey*, BB 2020, 2870 (2871); anders im Fall der reinen Empfehlung, ein Land nicht zu bereisen, siehe *Sievers*, jM 2020, 189 (201); *Stück*, GmbHR 2020, 631 (637).

722 Siehe *Weber*, ARP 2020, 120 (121).

einer ausdrücklichen Reisewarnung des Auswärtigen Amtes der Arbeitnehmer den Antritt der Dienstreise verweigern kann, eine Absage zu erteilen. Vielmehr wird – wie auch bei Fehlen einer ausdrücklichen Reisewarnung – stets eine Einzelfallabwägung unter Berücksichtigung der jeweiligen Empfehlungen des RKI und des Auswärtigen Amts maßgeblich sein.[723] Zu beachtende Aspekte können die tatsächliche Gefährdungslage am zu bereisenden Ort, insbesondere unter Berücksichtigung der Infektionszahlen und medizinischen Versorgung,[724] und der allgemeine Gesundheitszustand des Arbeitnehmers sein.[725] Der ausdrücklichen Reisewarnung des Auswärtigen Amts kann allerdings eine Indizwirkung dahingehend zukommen, dass dem Arbeitnehmer ein Leistungsverweigerungsrecht zusteht. Zu beachten ist, dass der Arbeitnehmer, der einer unbilligen Weisung nicht nachkommt, dem Arbeitgeber ein Angebot zur Erbringung der geschuldeten Arbeitsleistung machen muss.[726]

Verweigert der Arbeitnehmer unberechtigt die Wahrnehmung einer Dienstreise, begeht dieser eine Pflichtverletzung und muss mit arbeitsrechtlichen Sanktionen, insbesondere einer Abmahnung rechnen.

9. *Zusammenfassung*

Der Abschnitt hat die arbeitsrechtlich relevanten Konstellationen des Pandemiefalls beleuchtet und die jeweilige Auswirkung auf das Schicksal der Arbeitspflicht aufgezeigt. So bleibt der Arbeitnehmer bei allgemeiner Verunsicherung wegen der Pandemie grundsätzlich zur Arbeitsleistung verpflichtet. Diesem kann aber ein Leistungsverweigerungsrecht (aus § 273 Abs. 1 BGB und ggf. § 275 Abs. 3 BGB) zustehen, wenn der Arbeitgeber im Pandemiefall erforderliche Schutzmaßnahmen nur unzureichend umsetzt. Auch bleibt der Arbeitnehmer grundsätzlich zum Antritt von Dienstreisen verpflichtet. Wenn jedoch das Auswärtige Amt eine Reisewarnung für den Zielort ausgesprochen hat und dort ein höheres Infektionsgeschehen herrscht als im Inland, ist eine entsprechende Weisung des Arbeitgebers unbillig, sodass der Arbeitnehmer dieser nicht nachkommen muss. Daneben kann der Arbeitnehmer die Dienstreise unter diesen Voraussetzungen gemäß § 275 Abs. 3 BGB verweigern.

In dem Fall, dass der Arbeitnehmer infolge der Infektion mit dem pandemischen Erreger symptomatisch erkrankt, entfällt dessen Leistungspflicht wie im

---

723 *Fuhlrott*, GWR 2020, 107 (108).

724 *Felisiak/Schlamp*, SPA 2020, 105.

725 *Sagan/ Brockfeld*, NJW 2020, 1112 (1115).

726 *Kühn*, NZA 2015, 10 (14).

Normalfall regelmäßig durch Geltendmachung der Einrede nach § 275 Abs. 3 BGB. Ergeht gegenüber dem kranken Arbeitnehmer zusätzlich eine infektionsschutzrechtliche Absonderungsanordnung oder ein Tätigkeitsverbot, so wirkt sich diese bzw. dieses nicht mehr aus, wenn die Arbeitspflicht bereits durch Geltendmachung der Einrede gemäß § 275 Abs. 3 BGB erloschen ist. Grundsätzlich führt eine solche Anordnung aber zur rechtlichen Unmöglichkeit der Arbeitsleistung, soweit die Erbringung derselben nicht auch im Home-Office möglich ist.

Durch eine solche Anordnung erlischt grundsätzlich auch die Leistungspflicht des asymptomatischen Arbeitnehmers. Diesem ist als Ausscheider i.S.d. IfSG die Arbeitsleistung zwar grundsätzlich möglich und zumutbar. Da man von einer Infektion eines asymptomatischen Arbeitnehmers aber nur durch einen positiven Test auf den pandemischen Erreger Kenntnis erlangt und dieser Nachweis an die infektionsschutzrechtlich zuständigen Behörden weitergeleitet wird, wird der asymptomatische Arbeitnehmer immer Betroffener einer infektionsschutzrechtlichen Maßnahme werden. Für die Geltungsdauer derselben wird der asymptomatische Arbeitnehmer dann von der Leistungspflicht frei werden, soweit diese nicht im Home-Office erbracht werden kann.

Bezüglich des Schicksals der Arbeitspflicht im Verdachtsfall gilt es zu differenzieren. Ist der Arbeitnehmer infektionsschutzrechtlich als Ansteckungsverdächtiger einzuordnen, da er bspw. Kontakt zu einer nachweislich infizierten Person hatte, ist die Arbeitsleistung desselben *per se* auch möglich und zumutbar. Bei praxisgerechter Betrachtung wird aber auch der Ansteckungsverdächtige Betroffener einer infektionsschutzrechtlichen Maßnahme werden. Diese führt zur rechtlichen Unmöglichkeit der Arbeitspflicht, soweit der Arbeitnehmer diese nicht auch im Home-Office erfüllen kann. Ist der Arbeitnehmer hingegen als Krankheitsverdächtiger im infektionsschutzrechtlichen Sinne einzuordnen, unterscheidet dieser sich vom Kranken nur dadurch, dass es an einer Diagnose der Erkrankung fehlt. Dieser Arbeitnehmer ist daher zwar nicht im infektionsschutzrechtlichen, wohl aber im medizinischen Sinne krank. Dadurch kann dieser auch das Leistungsverweigerungsrecht gemäß § 275 Abs. 3 BGB ausüben. In der Regel ist auch in diesem Fall damit zu rechnen, dass der krankheitsverdächtige Arbeitnehmer abgesondert wird oder diesem ein Tätigkeitsverbot auferlegt wird. Allerdings können sich diese Maßnahmen auf die Arbeitspflicht nicht mehr auswirken, wenn sie bereits vorher durch Geltendmachung des Leistungsverweigerungsrechts erloschen ist.

Im Fall der Freistellung des Arbeitnehmers entfällt die Leistungspflicht unproblematisch für die Dauer der Freistellung.

Wird der Betrieb infolge behördlicher Anordnung geschlossen, erlischt die Arbeitspflicht wegen Unmöglichkeit, soweit der Arbeitnehmer die Arbeitsleistung nicht auch im Home-Office erbringen kann.

Muss der Arbeitnehmer familiären Betreuungsverpflichtungen nachkommen, wird dieser sich in der Regel auf das Leistungsverweigerungsrecht des § 275 Abs. 3 BGB berufen können. Was die Vereinbarkeit von Arbeits- und Betreuungspflicht im Home-Office betrifft, ist von einem teilweisen Leistungsverweigerungsrecht auszugehen, dessen Umfang sich nach den Umständen des Einzelfalles bestimmt.

III. Nebenpflichten des Arbeitnehmers

Nachfolgend werden nun die Nebenpflichten des Arbeitnehmers in einer Pandemie dargestellt. Klarzustellen ist, dass das Weisungsrecht des Arbeitgebers gemäß § 106 GewO sich auch auf die leistungssichernden Neben- oder Verhaltenspflichten erstreckt.[727] Nebenpflichten können sich daher auch aus einer entsprechenden Konkretisierung des Arbeitgebers in Ausübung des Direktionsrechts ergeben. Vor diesem Hintergrund werden unter Heranziehung von Beispielen aus der COVID-19-Pandemie auch gesetzliche Pflichten berücksichtigt, die im Pandemiefall bestehen können und die der Arbeitgeber vollziehen kann. Denn „[d]as Weisungsrecht [des Arbeitgebers] erstreckt sich […] auch auf die nach öffentlich-rechtlichen Arbeitsschutzvorschriften notwendigen Schutzmaßnahmen."[728]

1. Dienstliche Verhaltenspflichten

Ist dem Arbeitnehmer die Arbeitsleistung im Pandemiefall weder unmöglich noch unzumutbar und muss dieser daher wie im Normalfall seiner Arbeitspflicht nachkommen, können bestimmte dienstliche Verhaltenspflichten bestehen. Diesen vorgelagert ist zu bedenken, dass insbesondere im Fall des Ansteckungsverdachts (und freilich erst recht in dem Fall eines höheren Gefahrenverdachts) die Nebenpflicht bestehen kann, der betrieblichen Arbeitsstätte fernzubleiben.

a) Pflicht zur Einhaltung von Hygienemaßnahmen

Zu den dienstlichen Verhaltenspflichten im Pandemiefall zählt zunächst die Pflicht zur Einhaltung von Hygienemaßnahmen im Betrieb. Diese kann sich

---

727 BAG, Urt. v. 02.11.2016 – 10 AZR 596/15, NJW 2017, 906 (907).

728 ArbG Siegburg, Urt. v. 16.12.2020 – 4 Ga 18/20, NZA-RR 2021, 129 (130) Rn. 19.

aus der allgemeinen Regelung des § 241 Abs. 2 BGB ergeben. Im Speziellen sind Beschäftigte zudem arbeitsschutzrechtlich verpflichtet, gemäß der Weisung des Arbeitgebers für ihre Sicherheit und Gesundheit Sorge zu tragen, vgl. § 15 Abs. 1 S. 1 ArbSchG. Maßgeblich sind hier die arbeitgeberseitig vorzunehmende Gefährdungsbeurteilung gemäß § 5 ArbSchG und die Weisungen, die der Arbeitgeber auf Grundlage des § 106 S. 2 GewO anordnet.[729] So kann bei entsprechender arbeitgeberseitiger Anordnung etwa die Pflicht zum Tragen von Mund-Nasen-Bedeckungen, zum Einhalten eines Abstandsgebots oder ein Handschlagsverbot gelten,[730] wie es etwa in der COVID-19-Pandemie vielfach praktiziert wurde.[731] Kommen Arbeitnehmer einer rechtmäßigen Weisung nicht nach, kann der Arbeitgeber diese abmahnen und bei wiederholtem Verstoß verhaltensbedingt kündigen.[732]

Darüber hinaus können im Pandemiefall auch gesetzliche Pflichten zur Umsetzung von Hygienemaßnahmen bestehen. So normierte bspw. die Corona-ArbSchV (Ausfertigungsdatum 25.06.2021) zwar primär Pflichten des Arbeitgebers, beinhaltete in § 2 Abs. 2 Corona-ArbSchV jedoch auch die Pflicht, dass Arbeitnehmer, sofern deren Schutz durch technische und organisatorische Maßnahmen nicht gewährleistet werden kann, vom Arbeitgeber zur Verfügung gestellte medizinische Gesichts-, Atemschutz- oder gleichwertige Masken tragen müssen.

b) Pflicht zur Durchführung eines Tests auf den pandemischen Erreger[733]

Im Rahmen der COVID-19-Pandemie kam spätestens, als der Gesetzgeber eine Testangebotspflicht des Arbeitgebers[734] verankerte, ohne auch eine Annahmepflicht des Arbeitnehmers vorzusehen, die Frage auf, ob Arbeitnehmer zur Durchführung von Tests auf den pandemischen Erreger verpflichtet sein können.[735] Nach langer Rechtsunsicherheit hat das BAG dies mit Urteil vom 1. Juni

---

729 *Kleinebrink*, NZA 2020, 1361 (1362).

730 *von Steinau-Steinrück/Mosch*, NJW-Spezial 2009, 578; siehe auch *Kleinebrink*, NZA 2020, 1361 (1362) m.w.N.

731 *Paulsen/Holdampf-Wendel:* Corona-Pandemie: Arbeit im Homeoffice nimmt deutlich zu, Bitkom, Stand: 18.03.2020, abrufbar unter: https://www.bitkom.org/Presse/Presseinformation/Corona-Pandemie-Arbeit-im-Homeoffice-nimmt-deutlich-zu.

732 Zur verhaltensbedingten Kündigung im Pandemiefall siehe Teil 3 Kapitel 4 D. I. 2.

733 Diese potenzielle Nebenpflicht kann auch der Fallgruppe der Schadensabwendungspflicht zugeordnet werden.

734 Siehe dazu Teil 3 Kapitel 4 A. II. 2. c) bb).

735 Die Bundesregierung stellt auf ihrer Webseite klar, dass „[…] Arbeitnehmer […] nicht verpflichtet [werden], das Testangebot anzunehmen." Siehe *Bundesregierung*,

2022 bejaht.[736] Auf der Grundlage von § 106 S. 2 GewO, wonach der Arbeitgeber die Ordnung und das Verhalten der Arbeitnehmer im Betrieb näher bestimmen kann, kann der Arbeitgeber die Arbeitnehmer zur Durchführung von PCR-Tests anweisen. Nicht nur sei die geringfügige Beeinträchtigung der körperlichen Unversehrtheit verhältnismäßig, sondern auch das Grundrecht auf informationelle Selbstbestimmung stehe der Rechtmäßigkeit einer solchen Weisung nicht entgegen.[737]

Diese Entscheidung des BAG überzeugt. Insbesondere ist dem BAG zuzustimmen, wenn es ausführt, dass entsprechende Anweisungen zur Durchführung eines Tests billigem Ermessen entsprechen. Denn dies ist der Fall, „[...] wenn alle wesentlichen Umstände des Falles abgewogen und die beiderseitigen Interessen angemessen berücksichtigt sind."[738]

Der Arbeitgeber ist über § 618 BGB sowohl öffentlich- wie auch privatrechtlich zur Umsetzung erforderlicher Schutzmaßnahmen unter Berücksichtigung des Stands von Technik, Arbeitsmedizin und Hygiene sowie sonstiger gesicherter arbeitswissenschaftlicher Erkenntnisse (§ 4 Nr. 3 ArbSchG) gegen den pandemischen Erreger verpflichtet.[739] Neben dem Schutz der Belegschaft ist bei Kontakt mit Kunden auch der Schutz derselben im Interesse des Arbeitgebers.[740] Das gilt insbesondere unter Berücksichtigung der Tatsache, dass bei Ausbruch eines Infektionsgeschehens der Betrieb vorübergehend nicht mehr aufrechterhalten werden könnte. Auf Arbeitgeberseite streiten also insbesondere die unternehmerische Freiheit und das Recht am eingerichteten und ausgeübten Gewerbebetrieb gemäß Art. 2 Abs. 1, Art. 12 Abs. 1 und Art. 14 Abs. 1 GG.

Zwar darf demgegenüber nicht außer Acht gelassen werden, dass durch den Test auf den pandemischen Erreger nicht nur in das allgemeine Persönlichkeitsrecht (Art. 1 i.V.m Art. 2 Abs. 1 GG) des Arbeitnehmers eingegriffen wird,

---

Unternehmen müssen Tests anbieten, Stand: 20.04.2021, abrufbar unter: https://www.bundesregierung.de/breg-de/themen/coronavirus/testpflicht-unternehmen-1888764.

736 BAG, Urt. v. 01.06.2022 – 5 AZR 28/22; so etwa zuvor schon *Müller/Becker*, ArbRAktuell 2021, 201 ff.; *Stück*, MDR 2021, 585 (586); a.A. *Boecken/Bantele*, COVuR 2021, 322 (325 ff.).

737 BAG, Pressemitteilung zum Urt. v. 01.06.2022 – 5 AZR 28/22, abrufbar unter: https://www.bundesarbeitsgericht.de/presse/corona-testpflicht-fuer-arbeitnehmer/.

738 BAG, Urt. v. 17.04.2002 – 4 AZR 174/01, NZA 2003, 159. Ausführlich zum billigen Ermessen bei der Anordnung eines PCR-Tests siehe LAG München, Urt. v. 26.10.2021 – 9 Sa 332/21, BeckRS 2021, 35419 Rn. 105 ff.

739 LAG München, Urt. v. 26.10.2021 – 9 Sa 332/21, BeckRS 2021, 35419 Rn. 106.

740 So auch *Müller/Becker*, ArbRAktuell 2021, 201 (202).

sondern auch dessen körperliche Integrität (Art. 2 Abs. 2 S. 1 GG) beeinträchtigt wird.[741] Letzteres gilt zumindest, wenn der Test in Form eines Abstriches des hinteren Nasen- oder Rachenbereichs durchgeführt wird.[742] Bei sog. Spucktests oder Schnelltests, die mittels Abstriches im Vorderbereich der Nase durchgeführt werden, besteht ein nahezu vernachlässigbarer Eingriff in die körperliche Integrität.[743] Gleichwohl ist dieser Eingriff – auch bei der Durchführung des Abstriches im hinteren Nasen- oder Rachenbereich – von einer solch geringen Intensität, dass diese Beeinträchtigung hinter den schutzwürdigen Interessen des Arbeitgebers zurückstehen muss. Die dabei erfolgende Verarbeitung sensibler Daten i.S.d. Art. 9 Abs. 1 DSGVO wird in der Regel gerechtfertigt sein. Als Rechtsgrundlagen in Betracht kommen insbesondere die Einwilligung des Arbeitnehmers oder eine gesetzlichen Erlaubnisnorm, wobei als solche § 26 BDSG[744] oder Art. 9 Abs. 2 DSGVO[745] herangezogen werden. Mithin dürfte auch der Eingriff in das Recht auf informationelle Selbstbestimmung in der Regel gerechtfertigt sein.

Kommt der Arbeitnehmer der rechtmäßigen Weisung zur Durchführung des Tests nicht nach, fehlt es an einer Leistungswilligkeit des Arbeitnehmers i.S.v. § 297 BGB, sodass der Arbeitgeber keine Lohnfortzahlung gemäß § 615 S. 1 BGB schuldet.[746]

Die Frage nach einer vertraglichen Nebenpflicht zur Durchführung eines Tests stellt sich freilich nicht, wenn der Gesetzgeber eine Testpflicht der Arbeitnehmer gesetzlich vorschreibt. Im Rahmen der COVID-19-Pandemie gab es eine allgemeine gesetzliche Testpflicht nicht. Gleichwohl beinhalteten Corona-Schutzverordnungen der Bundesländer teilweise eine Testpflicht für bestimmte Berufsgruppen.[747] Auf dieser Grundlage konnten Arbeitgeber „die

---

741 LAG München, Urt. v. 26.10.2021 – 9 Sa 332/21, BeckRS 2021, 35419 Rn. 126; *Boecken/Bantele*, COVuR 2021, 322 (327); *Hidalgo/Ceelen/Buziek*, NJW 2021, 3151 (3152).

742 Zwischen Schnelltests, die durch einen Abstrich im hinteren Nasen- oder Rachenbereich oder im vorderen Nasenbereich erfolgen, ausdrücklich differenzierend ArbG Hamburg, Urt. v. 24.11.2021 – 27 Ca 208/21, NZA-RR 2022, 19 (20 f.).

743 ArbG Hamburg, Urt. v. 24.11.2021 – 27 Ca 208/21, NZA-RR 2022, 19 (20 f.); *Hidalgo/Ceelen/Buziek*, NJW 2021, 3151 (3152).

744 Siehe hierzu *Müller/Becker*, ArbRAktuell 2021, 201 (202).

745 LAG München, Urt. v. 26.10.2021 – 9 Sa 332/21, BeckRS 2021, 35419 Rn. 136.

746 BAG, Urt. v. 01.06.2022 – 5 AZR 28/22.

747 So etwa § 9 Abs. 2 Nr. 4 der 11. BayIfSMV. Allerdings hat der VGH München diese Norm außer Vollzug gesetzt, siehe VGH München, Beschl. v. 02.03.2021 – 20 NE 21.353, BeckRS 2021, 3413. Für weitere Beispiele siehe *Stück*, MDR 2021, 585 (586).

Durchführung eines Corona-Tests bzw. die Vorlage eines Negativattestes [...] verlangen."[748]

c) 3G-Modell

Weiterführend ist fraglich, ob der Arbeitgeber ein sog. 3G-Modell im Betrieb einführen kann. Ein solches setzt voraus, dass die Arbeitnehmer geimpft, getestet oder genesen sind. Die Einführung eines 3G-Modells ist rechtlich insofern problematisch, als der Arbeitgeber berechtigt sein müsste, die nicht bereits genesenen Arbeitnehmer zu einem Test bzw. einer Impfung anzuweisen.[749] In Einklang mit der Auffassung des BAG kann der Arbeitgeber von den Arbeitnehmern auf Grundlage von § 106 S. 2 GewO die Durchführung eines Tests verlangen. Konsequent kann der Arbeitgeber daher grundsätzlich auch ein 3G-Modell umsetzen.[750]

Darüber hinaus ist denkbar, dass gesetzlich eine 3G-Pflicht für Betriebe besteht. Dies war in der COVID-19-Pandemie mit Geltung des neuen § 28b Abs. 1 IfSG vom 22. November 2021 der Fall.[751]

d) Pflicht zur Nutzung einer Pandemie-App auf dem Diensthandy

Fraglich ist auch, ob der Arbeitgeber den Arbeitnehmer verpflichten kann, auf einem Diensthandy eine Pandemie-App wie die Corona-App zu installieren. Im Wesentlichen ermöglicht es eine solche App, Infektionsketten nachzuverfolgen. Bevor allerdings auf die rechtlichen Aspekte eingegangen werden kann, wird am Beispiel der Corona-Warn-App ein knapper Überblick über die Funktionsweise einer solchen App gegeben.

Ist die Corona-Warn-App installiert, sendet das Smartphone regelmäßig eine bestimmte Zufallskennung (ID) und prüft fortlaufend neue Verbindungen zu anderen IDs in der näheren Umgebung über die Bluetooth-Technologie des Smartphones. Wird mittels dieser ID-Erfassung eine Begegnung mit einem anderen App-Nutzer festgestellt, wird nicht nur diese Begegnung an sich erfasst, sondern auch die Dauer der Begegnung und der Abstand zu der anderen Person. Die IDs der Begegnungen werden lokal gespeichert und alle 14 Tage vom Smartphone gelöscht. Wird ein Nutzer positiv auf das SARS-CoV-2-Virus getestet, wird er gebeten, die lokal gespeicherten IDs seiner Kontaktpersonen

---

748 *Müller/Becker*, ArbRAktuell 2021, 201.
749 *Hidalgo/Ceelen/Buziek*, NJW 2021, 3151.
750 Siehe hierzu auch *Hidalgo/Ceelen/Buziek*, NJW 2021, 3151.
751 Siehe hierzu Teil 3 Kapitel 2 D. II. 2. b) bb).

hochzuladen. Nachdem das positive Testergebnis verifiziert wurde, werden die IDs in eine Serverliste eingepflegt, die regelmäßig an sämtliche installierten Apps übersendet wird. Die Nutzer, die eine Begegnung mit dem nachweislich Infizierten hatten, werden dann über die App benachrichtigt und erhalten abhängig von ihrem persönlichen Infektionsrisiko aufgrund der Begegnung bestimmte Handlungsempfehlungen.[752]

Betrachtet man die Funktionsweise der App, scheinen auf rechtlicher Ebene insbesondere datenschutzrechtliche Aspekte eine Rolle zu spielen. Diese Einschätzung vermag durchaus ihre Berechtigung zu haben, ist jedoch zumindest in Bezug auf das Arbeitsverhältnis nicht relevant. Denn datenschutzrechtlich Verantwortlicher i.S.d Art. 4 Nr. 7 DSGVO ist nicht der Arbeitgeber, sondern das RKI für die deutsche Bundesregierung.[753] Fraglich bleibt im dienstlichen Zusammenhang somit allein, ob der Arbeitnehmer zur Installation der App auf dem Diensthandy verpflichtet sein kann. Eine solche Verpflichtung könnte sich nur aus einer entsprechenden Weisung des Arbeitgebers ergeben. Dagegen spricht allerdings die Tatsache, dass die Nutzung der Corona-Warn-App ausdrücklich freiwillig ist.[754] Im Ergebnis ist daher mit *Fuhlrott* und *Köllmann* ein derart weitreichendes Direktionsrecht und somit eine entsprechende Verpflichtung des Arbeitnehmers abzulehnen.[755]

2. *Pflicht zur Wahrung der betrieblichen Ordnung*

Wie bereits gezeigt wurde,[756] folgt aus der Pflicht zur Wahrung der betrieblichen Ordnung auch eine Pflicht des Arbeitnehmers, rechtmäßigen Verhaltensanordnungen nachzukommen. Eine Testpflicht der Arbeitnehmer kann bei

---

752 Zur Funktionsweise der Corona-Warn-App siehe *Bundesregierung*, Wie funktioniert und was kann die Corona-Warn-App, Stand: 15.06.2020, abrufbar unter: https://www.bundesregierung.de/breg-de/themen/corona-warn-app/corona-warn-app-erklaerfilm-1758828; *Corona-Warn-App*, Allgemeine Website, abrufbar unter: https://www.coronawarn.app/de/#howto; *Köllmann*, NZA 2020, 831 (832).

753 Siehe dazu *Corona-Warn-App*, Datenschutzerklärung zur Corona-Warn-App, Stand: 15.12.2021, abrufbar unter: https://www.coronawarn.app/assets/documents/cwa-privacy-notice-de.pdf.

754 Siehe *Bundesregierung*, Die Corona-Warn-App: Unterstützt uns im Kampf gegen Corona. Abrufbar unter: https://www.bundesregierung.de/breg-de/themen/corona-warn-app.

755 *Fuhlrott*, GWR 2020, 275 (276); *Köllmann*, NZA 2020, 831 (835); wohl auch *Brink/Joos*, NZA-Beilage 2021, 17 (19).

756 Siehe Teil 2 Kapitel 1 A. I. 2. b) bb).

entsprechender Ausübung des Direktionsrechts nach der Rechtsprechung des BAG bestehen.[757] Es stellt sich allerdings die Frage, ob Gesundheitsuntersuchungen etwa in Form von Temperaturmessungen im Eingangsbereich des Betriebs an Arbeitnehmern durchgeführt werden können, also der Arbeitnehmer einer entsprechenden Duldungs- und Mitwirkungspflicht unterliegt. Maßgeblich ist stets eine umfassende Abwägung der Arbeitnehmer- und Arbeitgeberinteressen.

Während *Stück* etwa empfiehlt, an den Eingängen des Betriebs Temperaturmessungen vorzunehmen und Arbeitnehmern mit erhöhter Temperatur den Zutritt zu verweigern,[758] darf nicht vernachlässigt werden, dass auch eine Temperaturmessung in das verfassungsrechtlich geschützte Persönlichkeitsrecht und das Recht auf informationelle Selbstbestimmung des Arbeitnehmers eingreift und diese Eingriffe einer Rechtfertigung bedürfen.[759] Aus diesem Grund kommt es in Betracht, eine entsprechende Duldungs- und Mitwirkungspflicht nur in begründeten Verdachtsfällen[760] zu bejahen. So erwähnte auch der SARS-CoV-2-Arbeitsschutzstandard die (möglichst kontaktlose) Fiebermessung nur im Zusammenhang mit Verdachtsfällen.[761] Diese Bewertung steht auch in Einklang mit einem Urteil des LAG Niedersachsen vom 29. September 2021.[762] Danach ist die Weisung, arbeitstäglich vor dem Betreten der Betriebsräume eine Körpertemperaturmessung durchzuführen, unwirksam, da sie von dem Direktionsrecht des Arbeitgebers nicht mehr gedeckt ist. Dem LAG zufolge ist der Arbeitgeber zwar gemäß § 3 Abs. 1 ArbSchG und § 618 BGB zum Schutz der Beschäftigten verpflichtet. Allerdings fehlt es jedenfalls bei der anlasslosen Weisung zur Temperaturmessung an der Erforderlichkeit der Maßnahme. Zudem könne von einer erhöhten Temperatur auch nicht zwangsläufig auf eine Infektion mit dem pandemischen Erreger geschlossen werden. Eine Pflicht, die Durchführung von

---

757 BAG, Urt. v. 01.06.2022 – 5 AZR 28/22; siehe Teil 3 Kapitel 3 A. III. 1. b).

758 *Stück*, MDR 2009, 1209 (1210); *Stück*, GmbHR 2020, 631 (634).

759 *Hartmann*, in: Tödtmann/v. Bockelmann (Hrsg.), 2. Aufl. 2021, Arbeitsrecht in Not- und Krisenzeiten, B. Rn. 98.

760 Begründete Verdachtsfälle dürften insbesondere vorliegen, wenn in dem Betrieb pandemische Infektionen aufgetreten sind oder im Umkreis des Betriebsstandortes eine Vielzahl von Infektionen zu verzeichnen ist. Siehe *Sagan/Brockfeld*, NJW 2020, 1112 (1113); *Fuhlrott*, GWR 2020, 107.

761 Siehe *BMAS*, SARS-CoV-2-Arbeitsschutzstandard, VBG, Stand: 22.02.2021, noch abrufbar unter: https://www.vbg.de/DE/3_Praevention_und_Arbeitshilfen/3_Aktuelles_und_Seminare/6_Aktuelles/Coronavirus/Arbeitsschutzstandard/Sars-CoV2-Arbeitsschutzstandard.pdf.

762 LAG Niedersachsen, Urt. v. 29.09.2021 – 2 Sa 332/21.

Temperaturmessungen zu dulden bzw. daran mitzuwirken, kann daher allenfalls anlassbezogen bestehen.

3. *Außerdienstliche Verhaltenspflichten*

Der private Lebensbereich des Arbeitnehmers ist grundsätzlich frei von der Einflussnahme des Arbeitgebers.[763] Nun ist ein Pandemiefall offensichtlich nicht der Regelfall, sodass sich die Frage stellt, ob der Arbeitnehmer in dieser spezifischen Situation ausnahmsweise auch im außerdienstlichen Bereich arbeitsvertraglichen Pflichten nachkommen muss. Wie insbesondere die COVID-19-Pandemie gezeigt hat, sind vielfältige Konstellationen denkbar. So ist zu untersuchen, ob der Arbeitnehmer in seiner Freizeit behördliche Anordnungen, die der Eindämmung des Infektionsgeschehens dienen, befolgen muss oder verpflichtet sein kann, sich in seinem privaten Lebensbereich eine Pandemie-App herunterzuladen und zu nutzen, um eine Kontaktverfolgung zu ermöglichen. Hohe Relevanz kommt schließlich der Frage zu, ob der Arbeitnehmer arbeitsvertraglich verpflichtet sein kann, sich gegen den pandemischen Erreger impfen zu lassen.

a) Pflicht zur Befolgung pandemiespezifischer behördlicher Anordnungen

Behördliche Anordnungen gelten zunächst im Verhältnis vom Staat zum Bürger. In einer Pandemie, in der behördliche Anordnungen regelmäßig dazu dienen, die Gesundheit der Bevölkerung zu schützen und eine Überlastung des Gesundheitssystems zu verhindern, stellt sich die Frage, ob die Befolgung derartiger Anordnungen nicht auch Gegenstand arbeitsvertraglicher Nebenpflichten sein kann. Das BAG erkennt außerdienstliche Verhaltenspflichten jedoch nur insoweit an, wie „[…] sich das private Verhalten auf den betrieblichen Bereich auswirkt und dort zu Störungen führt […].“[764] Hält der Arbeitnehmer sich im Pandemiefall in seiner Freizeit nicht an behördliche Vorgaben, die dazu dienen, das Infektionsgeschehen einzudämmen, setzt dieser sich einem höheren Infektionsrisiko aus und stellt dadurch auch eine Risikoquelle für Kollegen und den Arbeitgeber dar. Die Nichtbeachtung oder -befolgung der behördlichen Anordnungen kann sich mithin auf den betrieblichen Bereich auswirken und zum Ausbruch eines Infektionsgeschehens im Betrieb führen, der offensichtlich betriebliche Störungen nach sich zieht. Mithin ist die Auffassung *Sievers'* zu teilen, dass eine Nebenpflicht des Arbeitnehmers besteht, auch im privaten Bereich

---

763 BAG, Urt. v. 23.06.1994 – 2 AZR 617/93, NZA 1994, 1080 (1082); siehe ausführlich Teil 2 Kapitel 1 A. I. 2 b) cc).

764 BAG, Urt. v. 23.06.1994 – 2 AZR 617/93, NZA 1994, 1080 (1082).

behördliche Anordnungen zu befolgen.[765] Daraus ergibt sich gleichsam aber auch, dass keine außerdienstliche Nebenpflicht besteht, wenn es einer behördlichen Mitteilung am Anordnungscharakter fehlt. So liegt es bspw. bei einer bloßen Reisewarnung, die noch keine Unterlassungspflicht begründet, Reisen in Risikogebiete zu unternehmen.[766]

b) Pflicht zur Nutzung einer Pandemie-App

Nachdem schon im dienstlichen Bereich keine Pflicht zur Installation oder Nutzung einer Pandemie-App wie der Corona-Warn-App besteht, kann im privaten Lebensbereich des Arbeitnehmers erst recht keine solche Nebenpflicht bestehen.[767] „Denn zum einen würde der Arbeitgeber dadurch zumindest mittelbar auf das Eigentum des Arbeitnehmers zugreifen, zum anderen bezöge sich eine solche Weisung uneingeschränkt auf die gesamte private Lebensführung."[768]

c) Pflicht zur Impfung

Je nach Schwere einer Pandemie kann es langfristig der einzige Ausweg sein, die Bevölkerung durch Impfungen zu immunisieren. Bei der Durchführung von Schutzimpfungen handelt es sich eigentlich um eine präventive Schutzmaßnahme, obgleich der benötigte Impfstoff erst nach hinreichender Analyse des pandemischen Erregers, also im laufenden Pandemiegeschehen, entwickelt werden kann.[769]

Im Rahmen der COVID-19-Pandemie hatte der ehemalige Bundesgesundheitsminister *Jens Spahn* im November 2020 noch klargestellt, dass es keine allgemeine Impfpflicht geben wird.[770] Das Meinungsbild war sodann unter der neuen Bundesregierung ein anderes als zuvor. So befürwortete etwa der aktuelle

---

765 *Sievers*, jM 2020, 189 (201).

766 *Sievers*, jM 2020, 189 (201).

767 *Fuhlrott*, GWR 2020, 275 (276); *Köllmann*, NZA 2020, 831 (835); *Brink/Joos*, NZA-Beilage 2021, 17 (19).

768 *Köllmann*, NZA 2020, 831 (835).

769 *Kloepfer/Deye*, DVBl. 2009, 1208 (1218).

770 *Berliner Zeitung*, Spahn betont: „Es wird keine Impfpflicht geben", Stand: 18.11.2020, https://www.berliner-zeitung.de/news/spahn-betont-es-wird-keine-impfpflicht-geben-li.119772; so auch Kanzleramtschef Helge Braun, siehe *Tagesschau*, Keine Impfpflicht gegen das Coronavirus, Stand: 16.05.2020, abrufbar unter: https://www.tagesschau.de/inland/braun-keine-impfpflicht-corona-101.html.

Bundeskanzler *Olaf Scholz* eine allgemeine Impfpflicht.[771] Zudem wurde mit Gesetz vom 10. Dezember 2021 erstmals für bestimmte Personengruppen im Pflege- und Gesundheitssektor eine Impfpflicht vorgesehen,[772] deren Verfassungsgemäßheit das BVerfG mittlerweile bestätigt hat.[773] So normiert der neue § 20a IfSG, dass insbesondere Personen, die in Krankenhäusern arbeiten, ab 15. März 2022 geimpft oder genesen sein müssen, vgl. § 20a Abs. 1 Nr. 1a IfSG. Aufgrund dieser aktuellen Entwicklungen schien es zeitweise denkbar, dass eine allgemeine Impfpflicht noch beschlossen werden wird. Zum aktuellen Zeitpunkt[774] wird eine allgemeine Impfpflicht aber nicht mehr diskutiert.

Selbst wenn es eine allgemeine Impfpflicht nicht gibt, wird man jedenfalls von einer Impfobliegenheit sprechen können, da bestimmte Ansprüche Personen, die sich keiner Schutzimpfung unterzogen haben, ggf. nicht zustehen. So bestehen infektionsschutzrechtliche Entschädigungsansprüche, die bei Berufsausübungsverboten oder Absonderungsanordnungen greifen würden, nicht, wenn die Verhängung eines Verbots oder die Absonderung durch eine Schutzimpfung hätte verhindert werden können, vgl. § 56 Abs. 1 S. 4 IfSG.[775]

Da eine allgemeine Impfpflicht unter Berücksichtigung des Vorgehens in der COVID-19-Pandemie in künftigen Pandemien wohl (vorerst) nicht bestehen wird, stellt sich die Frage, ob der Arbeitnehmer im Arbeitsverhältnis zur Impfung verpflichtet sein kann.[776]

---

771 Siehe *ZDF*, Interview, Designierter Kanzler im ZDF, Stand: 30.11.2021, abrufbar unter: https://www.zdf.de/nachrichten/politik/corona-olaf-scholz-impfpflicht-100.html.

772 BGBl. I 2021, 5162 (5164). Zur Kündigung ungeimpfter Arbeitnehmer im Pflege- und Gesundheitssektor siehe *Fuhlrott*, GWR 2022, 22 ff.

773 BVerfG, Beschl. v. 27.04.2022 – 1 BvR 2649/21 Rn. 108 ff.

774 Letzter Stand der Bearbeitung: 12.08.2022.

775 In der COVID-19-Pandemie haben die Landesgesundheitsministerien mit dem Bundesgesundheitsminister am 22.09.2021 beschlossen, dass die Länder ab dem 01.11.2021 Personen ohne vollen Impfschutz keine Entschädigungsleistungen auf Kosten der Allgemeinheit im Falle eines Tätigkeitsverbots beziehungsweise einer Quarantäneanordnung gewähren, sofern für sie eine Impfempfehlung besteht und sie als Kontaktpersonen oder Reiserückkehrende aus Risikogebieten gelten. Siehe *BMG*, Wann muss ich in Quarantäne, wann in Isolierung? Stand: 03.08.2022, abrufbar unter: https://www.zusammengegencorona.de/informieren/sich-und-andere-schuetzen/wann-muss-ich-in-quarantaene-und-wann-nicht/.

776 Ausführlich zu dieser Frage siehe etwa *Fuhlrott/Fischer*, NJW 2021, 657; *Thüsing/Bleckmann/Rombey*, COVuR 2021, 66; *Naber/Schulte*, NZA 2021, 81; *Niklas/Köllmann*, ArbRB 2021, 77.

Als Grundlage kommt einmal mehr die Rücksichtnahmepflicht des Arbeitnehmers gemäß §§ 242, 241 Abs. 2 BGB, konkretisiert durch das (rechtmäßig ausgeübte) Direktionsrecht des Arbeitgebers gemäß § 106 GewO i.V.m. § 15 Abs. 1 S. 1 ArbSchG, in Betracht. Dieses muss in billigem Ermessen ausgeübt werden, weshalb es einmal mehr der Abwägung der widerstreitenden Interessen bedarf.[777]

Auf Arbeitgeberseite streiten die unternehmerische Freiheit und das Recht am eingerichteten und ausgeübten Gewerbebetrieb gemäß Art. 2 Abs. 1, Art. 12 Abs. 1 und Art. 14 Abs. 1 GG.[778] Aus Sicht desselben kann eine Impfpflicht der Arbeitnehmer finanzielle Interessen bedienen, jedenfalls soweit die Schutzimpfung das Risiko der Infektion mit dem pandemischen Erreger und der Übertragung reduziert. Denn bei einer vollständig geimpften Belegschaft wird es zu weniger krankheitsbedingten Arbeitsausfällen kommen, die die betrieblichen Abläufe stören können.[779] Auch unterliegt der Betrieb dann ggf. insgesamt weniger Schutzauflagen. Zudem kann der Arbeitgeber durch eine Impfpflicht seine arbeitsvertragliche und öffentlich-rechtliche Schutzpflicht erfüllen.[780] Vor diesem Hintergrund ist festzuhalten, dass es sich bei der Impfung neben der Absonderung wohl um die effektivste Maßnahme zur Pandemiebekämpfung handelt.

Allerdings ist zu berücksichtigen, dass durch eine Impfpflicht zum einen auch in das allgemeine Persönlichkeitsrecht und zum anderen vergleichsweise schwerwiegend in die körperliche Integrität des Arbeitnehmers eingegriffen wird. Anders als etwa bei einem Test auf den pandemischen Erreger beschränkt sich der Eingriff bei einer Impfung nicht auf die Entnahme von Körperflüssigkeit, vielmehr werden dem Körper fremde Stoffe zugeführt.[781] Wegen dieses schwerwiegenden Eingriffes ist eine Impfpflicht im Arbeitsverhältnis[782] richtigerweise abzulehnen.[783]

---

777 BAG, Urt. v. 17.04.2002 – 4 AZR 174/01, NZA 2003, 159.

778 *Fuhlrott/Fischer*, NJW 2021, 657 (658); *Pflüger*, ARP 2021, 146.

779 Siehe hierzu ausführlich *Fuhlrott/Fischer*, NJW 2021, 657 (658).

780 *Fuhlrott/Fischer*, NJW 2021, 657 (658).

781 *Pflüger*, ARP 2021, 145 (146).

782 Zu einer allgemeinen Impfpflicht in der COVID-19-Pandemie siehe *Gerhardt*, ARP 2021, 149.

783 *von Steinau-Steinrück/Mosch*, NJW-Spezial 2009, 578; *Besgen*, B + P 2020, 235 (239); *Schmidt/Novara*, DB 2009, 1817 (1819); *Wittek*, ArbRAktuell 2021, 61 (62); nach *Stück* kann abhängig von dem konkreten Gefahrenpotenzial der Pandemie ggf. eine Impfpflicht aus der vertraglichen Treuepflicht hergeleitet werden, vgl. *Stück*, MDR 2009, 1209 (1210); *Fuhlrott/Fischer*, NJW 2021, 657 (658 f.) verneinen eine allgemeine Impfpflicht im Arbeitsverhältnis, halten die Annahme einer Impfpflicht im

Allerdings ist darauf hinzuweisen, dass wie in der COVID-19-Pandemie ggf. für bestimmte Beschäftigtengruppen eine gesetzliche Impfpflicht bestehen kann.[784]

4. *Anzeige-, Aufklärungs- und Auskunftspflichten*

Im Pandemiefall können umfassende Anzeige-, Aufklärungs- und Auskunftspflichten bestehen.

a) *Allgemeine Anzeigepflicht im Krankheitsfall*

Ist der Arbeitnehmer an der pandemischen Infektionskrankheit erkrankt, treffen ihn zunächst dieselben Anzeigepflichten wie im gewöhnlichen Krankheitsfall nach § 5 EFZG.[785] Hinsichtlich der Arbeitsunfähigkeitsbescheinigung, die der Arbeitnehmer nach § 5 Abs. 1 S. 2 EFZG spätestens am vierten Tag der Arbeitsunfähigkeit vorzulegen hat, wurde während der COVID-19-Pandemie eine Sonderregelung erlassen. Danach konnte bei leichter Erkrankung der oberen Atemwege nach telefonischer Absprache mit dem behandelnden Arzt eine Arbeitsunfähigkeit für die Dauer von bis zu 14 Tagen bescheinigt werden.[786]

b) *Pflicht zur Anzeige der Art der Erkrankung*

Anders als im gewöhnlichen Krankheitsfall muss der pandemiebedingt erkrankte Arbeitnehmer aufgrund seiner arbeitsvertraglichen Rücksichtnahmepflicht nach § 241 Abs. 2 BGB die Art der Erkrankung anzeigen.[787] Diese Information stellt ein sensibles Datum im datenschutzrechtlichen Sinne dar, dessen Verarbeitung nur zulässig erfolgen kann, wenn eine der in Art. 9 Abs. 2 DSGVO

Arbeitsverhältnis aber für vertretbar, „[…] wenn bzw. solange Arbeitnehmer aufgrund ihrer beruflichen Tätigkeit einen Anspruch auf eine privilegierte Schutzimpfung nach §§ 2 ff. Corona-ImpfV haben, hingegen die Personen, mit denen sie Kontakt haben, nicht oder zumindest weniger stark privilegiert sind.“; so auch *Naber/Schulte*, Newsdienst Compliance 2021, 230004; *Müller/Ahrendt*, ArbRAktuell 2021, 309 (311) halten eine „Impf-Klausel“ in AGB für unzulässig.

784 So wurde in der COVID-19-Pandemie mit dem Gesetz vom 10. Dezember 2021 (BGBl. I 2021, 5162 (5164) § 20a in das IfSG eingefügt, der vorsieht, dass insbesondere Personen, die in Krankenhäusern arbeiten, ab 15. März 2022 geimpft oder genesen sein müssen, vgl. § 20a Abs. 1 Nr. 1a) IfSG.

785 Siehe hierzu Teil 2 Kapitel 1 A. II. 2. b).

786 Siehe dazu *Fuhlrott/Fischer*, NZA 2020, 345 (346).

787 Hessisches LAG, Urt. v. 13.10.1972 – 5 Sa 406/72, DB 1972, 2359; *Sagan/Brockfeld*, NJW 2020, 1112; *Reifelsberger*, COVuR 2020, 357 (360).

genannten Rechtsgrundlagen gegeben ist. Da die arbeitgeberseitige Verarbeitung dieses Datums es diesem ermöglicht, Vorkehrungen zum Schutz der Belegschaft zu treffen, also den Pflichten aus § 618 BGB nachzukommen, ist die Verarbeitung jedenfalls gemäß Art. 9 Abs. 2b DSGVO gerechtfertigt.[788] Die Pflicht zur Anzeige der Krankheit im Pandemiefall wird allerdings nicht bestehen, wenn der Arbeitnehmer in dem maximalen Inkubationszeitraum nicht mit anderen Mitarbeitern in Kontakt stand.[789]

c) Auskunftspflicht bei erhöhtem Infektionsrisiko

Hatte der Arbeitnehmer Kontakt zu einem pandemisch Erkrankten oder einem Ansteckungs- oder Krankheitsverdächtigen, muss er dies dem Arbeitgeber mitteilen.[790] Unter Verweis auf vorherige Ausführungen[791] kann der Arbeitgeber den Arbeitnehmer dann zur Durchführung eines Tests auf den pandemischen Erreger verpflichten. Nutzt der Arbeitnehmer eine Warn-App und erhält eine Benachrichtigung über ein hohes Infektionsrisiko, besteht diesbezüglich auch eine Mitteilungspflicht gegenüber dem Arbeitgeber aufgrund der Rücksichtnahmepflicht aus § 241 Abs. 2 BGB.[792]

Falls der Arbeitnehmer vom Arbeitgeber mit der Frage konfrontiert wird, ob er sich unlängst in einem Risikogebiet aufgehalten hat, ist er verpflichtet, wahrheitsgemäß Auskunft zu erteilen.[793] Darüber hinaus soll diesbezüglich sogar eine Melde- und Offenbarungspflicht des Arbeitnehmers bestehen.[794] Diese Pflicht kann sich insbesondere aus § 16 Abs. 1 ArbSchG ergeben, wonach die Beschäftigten festgestellte unmittelbare Gefahren für die Gesundheit unverzüglich zu melden haben.

---

788 Daneben kommen auch Art. 9 Abs. 2h) und i) DSGVO sowie § 26 Abs. 1 BDSG in Betracht.

789 *Sagan/Brockfeld*, NJW 2020, 1112. Im Fall der COVID-19-Pandemie betrug die maximale Inkubationszeit 14 Tage. Siehe *RKI*, Epidemiologischer Steckbrief zu SARS-CoV-2 und COVID-19 Nr. 5, Stand: 26.11.2021, abrufbar unter: https://www.rki.de/DE/Content/InfAZ/N/Neuartiges_Coronavirus/Steckbrief.

790 *Bonanni*, ArbRB 2020, 110 (114); auch *Adjan/Lettmeier*, NZA 2021, 161 (165) bejahen eine Unterrichtungspflicht bei erhöhtem Infektionsrisiko.

791 Siehe Teil 3 Kapitel 3 A. III. 1. b).

792 *Fuhlrott*, GWR 2020, 275 (276).

793 *Stück*, MDR 2009, 1209 (1210); *Stück*, GmbHR, 631 (634); *von Steinau-Steinrück/Mosch*, NJW-Spezial 2009, 578; *Bonanni*, ArbRB 2020, 110 (114).

794 Hessisches LAG, Urt. v. 13.10.1972 – 5 Sa 406/72, DB 1972, 2359 für den Fall einer ansteckenden Krankheit; *Stück*, MDR 2009, 1209 (1210); *Stück*, GmbHR, 631 (634).

d) Pflicht zur Mitteilung des Impfstatus

Im Rahmen der COVID-19-Pandemie kam die Frage auf, ob der Arbeitgeber sich rechtmäßig nach dem Impfstatus der Arbeitnehmer erkundigen kann. Die dahinterliegende rechtliche Fragestellung ist datenschutzrechtlicher Art. Durch die Frage nach dem Impfstatus möchte der Arbeitgeber eine besondere Kategorie personenbezogener Daten des Arbeitnehmers i.S.d. Art. 9 Abs. 1 DSGVO verarbeiten, wobei diese Verarbeitung grundsätzlich untersagt ist. Dies gilt freilich nicht, wenn der Arbeitnehmer in diese Datenverarbeitung einwilligt, vgl. Art. 9 Abs. 2a DSGVO.[795]

Praxisrelevanter ist allerdings die Frage, ob dem Arbeitgeber auch ohne Einwilligung ein derartiges Fragerecht zusteht, umgekehrt, ob eine arbeitnehmerseitige Pflicht zur Angabe des Impfstatus besteht. Dies hängt davon ab, ob eine (andere) datenschutzrechtliche Erlaubnisnorm greift.[796] In Betracht kommt Art. 9 Abs. 2b DSGVO, wonach die Verarbeitung insbesondere zulässig ist, wenn diese erforderlich ist, damit der Verantwortliche den ihm aus dem Arbeitsrecht erwachsenden Pflichten nachkommen kann. Die Verarbeitung der Daten zum Impfstatus wäre also gerechtfertigt, wenn diese erforderlich wäre, damit der Arbeitgeber dadurch seine arbeitsvertraglichen und öffentlich-rechtlichen Schutzpflichten nach § 618 BGB i.V.m. den Vorschriften des ArbSchG erfüllen könnte. Kommt ein relativ milderes Mittel in Betracht, wäre die Verarbeitung nicht rechtmäßig.

Nachvollziehbar wird vertreten, dass die Rechtmäßigkeit der Verarbeitung der Daten zum Impfstatus davon abhängt, ob der Gesundheitsschutz nur sichergestellt werden kann, wenn die Arbeitnehmer geimpft sind.[797] Nach dieser Auffassung kann die Pflicht zur Angabe des Impfstatus also nur mit einer Impfpflicht einhergehen.[798] Da eine Impfpflicht, soweit gesetzlich nicht verankert, im

---

795 Zu den Anforderungen siehe *Fuhlrott/Fischer*, ArbRAktuell 2021, 489 (490).

796 Eine Rechtsgrundlage ist in § 23a IfSG verankert. Soweit es zur Erfüllung von Verpflichtungen aus § 23 Abs. 3 IfSG in Bezug auf übertragbare Krankheiten erforderlich ist, darf der Arbeitgeber personenbezogene Daten eines Beschäftigten über dessen Impf- und Serostatus verarbeiten, um über die Begründung eines Beschäftigungsverhältnisses oder über die Art und Weise einer Beschäftigung zu entscheiden. Gerechtfertigt sind hier insbesondere Leiter von Krankenhäusern, vgl. § 23 Abs. 3 IfSG.

797 *Wittek*, ArbRAktuell 2021, 61 (64).

798 *Wittek*, ArbRAktuell 2021, 61 (64).

Arbeitsverhältnis grundsätzlich[799] nicht besteht, ist nach dieser Auffassung die Frage nach dem Impfstatus grundsätzlich nicht zu rechtfertigen.

Nach anderer Auffassung kann in begründeten Fällen ein Recht zur Abfrage des Impfstatus bestehen. Darunter sollen solche Fälle zu verstehen sein, in welchen das Interesse der Arbeitnehmer an dem Ausschluss der Datenverarbeitung gewichtigeren Interessen wie (wohl) dem Recht auf Leben unterliegt.[800] Hier wird es entscheidend darauf ankommen, ob die Schutzimpfung die Übertragung der Infektion verhindert oder zumindest erheblich reduzieren kann. Ist das der Fall, kann eine Impfstatusabfrage gerechtfertigt sein und entsprechend eine arbeitnehmerseitige Pflicht zur wahrheitsmäßigen Beantwortung bestehen. So wird von der Erforderlichkeit der Datenverarbeitung auszugehen sein, wenn diese dem Schutz der Belegschaft und der Kunden (insbesondere Patienten) vor einer Infektion mit dem pandemischen Erreger dient und zu diesem Zweck zwingend notwendig ist.[801] Dies wird jedenfalls in Pflegeeinrichtungen oder Krankenhäusern der Fall sein. Dafür spricht auch, dass Beschäftigte in diesen Einrichtungen in der COVID-19-Pandemie mit dem Erlass von § 20a IfSG letztlich verpflichtet wurden, entweder geimpft oder genesen zu sein und einen entsprechenden Nachweis vorzulegen. Die generelle Verarbeitung des Impfstatus durch Arbeitgeber ist hingegen nicht zulässig.[802]

Vor Erlass des § 20a IfSG hatte der Gesetzgeber in § 36 Abs. 3 S. 1 IfSG bereits ein „kleines Fragerecht“[803] des Arbeitgebers verankert. Danach darf der Arbeitgeber bei festgestellter epidemischer Lage von nationaler Tragweite i.S.d. § 5 IfSG und unabhängig davon bis zum 30. Juni 2022, soweit dies zur Verhinderung der Verbreitung von COVID-19 erforderlich ist, in bestimmten Einrichtungen und Unternehmen[804] personenbezogene Daten eines Beschäftigten über dessen Impf- und Serostatus in Bezug auf COVID-19 verarbeiten, um über die Begründung eines Beschäftigungsverhältnisses oder über die Art und Weise einer Beschäftigung zu entscheiden. Eine Sperrwirkung für andere als die in

---

799 Allerdings ist darauf hinzuweisen, dass wie in der COVID-19-Pandemie ggf. für bestimmte Beschäftigtengruppen eine gesetzliche Impfpflicht bestehen kann. Siehe § 20a IfSG.

800 *Thüsing/Bleckmann/Rombey*, COVuR 2021, 66 (71).

801 *Thüsing/Bleckmann/Rombey*, COVuR 2021, 66 (71).

802 *Brink/Joos*, NZA-Beilage 2021, 17 (19) m.w.N.

803 Als solches bezeichnet von *Fuhlrott/Fischer*, ArbRAktuell 2021, 489.

804 Dazu zählen insbesondere Kindertageseinrichtungen und Kinderhorte, Schulen und sonstige Ausbildungseinrichtungen, Obdachlosenunterkünfte und Justizvollzugsanstalten.

Abs. 1 und 2 genannten Einrichtungen besteht nach Auffassung von *Fuhlrott* und *Fischer* dadurch allerdings nicht.[805]

5. *Pflicht zur Schadensabwendung*

Der Pflicht des Arbeitnehmers, Schäden vom Arbeitgeber abzuwenden, kommt im Pandemiefall besondere Bedeutung zu. Denn es ist anerkannt, dass der Arbeitnehmer auf Grundlage seiner Schadensabwendungspflicht in Notfällen verpflichtet sein kann, die Arbeitsleistung auf andere Weise als vertraglich vereinbart auszuführen.[806] Dazu zählt sowohl eine andere als die geschuldete Arbeitsleistung zu erbringen als auch hinsichtlich der Arbeitszeit vom arbeitsvertraglichen Rahmen abzuweichen, etwa durch Leistung von Überstunden,[807] wenn anderenfalls ein nicht unerheblicher Schaden für den Betrieb zu befürchten wäre.[808] Nach Auffassung von *Günther* und *Böglmüller* ist der Arbeitnehmer zu diesem Zweck auch verpflichtet, seine Arbeitsleistung im Home-Office zu erbringen.[809]

Es stellt sich allerdings die Frage, ob ein Pandemiefall überhaupt einen Notfall darstellt bzw., ob bezüglich des Notfalls überhaupt an eine Pandemie *per se* anzuknüpfen ist. Im Schrifttum wird diese häufig pauschal als Notfall bzw. außergewöhnlicher Fall gesehen.[810] Dagegen spricht allerdings, dass eine Pandemie sich noch nicht unmittelbar auf den Betrieb auswirkt. Vielmehr realisiert sich eine Pandemie erst in konkreten Ereignissen wie krankheits- oder quarantänebedingten Ausfällen in der Belegschaft.[811] Es erscheint daher sachgerecht, nicht auf eine Pandemie *per se* als nur mittelbares, sondern auf ein pandemiebedingtes Ereignis, das sich unmittelbar auf den Betrieb auswirkt, abzustellen.

---

805 Siehe *Fuhlrott/Fischer*, ArbRAktuell 2021, 489 f.

806 Die Kehrseite der Arbeitnehmerpflichten im Notfall ist ein erweitertes Weisungsrecht des Arbeitgebers, welches in Teil 3 Kapitel 4 B. ausführlich behandelt wird.

807 *Schmidt/Novara*, DB 2009, 1817 (1820); *Dehmel/Hartmann*, BB 2020, 885 (889); *von Steinau-Steinrück/Mosch*, NJW-Spezial 2009, 578.

808 *Preis*, in: Müller-Glöge/Preis/Schmidt (Hrsg), ErfK, 22. Aufl. 2022, § 611a BGB Rn. 744 f.; zu Notarbeiten *Tillmanns*, in: Rolfs/Giesen/Kreikebohm/Meßling/Udsching (Hrsg.), BeckOK ArbR, 64. Edition, Stand: 01.06.2022, § 106 GewO Rn. 20.

809 *Günther/Böglmüller*, ArbRAktuell 2020, 186.

810 Siehe *Stück*, GmbHR 2020, 631 (638) m.w.N.; so auch *Kock*, in: Rolfs/Giesen/Kreikebohm/Meßling/Udsching (Hrsg.), BeckOK ArbR, 64. Edition, Stand: 01.06.2022, § 14 ArbZG Rn. 2.1; *Klein*, NJ 2020, 377 (383 f.); wohl auch *Fuhlrott/Fischer*, NZA 2020, 345 (347).

811 Ausführlich hierzu siehe Teil 3 Kapitel 4 B. I. 2. a).

Damit dieses Ereignis eine arbeitnehmerseitige Pflicht zur Vornahme bestimmter schadensabwendender Handlungen begründen kann, muss es sich dabei um einen Notfall handeln. Von einem solchen ist auszugehen, wenn Schäden des Arbeitgebers zu befürchten oder alsbald zu erwarten sind.[812] Entscheidend ist, dass der Notfall nicht der Risikosphäre einer der arbeitsvertraglichen Parteien zugeordnet werden und der Schaden nicht anders als durch den überobligatorischen Einsatz des Arbeitnehmers abgewendet werden kann.[813] Während also etwa Naturkatastrophen als Notfälle anerkannt sind,[814] handelt es sich bspw. nicht um einen Notfall, wenn urlaubsbedingt Personalmangel bevorsteht, der vorhersehbar ist.[815] Denn in dieser Konstellation wäre der Arbeitgeber in der Lage gewesen, vorausschauend zu planen und den Personalmangel durch rechtzeitige Maßnahmen von vornherein zu verhindern. Ein Notfall liegt unter Berücksichtigung der Rechtsprechung des BAG insbesondere vor, wenn ein Arbeitnehmer einen krankheitsbedingt ausfallenden Kollegen vertreten muss.[816] Dies muss gleichermaßen gelten, wenn ein Arbeitnehmer quarantänebedingt ausfällt oder unvorhergesehen die Betreuung seines Kindes persönlich übernehmen muss.

B. Veränderungsmöglichkeiten des Arbeitnehmers – Anspruch auf Home-Office?

Nach Darstellung der Pflichten des Arbeitnehmers im Pandemiefall wird im Folgenden untersucht, ob der Arbeitnehmer im Pandemiefall einen Anspruch haben kann, die Arbeitsleistung im Home-Office zu erbringen. Diese Frage stellt sich freilich nur, sofern die Arbeitsleistung nach ihrer Eigenart überhaupt im Home-Office erbracht werden kann. Dies wird im Folgenden vorausgesetzt.

Auch wenn in einer Pandemie in vielen Fällen eine einvernehmliche Lösung mit dem Arbeitgeber bezüglich der Leistungserbringung im Home-Office gefunden werden wird,[817] wird es Arbeitgeber geben, die aus mehr oder weniger

812 *Falter*, BB 2009, 1974 (1978).
813 *Falter*, BB 2009, 1974 (1978).
814 *Tillmanns*, in: Rolfs/Giesen/Kreikebohm/Meßling/Udsching (Hrsg.), BeckOK ArbR, 64. Edition, Stand: 01.06.2022, § 106 GewO Rn. 20.
815 *Reichold*, in: Kiel/Lunk/Oetker (Hrsg.), MHdB ArbR, Band 1, Individualarbeitsrecht I, 5. Aufl. 2021, § 40 Rn. 25; *Tillmanns*, in: Rolfs/Giesen/Kreikebohm/Meßling/Udsching (Hrsg.), BeckOK ArbR, 64. Edition, Stand: 01.06.2022, § 106 GewO Rn. 20.
816 BAG, Urt. v. 08.10.1962 – 2 AZR 550/61, AP BGB § 611 Direktionsrecht Nr. 18 Rn. 16.
817 Zur Home-Office-Vereinbarung und einer Musterklausel siehe Teil 4 Kapitel 3.

nachvollziehbaren Gründen nicht möchten, dass der Arbeitnehmer zu Hause tätig wird. In diesen Fällen stellt sich die Frage, ob der Arbeitnehmer einen Home-Office-Anspruch gegen den Arbeitgeber haben kann.

I. Gesetzlicher Home-Office-Anspruch im Pandemiefall?

Festzuhalten bleibt, dass ein allgemeiner Anspruch auf Home-Office in Deutschland aktuell nicht besteht.[818] Zwar hat es in der COVID-19-Pandemie letztlich teilweise eine Pflicht des Arbeitgebers gegeben, dem Arbeitnehmer anzubieten, die Tätigkeiten in dessen Wohnung auszuführen.[819] Allerdings handelt es sich hierbei genau genommen nicht um einen Anspruch des Arbeitnehmers gegen den Arbeitgeber, sondern um eine öffentlich-rechtliche Pflicht.[820] Eine solche dürfte aber auch dazu führen, dass die meisten Arbeitgeber dem Arbeitnehmer ein Home-Office-Angebot unterbreiten.

II. Weitere Ansätze für einen Home-Office-Anspruch des Arbeitnehmers

Da die überwiegende Zeit der COVID-19-Pandemie eine gesetzliche Home-Office-Pflicht jedoch nicht bestand, ist im Hinblick auf ähnliche Situationen in künftigen Pandemien zu untersuchen, ob arbeitsvertraglich ein Home-Office-Anspruch bestehen kann.

1. Im Fall der persönlichen Verhinderung des Arbeitnehmers

Im Regel- wie auch im Pandemiefall ist Ausgangspunkt der Überlegungen zunächst, dass grundsätzlich der Arbeitgeber den Arbeitsort im Rahmen seines Weisungsrechts nach § 106 GewO näher bestimmen kann, sofern dieser nicht

---

818 ArbG Augsburg, Urt. v. 07.05.2020 – 3 Ga 9/20, NZA-RR 2020, 417; *Benkert*, NJW-Spezial 2019, 306; *Krieger/Rudnik/Povedano Peramato*, NZA 2020, 473 (478); *Sievers*, jM 2020, 189 (193); *Köhler/Schürgers*, BB 2020, 2613; LAG München, Urt. v. 26.08.2021 – 3 SaGa 13/21, COVuR 2021, 620.

819 Dies war erstmals der Fall, als am 22.04.2021 mit dem vierten Bevölkerungsschutzgesetz (BGBl. I 2021, 802 ff.) § 28b in das IfSG eingefügt wurde, der in Abs. 7 eine Home-Office-Angebotspflicht des Arbeitgebers (und eine Annahmepflicht der Beschäftigten, soweit ihrerseits keine Gründe entgegenstehen,) normierte. Diese Regelung galt zwar nur bis einschließlich 30.06.2021, vgl. § 28b Abs. 10 S. 1 IfSG a.F. Der novellierte § 28b IfSG, der ab dem 24.11.2021 gilt, sieht befristet bis zum 19.03.2022 dieselbe Regelung vor, vgl. § 28b Abs. 4 IfSG (BGBl. I 2021, 4906 (4907 ff.).

820 Siehe etwa *Sagan/Witschen*, NZA 2021, 593 (594) zu § 28b Abs. 7 IfSG a.F.

arbeitsvertraglich bereits hinreichend konkretisiert wurde.[821] Die Zuweisung des Arbeitsortes fällt daher in die Sphäre des Arbeitgebers und nicht in die des Arbeitnehmers.[822]

a) Rechtsprechung des BAG zur Neubestimmung des Arbeitsorts durch den Arbeitgeber

„Ist der Arbeitnehmer [allerdings] aus in seiner Person liegenden Gründen nicht mehr in der Lage, die vom Arbeitgeber näher bestimmte Leistung zu erbringen, kann es die Rücksichtnahmepflicht aus § 241 II BGB gebieten, dass der Arbeitgeber von seinem Direktionsrecht erneut Gebrauch macht und die vom Arbeitnehmer zu erbringende Leistung innerhalb des arbeitsvertraglich vereinbarten Rahmens anderweitig derart konkretisiert, dass dem Arbeitnehmer die Leistungserbringung wieder möglich wird."[823] Dieser Orientierungssatz des BAG legt nahe, dass der Arbeitgeber, sofern der Arbeitnehmer aus persönlichen Gründen nur im Home-Office seiner Leistungspflicht nachkommen kann, verpflichtet sein kann, die Leistungserbringung im Home-Office durch eine Neubestimmung des Arbeitsortes zu ermöglichen. Als persönliche Gründe kommen insbesondere eine Betreuungsverpflichtung des Arbeitnehmers, aber auch die durch eine infektionsschutzrechtliche Anordnung ausgelöste rechtliche Unmöglichkeit, die Arbeitsleistung im Betrieb zu erbringen, in Betracht. „Die Verpflichtung des Arbeitgebers zur Neubestimmung [...] setzt voraus, dass der Arbeitnehmer die Umsetzung auf einen leidensgerechten Arbeitsplatz verlangt und dem Arbeitgeber mitgeteilt hat, wie er sich seine weitere, die aufgetretenen Leistungshindernisse ausräumende Beschäftigung vorstellt. Dem Verlangen des Arbeitnehmers muss der Arbeitgeber regelmäßig entsprechen, wenn ihm die [...] Neubestimmung der zu bewirkenden Arbeitsleistung zumutbar und rechtlich möglich ist. Zumutbar ist dem Arbeitgeber die Zuweisung einer anderen Tätigkeit, wenn dem keine betrieblichen Gründe, zu denen auch wirtschaftliche Erwägungen zählen können, oder die Rücksichtnahmepflicht gegenüber anderen Arbeitnehmern entgegenstehen."[824]

---

821 *Müller,* DB 2019, 1624.

822 LAG Rheinland-Pfalz, Urt. v. 18.12.2014 – 5 Sa 378/14, BeckRS 2015, 66249.

823 BAG, Urt. v. 19.05.2010 – 5 AZR 162/09, NZA 2010, 1119.

824 BAG, Urt. v. 19.05.2010 – 5 AZR 162/09, NZA 2010, 1119.

b) Anwendung der Grundsätze auf einen Pandemiefall

Wendet man diese Orientierungssätze des BAG auf pandemiespezifische Konstellationen an, scheint ein Anspruch auf Home-Office nicht ausgeschlossen. Denn wenn der Arbeitnehmer die Arbeitsleistung wegen eines persönlichen Grundes nicht im Betrieb erbringen kann, dieser die Home-Office-Tätigkeit verlangt und keine betrieblichen Gründe des Arbeitgebers entgegenstehen, wären die Voraussetzungen des BAG eigentlich erfüllt und der Arbeitgeber aus seiner Rücksichtnahmepflicht gemäß § 241 Abs. 2 BGB zu einer Neubestimmung des Arbeitsortes verpflichtet. Entsprechend vertreten etwa *Krieger*, *Rudnik* und *Povedano Peramato* die Auffassung, dass, sofern der Arbeitnehmer seiner Arbeitsleistung nur noch im Home-Office nachkommen kann, das Arbeitgeberermessen hinsichtlich des Arbeitsortes auf Null reduziert und dieser mithin verpflichtet ist, den Arbeitnehmer zur Ausübung der Tätigkeit im Home-Office anzuweisen.[825]

c) Entgegenstehende Rechtsprechung?

Während ein solcher Fall bislang höchstrichterlich nicht entschieden wurde, ergibt sich bspw. aus dem amtlichen Leitsatz zu einem Urteil des LAG Rheinland-Pfalz aus dem Jahr 2014, dass „[aus] der in § 241II BGB normierten Rücksichtnahmepflicht […] auch unter Berücksichtigung des grundrechtlichen Schutzes von Ehe und Familie bzw. Pflege und Erziehung der Kinder (Art. 6I, II GG) kein Anspruch auf einen befristeten Halbtagsarbeitsplatz an einem anderen Arbeitsort oder in einem Home Office [erwächst]."[826] Unter Berücksichtigung dieses Urteils scheint jedenfalls die Notwendigkeit, die eigenen Kinder zu betreuen, einen Anspruch auf Home-Office nicht legitimieren zu können.

Aufgrund der Bedeutung dieser Entscheidung des LAG Rheinland-Pfalz für die pandemiebedingt höchst praxisrelevante Situation der Betreuungsverpflichtung gegenüber Angehörigen bedarf diese einer genaueren Betrachtung. In dem zugrundeliegenden Sachverhalt begehrte die klagende Arbeitnehmerin von ihrem Arbeitgeber zum einen die Reduzierung ihrer Arbeitszeit und zum anderen die Versetzung an einen anderen Unternehmensstandort sowie hilfsweise, die Arbeitsleistung am Heimarbeitsplatz erbringen zu können. Grund dafür war, dass sie nach einer Unternehmensumstrukturierung zu ihrer Betriebsstätte pendeln musste und ihr Sohn aufgrund einer emotionalen Störung derart betreuungsbedürftig war, dass die Betreuung des Kindes und die berufliche Tätigkeit

825 *Krieger/Rudnik/Povedano Peramato*, NZA 2020, 473 (478).
826 LAG Rheinland-Pfalz, Urt. v. 18.12.2014 – 5 Sa 378/14, BeckRS 2015, 66249.

nicht mehr in Einklang gebracht werden konnten. Während sich der Arbeitgeber mit der Teilzeittätigkeit einverstanden erklärte, lehnte er die Versetzung ab, woraufhin die Arbeitnehmerin diese gerichtlich erwirken wollte.

Das LAG lehnt einen Anspruch auf eine Tätigkeit an einem anderen Arbeitsort oder im Home-Office letztlich ab. In seiner Urteilsbegründung führt dieses unter Berücksichtigung der oben geschilderten Grundsätze des BAG aus, dass der Arbeitgeber aufgrund seiner Rücksichtnahmepflicht aus § 241 Abs. 2 BGB zwar verpflichtet ist, den Änderungsantrag des Arbeitnehmers unter Berücksichtigung von Treu und Glauben zu prüfen, der Arbeitgeber im konkreten Fall sein diesbezügliches Ermessen aber ordnungsgemäß ausgeübt hat. Zwar hat es einerseits gewichtige, verfassungsrechtlich geschützte (Art. 6 Abs. 1, 2 GG) familiäre Belange der Klägerin festgestellt, andererseits aber klargestellt, dass auch die unternehmerische Freiheit des Arbeitgebers grundrechtlich geschützt ist (Art. 12, 14, 2 Abs. 1 GG). Gegenstand dieser unternehmerischen Freiheit sei auch die Bestimmung des Arbeitsortes.[827]

Zusammenfassend kommt nach der Auffassung des LAG der Gestaltungsfreiheit hinsichtlich der betrieblichen Organisation wohl höhere Gewichtung zu als den innerfamiliären Verpflichtungen des Arbeitnehmers.[828] Dabei müssen allerdings zwei Aspekte berücksichtigt werden: Zum einen hat in dem konkreten Einzelfall die Arbeitnehmerin kategorisch einen Umzug ausgeschlossen, um das Pendeln zur Arbeitsstätte zu vermeiden. Zum anderen hätten bestimmte technische Vorkehrungen getroffen werden müssen, um die Leistungserbringung der Arbeitnehmerin nach der Unternehmensumstrukturierung an einem ihrem Wohnort näheren Standort oder im Home-Office zu ermöglichen. Hingegen darf das Urteil nicht als pauschale Absage gegenüber dem Home-Office im Fall der Betreuungsverpflichtung gegenüber Angehörigen angesehen werden. Vielmehr sind stets die konkreten Umstände des Einzelfalls entscheidend.

Werden im Pandemiefall etwa Schulen oder Kitas geschlossen und der Arbeitnehmer muss mangels anderweitiger Betreuungsmöglichkeit die Betreuung seines Kindes selbst übernehmen, kann unter Berücksichtigung der vom BAG aufgestellten Grundsätze zur erneuten Ausübung des Direktionsrechts durchaus ein Recht zum Home-Office bestehen.[829] Rechtsdogmatisch handelt es sich zwar nicht um einen Anspruch des Arbeitnehmers, doch kann die aus § 241 Abs. 2

---

827 LAG Rheinland-Pfalz, Urt. v. 18.12.2014 – 5 Sa 378/14, BeckRS 2015, 66249.

828 Siehe auch *Meyer-Michaelis/Falter*, ArbRAktuell 2015, 158.

829 *Krieger/Rudnik/Povedano Peramato*, NZA 2020, 473 (478); *Mues/Müncheberg*, ArbRB 2020, 214 (216).

BGB hergeleitete arbeitgeberseitige Pflicht zur erneuten Ausübung des Direktionsrechts faktisch als ein solcher Anspruch anzusehen sein.

2. *Weitere Ansätze*

Unabhängig von einem etwaigen Home-Office-Bedürfnis des Arbeitnehmers wegen eines persönlichen Grundes vertreten *Günther* und *Böglmüller* die Auffassung, dass ein Recht zum Home-Office bei unzureichender Berücksichtigung arbeitsschutzrechtlicher Vorschriften durch den Arbeitgeber in Betracht kommt.[830] In diesem Zusammenhang besteht zumindest Einigkeit darüber, dass dem Arbeitnehmer ein Leistungsverweigerungsrecht nach § 273 BGB zusteht.[831] Gegenüber der Leistungsverweigerung kann die Leistungserbringung im Home-Office aber durchaus als milderes Mittel gesehen werden, was für ein entsprechendes Recht des Arbeitnehmers sprechen würde. Nach Auffassung von *Weller*, *Lieberknecht* und *Habrich* kann dem Arbeitnehmer ein Anspruch auf Vertragsanpassung, gerichtet auf die Leistungserbringung im Home-Office, nach § 313 Abs. 1 BGB zustehen.[832]

3. *Zusammenfassung*

Nach alledem sprechen gute Gründe dafür, zumindest in bestimmten Situationen einen Home-Office-Anspruch des Arbeitnehmers anzuerkennen. Dies gilt zum einen, wenn der Arbeitnehmer wegen eines persönlichen Grundes, etwa einer Betreuungsverpflichtung gegenüber Angehörigen,[833] die Arbeitsleistung nicht im Betrieb erbringen kann. Zum anderen kommt ein Home-Office-Anspruch auch in Betracht, wenn der Arbeitgeber seine arbeitsschutzrechtlichen Pflichten gemäß § 618 BGB nicht erfüllt. Zuletzt scheint auch ein Anspruch aus § 313 Abs. 1 BGB auf entsprechende Vertragsanpassung nicht ausgeschlossen. Im Übrigen kann im Pandemiefall auch gesetzlich eine arbeitgeberseitige Pflicht bestehen, den Beschäftigten Home-Office anzubieten.

---

830 *Günther/Böglmüller*, ArbRAktuell 2020, 186 (187).

831 BAG, Urt. v. 08.05.1996 – 5 AZR 315/95, AP BGB § 618 Nr. 23; *Roloff*, in: Müller-Glöge/Preis/Schmidt (Hrsg.), ErfK, 22. Aufl. 2022, § 618 BGB Rn. 16; *Günther/Böglmüller*, ArbRAktuell 2020, 186 (187).

832 *Weller/Lieberknecht/Habrich*, NJW 2020, 1017 (1018); siehe dazu auch *Klein*, NJ 2020, 377 (383).

833 So auch *Schliemann*, FA 2020, 90 (92); *Mues/Müncheberg*, ArbRB 2020, 214 (216).

Kapitel 4 Pflichten, Ausgestaltungs-, Veränderungs- und Beendigungsmöglichkeiten des Arbeitgebers

Nachdem im vorangegangenen Kapitel die Pflichten und ein möglicher Home-Office-Anspruch des Arbeitnehmers im Pandemiefall untersucht wurden, werden nun die Pflichten, Ausgestaltungs-, Veränderungs- und Beendigungsmöglichkeiten des Arbeitgebers im Pandemiefall umfassend dargestellt.

A. Pflichten des Arbeitgebers

Wie bereits gezeigt, kommen in einer Pandemie vielfältige Konstellationen in Betracht, in welchen die Arbeitspflicht des Arbeitnehmers wegen Unmöglichkeit erlischt oder diesem ein Leistungsverweigerungsrecht zusteht.[834] Spiegelbildlich dazu wird im Folgenden zunächst untersucht, wie sich diese Konstellationen auf die Vergütungspflicht des Arbeitgebers auswirken (I.). Bleibt es beim Grundsatz „Ohne Arbeit kein Lohn" oder greifen vergütungserhaltende Normen, die dem Arbeitnehmer auch in der Pandemie ein Einkommen sichern?

Im Pandemiefall können sich zudem umfassende arbeitgeberseitige Nebenpflichten realisieren, die aufgezeigt werden (II). Zuletzt kommt in einer Pandemie auch infektionsschutzrechtlichen Entschädigungsansprüchen hohe Relevanz zu, die vom Arbeitgeber zeitlich begrenzt für die zuständige Behörde auszuzahlen sind. Auch wenn es sich hierbei nicht um eine arbeitsvertragliche Pflicht handelt, sollen der Vollständigkeit halber auch diesbezügliche Aspekte knapp aufgezeigt werden (III.).

I. Schicksal der Vergütungspflicht in einer Pandemie

Eine der bedeutendsten Fragen für den Arbeitgeber im Pandemiefall ist freilich, in welchen Konstellationen dieser dem Arbeitnehmer Entgelt(fort)zahlung schuldet. Denn „[d]as größte wirtschaftliche Risiko bei einer Pandemie ist aus Sicht des Arbeitgebers, dass er Lohn zahlen muss, ohne seinerseits die Leistung des Arbeitnehmers zu erhalten."[835] Der nachfolgende Abschnitt soll die Frage für die denkbaren pandemiespezifischen Konstellationen beantworten.

---

834 Siehe Teil 3 Kapitel 3 A. II.

835 *Maties*, in: Koch/Kubiciel/Wollenschläger (Hrsg.), 50 Jahre Juristische Fakultät Augsburg, 2021, 419.

1. Bei Nichtleistung des Arbeitnehmers wegen Angst/Verunsicherung

Zunächst ist es vorstellbar, dass der Arbeitnehmer aus Angst vor der Pandemie nicht arbeiten möchte und deshalb zu Hause bleibt. Aufgrund des Charakters der Arbeitspflicht als absolute Fixschuld[836] wird die Arbeitsleistung dann mit Zeitablauf unmöglich, sodass die Arbeitspflicht entfällt, § 275 Abs. 1 BGB. Hinsichtlich der Gegenleistungspflicht greift der Grundsatz „Ohne Arbeit kein Lohn" und der Arbeitgeber ist gemäß § 326 Abs. 1 S. 1 Hs. 1 BGB von der Vergütungspflicht befreit.[837]

2. Bei pandemischer Erkrankung des Arbeitnehmers

Eine der wohl relevantesten Konstellationen im Pandemiefall ist, dass der Arbeitnehmer sich mit dem pandemischen Erreger infiziert und deswegen erkrankt. Zu differenzieren ist hierbei zwischen dem Regelfall des symptomatischen und dem Ausnahmefall des asymptomatischen Arbeitnehmers.

a) Regelfall: Symptomatischer Arbeitnehmer

Innerhalb des Regelfalls bedarf es einer weitergehenden Differenzierung zwischen der Konstellation, in der der Arbeitnehmer lediglich erkrankt und der Konstellation, in der er zusätzlich Betroffener einer infektionsschutzrechtlichen Maßnahme nach dem IfSG[838] ist.

aa) Vergütungspflicht bei bloßer Erkrankung des Arbeitnehmers aus § 3 Abs. 1 S. 1 EFZG

Erkrankt der Arbeitnehmer symptomatisch an der pandemischen Erkrankung, gelten hinsichtlich der Vergütungspflicht die allgemeinen Grundsätze zur Entgeltfortzahlung im Krankheitsfall.[839] Insbesondere ist die Anwendung des EFZG nach zutreffender Auffassung auch in einer Pandemie gegeben;[840] eine

---

836 Siehe Teil 2 Kapitel 1 A. I. 1. a); *Maties*, in: Benecke (Hrsg.), BeckOGK, Stand: 01.03.2022, § 611a BGB Rn. 1666.

837 *Grimm*, DB 2020, 1177; nach Auffassung von *Schmidt/Novara*, DB 2009, 1817 (1820) gerät der Arbeitnehmer in Verzug und dem Arbeitgeber steht das Zurückbehaltungsrecht des § 320 Abs. 1 BGB zu.

838 Für einen Überblick dazu siehe Teil 3 Kapitel 2 D.

839 Siehe dazu Teil 2 Kapitel 2 A. II.

840 So auch *Maties*, in: Koch/Kubiciel/Wollenschläger (Hrsg.), 50 Jahre Juristische Fakultät Augsburg, 2021, 427.

Gesetzeskonkurrenz mit dem IfSG besteht im Fall des Kranken i.S.d IfSG richtigerweise schon gar nicht.[841]

Der Arbeitgeber schuldet also Entgeltfortzahlung für die Dauer von bis zu sechs Wochen, wenn der Arbeitnehmer durch Arbeitsunfähigkeit infolge Krankheit an seiner Arbeitsleistung verhindert ist, ohne dass ihn ein Verschulden trifft, vgl. § 3 Abs. 1 S. 1 EFZG. Die Voraussetzungen werden bei einem symptomatischen Krankheitsverlauf in der Regel vorliegen, der Anspruch entsprechend bestehen.[842] Denn wenn der Arbeitnehmer unter grippeähnlichen Symptomen wie Fieber, Kopf- und Gliederschmerzen[843] leidet, ist er als arbeitsunfähig infolge Krankheit zu qualifizieren.[844] Schließlich ist er nicht imstande, die Arbeit zu verrichten, jedenfalls aber nicht ohne Risiko, seinen Gesundheitszustand zu verschlimmern.[845] Auch wird der Arbeitgeber dem Arbeitnehmer in der Regel den Vorwurf des Verschuldens i.S.d. § 3 Abs. 1 S. 1 EFZG nicht machen können. Da diesem Tatbestandsmerkmal in einer Pandemie anders als im gewöhnlichen Krankheitsfall jedoch höhere Relevanz zukommt, bedarf es einer genaueren Betrachtung desselben.

(1) „Verschulden gegen sich selbst" in einer Pandemie

Dem Arbeitnehmer kann ein Verschuldensvorwurf i.S.d. § 3 Abs. 1 S. 1 EFZG nur gemacht werden, wenn dieser in erheblichem Maße gegen die von einem verständigen Menschen im eigenen Interesse zu erwartende Verhaltensweise verstößt.[846] Ein solcher Verstoß setzt „[...] ein besonders leichtfertiges oder

---

841 Siehe ausführlich dazu Teil 3 Kapitel 2 E. III. 1.

842 *Maties*, in: Koch/Kubiciel/Wollenschläger (Hrsg.), 50 Jahre Juristische Fakultät Augsburg, 2021, 426; *Schmidt/Novara*, DB 2009, 1817 (1820); *Grimm*, DB 2020, 1177; bei Erkrankung mit dem Coronavirus bejahend *Fuhlrott/Fischer*, NZA 2020, 345 (347); *von Steinau-Steinrück/Mosch*, NJW-Spezial, 2009, 578; *Baeck/Winzer/Abend*, NZG 2020, 1129.

843 So etwa in der COVID-19-Pandemie, siehe dazu *RKI*, Epidemiologischer Steckbrief zu SARS-CoV-2 und COVID-19 Nr. 8, Stand: 26.11.2021, abrufbar unter: https://www.rki.de/DE/Content/InfAZ/N/Neuartiges_Coronavirus/Steckbrief.

844 So auch *Maties*, in: Koch/Kubiciel/Wollenschläger (Hrsg.), 50 Jahre Juristische Fakultät Augsburg, 2021, 426.

845 Zum Begriff der krankheitsbedingten Arbeitsunfähigkeit siehe BAG, Urt. v. 14.01.1972 – 5 AZR 264/71, AP LohnFG § 1 Nr. 12; BAG, Urt. v. 09.01.1985 – 5 AZR 415/82, AP LohnFG § 1 Nr. 62; BAG, Urt. v. 07.08.1991 – 5 AZR 410/90, NZA 1992, 69.

846 BAG, Urt. v. 27.05.1992 – 5 AZR 297/91, BeckRS 1992, 30741372; BAG, Urt. v. 18.03.2015 – 10 AZR 99/14, NZA 2015, 801 (802).

vorsätzliches Verhalten […] [voraus].“[847] Maßgeblich ist daher (nunmehr) ein subjektives Element.[848] Beweisbelastet bezüglich des Verschuldens ist der Arbeitgeber.[849] Da dieser den Beweis in der Regel allein nur schwer erbringen kann, trifft den Arbeitnehmer jedoch eine Mitwirkungspflicht.[850] Vor diesem theoretischen Hintergrund soll anhand ausgewählter praxisrelevanter Beispiele aufgezeigt werden, in welchen pandemiespezifischen Situationen ein Verschulden i.S.d. § 3 Abs. 1 S. 1 EFZG vorliegen wird.

(a) Nichteinhaltung gängiger Schutzmaßnahmen

Zu den gängigsten Schutzmaßnahmen in einer Pandemie gehören primär das Tragen von Schutzmasken und das Einhalten von Abstandsgeboten. In der COVID-19-Pandemie galt es zunächst, sich an die **AHA**-Formel zu halten, also **A**bstand zu halten, **H**ygiene zu beachten und im **A**lltag Maske zu tragen. Später wurde die Formel auf AHA + A + L erweitert, wobei das ergänzte A für die Nutzung der Corona-Warn-App steht und das L für das Lüften.[851] Ein Verstoß gegen diese gängigen Gebote kann aber nur dann das anspruchsausschließende „Verschulden gegen sich selbst“ begründen, wenn dem Arbeitnehmer ein besonders leichtfertiges oder vorsätzliches Verhalten vorgeworfen werden kann. *Maties* differenziert diesbezüglich überzeugend danach, ob eine Maßnahme primär dem Eigenschutz oder dem Schutz Dritter dient. Bei Unterlassen einer Maßnahme nach der erstgenannten Konstellation ist ein „Verschulden gegen sich selbst“ zu bejahen. Hierunter fällt insbesondere das Unterlassen des Tragens eines Mund-Nasen-Schutzes im öffentlichen Nahverkehr. Demgegenüber muss bei Verstößen gegen Regelungen, die primär dem Schutz der Allgemeinheit dienen wie

---

847 BAG, Urt. v. 18.03.2015 – 10 AZR 99/14, NZA 2015, 801 (802).

848 *Ricken*, in: Rolfs/Giesen/Kreikebohm/Meßling/Udsching (Hrsg.), BeckOK ArbR, 64. Edition, Stand: 01.06.2022, § 3 EFZG Rn. 35 unter Verweis auf BAG, Urt. v. 18.03.2015 – 10 AZR 99/14, NJW 2015, 2444 ff.

849 BAG, Urt. v. 23.11.1971 – 1 AZR 404/70, AP LohnFG § 1 Nr. 9; *Reinhard*, in: Müller-Glöge/Preis/Schmidt (Hrsg.), ErfK, 22. Aufl. 2022, § 3 EFZG Rn. 32.

850 *Reinhard*, in: Müller-Glöge/Preis/Schmidt (Hrsg.), ErfK, 22. Aufl. 2022, § 3 EFZG Rn. 32.

851 Siehe *BMG*, Mit AHA + A + L durchs Jahr, abrufbar unter: https://www.zusammengegencorona.de/mitmachen/mit-aha-durchs-jahr/; zum infektionsschutzgerechten Lüften siehe etwa *Gritzki/Bux*, ARP 2021, 70 und *BMAS*, Empfehlung zum infektionsschutzgerechten Lüften, Stand: 16.09.2020, abrufbar unter: https://www.bmas.de/DE/Service/Presse/Pressemitteilungen/2020/empfehlungen-zum-infektionsschutzgerechten-lueften.html.

Ausgangsbeschränkungen, im Fall der Erkrankung ein Verschulden i.S.d. § 3 EFZG abgelehnt werden.[852]

In jedem Fall ist ein „Verschulden gegen sich selbst" gegeben, wenn der Arbeitnehmer das Einhalten der Schutzmaßnahmen grundsätzlich verweigert. Mit Blick auf die COVID-19-Pandemie ist hierbei insbesondere an Teilnehmer von Demonstrationen zu denken, bei welchen diese ihren Unmut über den Umgang der Regierung mit der Pandemie und den damit verbundenen Grundrechtseinschränkungen zum Ausdruck bringen. Regelmäßig haben große Teile der Versammlungsteilnehmer auf den Maskenschutz verzichtet und Abstandsgebote nicht eingehalten.[853] Unter Berücksichtigung des hohen Andrangs auf diesen Versammlungen ist hier von einem besonders leichtfertigen, wenn nicht gar vorsätzlichen Verhalten und somit einem groben Verstoß gegen die im Eigeninteresse eines verständigen Menschen zu erwartende Verhaltensweise auszugehen. Erkrankt einer dieser „Pandemie-Verweigerer" infolgedessen an der pandemischen Erkrankung, schuldet der Arbeitgeber keine Entgeltfortzahlung gemäß § 3 Abs. 1 S. 1 EFZG.

Rechtlich identisch zu bewerten ist die Teilnahme an Pandemie-Partys wie sog. Corona-Partys. Darunter werden zum einen Veranstaltungen verstanden, bei welchen die Teilnehmer die Risiken der Pandemie nicht ernst nehmen und auf das Feiern nicht verzichten möchten. Zum anderen werden darunter auch Veranstaltungen gefasst, die unter Beteiligung eines mutmaßlich bzw. nachweislich Infizierten primär dazu dienen, die anderen Beteiligten zu infizieren, mit dem Ziel, dadurch eine Immunisierung zu erreichen.[854] Unabhängig von der Motivation der Party-Teilnehmer wird ein Verschulden i.S.d. § 3 EFZG in diesen Fällen in der Regel zu bejahen sein. Partys zeichnen sich gerade dadurch aus, dass Menschen auf engem Raum zusammenkommen, sich ausgelassen unterhalten und tanzen. Hierbei werden weder Abstandsgebote gewahrt noch sonstige Schutzmaßnahmen wie das Tragen eines Mund-Nasen-Schutzes eingehalten. Dies gilt insbesondere unter Berücksichtigung der Tatsache, dass die Party-Teilnehmer regelmäßig alkoholisiert und infolgedessen enthemmt sein dürften.

---

852 Siehe *Maties*, in: Koch/Kubiciel/Wollenschläger (Hrsg.), 50 Jahre Juristische Fakultät Augsburg, 2021, 428.

853 Siehe u.a. *WDR*, Keine Masken, kein Abstand: Corona-Demos ohne Regeln erlaubt? Stand: 12.12.2021, abrufbar unter: https://www1.wdr.de/nachrichten/corona-demos-versammlungen-proteste-querdenker-schutzmassnahmen-100.html.

854 *Scholz*, Feiern bis der Arzt kommt, FAZ, Stand: 19.03.2020, abrufbar unter: https://www.faz.net/aktuell/gesellschaft/gesundheit/coronavirus/virologe-warnt-vor-corona-partys-feiern-trotz-pandemie-16685265.html.

Mit einer Party-Teilnahme unter derartigen Bedingungen legen die Teilnehmer eine Verhaltensweise an den Tag, die mit der von einem verständigen Menschen im Eigeninteresse zu erwartenden Verhaltensweise in einer Pandemie in keiner Weise in Einklang steht. Mithin ist in diesen Fallkonstellationen ein Verschulden i.S.d. § 3 Abs. 1 S. 1 EFZG zu bejahen,[855] sodass dieser nicht greift und nach der Regel des § 326 Abs. 1 S. 1 Hs. 1 BGB die Vergütungspflicht des Arbeitgebers erlischt.

Neben diesen vergleichsweise außergewöhnlichen Situationen ist auch zu hinterfragen, ob die Nichteinhaltung der Schutzmaßnahmen in alltäglichen Situationen, etwa während eines Arbeitstages im Großraumbüro, als „Verschulden gegen sich selbst" zu bewerten ist. Hier werden die Bedingungen des Einzelfalls maßgeblich sein. Ist das Büro personell ohnehin nur schwach besetzt und der Kontakt zu Kollegen im Vergleich zum gewöhnlichen Alltag stark reduziert, wird man ein „Verschulden gegen sich selbst" ablehnen müssen, da der Eigenschutz nicht besonders leichtfertig oder vorsätzlich gefährdet wird. Ist das Gegenteil der Fall, sind also viele Kollegen physisch anwesend und findet ein reger Austausch innerhalb der Belegschaft statt, ist wie bei der Nichteinhaltung der Schutzmaßnahmen im öffentlichen Nahverkehr von einer besonders leichtfertigen, mithin verschuldensbegründenden Eigengefährdung auszugehen, wenn ein Arbeitnehmer die gebotenen Schutzmaßnahmen nicht beachtet.

(b) Reise in ein Risikogebiet

Im Weiteren ist zu untersuchen, ob ein „Verschulden gegen sich selbst" i.S.d. § 3 EFZG vorliegt, wenn ein Arbeitnehmer ein Land bereist, das als Risikogebiet i.S.d. § 2 Nr. 17 IfSG[856] klassifiziert ist, und daraufhin an der pandemischen Krankheit erkrankt. Im Schrifttum wird ohne jegliche Differenzierung zumindest bei ausdrücklicher Reisewarnung des Auswärtigen Amtes ein Verschulden

---

855 So auch *Düwell*, BB 2020, 891 (893) zu Corona-Partys.

856 Risikogebiet ist ein Gebiet außerhalb der Bundesrepublik Deutschland, für das vom BMG im Einvernehmen mit dem Auswärtigen Amt und dem BMI ein erhöhtes Risiko für eine Infektion mit einer bestimmten bedrohlichen übertragbaren Krankheit festgestellt wurde; die Einstufung als Risikogebiet erfolgt erst mit Ablauf des ersten Tages nach Veröffentlichung der Feststellung durch das RKI im Internet unter der Adresse https://www.rki.de/risikogebiete, § 2 Nr. 17 IfSG.

i.S.d. § 3 EFZG bejaht.[857] Dem kann derart pauschal nicht zugestimmt werden, es bedarf vielmehr in vielerlei Hinsicht einer differenzierenden Betrachtung.

Zwar setzt sich der Arbeitnehmer mit einer Reise in ein Risikogebiet begrifflich einem erhöhten gesundheitlichen Risiko aus. Gleichwohl ist zunächst zweierlei zu bedenken. Zum einen geht mit einer Reise in ein Risikogebiet noch keine konkrete Infektionsgefahr einher.[858] Zum anderen ist es abhängig von dem aktuellen Infektionsgeschehen im Inland denkbar, dass der Arbeitnehmer sich nicht einmal einer abstrakt höheren Infektionsgefahr, sondern sogar einem geringeren Infektionsrisiko aussetzt. So kann in Deutschland eine höhere Sieben-Tage-Inzidenz als im als Risikogebiet deklarierten Zielort vorherrschen. In dieser Konstellation wäre es höchst widersinnig, ein „Verschulden gegen sich selbst" des Arbeitnehmers wegen einer Reise in ein Risikogebiet zu bejahen, wenn doch im Inland ein größeres Infektionsrisiko besteht. Hierbei muss aber auch berücksichtigt werden, auf welche Art und Weise die Einreise in das Risikogebiet erfolgt. Wenn ein Arbeitnehmer etwa alleine mit dem Auto in ein Risikogebiet einreist, in welchem das Infektionsgeschehen weniger ausgeprägt ist als im Inland, kann darin kein leichtfertiges oder vorsätzliches Verhalten gegen die von einem verständigen Menschen im eigenen Interesse zu erwartende Verhaltensweise gesehen werden. Im Gegenteil müsste ein solches Verhalten sogar als Vorsichtsmaßnahme bewertet werden. Mithin kann dem Arbeitnehmer in diesem speziellen Fall der Vorwurf des Verschuldens i.S.d. § 3 EFZG nicht gemacht werden, wenn er infolge der Reise pandemisch erkrankt. Kann die Reise nicht alleine mit dem Auto unternommen werden, sondern bedarf es einer mehrstündigen Flugreise in einem ausgebuchten Flugzeug, wird ein Verschulden i.S.d. § 3 EFZG eher vorliegen.

Ein Verschulden i.S.d. § 3 EFZG ist jedenfalls auch zu bejahen, wenn im Inland ein sehr geringes Infektionsgeschehen und in dem als Risikogebiet zu qualifizierenden Zielland ein wesentlich höheres Infektionsgeschehen vorherrscht. Dies gilt insbesondere unter Berücksichtigung der Wertung des § 56 Abs. 1 S. 4 und 5 IfSG, wenn die Reise vermeidbar war. Dies ist der Fall, wenn zum Zeitpunkt der Abreise keine zwingenden und unaufschiebbaren Gründe für die Reise vorlagen, § 56 Abs. 1 S. 5 IfSG.[859]

---

857 *Bonanni*, ArbRB 2020, 110 (113); *Grimm*, ArbRB 2020, 230 (231); *von Steinau-Steinrück/Mosch*, NJW-Spezial 2009, 578; *Stück*, MDR 2009, 1209 (1211); *Fuhlrott/Fischer*, NZA 2020, 345 (347); *Sievers*, jM 2020, 189 (201).

858 So auch *Maties*, in: Koch/Kubiciel/Wollenschläger (Hrsg.), 50 Jahre Juristische Fakultät Augsburg, 2021, 428.

859 Siehe hierzu Teil 3 Kapitel 2 E. I. 1. e) bb).

(c) *Bei fehlender Impfbereitschaft*

Sobald ein Impfstoff gegen den pandemischen Erreger hergestellt werden konnte, spätestens aber, wenn jedem Bürger ein Impfangebot gemacht werden kann, wird man sich der Frage stellen müssen, ob Erkrankten, die sich trotz Impfmöglichkeit keiner Vakzination unterzogen haben, der Vorwurf des „Verschuldens gegen sich selbst" gemacht werden kann. Relevant werden kann die Frage jedoch nur, wenn der Impfstoff eine Infektion verhindert oder das Infektionsrisiko zumindest signifikant reduziert. Kann dies nicht gewährleistet werden, kann es nicht in Betracht kommen, dem Arbeitnehmer wegen unterlassener Impfung einen Verschuldensvorwurf zu machen. In der COVID-19-Pandemie war es grundsätzlich möglich, trotz Schutzimpfung zu erkranken.[860] Das Infektionsrisiko wurde aber zumindest in den ersten Monaten nach Erlangung des vollständigen Impfschutzes im Vergleich zu Ungeimpften erheblich reduziert.[861]

Unterstellt, die Impfung kann erwiesenermaßen eine Infektion verhindern oder das Infektionsrisiko signifikant reduzieren, ist fraglich, ob in dem Unterlassen der Vakzination ein grober oder gröblicher Verstoß gegen das Eigeninteresse eines verständigen Menschen liegt und damit ein besonders leichtfertiges oder vorsätzliches Verhalten zu bejahen ist. Auf der einen Seite spricht es für ein besonders leichtfertiges, wenn nicht gar vorsätzliches Verhalten gegen das Eigeninteresse eines verständigen Menschen, wenn eine Person auf eine Schutzimpfung, die nachweislich vor der pandemischen Infektion schützt, verzichtet. Auf der anderen Seite muss – wie etwa in der COVID-19-Pandemie – ggf.

---

860 Siehe dazu *BZgA*, Wirksamkeit und Sicherheit (der Impfstoffe gegen SARS-CoV-2), abrufbar unter: https://www.infektionsschutz.de/coronavirus/fragen-und-antworten/alles-zu-den-impfstoffen/wirksamkeit-und-sicherheit/. In diesem Fall spricht man von einem Impfdurchbruch. Siehe dazu *RKI*, Wirksamkeit (der COVID-19-Impfstoffe), Stand: 24.01.2022, abrufbar unter: https://www.rki.de/SharedDocs/FAQ/COVID-Impfen/FAQ_Liste_Wirksamkeit.html.

861 „Studiendaten zeigen, dass die Wahrscheinlichkeit, an dem [SARS-CoV-2] Virus zu erkranken, bei den gegen COVID-19 geimpften Teilnehmerinnen und Teilnehmern zwischen 70 und 95 Prozent geringer war als bei den Placebo-geimpften Teilnehmerinnen und Teilnehmern. Das bedeutet, dass eine gegen COVID-19 geimpfte Person nach Kontakt mit SARS-CoV-2 mit hoher Wahrscheinlichkeit nicht erkranken wird. Über welchen Zeitraum eine geimpfte Person vor einer COVID-19 Erkrankung geschützt ist, das heißt, wie lange der Impfschutz besteht, wird derzeit noch untersucht." Siehe *BZgA*, Wirksamkeit und Sicherheit (der Impfstoffe gegen SARS-CoV-2), abrufbar unter: https://www.infektionsschutz.de/coronavirus/fragen-und-antworten/alles-zu-den-impfstoffen/wirksamkeit-und-sicherheit/#tab-4573-2.

bedacht werden, dass bei eigentlich freiwilliger Impfung kein faktischer Impfzwang geschaffen werden darf. Dies gilt insbesondere unter Berücksichtigung der Tatsache, dass jede Impfung in die körperliche Integrität des Arbeitnehmers eingreift. Eine Tendenz hin zu einem faktischen Impfzwang wäre zu befürchten, wenn Nichtgeimpften im Vergleich zu Geimpften dauerhaft erhebliche Nachteile erwachsen würden. Hier ist aber wiederum zu berücksichtigen, dass der ungeimpfte Arbeitnehmer bei Bejahung des Verschuldens i.S.d. § 3 EFZG im Krankheitsfall zwar benachteiligt würde, indem dieser keine Entgeltfortzahlung erhalten würde. Gleichwohl bestünde dieser Nachteil nicht dauerhaft, sondern nur für die Dauer des krankheitsbedingten Ausfalls. Dieser Nachteil entsteht auch nicht unmittelbar dadurch, dass der Arbeitnehmer sich nicht impfen lässt, sondern realisiert sich erst, falls der ungeimpfte Arbeitnehmer pandemisch erkrankt. Mithin würde ein faktischer Impfzwang dadurch, dass dem ungeimpften Arbeitnehmer ggf. und temporär das Vergütungsrisiko auferlegt wird, nicht geschaffen.

In diesem Kontext kann zudem die Wertung des § 56 Abs. 1 S. 4 IfSG herangezogen werden.[862] Danach erhält u.a. keine Entschädigung, wer durch Inanspruchnahme einer Schutzimpfung, die gesetzlich vorgeschrieben ist oder im Bereich des gewöhnlichen Aufenthaltsortes des Betroffenen öffentlich empfohlen wurde, ein Tätigkeitsverbot oder eine Absonderung hätte vermeiden können. Klarzustellen ist zwar, dass Kranke von dem Tatbestand des § 56 IfSG nicht erfasst werden. Allerdings zeigt die Norm, dass der Staat das Risiko des Verdienstausfalls nicht tragen will, wenn der Arbeitnehmer trotz Impfmöglichkeit auf eine solche verzichtet und infolgedessen einen Verdienstausfall erleidet. Vor diesem Hintergrund scheint es auch ungerechtfertigt, dem Arbeitgeber das Vergütungsrisiko aufzuerlegen. Mithin sprechen die besseren Argumente dafür, das anspruchsausschließende „Verschulden gegen sich selbst" zu bejahen, wenn eine Schutzimpfung, die eine Infektion verhindern oder das Infektionsrisiko erheblich reduzieren kann, unterlassen wird.[863]

Knapp soll noch auf die Frage, die im späteren Verlauf der COVID-19-Pandemie aufgekommen ist, eingegangen werden, ob Arbeitnehmern, die sich keiner Auffrischimpfung – der sog. Booster-Impfung unterziehen –, im Fall der Erkrankung ein Verschulden i.S.d. § 3 EFZG vorgeworfen werden kann. Dazu müsste die Schutzimpfung – in dem hier betrachteten Fall also die

862 *Eufinger*, BB 2021, 504 (506).

863 Nach der Gegenauffassung von *Eufinger*, BB 2021, 504 (507) liegt ein Verschulden i.S.d. § 3 EFZG (eher) nicht vor.

Booster-Impfung – grundsätzlich geeignet sein, das Risiko, sich mit der vorherrschenden Virusvariante zu infizieren, jedenfalls signifikant zu reduzieren. Ob die bisher zur Verfügung stehenden Impfstoffe dies leisten können, ist jedoch äußerst fraglich. Studienergebnisse der FAU belegen, dass „[s]owohl die Zweifach- als auch die Dreifach-Impfung schwächer gegen das [vorherrschende] Omikron-Virus […]“[864] wirkt. Vor diesem Hintergrund kann nicht davon ausgegangen werden, dass die Booster-Impfung mit den aktuell zur Verfügung stehenden Impfstoffen einen hinreichenden Schutz vor einer Infektion bietet. Das Unterlassen der Booster-Impfung kann mithin kein Verschulden i.S.d. § 3 EFZG begründen.

(2) Zusammenfassung

Dem Tatbestandsmerkmal des Verschuldens i.S.d. § 3 EFZG kommt in der Pandemie im Vergleich zur gewöhnlichen Ausgangssituation eine hohe Bedeutung zu. Gleichwohl haben sich die Maßstäbe nicht geändert. Nur ein Verhalten, das in erheblichem Maße gegen die von einem verständigen Menschen im eigenen Interesse zu erwartende Verhaltensweise verstößt, begründet das „Verschulden gegen sich selbst“. Man wird sich hier an der Faustformel orientieren können, dass jedes Verhalten, das das eigene Infektionsrisiko erhöht, ein „Verschulden gegen sich selbst“ begründet, wenn nicht gewichtige Gründe dieses Verhalten rechtfertigen. Es wird wie so häufig von den konkreten Umständen des Einzelfalles abhängen, ob diese Voraussetzungen gegeben sind. Mit einem Blick auf die Praxis muss jedoch berücksichtigt werden, dass dem beweisbelasteten Arbeitgeber der Nachweis des arbeitnehmerseitigen Verschuldens i.S.d. § 3 EFZG regelmäßig nur schwer gelingen dürfte.

bb) Vergütungspflicht bei Hinzutreten einer infektionsschutzrechtlichen Maßnahme

Infiziert sich jemand mit dem pandemischen Erreger und erkrankt infolgedessen, muss dies gemeldet werden, §§ 6 ff. IfSG.[865] In der Regel wird daraufhin eine

864 Siehe *FAU*, Omikron-Variante weitgehend resistent gegen antivirale Medikamente, Stand: 11.01.2022, abrufbar unter: https://www.fau.de/2022/01/news/wissenschaft/omikron-variante-weitgehend-resistent-gegen-antivirale-medikamente/. Zur Studie siehe *Cell*, The Omicron variant is highly resistant against antibody-mediated neutralization: Implications for control of the COVID-19 pandemic, abrufbar unter: https://www.sciencedirect.com/science/article/pii/S0092867421014951.

865 Siehe hierzu ausführlich Teil 3 Kapitel 2 D. III.

behördliche Anordnung, entweder in Form der Absonderungsanordnung (§ 30 IfSG) oder des Tätigkeitsverbots (§ 31 IfSG), ergehen. In Bezug auf § 3 Abs. 1 S. 1 EFZG stellt sich dann die Frage, ob die Monokausalität noch bejaht werden kann. Schließlich setzt die Norm voraus, dass die Krankheit alleinige Ursache für die Arbeitsunfähigkeit ist.[866] Würde man diese ablehnen, würde die Vergütungspflicht nicht über § 3 Abs. 1 S. 1 EFZG aufrechterhalten werden. Allerdings kann sich der kranke Arbeitnehmer auch nicht auf die infektionsschutzrechtliche Entschädigungsnorm des § 56 Abs. 1 IfSG berufen, da dieser eine Entschädigung nur für Ausscheider, Ansteckungs- und Krankheitsverdächtige vorsieht. Verneinte man also § 3 EFZG bei Hinzutreten einer infektionsschutzrechtlichen Maßnahme, würde der betroffene Arbeitnehmer für die Dauer des krankheitsbedingten Ausfalls weder Lohn beziehen noch Entschädigung erhalten. Hierbei handelt es sich offensichtlich um ein völlig unbilliges Ergebnis, zu dessen Korrektur im Schrifttum grundsätzlich zwei Lösungswege vertreten werden.

(1) Meinungsstand in der Literatur

Nach wohl überwiegender Auffassung in der Literatur muss die Monokausalität in dieser Konstellation abgelehnt werden. Der Arbeitnehmer könne aber – entgegen dem eindeutigen Wortlaut – Entschädigung gemäß § 56 Abs. 1 IfSG verlangen.[867] Hauptargument ist hier, dass der zwingende Charakter der behördlichen Anordnung keinen Spielraum mehr für die Krankheit als vorrangiges Hindernis lässt.[868]

Zu dem entgegengesetzten Ergebnis kommen mit unterschiedlichen Argumentationen etwa *Preis*, *Mazurek* und *Schmid*[869] sowie *Noack*[870], nach welchen

---

866 BAG, Urt. v. 26.06.1996 – 5 AZR 872/94, NZA 1996, 1087 (1088); BAG, Urt. v. 05.07.1995 – 5 AZR 135/94, NJW 1996, 1617 (1618); BAG, Urt. v. 08.03.1989 – 5 AZR 116/88, NZA 1989, 688 (689); allgemein hierzu siehe Teil 2 Kapitel 2 A. II. 1. b).

867 *Bonanni*, ArbRB 2020, 110 (114); wohl auch *Müller-Glöge*, in: Säcker/Rixecker/Oetker/Limperg (Hrsg.), MüKoBGB 8. Aufl. 2020, § 3EFZG Rn. 10; *Greiner*, in: Kiel/Lunk/Oetker (Hrsg.), MHdB ArbR, Band 1: Individualarbeitsrecht I, 5. Aufl. 2021 § 80 Rn. 41; *Dehmel/Hartmann*, BB 2020, 885 (891); *Sievers*, jM 2020, 189 (198); *Geulen/Sothmann*, ArbRAktuell 2020, 217; *Grimm*, DB 2020, 1177 (1178); *Müller/Becker*, COVuR 2020, 126 (128); *Sagan/Brockfeld*, NJW 2020, 1112 (1113); *Weller/Lieberknecht/Habrich*, NJW 2020, 1017 (1018); zur Entschädigung nach § 56 IfSG Teil 3 Kapitel 2 E.

868 *Geulen/Sothmann*, ArbRAktuell 2020, 217; siehe auch *Dehmel/Hartmann*, BB 2020, 885 (891).

869 *Preis/Mazurek/Schmid*, NZA 2020, 1137 (1139).

870 *Noack*, NZA 2021, 251 (253).

der Entgeltfortzahlungsanspruch gemäß § 3 Abs. 1 S. 1 EFZG gegeben sein muss.[871] Während die erstgenannten Verfasser gegen den Entschädigungsanspruch des § 56 IfSG argumentieren und quasi mittels Ausschlussprinzips § 3 EFZG als Lösung ermitteln, bejaht *Noack* die Monokausalität, wenn der Arbeitnehmer bereits vor Erlass der infektionsschutzrechtlichen Absonderungsanordnung krank war.[872] Sie vertritt damit das sog. Prioritätsprinzip. Dieses besagt, „[…] dass, wenn mehrere Gründe nacheinander für die Dienstverhinderung ursächlich [sind], mangels einer Kollisionsregel die erste Ursache maßgebend bleibt, solange die gesetzliche Regelung wegen ihr den Entgeltanspruch aufrechterhält […].“[873]

(2) Stellungnahme

Auf den ersten Blick erscheint es zwar einleuchtend, dass die nach § 3 Abs. 1 S. 1 EFZG erforderliche Monokausalität nicht gegeben ist, wenn auch eine infektionsschutzrechtliche Maßnahme zur Unmöglichkeit der Arbeitspflicht führt. Gleichwohl muss jedenfalls in diesem konkreten Fall in Anwendung des Prioritätsprinzips in zeitlicher Hinsicht differenziert werden.[874]

Nur wenn der Krankheitsfall und die infektionsschutzrechtliche Maßnahme zeitlich zusammenfallen, liegen tatsächlich zwei kausale Ereignisse vor, die zur Arbeitsunfähigkeit führen und somit der Monokausalität entgegenstehen. Dies wird aber in der Praxis nicht der Fall sein. Tatsächlich ist der Arbeitnehmer

---

871 *Preis/Mazurek/Schmid*, NZA 2020, 1137 (1139).

872 Umgekehrt soll der Anspruch nicht bestehen, wenn er vor Erhalt der Anordnung lediglich krankheitsverdächtig war und er erst im Anschluss an den Erhalt erkrankt ist. Siehe *Noack*, NZA 2021, 251 (253).

873 *Tillmanns*, in: Kiel/Lunk/Oetker (Hrsg.), MHdB ArbR, Band 1: Individualarbeitsrecht I, 5. Aufl. 2021, § 77 Rn. 28. Gleichwohl ist das Prioritätsprinzip nach Auffassung von *Tillmanns* unter Verweis auf *Schneider (Schneider*, Entgeltfortzahlung und Konkurrenzen, 2014, 361 ff. (375 ff.)) „[…] nicht überzeugend; vielmehr muss im jeweiligen Konkurrenzverhältnis der Normen nach Wertungsgesichtspunkten entschieden werden.“ Allerdings ist zu betonen, dass zwischen § 3 EFZG und § 56 IfSG schon gar kein Konkurrenzverhältnis besteht, sondern vielmehr das Verhältnis der Alternativität. Denn § 3 EFZG erhält den Vergütungsanspruch, § 56 IfSG greift erst wenn kein Entgelt(fortzahlungs)anspruch gegeben ist, also bei einem Verdienstausfall.

874 Stattdessen auf das Konkurrenzverhältnis abzustellen ist nur sinnvoll, wenn zwei Normen in gleichem Maße auf einen Sachverhalt anwendbar sind. Dies ist hier gerade nicht der Fall.

regelmäßig[875] zuerst krank und erst anschließend wird eine infektionsschutzrechtliche Anordnung ergehen. Die Krankheit des Arbeitnehmers führt in der Regel jedoch bereits zum Ausschluss der Leistungspflicht, entweder infolge Unmöglichkeit gemäß § 275 Abs. 1 BGB oder durch Geltendmachung der Einrede des § 275 Abs. 3 BGB.[876] Tritt dann eine infektionsschutzrechtliche Anordnung hinzu, die zwar grundsätzlich die rechtliche Unmöglichkeit der Arbeitsleistung nach sich zieht, wirkt sich diese auf die Arbeitspflicht nicht mehr aus. Denn diese ist bereits infolge der Krankheit ausgeschlossen. Dies wird dadurch bestätigt, dass der Arbeitgeber dem kranken Arbeitnehmer, der nicht Betroffener einer infektionsschutzrechtlichen Anordnung ist, gemäß § 3 Abs. 1 S. 1 EFZG wie im gewöhnlichen Krankheitsfall Lohn fortzahlen muss. Mithin ist im Fall der symptomatischen Erkrankung auch bei Hinzutreten der infektionsschutzrechtlichen Maßnahme die Monokausalität des § 3 Abs. 1 S. 1 EFZG zu bejahen. In Einklang damit hat auch das BAG in einem älteren Urteil entschieden, dass „[e]in gesetzliches Beschäftigungsverbot […] Ansprüche auf Lohnfortzahlung nicht aus[schließt], wenn es die Folge einer Erkrankung […] ist.“[877] Nicht zu vernachlässigen ist auch, dass das BMAS sowie die Länder die Anwendbarkeit des § 56 IfSG ablehnen, wenn der Arbeitnehmer gleichzeitig arbeitsunfähig erkrankt ist.[878]

Dieses Ergebnis steht auch in Einklang mit dem Wortlaut und dem Zweck des § 56 IfSG. Diese Norm erfasst den Kranken bewusst nicht als potenziellen Anspruchsberechtigten.[879] Denn Zweck des § 56 IfSG ist die Gleichstellung der

---

875 Wurde der Arbeitnehmer bereits als Ansteckungs- oder Krankheitsverdächtiger abgesondert und wird anschließend Kranker i.S.d. IfSG, ist die Monokausalität im Rahmen des § 3 Abs.1 S. 1 EFZG abzulehnen, da die Arbeitspflicht in dieser Konstellation bereits durch die infektionsschutzrechtliche Anordnung entfallen ist. § 616 S. 1 BGB kommt als *lex generalis* nicht zur Anwendung. Ein Anspruch auf Entschädigung gemäß § 56 Abs. 1 IfSG besteht nur, solange der als ansteckungs- oder krankheitsverdächtige Arbeitnehmer nicht arbeitsunfähig wird, vgl. § 56 Abs. 7 S. 1 IfSG.

876 Siehe hierzu Teil 2 Kapitel 1 A. II. 1.

877 BAG, Urt. v. 26.04.1978 – 5 AZR 7/77, AP LohnFG § 6 Nr. 6; so auch *Reinhard*, in: Müller-Glöge/Preis/Schmidt (Hrsg.), ErfK, 22. Aufl. 2022, § 3 EFZG Rn. 19; *Vogelsang*, in: Henssler/Willemsen/Kalb (Hrsg.), Arbeitsrecht Kommentar, 10. Aufl. 2022, § 3 EFZG Rn. 20.

878 Darauf hinweisend etwa *Geulen/Sothmann*, ArbRAktuell 2020, 217.

879 Zur Vorgängerregelung des § 48 BSeuchG siehe BGH, Urt. v. 31.01.1972 – III ZR 209/67, NJW 1972, 632 (633); BT-Drs. 3/1888, 27; siehe auch *Eckart/Kruse*, in: Eckart/Winkelmüller (Hrsg.), BeckOK InfSchR, 12. Edition, Stand: 01.07.2022, § 56 IfSG Rn. 27; ausführlich zur Entschädigung nach § 56 IfSG siehe Teil 3 Kapitel 2 E.

Betroffenen infektionsschutzrechtlicher Anordnungen mit Kranken, die durch Leistungen von der Krankenversicherung abgesichert sind.[880] Der Gesetzesbegründung zur Vorgängerregelung ist ausdrücklich zu entnehmen, „[...] daß für die Billigkeitsentschädigung kein Raum ist, wenn und solange nicht das Berufsverbot, sondern Arbeitsunfähigkeit, etwa infolge Krankheit, die Ursache dafür ist, dass der Betroffene einen Verdienstausfall erleidet."[881] Zwar bezieht sich diese Begründung auf eine Regelung, die es so heute nicht mehr gibt.[882] Allerdings ergibt sich dies bereits aus der weiten tatbestandlichen Voraussetzung des Verdienstausfalls. So liegt „[e]in ‚Verdienstausfall' i.S. des § 49 I BSeuchG [...] nicht vor, wenn dem Arbeitnehmer für den fraglichen Zeitraum ein gesetzlicher oder vertraglicher Anspruch auf Fortzahlung seines Lohns oder Gehalts gegen den Arbeitgeber zusteht."[883] Dieser Begriff erfasst also nicht nur den Ausfall des Lohns, sondern auch den Ausfall lohnerhaltender Normen. Zudem handelt es sich ausweislich der Gesetzesbegründung um eine Billigkeitsregelung, die „[...] keinen vollen Schadensausgleich [bezweckt], sondern eine gewisse Sicherung der von einem Berufsverbot Betroffenen vor materieller Not."[884]

Somit muss die subsidiäre Billigkeitsregelung des § 56 IfSG hinter § 3 EFZG zurückstehen.

Es ist mithin zum einen dogmatisch sauber(er), § 3 Abs. 1 S. 1 EFZG zu bejahen, zum anderen steht dieses Ergebnis auch in Einklang mit den gesetzgeberischen Wertungen und Intentionen. Richtigerweise steht daher auch dem Kranken, der Betroffener einer infektionsschutzrechtlichen Maßnahme wird, ein Anspruch aus § 3 Abs. 1 S. 1 EFZG gegen den Arbeitgeber zu.

b) Sonderfall: Asymptomatischer Arbeitnehmer

Neben dem symptomatischen Arbeitnehmer wurden in der COVID-19-Pandemie auch Fälle verzeichnet, in welchen Personen zwar mit dem pandemischen

880 Zur Vorgängerregelung (§ 48 BSeuchG) BT-Drs. III/1888, 27; siehe dazu auch BGH, Urt. v. 31.01.1972 – III ZR 209/67, NJW 1972, 632.

881 BT-Drs. III/1888, 28.

882 Diese bezieht sich auf § 48 Abs. 4 S. 2 BSeuchG, wonach Entschädigung nicht gewährt wird, solange derjenige, dem sie zustehen würde, die verbotene Tätigkeit wegen Arbeitsunfähigkeit nicht ausüben könnte.

883 BGH, Urt. v. 30.11.1978 – III ZR 43/77, NJW 1979, 422 (424).

884 BT- Drs. III/1888, 27; darauf bezugnehmend auch BGH, Urt. v. 30.11.1978 – III ZR 43/77, NJW 1979, 422 (424).

Erreger infiziert waren, jedoch keine Symptome zeigten.[885] Es bedarf daher auch einer Untersuchung der Frage, unter welchen Voraussetzungen gegenüber einem asymptomatischen Arbeitnehmer eine Vergütungspflicht besteht.

Wie bereits dargestellt wurde, sind asymptomatische Personen nicht als Kranke, sondern als Ausscheider im infektionsschutzrechtlichen Sinne zu qualifizieren.[886]

Der asymptomatische Arbeitnehmer kann sich anders als der symptomatische Arbeitnehmer mangels Unzumutbarkeit nicht auf das Leistungsverweigerungsrecht des § 275 Abs. 3 BGB berufen,[887] der Ausschluss seiner Leistungspflicht nach § 275 Abs. 1 BGB kommt ohne Weiteres nicht in Betracht. Allerdings kann auch die Arbeitsleistung des asymptomatischen Arbeitnehmers rechtlich unmöglich werden, § 275 Abs. 1 BGB, wenn dieser Adressat eines infektionsschutzrechtlichen Tätigkeitsverbots oder einer Absonderungsanordnung wird.[888] Vor diesem Hintergrund stellt sich die Frage, ob der Arbeitgeber dem asymptomatischen Arbeitnehmer dann weiterhin die Vergütung zu zahlen hat.

aa) Keine Vergütungspflicht

Zu differenzieren ist zwischen § 3 Abs. 1 S. 1 EFZG und § 616 S. 1 BGB als potenziell einschlägigen vergütungserhaltenden Normen.

(1) Aus § 3 Abs. 1 S. 1 EFZG

In Betracht kommt wie bei dem symptomatischen Arbeitnehmer zunächst der Entgeltfortzahlungsanspruch gemäß § 3 Abs. 1 S. 1 EFZG. Allerdings ist der asymptomatische Arbeitnehmer zwar krank i.S.d. EFZG, jedoch nicht arbeitsunfähig erkrankt,[889] sodass die Voraussetzungen des § 3 Abs. 1 S. 1 EFZG nicht

---

885 Studien zufolge bleiben etwa 20 % der Infizierten ohne Symptome. Siehe *Buitrago-Garcia/Egly-Gany/Counotte/Hossmann/Imeri/Ipekci/Salanti/Low*, Occurrence and transmission potential of asymptomatic and presymptomatic SARS-CoV-2 infections: A living systematic review and meta-analysis, PLOS Medicine, Stand: 22.09.2020, abrufbar unter: https://journals.plos.org/plosmedicine/article?id=10.1371/journal.pmed.1003346.

886 Siehe Teil 3 Kapitel 2 D. I. 4.

887 Siehe Teil 3 Kapitel 3 A. II. 2. b).

888 Siehe u.a. *Sagan/Brockfeld*, NJW 2020, 1112 (1113); *Preis/Mazurek/Schmid*; NZA 2020, 1137; *Weller/Lieberknecht/Habrich*, NJW 2020, 1017 (1018).

889 *Preis/Mazurek/Schmid*, NZA 2020, 1137 (1138); *Maties*, in: Koch/Kubiciel/Wollenschläger (Hrsg.), 50 Jahre Juristische Fakultät Augsburg, 2021, 426; a.A. *Noack*, NZA 2021, 251 (252); ausführlich dazu siehe Teil 3 Kapitel 3 A. II. 2. b).

gegeben sind. Der asymptomatische Arbeitnehmer hat daher keinen Entgeltfortzahlungsanspruch aus § 3 Abs. 1 S. 1 EFZG.[890]

(2) Aus § 616 S. 1 BGB

Daran anschließend kann angedacht werden, ob nicht § 616 S. 1 BGB den Vergütungsanspruch des Arbeitnehmers erhält. Zwar wird § 616 BGB durch die Regelungen des EFZG zur krankheitsbedingten Arbeitsunfähigkeit verdrängt.[891] Da der asymptomatische Arbeitnehmer jedoch nicht arbeitsunfähig erkrankt ist,[892] steht der Anwendung des § 616 S. 1 BGB nichts entgegen.[893]

§ 616 S. 1 BGB setzt voraus, dass der Dienstverpflichtete für eine verhältnismäßig nicht erhebliche Zeit durch einen in seiner Person liegenden Grund ohne sein Verschulden an der Dienstleistung verhindert wird.

(a) Arbeitsverhinderung

Die Arbeitsverhinderung[894] bei einem asymptomatischen Arbeitnehmer kann sich nur daraus ergeben, dass die Arbeitsleistung infolge einer infektionsschutzrechtlichen Anordnung (§ 28 ff. IfSG) rechtlich unmöglich (§ 275 Abs. 1 BGB) wird. Denn weder ist dessen Arbeitsleistung wegen der asymptomatischen Erkrankung unmöglich noch steht ihm das Leistungsverweigerungsrecht des § 275 Abs. 3 BGB zu.[895]

(b) In der Person des Arbeitnehmers liegender Verhinderungsgrund

Da die Krankheit vor Erlass des EFZG der Hauptanwendungsfall des § 616 S. 1 BGB war,[896] scheint es auf den ersten Blick so, als könne bei dem symptomlosen, aber erkrankten Arbeitnehmer das Tatbestandsmerkmal des in seiner Person liegenden Grundes unproblematisch bejaht werden. Allerdings muss

---

890 So auch *Noack*, NZA 2021, 251 (253) zu „[…] solche[n] ohne Symptome".

891 *Schahandeh*, in: Feichtinger/Malkmus (Hrsg.), Entgeltfortzahlungsrecht, 2. Aufl. 2010, § 616 BGB Rn. 5; *Henssler*, in: Säcker/Rixecker/Oetker/Limperg (Hrsg.), MüKoBGB, 8. Aufl. 2020, § 616 BGB Rn. 6.

892 Ausführlich dazu siehe Teil 3 Kapitel 3 A. II. 2. b).

893 *Joussen*, in: Rolfs/Giesen/Kreikebohm/Meßling/Udsching (Hrsg.), BeckOK ArbR, 64. Edition, Stand: 01.06.2022, § 616 BGB Rn. 10.

894 Allgemein zur Arbeitsverhinderung i.S.d. § 616 S. 1 BGB siehe Teil 2 Kapitel 2 A. II. 2. a).

895 Siehe Teil 3 Kapitel 3 A. II. 2. b).

896 *Waas/Palonka*, in: Däubler/Hjort/Schubert/Wolmerath (Hrsg.), Arbeitsrecht, 4. Aufl. 2017, § 616 BGB Rn. 4.

bedacht werden, dass der asymptomatische Arbeitnehmer zwar krank ist, aber anders als der symptomatische Arbeitnehmer erst durch die infektionsschutzrechtliche Anordnung überhaupt an der Arbeitsleistung verhindert wird. Somit kommt anders als bei § 3 EFZG die Krankheit gar nicht als Anknüpfungspunkt für die Arbeitsverhinderung in Betracht, sodass Überlegungen zu etwaigen Kausalitätsproblemen an dieser Stelle entfallen können. Da die Arbeitsleistung des asymptomatischen Arbeitnehmers nur durch eine infektionsschutzrechtliche Anordnung (rechtlich) unmöglich werden kann, ist allein entscheidend, ob diese einen persönlichen Verhinderungsgrund darstellt.

Zwar wird vielfach vertreten, dass in der infektionsschutzrechtlichen Anordnung ein objektiver Verhinderungsgrund zu sehen ist.[897] Dies wird im Wesentlichen damit begründet, dass der Pandemiefall nicht der persönlichen Sphäre des Arbeitnehmers zugeordnet werden könne. Dem ist indes nicht zuzustimmen, vielmehr stellt auch die infektionsschutzrechtliche Maßnahme wie eine Absonderung oder ein Tätigkeitsverbot einen persönlichen Verhinderungsgrund dar.[898] Denn die Pandemie wirkt sich zwar global auf die Gesellschaft aus, letztlich verwirklicht sich aber erst mit einer infektionsschutzrechtlichen Anordnung, die gegenüber einem einzelnen Arbeitnehmer erlassen wird, ein personenbezogenes Risiko.[899] So führte der BGH zur Vorgängerregelung des § 56 IfSG aus, dass „[....] das seuchenpolizeiliche Tätigkeitsverbot [...] - unbeschadet seines auf den Schutz der Allgemeinheit gerichteten Zwecks - lediglich die staatliche Reaktion auf den in der Person des Betroffenen entstandenen und festgestellten

---

897 *Weller/Lieberknecht/Habrich*, NJW 2020, 1017 (1019); kritisch zur Anwendbarkeit des § 616 BGB siehe auch *Grimm*, ArbRB 2020, 230 (231), nach dem wegen der Pandemie ein objektiver Verhinderungsgrund gegeben sein könnte; auch *Sievers*, jM 2020, 189 (190); *Krause*, in: Henssler/Willemsen/Kalb (Hrsg.), Arbeitsrecht Kommentar, 10. Aufl. 2022, § 616 BGB Rn. 35 zu Epidemien.

898 So auch *Preis/Mazurek/Schmid*, NZA 2020, 1137 (1140); die „Quarantäne" als persönlichen Verhinderungsgrund bejahend *Menke/Matheja*, in: Römermann (Hrsg.), Leitfaden für Unternehmen in der Covid-19 Pandemie, Teil 8. Arbeitsrecht, Rn. 16; *Stöß/Putzer*, NJW 2020, 1465 (1468); *Noack*, NZA 2021, 251 (253); *Henssler*, in: Säcker/Rixecker/Oetker/Limperg (Hrsg.), MüKoBGB, 8. Aufl. 2020, § 616 BGB Rn. 25; *Krause*, in: Henssler/Willemsen/Kalb (Hrsg.), Arbeitsrecht Kommentar, 10. Aufl. 2022, § 616 BGB Rn. 22; *Grimm*, DB 2020, 1177 (1179).

899 VG Karlsruhe, Urt. v. 10.05.2021 – 9 K 67/21, BeckRS 2021, 1826 Rn. 63; *Preis/Mazurek/Schmid*, NZA 2020, 1137 (1140); *Noack*, NZA 2021, 251 (253); *Hohenstatt/Krois*, NZA 2020 413 (415); *Maties*, in: Koch/Kubiciel/Wollenschläger (Hrsg.), 50 Jahre Juristische Fakultät Augsburg, 2021, 431 f.

Tatbestand einer konkreten (bei Ausscheidern) oder potentiellen (bei Ausscheidungs- oder Ansteckungsverdächtigen) Gefahr [ist]. Die von dem Betroffenen ausgehende Gefahr ist das eigentliche Arbeitshindernis [...].“[900] Mithin ist auch bei einer infektionsschutzrechtlichen Maßnahme ein in der Person des Arbeitnehmers liegender Grund zu bejahen.

(c) Kein Verschulden

Wie schon eingangs dargestellt,[901] darf dem Arbeitnehmer nicht der Vorwurf eines „Verschuldens gegen sich selbst“ gemacht werden können. Hier ergeben sich beim asymptomatischen Arbeitnehmer keine Besonderheiten, sodass auf die vorangegangenen Ausführungen verwiesen werden kann.[902]

(d) Verhältnismäßig nicht erhebliche Zeit

Problematisch dürfte in einer Pandemie jedoch häufig das Tatbestandsmerkmal einer Verhinderung für eine verhältnismäßig nicht erhebliche Zeit sein, vgl. § 616 S. 1 BGB. Eine pauschale Festlegung, bis zu welchem Zeitraum noch eine verhältnismäßig nicht erhebliche Zeit i.S.d. § 616 S. 1 BGB vorliegt, ist nicht möglich. Vielmehr muss diese im Einzelfall unter Berücksichtigung aller relevanten Umstände ermittelt werden.[903]

Zu bestimmen ist daher zunächst, für welchen Zeitraum ein asymptomatischer Arbeitnehmer überhaupt verhindert sein wird. Klarzustellen ist einmal mehr, dass dieser nur aufgrund einer behördlichen Anordnung überhaupt verhindert sein wird. Deren Geltungsdauer richtet sich nach den medizinisch-epidemiologischen Einschätzungen des RKI. Mithin werden die Gegebenheiten der jeweiligen Pandemie, insbesondere die Charakteristika des pandemischen Erregers, maßgeblich sein. Im Fall der COVID-19-Pandemie war zunächst eine 14-tägige, später eine zehntägige Absonderung[904] angezeigt.

---

900 BGH, Urt, v. 30.11.1978 – III ZR 43/77, NJW 1979, 422 (424).

901 Siehe Teil 2 Kapitel 2 A. II. 2. e).

902 Allgemein dazu siehe Teil 2 Kapitel 2 A. II. 2. e); zu bestimmten pandemiespezifischen Situationen siehe Teil 3 Kapitel 4 A. I. 2. a) aa) (1).

903 U.a. BGH, Urt. v. 30.11.1978 – III ZR 43/77, NJW 1979, 422 (425); VG Karlsruhe, Urt. v. 10.05.2021 – 9 K 67/21, BeckRS 2021, 1826 Rn. 67.

904 Siehe *RKI*, Quarantäne- und Isolierungsdauern bei SARS-CoV-2-Expositionen und -Infektionen; entsprechend Beschluss der Ministerpräsidentenkonferenz vom 7. und 24. Januar 2022, außer Kraft seit 02.05.2022, Stand: 21.03.2022, abrufbar unter: https://www.rki.de/DE/Content/InfAZ/N/Neuartiges_Coronavirus/Quarantaene/Absonderung-Archiv.html.

Aktuell[905] wird gegenüber infizierten Personen eine fünftägige Isolation angeordnet, Kontaktpersonen wird die Selbstisolierung lediglich dringend empfohlen.[906]

Während der aktuell maßgebliche Zeitraum von fünf Tagen[907] noch als verhältnismäßig nicht erhebliche Zeit zu bewerten ist,[908] gilt dies nach vielfach vertretener Auffassung für Zeiträume von zehn und 14 Tagen nicht mehr.[909] Gleichwohl muss berücksichtigt werden, dass der BGH in einem Urteil zu Ausscheidern (von Salmonellen) eine Frist von sechs Wochen noch als verhältnismäßig nicht erheblich angesehen hat.[910] Klargestellt wurde hier, dass die Behandlung eines Ausscheiders auch mehrere Wochen beanspruchen kann und einmal mehr, dass es von den Umständen des Einzelfalles abhängt, ob darin noch eine verhältnismäßig nicht erhebliche Zeit zu sehen ist.[911] Da der asymptomatische Arbeitnehmer infektionsschutzrechtlich auch als Ausscheider einzuordnen ist, liegt eine Anwendung dieser Erwägungen auf die pandemische Konstellation vordergründig nahe. Gleichwohl hat der BGH seine Entscheidung damit begründet, dass die Arbeitsverhinderung eines Ausscheiders mit der Arbeitsverhinderung

---

905 Letzter Stand der Bearbeitung: 12.08.2022.

906 *RKI*, Empfehlungen zu Isolierung und Quarantäne bei SARS-CoV-2-Infektion und -Exposition, Stand: 02.05.2022, abrufbar unter: https://www.rki.de/DE/Content/InfAZ/N/Neuartiges_Coronavirus/Quarantaene/Absonderung.html.

907 *RKI*, Empfehlungen zu Isolierung und Quarantäne bei SARS-CoV-2-Infektion und -Exposition, Stand: 02.05.2022, abrufbar unter: https://www.rki.de/DE/Content/InfAZ/N/Neuartiges_Coronavirus/Quarantaene/Absonderung.html.

908 *Oetker*, in: Staudinger, BGB, Buch 2. Recht der Schuldverhältnisse, Neubearbeitung 2022, §§ 613a-619a BGB, § 616 BGB Rn. 107 bei der Pflege von Angehörigen; *Klein*, NJ 2020, 377 (380); *Fuhlrott/Fischer*, NZA 2020, 345 (348); *Besgen*, B+P, 235 (237); *Noack*, NZA 2021, 251 (253); *Maties*, in: Koch/Kubiciel/Wollenschläger (Hrsg.), 50 Jahre Juristische Fakultät Augsburg, 2021, 435 hält fünf bis sieben Tage für angemessen.

909 *Besgen*, B+P 2020, 235 (237); *Grimm* DB 2020, 1177 (1180); *Noack*, NZA 2021, 251 (253); ausführlich *Preis/Mazurek/Schmid*, NZA 2020, 1137 (1141); VG Bayreuth, Gerichtsbescheid vom 05.05.2021 – B 7 K 21.210, BeckRS 2021, 1305 dazu, dass 15 Tage keine verhältnismäßig nicht erhebliche Zeit mehr darstellen; a.A. *Stöß/Putzer*, NJW 2020, 1465 (1468) unter Verweis auf BGH, Urt. v. 30.11.1978 – III ZR 43/77, NJW 1979, 422; *Volk*, ARP 2021, 64 (65); das VG Karlsruhe hat – soweit ersichtlich – als erstes Gericht im COVID-19-Kontext 14 Tage als verhältnismäßig nicht erhebliche Zeit angesehen, siehe Urt. v. 10.05.2021 – 9 K 67/21, BeckRS 2021, 1826 Rn. 66 ff. Hierfür war allerdings ausschlaggebend, dass der Arbeitnehmer unbillig angewiesen wurde, eine Dienstreise in ein Risikogebiet zu unternehmen.

910 BGH, Urt. v. 30.11.1978 – III ZR 43/77, NJW 1979, 422 (425).

911 BGH, Urt. v. 30.11.1978 – III ZR 43/77, NJW 1979, 422 (425).

eines Erkrankten nahezu vergleichbar ist. Aus diesem Grund wollte der BGH in Anlehnung an den Entgeltfortzahlungsanspruch, der für sechs Wochen gegenüber dem Arbeitgeber – mittlerweile aus § 3 Abs. 1 S. 1 EFZG – besteht, eine Gleichstellung von Ausscheidern und Kranken erreichen. Dies ist allerdings nicht haltbar, da die gesetzgeberische Wertung zur sechswöchigen Lohnfortzahlung nicht auf die tatbestandliche Voraussetzung der verhältnismäßig nicht erheblichen Zeit übertragen werden kann.[912] Eine Ausdehnung der verhältnismäßig nicht erheblichen Zeit auf sechs Wochen geht daher zu weit.[913]

Nach alledem gelangt man zu dem aus rechtlicher Sicht richtigen, aber für den asymptomatischen Arbeitnehmer vordergründig nachteiligen Ergebnis, dass dieser, sofern die Geltungsdauer der infektionsschutzrechtlichen Anordnung verhältnismäßig erheblich ist, keine Vergütung gemäß § 616 S. 1 BGB erhält.

bb) Exkurs: *Entschädigungsanspruch des Arbeitnehmers, § 56 Abs. 1 IfSG*[914]

Dieses Risikopotenzial hat der Gesetzgeber erkannt und mit § 56 IfSG eine infektionsschutzrechtliche Entschädigungsnorm erlassen. Diese Norm regelt aktuell insbesondere Entschädigungsansprüche für Personen, die infolge einer infektionsschutzrechtlichen Maßnahme einen Verdienstausfall erleiden. Diesbezüglich ist vor dem Hintergrund des in dieser Arbeit gewählten Pflichtenaufbaus vorab klarzustellen, dass es sich bei der Entschädigung nicht um eine besondere Ausprägung der oder ein *aliud* zu der Vergütungspflicht des Arbeitgebers und somit nicht um eine arbeitsvertragliche Pflicht handelt. Allerdings haben Arbeitgeber die Entschädigung nach § 56 Abs. 5 IfSG für die zuständige Behörde auszuzahlen, sodass die Entschädigung zwischen den arbeitsvertraglichen Parteien abgewickelt wird.

---

912 Siehe auch *Hohenstatt/Krois*, NZA 2020, 413 (416); *Preis/Mazurek/Schmid*, NZA 2020, 1137 (1140); in diesem Sinne auch *Maties*, in: Koch/Kubiciel/Wollenschläger (Hrsg.), 50 Jahre Juristische Fakultät Augsburg, 2021, 434.

913 a.A. *Stöß/Putzer*, NJW 2020, 1465 (1468) „[…] bei unbefristeten und bereits länger bestehenden Arbeitsverhältnissen […].“

914 Der Entschädigungsanspruch nach § 56 IfSG fügt sich eigentlich nicht in den Aufbau dieses Abschnitts, der die Vergütungspflicht des Arbeitgebers zum Gegenstand hat, ein. Gleichwohl gebietet es die inhaltliche Vollständigkeit, an dieser Stelle diesen Exkurs auszuführen.

(1) Tatbestandsvoraussetzungen

Wer auf Grund des IfSG als Ausscheider[915] Verboten in der Ausübung seiner bisherigen Erwerbstätigkeit unterliegt oder unterworfen wird und dadurch einen Verdienstausfall[916] erleidet, erhält eine Entschädigung in Geld, vgl. § 56 Abs. 1 S. 1 IfSG. Das Gleiche gilt für eine Person, die nach § 30, auch i.V.m. § 32, abgesondert wird oder sich auf Grund einer nach § 36 Abs. 8 S. 1 Nr. 1 erlassenen Rechtsverordnung absondert, § 56 Abs. 1 S. 2 IfSG.

Der asymptomatische Arbeitnehmer geht unproblematisch einer Erwerbstätigkeit nach und ist als Ausscheider Betroffener i.S.d. § 56 Abs. 1 S. 1 IfSG.[917] Zudem wird dieser, sofern man Kenntnis von dessen Infektion hat, immer einem Tätigkeitsverbot unterliegen oder Betroffener einer Absonderungsanordnung sein. Denn wenn eine Person positiv auf den pandemischen Erreger getestet wird, wird dieses Ergebnis gemeldet werden müssen und infolgedessen ein Tätigkeitsverbot oder eine infektionsschutzrechtliche Absonderungsanordnung erlassen werden.[918] Durch eine entsprechende Anordnung wird dem asymptomatischen Arbeitnehmer die Ausübung der Tätigkeit dann rechtlich unmöglich, § 275 Abs. 1 BGB, soweit diese nicht im Home-Office erbracht werden kann.[919]

Sofern dem asymptomatischen Arbeitnehmer die Leistungserbringung durch die infektionsschutzrechtliche Anordnung vollständig unmöglich wird, erlischt die Vergütungspflicht des Arbeitgebers grundsätzlich gemäß § 326 Abs. 1 S. 1 Hs. 1 BGB, sofern nicht eine vergütungserhaltende Norm greift. Wie bereits dargestellt, liegen die Voraussetzungen des § 3 EFZG im Fall des asymptomatischen Arbeitnehmers nicht vor. Dasselbe gilt für § 616 S. 1 BGB, sofern die Geltungsdauer der infektionsschutzrechtlichen Anordnung eine verhältnismäßig erhebliche Zeit darstellt. Somit erleidet der asymptomatische Arbeitnehmer, dem die Arbeitsleistung infolge der infektionsschutzrechtlichen Anordnung vollständig unmöglich wird, auch einen Verdienstausfall.

---

915 Der asymptomatische Arbeitnehmer ist infektionsschutzrechtlich als solcher zu qualifizieren, siehe Teil 3 Kapitel 2 D. I. 4.

916 Als Verdienstausfall gilt das Netto-Arbeitsentgelt, vgl. § 56 Abs. 3 S. 1 IfSG, wobei sich der Betrag um das Kurzarbeitergeld und um das Zuschuss-Wintergeld, auf das der Arbeitnehmer Anspruch hätte, wenn er nicht aus den in Abs. 1 genannten Gründen an der Arbeitsleistung verhindert wäre, erhöht, § 56 Abs. 3 S. 4 IfSG.

917 Siehe Teil 3 Kapitel 2 D. I. 4.

918 Siehe Teil 3 Kapitel 2 D. III.

919 *Sagan/Brockfeld*, NJW 2020, 1112 (1113); *Preis/Mazurek/Schmid*; NZA 2020, 1137; zum Home-Office siehe insbesondere Teil 3 Kapitel 3 A. III. und Teil 3 Kapitel 4 B. II.

(2) Kein Ausschluss, § 56 Abs. 1 S. 4 IfSG

Nicht zu vernachlässigen ist, dass die Entschädigung nicht enthält, wer durch Inanspruchnahme einer Schutzimpfung oder anderen Maßnahme der spezifischen Prophylaxe, die gesetzlich vorgeschrieben ist oder im Bereich des gewöhnlichen Aufenthaltsorts des Betroffenen öffentlich empfohlen wurde, oder durch Nichtantritt einer vermeidbaren Reise in ein bereits zum Zeitpunkt der Abreise eingestuftes Risikogebiet ein Verbot in der Ausübung seiner bisherigen Tätigkeit oder eine Absonderung hätte vermeiden können, § 56 Abs. 1 S. 4 IfSG. Im Hinblick auf die COVID-19-Pandemie kommt insbesondere der Frage, ob der Arbeitnehmer sich der Schutzimpfung unterzogen hat, hohe Relevanz zu. Diesbezüglich hatten die Landesgesundheitsministerien mit dem Bundesgesundheitsminister am 22. September 2021 beschlossen, dass die Länder ab dem 1. November 2021 Personen ohne vollen Impfschutz keine Entschädigungsleistungen auf Kosten der Allgemeinheit im Falle eines Tätigkeitsverbots beziehungsweise einer Quarantäneanordnung gewähren, sofern für sie eine Impfempfehlung besteht und sie als Kontaktpersonen oder Reiserückkehrende aus Risikogebieten gelten.[920] Im Januar 2022 hat zudem der *Wissenschaftliche Dienst des Bundestages* eine Kurzinformation veröffentlicht, aus der hervorgeht, dass, sofern eine entsprechende öffentliche Empfehlung durch die Landesgesundheitsbehörden vorliegt, das Fehlen der Auffrischimpfung zum Ausschluss des Entschädigungsanspruchs führen kann, sofern ein Tätigkeitsverbot oder eine Absonderung hätte vermieden werden können.[921] Unabhängig davon, ob eine entsprechende Empfehlung vorliegt, dürften die Voraussetzungen des Entschädigungsanspruchs aber aktuell[922] auch bei nicht geboosterten Personen nicht vorliegen.

Zwar ist die aktuell vorherrschende Virusvariante *Omikron* gegenüber den bisher verfügbaren Impfstoffen wesentlich weniger sensibel als gegenüber früheren Virusvarianten.[923] Es ist daher durchaus fraglich, ob die Auffrischimpfung

---

920 Siehe *BMG*, Wann muss ich in Quarantäne, wann in Isolierung? Stand: 03.08.2022, abrufbar unter: https://www.zusammengegencorona.de/informieren/sich-und-andere-schuetzen/wann-muss-ich-in-quarantaene-und-wann-nicht/.

921 *Wissenschaftliche Dienste des Bundestages*, Kurzinformation, Zum Ausschluss des Entschädigungsanspruches bei Verdienstausfall nach § 56 Abs. 1 S: 4 IfSG infolge fehlender Auffrischimpfung, abrufbar unter: https://www.bundestag.de/resource/blob/878084/352d19493c49ec3137ea83b2ebd7f2a9/WD-9-003-22-pdf-data.pdf.

922 Letzter Stand der Bearbeitung: 12.08.2022.

923 *FAU*, Omikron-Variante weitgehend resistent gegen antivirale Medikamente, Stand: 11.01.2022, abrufbar unter: https://www.fau.de/2022/01/news/wissenschaft/omikron-variante-weitgehend-resistent-gegen-antivirale-medikamente/.

überhaupt geeignet ist, eine Absonderung, die auf eine Infektion zurückzuführen ist, mit der erforderlichen hohen Wahrscheinlichkeit[924] zu vermeiden, sodass der Ausschluss gemäß § 56 Abs. 1 S. 4 IfSG der Entschädigung wohl nicht entgegenstehen würde. Allerdings beschränkt sich der Absonderungszeitraum aktuell auf fünf Tage, die eine verhältnismäßig nicht erhebliche Zeit i.S.d. § 616 S. 1 BGB darstellen. Aktuell von einer Absonderungsanordnung betroffene Arbeitnehmer haben daher Anspruch auf Lohnfortzahlung gegenüber dem Arbeitgeber, wodurch ein Entschädigungsanspruch aus § 56 IfSG ausgeschlossen ist.

(3) Rechtsfolge: Entschädigung in Geld

Wenn § 616 S. 1 BGB der Anwendung des § 56 IfSG nicht entgegensteht und der Ausschluss des § 56 Abs. 1 S. 4 IfSG nicht greift, erhält der asymptomatische Arbeitnehmer eine Entschädigung in Geld,[925] die vom Arbeitgeber längstens für die Dauer von sechs Wochen ausgezahlt wird, § 56 Abs. 5 S. 1 IfSG.

cc) Tatsächliches Problem im Zusammenhang mit asymptomatisch Infizierten

Abschließend bleibt darauf hinzuweisen, dass freilich auch ein hoher Anteil asymptomatischer Arbeitnehmer gar nicht erkannt wird und folglich auch nicht Betroffener einer infektionsschutzrechtlichen Maßnahme wird. In diesem aus epidemiologischer Sicht katastrophalen Fall wird der Arbeitnehmer wie gewohnt weiterarbeiten und wie gewohnt seine Vergütung erhalten. Die Frage nach einer Entschädigung gemäß § 56 IfSG stellt sich in diesem Fall gar nicht erst.

3. Bei Verdacht der pandemischen Erkrankung eines Arbeitnehmers

Nach der Konstellation eines (pandemisch) erkrankten Arbeitnehmers kommt der Konstellation, in der ein Arbeitnehmer infektionsschutzrechtlich als Ansteckungs- oder Krankheitsverdächtiger zu qualifizieren ist, in einer Pandemie die höchste Praxisrelevanz zu. Bei der Beurteilung, ob der Arbeitgeber in dem jeweiligen Fall zur Leistung der Vergütung verpflichtet ist, ist zunächst zwischen diesen Verdachtsvarianten zu differenzieren.

---

924 *Wissenschaftliche Dienste des Deutschen Bundestages*, Ausschluss Ungeimpfter von der Entschädigung nach § 56 IfSG, WD 3 – 3000 – 164/21 und WD 9 – 3000 – 081/21, Seite 11, abrufbar unter: https://www.bundestag.de/resource/blob/866096/a0759f3d6b5c1e7fe7abd19d03db807a/WD-3-164-21-pdf-data.pdf.

925 Für weitere Informationen zu der Entschädigung, insbesondere zu Höhe und Auszahlungsmodalitäten siehe Teil 3 Kapitel 2 E. II.

a) Einordnung als Ansteckungs- oder Krankheitsverdächtiger i.S.d. IfSG

Ansteckungsverdächtiger ist eine Person, von der anzunehmen ist, dass sie Krankheitserreger aufgenommen hat, ohne krank, krankheitsverdächtig oder Ausscheider zu sein, § 2 Nr. 7 IfSG.[926] So sind insbesondere Kontaktpersonen nachweislich Infizierter als Ansteckungsverdächtige einzuordnen.[927]

Krankheitsverdächtiger ist eine Person, bei der Symptome bestehen, welche das Vorliegen einer bestimmten übertragbaren Krankheit vermuten lassen, § 2 Nr. 5 IfSG.[928] Im Unterschied zum Kranken i.S.d. § 2 Nr. 4 IfSG fehlt es beim Krankheitsverdächtigen noch an einer Diagnose der Erkrankung.[929]

b) Vergütungspflicht bei Ansteckungsverdacht

Die Arbeitspflicht des Ansteckungsverdächtigen ist aufgrund des Ansteckungsverdachts allein weder unmöglich gemäß § 275 Abs. 1 BGB noch unzumutbar i.S.d. § 275 Abs. 3 BGB, sodass diese nur erlischt, wenn eine infektionsschutzrechtliche Anordnung ergeht.[930] Erst durch diese wird dem Arbeitnehmer die Arbeitsleistung für die Geltungsdauer der Anordnung rechtlich unmöglich, § 275 Abs. 1 BGB, soweit sie nicht im Home-Office erbracht werden kann.[931]

Als vergütungserhaltende Norm kommt allein § 616 S. 1 BGB in Betracht, die bekanntlich voraussetzt, dass der Arbeitnehmer durch einen in seiner Person liegenden Grund ohne sein Verschulden für eine verhältnismäßig nicht erhebliche Zeit an der Arbeit verhindert wird.

Richtigerweise ist in der infektionsschutzrechtlichen Anordnung ein persönlicher Verhinderungsgrund zu sehen.[932] Zudem wird dem Arbeitgeber in der

926 Ausführlicher zum Ansteckungsverdächtigen siehe Teil 3 Kapitel 2 D. I. 3.

927 BVerwG, Urt. v. 22.03.2012 – 3 C 16/11, NJW 2012, 2823 (2825).

928 Ausführlicher zum Krankheitsverdächtigen siehe Teil 3 Kapitel 2 D. I. 2.

929 *Gabriel*, in: Eckart/Winkelmüller (Hrsg.), BeckOK InfSchR, 12. Edition, Stand: 01.07.2022, § 2 IfSG Rn. 29.

930 Siehe dazu Teil 3 Kapitel 3 A. II. 3.a).

931 *Hohenstatt/Krois*, NZA 2020, 413 (414); *Weller/Lieberknecht/Habrich*, NJW 2020, 1017 (1018); bei Tätigkeitsverbot *Bieder*, in: Benecke (Hrsg.), BeckOGK, Stand: 01.07.2022, § 616 BGB Rn. 17.

932 So auch *Preis/Mazurek/Schmid*, NZA 2020, 1137 (1140); die „Quarantäne“ als persönlichen Verhinderungsgrund bejahend *Menke/Matheja*, in: Römermann (Hrsg.), Leitfaden für Unternehmen in der Covid-19 Pandemie, Teil 8. Arbeitsrecht, Rn. 16; *Stöß/Putzer*, NJW 2020, 1465 (1468); *Noack*, NZA 2021, 251 (253); *Henssler*, in: Säcker/Rixecker/Oetker/Limperg (Hrsg.), MüKoBGB, 8. Aufl. 2020, § 616 BGB Rn. 25; *Krause*, in: Henssler/Willemsen/Kalb (Hrsg.), Arbeitsrecht Kommentar, 10. Aufl. 2022, § 616 BGB Rn. 22; *Grimm*, DB 2020, 1177 (1179).

Regel nicht der Nachweis gelingen, dass der Arbeitnehmer den Verhinderungsgrund zu verschulden hat. Allein problematisch wird daher oftmals sein, ob die Verhinderung nur für eine verhältnismäßig nicht erhebliche Zeit andauert. So ist der in der COVID-19-Pandemie zunächst maßgebliche Geltungszeitraum infektionsschutzrechtlicher Anordnungen von 14 Tagen und auch der spätere Geltungszeitraum von zehn Tagen[933] nach überwiegender Auffassung als verhältnismäßig erhebliche Zeit zu bewerten. In der Folge schuldete der Arbeitgeber dem ansteckungsverdächtigen Arbeitnehmer keine Entgeltfortzahlung gemäß § 616 S. 1 BGB. Dem Arbeitnehmer kann aber der Entschädigungsanspruch nach § 56 Abs. 1 S. 1 IfSG zustehen, der vom Arbeitgeber auszuzahlen ist, § 56 Abs. 5 S. 1 IfSG.[934] Aktuell[935] beträgt die Quarantänedauer nur fünf Tage.[936] Diese Dauer wird überwiegend noch als verhältnismäßig nicht erhebliche Zeit angesehen,[937] sodass ein Arbeitnehmer gemäß § 616 S. 1 BGB Lohnfortzahlung erhält. § 56 IfSG kann in diesem Fall nicht zur Anwendung kommen.

c) Vergütungspflicht bei Krankheitsverdacht

Dem krankheitsverdächtigen Arbeitnehmer kann das Leistungsverweigerungsrecht des § 275 Abs. 3 BGB zustehen.[938] Denn dieser weist die gleichen charakteristischen Krankheitssymptome auf wie ein Kranker im infektionsschutzrechtlichen

---

VG Karlsruhe, Urt. v. 10.05.2021 – 9 K 67/21, BeckRS 2021, 1826 Rn. 63; *Preis/Mazurek/Schmid*, NZA 2020, 1137 (1140); *Noack*, NZA 2021, 251 (253); *Hohenstatt/Krois*, NZA 2020 413 (415); *Maties*, in: Koch/Kubiciel/Wollenschläger (Hrsg.), 50 Jahre Juristische Fakultät Augsburg, 2021, 431 f.

933 *RKI*, Quarantäne- und Isolierungsdauern bei SARS-CoV-2-Expositionen und -Infektionen; entsprechend Beschluss der Ministerpräsidentenkonferenz vom 7. und 24. Januar 2022, außer Kraft seit 02.05.2022, Stand: 21.03.2022, abrufbar unter: https://www.rki.de/DE/Content/InfAZ/N/Neuartiges_Coronavirus/Quarantaene/Absonderung-Archiv.html.

934 Ausführlich zu den Voraussetzungen des § 56 IfSG siehe Teil 3 Kapitel 2 E. I.

935 Letzter Stand der Bearbeitung: 12.08.2022.

936 *RKI*, Empfehlungen zu Isolierung und Quarantäne bei SARS-CoV-2-Infektion und -Exposition, Stand: 02.05.2022, abrufbar unter: https://www.rki.de/DE/Content/InfAZ/N/Neuartiges_Coronavirus/Quarantaene/Absonderung.html.

937 *Oetker*, in: Staudinger, BGB, Buch 2. Recht der Schuldverhältnisse, Neubearbeitung 2022, §§ 613a-619a BGB, § 616 BGB Rn. 107 bei der Pflege von Angehörigen; *Klein*, NJ 2020, 377 (380); *Fuhlrott/Fischer*, NZA 2020, 345 (348); *Besgen*, B+P, 235 (237); *Noack*, NZA 2021, 251 (253); *Maties*, in: Koch/Kubiciel/Wollenschläger (Hrsg.), 50 Jahre Juristische Fakultät Augsburg, 2021, 435 hält fünf bis sieben Tage für angemessen.

938 Siehe Teil 3 Kapitel 3 A. II. 3 b).

Sinne. Leidet er an schweren Symptomen wie Fieber- oder Gliederschmerzen, wird eine Unzumutbarkeit i.S.d. § 275 Abs. 3 BGB vorliegen und das Leistungsverweigerungsrecht bestehen. Macht der Arbeitnehmer dieses geltend, erlischt die Arbeitspflicht. Es stellt sich dann die Frage, ob der Arbeitgeber Entgeltfortzahlung schuldet.

aa) Vergütungspflicht aus § 3 Abs. 1 S. 1 EFZG

Hinsichtlich der Entgeltfortzahlung ist zunächst anzudenken, ob der Arbeitgeber dem Krankheitsverdächtigen Entgeltfortzahlung gemäß § 3 Abs. 1 S. 1 EFZG schuldet. Dieser setzt voraus, dass der Arbeitnehmer durch Arbeitsunfähigkeit infolge Krankheit an seiner Arbeitsleistung verhindert wird, ohne dass ihn ein Verschulden trifft, vgl. § 3 Abs. 1 S. 1 EFZG.

(1) Arbeitsunfähigkeit infolge Krankheit

Der Krankheitsverdächtige ist zwar nicht Kranker im infektionsschutzrechtlichen Sinne, aber möglicherweise arbeitsunfähig erkrankt i.S.d. § 3 EFZG. Das Vorliegen einer Krankheit bei einem Krankheitsverdächtigen wurde bereits bejaht.[939] „Arbeitsunfähig infolge Krankheit ist der […][Arbeitnehmer] erst dann, wenn ein Krankheitsgeschehen ihn außer Stand setzt, die ihm nach dem Arbeitsvertrag obliegende Arbeit zu verrichten, oder wenn er die Arbeit nur unter der Gefahr fortsetzen könnte, in absehbar naher Zeit seinen Zustand zu verschlimmern […].“[940] Vor dem Hintergrund des in dieser Arbeit zugrunde gelegten Pandemiefalls leidet der Krankheitsverdächtige unter Symptomen der pandemischen Erkrankung. Hier kann unproblematisch davon ausgegangen werden, dass die Fortsetzung der Arbeit das Risiko birgt, dass der gesundheitliche Zustand sich in absehbarer Zeit verschlechtert. Dies muss insbesondere unter Berücksichtigung der Tatsache gelten, dass (jedenfalls zu Beginn der Pandemie) die pandemische Erkrankung in ihrer spezifischen Ausprägung noch nicht voll erforscht ist und Krankheitsverläufe nicht sicher vorhergesagt werden können. Im späteren Verlauf einer Pandemie ist mit Mutationen des pandemischen Erregers zu rechnen, sodass auch hier der Krankheitsverlauf, insbesondere dessen Schwere, nicht belastbar eingeschätzt werden kann. Nach alledem

939 Siehe Teil 3 Kapitel 3 A. II. 3. b).

940 Zum Begriff der krankheitsbedingten Arbeitsunfähigkeit siehe BAG, Urt. v. 14.01.1972 – 5 AZR 264/71, AP LohnFG § 1 Nr. 12; BAG, Urt. v. 09.01.1985 – 5 AZR 415/82, AP LohnFG § 1 Nr. 62; BAG, Urt. v. 07.08.1991 – 5 AZR 410/90, NZA 1992, 69.

ist der krankheitsverdächtige Arbeitnehmer als arbeitsunfähig infolge Krankheit zu qualifizieren.

(2) Dadurch Verhinderung an der Arbeitsleistung (Monokausalität)

Die Arbeitsunfähigkeit infolge Krankheit ist in der Regel kausal für die Verhinderung an der Arbeitsleistung. Richtigerweise ist die Monokausalität des § 3 Abs. 1 S. 1 EFZG auch zu bejahen, wenn wegen des Krankheitsverdachts eine Absonderungsanordnung oder ein Tätigkeitsverbot erlassen wird.[941]

(3) Weitere Voraussetzungen

Dem Krankheitsverdächtigen darf nicht der Vorwurf des „Verschuldens gegen sich selbst" gemacht werden können.[942] Zudem muss die Wartezeit des § 3 Abs. 3 EFZG abgelaufen sein.

Vorbehaltlich des Vorliegens dieser weiteren Voraussetzungen schuldet der Arbeitgeber dem Krankheitsverdächtigen Entgeltfortzahlung gemäß § 3 Abs. 1 S. 1 EFZG. Da die Vorschriften des EFZG für die krankheitsbedingte Arbeitsunfähigkeit *leges speciales* sind, ist § 616 S. 1 BGB nicht anwendbar.

(4) Verhältnis zu § 56 IfSG

Anders als der Kranke kann sich der Krankheitsverdächtige grundsätzlich auf die Entschädigungsnorm des § 56 Abs. 1 IfSG berufen. Allerdings erhält der krankheitsverdächtige Arbeitnehmer – wie soeben aufgezeigt – Entgeltfortzahlung nach § 3 Abs. 1 S. 1 EFZG, sodass mangels Verdienstausfalls die Tatbestandsvoraussetzungen des § 56 Abs. 1 IfSG nicht erfüllt sind.[943] Im Übrigen

941 Ausführlich hierzu siehe Teil 3 Kapitel 4 A. I. 2. a) bb).

942 Zu pandemiespezifisch relevanten Fallgruppen siehe Teil 3 Kapitel 4 A. I. 2. a) aa) (1).

943 An dieser Stelle kann die Frage aufkommen, ob dann überhaupt eine Anwendung des § 56 Abs. 1 S. 1 IfSG für den Krankheitsverdächtigen verbleibt. Dies ist unter bestimmten Umständen zu bejahen. In den vorangegangenen Ausführungen wurde aufgezeigt, dass der Krankheitsverdächtige als krankheitsbedingt arbeitsunfähig zu qualifizieren ist. Diese Bewertung wurde vor dem Hintergrund dieser Arbeit allerdings auch unter der Annahme getroffen, dass die Symptome des Krankheitsverdächtigen solche einer pandemischen Erkrankung sind. Eine solche ist grundsätzlich als gefährliche und schlecht einschätzbare Krankheit zu bewerten, sodass die krankheitsbedingte Arbeitsunfähigkeit vergleichsweise unproblematisch angenommen werden konnte. Weist der Arbeitnehmer kaum Symptome einer erwiesenermaßen ungefährlichen übertragbaren Krankheit auf, wird man die krankheitsbedingte Arbeitsunfähigkeit eher ablehnen müssen. Ergeht dann eine infektionsschutzrechtliche Absonderungsanordnung oder

ist einmal mehr klarzustellen, dass § 56 IfSG eine subsidiäre Billigkeitsregelung darstellt.

bb) Zusammenfassung

Der Krankheitsverdächtige i.S.d. § 2 Nr. 5 IfSG ist zwar nicht im infektionsschutzrechtlichen, aber im medizinischen Sinne krank. Darüber hinaus ist er sogar als krankheitsbedingt arbeitsunfähig i.S.d. § 3 Abs. 1 S. 1 EFZG zu qualifizieren, sodass diese vergütungserhaltende Norm bei Vorliegen der übrigen Voraussetzungen greift.

d) Weitere Hinweise

Freilich bleibt die Vergütungspflicht des Arbeitgebers gemäß § 611a Abs. 2 BGB unverändert bestehen, wenn der ansteckungs- oder krankheitsverdächtige Arbeitnehmer weiterhin seine Arbeitsleistung erbringt. Praxisrelevant ist auch hier die Leistungserbringung im Home-Office.[944] Zudem ist der Arbeitgeber zur Leistung von Annahmeverzugslohn gemäß § 615 S. 1 BGB verpflichtet, wenn er gegenüber einem aus einem Risikogebiet zurückgekehrten Arbeitnehmer ein Betretungsverbot für das Betriebsgelände ausspricht, obwohl der Arbeitnehmer aufgrund negativen Testnachweises keiner offiziellen Absonderungspflicht unterliegt.[945]

Neben dem Erlöschen der Arbeitspflicht durch Geltendmachung der Einrede des § 275 Abs. 3 BGB im Fall des Krankheitsverdächtigen oder durch eine infektionsschutzrechtliche Anordnung kommt grundsätzlich auch in Betracht, dass der Arbeitgeber den Arbeitnehmer wegen des Krankheits- oder Ansteckungsverdachts freistellt.[946] Hierzu bedarf es freilich zunächst einer entsprechenden Mitteilung des Arbeitnehmers an den Arbeitgeber.[947] Da die Freistellung aber im

ein Tätigkeitsverbot gegenüber dem krankheitsverdächtigen Arbeitnehmer und erleidet dieser dadurch einen Verdienstausfall, kann dieser gemäß § 56 Abs. 1 S. 1 bzw. S. 2 IfSG Entschädigung in Geld verlangen.

944 Zum Home-Office siehe insbesondere Teil 3 Kapitel 3 A. I. und Teil 3 Kapitel 4 B. II.

945 BAG, Urt. v. 10.08.2022 – 5 AZR 154/22. Siehe hierzu bislang nur BAG, Pressemitteilung vom 10.08.2022 – Annahmeverzug nach Vorlage eines negativen Corona-Tests, abrufbar unter: https://www.bundesarbeitsgericht.de/presse/annahmeverzug-nach-vorlage-eines-negativen-corona-tests/.

946 *von Steinau-Steinrück/Mosch*, NJW-Spezial 2009, 578.

947 Zu Mitteilungspflichten des Arbeitnehmers in der Pandemie siehe Teil 3 Kapitel 3 A. III. 4.

Folgenden gesondert behandelt wird, wird an dieser Stelle auf die nachstehenden Ausführungen verwiesen.

4. *Bei Freistellung des Arbeitnehmers*

In einer Pandemie kommen mehrere Gründe in Betracht, den Arbeitnehmer freizustellen.[948] Im Hinblick auf die Auswirkung auf die Vergütungspflicht ist es entscheidend, ob der Arbeitnehmer im Wege einer Freistellungsvereinbarung freigestellt wird oder mittels einseitiger Freistellungserklärung des Arbeitgebers.

a) Mittels Freistellungsvereinbarung

Wurde eine Freistellungsvereinbarung zwischen Arbeitnehmer und Arbeitgeber getroffen, wird diese in der Regel auch die Modalitäten zur Entgeltfortzahlung regeln. Es steht den Parteien dabei grundsätzlich frei, beide Hauptpflichten zu suspendieren, wobei ggf. die AGB-rechtlichen Vorschriften zu beachten sind.[949] Nach der Rechtsprechung des BAG sind im Fall der vertraglich vereinbarten Freistellung die Voraussetzungen des § 615 S. 1 BGB nicht erfüllt. Das ist darauf zurückzuführen, dass die einvernehmliche Freistellung entweder als Erlass- oder Änderungsvertrag zu sehen ist, dessen Inhalt das (temporäre) Erlöschen der Arbeitspflicht ist. Da es also an der Arbeitspflicht fehlt, kann der Arbeitgeber auch nicht in Annahmeverzug geraten, weshalb § 615 S. 1 BGB als anspruchserhaltende Norm nicht greift.[950] Dies gilt auch für § 616 S. 1 BGB. Ob eine Vergütungspflicht besteht, hängt daher maßgeblich von der Freistellungsvereinbarung ab.

b) Mittels einseitiger Freistellungserklärung

Im Pandemiefall wesentlich praxisrelevanter ist die einseitige Freistellung durch den Arbeitgeber. Diese ist nur unter strengen Voraussetzungen möglich, die aber an anderer Stelle behandelt werden.[951] Hier gilt es vielmehr zu klären, ob der Arbeitgeber dem Arbeitnehmer nach einseitiger Freistellung noch Lohn schuldet. Als vergütungserhaltende Normen kommen § 615 S. 1 BGB und § 616 S. 1 BGB in Betracht.

---

948 Zu Freistellungsmöglichkeiten des Arbeitgebers siehe Teil 3 Kapitel 4 C. I.

949 *Spinner*, in: Säcker/Rixecker/Oetker/Limperg (Hrsg.), MüKoBGB, 8. Aufl. 2020, § 611a BGB Rn. 892.

950 BAG, Urt. v. 19.03.2002 – 9 AZR 16/01, NJOZ 2003, 1319 (1321).

951 Zu Freistellungsmöglichkeiten des Arbeitgebers siehe Teil 3 Kapitel 4 C. I.

aa) Lohnfortzahlung gemäß § 615 S. 1 BGB

Kommt der Dienstberechtigte mit der Annahme der Dienste in Verzug, so kann der Verpflichtete für die infolge des Verzugs nicht geleisteten Dienste die vereinbarte Vergütung verlangen, ohne zur Nachleistung verpflichtet zu sein, § 615 S. 1 BGB. Die Norm setzt also voraus, dass sich der Arbeitgeber im Annahmeverzug befindet. Dies ist gemäß § 293 BGB der Fall, wenn der Arbeitgeber ein ordnungsgemäßes Angebot des Arbeitnehmers zur Erbringung der Arbeitsleistung nicht angenommen hat. Das wörtliche Angebot des Arbeitnehmers genügt, wenn der Arbeitgeber – wie in der hier behandelten Konstellation – mittels Freistellung erklärt, dass er die Arbeitsleistung nicht annimmt, vgl. § 295 S. 1 BGB. Nach der Rechtsprechung des BAG „[...] lehnt der Arbeitgeber [mit der einseitigen Freistellung von der Arbeitspflicht] in der Regel die Annahme der vom Arbeitnehmer geschuldeten Arbeitsleistung ab und gerät so gem. § 293 BGB in Annahmeverzug.“[952] Dies würde nur dann nicht gelten, wenn der Arbeitnehmer seinerseits entweder – rechtlich oder tatsächlich – nicht arbeitsfähig oder nicht arbeitswillig wäre, vgl. § 297 BGB. Anderenfalls schuldet der Arbeitgeber gemäß § 615 S. 1 BGB Annahmeverzugslohn.

Vor dem Hintergrund einer Pandemie ist kurz zu beleuchten, ob der Arbeitgeber auch gemäß § 615 S. 1 BGB Annahmeverzugslohn schuldet, wenn er den Arbeitnehmer wegen eines konkreten Infektionsverdachts freigestellt hat. Denkbar ist, dass es sich hierbei nicht um ein ordnungsgemäßes arbeitnehmerseitiges Angebot (i.S.d. §§ 294 ff. BGB) handelt, sodass ein Annahmeverzug des Arbeitgebers ausgeschlossen wäre.

Nach der Rechtsprechung des BAG gerät ein Arbeitgeber nicht in Annahmeverzug, „[...] wenn sich der Arbeitnehmer so verhält, dass der Arbeitgeber nach Treu und Glauben und unter Berücksichtigung der Gepflogenheiten des Arbeitslebens die Annahme der Leistung zu Recht ablehnt.“[953] Als Beispiel führte das BAG zwar strafrechtlich relevantes Verhalten des Arbeitnehmers an.[954] Gleichwohl kann eine konkrete gesundheitliche Gefährdungslage die Interessen des Arbeitgebers und der übrigen Arbeitnehmer in mindestens vergleichbarer Weise gefährden und eine Ablehnung des Arbeitsangebots rechtfertigen.[955] Schließlich

---

952 BAG, Urt. v. 06.09.2006 – 5 AZR 703/05, NZA 2007, 36 (38); siehe auch BAG, Urt. v. 26.06.2013 – 5 AZR 432/12, AP BGB § 615 Nr. 132.

953 BAG, Urt. v. 16.04.2014 – 5 AZR 739/11, NZA 2014, 1082.

954 BAG, Urt. v. 16.04.2014 – 5 AZR 739/11, NZA 2014, 1082 f.

955 So auch *Sievers*, jM 2020, 189 (198); *Preis*, in: Müller-Glöge/Preis/Schmidt (Hrsg.), ErfK, 22. Aufl. 2022, § 615 BGB Rn. 21.

handelt es sich bei der pandemischen Erkrankung regelmäßig um eine solche mit potenziell tödlichem Krankheitsverlauf. Mithin fehlt es im Fall der Freistellung wegen eines konkreten Infektionsverdachts an einem ordnungsgemäßen Angebot, sodass der Arbeitgeber nicht gemäß § 615 S. 1 BGB Annahmeverzugslohn schuldet.

Liegt hingegen noch kein konkreter Infektionsverdacht vor, ist arbeitgeberseitiger Annahmeverzug zu bejahen und der Arbeitgeber ist nach § 615 S. 1 BGB zur Leistung der Vergütung verpflichtet.

bb) Lohnfortzahlung gemäß § 616 S. 1 BGB

Nach Auffassung von *Sagan* und *Brockfeld* kann die Vergütungspflicht bei Freistellung wegen eines Krankheitsverdachts auch nach § 616 BGB fortbestehen.[956] Diese Auffassung kann – jedenfalls im Pandemiefall – nicht geteilt werden. Denn bei einem bloßen Ansteckungsverdacht i.S.d. § 2 Nr. 7 IfSG (ohne infektionsschutzrechtliche Absonderungsanordnung oder ein Tätigkeitsverbot) wird regelmäßig noch keine Arbeitsverhinderung i.S.d. § 616 S. 1 BGB vorliegen, da dem nur ansteckungsverdächtigen Arbeitnehmer die Arbeitsleistung weder nach § 275 Abs. 1 BGB unmöglich noch gemäß § 275 Abs. 3 BGB unzumutbar ist. Ohne infektionsschutzrechtliche Anordnung ist der Tatbestand des § 616 S. 1 BGB daher nicht erfüllt. Der Krankheitsverdächtige erhält, sofern er von seinem Leistungsverweigerungsrecht Gebrauch macht, nach hier vertretener Auffassung Entgeltfortzahlung nach § 3 Abs. 1 S. 1 EFZG,[957] wodurch § 616 S. 1 BGB gesperrt ist.[958]

---

956 *Sagan/Brockfeld*, NJW 2020, 1112 (1114).

957 Siehe hierzu Teil 3 Kapitel 4 A. I. 3. c).

958 Im Übrigen kann gegen die von *Sagan* und *Brockfeld* vertretene Auffassung angeführt werden, dass bei einer Freistellung des Arbeitnehmers durch den Arbeitgeber – gleich aus welchem Grund – die Arbeitsverhinderung nicht *allein* auf einen in der Sphäre des Arbeitnehmers liegenden Grund zurückzuführen ist, sondern zumindest auch auf das Einschreiten des Arbeitgebers. Richtigerweise muss man aber an die Ursache, also den Krankheitsverdacht anknüpfen. Dieser ist der personenbedingte Grund, die Freistellung lediglich Reaktion des Arbeitgebers.

c) *Zusätzliche infektionsschutzrechtliche Anordnung gegenüber dem Arbeitnehmer*

Ein wenig verkompliziert sich die Rechtslage, wenn der Arbeitnehmer nach Freistellung durch den Arbeitgeber Betroffener einer infektionsschutzrechtlichen Absonderungsanordnung oder eines Tätigkeitsverbots wird.

Mit Bekanntgabe der infektionsschutzrechtlichen Anordnung wird dem Arbeitnehmer die Arbeitsleistung grundsätzlich[959] rechtlich unmöglich, § 275 Abs. 1 BGB.[960] Damit greift § 297 BGB, wonach der Gläubiger nicht in Verzug kommt, wenn der Schuldner zur Zeit des Angebots außerstande ist, die Leistung zu bewirken. „[Denn] [e]in Arbeitnehmer ist leistungsunfähig i.S. von § 297 BGB, wenn er aus Gründen in seiner Person die vertraglich vereinbarten Tätigkeiten ausnahmslos nicht mehr verrichten kann. Ob es sich um gesundheitliche, rechtliche oder andere Gründe handelt, ist nicht maßgebend. Das Unvermögen kann etwa auf einem gesetzlichen Beschäftigungsverbot oder auf dem Fehlen einer erforderlichen Erlaubnis beruhen […].“[961] Ein infektionsschutzrechtliches Tätigkeitsverbot führt mithin unproblematisch zur Leistungsunfähigkeit i.S.d. § 297 BGB. Nichts anderes kann für eine Absonderungsanordnung gelten, die in ihrer Reichweite dem Tätigkeitsverbot in nichts nachsteht.[962] Mithin führt die infektionsschutzrechtliche Anordnung dazu, dass der Arbeitnehmer mangels Annahmeverzugs des Arbeitgebers keine Lohnfortzahlung gemäß § 615 S. 1 BGB erhält. In Betracht kommt dann einmal mehr der infektionsschutzrechtliche Entschädigungsanspruch nach § 56 Abs. 1 S. 1 oder S. 2 IfSG.

5. *Bei Betriebsverbot*

Schließt der Arbeitgeber den Betrieb in einer Pandemie freiwillig, so wird er die Arbeitnehmer einseitig freistellen müssen. Dann schuldet er die Fortzahlung der Vergütung gemäß § 615 S. 3 und S. 1 BGB.[963]

---

959 Die Arbeitsleistung wird nur unmöglich, soweit sie nicht im Home-Office erbracht werden kann.

960 *Hohenstatt/Krois*, NZA 2020, 413 (414); *Weller/Lieberknecht/Habrich*, NJW 2020, 1017 (1018); bei Tätigkeitsverbot *Bieder*, in: Benecke (Hrsg.), BeckOGK, Stand: 01.07.2022, § 616 BGB Rn. 17.

961 BAG, Urt. v. 18.03.2009 – 5 AZR 192/08, NJW 2009, 2907 (2908).

962 Zum Verhältnis von Absonderung gemäß § 30 IfSG und Tätigkeitsverbot gemäß § 31 IfSG siehe Teil 3 Kapitel 2 D. II. 1. d).

963 BAG, Urt. v. 13.10.2021 – 5 AZR 211/21, siehe *BAG*, Betriebsrisiko – Corona bedingte Betriebsschließung, abrufbar unter: https://www.bundesarbeitsgericht.de/entscheidung/5-azr-211-21/; ArbG Dortmund, Urt. v. 24.11.2020 – 5 Ca 2057/20, BeckRS 2020,

Wie die COVID-19-Pandemie gezeigt hat, wird bei – pandemiebedingt üblicherweise – exponentiell steigenden Infektionszahlen aber auch mit der Verhängung von Betriebsverboten gerechnet werden müssen. Hier ist zwischen zwei Arten von Betriebsverboten zu differenzieren. Zunächst kommt in Betracht, dass einzelne Betriebe mittels behördlicher Anordnung geschlossen werden, etwa weil sich in diesen Betrieben ein hohes Infektionsgeschehen entwickelt hat, sog. Hotspot. Darüber hinaus wurde in der COVID-19-Pandemie mehrfach sämtlichen Branchen, die nicht dem lebensnotwendigen Bedarf dienen, der Betrieb mittels sog. Lockdowns untersagt.[964] Dazu zählen insbesondere der gesamte Einzelhandel, Gastronomie und Hotels.[965]

Ist das Betriebsverbot erst einmal angeordnet, wird die Arbeitsleistung den Arbeitnehmern rechtlich unmöglich, § 275 Abs. 1 BGB, soweit sie diese nicht im Home-Office erbringen können.[966] Umgekehrt stellt sich dann die Frage, ob die Vergütungspflicht nach dem Grundsatz des § 326 Abs. 1 S. 1 Hs. 1 BGB erlischt oder der Arbeitgeber zur Lohnfortzahlung verpflichtet ist. Dies kann bekanntermaßen nur der Fall sein, wenn eine Norm greift, die den Vergütungsanspruch, also gleichsam die Vergütungspflicht des Arbeitgebers, aufrechterhält. In Betracht kommt diesbezüglich nur der durch das SchuldRModG kodifizierte § 615 S. 3 BGB, der unter Verweis auf S. 1 und S. 2 und unter Berücksichtigung

---

43244 Rn. 17; zur Vergütungspflicht bei einseitiger Freistellung des Arbeitgebers siehe Teil 3 Kapitel 4 A. I. 4. b).

964 Siehe zur Entwicklung des Pandemiegeschehens *Imöhl/Ivanov*, Die Zusammenfassung der aktuellen Lage seit Ausbruch von COVID-19 im Januar 2020, Handelsblatt, Stand: 06.12.2021, abrufbar unter: https://www.handelsblatt.com/politik/corona-chronik-aerztebund-fordert-impfungen-auch-am-wochenende/25584942.html?ticket=ST-7864698-3aaBaCTb15t0ZeKNe4RF-cas01.example.org.

965 Während als Rechtsgrundlage dafür zunächst Allgemeinverfügungen oder Rechtsverordnungen dienten, hat der parlamentarische Gesetzgeber mit Erlass des § 28a IfSG letztlich auch gesetzliche Regelbeispiele für notwendige Schutzmaßnahmen zur Verhinderung der Verbreitung der Coronavirus-Krankheit-2019 (COVID-19) in Abs. 1 normiert, die u.a. in Nr. 14 die Schließung oder Beschränkung von Betrieben, Gewerben, Einzel- oder Großhandel beinhaltet. Auch wenn diese Regelung schon ausweislich des Wortlauts für künftige Pandemien nicht gelten kann, wird bei festgestellter epidemischer Lage von nationaler Tragweite nach § 5 Abs. 1 S. 1 i.V.m. S. 6 IfSG auch in der Zukunft mit der behördlichen Anordnung von Betriebsverboten gerechnet werden müssen.

966 Siehe *Hohenstatt/Krois*, NZA 2020, 413 (414) für den Fall eines angestellten Handwerkers; dies gilt freilich nicht für Arbeitnehmer, die im Home-Office ihre Arbeitsleistung erbringen können und müssen.

von dessen amtlicher Überschrift regelt, dass in Fällen, in welchen sich das Betriebsrisiko des Arbeitgebers realisiert, der Verpflichtete bzw. der Arbeitnehmer die vereinbarte Vergütung verlangen kann. Nach der Rechtsprechung des BAG bezeichnet das Betriebsrisiko das Risiko des Arbeitgebers, „[…] seinen Betrieb betreiben zu können."[967]

a) Abgrenzungsfragen hinsichtlich des Betriebsrisikos

Klarzustellen ist zunächst, dass das Betriebsrisiko zum einen von dem stets vom Arbeitgeber zu tragenden Wirtschaftsrisiko[968] abzugrenzen ist. Dieses realisiert sich, wenn der Arbeitnehmer seine Leistung zwar rechtlich wie tatsächlich noch erbringen kann, diese Leistungserbringung für den Arbeitgeber aber letztlich (wirtschaftlich) sinnlos ist, da bspw. aktuell zu wenige Aufträge eingehen.[969] Die bereitstehende Arbeitskraft der Arbeitnehmer läuft dann leer.[970] Daneben ist das Betriebsrisiko auch vom Wegerisiko[971] abzugrenzen, das der Arbeitnehmer

---

967 BAG, Urt. v. 23.09.2015 – 5 AZR 146/14, NZA 2016, 293 (294).

968 BAG, Beschl. v. 22.12.1980 – 1 ABR 2/79, AP GG Art. 9 Arbeitskampf Nr. 70. „Als Wirtschaftsrisiko kann man es bezeichnen, wenn die Erbringung der Dienste im naturwissenschaftlich-betriebstechnischen Sinne möglich bleibt, die Arbeitsleistung aber wegen eines Auftrags- oder Absatzmangels, Problemen bei der Lagerung der zu produzierenden Waren, Schwierigkeiten bei der Organisation oder Finanzierung des Vertriebs oder vergleichbarer Gründe für den Gläubiger sinnlos ist." Siehe *Maties*, in: Koch/Kubiciel/Wollenschläger (Hrsg.), 50 Jahre Juristische Fakultät Augsburg, 2021, 439.

969 *Henssler*, in: Säcker/Rixecker/Oetker/Limperg (Hrsg.), MüKoBGB, 8. Aufl. 2020, § 615 BGB Rn. 98.

970 Zwar trifft dieses Wirtschaftsrisiko den Arbeitgeber, doch ist der Politik die wirtschaftliche Belastung durch die Pandemie durchaus bewusst, sodass von staatlicher Seite mit finanziellen Unterstützungsmechanismen gerechnet werden kann. Vor diesem Hintergrund ist es für Arbeitgeber von ausschlaggebender Bedeutung, aktuelle pandemiespezifische Gesetzesänderungen im Blick zu behalten und ggf. diesbezüglich Rechtsrat einzuholen. Bspw. wurde mit Art. 240 § 7 Abs. 1 EGBGB eine Regelung erlassen, nach der vermutet wird, dass bei vermieteten Grundstücken oder vermieteten Räumen, die keine Wohnräume sind, die infolge staatlicher Maßnahmen zur Bekämpfung der COVID-19-Pandemie für den Betrieb des Mieters nicht oder nur mit erheblicher Einschränkung verwendbar sind, ein Umstand im Sinne des § 313 Abs. 1 BGB besteht. Entsprechend können gewerbliche Mieter wegen Störung der Geschäftsgrundlage die Anpassung des Mietvertrages verlangen, sodass mit Anpassung des Mietzinses schon eine immense finanzielle Belastung abgefedert werden kann.

971 *Maties*, in: Koch/Kubiciel/Wollenschläger (Hrsg.), 50 Jahre Juristische Fakultät Augsburg, 2021, 441; siehe Teil 3 Kapitel 3 A. II. 1

trägt, sowie vom Arbeitskampfrisiko,[972] auf welches in dieser Arbeit nicht weiter eingegangen wird.

Exkurs: Historische Grundlagen

Zwar statuiert das BGB mit § 615 S. 3 BGB mittlerweile eine Regelung zum Betriebsrisiko, jedoch kodifiziert diese damit letztlich die von der Rechtsprechung entwickelte sog. *Betriebsrisikolehre.*[973] Die historische Entwicklung soll in diesem Exkurs knapp dargestellt werden.

Die Betriebsrisikolehre findet ihren Ursprung bereits in der Kieler-Straßenbahn-Entscheidung des Reichsgerichts aus dem Jahr 1923,[974] in dem der Arbeitgeber von seiner Entgeltfortzahlungspflicht entbunden wurde. In dem zugrundeliegenden Sachverhalt, der aus heutiger Sicht mit der Risikoverteilung zum Arbeitskampfrisiko zu lösen wäre,[975] stellte sich infolge eines Teilstreiks der Belegschaft die Frage nach der Lohnfortzahlungspflicht für den nicht streikenden Teil der Belegschaft. Nach der Feststellung des Reichsgerichts, dass das BGB keine Lösung für diese Konstellation bereithielt, wurde gestützt auf die sozialen Verhältnisse[976] das Lohnfortzahlungsrisiko nicht nur dem am Arbeitskampf beteiligten Teil der Belegschaft, sondern allen Beschäftigten zugewiesen. Entscheidend sei gewesen, dass es „[...] nicht mehr nur um das Verhältnis des einzelnen Arbeiters zum Arbeitgeber, sondern um eine Regelung zwischen zwei Gruppen der Gesellschaft, dem Unternehmertum und der Arbeiterschaft [ging].“[977] Während *Henssler* diesbezüglich von einer Lösung aus „Solidaritätsgesichtspunkten“ spricht,[978] scheint der von

---

972 Zum Arbeitskampfrisiko siehe u.a. *Bieder*, in: Benecke (Hrsg.), BeckOGK, Stand: 01.07.2022, § 615 Rn. 133 ff.

973 Siehe BT-Drs. 14/6857, 48, wonach die Rechtsprechung den Grundsatz, dass der Arbeitgeber in Fällen des Betriebsrisikos Lohn (fort)zuzahlen hat, weiter konkretisieren soll; BT-Drs. 14/7052, 204 zu Nummer 36a; *Bieder*, in: Benecke (Hrsg.), BeckOGK, Stand: 01.07.2022, § 615 Rn. 3; *Preis*, in: Müller-Glöge/Preis/Schmidt (Hrsg.), ErfK 22. Aufl. 2022, § 615 BGB Rn. 122.

974 RG, Urt. v. 06.02.1923 – III 93/22, RGZ 106, 272 ff.; *Henssler*, in: Säcker/Rixecker/Oetker/Limperg (Hrsg.), MüKoBGB, 8. Aufl. 2020, § 615 BGB Rn. 100; *Bieder*, in: Benecke (Hrsg.), BeckOGK, Stand: 01.07.2022, § 615 Rn. 112.

975 Siehe auch *Bieder*, in: Benecke (Hrsg.), BeckOGK, Stand: 01.07.2022, § 615 Rn. 112.

976 RG, Urt. v. 06.02.1923 – III 93/22, RGZ 106, 272 (275).

977 RG, Urt. v. 06.02.1923 – III 93/22, RGZ 106, 272 (275).

978 *Henssler*, in: Säcker/Rixecker/Oetker/Limperg (Hrsg.), MüKoBGB, 8. Aufl. 2020, § 615 BGB Rn. 100.

Bieder gebrauchte Terminus der „Zwangssolidarisierung“ in diesem Kontext treffender.[979]

Auf dieser Grundlage des Reichsgerichts entwickelte das Reichsarbeitsgericht die sog. *Sphärentheorie*, die die Risikoverteilung unter Zuweisung zu bestimmten Risikosphären vornahm. Konkret sollte das Risiko der Lohnfortzahlung beim Arbeitgeber liegen, wenn der Arbeitsausfall in den Bereich der Betriebsleitung fällt und umgekehrt in die Sphäre aller Arbeiter, wenn der Arbeitsausfall auf deren Verhalten zurückzuführen ist.[980] Diese Theorie „[…] beruht auf der Vorstellung, daß der einzelne Arbeitnehmer als Glied der gesamten Arbeitnehmerschaft solidarisch für alle Störungen einstehen muß, die sich auf die Sphäre der Arbeitnehmerschaft zurückführen lassen […].“[981]

Diese frühen Ansätze des Reichsgerichts und Reichsarbeitsgerichts hatte auch das junge BAG seinen Ausführungen zunächst zugrunde gelegt. So hatte es in einem Urteil vom 8. Februar 1957 ausdrücklich auf die Rechtsprechung des Reichsgerichts aus dem Jahr 1923 Bezug genommen und mit diesem übereinstimmend klargestellt, „daß die Entscheidung über das Betriebsrisiko, d.h. über die Verpflichtung zur Lohnzahlung bei solchen Ereignissen, die weder vom Arbeitgeber noch vom Arbeitnehmer des betreffenden Betriebs verschuldet sind, nicht auf Grund der Vorschriften des Bürgerlichen Gesetzbuchs (§ 323 oder § 615) getroffen werden kann.“[982]

Diese gesetzliche Lücke war auch nach Auffassung des BAG mithilfe der Rechtsprechung und wissenschaftlicher Grundsätze zu lösen. Unter Berücksichtigung dieser Grundsätze hatte der Arbeitgeber das Betriebsrisiko zu tragen. So […]„muß [der Arbeitgeber], wenn die Arbeit aus im Betrieb liegenden Gründen nicht geleistet werden kann, gleichwohl den vollen Lohn weiterzahlen. Das folgt daraus, daß der Arbeitgeber, der den Betrieb und die betriebliche Gestaltung organisiert, leitet, die Verantwortung trägt und die Erträge bezieht, seinen Arbeitnehmern dafür einstehen muß, dass der Betriebsorganismus in Funktion bleibt und die Arbeitsmittel zur Verfügung stehen, die dem Arbeitnehmer die Arbeit und damit die Erzielung des Lohnes ermöglichen.“[983] Das

---

979 *Bieder*, in: Benecke (Hrsg.), BeckOGK, Stand: 01.07.2022, § 615 Rn. 112.

980 BAG, Urt. v. 08.02.1957 – 1 AZR 338/55, BAGE 3, 346 Rn. 10; RAG, Urt. v. 24.09.1930 – 160/30, RAGE Band 7, S. 1. ff; Urt. v. 02.11.1929 – 248/29, RAGE Band 4, S. 245 ff.; Urt. v. 20.06.1928 – 72/28, RAGE Band 2, S. 74 ff.

981 BAG, Beschl. v. 22.12.1980 – 1 ABR 2/79, AP GG Art. 9 Arbeitskampf Nr. 70.

982 BAG, Urt. v. 08.02.1957 – 1 AZR 338/55, BAGE 3, 346 Rn. 10.

983 BAG, Urt. v. 08.02.1957 – 1 AZR 338/55, BAGE 3, 346 Rn. 13.

BAG hat mithin klargestellt, dass der Arbeitgeber grundsätzlich das Betriebsrisiko zu tragen hat, gleichwohl aber explizit die Frage offengelassen, „[...] ob eine Ausnahme dann gilt, wenn das den Betriebsstillstand herbeiführende Ereignis den Betrieb so schwer trifft, daß bei Zahlung der vollen Löhne die Existenz des Betriebes gefährdet würde [...].“[984]

Erst mit Beschluss vom 22. Dezember 1980 hat das BAG die Sphärentheorie aufgegeben, das Arbeitskampf- vom Betriebsrisiko separiert und eine neue Betriebsrisiko- und Arbeitskampfrisikolehre vorgestellt.[985] Das Betriebsrisiko wurde dabei – wie schon bisher – grundsätzlich dem Arbeitgeber zugewiesen.[986] Mit Einführung des § 615 S. 3 BGB wurde dieses Ergebnis umfassender Judikatur letztlich kodifiziert, sodass sich nunmehr aus dem Gesetz ergibt, dass der Arbeitgeber das Betriebsrisiko trägt.

b) Pandemiebedingtes Betriebsverbot von Betriebsrisiko umfasst?

Von enormer Praxisrelevanz ist die Frage, ob sich mit einem pandemiespezifischen Betriebsverbot noch das Betriebsrisiko des Arbeitgebers realisiert. Wäre das der Fall, wäre der Arbeitgeber gemäß § 615 S. 3 und S. 1 BGB zur Lohnfortzahlung verpflichtet. Grundsätzlich zu differenzieren ist zwischen einem Betriebsverbot, das nur gegenüber einem einzelnen Betrieb erlassen wird, und einem flächendeckenden Betriebsverbot.

aa) Verbot eines einzelnen Betriebs

Wird gegenüber einem einzelnen Betrieb ein behördliches Betriebsverbot verhängt, liegt die Annahme nahe, dass in diesem Betrieb liegende Gründe für diese Maßnahme ursächlich sind und sich somit das Betriebsrisiko des Arbeitgebers realisiert. So kommt etwa in Betracht, dass der Arbeitgeber nur unzureichende Schutzmaßnahmen umgesetzt hat, die zu einem Infektionsausbruch im Betrieb geführt haben. In diesem Fall bleiben der Vergütungsanspruch und gleichsam

---

984 In BAG, Urt. v. 08.02.1957 – 1 AZR 338/55, BAGE 3, 346 Rn. 13 noch ausdrücklich offengelassen; zur Möglichkeit abweichender Regelung in Arbeits- oder Tarifvertrag siehe BAG, Urt. v. 04.07.1958 – 1 AZR 559/57, BAG AP BGB § 615 Betriebsrisiko Nr. 5; BAG, Urt. v. 28.09.1972 – 2 AZR 506/71, AP BGB § 615 Betriebsrisiko Nr. 28; a.A. siehe *Preis*, in: Müller-Glöge/Preis/Schmidt (Hrsg.), ErfK, 22. Aufl. 2022, § 615 Rn. 126 m.w.N.

985 BAG, Beschl. v. 22.12.1980 – 1 ABR 76/79, AP GG Art. 9 Arbeitskampf Nr. 71; BAG, Beschl. v. 22.12.1980 – 1 ABR 2/79, AP GG Art. 9 Arbeitskampf Nr. 70.

986 BAG, Beschl. v. 22.12.1980 – 1 ABR 2/79, AP GG Art. 9 Arbeitskampf Nr. 70.

die Vergütungspflicht des Arbeitgebers nach § 326 Abs. 2 S. 1 Var. 1 BGB erhalten.[987] Sollte der Arbeitgeber den Umstand, der zum Betriebsverbot geführt hat, nicht zu vertreten haben, greift § 615 S. 3 BGB.

bb) Flächendeckendes Betriebsverbot

Schwieriger gestaltet sich die Rechtslage, wenn ein Betrieb von einem flächendeckenden Betriebsverbot betroffen ist. Im Rahmen der nachfolgenden Untersuchung ist zunächst auf frühere Kriterien des BAG einzugehen, bevor die Ansätze im Schrifttum und aktuelle Rechtsprechung dargestellt werden. Die Ausführungen schließen mit einer Stellungnahme.

(1) Frühere Kriterien des BAG

Nach früherer Rechtsprechung des BAG sollte der Arbeitgeber das Risiko der Betriebsstörung nicht nur aus im Betrieb liegenden Gründen tragen, sondern auch, wenn diese „[...] von außen auf das Unternehmen einwirken."[988] So zählen etwa Umstände höherer Gewalt wie Naturkatastrophen zum Betriebsrisiko.[989] Sähe man in der Pandemie eine Naturkatastrophe, müsste der Arbeitgeber auch das Risiko der pandemiebedingten Betriebsschließung noch tragen. Allerdings streitet insbesondere der Umstand, dass die Pandemie nur mittelbar zu einem Betriebsverbot führt, gegen eine pauschale Gleichbehandlung der Fälle.[990] Zudem sind Naturkatastrophen und eine Pandemie auch in zeitlicher Hinsicht nicht vergleichbar. Während sich eine Naturkatastrophe wohl mehrere Tage bis wenige Wochen auswirkt, kann eine Pandemie – wie die COVID-19-Pandemie jüngst gezeigt hat – über Jahre andauern. Mangels Vergleichbarkeit einer Naturkatastrophe und einer Pandemie kann also nicht darauf geschlossen werden, dass sich mit einem pandemiebedingten Betriebsverbot noch das Betriebsrisiko realisiert.

Allerdings hat das BAG schon in der Vergangenheit ein Betriebsverbot wegen Landestrauer als Fall des Betriebsrisikos des Arbeitgebers gesehen.[991] Dieser

987 *Preis/Mazurek/Schmid*, NZA 2020, 1137 (1143).

988 BAG, Urt. v. 30.05.1963 – 5 AZR 282/62, BeckRS 1963, 00001 Rn. 8.

989 *Bieder*, in: Gsell/Krüger/Lorenz/Reymann (Hrsg.), BeckOGK, Stand: 01.07.2022, § 615 Rn. 120; siehe auch BAG, Urt. v. 09.07.2008 – 5 AZR 810/07, NJW 2008, 3803 (3804), wonach witterungsbedingte Einschränkungen zum Betriebsrisiko gehören.

990 *Preis/Mazurek/Schmid*, NZA 2020, 1137 (1141).

991 BAG, Urt. v. 30.05.1963 – 5 AZR 282/62, BeckRS 1963, 00001 zu behördlichem Verbot von Tanz- und Schauveranstaltung wegen Landestrauer.

Entscheidung kann entnommen werden, dass der Arbeitgeber das Risiko tragen muss, wenn es „[...] durch die besondere Art des Betriebs bedingt ist. Die Einkalkulierbarkeit eines solchen Ereignisses und das Erfordernis, daß der Arbeitgeber solche nicht gänzlich unvorhersehbaren Ereignisse in seine kaufmännischen Berechnungen aufnehmen und durch diese Einkalkulation den drohenden finanziellen Nachteilen ggf. durch die Bildung von Rücklagen entgegenwirken kann, verbieten es [...], auch nur einen Teil dieses Risikos auf den Arbeitnehmer in Form einer Minderung seiner Einkünfte abzuwälzen."[992] Entsprechend lassen sich die Art des Betriebs und die Kalkulierbarkeit sowie Vorhersehbarkeit des Ereignisses als Kriterien herauslesen.

(2) Auffassungen des Schrifttums in der COVID-19-Pandemie

Da es in der COVID-19-Pandemie zunächst an höchstrichterlicher Rechtsprechung zum Betriebsrisiko fehlte (dazu sogleich), haben Teile des Schrifttums die vorgenannten Kriterien auf das pandemiebedingte Betriebsverbot angewendet.

Hinsichtlich der Frage, ob pandemiebedingte flächendeckende Betriebsverbote auf die Eigenart eines Betriebs zurückgeführt werden können, treffen in der Rechtsliteratur verschiedene Ansichten aufeinander. So wird teilweise vertreten, dass sich mit der Anordnung eines pandemiebedingten Betriebsverbots das allgemeine pandemische Risiko, das nicht auf die Eigenart eines Betriebs zurückgeführt werden kann, realisiert.[993] Nach der Gegenauffassung ist für die Betriebe, die in einer Pandemie von einem Betriebsverbot betroffen werden, hoher Kundenzulauf charakteristisch.[994] Damit komme diesen Betrieben eine Eigenart zu, die für das Betriebsverbot (mit)ursächlich ist, sodass Betriebsverbote, die aufgrund dieser Publikumsaffinität erlassen werden, zum Betriebsrisiko des Arbeitgebers gehören.[995]

Darüber hinaus seien die pandemiebedingten Betriebsverbote nach Auffassung von *Preis, Mazurek* und *Schmid* auch vorhersehbar und kalkulierbar. Denn zum einen seien Pandemien gerade unter Berücksichtigung der Influenzapandemien in der jüngeren Geschichte nicht völlig unvorhersehbar, zum anderen

992 BAG, Urt. v. 30.05.1963 – 5 AZR 282/62, BeckRS 1963, 00001 Rn. 10; siehe auch LSG Hessen, Urt. v. 20.08.2010 – L 7 AL 165/06, BeckRS 2010, 73593, nach dem die Einstellung der Geschäftstätigkeit einer Bank aufgrund einer bankaufsichtsrechtlichen Maßnahme ein Betriebsrisiko der Bank darstellt.

993 *Sagan/Brockfeld*, NJW 2020, 1112 (1116); *Bonanni*, ArbRB 2020, 110 (116).

994 *Grimm*, DB 2020, 1177 (1182); *Preis/Mazurek/Schmid*, NZA 2020, 1137 (1142 f.).

995 *Preis/Mazurek/Schmid*, NZA 2020, 1137 (1142 f.).

könnten sie durch Rücklagenbildungen oder Betriebsschließungsversicherungen auch einkalkuliert werden.[996] So gelangen diese zu dem Ergebnis, dass die Voraussetzungen der Rechtsprechung erfüllt sind und das flächendeckende Betriebsverbot vom Betriebsrisiko des Arbeitgebers umfasst ist.

Im Übrigen werden weitere Ansätze in der Literatur vertreten, die sich nicht näher mit den vom BAG aufgestellten Kriterien befassen. So verfolgen etwa *Hohenstatt* und *Krois* einen anderen Ansatz und wollen die Frage nach dem Betriebsrisiko anhand des Regelungszwecks von § 615 S. 1 und S. 3 BGB lösen. Da sich der Arbeitgeber mit der Beschäftigung des Arbeitnehmers quasi dessen Arbeitskraft sichert, komme es darauf an, ob der Arbeitnehmer theoretisch in einem anderen, vergleichbaren Betrieb noch arbeiten könnte. Wäre das der Fall, träfe den betreffenden Arbeitgeber das Betriebsrisiko. Könnte der Arbeitnehmer auch in vergleichbaren Betrieben nicht mehr tätig werden, soll der Arbeitgeber das Risiko nicht mehr tragen müssen.[997] Bei flächendeckenden Betriebsverboten für eine gesamte Branche könnte der Arbeitnehmer in einem vergleichbaren Betrieb oder Unternehmen nicht mehr beschäftigt werden, sodass diese Konstellation nach Auffassung von *Hohenstatt* und *Krois* nicht mehr vom Betriebsrisiko umfasst ist.

Im Übrigen wird die Frage, ob behördlich angeordnete Betriebsschließungen noch zum Betriebsrisiko zählen, teilweise relativ pauschal bejaht.[998]

(3) Arbeitsgerichtliche Entscheidungen in der COVID-19-Pandemie

Mittlerweile sind zu der Frage, ob ein infektionsschutzrechtliches Betriebsverbot in der COVID-19-Pandemie noch zum Betriebsrisiko des Arbeitgebers zählt, auch arbeitsgerichtliche Entscheidungen ergangen. So hat etwa das ArbG Dortmund in einem Urteil vom 24. November 2020 erläutert, dass eine durch die zuständige Gesundheitsbehörde angeordnete Betriebsschließung nicht mehr zum Betriebsrisiko des Arbeitgebers gehört.[999] Zu einem gegenteiligen Urteil gelangten das LAG Niedersachsen und das LAG Düsseldorf.[1000] Nach

---

996 *Preis/Mazurek/Schmid*, NZA 2020, 1137 (1142).

997 *Hohenstatt/Krois*, NZA 2020, 413.

998 Siehe u.a. *Krause*, in: Henssler/Willemsen/Kalb (Hrsg.), Arbeitsrecht Kommentar, 10. Aufl. 2022, § 615 BGB Rn. 116; *Fuhlrott/Fischer*, NZA 2020, 345 (348); *Schmidt/Novara*, DB 2009, 1817 (1820 f.); *Klein*, NJ 2020, 377 (379).

999 ArbG Dortmund, Urt. v. 24.11.2020 – 5 Ca 2057/20, BeckRS 43244 Rn. 17 f.

1000 LAG Niedersachsen, Urt. v. 23.03.2021 – 11 Sa 1062/0, NZA-RR 2021, 293. Für eine knappe Zusammenfassung siehe *Voßberg*, SPA 2021, 84; LAG Düsseldorf, Urt. v. 30.03.2021 – 8 Sa 674/20, COVuR 2021, 563.

Einschätzung des LAG Düsseldorf vom 30. März 2021, das sich insbesondere der oben dargestellten Auffassung von *Preis*, *Mazurek* und *Schmid* anschließt, ist die Betriebsschließung einer Spielhalle im Rahmen eines pandemiebedingten Lockdowns noch vom Betriebsrisiko umfasst.[1001] Zu berücksichtigen ist aber, dass eine Existenzgefährdung durch die Auszahlung von Annahmeverzugslohn nicht vorgebracht wurde[1002] – eine Ablehnung des Betriebsrisikos aus diesem Grund scheint daher nach wie vor möglich.[1003]

Letztlich hat das BAG mit Urteil vom 13. Oktober 2021 aber entschieden, dass landesweite flächendeckende Betriebsschließungen nicht mehr zum Betriebsrisiko des Arbeitgebers zählen.[1004] Das BAG stellt zunächst klar, dass den Arbeitgeber das Betriebsrisiko trifft, wenn dieser den Betrieb aufgrund der Pandemie freiwillig schließt und sich nicht (ohnehin) dessen Wirtschaftsrisiko verwirklicht. In dem Fall, dass der Betrieb aufgrund einer behördlichen Anordnung geschlossen wird, könne das Betriebsrisiko nicht mit „höherer Gewalt" begründet werden. Denn allenfalls könnten die Pandemie oder die pandemischen Krankheitserreger als „höhere Gewalt" anzusehen sein, nicht jedoch die behördliche Betriebsschließung. Im Hinblick auf die Frage, ob sich durch diese noch ein Betriebsrisiko des Arbeitgebers verwirklicht, sei vielmehr nach dem Zweck der öffentlichen Betriebsuntersagung zu differenzieren. Dient die Betriebsuntersagung dazu, ein dem betroffenen Betrieb immanentes Risiko einzudämmen, verwirkliche sich das Betriebsrisiko und der Arbeitgeber sei zur Lohnfortzahlung gemäß § 615 S. 3 i.V.m. S. 1 und § 611a Abs. 2 BGB verpflichtet. „Dagegen trägt der Arbeitgeber nicht das Risiko des Arbeitsausfalls, wenn die behördlich

---

1001 LAG Düsseldorf, Urt. v. 30.03.2021 – 8 Sa 674/20, COVuR 2021, 563 (566 f). Für eine knappe Zusammenfassung siehe *Adam*, SPA 2021, 71. Siehe dazu auch *Biebl*, SPA 2021, 81.

1002 LAG Düsseldorf, Urt. v. 30.03.2021 – 8 Sa 674/20, COVuR 2021, 563 (567).

1003 In BAG, Urt. v. 08.02.1957 – 1 AZR 338/55, NJW 1957, 687 (688) ausdrücklich offengelassen.

1004 BAG, Urt. v. 13.10.2021 – 5 AZR 211/21; das Urteil kann eingesehen werden unter *BAG*, Betriebsrisiko – Corona bedingte Betriebsschließung, abrufbar unter: https://www.bundesarbeitsgericht.de/entscheidung/5-azr-211-21/; siehe dazu auch *Fuhlrott*, Kein Lohnanspruch bei Corona-Lockdown, LTO, 13.10.2021, abrufbar unter: https://www.lto.de/recht/hintergruende/h/bag-urteil-5azr21121-betriebsrisiko-arbeitgeber-behoerdliche-schliessung-corona-lohnanspruch-geringfuegig-beschaeftigte/; siehe *BAG*, Pressemitteilung vom 13.10.2021, 31/21 – Betriebsrisiko und Lockdown, abrufbar unter: https://www.bundesarbeitsgericht.de/presse/betriebsrisiko-und-lockdown/.

verfügte Betriebsschließung im Rahmen allgemeiner Maßnahmen staatlicher Stellen zur Pandemiebekämpfung erfolgt und – betriebsübergreifend – zum Schutz der Bevölkerung vor schweren und tödlichen Krankheitsverläufen infolge von SARS-CoV-2-Infektionen die sozialen Kontakte auf ein Minimum reduziert und nahezu flächendeckend alle nicht für die Versorgung der Bevölkerung notwendigen Einrichtungen geschlossen werden."[1005] In diesem Fall verwirkliche sich kein Risiko, dass in einem bestimmten Betrieb angelegt ist. „Die Unmöglichkeit der Arbeitsleistung ist vielmehr Folge eines hoheitlichen Eingriffs zur Bekämpfung einer die Gesellschaft insgesamt treffenden Gefahrenlage, die der einzelne Arbeitgeber nicht – auch nicht im weitesten Sinne – verursacht und zu verantworten hat. Dieses ‚allgemeine Risiko', das Folge letztlich politischer Entscheidungen zur Eindämmung des die Allgemeinheit insgesamt treffenden Infektionsrisikos ist, muss der Arbeitgeber – bei gebotener wertender Betrachtung – nicht tragen."[1006] Die besondere Eigenart des Betriebs, auf welche das BAG in seiner früheren Rechtsprechung noch abstellte,[1007] könne ein Betriebsrisiko des Arbeitgebers „nicht ohne weiteres" begründen. Erforderlich sei zusätzlich, dass der Arbeitgeber für Umstände, die ein pandemiespezifisch erhöhtes Risiko im Betrieb nach sich ziehen, objektiv verantwortlich ist. Nur dann sei es zu rechtfertigen, dem Arbeitgeber das Betriebsrisiko aufzuerlegen. Das BAG stellt überdies klar, dass die Bewertung eines Risikos als Betriebsrisiko unabhängig davon erfolgt, ob etwaige nachgelagerte Ansprüche des Arbeitnehmers bestehen.[1008]

(4) Stellungnahme

Der Frage, ob pandemiebedingte Betriebsschließungen noch zum Betriebsrisiko gehören, kommt enorme Praxisrelevanz zu. Müssen Arbeitgeber dieses Risiko tragen, müssen diese für teilweise mehrwöchige Lockdowns ihre Arbeitnehmer bezahlen, ohne diese beschäftigen und Umsatz bzw. Gewinn erwirtschaften zu

---

1005 BAG, Urt. v. 13.10.2021 – 5 AZR 211/21 Rn. 34; das Urteil kann eingesehen werden unter *BAG*, Betriebsrisiko – Corona bedingte Betriebsschließung, abrufbar unter: https://www.bundesarbeitsgericht.de/entscheidung/5-azr-211-21/.

1006 BAG, Urt. v. 13.10.2021 – 5 AZR 211/21 Rn. 34; das Urteil kann eingesehen werden unter *BAG*, Betriebsrisiko – Corona bedingte Betriebsschließung, abrufbar unter: https://www.bundesarbeitsgericht.de/entscheidung/5-azr-211-21/.

1007 BAG, Urt. v. 30.05.1963 – 5 AZR 282/62, BeckRS 1963, 00001 Rn. 10.

1008 BAG, Urt. v. 13.10.2021 – 5 AZR 211/21 Rn. 37 ff.; das Urteil kann eingesehen werden unter *BAG*, Betriebsrisiko – Corona bedingte Betriebsschließung, abrufbar unter: https://www.bundesarbeitsgericht.de/entscheidung/5-azr-211-21/.

können. Die finanziellen Folgen sind aus Arbeitgebersicht katastrophal. Vor diesem Hintergrund scheint es durchaus nachvollziehbar, dass das BAG in seiner Entscheidung vom 13. Oktober 2021 befunden hat, dass pandemiebedingte Betriebsschließungen nicht mehr zum Betriebsrisiko gehören. Auch dessen Argumentation überzeugt insoweit, als der Arbeitgeber ein allgemeines Risiko, das in keinem spezifischen Zusammenhang mehr zu dessen Betrieb steht, nicht tragen muss.

Gleichwohl drängt sich damit die Erkenntnis auf, dass nun jedenfalls faktisch der Arbeitnehmer das Risiko der pandemiebedingten Betriebsschließung zu tragen hat. Denn da der Arbeitgeber keine Lohnfortzahlung gemäß § 615 S. 3 BGB schuldet, erhält der Arbeitnehmer für den Zeitraum des Betriebsverbots grundsätzlich keine Vergütung.[1009] Zudem besteht nach h.M. in Rechtsprechung und Schrifttum auch kein infektionsschutzrechtlicher Entschädigungsanspruch für den Fall des behördlich angeordneten Betriebsverbots.[1010] In der Folge erhält der Arbeitnehmer weder Lohn noch bezieht er Lohnersatz.[1011] Dass dieses Ergebnis unbillig ist, hat das BAG auch erkannt. So sei es „[...] Sache des Staates, gegebenenfalls für einen adäquaten Ausgleich der den Beschäftigten durch den hoheitlichen Eingriff entstehenden finanziellen Nachteile [...] zu sorgen. [...] Aus dem Fehlen nachgelagerter Ansprüche lässt sich jedoch keine arbeitsrechtliche Zahlungspflicht des Arbeitgebers herleiten."[1012]

Der Aussage, dass es Aufgabe des Staates sei, finanzielle Nachteile durch hoheitliche Eingriffe auszugleichen, ist zuzustimmen. Indes verlagert die Entscheidung des BAG das Risiko des pandemiebedingten Betriebsverbots – jedenfalls nach der aktuellen Gesetzeslage[1013] – auf den Arbeitnehmer. Vor dem

---

1009 Dies gilt auch, wenn der Arbeitnehmer während des Betriebsverbots erkrankt, da es dann an der Monokausalität fehlt, die § 3 Abs. 1 S. 1 EFZG voraussetzt. Wenn gegenüber dem Arbeitnehmer zusätzlich eine infektionsschutzrechtliche Anordnung ergeht, kommt eine Entschädigung nach § 56 IfSG auch nicht in Betracht, da die Anordnung für den Verdienstausfall nicht kausal ist. Mithin ist dringend an den Gesetzgeber zu appellieren, auch Entschädigungsansprüche im Fall des Betriebsverbots zu regeln.

1010 Siehe ausführlich dazu *Eckart/Kruse*, in: Eckart/Winkelmüller (Hrsg.), BeckOK InfSchR, 12. Edition, Stand: 01.07.2022, § 56 IfSG Rn. 30 ff. m.w.N.; dies Anfang 2022 bestätigend *Fuhlrott/Oltmanns*, ArbRAktuell 2022, 29.

1011 Auf Grundlage dieses Urteils scheint es auch denkbar, dass der Arbeitgeber Vergütung, die für die Dauer eines Betriebsverbots geleistet wurde, zurückverlangen kann.

1012 *BAG*, Pressemitteilung vom 13.10.2021, abrufbar unter: https://www.bundesarbeitsgericht.de/presse/betriebsrisiko-und-lockdown/.

1013 Letzter Stand der Bearbeitung: 12.08.2022.

Hintergrund der arbeitsvertraglichen Interessenverteilung scheint es sachgerechter, das Betriebsverbot noch unter das Risiko des Arbeitgebers zu fassen und dann – mit derselben Argumentation – von dem Gesetzgeber *de lege ferenda* einen Entschädigungsanspruch der Arbeitgeber zu fordern. Anders als der Arbeitnehmer hat der Arbeitgeber durchaus Möglichkeiten, sich abzusichern. Hier sei auf die bereits erwähnte arbeitgeberseitige Möglichkeit hingewiesen, Rücklagen zu bilden oder Betriebsschließungsversicherungen abzuschließen.[1014]

(5) Zusammenfassung

Nach einer langen Zeit der Rechtsunsicherheit in der COVID-19-Pandemie, zahlreichen Lösungsansätzen in der Rechtsliteratur und divergierenden instanzengerichtlichen Entscheidungen hat das BAG mit Urteil vom 13. Oktober 2021 Klarheit geschaffen und entschieden, dass flächendeckende Betriebsschließungen nicht mehr zum Betriebsrisiko des Arbeitgebers zählen. In der Folge schuldet dieser keine Vergütung gemäß § 615 S. 3 und S. 1 BGB, wenn der Betrieb von einem flächendeckenden Betriebsverbot betroffen ist.[1015] Auch wenn diese Entscheidung durchaus Anlass zur Kritik bietet, besteht nun immerhin Rechtssicherheit für alle Beteiligten. Der Gesetzgeber ist angehalten, tätig zu werden und den finanziellen Nachteil der Arbeitnehmer durch eine Ergänzung des IfSG aufzufangen.

c) Betriebsverbot bei gleichzeitiger infektionsschutzrechtlicher Anordnung gegenüber dem Arbeitnehmer

Nachdem das Betriebsverbot isoliert und dessen Auswirkung auf die Vergütungspflicht dargestellt wurde, ist Gegenstand der nachfolgenden Ausführungen die Frage nach dem Fortbestehen der Vergütungspflicht des Arbeitgebers, wenn der Arbeitnehmer während des Zeitraums des behördlich angeordneten Betriebsverbots selbst als Betroffener einer infektionsschutzrechtlichen Maßnahme an der Arbeitsleistung gehindert ist. Ausgangspunkt ist freilich der Grundsatz „Ohne Arbeit kein Lohn", sodass es einmal mehr darauf ankommt, ob eine Norm den Vergütungsanspruch aufrechterhält.

1014 So schon *Preis/Mazurek/Schmid*, NZA 2020, 1137 (1142).

1015 Soweit ersichtlich, steht dem Arbeitnehmer nach aktueller Gesetzeslage auch kein Entschädigungsanspruch zu. Siehe ausführlich dazu *Eckart/Kruse*, in: Eckart/Winkelmüller (Hrsg.), BeckOK InfSchR, 12. Edition, Stand: 01.07.2022, § 56 IfSG Rn. 30 ff. m.w.N.

Grundsätzlich kann zunächst angedacht werden, dass der Arbeitnehmer gemäß § 616 S. 1 BGB einen Anspruch auf Entgeltfortzahlung hat. Dagegen spricht allerdings zum einen, dass der Geltungszeitraum der Absonderungsanordnung regelmäßig keine verhältnismäßig nicht erhebliche Zeit i.S.d. Norm mehr darstellt.[1016] Zum anderen setzt § 616 S. 1 BGB voraus, dass der Dienstverpflichtete allein durch einen in seiner Person liegenden Grund an der Dienstleistung verhindert wird. In der hier aufgeworfenen Konstellation ist der Arbeitnehmer durch die Absonderungsanordnung zwar auch durch einen seiner Sphäre zuzuordnenden Grund verhindert, allerdings nicht ausschließlich. Vielmehr besteht mit dem Betriebsverbot parallel dazu ein Leistungshindernis, das auch alle anderen Arbeitnehmer betrifft.[1017] Im Falle eines solchen objektiven Verhinderungsgrundes scheidet eine Anwendung des § 616 S. 1 BGB aus.[1018]

Nachdem sich mit der Anordnung des flächendeckenden Betriebsverbots nach der Rechtsprechung des BAG auch nicht das Betriebsrisiko des Arbeitgebers i.S.d. § 615 S. 3 BGB realisiert, bleibt es in diesem Fall bei dem Grundsatz des § 326 Abs. 1 S. 1 Hs. 1 BGB und die Vergütungspflicht erlischt. Die betroffenen Arbeitnehmer werden sich auch nicht auf den Entschädigungsanspruch des § 56 IfSG[1019] berufen können, da der Verdienstausfall bereits auf die Betriebsschließung und nicht auf die spätere infektionsschutzrechtliche Anordnung zurückzuführen ist.[1020] Für den Fall der Betriebsschließung sieht das IfSG jedoch keinen Entschädigungsanspruch vor.

Wird nur ein einzelner Betrieb geschlossen, weil der Arbeitgeber keine ausreichenden Schutzmaßnahmen getroffen hat, und wird der Arbeitnehmer infolgedessen Betroffener einer infektionsschutzrechtlichen Anordnung, wird die Vergütungspflicht gemäß § 326 Abs. 2 S. 1 Var. 1 BGB fortbestehen. Denn der Arbeitgeber dürfte durch die unzureichenden Schutzmaßnahmen nicht nur für die Betriebsschließung, sondern auch für die darauffolgenden infektionsschutzrechtlichen Anordnungen gegenüber den einzelnen Arbeitnehmern jedenfalls weit überwiegend verantwortlich sein.

1016 Zum Tatbestandsmerkmal der verhältnismäßig nicht erheblichen Zeit siehe Teil 2 Kapitel 2 A. II. 2. d).

1017 *Preis/Mazurek/Schmid*, NZA 2020, 1137 (1143 f.).

1018 *Tillmanns*, in: Kiel/Lunk/Oetker (Hrsg.), MHdB ArbR, Band 1: Individualarbeitsrecht I, 5. Aufl. 2021, § 77 Rn. 19.

1019 Zu dessen Voraussetzungen siehe Teil 3 Kapitel 2 E. I.

1020 *Eckart/Kruse*, in: Eckart/Winkelmüller, BeckOK InfSchR, 12. Edition, Stand: 01.07.2022, § 56 IfSG Rn. 38.

d) *Abdingbarkeit des § 615 BGB*

Allgemein ist darauf hinzuweisen, dass es sich bei § 615 BGB nach h.M. um eine dispositive Regelung handelt.[1021] Dafür spricht im Wesentlichen wie auch bei § 616 BGB der Umkehrschluss aus § 619 BGB, nach dem nur die §§ 617 und 618 BGB nicht im Voraus durch Vertrag aufgehoben oder beschränkt werden können.[1022] Mithin können arbeitsvertraglich sowie kollektivrechtlich abweichende oder ausschließende Vereinbarungen getroffen werden.[1023] Diese müssen allerdings "[...] eindeutig und klar sein [...]."[1024] Zur der Frage, in welchem Umfang die Norm abbedungen werden kann, wird auf spätere Ausführungen verwiesen.[1025]

6. *Bei familiärer Betreuungsverpflichtung des Arbeitnehmers*

Muss der Arbeitnehmer familiären Betreuungsverpflichtungen nachkommen, stellt sich einmal mehr die Frage nach der Vergütungspflicht des Arbeitgebers. Die Ursachen für arbeitnehmerseitige Betreuungsverpflichtungen können vielfältig sein. Das eigene Kind kann erkrankt sein, Bildungs- oder Betreuungsinstitutionen können geschlossen werden oder andere Angehörige wie Eltern oder Großeltern können pandemiebedingt auf Betreuung oder Unterstützung angewiesen sein.

a) *Krankheitsfall eines Kindes des Arbeitnehmers*

Erkrankt das Kind eines Arbeitnehmers und muss dieser die Betreuung des Kindes persönlich wahrnehmen, kommt als anspruchserhaltende Norm nach überwiegender Auffassung allein § 616 S. 1 BGB in Betracht.[1026]

1021 Siehe etwa BAG, Urt. v. 10.01.2007 – 5 AZR 84/06, NZA 2007, 384 (386); BAG, Urt. v. 22.04.2009 – 5 AZR 310/08, NZA 2009, 913 (915); für Leiharbeitnehmer ergibt sich aus § 11 Abs. 2 S. 4 Hs. 1 AÜG allerdings, dass deren Recht auf Vergütung bei Annahmeverzug des Verleihers (§ 615 S. 1 BGB) nicht durch Vertrag aufgehoben oder beschränkt werden kann.

1022 Siehe auch *Tillmanns*, in: Kiel/Lunk/Oetker (Hrsg.), MHdB ArbR, Band 1: Individualarbeitsrecht I, 5. Aufl. 2021, § 76 Rn. 11.

1023 BAG, Urt. v. 22.04.2009 – 5 AZR 310/08, NZA 2009, 913 (915); *Joussen*, in: Rolfs/Giesen/Kreikebohm/Meßling/Udsching (Hrsg.), BeckOK ArbR, 64. Edition, Stand: 01.06.2022, § 615 BGB Rn. 9.

1024 BAG, Urt. v. 22.04.2009 – 5 AZR 310/08, NZA 2009, 913 (915).

1025 Zu dieser Frage siehe Teil 4 Kapitel 4 A. I.

1026 Nach der Auffassung von *Kießling/Jünemann*, DB 2005, 1684 (1688) besteht auch bei der Erkrankung des Kindes (ohne dass der Arbeitnehmer selbst erkrankt ist) der Entgeltfortzahlungsanspruch nach § 3 EFZG.

Danach muss der Arbeitnehmer zunächst durch einen in seiner Person liegenden Grund an der Arbeitsleistung verhindert sein. Eine Arbeitsverhinderung i.S.d. Norm ist nicht nur gegeben, wenn die Arbeitspflicht nach § 275 Abs. 1 BGB wegen rechtlicher oder tatsächlicher Unmöglichkeit erlischt. Vielmehr liegt eine Arbeitsverhinderung i.S.d. § 616 S. 1 BGB auch vor, wenn der Arbeitnehmer infolge der Geltendmachung der Einrede des § 275 Abs. 3 BGB von der Leistungspflicht frei wird.[1027] Muss der Arbeitnehmer gleichzeitig der Arbeitspflicht und der elterlichen Sorge nachkommen, steht dem Arbeitnehmer in der Regel das Leistungsverweigerungsrecht des § 275 Abs. 3 BGB zu.[1028] Macht er dieses geltend, liegt eine Arbeitsverhinderung vor. Diese ist unproblematisch auch auf einen in der Person des Arbeitnehmers liegenden Grund zurückzuführen.[1029] Zwar wird vor dem Hintergrund einer Pandemie vertreten, dass die pandemische Erkrankung als Folge der allgemein vorherrschenden Pandemie ein objektives Leistungshindernis darstellt. Richtigerweise realisiert sich in Form des konkreten Betreuungsbedarfs eines Kindes aber ein personenbezogenes Risiko des sorgeverpflichteten Arbeitnehmers.[1030]

Zudem wird dem Arbeitnehmer bezüglich dieses persönlichen Verhinderungsgrundes in der Regel kein Verschuldensvorwurf gemacht werden können. Entscheidend dürfte sein, ob der Arbeitnehmer nur für eine verhältnismäßig nicht erhebliche Zeit an der Arbeit verhindert ist.[1031] Eine pauschale Festlegung dieses zeitlichen Rahmens kann wegen des Merkmals „verhältnismäßig" nicht getroffen werden. Vielmehr sind stets die Umstände des Einzelfalles entscheidend. Als Richtwert können aber bis zu fünf Arbeitstage dienen.[1032] Muss der

---

1027 *Joussen*, in: Rolfs/Giesen/Kreikebohm/Meßling/Udsching (Hrsg.), BeckOK ArbR, 64. Edition, Stand: 01.06.2022, § 616 BGB Rn. 16; *Sievers*, jM 2020, 189 (190).

1028 Siehe dazu Kapitel 3 A. II. 6. a).

1029 Ausdrücklich Erkrankungen von Familienangehörigen als persönlichen Verhinderungsgrund bejahend BAG, Urt. v. 08.12.1982 – 4 AZR 134/80, AP BGB § 616 Nr. 58; vgl. auch *Müller/Becker*, COVuR 2020, 126 (127).

1030 So auch *Müller*, FA 2010, 2 (4).

1031 Zu dem Tatbestandsmerkmal der verhältnismäßig nicht erheblichen Zeit siehe Teil 2 Kapitel 2 A. II. 2. d).

1032 *Oetker*, in: Staudinger, BGB, Buch 2. Recht der Schuldverhältnisse, Neubearbeitung 2022, §§ 613a-619a BGB, § 616 BGB Rn. 107 bei der Pflege von Angehörigen; *Klein*, NJ 2020, 377 (380); *Fuhlrott/Fischer*, NZA 2020, 345 (348); *Besgen*, B+P, 235 (237); *Noack*, NZA 2021, 251 (253); *Maties*, in: Koch/Kubiciel/Wollenschläger (Hrsg.), 50 Jahre Juristische Fakultät Augsburg, 2021, 435 hält fünf bis sieben Tage für angemessen.

Arbeitnehmer die Betreuung des Kindes für einen verhältnismäßig erheblichen Zeitraum selbst übernehmen, greift die anspruchserhaltende Norm des § 616 S. 1 BGB nicht.

Allerdings haben Versicherte[1033] subsidiär[1034] Anspruch auf Krankengeld, wenn es nach ärztlichem Zeugnis erforderlich ist, dass sie zur Beaufsichtigung, Betreuung oder Pflege ihres erkrankten und versicherten Kindes der Arbeit fernbleiben, eine andere in ihrem Haushalt lebende Person das Kind nicht beaufsichtigen, betreuen oder pflegen kann und das Kind das zwölfte Lebensjahr noch nicht vollendet hat oder behindert und auf Hilfe angewiesen ist, vgl. § 45 Abs. 1 S. 1 SGB V. Hierbei wird auch vom sog. Pflegekrankengeld gesprochen.[1035]

Der Anspruch besteht grundsätzlich in jedem Kalenderjahr für jedes Kind längstens für 10 Arbeitstage, für alleinerziehende Versicherte längstens für 20 Arbeitstage, § 45 Abs. 2 S. 1 SGB V.

In der COVID-19-Pandemie bestand der Anspruch aber für das Kalenderjahr 2021 – dies gilt nun gleichermaßen auch für das Kalenderjahr 2022 – für jedes Kind längstens für 30 Arbeitstage, für alleinerziehende Versicherte längstens für 60 Arbeitstage, § 45 Abs. 2a S. 1 SGB V. Es kann daher davon ausgegangen werden, dass es auch in künftigen Pandemien zu Anspruchserweiterungen in zeitlicher Hinsicht kommen wird.

Zu beachten ist, dass der Anspruch auf Pflegekrankengeld nach dem Wortlaut des § 45 Abs. 1 S. 1 SGB V nur besteht, wenn der Elternteil und das zu betreuende Kind gesetzlich versichert sind. Für Arbeitnehmer, die bei einer privaten Krankenversicherung versichert sind, kommt daher nur ein Anspruch aus § 56 Abs. 1a IfSG in Betracht.[1036]

Abschließend ist darauf hinzuweisen, dass bei praxisgerechter Betrachtung damit zu rechnen ist, dass Eltern eines pandemisch erkrankten Kindes als Ansteckungsverdächtige i.S.d. IfSG[1037] regelmäßig[1038] auch eine

---

1033 Arbeitnehmer sind als Versicherungspflichtige gemäß § 5 Abs. 1 Nr. 1 SGB V Versicherte i.S.d. Norm.

1034 Die Subsidiarität ergibt sich aus § 49 Abs. 1 Nr. 1 SGB V, wonach der Anspruch auf Krankengeld ruht, soweit und solange Versicherte beitragspflichtiges Arbeitsentgelt oder Arbeitseinkommen erhalten. Siehe hierzu *Brose*, NZA 2011, 719 (722).

1035 *Rolfs*, in: Müller-Glöge/Preis/Schmidt (Hrsg.), ErfK, 22. Aufl. 2022, § 45 SGB V Rn. 1.

1036 *Grimm/Göbel*, ArbRB 2021, 47 (51).

1037 Zu den Kategorien von Kontaktpersonen nachweislich Infizierter siehe Teil 3 Kapitel 2 D. I. 3. Exkurs.

1038 Dies war in der COVID-19-Pandemie jedenfalls lange der Fall. Aktuell wird Kontaktpersonen nachweislich Infizierter lediglich dringend empfohlen, selbstständig

Absonderungsanordnung erhalten dürften oder der Arbeitgeber sie ggf. ohnehin freistellt. Ob in diesen Fällen die Vergütungspflicht des Arbeitgebers fortbesteht, wurde bereits gezeigt.[1039]

b) Bei Schließungen von Bildungs- und Betreuungsinstitutionen

Muss der Arbeitnehmer die Kindesbetreuung übernehmen, weil Schulen oder Kitas pandemiebedingt geschlossen werden, muss weder mit einer infektionsschutzrechtlichen Anordnung noch darf mit einer Freistellung des Arbeitgebers gerechnet werden. Hier kommt § 616 S. 1 BGB daher zumindest auf den ersten Blick vergleichsweise größere Bedeutung zu.

Problematisch sind in dieser Konstellation allerdings zwei Tatbestandsmerkmale. So stellt sich die Frage, ob bei flächendeckenden Schließungen von Bildungs- und Betreuungsinstitutionen noch ein Verhinderungsgrund vorliegt, der in der Person des Arbeitnehmers liegt, also seiner subjektiven Sphäre zugeordnet werden kann. Denn objektive Leistungshindernisse, die eine Mehrzahl von Arbeitnehmern betreffen, werden nicht mehr vom Tatbestand erfasst.[1040] Die Tatsache, dass bei einer flächendeckenden Schließung von Schulen und Kitas in der Regel alle Arbeitnehmer zumindest desselben Bundeslandes betroffen sind, die zugleich Eltern sind, spricht zwar für ein objektives Leistungshindernis.[1041] Dabei darf jedoch nicht verkannt werden, dass die Ursache für die Schließungen zwar ein allgemeines, mithin objektives Risiko ist. Der konkrete Verhinderungsgrund, an den im Rahmen des § 616 S. 1 BGB anzuknüpfen ist, ist jedoch der Betreuungsbedarf, welcher der persönlichen Sphäre des Arbeitnehmer zuzuordnen ist.[1042] Allerdings wird die Arbeitsverhinderung wegen Schließungen von Bildungs- und Betreuungsinstitutionen wohl länger als nur eine verhältnismäßig

---

Kontakte zu reduzieren. Siehe *RKI*, Empfehlungen zu Isolierung und Quarantäne bei SARS-CoV-2-Infektion und -Exposition, Stand: 02.05.2022, abrufbar unter: https://www.rki.de/DE/Content/InfAZ/N/Neuartiges_Coronavirus/Quarantaene/Absonderung.html.

1039 Zur Vergütungspflicht des Arbeitgebers bei infektionsschutzrechtlicher Anordnung gegenüber dem Arbeitnehmer wegen Krankheitsverdachts siehe Teil 3 Kapitel 4 A. II. 3. Zur Vergütungspflicht des Arbeitgebers bei Freistellung siehe Teil 3 Kapitel 4 A. I. 4.

1040 BAG, Urt. v. 08.12.1982 – 4 AZR 134/80, AP BGB § 616 Nr. 58.

1041 Ein objektives Leistungshindernis bejahend etwa *Dehmel/Hartmann*, BB 2020, 885 (887); mit derselben Tendenz auch *Kleinebrink*, DB 2020, 952 (954).

1042 *Müller*, FA 2010, 2 (3); *Müller/Becker*, COVuR 2020, 126 (127); *Bonanni*, ArbRB 2020, 110 (112 f.).

nicht erhebliche Zeit andauern. Zwar hat die COVID-19-Pandemie gezeigt, dass der Offenhaltung des Schulsystems mitunter höchste Relevanz zukommt.[1043] Nichtsdestotrotz wurden in zahlreichen Bundesländern über mehrere Wochen die Schulen und Kitas geschlossen.[1044] Mehrwöchige Zeiträume werden in der Regel als verhältnismäßig erhebliche Zeit zu bewerten sein,[1045] sodass die Voraussetzungen des anspruchserhaltenden § 616 S. 1 BGB regelmäßig nicht erfüllt sein werden.[1046]

Allerdings ist der Gesetzgeber vor diesem Hintergrund in der COVID-19-Pandemie aktiv geworden und hat den sozialrechtlichen Anspruch auf Pflegekrankengeld dahingehend erweitert, dass dieser insbesondere auch besteht, wenn Einrichtungen zur Betreuung von Kindern, Schulen oder Einrichtungen für Menschen mit Behinderung zur Verhinderung der Verbreitung von Infektionen oder übertragbaren Krankheiten auf Grund des IfSG vorübergehend geschlossen werden, § 45 Abs. 2a S. 3 SGB V.[1047]

1043 So sagte etwa *Stefanie Hubig*, Präsidentin der Kultusministerkonferenz im Oktober 2020: „[…] Wir alle müssen alles dafür tun, dass unsere Schülerinnen und Schüler dieses Recht möglichst in ihrer Schule verwirklichen können. Jetzt ist die Zeit, Prioritäten zu setzen. Wir alle müssen uns im Privaten einschränken, müssen auf Feiern, Treffen mit Freunden und vielleicht auch Hobbies verzichten, damit unsere Kinder und Jugendlichen die Bildung erhalten können, die ihnen zusteht. Das ist unsere bildungspolitische, das ist aber auch unsere gesamtgesellschaftliche Aufgabe." Siehe *Kultusministerkonferenz*, KMK: Schulen müssen offen bleiben / Gesundheits- und Infektionsschutz hat oberste Priorität, 27.10.2020, abrufbar unter: https://www.kmk.org/aktuelles/artikelansicht/kmk-schulen-muessen-offen-bleiben-gesundheits-und-infektionsschutz-hat-oberste-prioritaet.html.
Siehe dazu *ZDF*, Schulgipfel zur Corona-Lage, Stand: 21.09.2020, abrufbar unter: https://www.zdf.de/nachrichten/politik/coronavirus-schule-schulschliessung-hubig-100.html.

1044 So wurden am 13.03.2020 die Schulen bundesweit zunächst für zwei Wochen, letztlich aber für zwei Monate geschlossen, siehe *Maaz/Diedrich*, Schule unter Pandemiebedingungen: „Lockdown" – „Hybridmodell" – „Normalbetrieb", Bundeszentrale für politische Bildung, 11.12.2020, abrufbar unter: https://www.bpb.de/apuz/schule-2020/322683/schule-unter-pandemiebedingungen.

1045 Anders in BGH, Urt. v. 30.11.1978 – III ZR 43/77, NJW 1979, 422 (425).

1046 So auch *Stöß/Putzer*, NJW 2020, 1465 (1469); bei gesunden Kindern höchstens fünf Tage als verhältnismäßig nicht erhebliche Zeit ansehend *Kleinebrink*, DB 2020, 952 (955); *Dehmel/Hartmann*, BB 2020, 885 (887).

1047 Der Anspruch besteht auch, wenn deren Betreten, auch auf Grund einer Absonderung, untersagt wird, oder wenn von der zuständigen Behörde aus Gründen des Infektionsschutzes Schul- oder Betriebsferien angeordnet oder verlängert werden

Zu beachten ist, dass bei Bezug des Kinderkrankgeldes gemäß § 45 Abs. 2a S. 3 SGB V für beide Elternteile der Entschädigungsanspruch nach § 56 Abs. 1a IfSG ruht, vgl. § 45 Abs. 2b SGB V.

Zudem gilt auch dieser Anspruch auf Krankengeld nicht für privat versicherte Arbeitnehmer oder gesetzlich versicherte Arbeitnehmer, deren Kinder privat versichert sind.[1048]

c) *Bei Betreuungsverpflichtung gegenüber sonstigen Angehörigen*

Muss der Arbeitnehmer andere Angehörige betreuen, kann die Vergütungspflicht auch nach § 616 S. 1 BGB fortbestehen. Denn auch die Erkrankung anderer Angehöriger ist als persönlicher Verhinderungsgrund zu sehen.[1049] Da hier häufig keine Dauerbetreuung notwendig sein wird, kann – sofern es überhaupt zu einer Pflichtenkollision kommt, die zur Arbeitsverhinderung führt – vergleichsweise mit hoher Wahrscheinlichkeit das oft kritische Tatbestandsmerkmal der verhältnismäßig nicht erheblichen Zeit bejaht werden. In der Folge wird in dieser Konstellation der anspruchserhaltende § 616 S. 1 BGB nicht selten zu bejahen sein.

7. *Bei Leistungsverweigerung wegen unzureichender Schutzmaßnahmen des Arbeitgebers*

Trifft der Arbeitgeber im Pandemiefall keine angemessenen Schutzvorkehrungen,[1050] kann der Arbeitnehmer die Arbeitsleistung nach § 273 Abs. 1 BGB und ggf. nach § 275 Abs. 3 BGB verweigern. Macht der Arbeitnehmer sein Zurückbehaltungsrecht aus § 273 Abs. 1 BGB geltend, führt dies zum Annahmeverzug

---

oder die Präsenzpflicht in einer Schule aufgehoben wird oder der Zugang zum Kinderbetreuungsangebot eingeschränkt wird, oder das Kind auf Grund einer behördlichen Empfehlung die Einrichtung nicht besucht, § 45 Abs. 2a S. 3 IfSG.
Die Schließung der Schule, der Einrichtung zur Betreuung von Kindern oder der Einrichtung für Menschen mit Behinderung, das Betretungsverbot, die Verlängerung der Schul- oder Betriebsferien, die Aussetzung der Präsenzpflicht in einer Schule, die Einschränkung des Zugangs zum Kinderbetreuungsangebot oder das Vorliegen einer behördlichen Empfehlung, vom Besuch der Einrichtung abzusehen, ist der Krankenkasse auf geeignete Weise nachzuweisen; die Krankenkasse kann die Vorlage einer Bescheinigung der Einrichtung oder der Schule verlangen, § 45 Abs. 2a S. 4 SGB V. Zu § 45 Abs. 2a S. 3 SGB V siehe auch *Grimm/Göbel*, ArbRB 2021, 47 (50 f.).

1048 *Grimm/Göbel*, ArbRB 2021, 47 (51).

1049 BAG, Urt. v. 08.12.1982 – 4 AZR 134/80, AP BGB § 616 Nr. 58.

1050 Ausführlich zu den Schutzpflichten des Arbeitgebers siehe Teil 3 Kapitel 4 A. II. 2.

des Arbeitgebers, sodass die Vergütungspflicht nach § 615 S. 1 BGB bestehen bleibt.[1051] Macht der Arbeitnehmer berechtigterweise von dem Leistungsverweigerungsrecht des § 275 Abs. 3 BGB Gebrauch, erlischt die Vergütungspflicht grundsätzlich gemäß § 326 Abs. 1 S. 1 Hs. 1 BGB. Da der Arbeitgeber mangels Implementierung angezeigter Schutzmaßnahmen aber allein für die Unzumutbarkeit der Leistungserbringung des Arbeitnehmers verantwortlich ist, bleibt dieser gemäß § 326 Abs. 2 S. 1 Var. 1 BGB zur Vergütungsleistung verpflichtet. Vor dem Hintergrund unzureichender Schutzmaßnahmen ist zu beachten, dass der Arbeitgeber gemäß § 618 Abs. 3 BGB wegen entsprechender Anwendung der §§ 842-846 BGB zum Schadensersatz verpflichtet sein kann.

8. *Bei Verweigerung einer Dienstreise in ein Risikogebiet*

Freilich ist der Arbeitgeber gemäß § 611a Abs. 2 BGB zur Vergütung verpflichtet, wenn der Arbeitnehmer Dienstreisen in ein Risikogebiet antritt.[1052] Dies gilt auch im Anschluss, wenn gegenüber diesem Arbeitnehmer infolge der Dienstreise in ein Risikogebiet eine Quarantäneanordnung erlassen wird, da der Arbeitgeber dieses Arbeitsausfallrisiko gemäß § 615 S. 3 i.V.m. S. 1 BGB zu tragen hat.[1053]

Tritt der Arbeitnehmer die Dienstreise nicht an, erlischt dessen Arbeitspflicht spätestens mit Zeitablauf aufgrund des Fixschuldcharakters der Arbeitsleistung. Grundsätzlich erlischt dann auch der Vergütungsanspruch des Arbeitnehmers, vgl. § 326 Abs. 1 S. 1 Hs. 1 BGB. Fraglich ist indes, ob eine vergütungserhaltende Norm einschlägig ist. Maßgeblich dafür könnte sein, ob der Arbeitnehmer die Dienstreise berechtigt oder unberechtigt verweigert hat.

a) Berechtigte Leistungsverweigerung

Als vergütungserhaltende Norm kommt zunächst § 326 Abs. 2 S. 1 Var. 1 BGB in Betracht, dessen Anwendung nicht durch § 615 BGB ausgeschlossen ist.[1054] Danach behält der Arbeitnehmer den Vergütungsanspruch, wenn der Arbeitgeber für den Umstand, auf Grund dessen der Arbeitnehmer die Leistung nicht erbringen muss, allein oder weit überwiegend verantwortlich ist, vgl. § 326

1051 *Roloff*, in: Müller-Glöge/Preis/Schmidt (Hrsg.), ErfK, 22. Aufl. 2022, § 618 BGB Rn. 27; *Sievers*, jM 2020, 189 (200).

1052 Auch bei Entsendungen ins Ausland trifft den Arbeitgeber grundsätzlich die Fürsorgepflicht gemäß § 241 Abs. 2 BGB. Siehe dazu *Edenfeld*, NZA 2009, 938.

1053 VG Karlsruhe, Urt. v. 10.05.2021 – 9 K 67/21, BeckRS 2021, 18269; *Eckert*, DStR 2021, 345 (357).

1054 BAG, Urt. v. 27.01.2016 – 5 AZR 9/15, NJW 2016, 1530 (1531).

Abs. 2 S. 1 Var. 1 BGB. Ist dem Arbeitnehmer der Antritt der Dienstreise unzumutbar i.S.d. § 275 Abs. 3 BGB und macht der Arbeitnehmer das Leistungsverweigerungsrecht geltend, kann argumentiert werden, dass der Arbeitgeber durch Ausübung der entsprechenden unbilligen Weisung für den Umstand, der zum Ausschluss der Leistungspflicht geführt hat, weit überwiegend verantwortlich ist. Zwar hat der Arbeitnehmer durch Geltendmachung der Einrede den Ausschluss der Leistungspflicht erst herbeigeführt. Grundlage dafür war jedoch die rechtswidrige Weisung. Mithin sprechen gute Gründe dafür, dass § 326 Abs. 2 S. 1 Var. 1 BGB den Vergütungsanspruch des Arbeitnehmers aufrechterhält, wenn die Pflicht zum Antritt der Dienstreise infolge Geltendmachung der Einrede des § 275 Abs. 3 BGB erloschen ist.

Jedenfalls aber erhält der Arbeitnehmer über § 615 S. 1 BGB Annahmeverzugslohn, wenn der Arbeitnehmer nach Verweigerung der rechtswidrigen Weisung die geschuldete Arbeitsleistung ordnungsgemäß angeboten hat und der Arbeitgeber den Arbeitnehmer daraufhin nicht beschäftigt.[1055]

b) *Unberechtigte Leistungsverweigerung*

Insbesondere wenn der Arbeitnehmer die Dienstreise unberechtigt verweigert, wird die Arbeitsleistung mit Zeitablauf unmöglich.[1056] § 326 Abs. 2 S. 1 Var. 1 BGB als vergütungserhaltende Norm kommt in diesem Fall nicht in Betracht. Beschäftigt der Arbeitgeber den Arbeitnehmer jedoch anderweitig, besteht wie üblich die Vergütungspflicht aus § 611a Abs. 2 BGB. Bietet der Arbeitnehmer die geschuldete Arbeitsleistung ordnungsgemäß an und beschäftigt der Arbeitgeber den Arbeitnehmer jedoch nicht, schuldet der Arbeitgeber Annahmeverzugslohn gemäß § 615 S. 1 BGB.

9. *Zusammenfassung zum Schicksal der Vergütungspflicht*

Abschließend werden die wesentlichen Erkenntnisse zum Schicksal der Vergütungspflicht in den pandemiespezifischen Konstellationen kompakt darstellt.

a) *Grundsatz: Ohne Arbeit kein Lohn*

Auch im Pandemiefall gilt zunächst der aus § 326 Abs. 1 S. 1 Hs. 1 BGB hergeleitete Grundsatz „Ohne Arbeit kein Lohn“. So entfällt der Vergütungsanspruch

---

1055 *Kühn*, NZA 2015, 10 (14).

1056 Im Fall der berechtigten Leistungsverweigerung kann bei Vorliegen der Voraussetzungen des § 275 Abs. 3 BGB die Leistungspflicht schon durch Erhebung der Einrede erlöschen.

des Arbeitnehmers, wenn dieser aus bloßer Angst oder Verunsicherung ob der Pandemie nicht zur Arbeit erscheint.

b) Entgeltfortzahlung bei symptomatischem Krankheitsverlauf

Infiziert sich der Arbeitnehmer mit dem pandemischen Erreger und erkrankt infolgedessen an der pandemischen Erkrankung, ist für die Auswirkung auf die Vergütungspflicht zunächst maßgeblich, ob der Arbeitnehmer einen symptomatischen Krankheitsverlauf hat oder asymptomatisch ist.

In dem Regelfall eines symptomatischen Verlaufs ist der Arbeitgeber regelmäßig wie in einem gewöhnlichen Krankheitsfall des Arbeitnehmers gemäß § 3 Abs. 1 S. 1 EFZG zur Entgeltfortzahlung verpflichtet. Denn der symptomatische Arbeitnehmer ist in der Regel durch Arbeitsunfähigkeit infolge Krankheit an seiner Arbeitsleistung verhindert. In einer Pandemie wird allerdings der Frage, ob dem Arbeitnehmer ein „Verschulden gegen sich selbst" vorgeworfen werden kann, vergleichsweise hohe Bedeutung zukommen. Dieses ist etwa zu bejahen, wenn der Arbeitnehmer gebotene Hygienemaßnahmen, die vorwiegend dem Eigenschutz dienen, grob fahrlässig unterlässt. Als Beispiel kann hier die Nutzung des ÖPNV ohne adäquaten Mund-Nasen-Schutz genannt werden.

Anders als im gewöhnlichen Krankheitsfall wird der Arbeitnehmer in der Regel aber auch Betroffener einer infektionsschutzrechtlichen Absonderungsanordnung (§ 30 IfSG) oder eines Tätigkeitsverbots (§ 31 IfSG) sein. Richtigerweise bleibt jedoch auch in diesem Fall der Vergütungsanspruch über § 3 EFZG bestehen, da die erforderliche Monokausalität auch in diesem Fall zu bejahen ist. Dies gilt jedenfalls, wenn der Arbeitnehmer bereits erkrankt war, bevor die infektionsschutzrechtliche Anordnung ergeht (die aber grundsätzlich die rechtliche Unmöglichkeit der Arbeitsleistung nach sich zieht). Denn dann ist der Arbeitnehmer tatsächlich infolge Krankheit arbeitsunfähig.[1057] Die anschließende infektionsschutzrechtliche Anordnung kann die Arbeitsunfähigkeit dann nicht noch einmal und schon gar nicht – wie teilweise vertreten – vorrangig herbeiführen.

1057 Wurde gegenüber dem Arbeitnehmer bereits vor dessen Erkrankung, also als Ansteckungs- oder Krankheitsverdächtiger i.S.d. IfSG, eine Absonderungsanordnung oder ein Tätigkeitsverbot erlassen, greift § 3 EFZG freilich nicht, da die Monokausalität in diesem Fall abgelehnt werden muss.

c) Entgeltfortzahlung bei asymptomatischem Verlauf oder Entschädigung

In dem selteneren Fall des asymptomatischen Krankheitsverlaufs ist die rechtliche Betrachtung eine andere. Da der asymptomatische Arbeitnehmer zwar als krank, jedoch nicht als arbeitsunfähig infolge Krankheit zu qualifizieren ist, greift der anspruchserhaltende § 3 Abs. 1 S. 1 EFZG nicht.

Dadurch kommt § 616 S. 1 BGB als anspruchserhaltende Norm in Betracht, der voraussetzt, dass der Arbeitnehmer für eine verhältnismäßig nicht erhebliche Zeit durch einen in seiner Person liegenden Grund ohne sein Verschulden an der Dienstleistung verhindert wird. Umstritten ist hier, ob ein persönlicher Verhinderungsgrund des Arbeitnehmers vorliegt. Denn im Fall des asymptomatischen Arbeitnehmers muss bedacht werden, dass die asymptomatische Erkrankung nicht isoliert von einer infektionsschutzrechtlichen Anordnung betrachtet werden kann. Diese ergeht schließlich – zumindest aufgrund der Erkrankung[1058] – nur, wenn ein positives Testergebnis auf den pandemischen Erreger vorliegt. Ohne die Anordnung wäre der Arbeitnehmer an der Arbeitsleistung aber nicht verhindert – schließlich ist dieser nach seinem subjektiven Empfinden gesund –, sodass die Arbeitsleistung wegen der Krankheit allein weder unmöglich (§ 275 Abs. 1 BGB) noch unzumutbar ist (§ 275 Abs. 3 BGB). Es stellt sich folglich die Frage, ob die infektionsschutzrechtliche Absonderungsanordnung einen persönlichen Grund i.S.d. § 616 S. 1 BGB darstellt. Während ein Großteil des Schrifttums dies mit der Begründung ablehnt, dass die Pandemie ein objektives Leistungshindernis sei, wird verkannt, dass sich dieses objektive Geschehen mit der infektionsschutzrechtlichen Anordnung gerade in dem subjektiv Betroffenen realisiert, sodass diese richtigerweise auch als persönlicher Verhinderungsgrund zu sehen ist. Hinsichtlich des Verschuldens gelten dieselben Maßstäbe wie bei § 3 EFZG, sodass auch hier entscheidend ist, ob dem Arbeitnehmer der Vorwurf des „Verschuldens gegen sich selbst" gemacht werden kann.

Oftmals wird das Bestehen des Entgeltfortzahlungsanspruchs nach § 616 S. 1 BGB aber davon abhängen, ob der Verhinderungszeitraum noch verhältnismäßig unerheblich ist. Auch wenn sich eine pauschale Festlegung hinsichtlich dieses Zeitraums verbietet, werden regelmäßig nur wenige Tage für verhältnismäßig

---

1058 Wurde der Arbeitnehmer erst als Ansteckungs- oder Krankheitsverdächtiger abgesondert und wurde anschließend Ausscheider i.S.d. IfSG, ändert sich an der rechtlichen Beurteilung nichts. Falls § 616 S. 1 BGB den Vergütungsanspruch nicht aufrechterhält, wird § 56 Abs. 1 BGB greifen. Anders als beim Kranken (hier gilt § 56 Abs. 7 S. 1 IfSG) endet der Entschädigungsanspruch nicht im Fall der Neuqualifizierung als Ausscheider.

nicht erheblich gehalten. Der in der COVID-19-Pandemie zunächst maßgebliche Zeitraum von 14 Tagen wie auch der spätere Zeitraum von zehn Tagen[1059] sind nach überwiegender Meinung jedenfalls ein verhältnismäßig erheblicher Zeitraum. Dies gilt nicht für den aktuell maßgeblichen Zeitraum von fünf Tagen;[1060] dieser dürfte noch einen verhältnismäßig nicht erheblichen Zeitraum darstellen.[1061]

Greift § 616 S. 1 BGB aus diesem Grund nicht, kommt der Entschädigungsanspruch des § 56 Abs. 1 S. 1 oder 2 IfSG in Betracht.

d) Entgeltfortzahlung bei Ansteckungs- oder Krankheitsverdacht

Ansteckungsverdächtige i.S.d. § 2 Nr. 7 IfSG sind im Wesentlichen Kontaktpersonen nachweislich Infizierter. Wie schon dem asymptomatischen Arbeitnehmer ist auch dem ansteckungsverdächtigen Arbeitnehmer die Arbeitsleistung grundsätzlich sowohl möglich als auch zumutbar. Dies ändert sich nur, wenn gegenüber dem Ansteckungsverdächtigen eine Absonderungsanordnung oder ein Tätigkeitsverbot erlassen wird, da dadurch die Arbeitsleistung rechtlich unmöglich wird, § 275 Abs. 1 BGB, soweit sie nicht im Home-Office erbracht werden kann und muss. Entgeltfortzahlung kommt dann nur über § 616 S. 1 BGB in Betracht, der aber regelmäßig daran scheitern dürfte, dass der Geltungszeitraum der infektionsschutzrechtlichen Anordnung eine verhältnismäßig erhebliche Zeit darstellt. Der Arbeitnehmer kann dann aber einen Anspruch auf Entschädigung gemäß § 56 Abs. 1 S. 1 oder S. 2 IfSG haben, der vom Arbeitgeber auszuzahlen ist, vgl. § 56 Abs. 5 S. 1 IfSG.

1059 Siehe *RKI*, Quarantäne- und Isolierungsdauern bei SARS-CoV-2-Expositionen und -Infektionen; entsprechend Beschluss der Ministerpräsidentenkonferenz vom 7. und 24. Januar 2022, außer Kraft seit 02.05.2022, Stand: 21.03.2022, abrufbar unter: https://www.rki.de/DE/Content/InfAZ/N/Neuartiges_Coronavirus/Quarantaene/Absonderung-Archiv.html.

1060 Siehe *RKI*, Empfehlungen zu Isolierung und Quarantäne bei SARS-CoV-2-Infektion und -Exposition, Stand: 02.05.2022, abrufbar unter: https://www.rki.de/DE/Content/InfAZ/N/Neuartiges_Coronavirus/Quarantaene/Absonderung.html.

1061 *Oetker*, in: Staudinger, BGB, Buch 2. Recht der Schuldverhältnisse, Neubearbeitung 2022, §§ 613a-619a BGB, § 616 BGB Rn. 107 bei der Pflege von Angehörigen; *Klein*, NJ 2020, 377 (380); *Fuhlrott/Fischer*, NZA 2020, 345 (348); *Besgen*, B+P, 235 (237); *Noack*, NZA 2021, 251 (253); *Maties*, in: Koch/Kubiciel/Wollenschläger (Hrsg.), 50 Jahre Juristische Fakultät Augsburg, 2021, 435 hält fünf bis sieben Tage für angemessen.

Der Krankheitsverdächtige unterscheidet sich vom Kranken i.S.d. IfSG nur dadurch, dass keine Diagnose vorliegt, die das Vorliegen der pandemischen Krankheit bestätigt. Allerdings ist der aus infektionsschutzrechtlicher Sicht Krankheitsverdächtige im medizinischen Sinne krank, sodass regelmäßig die Voraussetzungen des § 3 Abs. 1 S. 1 EFZG gegeben sein dürften. Denn auch der Krankheitsverdächtige, der ggf. die gleichen Symptome aufweist wie ein Kranker i.S.d. IfSG, ist arbeitsunfähig infolge Krankheit, da er die Arbeit wohl nur in dem Risiko, seinen gesundheitlichen Zustand zu verschlimmern, weiterhin leisten könnte. Sofern der Arbeitgeber dem Arbeitnehmer kein „Verschulden gegen sich selbst" nachweisen kann, wird der Entgeltfortzahlungsanspruch gemäß § 3 Abs. 1 S. 1 EFZG bestehen. Daran ändert sich wie schon beim Kranken i.S.d. IfSG auch nichts, wenn der Arbeitnehmer nachträglich Betroffener einer infektionsschutzrechtlichen Absonderungsanordnung oder eines Tätigkeitsverbots wird.

e) Entgeltfortzahlung bei Freistellung des Arbeitnehmers

Wird der Arbeitnehmer auf Grundlage einer Vereinbarung freigestellt, ergibt sich die Vergütungspflicht für den Freistellungszeitraum in der Regel aus der Freistellungsvereinbarung. Wird der Arbeitnehmer einseitig durch den Arbeitgeber freigestellt, kommen als lohnerhaltende Normen § 615 S. 1 BGB und § 616 S. 1 BGB in Betracht.

Grundsätzlich gerät der Arbeitgeber durch die Freistellung des Arbeitnehmers in Annahmeverzug, sodass die Vergütungspflicht gemäß § 615 S. 1 BGB bestehen bleibt. Dies gilt nur dann nicht, wenn der Arbeitgeber den Arbeitnehmer wegen eines konkreten Infektionsverdachts freistellt, da dann kein ordnungsgemäßes Arbeitsangebot des Arbeitnehmers vorliegt, das der Arbeitgeber annehmen muss. Im Schrifttum wird im Fall der einseitigen Freistellung wegen Krankheitsverdachts auch der anspruchserhaltende § 616 S. 1 BGB angesprochen. Dieser greift jedoch nicht, da bei einem bloßen Ansteckungsverdacht i.S.d. § 2 Nr. 7 IfSG (ohne infektionsschutzrechtliche Anordnung) noch keine Arbeitsverhinderung i.S.d. § 616 S. 1 BGB vorliegen wird, da dem nur ansteckungsverdächtigen Arbeitnehmer die Arbeitsleistung weder nach § 275 Abs. 1 BGB unmöglich noch gemäß § 275 Abs. 3 BGB unzumutbar ist. Der Krankheitsverdächtige erhält, sofern er von seinem Leistungsverweigerungsrecht Gebrauch macht, nach hier vertretener Auffassung Entgeltfortzahlung nach § 3 Abs. 1 S. 1 EFZG, wodurch § 616 S. 1 BGB gesperrt ist.

Tritt zur Freistellung eine infektionsschutzrechtliche Absonderungsanordnung oder ein Tätigkeitsverbot hinzu, ist der Arbeitnehmer aus rechtlichen Gründen außer Stande, die Arbeitsleistung zu bewirken, § 297 BGB. Der

Arbeitgeber befindet sich dann nicht mehr im Annahmeverzug und schuldet keine Lohnfortzahlung gemäß § 615 S. 1 BGB.

f) Entgeltfortzahlung bei Betriebsverbot

Wird nur gegenüber einem einzelnen Betrieb ein Betriebsverbot verhängt, ist das in der Regel auf im Betrieb liegende Gründe zurückzuführen, etwa auf die unzureichende Umsetzung von Schutzmaßnahmen. In diesem Fall bleibt die Vergütungspflicht des Arbeitgebers nach § 326 Abs. 2 S. 1 Var. 1 BGB erhalten. Sollte der Arbeitgeber den Umstand, der zum Betriebsverbot geführt hat, nicht zu vertreten haben, erhält § 615 S. 3 BGB den Vergütungsanspruch aufrecht.

Die Frage, ob ein flächendeckendes Betriebsverbot noch zum Betriebsrisiko des Arbeitgebers gehört, hat das BAG in einem Urteil vom 13. Oktober 2021 verneint. Mithin schuldet der Arbeitgeber in diesem Fall keine Entgeltfortzahlung gemäß § 615 S. 3 BGB.

g) Entgeltfortzahlung bei familiärer Betreuungsverpflichtung des Arbeitnehmers

Im Rahmen der Frage, ob der Arbeitgeber Entgeltfortzahlung schuldet, wenn der Arbeitnehmer familiären Betreuungsverpflichtungen nachkommen muss, sind drei Fallkonstellationen zu unterscheiden.

Muss der Arbeitnehmer sein erkranktes Kind betreuen, wird die Vergütungspflicht gemäß § 616 S. 1 BGB fortbestehen, falls der Betreuungszeitraum noch eine verhältnismäßig nicht erhebliche Zeit darstellt. Anderenfalls greift der anspruchserhaltende § 616 S. 1 BGB nicht. Für Arbeitnehmer besteht aber gemäß § 45 Abs. 1 S. 1 SGB V Anspruch auf Kinderkrankengeld, wenn es nach ärztlichem Zeugnis erforderlich ist, dass sie zur Beaufsichtigung, Betreuung oder Pflege ihres erkrankten und versicherten Kindes der Arbeit fernbleiben, eine andere in ihrem Haushalt lebende Person das Kind nicht beaufsichtigen, betreuen oder pflegen kann und das Kind das zwölfte Lebensjahr noch nicht vollendet hat oder behindert und auf Hilfe angewiesen ist.

Muss der Arbeitnehmer die Betreuung seines Kindes persönlich übernehmen, da Bildungs- oder Betreuungsinstitutionen pandemiebedingt geschlossen werden, und ist deshalb an der Arbeit verhindert, kommt grundsätzlich auch § 616 S. 1 BGB als lohnerhaltende Norm in Betracht. Allerdings werden derartige Schließungen regelmäßig für einen verhältnismäßig erheblichen Zeitraum erfolgen, weswegen § 616 S. 1 BGB letztlich nicht greifen wird.

In der COVID-19-Pandemie hatte der Gesetzgeber allerdings auch für diese Fälle einen Anspruch auf Kinderkrankengeld gesetzlich normiert, vgl. § 45

Abs. 2a S. 3 SGB V, sodass der Arbeitnehmer auf diese Weise finanziell aufgefangen wird. Wichtig ist, dass für den Leistungszeitraum dieses Kinderkrankengeldes der Entschädigungsanspruch gemäß § 56 IfSG für beide Elternteile ruht, vgl. § 45 Abs. 2b SGB V.

Wenn die Betreuung eines sonstigen Familienangehörigen in einer verhältnismäßig nicht erheblichen Zeit organisiert werden kann, wird der anspruchserhaltende § 616 S. 1 BGB zu bejahen sein. Andernfalls besteht keine Entgeltfortzahlungspflicht des Arbeitgebers.

h) *Entgeltfortzahlung bei Leistungsverweigerung wegen unzureichender Schutzmaßnahmen*

Macht ein Arbeitnehmer wegen unzureichender Schutzmaßnahmen von seinem Zurückbehaltungsrecht gemäß § 273 Abs. 1 BGB Gebrauch, gerät der Arbeitgeber dadurch in Annahmeverzug, sodass die Vergütungspflicht gemäß § 615 S. 1 BGB fortbesteht. Macht der Arbeitnehmer das Leistungsverweigerungsrecht des § 275 Abs. 3 BGB geltend, bleibt die Vergütungspflicht über § 326 Abs. 2 S. 1 Var. 1 BGB bestehen, da der Arbeitgeber mangels Implementierung erforderlicher Schutzmaßnahmen für die Unzumutbarkeit der Leistungserbringung des Arbeitnehmers allein verantwortlich ist.

i) *Entgeltfortzahlung bei Dienstreisen in ein Risikogebiet*

Tritt der Arbeitnehmer die Dienstreise in ein Risikogebiet an, ist der Arbeitgeber gemäß § 611a Abs. 2 BGB zur Leistung der Vergütung verpflichtet. Verweigert der Arbeitnehmer die Dienstreise unberechtigt, erlischt mit der Arbeitspflicht (diese erlischt spätestens mit Zeitablauf aufgrund des Fixschuldcharakters der Arbeitsleistung) grundsätzlich der Vergütungsanspruch gemäß § 326 Abs. 1 S. 1 Hs. 1 BGB. Beschäftigt der Arbeitgeber den Arbeitnehmer aber infolge eines ordnungsgemäßen arbeitnehmerseitigen Angebots der Arbeitsleistung anderweitig, besteht aus § 611a Abs. 2 BGB die übliche Vergütungspflicht. Nimmt der Arbeitgeber ein ordnungsgemäßes Angebot der Arbeitsleistung nicht an, schuldet er Annahmeverzugslohn gemäß § 615 S. 1 BGB. Verweigert der Arbeitnehmer die Dienstreise gemäß § 275 Abs. 3 BGB, sprechen gute Gründe dafür, dass die Vergütungspflicht des Arbeitgebers gemäß § 326 Abs. 2 S. 1 Var. 1 BGB bestehen bleibt.

II. Nebenpflichten des Arbeitgebers

Im Pandemiefall kommt auch den Nebenpflichten des Arbeitgebers hohe Bedeutung zu. Der Schwerpunkt liegt hier auf der Beschäftigungspflicht und den Schutzpflichten, die im Pandemiefall besonders umfassend sind.

1. Beschäftigungspflicht

Die Beschäftigungspflicht des Arbeitgebers besteht grundsätzlich auch in einer Pandemie.[1062] Allerdings kann unter Umständen ein überwiegendes arbeitgeberseitiges Interesse bestehen, den Arbeitnehmer freizustellen. Dies kann bspw. der Fall sein, wenn der Arbeitnehmer aus einem Risikogebiet zurückgekehrt ist und/ oder ein Infektionsverdacht besteht.[1063] In diesem Fall muss das Interesse des Arbeitnehmers an der Beschäftigung hinter den schutzwürdigen Interessen des Arbeitgebers zurückstehen. Teilweise wird vertreten, dass der Arbeitgeber sogar zur Freistellung des Arbeitnehmers verpflichtet ist.[1064] Dies soll insbesondere bei einem konkreten Infektionsverdacht der Fall sein.[1065] Stellt der Arbeitgeber den Arbeitnehmer einseitig frei, gerät er grundsätzlich in Annahmeverzug, sodass die Vergütungspflicht nach § 615 S. 1 BGB bestehen bleibt.[1066] Dies gilt jedoch nicht, wenn der die Arbeitsleistung anbietende Arbeitnehmer der pandemischen Infektion konkret verdächtig ist, da in diesem Fall kein ordnungsgemäßes arbeitnehmerseitiges Angebot vorliegt.[1067]

2. Schutzpflichten

Hauptaugenmerk hinsichtlich der Nebenpflichten des Arbeitgebers in einer Pandemie liegt auf den Schutzpflichten. Die folgenden Ausführungen konzentrieren sich nach einem kurzen Überblick über allgemeine Grundlagen auf die spezifischen Regelwerke in der COVID-19-Pandemie und die Schutzmaßnahmen, die Arbeitgeber während dieser in der Regel umsetzen mussten.[1068] Auch wenn

---

1062 Allgemein zur Beschäftigungspflicht des Arbeitgebers siehe Teil 2 Kapitel 2 A. I. 2. b) aa).

1063 Siehe hierzu Teil 3 Kapitel 4 C. I.

1064 So wohl *Weber*, ARP 2020, 120 (122).

1065 *Sievers*, jM 2020, 189 (200); a.A. *Adjan/Lettmeier*, NZA 2021, 161, nach welchen der Arbeitgeber „[…] nicht vorsichtiger sein [muss] als die Behörde selbst.“

1066 Ausführlich zur Vergütungspflicht bei Freistellung siehe Teil 3 Kapitel 4 A. I. 4.

1067 Siehe hierzu Teil 3 Kapitel 4 A. I. 4. b) aa).

1068 Zu allgemeinen Ausführungen zu den arbeitgeberseitigen Schutzpflichten siehe Teil 2 Kapitel 2 A. I. 2. b) bb).

hierfür relevante Empfehlungen und Rechtsverordnungen in künftigen Pandemien nicht mehr gelten werden, geben diese doch Aufschluss darüber, mit welchen Schutzpflichten Arbeitgeber in künftigen Pandemiefällen rechnen müssen.

Werden die Schutzmaßnahmen nicht hinreichend umgesetzt, kann der Arbeitnehmer zum einen seine Arbeitspflicht gemäß § 273 Abs. 1 BGB zurückhalten oder ggf. gemäß § 275 Abs. 3 BGB die Arbeitsleistung verweigern.[1069] Zum anderen können dem Arbeitnehmer auch Schadensersatzansprüche gegen den Arbeitgeber zustehen.[1070] Schadensersatzansprüchen wegen einer Verletzung der Pflicht aus § 618 BGB kommt in der Praxis jedoch kaum Bedeutung zu, da „[…] potenzielle Haftungsfälle in aller Regel in der gesetzlichen Unfallversicherung als Arbeitsunfälle oder Berufskrankheiten iSv §§ 8 f. SGB VII versichert sind."[1071]

a) *Arbeitsschutzrechtliche Grundlagen*

Ausgangspunkt der Schutzpflichten im Arbeitsverhältnis ist wie in jedem Schuldverhältnis zunächst § 241 Abs. 2 BGB, wonach das Schuldverhältnis nach seinem Inhalt jeden Teil zur Rücksicht auf die Rechte, Rechtsgüter und Interessen des anderen Teils verpflichten kann. Das Arbeitsverhältnis zeichnet sich durch eine persönliche Bindung der Parteien aus, weshalb auf Arbeitnehmerseite auch von einer Treue-, auf Arbeitgeberseite auch von einer Fürsorgepflicht gesprochen wird.

Speziell zu § 241 Abs. 2 BGB gilt im Arbeitsverhältnis § 618 BGB. Der Arbeitgeber hat Räume, Vorrichtungen oder Gerätschaften, die er zur Verrichtung der Arbeitsleistung zu beschaffen hat, so einzurichten und zu unterhalten und Arbeitsleistungen, die unter seiner Anordnung oder seiner Leitung vorzunehmen sind, so zu regeln, dass der Arbeitnehmer gegen Gefahr für Leben und Gesundheit soweit geschützt ist, als die Natur der Arbeitsleistung es gestattet, vgl. § 618 Abs. 1 BGB. Bereits aus dieser Einschränkung am Ende der Norm ergibt sich, dass der Arbeitgeber keinen lückenlosen Infektionsschutz gewährleisten muss, sondern hinnehmbare Risiken verbleiben können.[1072] „Je schwerer [aber]

1069 Siehe ausführlich dazu Teil 3 Kapitel 3 A. II. 7.

1070 Siehe BAG, Urt. v. 14.12.2006 – 8 AZR 628/05, NZA 2007, 262. Zur Haftung des Arbeitgebers siehe *Reifelsberger*, COVuR 2020, 357 (360 ff.); zu möglichen Strafbarkeiten des Arbeitgebers siehe *Koenen/Lehnart*, BB 2020, 1525 (1527 ff.).

1071 *Seiwerth/Witschen*, NZA 2020, 825 (827).

1072 *Weber*, ARP 2020, 120.

ein möglicher Schaden für den Arbeitnehmer sein kann, desto stärker müssen die Schutzmaßnahmen sein, die der Arbeitgeber zu treffen hat […].“[1073]

Der abstrakt formulierte § 618 BGB gibt selbst keinen Aufschluss darüber, welche konkreten Schutzmaßnahmen der Arbeitgeber umzusetzen hat. Allerdings wird dieser durch die öffentlich-rechtlichen Arbeitsschutzvorschriften konkretisiert.[1074] Der Arbeitgeber kann so gleichermaßen öffentlich-rechtlich wie auch privatrechtlich im Verhältnis zum Arbeitnehmer zur Umsetzung von Schutzmaßnahmen verpflichtet sein (Doppelwirkung des Arbeitsschutzrechts).[1075]

Öffentlich-rechtliches Gegenstück zu § 618 BGB und damit Ausgangspunkt der öffentlich-rechtlichen Arbeitsschutzvorschriften ist § 3 ArbSchG. Gemäß § 3 Abs. 1 S. 1 ArbSchG ist der Arbeitgeber verpflichtet, die erforderlichen Maßnahmen des Arbeitsschutzes unter Berücksichtigung der Umstände zu treffen, die Sicherheit und Gesundheit der Beschäftigten bei der Arbeit beeinflussen. Die Formulierung, dass erforderliche Maßnahmen getroffen werden müssen, offenbart, dass der Arbeitgeber nur verhältnismäßige Schutzmaßnahmen umsetzen muss. Entscheidend dafür, welche Maßnahmen umzusetzen sind, wird regelmäßig sein, ob betrieblich lediglich ein abstraktes – quasi pandemiebedingtes allgemeines – Infektionsrisiko besteht oder eine konkrete Infektionsgefahr.

Um die Schutzpflicht gemäß § 3 ArbSchG erfüllen zu können, bedarf es zunächst einer Gefährdungsbeurteilung nach § 5 Abs. 1 ArbSchG.[1076] Dabei hat der Arbeitgeber die Beurteilung je nach Art der Tätigkeiten vorzunehmen, § 5 Abs. 2 S. 1 ArbSchG. Für die Pandemie bedeutet das, dass bspw. für medizinisches Personal, das bestimmungsgemäß in direkten Kontakt mit Infizierten kommt, andere Schutzmaßnahmen erforderlich sein werden als für Arbeitnehmer, die einer gewöhnlichen Bürotätigkeit nachgehen. Hier ist insbesondere zu beachten, dass auch die BioStoffV Anwendung findet.[1077] Gemäß § 6 Abs. 1 S. 1

1073 BAG, Urt. v. 14.12.2006 – 8 AZR 628/05, NZA 2007, 262 (264).

1074 *Roloff*, in: Müller-Glöge/Preis/Schmidt (Hrsg.), ErfK, 22. Aufl. 2022, § 618 BGB Rn. 2; *Koenen/Lehnart*, BB 2020, 1525.

1075 BAG, Urt. v. 12.08.2008 – 9 AZR 1117/06, NZA 2009, 102; BAG, Urt. v. 19.05.2009 – 9 AZR 241/08, NZA 2009, 775 (776).

1076 *Kiesche/Kohte*, in: dies., Arbeits- und Gesundheitsschutz in Zeiten von Corona, 2. Aufl. 2020, 6. Kapitel Checkliste zur Gefährdungsbeurteilung bei der COVID-19-Bekämpfung; *Seiwerth/Witschen*, NZA 2020, 825 (826); zu Hinweisen für die Durchführung der Gefährdungsbeurteilung siehe *BAuA*, Gefährdungsbeurteilung, abrufbar unter: https://www.baua.de/DE/Themen/Arbeitsgestaltung-im-Betrieb/Gefaehrdungsbeurteilung/Gefaehrdungsbeurteilung.html.

1077 Siehe etwa *Reifelsberger*, COVuR 2020, 357 (358).

ArbSchG ist der Arbeitgeber verpflichtet, das Ergebnis der Gefährdungsbeurteilung zu dokumentieren.

Bei Maßnahmen des Arbeitsschutzes hat der Arbeitgeber stets die allgemeinen Grundsätze nach § 4 ArbSchG zu beachten. Danach ist die Arbeit so zu gestalten, dass eine Gefährdung für das Leben sowie die physische und die psychische Gesundheit möglichst vermieden und die verbleibende Gefährdung möglichst geringgehalten wird, § 4 Nr. 1 ArbSchG. So kann eine Pandemie es etwa gebieten, Dienstreisen abzusagen oder zu verschieben.[1078] Auch kann der Arbeitgeber verpflichtet sein, einen konkret infektionsverdächtigen Arbeitnehmer freizustellen.[1079] Dies gilt freilich erst recht im bestätigten Infektionsfall.[1080] Zudem wird vertreten, dass der Arbeitgeber verpflichtet sein kann, Arbeitnehmer zur Arbeitsleistung im Home-Office anzuweisen.[1081]

Äußerst relevant wird im Pandemiefall, dass bei den Maßnahmen der Stand der Technik, Arbeitsmedizin und Hygiene sowie sonstige gesicherte arbeitswissenschaftliche Erkenntnisse zu berücksichtigen sind, vgl. § 4 Nr. 3 ArbSchG. In einer Pandemie sind daher insbesondere Stellungnahmen und Empfehlungen des RKI, der BZgA, der BAuA[1082] sowie der Unfallversicherungsträger zu beachten.[1083] Zwar sind diese in der Regel *per se* unverbindlich. Doch müssen sie über § 4 Nr. 3 ArbSchG berücksichtigt werden.

Ein weiterer Grundsatz des ArbSchG besagt, dass spezielle Gefahren für besonders schutzbedürftige Beschäftigtengruppen zu berücksichtigen sind, § 4 Nr. 6 ArbSchG. Auch dieser Regelung kommt in einer Pandemie hohe Bedeutung zu, da bestimmte Personengruppen in der Bevölkerung als sog. Risikogruppen zu qualifizieren sind.[1084]

1078 *Weber*, ARP 2020, 120 (121).

1079 So wohl *Weber*, ARP 2020, 120 (122).

1080 *Weber*, ARP 2020, 120 (123).

1081 *Schliemann*, FA 2020, 90 (92); *Mues/Müncheberg*, ArbRB 2020, 214 (215); *Günther/Böglmüller*, ArbRAktuell 2020, 186 (187).

1082 *Adjan/Lettmeier*, NZA 2021, 161 (163).

1083 *Seiwerth/Witschen*, NZA 2020, 825 (826); siehe auch *Reifelsberger*, COVuR 2020, 357 (359).

1084 So bestand in der COVID-19-Pandemie insbesondere für Menschen ab einem Alter von 50 bis 60 Jahren ein erhöhtes Risiko einer schweren Erkrankung. Auch für vorerkrankte Personen (etwa an Herz-Kreislauf-Erkrankungen) oder immunsupprimierte Patienten bestand ein höheres Risiko eines schweren Krankheitsverlaufs. Siehe *RKI*, Informationen und Hilfestellungen für Personen mit einem höheren Risiko für einen schweren COVID-19-Krankheitsverlauf, Stand: 29.10.2021, abrufbar unter: https://www.rki.de/DE/Content/InfAZ/N/Neuartiges_Coronavirus/Risikogruppen.html.

Hat der Arbeitgeber gebotene Schutzmaßnahmen umgesetzt, hat er seine Pflicht damit nicht endgültig erfüllt. Vielmehr hat er die Maßnahmen auf ihre Wirksamkeit zu überprüfen und erforderlichenfalls sich ändernden Gegebenheiten anzupassen, § 3 Abs. 1 S. 2 ArbSchG. Dieser Regelung kommt in einer Pandemie ebenfalls hohe Relevanz zu, da je nach Stand des Pandemiegeschehens Verschärfungen der Maßnahmen geboten sein können. Insgesamt hat der Arbeitgeber eine Verbesserung von Sicherheit und Gesundheitsschutz der Arbeitnehmer anzustreben, § 3 Abs. 1 S. 3 ArbSchG.

Der Arbeitgeber ist zudem verpflichtet, die Arbeitnehmer über pandemiespezifische Risiken aufzuklären. Diese Pflichten können sich bereits aus § 241 Abs. 2 BGB ergeben. Rechtlicher Ausgangspunkt im ArbSchG ist § 12 Abs. 1 S. 1 ArbSchG,[1085] wonach der Arbeitgeber die Beschäftigten über Sicherheit und Gesundheitsschutz während ihrer Arbeitszeit ausreichend und angemessen zu unterweisen hat. Dies gilt insbesondere, wenn ein lückenloser Infektionsschutz nicht gewährleistet werden kann.[1086] In diesem Zusammenhang stellt sich die Frage, ob der Arbeitgeber die übrige Belegschaft über eine Infektion eines Kollegen informieren muss bzw. darf. Zwar können grundsätzlich insbesondere datenschutzrechtliche Erwägungen einer solchen Mitteilung entgegenstehen. Allerdings wird diese Verarbeitung regelmäßig gemäß Art. 9 Abs. 2b DSGVO gerechtfertigt sein, da der Arbeitgeber mit dieser Mitteilung seiner Schutzpflicht gegenüber den übrigen Arbeitnehmern nachkommt. Unterlässt der Arbeitgeber eine gebotene Aufklärung, stellt dies eine Pflichtverletzung dar, die Schadensersatzansprüche der betroffenen Arbeitnehmer begründen kann.[1087]

b) Übersicht über die Regelwerke in der COVID-19-Pandemie

Im Rahmen der COVID-19-Pandemie wurden zahlreiche Stellungnahmen, Empfehlungen, aber auch Verordnungen erlassen, um der Pandemie Herr zu werden.[1088] Da in künftigen Pandemien wohl auf diese zurückgegriffen werden wird, ist ein Überblick über dieselben, insbesondere deren rechtliche Bindungswirkung unerlässlich.[1089] Dabei wird auf die jeweilige aktuelle bzw. letzte Fassung Bezug genommen.[1090] Auf die Inhalte dieser Regelwerke wird in diesem

---

1085 Für Beschäftigte des öffentlichen Dienstes gilt § 14 ArbSchG.

1086 *Kleinebrink*, ArbRB 2020, 377 (378).

1087 Siehe BAG, Urt. v. 14.12.2006 – 8 AZR 628/05, NZA 2007, 262; *Weber*, ARP 2020, 120 (121).

1088 Zu COVID-19-spezifischen Regelungen im IfSG siehe Teil 3 Kapitel 2 D. II. 2.

1089 Siehe hierzu auch *Düwell*, jurisPR-ArbR 14/2021 Anm. 1.

1090 Letzter Stand der Bearbeitung: 12.08.2022.

Überblick zunächst nur kursorisch eingegangen. Nachfolgend werden sodann die wichtigsten konkreten Schutzpflichten, die der Arbeitgeber in der COVID-19-Pandemie umzusetzen hatte, dargestellt.

aa) SARS-CoV-2-Arbeitsschutzstandard

Als COVID-19-spezifisches Regelwerk ist zunächst der SARS-CoV-2-Arbeitsschutzstandard (C-ASS)[1091] zu nennen,[1092] der erstmals bereits im April 2020 und damit relativ zu Beginn des Pandemiegeschehens vom BMAS veröffentlicht wurde. Der C-ASS beinhaltet in Ziffer II. ein Konzept für „zusätzliche und zeitlich befristete Maßnahmen des betrieblichen Arbeitsschutzes als Voraussetzung für einen wirksamen und effizienten betrieblichen Infektionsschutz. Damit wird das Ziel verfolgt, mögliche Infektionsketten in den Betrieben und Verwaltungen zu unterbrechen, somit die Infektionszahlen niedrig zu halten, die Gesundheit von Beschäftigten und insgesamt der Bevölkerung zu schützen und zugleich Einschränkungen für die Wirtschaftstätigkeit zu minimieren. Die Anforderung zur Umsetzung entsprechender Maßnahmen ist auf die Dauer der vom Bundestag erklärten epidemischen Lage von Nationaler Tragweite nach § 5 Infektionsschutzgesetz (IfSG) begrenzt."[1093]

Da der C-ASS weder als formelles Gesetz noch als Rechtsverordnung zu qualifizieren ist, entfaltet dieser selbst keine rechtliche Bindungswirkung.[1094] Jedoch muss der Arbeitgeber diesen nach überzeugender Auffassung im Schrifttum

---

1091 *BMAS*, SARS-CoV-2-Arbeitsschutzstandard, Stand: 22. Februar 2021, abrufbar unter: https://www.bmas.de/SharedDocs/Downloads/DE/Arbeitsschutz/sars-cov-2-arbeitsschutzstandard.pdf?__b-lob=publicationFile&v=1. Der Arbeitsschutzstandard wird fortlaufend aktualisiert und befindet sich zum letzten Abruf auf dem Stand vom 22.02.2021.

1092 Siehe hierzu *Wilrich*, NZA 2020, 634.

1093 Siehe *BMAS*, SARS-CoV-2-Arbeitsschutzstandard, Stand: 22. Februar 2021, Ziffer I., abrufbar unter: https://www.bmas.de/SharedDocs/Downloads/DE/Arbeitsschutz/sars-cov-2-arbeitsschutzstandard.pdf?__b-lob=publicationFile&v=1.

1094 Ausführlich dazu siehe *Hülsemann*, ArbRAktuell 2020, 467 (468); *Wilrich*, NZA 2020, 634; *Seiwerth/Witschen*, 825 (826); nach Auffassung von *Sagan/Brockfeld*, NZA-Beilage 2020, 17 (18) „[…] ist der C-ASS bei der Auslegung arbeitsschutzrechtlicher Normen wie eine sachverständige Äußerung einzuordnen. Er hat argumentatives Gewicht und rangiert, wenn man so will, im Niemandsland zwischen verbindlichem Recht und einem rechtlichen nullum, das man mit der Behelfskategorie soft law zu umschreiben pflegt." Nach Auffassung von *von Steinau-Steinrück/Jöris*, NJW-Spezial 2020, 370 (371) ist in der Corona-Pandemie von einer zwingenden Wirkung des Arbeitsschutzstandards auszugehen.

über § 4 Nr. 3 ArbSchG bei seinen Schutzmaßnahmen nach § 3 ArbSchG beachten.[1095] Dies bedeutet konkret, dass der Arbeitgeber diese Vorgaben im Rahmen der Ermessensausübung berücksichtigen muss.[1096]

Nach dem C-ASS hatte der Arbeitgeber „[e]ntsprechend der Gefährdungsbeurteilung […] nach §§ 3 und 4 ArbSchG auch Maßnahmen zum betrieblichen Infektionsschutz, die unter anderem die Umsetzung der AHA+L-Regel (Abstand, Hygiene, Alltagsmasken und Lüften) an den Arbeitsplätzen zum Ziel haben, festzulegen, umzusetzen und auf ihre Wirksamkeit zu überprüfen. Dies betrifft zum Beispiel die Vermeidung von Personenkontakten durch die Umsetzung des Mindestabstands von 1,5m, die Installation von geeigneten Abtrennungen, das infektionsschutzgerechte Lüften am Arbeitsplatz, organisatorische Regelungen zur Minimierung von Kontakten zwischen Beschäftigten sowie zu Kunden und Geschäftspartnern, eine konsequente Umsetzung der Handhygiene oder betriebliche Vorgaben zum Tragen von Mund-Nase-Bedeckungen, von medizinischen Gesichtsmasken oder von persönlicher Schutzausrüstung (z.B. FFP2-Masken).“[1097]

Mangels Gesetzes- oder Verordnungscharakters des C-ASS besteht eine Pflicht zur Umsetzung dieser spezifischen Vorgaben jedoch nicht. Der Arbeitgeber kann auch alternative, gleichwertige Schutzmaßnahmen treffen. Bei praxisgerechter Betrachtung wird es teilweise jedoch kaum sinnvolle gleichwertige Alternativen, etwa zum Einhalten von Abstandsgeboten und Tragen von medizinischen Gesichts- bzw. Atemschutzmasken, geben.

Vernachlässigt der Arbeitgeber die über § 4 Nr. 3 ArbSchG gebotene Berücksichtigung des Arbeitsschutzstandards, kann dies Haftungsfolgen für denselben nach sich ziehen.[1098] Teilweise wird vertreten, dass zugunsten des Arbeitgebers eine widerlegliche Vermutungswirkung bezüglich der Einhaltung der arbeitsschutzrechtlichen Vorschriften greift, wenn dieser den Vorgaben des C-ASS nachkommt.[1099]

Aus diesen Gründen sind Arbeitgeber gut beraten, in der COVID-19-Pandemie die Schutzmaßnahmen des C-ASS und in künftigen Pandemien

---

1095 *Hussing*, ARP 2021, 171 (173); *Wilrich*, NZA 2020, 634.

1096 *Koenen/Lehnart*, BB 2020, 1525 (1526).

1097 Siehe *BMAS*, SARS-CoV-2-Arbeitsschutzstandard, Stand: 22. Februar 2021, Ziffer II., abrufbar unter: https://www.bmas.de/SharedDocs/Downloads/DE/Arbeitsschutz/sars-cov-2-arbeitsschutzstandard.pdf?__blob=publicationFile&v=1.

1098 *Schwede*, ArbRAktuell 2020, 220.

1099 In diesem Sinne *Müller-Bonanni/Bertke*, NJW 2020, 1617 (1618).

vergleichbare Schutzstandards umzusetzen. Der C-ASS wird kontinuierlich durch die Unfallversicherungsträger konkretisiert.[1100]

bb) SARS-CoV-2-Arbeitsschutzregel

Zu nennen ist ferner die SARS-CoV-2-Arbeitsschutzregel (C-ASR),[1101] die unter der Koordination der BAuA von den Arbeitsschutzausschüssen[1102] des BMAS erstellt und erstmals am 20. August 2020 veröffentlicht wurde.[1103] Diese wurde am 25. Mai 2022 aufgehoben.[1104] „Die […][C-ASR] konkretisiert[e] für den gemäß § 5 […][IfSG] festgestellten Zeitraum der epidemischen Lage von nationaler Tragweite sowie für einen befristeten Zeitraum nach Aufhebung der Feststellung der epidemischen Lage von nationaler Tragweite […] die Anforderungen an den Arbeitsschutz in Hinblick auf SARS-CoV-2 […].“[1105] Die C-ASR war mit 30 Seiten relativ umfassend und beinhaltete im Wesentlichen Regelungen zur Gefährdungsbeurteilung, zu Schutzmaßnahmen und zur arbeitsmedizinischen Prävention.

Hinsichtlich der Rechtsverbindlichkeit der C-ASR gilt das zum C-ASS Gesagte. Auch diese beinhaltete keine zwingenden Normen, „[…] [beschrieb aber] den Stand von Technik, Arbeitsmedizin und Hygiene sowie sonstige gesicherte arbeitswissenschaftliche Erkenntnisse, die der Arbeitgeber bei den Maßnahmen des Arbeitsschutzes gemäß § 4 […][Nr.] 3 ArbSchG während der Epidemie berücksichtigen muss.“[1106] Die C-ASR entfaltete also keine Bindungswirkung.

1100 Siehe dazu *DGUV*, Informationen für spezifische Branchen zu SARS-CoV-2, abrufbar unter: https://www.dguv.de/de/praevention/corona/informationen-fuer-spezifische-branchen/index.jsp.

1101 Siehe *Arbeitsausschüsse beim BMAS*: SARS-CoV-2-Arbeitsschutzregel, Stand: 24.11.2021, abrufbar unter: https://www.baua.de/DE/Angebote/Rechtstexte-und-Technische-Regeln/Regelwerk/AR-CoV-2/pdf/AR-CoV-2.pdf?__blob=publicationFile&v=4.

1102 Diese bestehen „[…] aus Vertretern öffentlicher und privater Arbeitgeber, Gewerkschaften, Länderbehörden, gesetzlicher Unfallversicherungsträger sowie Personen aus Wissenschaft und Praxis […].“ Siehe *Sagan/Brockfeld*, NZA-Beilage 2020, 17 (18).

1103 Siehe *BAuA*, SARS-CoV-2-Arbeitsschutzregel, abrufbar unter: https://www.baua.de/DE/Angebote/Rechtstexte-und-Technische-Regeln/Regelwerk/AR-CoV-2/AR-CoV-2.html.

1104 *BAuA*, SARS-CoV-2-Arbeitsschutzregel (aufgehoben), abrufbar unter: https://www.baua.de/DE/Angebote/Rechtstexte-und-Technische-Regeln/Regelwerk/AR-CoV-2/AR-CoV-2.html.

1105 C-ASR, S. 1.

1106 C-ASR, S. 1.

Allerdings bestand bei Einhaltung dieser Regeln die Vermutung, dass der Arbeitgeber seinen Schutzpflichten hinreichend nachgekommen ist.[1107]

cc) SARS-CoV-2-Arbeitsschutzverordnung

Als Nachfolger des C-ASS wurde vom BMAS auf Grundlage von § 18 Abs. 3 ArbSchG[1108] am 21. Januar 2021 die SARS-CoV-2-Arbeitsschutzverordnung (Corona-ArbSchV)[1109] erlassen, die als Rechtsverordnung Bindungswirkung entfaltete.[1110] Die Corona-ArbSchV lief am 25. Mai 2022 aus, da aufgrund eines Rückgangs des Infektionsgeschehens keine Veranlassung zu einer Verlängerung der Verordnung mehr bestand.[1111]

Die Corona-ArbSchV diente dem Ziel, das Risiko einer Infektion mit dem Coronavirus SARS-CoV-2 bei der Arbeit zu minimieren und die Sicherheit und Gesundheit der Beschäftigten zu schützen, § 1 Abs. 1 Corona-ArbSchV. Bei der Umsetzung der Anforderungen der Corona-ArbSchV war die C-ASR in der jeweils geltenden Fassung zu berücksichtigen, § 1 Abs. 3 Corona-ArbSchV. Die Corona-ArbSchV beinhaltete zuletzt[1112] im Wesentlichen die folgenden Regelungen.

§ 2 Corona-ArbSchV enthielt Vorschriften zur Gefährdungsbeurteilung und zum betrieblichen Hygienekonzept. Insbesondere war normiert, dass der Arbeitgeber die Gefährdungsbeurteilung nach §§ 5 und 6 ArbSchG hinsichtlich

---

1107 „Betriebe, welche die Regel anwenden, können davon ausgehen, dass sie rechtssicher handeln." Siehe *Arbeitsausschüsse beim BMAS*, SARS-CoV-2-Arbeitsschutzregel, Stand: 24.11.2021, abrufbar unter: https://www.baua.de/DE/Angebote/Rechtstexte-und-Technische-Regeln/Regelwerk/AR-CoV-2/pdf/AR-CoV-2.pdf?__blob=publicationFile&v=4.

1108 Nach § 18 Abs. 3 ArbSchG kann das BMAS in epidemischen Lagen von nationaler Tragweite nach § 5 Abs. 1 IfSG ohne Zustimmung des Bundesrates spezielle Rechtsverordnungen nach Abs. 1 für einen befristeten Zeitraum erlassen.

1109 Siehe hierzu auch *Herfs-Röttgen*, NZA 2021, 388; *Felz*, ARP 2021, 34.

1110 Die Corona-ArbSchV sollte ursprünglich nur bis zum 15.03.2021 gelten, der Geltungszeitraum hat sich allerdings nicht als ausreichend erwiesen. Vielmehr wurden zahlreiche Änderungsverordnungen und Neufassungen veröffentlicht. Eine Übersicht dazu ist abrufbar unter *BMAS*, SARS-CoV-2-Arbeitsschutzverordnung, https://www.bmas.de/DE/Service/Gesetze-und-Gesetzesvorhaben/sars-cov-2-arbeitsschutzverordnung.html.

1111 *Bundesregierung*, Corona-Arbeitsschutzverordnung endet, Stand: 24.05.2022, abrufbar unter: https://www.bundesregierung.de/breg-de/suche/corona-arbeitsschutzverordnung-2042670.

1112 BAnz AT 18.03.2022 V1.

zusätzlich erforderlicher Maßnahmen des betrieblichen Infektionsschutzes unter Berücksichtigung der SARS-CoV-2-Arbeitsschutzregel festzulegen und umzusetzen hat, § 2 Abs. 1 S. 1 Corona-ArbSchV. Der Arbeitgeber hatte im Rahmen der Gefährdungsbeurteilung insbesondere zu prüfen, ob und welche der in der Verordnung aufgeführten Maßnahmen erforderlich sind, um die Sicherheit und Gesundheit der Beschäftigten bei der Arbeit zu gewährleisten, § 2 Abs. 3 S. 1 Corona-ArbSchV. Aufgeführt wurden das Angebot eines kostenlosen Tests für Beschäftigte, die nicht ausschließlich in ihrer Wohnung arbeiten, die Verminderung betriebsbedingter Personenkontakte und die Bereitstellung medizinischer Gesichtsmasken oder bestimmter Atemschutzmasken, vgl. § 2 Abs. 3 S. 2 Nr. 1-3 Corona-ArbSchV.

Zuletzt schrieb § 3 Abs. 1 S. 1 Corona-ArbSchV vor, dass der Arbeitgeber es den Beschäftigten zu ermöglichen hat, sich während der Arbeitszeit gegen das Coronavirus SARS-CoV-2 impfen zu lassen. Zudem waren die Beschäftigten im Rahmen der Unterweisung über die Gesundheitsgefährdung bei der Erkrankung an COVID-19 aufzuklären und über die Möglichkeit einer Schutzimpfung zu informieren, § 3 Abs. 2 Corona-ArbSchV.

dd) Rechtsverordnungen der Bundesländer

In einer Pandemie werden regelmäßig auch die Bundesländer Rechtsverordnungen erlassen, die sich auf Pflichten im Arbeitsverhältnis auswirken können. Rechtsgrundlage ist insbesondere § 32 S. 1 IfSG, der die Landesregierungen ermächtigt, unter den Voraussetzungen, die für Maßnahmen nach den §§ 28, 28a und 29 bis 31 IfSG maßgebend sind, auch durch Rechtsverordnungen entsprechende Gebote und Verbote zur Bekämpfung übertragbarer Krankheiten zu erlassen. So bestand etwa gemäß § 2 Abs. 2 S. 1 BayIfSMV[1113] in Gebäuden und geschlossenen Räumen vorbehaltlich der Ausnahmen nach S. 2 eine Maskenpflicht. Für die Umsetzung derselben muss der Arbeitgeber Sorge tragen.

c) Auswahl pandemiespezifischer Pflichten des Arbeitgebers in der COVID-19-Pandemie

Nach dem Überblick über die spezifischen Regelwerke in der COVID-19-Pandemie wird im Folgenden eine Auswahl der wesentlichen Pflichten dargestellt, die Arbeitgeber in der COVID-19-Pandemie zu erfüllen hatten.

1113 BayMBl. 2021 Nr. 816 vom 23.11.2021.

aa) Pflicht zur Bereitstellung eines Mund-Nasen-Schutzes

Bereits § 3 Abs. 1 S. 1 der ersten Fassung[1114] der Corona-ArbSchV sah vor, dass der Arbeitgeber in bestimmten Fällen medizinische Gesichtsmasken, FFP2-Masken oder vergleichbare Atemschutzmasken zur Verfügung stellen muss. Die Pflicht galt zunächst, wenn die Anforderungen an eine infektionsschutzgerechte Raumbelegung nicht eingehalten werden konnten, vgl. § 3 Abs. 1 S. 1 Nr. 1 Corona-ArbSchV. Sie galt auch, wenn der Mindestabstand von 1,5m nicht eingehalten werden konnte (§ 3 Abs. 1 S. 1 Nr. 2 Corona-ArbSchV) oder wenn bei ausgeführten Tätigkeiten mit Gefährdung durch einen erhöhten Aerosolausstoß zu rechnen war (§ 3 Abs. 1 S. 2 Nr. 3 Corona-ArbSchV). Die Beschäftigten waren nach § 3 Abs. 1 S. 1 Corona-ArbSchV verpflichtet, die bereitgestellten Masken zu tragen.[1115]

bb) Pflicht zum Angebot von Corona-Tests

Nachdem in der COVID-19 Pandemie eine Selbstverpflichtung der Betriebe zum Angebot von Tests nicht zu einem zufriedenstellenden Ergebnis führte,[1116] wurde mit der zweiten Änderungsverordnung zur Corona-ArbSchV[1117] erstmals bundesweit[1118] eine Testangebotspflicht des Arbeitgebers in die Corona-ArbSchV aufgenommen.[1119] Gemäß § 5 Abs. 1 Corona-ArbSchV hatte der Arbeitgeber zur Minderung des betrieblichen SARS-CoV-2-Infektionsrisikos Beschäftigten, soweit diese nicht ausschließlich in ihrer Wohnung arbeiten, mindestens einmal pro Kalenderwoche einen Test in Bezug auf einen direkten Erregernachweis des Coronavirus SARS-CoV-2 anzubieten. Bestimmten Gruppen von Beschäftigten wie solchen, die personennahe Dienstleistungen anbieten

---

1114 BAnz AT 22.01.2021 V1.

1115 Zu Konformitätsanforderungen an Atemschutzmasken in der Pandemie siehe *Felz*, ARP 2021, 159. Vertiefend zu Schutzmasken als Gegenstand der Corona-ArbSchV siehe *Schucht*, ARP 2021, 75.

1116 Bspw. erhielten nach Darstellung von *Felz*, ARP 2021, 193 „[…] im April 2021 nur 69%" der Beschäftigten ein Testangebot.

1117 BAnz AT 15.04.2021 V1.

1118 Vereinzelt gab es auf Landesebene bereits zuvor ähnliche Regelungen. Siehe etwa § 3a der SächsCoronaSchV vom 29.03.2021. Die Rechtmäßigkeit dieser Regelung wurde vom OVG Bautzen im Rahmen eines einstweiligen Normenkontrollverfahrens vorerst weitestgehend bestätigt, siehe OVG Bautzen, Beschl. v. 30.03.2021 – 3 B 83/21, BeckRS 2021, 5903.

1119 Zur verfassungsrechtlichen Zulässigkeit der Auferlegung der Testangebotspflicht siehe *Boecken/Bantele*, COVuR 2021, 322 (323 ff.).

(§ 5 Abs. 2 Nr. 3 Corona-ArbSchV), musste nach § 5 Abs. 2 Corona-ArbSchV sogar zweimal wöchentlich ein Testangebot gemacht werden. Als Beispiel für Tests nennt der Referentenentwurf Antigen-Schnelltests oder PCR-Tests.[1120] Nachweise über die Beschaffung der Tests oder Vereinbarungen mit Dritten über die Testung der Beschäftigten musste der Arbeitgeber vier Wochen aufbewahren, § 5 Abs. 3 Corona-ArbSchV. Mit dieser Änderung gab es also eine Testangebotspflicht des Arbeitgebers, gleichwohl grundsätzlich[1121] keine gesetzliche Verpflichtung des Arbeitnehmers, diese Testmöglichkeit auch zu nutzen.[1122] Allerdings hat das BAG klargestellt, dass der Arbeitgeber die Arbeitnehmer einseitig zur Durchführung von Tests auf Grundlage seines Direktionsrechts nach § 106 S. 2 GewO anweisen kann.[1123]

cc) Pflicht zum Angebot von Home-Office

Wie im Verlauf dieser Arbeit bereits deutlich geworden ist, kommt dem Home-Office im Pandemiefall entscheidende Bedeutung zu. Zwar gibt es grundsätzlich weder eine Pflicht noch einen Anspruch der Arbeitnehmer, die Arbeitsleistung im Home-Office zu erbringen. Allerdings hat die COVID-19-Pandemie gezeigt, dass im Pandemiefall zahlreiche Regelwerke und Gesetzesänderungen erlassen werden, die eine Home-Office-Regelung bzw. -Verpflichtung beinhalten können.[1124] Dieser Abschnitt gibt einen zeitlich chronologischen Überblick über die Home-Office-relevanten Regelungen während der COVID-19-Pandemie bis hin zur gesetzlichen Home-Office-Pflicht.

1120 Referentenentwurf zur Zweiten Verordnung zur Änderung der Corona-ArbSchV, S. 9.

1121 In Landesgesetzen gibt es vereinzelte Ausnahmen. Bspw. ist in § 9 Abs. 3 BayIfSMV normiert, dass ambulante Pflegedienste und teilstationäre Pflegeeinrichtungen ihre nicht geimpften oder nicht genesenen Beschäftigten regelmäßig an drei verschiedenen Tagen pro Woche in Bezug auf eine Infektion mit dem Coronavirus SARS-CoV-2 testen lassen müssen.

1122 Weitergehend zur Durchführung von Tests im Betrieb siehe *Grüneberg/Lenuck*, ARP 2021, 140.

1123 BAG, Urt. v. 01.06.2022 – 5 AZR 28/22.

1124 Darüber hinaus hat der Gesetzgeber auch eine sog. Home-Office-Pauschale als steuerrechtlichen Abzugstatbestand anerkannt. Siehe hierzu *Szabó*, SPA 2021, 33.

(1) Unverbindliche Home-Office-Regelung im C-ASS

Eine erste Regelung zum Home-Office war bereits im C-ASS enthalten, der im April 2020 vom BMAS veröffentlicht wurde.[1125] Dieser besagte in Ziffer I. 6., dass Büroarbeiten nach Möglichkeit im Home-Office auszuführen sind, insbesondere, wenn Büroräume von mehreren Personen mit zu geringen Schutzabständen genutzt werden müssen. Zwar entfaltete dieser Arbeitsschutzstandard keine unmittelbare Bindungswirkung,[1126] die Außerachtlassung desselben konnte aber Folgen wegen Verletzung der Schutzpflichten aus § 241 Abs. 2 BGB und § 618 BGB nach sich ziehen.[1127] Klarzustellen ist allerdings, dass diese Regelung des C-ASS keinesfalls eine Rechtsgrundlage für das Home-Office darstellte.

(2) Home-Office-Angebotspflicht des Arbeitgebers in der Corona-ArbSchV

Als rechtsverbindlicher Nachfolger des C-ASS verpflichtete die Corona-ArbSchV bereits in ihrer Ursprungsfassung vom 21. Januar 2021 in § 2 Abs. 4 den Arbeitgeber, den Beschäftigten im Fall von Büroarbeit oder vergleichbaren Tätigkeiten anzubieten, diese Tätigkeiten in deren Wohnung auszuführen, wenn keine zwingenden betriebsbedingten Gründe entgegenstehen.[1128] Was unter zwingenden betriebsbedingten Gründen zu verstehen ist, konnte weder der Corona-ArbSchV noch dem vorangegangenen Referentenentwurf entnommen werden.[1129] Es ist allerdings davon auszugehen, dass unter zwingende betriebsbedingte Gründe insbesondere solche fallen, die dem Fortbestand und

---

1125 Siehe *BMAS*, SARS-Cov-2-Arbeitsschutzstandard, Stand: 22. Februar 2021, abrufbar unter: https://www.bmas.de/SharedDocs/Downloads/DE/Arbeitsschutz/sars-cov-2-arbeitsschutzstandard.pdf?__b-lob=publicationFile&v=1. Ausführlich zu dem Arbeitsschutzstandard siehe Teil 3 Kapitel 4 A. II. 2 b) aa).

1126 Ausführlich dazu siehe *Hülsemann*, ArbRAktuell 2020, 467 (468); *Wilrich*, NZA 2020, 634; *Kleinebrink*, ArbRB 2020, 377 (378); *Müller-Bonanni/Bertke*, NJW 2020, 1617; *Sagan/Brockfeld*, NZA-Beilage 2020, 17; nach Auffassung des ArbG Hamm, Beschl. v. 4.5.2020 – 2 BVGa 2/20, BeckRS 2020, 1429 Rn. 9 „[…] handelt es sich [bei dem Arbeitsschutzstandard] auch nicht um eine Maßnahme des Gesundheitsschutzes im Sinne von § 87 Abs. 1 Nr. 7 BetrVG; nach Auffassung von *von Steinau-Steinrück/Jöris* in NJW-Spezial, 370 (371) ist in der Corona-Pandemie von einer zwingenden Wirkung des Arbeitsschutzstandards auszugehen.

1127 *Schwede*, ArbRAktuell 2020, 220.

1128 Siehe hierzu *Fuhlrott/Oltmanns*, ArbRAktuell 2021, 64; *Müller*, BB 2021, 372.

1129 Siehe hierzu *Siebert/Pletke*, öAT 2021, 96 (97); *Sagan/Witschen*, NZA 2021, 593 (595) zu der wortgleichen Regelung in § 28b Abs. 7 IfSG.

der Aufrechterhaltung des Betriebs dienen. „Technische oder organisatorische Gründe, wie zum Beispiel die Nichtverfügbarkeit benötigter IT-Ausstattung, notwendige Veränderung der Arbeitsorganisation oder unzureichende Qualifizierung der betroffenen Beschäftigten können in der Regel nur vorübergehend angeführt werden.“[1130]

In Bezug auf die Umsetzung des Home-Office-Angebots war zu beachten, „[…] dass die räumlichen und technischen Voraussetzungen in der Wohnung der Beschäftigten gegeben sind und dass zwischen Arbeitgeber und Beschäftigten eine Vereinbarung bezüglich Homeoffice getroffen wurde, beispielsweise auf dem Wege einer arbeitsvertraglichen Regelung oder durch eine Betriebsvereinbarung.“[1131] In § 2 Abs. 4 Corona-ArbSchV war daher keine Rechtsgrundlage für das Home-Office zu sehen, sondern allein eine Angebotspflicht des Arbeitgebers. Zudem handelte es sich bei dieser um eine öffentlich-rechtliche Pflicht, weshalb der Arbeitnehmer keinen einklagbaren Anspruch gegen den Arbeitgeber hatte.[1132] Die Überwachung der Umsetzung der Angebotspflicht oblag daher auch den Arbeitsschutzbehörden der Länder und den Unfallversicherungsträgern.[1133]

(3) Home-Office-Pflicht gemäß § 28b Abs. 7 IfSG

Mit dem vierten Bevölkerungsschutzgesetz[1134] vom 22. April 2021 wurde § 28b in das IfSG eingefügt, der in Abs. 7 S. 1 zunächst dieselbe Regelung vorsah, die schon nach § 2 Abs. 4 der Corona-ArbSchV galt: Der Arbeitgeber hat den Beschäftigten im Fall von Büroarbeit oder vergleichbaren Tätigkeiten anzubieten, diese Tätigkeit in deren Wohnung auszuführen, wenn keine zwingenden betriebsbedingten Gründe entgegenstehen. Neu hinzu kam allerdings Abs. 7 S. 2, demzufolge die Beschäftigten dieses Angebot anzunehmen hatten, soweit ihrerseits keine Gründe entgegenstanden. Mithin wurde mit dieser Regelung erstmals eine grundsätzliche (öffentlich-rechtliche) Home-Office-Pflicht für beide Arbeitsvertragsparteien erlassen.[1135] § 28b IfSG galt jedoch längstens bis zum Ablauf des 30. Juni 2021, § 28b Abs. 10 S. 1 IfSG.

1130 So die BT-Drs. 19/28732, 21 zu der gleichlautenden Regelung in § 28b Abs. 7 IfSG.

1131 Referentenentwurf der Corona-ArbSchV vom 20.01.2021, S. 9.

1132 Referentenentwurf der Corona-ArbSchV vom 20.01.2021, S. 9; *Herfs-Röttgen*, NZA 2021, 388.

1133 Referentenentwurf der Corona-ArbSchV vom 20.01.2021, S. 9.

1134 BGBl. I 2021, 802 ff.

1135 Siehe hierzu *Sagan/Witschen*, NZA 2021, 593 ff.

(4) Home-Office-Pflicht gemäß § 28b Abs. 4 IfSG[1136]

Mit Wirkung zum 24. November 2021 trat eine geänderte Fassung des IfSG in Kraft, die u.a. in § 28b Abs. 4 S. 1 IfSG die bekannte Home-Office-Angebotspflicht des Arbeitgebers und in § 28b Abs. 4 S. 2 IfSG die Annahmepflicht des Arbeitnehmers vorschrieb. Diese Regelung galt bis Ablauf des 19. März 2022, § 28b Abs. 7 S. 1 IfSG.

(5) Zusammenfassung zur Pflicht zum Angebot von Home-Office

Der chronologische Überblick zeigt, dass in der COVID-19-Pandemie, abhängig von dem jeweiligen Infektionsgeschehen, unterschiedliche Wege gewählt wurden, die bundesweite Home-Office-Quote zur Reduzierung der Infektionsrisiken zu erhöhen. Dabei gab es bereits in den Anfängen der COVID-19-Pandemie Vorgaben an den Arbeitgeber, Home-Office zu ermöglichen. Diese galten zunächst unverbindlich, waren aber über § 4 Nr. 3 ArbSchG dennoch zu berücksichtigen. Später bestand dann eine gesetzliche Home-Office-Pflicht für beide Arbeitsvertragsparteien.

Im Hinblick auf künftige Pandemien wird man daher davon ausgehen können, dass der Gesetzgeber in Wellen mit hohem Infektionsgeschehen eine Home-Office-Pflicht gesetzlich vorschreiben wird.

dd) Pflicht zur Ermöglichung der Schutzimpfung während der Arbeitszeit

Mit der vorletzten Änderungsverordnung wurde auch ein neuer § 5 in die Corona-ArbSchV eingefügt. Ausweislich dessen Abs. 1 S. 1 hatte der Arbeitgeber es den Beschäftigten zu ermöglichen, sich während der Arbeitszeit gegen das Coronavirus SARS-CoV-2 impfen zu lassen. Darüber hinaus hatte er die Beschäftigten im Rahmen der Unterweisung über die Gesundheitsgefährdung bei der Erkrankung an COVID-19 aufzuklären und über die Möglichkeit einer Schutzimpfung zu informieren, § 5 Abs. 2 Corona-ArbSchV. Diese Regelungen wurden auch in der letzten Fassung der Corona-ArbSchV[1137] beibehalten.

d) Innerbetriebliche Umsetzung

Die Schutzmaßnahmen kann der Arbeitgeber in betriebsratslosen Betrieben allein auf Grundlage seines Direktionsrecht anordnen. Wurde ein Betriebsrat

---

1136 BGBl. I 2021, 4906 ff.

1137 BAnz AT 18.03.2022 V1.

gewählt, hat dieser ein Mitbestimmungsrecht aus § 87 Abs. 1 Nr. 7 BetrVG, soweit hinsichtlich der Umsetzung der Schutzmaßnahmen ein gewisser Spielraum besteht.

e) Zusammenfassung

Nach alledem lässt sich festhalten, dass in einer Pandemie zahlreiche Empfehlungen, aber auch Verordnungen und Gesetze erlassen werden, die die Schutzpflichten des Arbeitgebers konkretisieren oder sogar konkrete Schutzpflichten vorschreiben, die den Arbeitgeber über § 618 BGB auch im Verhältnis zum Arbeitnehmer verpflichten.

Auch wenn Empfehlungen wie der C-ASS keine unmittelbare Bindungswirkung entfalten, müssen diese über § 4 Nr. 3 ArbSchG dennoch berücksichtigt werden. So wird regelmäßig die Pflicht bestehen,[1138] durch geeignete Maßnahmen die AHA + L-Regel einzuhalten. Dazu werden im Betrieb etwa Abstandsregeln eingeführt, Desinfektionsmittel bereitgestellt und das Tragen von medizinischen Gesichts- oder Atemschutzmasken angeordnet werden müssen. Zudem wird das infektionsschutzgerechte Lüften arbeitgeberseitig sicherzustellen sein.

Ein Unterlassen gebotener Schutzmaßnahmen kann nicht nur Leistungsverweigerungsrechte des Arbeitnehmers, sondern auch Schadensersatzansprüche desselben wegen einer Nebenpflichtverletzung begründen. Allgemein gilt es bei Maßnahmen zum Gesundheitsschutz zu berücksichtigen, dass dem Betriebsrat ein Mitbestimmungsrecht aus § 87 Abs. 1 Nr. 7 BetrVG zusteht.

III. Auszahlungspflichten des Arbeitgebers für Behörden

Neben den arbeitsvertraglichen und öffentlich-rechtlichen Pflichten, deren Einhaltung der Arbeitgeber im Pandemiefall gewährleisten muss, besteht, sofern dem Arbeitnehmer ein Entschädigungsanspruch gemäß § 56 IfSG zusteht, auch die arbeitgeberseitige Pflicht, die Entschädigung für die zuständige Behörde auszuzahlen, vgl. § 56 Abs. 5 S. 1 oder S. 2 IfSG.[1139]

1138 Dies ist jedenfalls zu erwarten, wenn der für die Pandemie ursächliche Erreger über die gleichen Übertragungswege verbreitet werden kann wie der Erreger SARS-CoV-2.

1139 Allerdings werden dem Arbeitgeber die Beträge auf Antrag von der zuständigen Behörde erstattet, § 56 Abs. 5 S. 3 IfSG. Zudem hat diese dem Arbeitgeber auf Antrag einen Vorschuss in der voraussichtlichen Höhe des Erstattungsbetrages zu gewähren, vgl. § 56 Abs. 12 IfSG.

Dasselbe gilt, wenn die Agentur für Arbeit Kurzarbeitergeld gewährt. Dieses hat der Arbeitgeber gemäß § 320 Abs. 1 S. 2 SGB III nicht nur zu berechnen, sondern auch auszuzahlen.[1140]

B. Ausgestaltung der arbeitsvertraglichen Modalitäten in Ausübung des (erweiterten) Weisungsrechts

Nachdem die Pflichten des Arbeitgebers im Pandemiefall ausführlich dargestellt wurden, wird im Folgenden aufgezeigt, inwieweit der Arbeitgeber die arbeitsvertraglichen Modalitäten in einer Pandemie mittels (erweiterten) Weisungsrechts ausgestalten kann. Entsprechend dem Gesetzeswortlaut des § 106 S. 1 GewO wird zunächst auf die Modifizierung des Inhalts der arbeitsvertraglichen Tätigkeit (I.), sodann auf die Modifizierung des Arbeitsorts (II.) und anschließend der Arbeitszeit (III.) eingegangen. Da sich hinsichtlich der Modifizierung des Arbeitsorts in der COVID-19-Pandemie primär das Home-Office als relevant gezeigt hat, beschränken sich die Ausführungen dazu auf die Frage, ob der Arbeitgeber die Leistungserbringung im Home-Office mittels (erweiterten) Direktionsrechts anordnen kann. Zuletzt wird darauf eingegangen, welche Ordnungs- und Verhaltensweisungen der Arbeitgeber im Pandemiefall auf Grundlage des § 106 S. 2 GewO rechtmäßig erteilen kann (IV.).

I. Modifizierung des Inhalts der Tätigkeit

Im Pandemiefall ist zunächst einmal denkbar, dass der Arbeitgeber den Arbeitnehmer zur Ausführung einer inhaltlich geringer- oder höherwertigen Tätigkeit als der, die der Arbeitnehmer für gewöhnlich ausübt, einsetzen möchte. Grund dafür kann sein, dass diejenigen Arbeitnehmer, die diesen Aufgaben im Normalfall nachkommen, pandemiebedingt entweder gar nicht oder nicht mehr im gleichen Umfang die geschuldete Arbeitsleistung erbringen können. Vor diesem Hintergrund stellt sich die Frage, ob der Arbeitgeber die Übernahme dieser Tätigkeiten mittels (erweiterten) Weisungsrechts rechtmäßig anordnen kann.

1. Durch Ausübung des allgemeinen Weisungsrechts

Wie bereits dargestellt,[1141] kann der Arbeitgeber in Ausübung seines Weisungsrechts und in billigem Ermessen auf den Inhalt der Arbeitsleistung Einfluss

---

1140 Das Kurzarbeitergeld wird aber letztlich von der Agentur für Arbeit geleistet, vgl. § 104 Abs. 1 S. 1 SGB III.

1141 Siehe Teil 2 Kapitel 2 B. I.

nehmen, vgl. § 106 S. 1 GewO. Das allgemeine Weisungsrecht findet seine Grenzen jedoch insbesondere in dem arbeitsvertraglichen Rahmen, sodass eine Weisung, welche hinsichtlich des Inhalts der Arbeitsleistung als ein „Mehr“ oder „Weniger“ über die arbeitsvertraglichen Grenzen hinausgeht, grundsätzlich rechtswidrig ist. Das allgemeine Weisungsrecht kann in diesen Fällen daher nicht als Rechtsgrundlage dienen. Eine Weisung zur Ausübung einer ähnlichen oder vergleichbaren Tätigkeit dürfte hingegen vom allgemeinen Weisungsrecht gedeckt sein.

2. Durch Ausübung des erweiterten Weisungsrechts in Notfällen

Unter gewissen Umständen kann der Arbeitgeber im Pandemiefall aber ein erweitertes Weisungsrecht ausüben. Wenn dieses nicht bereits arbeitsvertraglich für bestimmte Fälle vereinbart wurde,[1142] muss eine Not- oder Ausnahmesituation bestehen, in der ein erweitertes Weisungsrecht allgemein anerkannt ist.[1143]

a) Anknüpfungspunkt des Not- oder außergewöhnlichen Falls

Hinsichtlich der Voraussetzungen eines Not- oder Ausnahmefalls wird sowohl im Schrifttum als auch in der Rechtsprechung ein Rückgriff auf § 14 ArbZG vorgenommen.[1144] Danach kann bei vorübergehenden Arbeiten in Notfällen und in außergewöhnlichen Fällen, die unabhängig vom Willen der Betroffenen eintreten und deren Folgen nicht auf andere Weise zu beseitigen sind, von bestimmten arbeitszeitrechtlichen Regelungen abgewichen werden, vgl. § 14 Abs. 1 ArbZG. „Notfall im Sinne der arbeitszeitrechtlichen Ausnahmebestimmungen [...] ist ein für den Betrieb widriges, ungewöhnliches, unvorhergesehenes und vom Willen des Betroffenen unabhängig und plötzlich eintretendes Ereignis, das die Gefahr eines unverhältnismäßigen Schadens mit sich bringt.“[1145] Dazu zählen etwa „[...] Fälle höherer Gewalt, wie Erdbeben, Überschwemmungen, Brände

---

1142 Zur Zulässigkeit der vertraglichen Erweiterung siehe knapp *Preis*, in: Müller-Glöge/Preis/Schmidt (Hrsg.), ErfK, 22. Aufl. 2022, § 106 GewO Rn. 17.

1143 *Maties*, in: Benecke (Hrsg.), BeckOGK, Stand: 01.03.2022, § 611a BGB Rn. 832 ff.; *Falter*, BB 2009, 1974 (1978); siehe auch *Joussen*, in: Rolfs/Giesen/Kreikebohm/Meßling/Udsching (Hrsg.), BeckOK ArbR, 64. Edition, Stand: 01.06.2022, § 611a BGB Rn. 366.

1144 *Müller*, FA 2020, 123; *Müller/Becker*, COVuR 2020, 126 (129 f.); das BAG zog auch schon die Vorgängerregelung § 14 Abs. 1 AZO heran, siehe BAG, Urt. v. 03.12.1980 – 5 AZR 477/78, AP § 615 BGB Böswilligkeit Nr. 4.

1145 So bereits OLG Hamburg, Urt. v. 24.10.1962 – 1 Ss 90/62, AP BAZG § 8 Nr. 1.

oder Stürme."[1146] Außergewöhnliche Fälle sind „[…] besondere Situationen, die weder regelmäßig eintreten noch rechtzeitig vorhersehbar sind und – wie der Notfall – die Gefahr von Schäden mit sich bringen […]."[1147] Nach pauschaler Auffassung ohne jegliche Subsumtion der Pandemie unter den Not- oder außergewöhnlichen Fall wird der Anwendungsbereich des § 14 ArbZG in einer Pandemie bejaht.[1148] Dies ist einerseits nachvollziehbar, da eine trennscharfe Differenzierung schwerfällt.

Andererseits ist jedoch zunächst die grundsätzliche Frage zu stellen, ob Anknüpfungspunkt des Not- oder außergewöhnlichen Falles überhaupt die Pandemie *per se* sein kann oder dieser vielmehr die konkrete Situation – wie etwa der krankheits- oder quarantänebedingte Ausfall eines Arbeitnehmers – sein sollte. Dagegen spricht zwar, dass der Gesetzgeber eine Pandemie sogar für einen außergewöhnlichen Notfall hält.[1149] Dafür spricht jedoch zum einen, dass sich eine Pandemie nicht sauber unter den Not- oder außergewöhnlichen Fall subsumieren lässt. Denn eine Pandemie ist weder ein plötzlich eintretendes Ereignis, welches der Notfall voraussetzt, noch eine unvorhersehbare besondere Situation, die der außergewöhnliche Fall voraussetzt. Vielmehr entwickelt sich eine Pandemie erst und ist daher, insbesondere unter Berücksichtigung der Erfahrungen vergangener Pandemien, zumindest kurzfristig vorhersehbar. Zum anderen muss gesehen werden, dass sich eine Pandemie *per se* nur mittelbar auf betriebliche Abläufe auswirkt. Unmittelbar wirken sich erst pandemiebedingte Folgen wie Erkrankungen der Arbeitnehmer aus. Sachgerechter scheint es, an diese unmittelbaren Ereignisse anzuknüpfen. Schließlich ist zu berücksichtigen, dass der Arbeitgeber – würde man in einer Pandemie selbst einen Not- oder außergewöhnlichen Fall sehen – für die gesamte Dauer der Pandemie das erweiterte Weisungsrecht ausüben könnte. Bedenkt man, dass eine Pandemie über mehrere Monate oder Jahre andauern kann, so handelt es sich hierbei um eine völlig unbillige, nahezu grenzenlose Erweiterung des Weisungsrechts, die

---

1146 *Roloff*, in: Müller-Glöge/Preis/Schmidt (Hrsg.), ErfK, 22. Aufl. 2022, § 14 ArbZG Rn. 2; für weitere Beispiele siehe *Baeck/Deutsch/Winzer*, in: dies., Arbeitszeitgesetz, 4. Aufl. 2020, § 14 ArbZG Rn. 7.

1147 *Baeck/Deutsch/Winzer*, in: dies., Arbeitszeitgesetz, 4. Aufl. 2020, § 14 ArbZG Rn. 11.

1148 Siehe *Stück*, GmbHR 2020, 631 (638) m.w.N.; so auch *Kock*, in: Rolfs/Giesen/Kreikebohm/Meßling/Udsching (Hrsg.), BeckOK ArbR, 64. Edition, Stand: 01.06.2022, § 14 ArbZG Rn. 2.1; wohl auch *Fuhlrott/Fischer*, NZA 2020, 345 (347).

1149 So wurden Gesetzesänderungen des ArbZG erlassen, „[…] um auf außergewöhnliche Notfälle, insbesondere epidemische Lagen von nationaler Tragweite, schnell, effektiv und bundeseinheitlich reagieren zu können." Siehe BT-Drs. 19/18107, 34.

schlichtweg nicht geboten ist. Mithin ist bezüglich des Not- oder außergewöhnlichen Falls[1150] richtigerweise nicht abstrakt an den Pandemiefall, sondern an ein konkretes pandemiebedingtes Ereignis, das sich auf den betrieblichen Ablauf auswirkt, anzuknüpfen.

b) Pandemiespezifisches Vorliegen der Voraussetzungen

Maßgeblich ist also, dass der Einsatz eines Arbeitnehmers in einer geringer- oder höherwertigen Tätigkeit aufgrund einer besonderen, unvorhergesehenen Situation erforderlich wird, die unabhängig vom Willen der Betroffenen eingetreten ist, deren Folgen nicht auf andere Weise zu beseitigen sind und die die Gefahr eines Schadens birgt.

Die Notwendigkeit, einem Arbeitnehmer eine andere Tätigkeit als die vertraglich vereinbarte zuzuweisen, wird sich primär dadurch ergeben, dass der Arbeitnehmer, der diese Arbeitsleistung für gewöhnlich erbringt, ausfällt. Entscheidend kann sein, aus welchem Grund dieser Arbeitnehmer ausfällt. Kann dieser seine Arbeitsleistung krankheitsbedingt nicht erbringen oder unterliegt er einer infektionsschutzrechtlichen Absonderungsanordnung oder einem Tätigkeitsverbot, handelt es sich in der Regel um einen Ausnahme- bzw. einen Notfall. Denn dieser tritt unabhängig vom Willen der Betroffenen ein, die Folgen sind mangels Vorhersehbarkeit[1151] in der Regel nicht auf andere Weise zu beseitigen und der Ausfall der Arbeitskraft birgt ein Schadensrisiko für den Betrieb. Etwas anderes kann gelten, wenn der nicht geschuldete Arbeitsbedarf entsteht, weil ein anderer Arbeitnehmer einer familiären Betreuungsverpflichtung nachkommen muss. Diese kann insbesondere bei Schließungen von Bildungs- und Betreuungsinstitutionen in der Regel rechtzeitig abgesehen werden, sodass hier grundsätzlich die Möglichkeit besteht, einen adäquaten Ersatz für den ausfallenden Arbeitnehmer zu organisieren. Gelingt dies trotz zumutbarer Anstrengungen nicht, wird ein Ausnahme- bzw. Notfall vorliegen, der zur Ausübung des erweiterten Weisungsrechts berechtigt.

1150 Der außergewöhnliche Fall wird im Rahmen dieser Arbeit auch als Ausnahmefall bezeichnet.

1151 *Dehmel* und *Hartmann* weisen darauf hin, dass es im Pandemiefall wohl zu vielen Erkrankungen in der Belegschaft kommen wird und der Arbeitgeber damit rechnen muss. Nach deren Auffassung könnte sich auch ein Betriebsrisiko des Arbeitgebers verwirklichen, dem eine Direktionsrechtsausweitung entgegenstünde. Siehe *Dehmel/Hartmann*, BB 2009, 885 (889).

Zu beachten ist unter Berücksichtigung der Rechtsprechung des BAG, wonach „[...] der Arbeitgeber den Arbeitnehmer [...] etwa zur vorübergehenden Vertretung erkrankter oder beurlaubter Arbeitskameraden [...] zu einer geringerwertigen Tätigkeit einsetzen [darf]"[1152], dass der außergewöhnliche bzw. Notfall zeitlich auch nur begrenzt vorliegen kann. Während in den ersten Tagen der Erkrankung oder Absonderung noch von einem Notfall ausgegangen werden kann, der zur Ausübung des erweiterten Weisungsrechts berechtigt, kann dies für längere Zeiträume nicht gelten. Zieht man bspw. COVID-19 als pandemische Erkrankung heran, bei der von einer Krankheitsdauer von in der Regel längstens 14 Tagen ausgegangen werden muss, dürfte spätestens ab einer Woche kein Notfall mehr vorliegen. Denn die Ausfallzeit ist aufgrund der wissenschaftlichen Erkenntnisse absehbar.[1153]

Liegt ein Ausnahme- bzw. Notfall (noch) vor, kann der Arbeitnehmer zur Erbringung einer Arbeitsleistung verpflichtet werden, die sich nicht mehr in dem durch § 106 GewO abgesteckten rechtlichen Rahmen bewegt, wenn dies dazu dient, den Arbeitgeber in diesem Notfall vor Schäden zu bewahren. Zwar hat das BAG ausdrücklich nur entschieden, dass „[...] der Arbeitgeber den Arbeitnehmer auch ohne dessen Einverständnis in gewissen Ausnahmefällen [...] zu einer geringerwertigen Tätigkeit einsetzen [darf]."[1154] Gleichwohl hat dieses in einer späteren Entscheidung klargestellt, dass der Arbeitgeber in Ausnahmefällen insgesamt über die arbeitsvertraglichen Grenzen hinaus Anordnungen treffen kann, indem es die Weisung zur Ausübung einer geringerwertigen Tätigkeit lediglich

---

1152 BAG, Urt. v. 08.10.1962 – 2 AZR 550/61, AP BGB § 611 Direktionsrecht Nr. 18 Rn. 16.

1153 Selbst wenn man entgegen der hier vertretenen Auffassung bezüglich des außergewöhnlichen bzw. Notfalls pauschal an die Pandemie als solche anknüpfen würde, muss berücksichtigt werden, dass diese ab einem gewissen Zeitpunkt gewiss kein Ereignis mehr darstellt, auf dessen Folgen der Arbeitgeber sich nicht einstellen kann und in welchem die Anerkennung des erweiterten Weisungsrechts noch gerechtfertigt wäre. Dieser Zeitpunkt dürfte spätestens nach der „ersten Welle" einer Pandemie erreicht sein, da der Arbeitgeber dann die Situation für die Zukunft einschätzen können muss. Insbesondere werden dann erste gesicherte Erkenntnisse zu dem pandemischen Erreger und dem Krankheitsverlauf vorliegen, sodass die Art und Weise eines krankheitsbedingten Ausfalls der Arbeitnehmer einkalkuliert werden kann. Darüber hinaus wird sich bis zu diesem Zeitpunkt auch gezeigt haben, mit welchen gesetzgeberischen Maßnahmen auf Landes- und Bundesebene gerechnet werden muss. Die Pandemie kann daher nur zeitlich begrenzt, nicht aber in ihrer Gesamtheit als Not- oder außergewöhnlicher Fall aufgefasst werden.

1154 BAG, Urt. v. 08.10.1962 – 2 AZR 550/61, juris, Rn. 16.

als Regelbeispiel anführte.[1155] Somit können im Ausnahme- bzw. Notfall sowohl Weisungen hinsichtlich des Inhalts der Arbeitsleistung und des Arbeitsorts als auch der Arbeitszeit, die über die arbeitsvertraglichen Grenzen hinausgehen, auf Grundlage des erweiterten Weisungsrechts rechtmäßig erteilt werden.[1156] Bei Überschreitung der Grenzen des ArbZG ist allerdings insbesondere die Einhaltung des § 14 ArbZG zu beachten.[1157]

Ein engeres Verständnis eines Notfalls vertreten *Fuhlrott* und *Fischer*, wonach ein Notfall nur gegeben sein kann, wenn die Folgen der Pandemie eine Existenzgefährdung befürchten lassen.[1158] Dieser Auffassung ist allerdings nicht zu folgen, da es sich hierbei um ein konturenloses Kriterium handelt und eine Zugrundelegung desselben für den Arbeitgeber eine rechtssichere Ausübung des erweiterten Direktionsrechts erschweren würde.

Zusammenfassend steht dem Arbeitgeber in einer Pandemie zwar nicht pauschal das erweiterte Weisungsrecht zu. Allerdings kann die Pandemie sich in bestimmten Ereignissen realisieren, die sich auf betriebliche Abläufe auswirken und einen Ausnahme- bzw. Notfall darstellen können. Nur wenn das der Fall ist, ist der Arbeitgeber zur Ausübung des erweiterten Weisungsrechts berechtigt.

II. Veränderung des Arbeitsorts – Anordnung von Home-Office

Im Pandemiefall kommt dem Home-Office[1159] besonders hohe Bedeutung zu. Das liegt zum einen daran, dass Arbeitnehmer, die als Ansteckungsverdächtige (§ 2 Nr. 7 IfSG) oder Ausscheider (§ 2 Nr. 6 IfSG) zu qualifizieren sind, zwar arbeitsfähig sind, als Betroffene infektionsschutzrechtlicher Anordnungen (§§ 28 ff. IfSG) aber regelmäßig nicht im Betrieb arbeiten dürfen. Gleichwohl können sie, sofern ihre Arbeitsleistung in der Ausübung von Büro- oder vergleichbaren Tätigkeiten besteht, diese häufig aus der eigenen Wohnung heraus erbringen. Zum anderen werden zahlreiche Arbeitnehmer im Fall von Schul- oder Kitaschließungen ihre Kinder zu Hause betreuen müssen und können aus diesem Grund nicht die betriebliche Arbeitsstätte aufsuchen. Für all diese

---

1155 BAG, Urt. v. 03.12.1980 – 5 AZR 477/78, AP § 615 BGB Böswilligkeit Nr. 4, („[…] insbesondere eine geringerwertige Tätigkeit […]“).

1156 So auch *Maties*, in: Benecke (Hrsg.), BeckOGK, Stand: 01.03.2022, § 611a BGB Rn. 834.

1157 *Joussen*, in: Rolfs/Giesen/Kreikebohm/Meßling/Udsching (Hrsg.), BeckOK ArbR, 64. Edition, Stand: 01.06.2022, § 611a Rn. 380. Siehe hierzu Teil 3 Kapitel 4 B. III. 1. b).

1158 *Fuhlrott/Fischer*, NZA 2020, 345 (349).

1159 Zur Terminologie siehe Teil 2 Kapitel 1 A. I. 1. c) bb) 1).

Situationen bietet das Home-Office die vermeintliche Ideallösung. Sind beide arbeitsvertraglichen Parteien dieser Ansicht, steht einer Home-Office-Vereinbarung[1160] nichts im Wege. Gibt es allerdings Arbeitnehmer, die eine solche Vereinbarung nicht eingehen möchten, sieht sich der Arbeitgeber mit der Frage konfrontiert, ob er nicht auch einseitig den Arbeitnehmer zur Erbringung der Arbeitsleistung im Home-Office anweisen kann.[1161]

1. Durch Ausübung des allgemeinen Weisungsrechts

Grundsätzlich kann der Arbeitgeber den Ort der Arbeitsleistung nach billigem Ermessen näher bestimmen, soweit dieser nicht durch den Arbeitsvertrag, eine Betriebsvereinbarung, durch Tarifvertrag oder gesetzliche Vorschriften festgelegt ist, vgl. § 106 S. 1 GewO. Daher scheint bei Fehlen einer entgegenstehenden Regelung die Weisung an den Arbeitnehmer, die Arbeit im Home-Office zu erbringen, grundsätzlich zulässig.[1162] Voraussetzung ist allerdings, dass diese Bestimmung nach billigem Ermessen getroffen wurde. Die Rechtsprechung verlangt im Rahmen des billigen Ermessens eine umfassende Interessenabwägung im Einzelfall „[…] nach verfassungsrechtlichen und gesetzlichen Wertentscheidungen, den allgemeinen Wertungsgrundsätzen der Verhältnismäßigkeit und Angemessenheit sowie der Verkehrssitte und Zumutbarkeit."[1163] Im Rahmen dieser Interessenabwägung ist der Umstand, dass die Anordnung zur Arbeitsleistung im Home-Office in das Grundrecht der Unverletzlichkeit der Wohnung aus Art. 13 GG eingreift, in der Regel höher zu gewichten als die Interessen des Arbeitgebers. Ein diesbezügliches Weisungsrecht besteht aus diesem Grund grundsätzlich nicht.[1164]

1160 Dazu siehe auch Teil 4 Kapitel 3.

1161 Teilweise wird vertreten, dass der Arbeitgeber vor dem Hintergrund seiner arbeitsschutzrechtlichen Pflichten sogar zur Anordnung bzw. Einführung von Home-Office verpflichtet ist, siehe Teil 3 Kapitel 4 A. II. 2. a). Unabhängig davon ist ausgehend von den Regelungen in der COVID-19-Pandemie zu erwarten, dass der Gesetzgeber auch in zukünftigen Pandemien tätig werden und Home-Office-Regelungen erlassen wird. Zu den COVID-19-spezifischen Home-Office-Regelungen siehe Teil 3 Kapitel 4 A. II. 2. c) cc).

1162 *Preis*, in: Müller-Glöge/Preis/Schmidt (Hrsg.), ErfK, 22. Aufl. 2022, § 106 GewO Rn. 28a; *Richter*, ArbRAktuell 2019, 142 (143).

1163 BAG, Urt. v. 18.10.2017 – 10 AZR 330/16, NZA 2017, 1452 (1456).

1164 So auch *Preis*, in: Müller-Glöge/Preis/Schmidt (Hrsg.), ErfK, 22. Aufl. 2022, § 106 GewO Rn. 28a; *Müller*, DB 2019, 1624 (1626) m.w.N.

Zu berücksichtigen ist allerdings, dass im Rahmen der Interessenabwägung außerhalb einer Pandemie unterschiedliche Aspekte zum Tragen kommen als während einer Pandemie. So dürften außerhalb einer Pandemie auf Arbeitgeberseite primär wirtschaftliche Erwägungen stehen. Bspw. wird weniger Bürofläche benötigt, je mehr Arbeitnehmer ihre Arbeitsleistung von zu Hause aus erbringen. Dagegen sind in einer Pandemie insbesondere auch arbeitsschutzrechtliche Interessen des Arbeitgebers zu bedenken. Zwar ist der Arbeitgeber auch außerhalb einer Pandemie bereits aus § 241 Abs. 2 BGB zur Rücksichtnahme und gemäß § 618 BGB i.V.m. öffentlich-rechtlichen Vorschriften zur Umsetzung von Schutzmaßnahmen verpflichtet. Allerdings entfalten diese Vorschriften gerade im Pandemiefall ihr volles Potenzial. So muss der Arbeitgeber umfassende Maßnahmen zum Schutz der Arbeitnehmer implementieren.[1165] Nichtsdestotrotz wird ein lückenloser Schutz vor pandemiespezifischen Gefahren nicht möglich sein. Wo es zu Kontakten kommt, sind die Arbeitnehmer potenziell einem Ansteckungsrisiko ausgesetzt. Insbesondere Eingangsbereiche, Flure und Gemeinschaftsräume, in besonders hohem Maße freilich Großraumbüros, stellen Risikoherde im Betrieb dar. Vor dem Hintergrund eines dadurch verbleibenden Ansteckungs- und somit Gesundheitsrisikos scheint die Home-Office-Weisung den Anforderungen des billigen Ermessens entsprechen zu können.[1166] Dies gilt insbesondere unter Berücksichtigung der regelmäßig vorübergehenden Natur einer solchen Anordnung. Hierbei wird man das aktuelle Infektionsgeschehen berücksichtigen müssen.[1167] Während gerade bei hohen Inzidenzzahlen (>100 Neuinfektionen pro 100.000 Einwohner pro Tag) eine Home-Office-Anordnung billigem Ermessen entsprechen dürfte, wird dies bei niedrigen Inzidenzzahlen (<35 Neuinfektionen pro 100.000 Einwohner pro Tag) eher gegenteilig zu bewerten sein. Richtigerweise kann der Arbeitgeber daher im Pandemiefall jedenfalls bei hohem Infektionsgeschehen die Tätigkeit

---

1165 Siehe dazu allgemein Teil 2 Kapitel 2 A. I. 2. b) bb) und pandemiespezifisch Teil 3 Kapitel 4 A. II. 2.

1166 *Krieger/Rudnik/Povedano Peramato*, NZA 2020, 473 (475); so auch *Mues/Müncheberg*, ArbRB 2020, 2014 (215).

1167 Die Kriterien zur Beobachtung des Infektionsgeschehens haben sich etwa im Verlauf der COVID-19-Pandemie geändert. Während zunächst allein die Inzidenzzahlen für eine Bewertung des Infektionsgeschehens ausschlaggebend waren, wurden im späteren Verlauf Aspekte wie die Hospitalisierungsrate oder die bundesweite Impfquote zusätzlich berücksichtigt. Maßgebliche Kriterien für die Beurteilung des Infektionsgeschehens können daher vielfältig sein und müssen abhängig vom Stadium der Pandemie herangezogen werden.

im Home-Office temporär anordnen.[1168] Übereinstimmend halten es auch *Fuhlrott* und *Fischer* für möglich, dass eine Anweisung zur Arbeitsleistung im Home-Office noch vom allgemeinen Weisungsrecht gedeckt sein kann, sofern die Anweisung jedoch zeitlich begrenzt erfolgt und auf bestimmte Umstände gestützt ist.[1169] Zu diesen Umständen wird gerade das herangezogene aktuelle Infektionsgeschehen zählen. Auch *Baeck, Winzer* und *Abend* vertreten die Auffassung, dass der Arbeitgeber die präventive Home-Office-Anordnung erwägen soll.[1170] *Günther* und *Böglmüller* bejahen insbesondere im Fall der behördlich angeordneten Betriebsschließung die Rechtmäßigkeit einer Home-Office-Anordnung auf Grundlage von § 106 GewO.[1171]

Dieses Ergebnis steht – jedenfalls unter den aufgezeigten Voraussetzungen – auch nicht in Widerspruch zu relevanter Judikatur. Zwar ist nach dem amtlichen Leitsatz zu einem Urteil des LAG Berlin-Brandenburg der Arbeitgeber „[…] nicht allein aufgrund seines arbeitsvertraglichen Weisungsrechts berechtigt, dem Arbeitnehmer Telearbeit zuzuweisen."[1172] Dies hatte das LAG damit begründet, dass die Tätigkeit im Betrieb mit der Berufsausübung im Home-Office nicht vergleichbar sei. So seien ein kollegialer Austausch nicht mehr im gleichen Umfang möglich, die Grenzen von Arbeit und Freizeit fließend und eine Erreichbarkeit für die betriebliche Interessenvertretung erschwert.[1173] Dem ist vor dem Hintergrund einer Pandemie zum einen entgegenzuhalten, dass diese sonst üblichen Umstände ohnehin nicht gegeben sein werden. Selbst bei unterstellter betrieblicher Anwesenheit aller Arbeitnehmer werden Kontakte zu reduzieren sein und gemeinschaftliche Pausen o.Ä. unterbleiben müssen. Das kollegiale Miteinander existiert dann ohnehin höchstens in sehr eingeschränktem Maße.[1174] Das Hauptargument des LAG greift daher in der pandemiespezifischen Ausnahmesituation nicht.[1175] Zum anderen sind auch die bereits ausgeführten Aspekte zum Arbeitsschutz zu berücksichtigen, die bei der Entscheidung des LAG Berlin-Brandenburg unter gewöhnlichen Umständen freilich außen vor blieben. Mithin

---

1168 So auch *Mues/Müncheberg*, ArbRB 2020, 214 (215).

1169 *Fuhlrott/Fischer*, NZA 2020, 345 (349); so auch *Mues/Müncheberg*, ArbRB 2020, 214 (215).

1170 *Baeck/Winzer/Abend*, NZG 2020, 1129.

1171 *Günther/Böglmüller*, ArbRAktuell 2020, 186.

1172 LAG Berlin-Brandenburg, Urt. v. 14.11.2018 – 17 Sa 562/18, BeckRS 2018, 34001.

1173 LAG Berlin-Brandenburg, Urt. v. 14.11.2018 – 17 Sa 562/18, BeckRS 2018, 34001 Rn. 21.

1174 So auch *Günther/Böglmüller*, ArbRAktuell 2020, 186.

1175 Siehe dazu auch *Günther/Böglmüller*, ArbRAktuell 2020, 186.

steht diese Entscheidung der Auffassung, dass die arbeitgeberseitige Weisung zur vorübergehenden Leistungserbringung im Home-Office in einer Pandemie noch vom allgemeinen Weisungsrecht gedeckt sein kann, nicht entgegen.

2. *Durch Ausübung des erweiterten Weisungsrechts*

Vertritt man entgegen der hier vertretenen Ansicht, dass eine Home-Office-Anordnung in einer Pandemie nicht bereits auf Grundlage des allgemeinen Weisungsrecht möglich ist, so kommt eine Anordnung im Rahmen des erweiterten Weisungsrechts in Betracht.[1176] Entscheidend ist einmal mehr, ob ein Ausnahme- bzw. Notfall vorliegt. Dies kann etwa der Fall sein, wenn der Arbeitnehmer als Ansteckungsverdächtiger (§ 2 Nr. 7 IfSG) oder Ausscheider (§ 2 Nr. 6 IfSG) zu qualifizieren ist und als Betroffener einer infektionsschutzrechtlichen Anordnung nicht im Betrieb beschäftigt werden darf. Auch wenn der Betrieb durch eine behördliche Anordnung geschlossen wird, ist von einem Notfall auszugehen. Soweit vertreten wird, dass eine Pandemie *per se* einen außergewöhnlichen bzw. Notfall darstellt, ist unter Verweis auf obige Ausführungen zu betonen, dass dies nur bis einschließlich der ersten pandemischen Welle gelten kann.[1177]

Spätestens auf Grundlage des erweiterten Weisungsrechts kann der Arbeitgeber dann auch die Leistungserbringung im Home-Office anordnen. Allerdings wird auch hier zu berücksichtigen sein, dass eine solche Anordnung nur vorübergehend rechtmäßig sein kann. Nach strengerer Auffassung von *Müller* und *Becker* kann der Arbeitgeber im Ausnahmefall auf Grundlage des erweiterten Weisungsrechts das Home-Office nur anordnen, wenn der Arbeitnehmer die Arbeitsleistung nur im Home-Office erbringen kann und soweit andernfalls Schäden zu befürchten wären, die den Fortbestand des Betriebs gefährden.[1178] Dem ist erneut entgegenzuhalten, dass die Existenzbedrohung ein konturenloses Kriterium darstellt und die Voraussetzungen desselben dem Arbeitgeber eine rechtssichere Ausübung des erweiterten Direktionsrechts erschweren.

3. *Anrechnung anderweitigen Erwerbs trotz rechtswidriger Weisung*

Abschließend ist darauf hinzuweisen, dass das BAG auch schon Zuweisungen für zumutbar erachtet hat, die eigentlich nicht mehr von dem Weisungsrecht

---

1176 So *Krieger/Rudnik/Povedano Peramato*, NZA 2020, 473 (476) für die „[…] gegenwärtige [Corona] Krise"; *Müller*, FA 2020, 123; *Müller/Becker*, COVuR 2020, 126 (129 f.).

1177 Siehe Fn. 1153.

1178 *Müller/Becker*, COVuR 2020, 126 (130).

gedeckt waren.[1179] Das bedeutet zwar nicht, dass der Arbeitgeber rechtswidrige Weisungen erteilen darf. Allerdings ergibt sich aus § 615 S. 2 BGB, dass der Arbeitnehmer sich den Wert desjenigen anrechnen lassen muss, was er infolge des Unterbleibens der Dienstleistung erspart oder durch anderweitige Verwendung seiner Dienste erwirbt oder zu erwerben böswillig unterlässt. „Der Arbeitnehmer unterlässt böswillig anderweitigen Erwerb auch dann, wenn er eine zumutbare Arbeit beim bisherigen Arbeitgeber ablehnt."[1180] Mithin stellt sich die Frage, ob die Zuweisung einer Home-Office-Tätigkeit im Pandemiefall die Grenze der Zumutbarkeit überschreitet. „Die Unzumutbarkeit der Arbeit kann sich unter verschiedenen Gesichtspunkten ergeben. Sie kann ihren Grund in der Person des Arbeitgebers, der Art der Arbeit und den sonstigen Arbeitsbedingungen haben. Auch vertragsrechtliche Umstände sind zu berücksichtigen. Allerdings ist die nichtvertragsgemäße Arbeit nicht ohne Weiteres mit unzumutbarer Arbeit gleichzusetzen."[1181] Nach überzeugender Auffassung von *Krieger, Rudnik* und *Povedano Peramato* ist die freiwillige, vorsorgliche Weisung zur Erbringung der Arbeitsleistung im Home-Office zumutbar, wenn der Arbeitgeber dadurch das betriebliche Kontaktrisiko verringern will.[1182] Kann der Arbeitnehmer keine überwiegenden Gründe entgegenhalten, muss sein Unterlassen der Leistungserbringung im Home-Office als böswilliges Unterlassen eines Erwerbs gesehen werden. Dies hat zur Folge, dass der Anspruch des Arbeitnehmers, der sich der Leistungserbringung im Home-Office verweigert, auf Annahmeverzugslohn entfällt.[1183]

4. *Beteiligung des Betriebsrats*

Wird Home-Office in einem Betrieb mit gewähltem Betriebsrat eingeführt, kommen Mitbestimmungsrechte desselben aus § 87 Abs. 1 Nr. 1-3, Nr. 6, Nr. 7 BetrVG in Betracht.[1184] Relevant im Kontext der Anordnung zur Leistungserbringung

---

1179 Siehe BAG, Urt. v. 17.11.2011 – 5 AZR 564/10, NZA 2012, 260.

1180 BAG, Urt. v. 17.11.2011 – 5 AZR 564/10, NZA 2012, 260.

1181 BAG, Urt. v. 17.11.2011 – 5 AZR 564/10, NZA 2012, 260 (261).

1182 *Krieger/Rudnik/Povedano Peramato*, NZA 2020, 473 (476); auch *Sievers*, jM 2020, 189 (192) geht davon aus, dass bei Weigerung des Arbeitnehmers „[…] die Voraussetzungen des böswilligen Unterlassens der Erzielung anderweitigen Verdienstes (§ 615 Satz 2 BGB) regelmäßig gegeben sein dürften."

1183 So auch *Krieger/Rudnik/Povedano Peramato*, NZA 2020, 473 (476).

1184 Siehe *Rieble/Picker*, ZfA 2013, 383 (425 ff.); *Krieger/Rudnik/Povedano Peramato*, NZA 2020, 473 (476); *Schulze/Helmrich*, ArbRAktuell 2020, 162 (164); *Lützeler*, ARP 2020, 117 (119); *Schulze/Simon*, ArbRAktuell 2021, 119 (120); *Mues/Müncheberg*,

im Home-Office mittels (erweiterten) Weisungsrechts ist, dass diese eine Versetzung darstellen kann, die der Mitbestimmung des Betriebsrats nach § 99 Abs. 1 BetrVG unterliegt.[1185] Von einer Versetzung i.S.d. BetrVG kann aber nur gesprochen werden, wenn die Zuweisung die Dauer von einem Monat überschreitet oder mit einer erheblichen Änderung der Arbeitsumstände verbunden ist, § 95 Abs. 3 S. 1 BetrVG. Anderenfalls bedarf es nicht der Mitbestimmung des Betriebsrats gemäß § 99 Abs. 1 BetrVG.[1186]

Abschließend ist darauf hinzuweisen, dass die Beteiligung des Betriebsrats in Ausnahmefällen unterbleiben kann. Zu differenzieren gilt es hier zwischen Eil- und Notfällen.[1187] Während in ersteren das Mitbestimmungsrecht noch nicht suspendiert ist, kann dies in einem Notfall der Fall sein. „Unter einem Notfall kann in Abgrenzung gegenüber dem Eilfall jedenfalls nur eine plötzl., nicht voraussehbar gewesene und schwerwiegende Situation verstanden werden, die zur Verhinderung nicht wiedergutzumachender Schäden zu unaufschiebbaren Maßnahmen zwingt; es muß also eine Extremsituation vorliegen […].“[1188] Es wird vertreten, dass bei unvorhergesehener behördlicher Betriebsschließung, die eine Existenzgefährdung nach sich ziehen kann, ein derartiger Notfall vorliegt, sodass der Arbeitgeber die Arbeitnehmer einseitig zur Leistungserbringung im Home-Office anweisen kann. Allerdings ist die Mitbestimmung des Betriebsrats dann unverzüglich nachzuholen.[1189]

5. Mit dem Home-Office einhergehende Pflichten des Arbeitgebers

Schließlich ist zu beachten, dass mit dem Home-Office umfangreiche Pflichten des Arbeitgebers einhergehen. Dazu zählt im Wesentlichen der Arbeitsschutz.[1190] So gelten die Vorschriften des ArbSchG nach h.M. im Schrifttum gleichermaßen

---

ArbRB 2020, 214 (216 f.); ausführlich zu den Mitbestimmungsrechten auch *Richter*, ArbRAktuell 2019, 142 (144).

1185 Bestätigend, „[…] dass auch alleine in der Veränderung des Arbeitsorts eines Versetzung liegen kann […]“, LAG Düsseldorf, Urt. v. 10.09.2014 – 12 Sa 505/14, BeckRS 2014, 73155.

1186 *Eckert*, DStR 2021, 354 (356).

1187 *Tödtmann*, in: ders./v. Bockelmann (Hrsg.), Arbeitsrecht in Not- und Krisenzeiten, 2. Aufl. 2021, B. Rn. 197 f.

1188 BAG, Beschl. v. 02.03.1982 – 1 ABR 74/79, AP BetrVG 1972 § 87 Arbeitszeit Nr. 6.

1189 *Mues/Müncheberg*, ArbRB 2020, 214 (217).

1190 Ausführlich *Hidalgo*, NZA 2019, 1449 ff.; *Rieble/Picker*, ZfA 2013, 383 (386 ff.).

bei einer Home-Office-Tätigkeit des Arbeitnehmers.[1191] Dies ergibt sich daraus, dass das ArbSchG nach § 1 Abs. 1 i.V.m § 2 Abs. 2 Nr. 1 ArbSchG nicht zwischen verschiedenen Arbeitsorten differenziert. Bezüglich der allgemeinen Pflichten nach dem ArbSchG sei an dieser Stelle nach oben verwiesen.[1192]

Neben dem ArbSchG muss auch die ArbStättV berücksichtigt werden, wenn der Arbeitnehmer an einem Telearbeitsplatz i.S.d. § 2 Abs. 7 ArbStättV tätig wird. Ein solcher ist aber nur gegeben, wenn zwischen dem Beschäftigten und dem Arbeitgeber eine Vereinbarung über die Modalitäten der Telearbeit getroffen wurde und der Arbeitgeber den Telearbeitsplatz fest eingerichtet hat, vgl. § 2 Abs. 7 S. 1 ArbStättV. Dies ist in der hier zugrunde gelegten Situation einer Pandemie, in der die Anordnung der Home-Office Tätigkeit mittels (erweiterten) Weisungsrechts erfolgt, aber gerade nicht der Fall. Daher finden in dieser Konstellation die Vorschriften der ArbStättV keine Anwendung.[1193] Teilweise wird in der Literatur vertreten, dass die Vorschriften der ArbStättV über Umwege doch anzuwenden sind, bspw. über eine Herleitung aus § 618 Abs. 1 BGB oder eine europarechtskonforme Auslegung des § 2 ArbStättV.[1194] Ob dem zuzustimmen ist, ist indes fraglich. Blickt man auf die Verordnungsbegründung, stellt man fest, dass diese eine Anwendung der ArbStättV auf „Mobiles Arbeiten" ausdrücklich ausschließt.[1195] Dabei wird unter „Mobilem Arbeiten" auch „gelegentliches Arbeiten von zuhause aus" erfasst.[1196] Mithin wollte der Verordnungsgeber gerade nicht, dass die ArbStättV auf „gelegentliches Arbeiten von zuhause aus" anwendbar ist. Richtigerweise findet diese daher nur Anwendung, wenn ein Telearbeitsplatz i.S.d. § 2 Abs. 7 ArbStättV eingerichtet wurde.

Neben dem ArbSchG findet auch das ArbZG wie gewöhnlich Anwendung. Da der Arbeitgeber die Einhaltung der arbeitszeitrechtlichen Vorgaben bei der Leistungserbringung im Home-Office jedoch kaum kontrollieren kann, empfiehlt sich die Delegation dieser Pflicht an den Arbeitnehmer.[1197] Darüber hinaus muss der Arbeitgeber die Einhaltung datenschutzrechtlicher Vorgaben

---

1191 *Hidalgo*, NZA 2019, 1449 (1450); *Rieble/Picker*, ZfA 2013, 383 (388 f.); *Köhler/Schürgers*, BB 2020, 2613 (2614).

1192 Siehe dazu Teil 2 Kapitel 2 A. I. 2. b) bb) (1).

1193 So auch *Günther/Böglmüller*, ArbRAktuell 2020, 186 (187); *Köhler/Schürgers*, BB 2020, 2613 (2614).

1194 Siehe *Schwede*, ArbRAktuell 2020, 160.

1195 Siehe BR-Drs. 506/16, 36.

1196 Siehe BR-Drs. 506/16, 36.

1197 *Mahnhold*, in: Reitz (Hrsg.), Arbeitsvertragsgestaltung und AGB-Kontrolle, 2020, § 4 Rn. 21; *Köhler/Schürgers*, BB 2020, 2613 (2614).

gewährleisten.[1198] Die durch das Home-Office anfallenden Kosten trägt schließlich auch der Arbeitgeber.

III. Modifizierung der Arbeitszeit

Im Hinblick auf Aspekte der Arbeitszeit sind in einer Pandemie grundsätzlich zwei Konstellationen denkbar: Auf der einen Seite gibt es zahlreiche Betriebe, die mit Umsatzeinbußen rechnen müssen, etwa infolge behördlicher Betriebsverbote. In diesen Fällen wird der Arbeitgeber in der Regel darauf angewiesen sein, die Arbeitszeit der Arbeitnehmer weitestgehend zu reduzieren. Demgegenüber gibt es auch Betriebe, insbesondere in der Gesundheitsbranche und Pharmaindustrie, die wesentlich mehr leisten müssen als im Regelfall. Arbeitgeber sind dann auf Möglichkeiten angewiesen, die Arbeitszeit temporär zu erhöhen. Der Fokus der Arbeit liegt an dieser Stelle auf der situationsadäquaten Ausgestaltung bestehender Arbeitsverhältnisse, sodass auf Optionen wie befristete Einstellungen (§ 14 TzBfG) oder den Einsatz von Leiharbeitern nicht eingegangen wird.

1. Erhöhung der Arbeitszeit

Zunächst werden Möglichkeiten zur Erhöhung der Arbeitszeit untersucht.

a) Anordnung von Überstunden qua (erweitertem) Direktionsrecht

Klassisches Mittel zur Erhöhung der Arbeitszeit ist die Anordnung von Überstunden – teilweise unsauber auch als Mehrarbeit bezeichnet.[1199] Denn Überstunden bezeichnen die Erbringung der Arbeitsleistung über den durchschnittlichen vertraglichen Umfang hinaus, Mehrarbeit hingegen Arbeitsleistung über den gesetzlich zulässigen Umfang hinaus.[1200] Fehlt es an einer entsprechenden Vereinbarung, ist der Arbeitnehmer grundsätzlich nicht zur Leistung von Überstunden verpflichtet. Auch kann der Arbeitgeber Überstunden in der Regel nicht auf

---

1198 Dazu siehe etwa *Bertram/Falder*, ArbRAktuell 2021, 95 ff.; *Paal/Pauly*, in: dies. (Hrsg.), Datenschutz-Grundverordnung, 3. Aufl. 2021, E. II; *Kiesche*, ARP 2021, 210 (212 f.).

1199 *Reichold*, in: Kiel/Lunk/Oetker (Hrsg.), MHdB ArbR, Band 1: Individualarbeitsrecht I, 5. Aufl. 2021, § 40 Rn. 70.

1200 *Rücker*, in: Herrler (Hrsg.), Münchener Vertragshandbuch, Bürgerliches Recht II, 8. Aufl. 2020, XIX. 6. Nr. 4; *Salamon/Hoppe/Rogge*, BB 2013, 1720 f.; BAG, Urt. v. 08.11.1989 – 5 AZR 642/88, NZA 1990, 309 (310).

Grundlage des Direktionsrechts anordnen.[1201] Dieses dient schließlich zur Konkretisierung der Leistungsverpflichtung[1202] und kann grundsätzlich nicht darüber hinausgehen. Wie bereits mehrfach angesprochen, steht dem Arbeitgeber in einem Ausnahme- bzw. Notfall aber ein erweitertes Direktionsrecht zu. Auf dieser Grundlage kann ausnahmsweise auch die Anordnung von Überstunden erfolgen.[1203] Beispielhaft zu nennen ist etwa der Fall, dass in einem Krankenhaus wegen vieler Erkrankungen ein Personalmangel entsteht, der die Überstunden gesunder Kollegen erforderlich macht, sowie der Fall hohen Arbeitskraftbedarfs bei der Produktion von medizinischer Schutzausrüstung, die anderenfalls nicht in ausreichendem Maße gewährleistet werden kann.[1204] Nach strengerer Auffassung von *Bonanni* kann die Anordnung von Überstunden nur rechtmäßig sein, wenn diese erforderlich ist, um den Fortbestand des Betriebs zu sichern.[1205]

b) Grenzen der Arbeitszeit

Wenngleich gezeigt wurde, dass der Arbeitgeber in einer Pandemie auf Grundlage des erweiterten Weisungsrechts Überstunden anordnen kann, kann er dies nur in den Grenzen des ArbZG.[1206]

aa) Übliche Regelungen

Zunächst wird auf übliche Regelungen des ArbZG eingegangen, anschließend auf solche, die spezifisch anlässlich der COVID-19-Pandemie erlassen wurden.

(1) Ausgangslage

So darf grundsätzlich die werktägliche Arbeitszeit acht Stunden nicht überschreiten, § 3 S. 1 ArbZG. Eine Verlängerung auf zehn Stunden ist jedoch möglich, wenn innerhalb von sechs Monaten oder innerhalb von 24 Wochen

---

1201 *Poeche*, in: Küttner (Begr.), Personalbuch, 29. Aufl. 2022, Stand: 01.01.2022, Überstunden A. 4. Rn. 5; *Reichold*, in: Kiel/Lunk/Oetker (Hrsg.), MHdB ArbR, Band 1: Individualarbeitsrecht I, 5. Aufl. 2021, § 40 Rn. 70.

1202 *Maties*, in: Benecke (Hrsg.), BeckOGK, Stand: 01.03.2022, § 611a BGB Rn. 756.

1203 *Reichold*, in: Kiel/Lunk/Oetker (Hrsg.), MHdB ArbR, Band 1: Individualarbeitsrecht I, 5. Aufl. 2021, § 40 Rn. 70, 25; *Dehmel/Hartmann*, BB 2020, 885 (889); *Fuhlrott*, GWR 2020, 107 (109); ohne das erweiterte Weisungsrecht zu nennen, aber in gleicher Sache auch *Rosenau*, NJW-Spezial 2010, 754.

1204 *Däubler*, Arbeitsrecht in Zeiten der Corona-Krise, 2020, S. 83 f.; *von Steinau-Steinrück/Mosch*, NJW-Spezial 2009, 578.

1205 *Bonanni*, ArbRB 2020, 110 (115).

1206 Siehe hierzu allgemein Teil 2 Kapitel 2 A. I. 2. b) bb) (2).

im Durchschnitt acht Stunden werktäglich nicht überschritten werden, § 3 S. 2 ArbZG. Darüber hinaus müssen die Ruhezeit nach § 5 Abs. 1 ArbZG und die Sonn- und Feiertagsruhe nach § 9 Abs. 1 ArbZG grundsätzlich gewahrt werden. Zwar kann in bestimmten Bereichen sowohl die Ruhezeit verkürzt (§ 5 Abs. 2 ArbZG) als auch einer Sonn- und Feiertagsbeschäftigung nachgegangen werden (§ 10 Abs. 1 ArbZG). Allerdings werden diese Regeln in einer Pandemie regelmäßig nicht genügend Spielraum bieten, um die pandemiebedingt hohe Arbeitsbelastung in bestimmten Branchen abfedern zu können.

(2) Ausnahmen nach § 14 ArbZG

Abhilfe schaffen kann § 14 Abs. 1 ArbZG. Danach darf von den § 3 bis 5, 6 Abs. 2, §§ 7, 9 bis 11 ArbZG abgewichen werden bei vorübergehenden Arbeiten in Notfällen und in außergewöhnlichen Fällen, die unabhängig vom Willen der Betroffenen eintreten und deren Folgen nicht auf andere Weise zu beseitigen sind. Unter welchen Voraussetzungen ein Not- oder außergewöhnlicher Fall i.S.d. Norm grundsätzlich vorliegen kann, wurde bereits gezeigt.[1207] Beispielhaft kann die Erkrankung von Kollegen genannt werden.[1208]

In der Folge darf insbesondere von den Grenzen der §§ 3 bis 5, 9 und 10 ArbZG abgewichen werden. Zulässig ist jedoch nur eine temporäre Abweichung.[1209] Dies ergibt sich schon aus dem Wortlaut, ausweislich dessen nur bei vorübergehenden Arbeiten von den genannten Normen abgewichen werden darf, vgl. § 14 Abs. 1 ArbZG. Greift die Ausnahmeregelung des § 14 Abs. 1 ArbZG, ist schließlich zu berücksichtigen, dass die wöchentliche Arbeitszeit im Durchschnitt von sechs Monaten oder 24 Wochen 48 Stunden nicht überschreiten darf, § 14 Abs. 3 ArbZG.

(3) Ausnahmen nach § 15 Abs. 2 ArbZG

Gemäß § 15 Abs. 2 ArbZG kann die Aufsichtsbehörde über die in dem ArbZG vorgesehenen Ausnahmen hinaus weitergehende Ausnahmen zulassen, soweit sie im öffentlichen Interesse dringend benötigt werden.[1210]

1207 Siehe Teil 3 Kapitel 4 B. I. 2. a).

1208 BAG, Urt. v. 08.10.1962 – 2 AZR 550/61, AP BGB § 611 Direktionsrecht Nr. 18 Rn. 16.

1209 *Roloff*, in: Müller-Glöge/Preis/Schmidt (Hrsg.), ErfK, 22. Aufl. 2022, § 14 ArbZG Rn. 4; *Kock*, in: Rolfs/Giesen/Kreikebohm/Meßling/Udsching (Hrsg.), BeckOK ArbR, 64. Edition, Stand: 01.06.2022, § 14 ArbZG Rn. 7.

1210 Siehe hierzu *Fuhlrott/Fischer*, NZA 2020, 345 (347).

bb) Gesetzesänderungen aufgrund der COVID-19-Pandemie

In der COVID-19-Pandemie war am 28. März 2020 mit § 14 Abs. 4 ArbZG vorübergehend eine neue Regelung in Kraft getreten, die das BMAS ermächtigt hatte, durch Rechtsverordnung im Einvernehmen mit dem BMG ohne Zustimmung des Bundesrates in außergewöhnlichen Notfällen mit bundesweiten Auswirkungen, insbesondere in epidemischen Lagen von nationaler Tragweite nach § 5 Abs. 1 IfSG, für Tätigkeiten der Arbeitnehmer für einen befristeten Zeitraum Ausnahmen zuzulassen, die über die in dem ArbZG und in den auf Grund des ArbZG erlassenen Rechtsverordnungen sowie in Tarifverträgen vorgesehenen Ausnahmen hinausgehen, vgl. § 14 Abs. 4 S. 1 ArbZG.[1211] Die Regelung galt bis zum 31.12.2020.[1212] Ausweislich des Gesetzesentwurfes waren „[d]ie bisher im Arbeitszeitgesetz vorgesehenen Ausnahmeregelungen […] nicht aus[reichend], um auf außergewöhnliche Notfälle, insbesondere epidemische Lagen von nationaler Tragweite, schnell, effektiv und bundeseinheitlich reagieren zu können."[1213]

Auf Grundlage des § 14 Abs. 4 ArbZG hat das BMAS im Einvernehmen mit dem BMG am 7. April 2020 sodann die COVID-19-ArbZV erlassen. Diese beinhaltete in § 1 Abs. 1 die Regelung, dass abweichend von den §§ 3 und 6 Abs. 2 ArbZG die werktägliche Arbeitszeit der Arbeitnehmer auf bis zu zwölf Stunden verlängert werden darf, soweit die Verlängerung nicht durch vorausschauende organisatorische Maßnahmen oder personalwirtschaftliche Maßnahmen vermieden werden kann. § 1 Abs. 2 COVID-19-ArbZV enthielt einen Katalog von Tätigkeiten, für die die Ausnahmeregelung gelten soll, etwa für das Herstellen

---

1211 Wortlaut des gesamten Absatzes: Das Bundesministerium für Arbeit und Soziales kann durch Rechtsverordnung im Einvernehmen mit dem Bundesministerium für Gesundheit ohne Zustimmung des Bundesrates in außergewöhnlichen Notfällen mit bundesweiten Auswirkungen, insbesondere in epidemischen Lagen von nationaler Tragweite nach § 5 Absatz 1 des Infektionsschutzgesetzes, für Tätigkeiten der Arbeitnehmer für einen befristeten Zeitraum Ausnahmen zulassen, die über die in diesem Gesetz und in den auf Grund dieses Gesetzes erlassenen Rechtsverordnungen sowie in Tarifverträgen vorgesehenen Ausnahmen hinausgehen. Diese Tätigkeiten müssen zur Aufrechterhaltung der öffentlichen Sicherheit und Ordnung, des Gesundheitswesens und der pflegerischen Versorgung, der Daseinsvorsorge oder zur Versorgung der Bevölkerung mit existenziellen Gütern notwendig sein. In der Rechtsverordnung sind die notwendigen Bedingungen zum Schutz der in Satz 1 genannten Arbeitnehmer zu bestimmen.

1212 Art. 11 Abs. 2 des Sozialschutz-Pakets v. 27.03.2020 (BGBl. I 2020, 575).

1213 BT-Drs. 19/18107, 34.

und Verpacken von Waren des täglichen Bedarfs (Nr. 1a) oder von Arzneimitteln und Medizinprodukten (Nr. 1b). Nach der Ausnahmeregelung durfte eine wöchentliche Arbeitszeit von 60 Stunden nicht überschritten werden, § 1 Abs. 3 S. 1 COVID-19-ArbZV, wobei S. 2 in dringenden Ausnahmefällen auch hiervon eine Ausnahme vorsah.

§ 2 COVID-19-ArbZV normierte eine Abweichung von den Regelungen des ArbZG zur Ruhezeit, die für die Katalogtätigkeiten nach § 1 Abs. 2 COVID-19-ArbZV um bis zu zwei Stunden verkürzt werden konnte, wobei eine Mindestruhezeit von neun Stunden nicht unterschritten werden durfte. Jede Verkürzung der Ruhezeit war innerhalb von vier Wochen auszugleichen, § 2 S. 3 COVID-19-ArbZV. Der Ausgleich war nach Möglichkeit durch freie Tage zu gewähren, ansonsten durch Verlängerung anderer Ruhezeiten auf jeweils mindestens 13 Stunden, § 2 S. 4 COVID-19-ArbZV.

Schließlich sah § 3 COVID-19-ArbZV Abweichungen von dem Grundsatz der Sonn- und Feiertagsruhe vor. Auch hier war ein Ausgleich vorgesehen, vgl. § 3 Abs. 2 und 3 COVID-19-ArbZV.

Die wesentlichen Ausnahmen galten gemäß § 4 COVID-19-ArbZV bis zum 30. Juni 2020. Einen Monat später, am 31. Juli 2020, trat die Verordnung insgesamt wieder außer Kraft, § 7 COVID-19-ArbZV.[1214] Auf eine Verlängerung des Geltungszeitraums wurde verzichtet, sodass seitdem Ausnahmen wieder allein auf Grundlage der § 14 Abs. 1 und 2 ArbZG möglich sind.[1215]

c) *Beteiligung des Betriebsrats*

Gibt es einen Betriebsrat, sind dessen Mitbestimmungsrechte aus § 87 Abs. 1 Nr. 3, Nr. 10 BetrVG zu beachten.[1216] So hat dieser nach § 87 Abs. 1 Nr. 3 BetrVG bei der vorübergehenden Verkürzung oder Verlängerung der betriebsüblichen Arbeitszeit und bei Fragen der betrieblichen Lohngestaltung nach § 87 Abs. 1 Nr. 10 BetrVG grundsätzlich mitzubestimmen. In Notsituationen ist jedoch auch eine einseitige Anordnung durch den Arbeitgeber zulässig, wenn eine

---

1214 Vertiefend zur COVID-19-ArbZV siehe etwa *Schliemann*, NZA 2020, 565; kritisch dazu die Fachgruppe Arbeitsrecht der Neuen Richtervereinigung, siehe becklink2016062; siehe auch *Oberthür*, ArbRB 2020, 178 f.

1215 Siehe genauer hierzu *Kock*, in: Rolfs/Giesen/Kreikebohm/Meßling/Udsching (Hrsg.), BeckOK ArbR, 64. Edition, Stand: 01.06.2022, § 14 ArbZG Rn. 14.

1216 *Preis*, in: Müller-Glöge/Preis/Schmidt (Hrsg.), ErfK, 22. Aufl. 2022, § 611a BGB Rn. 663.

Verständigung mit dem Betriebsrat aus Zeitgründen nicht möglich ist.[1217] Die Beteiligung des Betriebsrats ist aber unverzüglich nachzuholen.

d) Pflicht zur entsprechenden Mehrvergütung

Nachdem gezeigt wurde, dass der Arbeitgeber im Pandemiefall unter bestimmten Voraussetzungen einseitig Überstunden anordnen kann, bleibt noch zu klären, wie der Arbeitgeber diese ausgleichen muss. Voraussetzung für einen Ausgleich ist „[...], dass die Überstunden vom Arbeitgeber angeordnet, gebilligt, geduldet oder jedenfalls zur Erledigung der geschuldeten Arbeit notwendig gewesen sind. Die Darlegungs- und Beweislast hierfür trägt der Arbeitnehmer."[1218] Ist das der Fall, kommen als Ausgleich zum einen Freizeitausgleich – wenn ein Arbeitszeitkonto besteht –, zum anderen eine zusätzliche monetäre Vergütung in Betracht.[1219] Einen ersten Anhaltspunkt bieten diesbezüglich stets der Arbeits- oder Tarifvertrag oder eine Betriebsvereinbarung. Fehlt es vollständig an entsprechenden Vereinbarungen, muss auf die Gesetzeslage zurückgegriffen werden. Ein Freizeitausgleich ergibt sich aus dieser nicht. Im Hinblick auf eine zusätzliche Vergütung bedient sich die Rechtsprechung allerdings in der Regel des § 612 BGB.[1220] Danach gilt eine Vergütung als stillschweigend vereinbart, wenn die Dienstleistung den Umständen nach nur gegen eine Vergütung zu erwarten ist, § 612 Abs. 1 BGB. Diese Norm ist auch die richtige Rechtsgrundlage, wenn der Arbeitnehmer aufgrund einer Leistung, die in zeitlicher Hinsicht über die geschuldete Arbeitsleistung hinausging und die der Arbeitgeber angeordnet hatte, mehr Vergütung verlangen möchte.[1221] Allerdings gibt es keinen allgemeinen Rechtsgrundsatz, „[...] dass jede Mehrarbeitszeit oder jede dienstliche Anwesenheit über die vereinbarte Arbeitszeit hinaus zu vergüten

---

1217 *Rosenau,* NJW-Spezial 2010, 754. „Unter einem Notfall kann in Abgrenzung gegenüber dem Eilfall jedenfalls nur eine plötzl., nicht voraussehbar gewesene und schwerwiegende Situation verstanden werden, die zur Verhinderung nicht wiedergutzumachender Schäden zu unaufschiebbaren Maßnahmen zwingt; es muß also eine Extremsituation vorliegen." Siehe BAG, Beschl. v. 02.03.1982 – 1 ABR 74/79, AP BetrVG 1972 § 87 Arbeitszeit Nr. 6.

1218 BAG, Urt. v. 10.04.2013 – 5 AZR 122/12, NZA 2013, 1100 vertiefend zu Anordnung, Billigung und Duldung von Überstunden.

1219 *Rosenau,* NJW-Spezial 2010, 754 (755).

1220 BAG, Urt. v. 21.12.2016 – 5 AZR 362/16, NZA-RR 2017, 233 (234); BAG, Urt. v. 22.02.2012 – 5 AZR 765/10, NZA 2012, 861 (862).

1221 BAG, Urt. v. 25.03.2015 – 5 AZR 602/13, NZA 2015, 1002 (1003).

ist […].“[1222] „Die Vergütungserwartung nach § 612 I BGB ist [deshalb stets] anhand eines objektiven Maßstabs unter Berücksichtigung der Verkehrssitte, der Art, des Umfangs und der Dauer der Dienstleistung sowie der Stellung der Bet. zueinander festzustellen, ohne dass es auf deren persönliche Meinung ankäme […].“[1223]

2. *Reduzierung der Arbeitszeit*

Während insbesondere für Betriebe im Gesundheitssektor und in der Pharmaindustrie eine Erhöhung der Arbeitszeit relevant werden kann, wird der Großteil der Arbeitgeber in einer Pandemie die Arbeitszeit reduzieren wollen. Ziel der Verkürzung der Arbeitszeit wird es primär sein, auch eine Reduzierung der Vergütungspflicht zu erreichen. Im Folgenden wird auf die Möglichkeiten eingegangen, die dem Arbeitgeber zur Reduzierung der Arbeitszeit auf Grundlage seines Direktionsrechts gemäß §§ 106 S. 1, 6 Abs. 2 GewO zustehen. Dazu zählen die Anordnung von Freizeitausgleich, Urlaub und Betriebsferien. Eine unmittelbare finanzielle Entlastung wird der Arbeitgeber mit Anordnung derselben jedoch nicht erreichen (dazu sogleich).[1224]

1222 BAG, Urt. v. 21.09.2011 – 5 AZR 629/10, NZA 2012, 145 (148).

1223 BAG, Urt. v. 11.10.2000 – 5 AZR 122/99, NZA 2001, 458 (460).

1224 Im Hinblick auf den Aufbau ist zum einen darauf hinzuweisen, dass an dieser Stelle nicht auf Freistellungsmöglichkeiten eingegangen wird, die nicht der Reduzierung der Arbeitszeit dienen, sondern dem Schutz der Arbeitnehmer, etwa im Fall eines Krankheitsverdachts eines Arbeitnehmers. Siehe hierzu Teil 3 Kapitel 4 C. I.
Zum anderen bedarf es der Erläuterung, warum Freizeitausgleich und Urlaub, die (bezahlte) Freistellungsansprüche des Arbeitnehmers sind (*Hohenstatt/Krois*, NZA 2020, 413 (417)), in dem Abschnitt der Ausgestaltungsmöglichkeiten des Arbeitgebers behandelt werden, wenn die Freistellung doch eigentlich keine Ausgestaltungsmöglichkeit im Rahmen des Weisungsrechts ist, sondern vielmehr eine Suspendierung der Arbeitspflicht. Dies ist darauf zurückzuführen, dass sich diese Punkte inhaltlich an dieser Stelle am besten verorten lassen und sowohl Freizeitausgleich, Urlaub als auch Betriebsferien im Rahmen des Weisungsrechts angeordnet werden können.
Dazu, dass die Freistellung ein von dem Direktionsrecht zu trennendes rechtliche Instrument ist, siehe BAG, Urt. v. 25.08. 2010 - 10 AZR 275/09, NZA 2010, 1355 (1357) Rn. 15: „Solange [der Arbeitgeber] nicht rechtswirksam von seinem Weisungsrecht erneut Gebrauch gemacht oder eine wirksame Freistellung von der Arbeit ausgesprochen hat […].“; auch *Spinner*, in: Säcker/Rixecker/Oetker/Limperg (Hrsg.), MüKoBGB, 8. Aufl. 2020, § 611a BGB Rn. 937.

a) Durch Anordnung von Freizeitausgleich

Zum einen kann die Arbeitszeit durch Freizeitausgleich,[1225] der im Rahmen des Direktionsrechts angeordnet werden kann,[1226] temporär ausgesetzt werden, soweit diese Weisung mit den Arbeitsbedingungen, insbesondere durch den Arbeitsvertrag, und gesetzlichen Vorschriften vereinbar ist, vgl. § 106 S. 1 GewO. Voraussetzung dafür ist freilich, dass der Arbeitnehmer überhaupt Überstunden angesammelt hat, die ausgeglichen werden können. Eine unmittelbare finanzielle Entlastung des Arbeitgebers ist damit zwar nicht verbunden, da die Vergütungspflicht bestehen bleibt.[1227] Allerdings kann der Arbeitgeber die Ausgleichsansprüche des Arbeitnehmers so in einer Zeit erfüllen, in der er ohnehin keinen Bedarf an dessen Arbeitskraft hat. Ist die Pandemie aber erst einmal überwunden, sieht sich der Arbeitgeber weniger Freizeitausgleichsansprüchen ausgesetzt. In Abgrenzung zum Urlaub kann der Arbeitgeber die Anordnung zum Freizeitausgleich widerrufen,[1228] weshalb diese die flexiblere Ausgestaltungsmöglichkeit darstellt. Allerdings muss das Direktionsrecht stets in billigem Ermessen ausgeübt werden, vgl. § 106 S. 1 GewO. Daraus wird u.a. hergeleitet, dass der Freizeitausgleich dem Arbeitnehmer unter Einhaltung einer angemessenen Frist angekündigt werden muss.[1229] Als Anhaltspunkt für eine angemessene Frist kann die 4-Tages-Frist des § 12 Abs. 3 S. 2 TzBfG herangezogen werden.[1230] Wurde ein Betriebsrat gewählt, ist bei der Anordnung von Freizeitausgleich dessen Mitbestimmungsrecht aus § 87 Abs. 1 Nr. 2 BetrVG zu berücksichtigen, wenn ein kollektiver Bezug gegeben ist.[1231] Bei reinen Einzelmaßnahmen ist § 87 BetrVG hingegen nicht anwendbar.

1225 Mit Freizeitausgleich gewährt der Arbeitgeber dem Arbeitnehmer einen Ausgleich für geleistete Überstunden.

1226 BAG, Urt. v. 19.05.2009 – 9 AZR 433/08, NZA 2009, 1211 (1213); LAG Hamm, Urt. v. 18.05.2017 – 18 Sa 1143/16, BeckRS 2017, 127620; *Hohenstatt/Krois*, NZA 2020, 413 (418); *Besgen*, B+P 2020, 235 (236); *Adjan/Lettmeier*, NZA 2021, 161 (165).

1227 *Oehme*, in: Kroiß (Hrsg.), Rechtsprobleme durch COVID-19, 2020, § 1 Rn. 20.

1228 BAG, Urt. v. 19.05.2009 – 9 AZR 433/08, NZA 2009, 1211 Rn. 28.

1229 *Hohenstatt/Krois*, NZA 2020, 413 (418).

1230 *Oehme*, in: Kroiß (Hrsg.), Rechtsprobleme durch COVID-19, 2020, § 1 Rn. 21.

1231 *Koch*, in: Schaub/Koch, Arbeitsrecht von A-Z, 26. Aufl. 2022, Betriebsrat (Beteiligungsrechte).

b) Durch Anordnung von Individualurlaub

Relevanz kommt auch der Frage zu, ob der Arbeitgeber den einzelnen Arbeitnehmer in „Zwangsurlaub" schicken kann.

aa) Anordnung von „Zwangsurlaub" bezüglich offener Urlaubstage

Aus § 7 Abs. 1 S. 2 und Abs. 2 S. 1 BUrlG ergibt sich, dass der Arbeitgeber den Urlaub gewährt. Er hat bei der zeitlichen Festlegung die Urlaubswünsche des Arbeitnehmers zu berücksichtigen, es sei denn, dass der Berücksichtigung dringende betriebliche Belange[1232] oder Urlaubswünsche anderer Arbeitnehmer, die unter sozialen Gesichtspunkten Vorrang verdienen, entgegenstehen, § 7 Abs. 1 S. 1 BUrlG. Hat der Arbeitnehmer keine Urlaubswünsche mitgeteilt, kann der Arbeitgeber den Urlaub anordnen,[1233] der durch einseitige, empfangsbedürftige Freistellungserklärung erfüllt wird.[1234] Allerdings steht dem Arbeitnehmer ein Annahmeverweigerungsecht zu.[1235] „Zwangsurlaub" kann somit nicht angeordnet werden.[1236] Bei Fragen der Urlaubsplanung ist – soweit gewählt – stets der Betriebsrat gemäß § 87 Abs. 1 Nr. 5 BetrVG zu beteiligen, wenn ein kollektiver Bezug gegeben ist.

bb) Anordnung von „Zwangsurlaub" trotz bereits genehmigter Urlaubstage

Ein Widerruf bereits genehmigter Urlaubstage ist grundsätzlich weder für den Arbeitgeber noch für den Arbeitnehmer möglich.[1237] Dies gilt jedoch nicht in extremen betrieblichen Notsituationen. In solchen kann der Arbeitgeber ausnahmsweise auch bereits genehmigte Urlaubstage widerrufen.[1238]

1232 Die Auswirkungen der Pandemie als betriebsbedingte Gründe ablehnend *Heilmann*, ARP 2020, 191 (193); dringende betriebliche Belange bejahend bei krankheitsbedingter Unterbesetzung oder hoher Arbeitsbelastung *Sievers*, jM 2020, 189 (192).

1233 *Klein*, NJ 2020, 377 (378); *Sievers*, jM 2020, 189 (192); a.A. *Geulen/Vogt*, ArbRAktuell 2020, 181 (183); nach Auffassung von *Heilmann*, ARP 2020, 191 (192) bedarf es stets einer Interessenabwägung zur Ermittlung, ob eine Urlaubsanordnung zulässigerweise möglich ist.

1234 BAG, Urt. v. 17.05.2011 – 9 AZR 189/10, NJW 2011, 3386; *Hohenstatt/Krois*, NZA 2020, 413 (417).

1235 BAG, Urt. v. 06.09.2006 – 5 AZR 703/05, NZA 2007, 36 (38); *Allmendinger*, SPA 2020, 101 (102).

1236 *Fischinger/Hengstberger*, JA 2020, 561 (568).

1237 *Allmendinger*, SPA 2020, 101.

1238 Wohl *Allmendinger*, SPA 2020, 101.

cc) *Rückruf eines im Urlaub befindlichen Arbeitnehmers*

In den genannten extremen Notsituationen, zu welchen nach der Auffassung von *Heilmann* auch Epidemien und Pandemien zählen, können Arbeitnehmer auch aus dem Urlaub zurückgerufen werden. „Die Lage muss [allerdings] derartig bedrohlich sein, dass die Erholungsinteressen des Beschäftigten vorübergehend zurückzutreten haben. Auch hier bedarf es einer gründlichen Alternativenprüfung und sodann einer Güterabwägung."[1239]

c) *Durch Anordnung von Betriebsferien*

Der Arbeitgeber kann grundsätzlich auch Betriebsferien in Ausübung seines Weisungsrechts nach § 106 S. 1 GewO einseitig anordnen, sofern kein Betriebsrat gewählt wurde.[1240] Andernfalls ist wie bei Fragen zum Individualurlaub dessen Mitbestimmungsrecht aus § 87 Abs. 1 Nr. 5 BetrVG zu berücksichtigen.[1241] Die Vergütungspflicht des Arbeitgebers bleibt wegen § 615 S. 1 und S. 3 BGB grundsätzlich bestehen,[1242] wenn die Betriebsferien wegen schwacher Auftragslage und damit einhergehender wirtschaftlicher Sinnlosigkeit der Beschäftigung der Arbeitnehmer angeordnet wurden. Nach Auffassung von *Fuhlrott* können allerdings „[d]ie Grundsätze des BAG [...] zu den Ausnahmen der arbeitgeberseitigen Lohnfortzahlungspflicht bei wirtschaftlicher Existenzgefährdung des Arbeitgebers [...] auf das aktuelle Pandemie-Geschehen übertragen [...] [werden], so dass bei einer Notlage der Arbeitgeber frei von der Bezahlung der Gehälter wird."[1243] Zu berücksichtigen ist, dass der Arbeitgeber Betriebsferien mehrere Monate zuvor ankündigen muss.[1244] Aus diesem Grund ist die Anordnung von Betriebsferien kein geeignetes Mittel, um (einigermaßen) kurzfristig in einer Pandemie reagieren zu können.

Erkrankt der Arbeitnehmer in dem Zeitraum der Betriebsferien, ist eine Anrechnung auf den Urlaubsanspruch des Arbeitnehmers ausgeschlossen.[1245]

1239 *Heilmann*, ARP 2020, 191 (192).

1240 BAG, Urt. v. 12.10.1961 – 5 AZR 423/60, NJW 1962, 268 f.; *Sievers*, jM 2020, 189 (193).

1241 *Lützeler*, ARP 2020, 117 (119).

1242 *Fuhlrott*, GWR 2020, 107 (110).

1243 *Fuhlrott*, GWR 2020, 107 (110). Zur genannten Rechtsprechung siehe BAG Urt. v. 28.09.1972 – 2 AZR 506/71, BeckRS 1998, 151172; BAG, Urt. v. 23.06.1994 – 6 AZR 872/93, BeckRS 1994, 30923063.

1244 *Allmendinger*, SPA 2020, 101 (102).

1245 BAG, Urt. v. 16.03.1972 – 5 AZR 357/71, AP BUrlG § 9 Nr. 3.

Zuletzt ist darauf hinzuweisen, dass der Arbeitgeber bereits bewilligten Urlaubsanspruch nicht widerrufen kann, wenn später Betriebsferien angeordnet werden.[1246]

d) Durch Einführung von Kurzarbeit

Als praxisrelevantestes Instrument zur Reduzierung der Arbeitszeit hat sich wie bereits in anderen Krisensituationen – etwa der Wirtschaftskrise 2008 – auch in der COVID-19-Pandemie die Kurzarbeit[1247] gezeigt. Darunter wird „[...] die vorübergehende Verringerung der regelmäßigen Arbeitszeit in einem Betrieb oder Betriebsteil bei gleichzeitiger entsprechender Kürzung der Vergütung" verstanden.[1248] Sie dient dazu, auch ohne Aussprache von betriebsbedingten Kündigungen Personalkosten zu reduzieren und so den Betrieb wirtschaftlich zu entlasten, um Arbeitsplätze zu erhalten.[1249] Ist eine Rechtsgrundlage für die Einführung von Kurzarbeit gegeben (arbeitsrechtliche Komponente), muss der Arbeitnehmer nur in zeitlich reduziertem Umfang (bis hin zu „Kurzarbeit Null")[1250] seine Arbeitsleistung erbringen und erhält auch nur anteilig seine Vergütung vom Arbeitgeber. Um das entstehende finanzielle Defizit aufzufangen, erhält der Arbeitnehmer bei Vorliegen der Voraussetzungen der §§ 95 ff. SGB III (sozialrechtliche Komponente) Kurzarbeitergeld. Das Kurzarbeitergeld bezieht der Arbeitnehmer vom Arbeitgeber zzgl. zu der proportional zur Arbeitsleistung gekürzten Vergütung. Der Arbeitgeber wiederum erhält das Kurzarbeitergeld von der Agentur für Arbeit.

Allerdings kann die Kurzarbeit nicht einseitig vom Arbeitgeber im Rahmen des (erweiterten) Direktionsrechts eingeführt werden.[1251] Als Rechtsgrundlagen

---

1246 *Schmidt/Novara*, DB 2009, 1817 (1821).

1247 Zu arbeitsrechtlichen Alternativen zur Kurzarbeit siehe *Eckert/Reinbach/Burmeister*, GWR 2020, 216.

1248 *Röder/Chakrabarti*, DB 2020, 1960.

1249 *Kreitner*, in: Küttner (Begr.), Personalbuch, 29. Aufl. 2022, Stand: 01.01.2022, Kurzarbeit A. 1. Rn. 1; *Geulen/Vogt*, ArbRAktuell 2020, 181 f.

1250 Hierbei wird die Arbeitszeit temporär auf null reduziert, siehe u.a. *Röder/Chakrabarti*, DB 2020, 1960. „Fallen aufgrund von Kurzarbeit einzelne Arbeitstage vollständig aus, ist dies bei der Berechnung des Jahresurlaubs zu berücksichtigen." Siehe BAG, Urt. v. 30.11.2021 – 9 AZR 225, 21. Siehe dazu *BAG*, Pressemitteilung vom 30.11.2021, 41/21 – Urlaubsberechnung bei Kurzarbeit, abrufbar unter: https://www.bundesarbeitsgericht.de/presse/urlaubsberechnung-bei-kurzarbeit/.

1251 So schon BAG, Urt. v. 10.12.1994 – 7 AZR 398/93, NZA 1995, 641 (642); BAG, Urt. v. 18.11.2015 – 5 AZR 491/14, NZA 2016, 565 (566); *Bauer/Günther*, NZA 2020, 419; *Kleinebrink*, ArbRB 2020, 221 (223); *Zieglmeier*, DStR 2020, 729 (730).

kommen stattdessen sowohl ein Tarifvertrag und eine Betriebsvereinbarung als auch eine individualvertragliche Vereinbarung in Betracht.[1252] Nach h.M. kann die Kurzarbeit auch mittels Änderungskündigung eingeführt werden.[1253]

Fehlt es an einer Rechtsgrundlage, gerät der Arbeitgeber bei Nichtbeschäftigung der Arbeitnehmer trotz kundgetaner Arbeitsbereitschaft derselben in Annahmeverzug und die Vergütungspflicht bleibt gemäß § 615 S. 1 BGB bestehen.[1254] Mangels Vorliegen der Voraussetzungen des § 95 SGB III haben die Arbeitnehmer dann freilich keinen Anspruch auf Kurzarbeitergeld. Wurde die Kurzarbeit hingegen wirksam eingeführt, werden die Arbeitszeit und anteilig die Vergütung reduziert.[1255] Bei Vorliegen der weiteren Voraussetzungen der §§ 95 ff. SGB III kommt dann ein Anspruch auf Kurzarbeitergeld in Betracht.[1256]

e) Zusammenfassung

Zwar ermöglicht das Weisungsrecht es dem Arbeitgeber, die Arbeitszeit der Arbeitnehmer unter bestimmten Voraussetzungen mit der Anordnung von Freizeitausgleich, Urlaub und Betriebsferien zu reduzieren. Auch wenn hierdurch eine wirtschaftliche Belastung dergestalt vermieden werden kann, dass etwa Annahmeverzugslohn nach § 615 S. 1 BGB ggf. nicht gezahlt werden muss, geht mit diesen Maßnahmen die in der Regel benötigte unmittelbare finanzielle Entlastung jedoch nicht einher. Diese kann allein mit der Einführung von Kurzarbeit erreicht werden, bei der – eine wirksame Einführung vorausgesetzt – die Vergütung proportional zur Arbeitszeit gekürzt wird. Kurzarbeit kann der Arbeitgeber jedoch nicht in Ausübung des Weisungsrechts einführen. Der Arbeitgeber ist hierzu, sofern es an kollektivrechtlichen Grundlagen fehlt, auf eine Vereinbarung mit dem Arbeitnehmer[1257] oder *ultima ratio* zur Einführung mittels Änderungskündigung[1258] angewiesen.

1252 *Röder/Chakrabarti*, DB 2020, 1960; bei leitenden Angestellten können Sprecherausschussrichtlinien als Rechtsgrundlage dienen, siehe *Bauer/Günther*, NZA 2020, 419. Zu einer Mustervereinbarung siehe Teil 4 Kapitel 2 B.

1253 Siehe hierzu Teil 3 Kapitel 4 C. II. 3.

1254 *Braig*, SPA 2021, 77.

1255 *Röder/Chakrabarti*, DB 2020, 1960 (1961).

1256 Zu den Voraussetzungen siehe Teil 3 Kapitel 4 C. II. 3. b).

1257 Siehe hierzu Teil 4 Kapitel 2 B.

1258 Siehe hierzu Teil 3 Kapitel 4 C. II. 3.

IV. Weisungsrecht hinsichtlich Ordnung und Verhalten im Betrieb, § 106 S. 2 GewO

Hohe Relevanz kommt im Pandemiefall § 106 S. 2 GewO zu, wonach dem Arbeitgeber auch in Bezug auf die Ordnung und das Verhalten der Arbeitnehmer im Betrieb ein Weisungsrecht zusteht. Da dieses auch die Umsetzung öffentlich-rechtlicher Arbeitsschutzvorschriften umfasst, ist der Arbeitgeber etwa berechtigt, das Tragen einer Mund-Nasen-Bedeckung anzuordnen.[1259] Dies gilt freilich für sämtliche einzuhaltenden öffentlich-rechtlichen Schutzpflichten.

Auch kann der Arbeitgeber die Arbeitnehmer zur Durchführung eines Tests auf den pandemischen Erreger anweisen.[1260] Die Weisung zur täglichen Temperaturmessung vor Betreten des Betriebs dürfte nur wirksam sein, wenn sie anlassbezogen erfolgt.[1261] Werden Schutzmaßnahmen im Betrieb umgesetzt, sind ggf. die Mitbestimmungsrechte des Betriebsrats gemäß § 87 Abs. 1 Nr. 1 und Nr. 7 BetrVG zu beachten.[1262]

C. Veränderungsmöglichkeiten

Die arbeitgeberseitigen Ausgestaltungsmöglichkeiten im Rahmen des (erweiterten) Weisungsrechts sind aber auch im Pandemiefall begrenzt. Daher soll im Folgenden aufgezeigt werden, welche weitergehenden Möglichkeiten dem Arbeitgeber zustehen, arbeitsvertragliche Modalitäten zu verändern. Dazu zählen die Freistellung (I.)[1263] und die Änderungskündigung nach § 2 KSchG (II.).

1259 ArbG Siegburg, Urt. v. 18.08.2021 – 4 Ca 2301/20, COVuR 2021, 631 (632); so pauschal zu § 106 GewO auch LAG Köln, Urt. v. 12.04.2021 – 2 SaGa 1/21, BeckRS 2021, 964.

1260 Siehe auch Teil 3 Kapitel 3 A. III. 1 b).

1261 Vgl. LAG Niedersachsen, Urt. v. 29.09.2021 – 2 Sa 332/21.

1262 Siehe *Müller/Becker*, ArbRAktuell 2021, 201 (203 f.); *Grüneberg/Lenuck*, ARP 2021, 140.

1263 Die Freistellung des Arbeitnehmers wird als Veränderungsmöglichkeit qualifiziert, da diese weder dem Direktionsrecht unterfällt noch eine Beendigungsmöglichkeit darstellt. Denn weder konkretisiert die Freistellung arbeitsvertragliche Pflichten noch beendet diese das Arbeitsverhältnis dauerhaft. Vielmehr wird die Leistungspflicht des Arbeitnehmers nur temporär suspendiert. Aus diesen Gründen scheint die Einordnung als Veränderungsmöglichkeit gerechtfertigt.

I. Freistellung des Arbeitnehmers

Grundsätzlich ist der Arbeitgeber wegen der Beschäftigungspflicht gegenüber dem Arbeitnehmer nicht zur einseitigen Freistellung berechtigt.[1264] Etwas anderes gilt ausnahmsweise, wenn der Beschäftigung des Arbeitnehmers „[…] überwiegende schutzwerte Interessen des Arbeitgebers entgegenstehen. Der Arbeitgeber ist nach Treu und Glauben nicht verpflichtet, die Interessen des Arbeitnehmers ohne Rücksicht auf eigene überwiegende und schutzwerte Interessen zu fördern. Deshalb bedarf es, wenn der Arbeitgeber wegen im Einzelfall entgegenstehender eigener Interessen die Beschäftigung des Arbeitnehmers ablehnt, einer Abwägung der beiderseitigen Interessen zur Feststellung, ob das Interesse des Arbeitgebers an der Nichtbeschäftigung schutzwürdig ist und überwiegt."[1265]

1. Zur Freistellung berechtigende pandemiespezifische Situationen

In welchen Situationen ein schutzwürdiges Interesse des Arbeitgebers gegenüber dem Beschäftigungsinteresse des Arbeitnehmers überwiegt, wird im Folgenden dargestellt.

a) Unzureichender Arbeitsschutz im Betrieb

Kann der Arbeitgeber den Schutz des Arbeitnehmers im Betrieb nicht in ausreichendem Maße gewährleisten, so kann er die Freistellung einseitig anordnen.[1266] Denn das Interesse des Arbeitgebers an der Wahrung seiner vertraglichen Fürsorgepflicht gegenüber dem freizustellenden Arbeitnehmer, die letztlich dem Gesundheitsschutz des Arbeitnehmers dient, ist als schutzwürdiges Interesse zu bewerten, das gegenüber dem Beschäftigungsanspruch des Arbeitnehmers überwiegt.[1267] Der Arbeitgeber kann unter Umständen aus § 241 Abs. 2 BGB sogar verpflichtet sein, den Arbeitnehmer freizustellen.[1268]

1264 BAG, Urt. v. 21.09.1993 – 9 AZR 335/91, NZA 1994, 267. Siehe dazu Teil 2 Kapitel 2 C. I.

1265 BAG, Beschl. v. 27.02.1985 – GS 1/84, NZA 1985, 702 (703).

1266 *Sagan/Brockfeld*, NJW 2020, 1112 (1114).

1267 *Dehmel/Hartmann*, BB 2020, 885 (888).

1268 Siehe Teil 3 Kapitel 4 A. II. 2.

b) Arbeitnehmer als Risikoperson

Ist ein Arbeitnehmer als Risikoperson zu qualifizieren, etwa weil er kürzlich aus einem Risikogebiet zurückgekehrt ist oder Kontakt zu nachweislich infizierten Personen hatte, kann der Arbeitgeber diesen auch einseitig freistellen.[1269] Grundlage dafür ist erneut dessen Fürsorgepflicht.[1270] Im Unterschied zu der vorgenannten Konstellation besteht die Fürsorgepflicht in diesem Fall jedoch gegenüber der übrigen Belegschaft im Betrieb.

c) Erkrankter Arbeitnehmer

Zudem besteht unter Heranziehung der oben genannten Erwägungen die Möglichkeit der einseitigen Freistellung auch, wenn der Arbeitnehmer pandemisch erkrankt.[1271] Allerdings entfällt die Arbeitspflicht des pandemiebedingt erkrankten Arbeitnehmers regelmäßig bereits entweder durch dessen Erhebung der Einrede nach § 275 Abs. 3 BGB oder aufgrund rechtlicher Unmöglichkeit im Falle einer behördlichen Absonderung nach § 30 IfSG oder der Anordnung eines beruflichen Tätigkeitsverbots, § 31 IfSG.[1272] Der Freistellung wegen pandemischer Krankheit des Arbeitnehmers kommt daher kaum Praxisrelevanz zu.

2. Vergütungspflicht bei einseitiger Freistellung des Arbeitnehmers

Stellt der Arbeitgeber den Arbeitnehmer einseitig frei, gerät er grundsätzlich gemäß § 293 BGB in Annahmeverzug und schuldet Entgeltfortzahlung gemäß § 615 S. 1 BGB.[1273] Wenn der kranke Arbeitnehmer durch Erhebung der Einrede des § 275 Abs. 3 BGB schon von seiner Leistungspflicht frei geworden ist, schuldet der Arbeitgeber freilich Entgeltfortzahlung über § 3 Abs. 1 S. 1 EFZG.[1274]

1269 *Stück*, MDR 2009, 1209 (1211); siehe auch *Fuhlrott*, GWR 2020, 107 (108 f.); *Klein*, NJ 2020, 377; ein Recht zur Freistellung zumindest für den üblichen Inkubationszeitraum bejahend auch *Adjan/Lettmeier*, NZA 2021, 161 (163); *Maties*, in: Koch/Kubiciel/Wollenschläger (Hrsg.), 50 Jahre Juristische Fakultät Augsburg, 2021, 425 am Beispiel des Coronavirus.

1270 *Dehmel/Hartmann*, BB 2020, 885 (888).

1271 *Stück/Wein*, AuA 2007, 282 (284); *Schmidt/Novara*, DB 2009, 1817 (1819); *Klein*, NJ 2020, 377 (379) die Freistellung bejahend, wenn ein Arbeitnehmer mit Symptomen aus einem Risikogebiet zurückkehrt.

1272 Siehe ausführlich Teil 3 Kapitel 3 A. II. 2.

1273 Ausführlich dazu siehe Teil 3 Kapitel 4 A. I. 4. b).

1274 Siehe hierzu Teil 2 Kapitel 2 A. II. 1 und Teil 3 Kapitel 4 A. I. 2.

In diesem Fall verbleibt für die Freistellung kein Raum, da die Arbeitspflicht erloschen ist.

3. *Modalitäten der Freistellung: Anrechnung von Urlaub und Überstunden*

Vielfach stellt sich in der Praxis die Frage, ob der Arbeitgeber bei Freistellung des Arbeitnehmers den Erholungsurlaub des Arbeitnehmers anrechnen kann, der nach § 1 BUrlG jedem Arbeitnehmer zusteht.[1275] Schließlich würde es sich für den Arbeitgeber anbieten, in der Zeit, in welcher er den Arbeitnehmer aus den oben genannten Gründen freistellt, zur Vergütung aber gemäß § 615 S. 1 und S. 3 BGB verpflichtet ist, Urlaubsansprüche der Arbeitnehmer zu erfüllen.[1276] So könnte der Arbeitgeber gewährleisten, nach überstandener Krise uneingeschränkt über die Arbeitskraft des Arbeitnehmers verfügen zu können. Da der Urlaub ohnehin auch mittels Freistellung gewährt wird,[1277] ein solches Vorgehen also rechtstechnisch möglich wäre, ist nur die rechtliche Zulässigkeit desselben zu klären.

Gemäß § 7 Abs. 2 S. 1 Hs. 1 BUrlG ist der Urlaub seitens des Arbeitgebers zu gewähren. Diese Formulierung spricht isoliert betrachtet dafür, dass der Arbeitgeber letztlich über den Urlaubszeitraum des Arbeitnehmers entscheiden kann, sodass der Anrechnung der Urlaubstage auf den Freistellungszeitraum nichts entgegenstünde.[1278] Allerdings muss der Arbeitgeber die Urlaubswünsche des Arbeitnehmers berücksichtigen, es sei denn, dass ihrer Berücksichtigung dringende betriebliche Belange oder Urlaubswünsche anderer Arbeitnehmer, die unter sozialen Gesichtspunkten Vorrang verdienen, entgegenstehen, § 7 Abs. 1 S. 1 BUrlG. Sofern also der Arbeitnehmer keine Urlaubswünsche vorgebracht

---

1275 Der volle Urlaubsanspruch wird allerdings erstmalig nach sechsmonatigem Bestehen des Arbeitsverhältnisses erworben, § 4 BUrlG.

1276 Nach Auffassung des BAG gehören flächendeckende behördliche Betriebsschließungen in einer Pandemie nicht zum Betriebsrisiko des Arbeitgebers. Bei Unmöglichkeit der Beschäftigung besteht daher keine Vergütungspflicht gemäß § 615 BGB. Siehe BAG, Urt. v. 13.10.2021 - 5 AZR 211/21.

1277 Siehe BAG, Urt. v. 17.05.2011 – 9 AZR 189/10, NJW 2011, 3386 Rn. 19, wonach „[d]ie Freistellung zum Zwecke der Gewährung von Erholungsurlaub […] durch einseitige empfangsbedürftige Willenserklärung des Arbeitgebers [erfolgt].“ Siehe auch *Lichtenberg*, RdA 2020, 265; *Adjan/Lettmeier*, NZA 2021, 161 (165).

1278 Auch nach Auffassung von *Hohenstatt* und *Krois* „[…] ist eine einseitige Festlegung durch den Arbeitgeber nicht per se ausgeschlossen.“ Siehe *Hohenstatt/Krois*, NZA 2020, 413 (417).

hat oder dringenden betrieblichen Belangen bzw. vorrangigen Urlaubswünschen höheres Gewicht zukommt, kann der Urlaub grundsätzlich angerechnet werden. Dies gilt wegen § 9 BUrlG nicht, wenn der Arbeitgeber Urlaubstage auf krankheitsbedingte Fehltage des Arbeitnehmers anrechnen will. Zudem ist zu beachten, dass dem Arbeitnehmer ein Annahmeverweigerungsrecht zusteht.[1279] Die Anrechnung von Urlaub gegen den Willen des Arbeitnehmers wird daher nicht möglich sein.

Demgegenüber kann der Arbeitgeber Überstunden anrechnen, sofern keine individualvertraglichen oder kollektivrechtlichen Vorgaben entgegenstehen.[1280]

II. Änderungskündigung, § 2 KSchG

Der Änderungskündigung kommt für all diejenigen Veränderungswünsche des Arbeitgebers hohe Relevanz zu, die weder mittels kollektivrechtlicher Instrumente noch einvernehmlich mit dem Arbeitnehmer oder in Ausübung des Weisungsrechts erwirkt werden können. Wie in dem allgemeinen Überblick bereits dargestellt,[1281] setzt sich die Änderungskündigung aus der Kündigung und dem Angebot zur Fortsetzung des Vertragsverhältnisses zu geänderten Konditionen zusammen. Die Änderungskündigung ermöglicht dem Arbeitgeber daher zwar nicht die einseitige Neugestaltung der arbeitsvertraglichen Bedingungen, wird aber aufgrund dessen, dass der Arbeitnehmer in der Regel seinen Arbeitsplatz erhalten will, häufig arbeitnehmerseitig akzeptiert werden.

Die Vielzahl sämtlicher Einzelfälle kann hier nicht vollständig dargestellt werden, gleichwohl sollen die relevantesten knapp thematisiert werden. Dazu zählen die Änderungskündigung zur Kürzung der Vergütung, zur Einführung von Kurzarbeit[1282] und zur Einführung von Home-Office.[1283] Gemein ist diesen Fallgruppen, dass es in einer Pandemie in der Regel einer betriebsbedingten Änderungskündigung bedarf, sodass sich die Ausführungen auf selbige beschränken.

1279 BAG, Urt. v. 06.09.2006 – 5 AZR 703/05, NZA 2007, 36 (38); *Allmendinger*, SPA 2020, 101 (102).

1280 So wohl *Adjan/Lettmeier*, NZA 2021, 161 (165).

1281 Siehe Teil 2 Kapitel 2 C. I.

1282 *Geulen/Vogt*, ArbRAktuell 2020, 181 (183).

1283 Gleichwohl ist klarzustellen, dass es nach hier vertretener Auffassung einer Änderungskündigung zur Einführung von Home-Office in der Pandemie nicht bedarf. Vielmehr kann (unabhängig von ggf. gesetzlich bestehenden Verpflichtungen) eine entsprechende Weisung schon vom (erweiterten) Direktionsrecht umfasst sein, siehe Teil 3 Kapitel 4 B. II.

1. Allgemeiner Überblick

Zunächst wird ein allgemeiner Überblick zur ordentlichen und außerordentlichen Änderungskündigung gegeben. Zudem wird das Verhältnis zu anderen Gestaltungsrechten knapp aufgezeigt.

a) Zur ordentlichen betriebsbedingten Änderungskündigung

Wie jede ordentliche Kündigung bedarf auch die (betriebsbedingte) Änderungskündigung zu ihrer Wirksamkeit einer sozialen Rechtfertigung. Allerdings muss anders als bei der Beendigungskündigung, bei welcher die Beendigung sozial gerechtfertigt sein muss, die geplante Vertragsänderung sozial gerechtfertigt sein. Nach der Rechtsprechung des BAG ist das der Fall, „[…] wenn das Beschäftigungsbedürfnis für den Arbeitnehmer zu den bisherigen Vertragsbedingungen entfallen ist und der Arbeitgeber sich darauf beschränkt hat, solche Änderungen vorzuschlagen, die der Arbeitnehmer billigerweise hinnehmen muss. Ob der Arbeitnehmer eine ihm vorgeschlagene Änderung billigerweise hinnehmen muss, ist nach dem Verhältnismäßigkeitsgrundsatz zu ermitteln. Die Änderungen müssen geeignet und erforderlich sein, um den Inhalt des Arbeitsvertrags an die verbliebenen Beschäftigungsmöglichkeiten anzupassen. Die angebotenen Änderungen dürfen sich nicht weiter vom bisherigen Inhalt des Arbeitsverhältnisses entfernen, als dies zur Erreichung des angestrebten Ziels erforderlich ist […].“[1284]

Bei der ordentlichen Änderungskündigung ist stets zu bedenken, dass bis zum Ablauf der Kündigungsfrist noch die alten vertraglichen Konditionen gelten. Dabei kann eine lange Kündigungsfrist zur Folge haben, dass der eigentlich beabsichtigte Zweck der Änderungskündigung nicht erreicht wird, bspw. bei der Änderungskündigung zur Einführung von Kurzarbeit.[1285] Abhängig von den Umständen des Einzelfalles kann daher ggf. nur eine außerordentliche (fristlose) Änderungskündigung zielführend sein.

b) Zur außerordentlichen Änderungskündigung

Voraussetzung für eine außerordentliche Änderungskündigung ist, dass für die geplante Änderung ein wichtiger Grund i.S.d. § 626 Abs. 1 BGB gegeben ist. Darüber hinaus sind für bestimmte Fallgruppen der außerordentlichen

---

1284 BAG, Urt. v. 02.03.2017 – 2 AZR 546/16, NZA 2017, 905 (907) Rn. 19; siehe auch BAG, Urt. v. 23.06.2005 – 2 AZR 642/04, NZA 2006, 92.

1285 *Braig*, SPA 2021, 77 (78).

Änderungskündigung durch die Rechtsprechung des BAG gewisse Anforderungen vorgegeben, auf die, sofern relevant, nachfolgend eingegangen wird.

c) *Verhältnis zu anderen Gestaltungsrechten*

Die Änderungskündigung stellt im Verhältnis zur Kündigung wegen Störung der Geschäftsgrundlage das speziellere Gestaltungsrecht dar.[1286] Im Verhältnis zur Beendigungskündigung ist sie ein milderes Mittel.

2. *Kürzung der Vergütung des Arbeitnehmers*

In einer Pandemie werden Arbeitgeber, die pandemiebedingt zu großen Teilen mit immensen Umsatzeinbußen zu kämpfen haben, durch zwei Hauptkostenfaktoren finanziell stark belastet. Zum einen durch die Miete der betrieblichen Räume,[1287] zum anderen durch die Lohnzahlungen an Arbeitnehmer.[1288] Möchte der Arbeitgeber einseitig allein letztere herabsenken, ohne auch den Umfang der Arbeitspflicht zu reduzieren,[1289] kommt allein der Ausspruch einer betriebsbedingten Änderungskündigung zur Entgeltreduzierung in Betracht.[1290] Im Folgenden wird aufgezeigt, welche Voraussetzungen für die ordentliche wie auch außerordentliche Änderungskündigung zur Entgeltreduzierung erfüllt sein müssen und ob von einem Vorliegen dieser Voraussetzungen im Pandemiefall auszugehen sein wird.

1286 Siehe *Oetker*, in: Müller-Glöge/Preis/Schmidt (Hrsg.), ErfK, 22. Aufl. 2022, § 2 KSchG Rn. 1a.

1287 Im Hinblick auf die Miete der betrieblichen Räume ist auf den in der COVID-19-Pandemie erlassenen Art. 240 § 7 Abs. 1 EGBGB hinzuweisen. Danach wird vermutet, dass bei vermieteten Grundstücken oder vermieteten Räumen, die keine Wohnräume sind, die infolge staatlicher Maßnahmen zur Bekämpfung der COVID-19-Pandemie für den Betrieb des Mieters nicht oder nur mit erheblicher Einschränkung verwendbar sind, ein Umstand im Sinne des § 313 Abs. 1 BGB besteht. Entsprechend können gewerbliche Mieter wegen Störung der Geschäftsgrundlage die Anpassung des Mietvertrages verlangen, sodass mit Anpassung des Mietzinses schon eine immense finanzielle Belastung abgefedert werden kann.

1288 Nach Auffassung von *Maties*, in: Koch/Kubiciel/Wollenschläger (Hrsg.), 50 Jahre Juristische Fakultät Augsburg, 2021, 419 ist das Vergütungsrisiko „[…] das größte wirtschaftliche Risiko bei einer Pandemie […].“

1289 Sollen Umfang der Arbeits- und Vergütungspflicht in gleichem Umfang reduziert werden, ist die Kurzarbeit das Mittel der Wahl.

1290 *Hartmann*, in: Tödtmann/v. Bockelmann (Hrsg.), Arbeitsrecht in Not- und Krisenzeiten, 2. Aufl. 2021, B. Rn. 89.

a) *Mittels ordentlicher Änderungskündigung*

Vorab ist festzuhalten, dass die Änderungskündigung zur Entgeltreduzierung gravierend in das synallagmatische Leistungsverhältnis eingreift. Daher kommt diese „[...] als ordentliche Kündigung nur in Betracht, wenn bei einer Aufrechterhaltung der bisherigen Personalkostenstruktur weitere, betrieblich nicht mehr auffangbare Verluste entstünden, die absehbar zu einer Reduzierung der Belegschaft oder sogar zu einer Schließung des Betriebs führen. Eine solche Situation setzt regelmäßig einen umfassenden Sanierungsplan voraus, der alle gegenüber der beabsichtigten Änderungskündigung milderen Mittel ausschöpft."[1291]

b) *Mittels außerordentlicher Änderungskündigung*

Die Anforderungen an eine außerordentliche Änderungskündigung sind freilich noch einmal strenger als die der ordentlichen Änderungskündigung. So muss die Änderung der Arbeitsbedingungen dazu dienen, eine konkrete Insolvenzgefahr abzuwenden.[1292] Das BAG stellt klar, dass eine außerordentliche Änderungskündigung zur Entgeltreduzierung nur verhältnismäßig ist, „[...] wenn sich das Änderungsangebot darauf beschränkt, dem Arbeitnehmer die Fortsetzung des Arbeitsverhältnisses mit den Vertragsbedingungen anzubieten, die den Vorgaben des im Kündigungszeitpunkt geltenden Sanierungsplans entsprechen."[1293]

c) *Stellungnahme zur Änderungskündigung zur Entgeltreduzierung im Pandemiefall*

Die vom BAG aufgestellten Anforderungen an die Änderungskündigung zur bloßen Entgeltreduzierung sind als äußerst streng zu bewerten. Dies leuchtet gleichwohl ein, wird doch durch den einseitigen Eingriff in den Vergütungsanspruch schwerwiegend in das synallagmatische Verhältnis eingegriffen. Zwar besteht unter strengen Voraussetzungen die Möglichkeit zur Absenkung der Lohnkosten über die Änderungskündigung. Doch ist abgesehen von der moralischen Fragwürdigkeit eines solchen Vorgehens bereits fraglich, ob diese Veränderungsmöglichkeit in der in dieser Arbeit zugrunde gelegten Situation einer Pandemie überhaupt zielführend ist. Denn in der Pandemie werden Betriebe,

---

1291 BAG, Urt. v. 20.10.2017 – 2 AZR 783/16, NZA 2018, 440; so auch schon BAG, Urt. v. 16.05.2002 – 2 AZR 292/01, NJW 2003, 1139; zur Streichung des Weihnachtsgeldes wegen wirtschaftlicher Notlage siehe BAG, Urt. v. 01.03.2007 – 2 AZR 580/05, NZA 2007, 1445; *Stück*, CCZ 2020, 205 (215).

1292 BAG, Urt. v. 20.10.2017 – 2 AZR 783/16, NZA 2018, 440 (441).

1293 BAG, Urt. v. 20.10.2017 – 2 AZR 783/16, NZA 2018, 440 (441).

die unter unterbrochenen Lieferketten oder staatlichen Schließungsanordnungen zu leiden haben, zwar auf die Verringerung von Personalkosten angewiesen sein. Allerdings dürfte in diesen Betrieben auch ein deutlich verringerter Bedarf an Arbeitskraft bestehen, sodass als milderes Mittel die Einführung von Kurzarbeit zu prüfen ist.

Diese scheint in der Pandemie das Mittel der Wahl zu sein, werden doch hier die arbeitsvertraglichen Hauptpflichten proportional reduziert. Dies gilt insbesondere unter Berücksichtigung der Tatsache, dass der reduzierte Beschäftigungsbedarf während einer Pandemie in der Regel nur temporärer Natur ist und dass nach Auffassung des BAG „[e]in nur vorübergehender Arbeitsmangel [...] eine betriebsbedingte Kündigung nicht rechtfertigen [kann]."[1294] Nur falls trotz eingeführter Kurzarbeit weiterhin und dauerhaft kein Bedarf an der Arbeitskraft bestimmter Arbeitnehmer mehr besteht, kann ein dringendes betriebliches Erfordernis bestehen. „Dies setzt voraus, dass der Arbeitgeber die Möglichkeiten zur Reduzierung der geschuldeten Arbeitszeit, die ihm die Regelungen zur Kurzarbeit bieten, in vollem Umfang ausgeschöpft hat."[1295]

3. *Einführung von Kurzarbeit*

Möchte der Arbeitgeber im Betrieb Kurzarbeit einführen, bedarf es dazu einer Rechtsgrundlage. Fehlt es an kollektivrechtlichen Vereinbarungen dazu und kann eine individualvertragliche Einigung mit dem Arbeitnehmer nicht erreicht werden, bleibt dem Arbeitgeber nur die Einführung der Kurzarbeit mittels Änderungskündigung.[1296] Die Einführung von Kurzarbeit in Ausübung des Direktionsrechts ist nicht möglich.[1297]

Da das BAG an die Änderungskündigung zur Kürzung der Vergütung des Arbeitnehmers strenge Voraussetzungen knüpft, wird die Zulässigkeit von Änderungskündigungen zur Einführung von Kurzarbeit vereinzelt in Frage gestellt.[1298] Dem ist allerdings zu entgegnen, dass das BAG die grundsätzliche

---

1294 BAG, Urt. v. 23.02.2012 – 2 AZR 548/10, NZA 2012, 852.

1295 BAG, Urt. v. 23.02.2012 – 2 AZR 548/10, NZA 2012, 852.

1296 *Braig*, SPA 2021, 77 (78).

1297 So schon BAG, Urt. v. 10.12.1994 – 7 AZR 398/93, NZA 1995, 641 (642); BAG, Urt. v. 18.11.2015 – 5 AZR 491/14, NZA 2016, 565 (566); *Bauer/Günther*, NZA 2020, 419; *Kleinebrink*, ArbRB 2020, 221 (223); *Zieglmeier*, DStR 2020, 729 (730).

1298 Bspw. sprechen *Cohnen* und *Röger* von einer „[...] eher theoretische[n] Möglichkeit, Kurzarbeit mittels des Ausspruchs von Änderungskündigungen durchzusetzen [...]", siehe *Cohnen/Röger*, BB 2009, 46 (47).

Zulässigkeit von Änderungskündigungen zur Einführung von Kurzarbeit schon mehrfach bestätigt hat.[1299]

a) *Voraussetzungen der Änderungskündigung zur Einführung von Kurzarbeit*

Während das BAG für die Änderungskündigung zur Entgeltabsenkung bestimmte Anforderungen vorgegeben hat, fehlt es jedenfalls nach Auffassung des ArbG Stuttgart an höchstrichterlichen Voraussetzungen der betriebsbedingten Änderungskündigung zur Einführung von Kurzarbeit.[1300] Dasselbe hat im Oktober 2020 aber eine „[...] als fristlose Änderungskündigung ausgesprochene Kündigung zur Einführung von Kurzarbeit [...][als] rechtswirksam [bewertet].“[1301] Dabei können nach Auffassung des ArbG Stuttgart unter Verweis auf die Argumentation von *Bauer* und *Günther*[1302] die vom BAG entwickelten Anforderungen an die Änderungskündigung zur Entgeltabsenkung auf die Änderungskündigung zur Einführung von Kurzarbeit nicht übertragen werden.[1303] Da es also bislang an (höchstrichterlichen) Grundsätzen für die Änderungskündigung zur Einführung von Kurzarbeit fehlt, ist ein genauerer Blick auf die Entscheidung des ArbG Stuttgart zu werfen.

Nach Darstellung allgemeiner Grundsätze zur betriebsbedingten Änderungskündigung führt das ArbG Stuttgart aus, dass„ [...] die Möglichkeit zur Änderungskündigung [...] an keine erhöhten Anforderungen, insbesondere etwa in Form einer drohenden Insolvenz [...] zu messen sein darf, soweit [...] der Verhältnismäßigkeitsgrundsatz gewahrt ist.“[1304] Dafür war in dem entschiedenen Fall insbesondere ausschlaggebend, dass die Anordnung der Änderungskündigung voraussetzte, dass die betroffene Arbeitnehmerin die persönlichen Voraussetzungen des Anspruchs auf Kurzarbeitergeld erfüllt.[1305] Allgemein sprechen für die Verhältnismäßigkeit der Änderungskündigung zur Einführung von Kurzarbeit auch die vorübergehende Natur derselben und das Abfedern des Entgeltausfalls durch den Staat.

1299 BAG, Urt. v. 14.02.1991 – 2 AZR 415/90, NZA 1991, 607; BAG, Urt. v. 15.12.1961 – 1 AZR 207/59, juris.

1300 ArbG Stuttgart, Urt. v. 22.10.2020 – 11 Ca 2950/20, COVuR 2021, 59 (61) Rn. 19.

1301 ArbG Stuttgart, Urt. v. 22.10.2020 – 11 Ca 2950/20, COVuR 2021, 59 (61) Rn. 14 ff.

1302 *Bauer/Günther*, NZA 2020, 419 ff; a.A. *Weller/König*, BB 2020, 953 (955).

1303 ArbG Stuttgart, Urt. v. 22.10.2020 – 11 Ca 2950/20, COVuR 2021, 59 ff.

1304 ArbG Stuttgart, Urt. v. 22.10.2020 – 11 Ca 2950/20, COVuR 2021, 59 (61) Rn. 20.

1305 ArbG Stuttgart, Urt. v. 22.10.2020 – 11 Ca 2950/20, COVuR 2021, 59 (62) Rn. 20.

Das ArbG Stuttgart stellt also – insbesondere im Vergleich zur Änderungskündigung zur Entgeltabsenkung – keine besonders strengen Voraussetzungen an die außerordentliche fristlose Änderungskündigung zur Einführung von Kurzarbeit in einer Pandemie.[1306] Maßgeblich ist die Verhältnismäßigkeit der Änderungskündigung, für welche „[...] insbesondere eine entsprechende Ankündigungsfrist[1307] und eine Begrenzung der Dauer der (möglichen) Kurzarbeit von Bedeutung [sind] sowie der Umstand, dass Kurzarbeit nur dann eingeführt werden kann, wenn die entsprechenden Voraussetzungen zur Gewährung von Kurzarbeitergeld auch in der Person des Arbeitnehmers/der Arbeitnehmerin vorliegen."[1308]

Auch wenn die Argumentation des ArbG Stuttgart, die die Unterschiede zwischen der Änderungskündigung zur Entgeltabsenkung und Einführung von Kurzarbeit hinreichend berücksichtigt, zu überzeugen vermag, darf nicht vernachlässigt werden, dass durch andere ArbG auch abweichende Urteile ergehen können. Überdies verlangen Stimmen in der Literatur wesentlich strengere Voraussetzungen. Nach Auffassung von *Künzl* etwa setzt eine Änderungskündigung zur Einführung von Kurzarbeit zusätzlich zu erheblichem Auftragsrückgang und finanziellen Schwierigkeiten betriebliche Umstrukturierungsmaßnahmen voraus.[1309] *Weller* und *König* befürworten die Zugrundelegung der höchstrichterlichen Anforderungen an die Änderungskündigung zur Entgeltreduzierung.[1310]

Mithin fehlt es bezüglich der Voraussetzungen einer Änderungskündigung zur Einführung von Kurzarbeit aktuell an Rechtssicherheit. Bleibt Arbeitgebern letztlich keine andere Möglichkeit, als zur Einführung von Kurzarbeit auf die Änderungskündigung zurückzugreifen, gilt Folgendes: Je strenger die Anforderungen sind, die Arbeitgeber an ihre Änderungskündigung stellen, desto eher wird sie im Streitfall als wirksam bewertet werden. Dabei können die Anforderungen des ArbG Stuttgart durchaus als Ausgangspunkt herangezogen werden.

1306 Siehe hierzu auch *Braig*, SPA 2021, 77 (78).

1307 Eine Ankündigungsfrist von drei Wochen wird als verhältnismäßig erachtet. Siehe ArbG Stuttgart, Urt. v. 22.10.2020 – 11 Ca 2950/20, COVuR 2021, 59 (62) Rn. 22.

1308 ArbG Stuttgart, Urt. v. 22.10.2020 – 11 Ca 2950/20, COVuR 2021, 59.

1309 *Künzl*, in: Linck/Preis/Schmidt (Hrsg.), Kündigungsrecht, 6. Aufl. 2021, § 2 KSchG Rn. 254.

1310 *Weller/König*, BB 2020, 953 (955).

b) *Voraussetzungen des Kurzarbeitergeldes*

Wurde die Kurzarbeit im Betrieb wirksam eingeführt, resultiert daraus nicht unmittelbar auch ein Anspruch auf Kurzarbeitergeld. Vielmehr müssen die sozialrechtlichen Voraussetzungen vorliegen, die sich aus §§ 95 ff. SGB III ergeben. Danach haben Arbeitnehmer Anspruch auf Kurzarbeitergeld, wenn ein erheblicher Arbeitsausfall mit Entgeltausfall vorliegt, die betrieblichen und persönlichen Voraussetzungen erfüllt sind und der Arbeitsausfall der Agentur für Arbeit angezeigt worden ist, vgl. § 95 S. 1 SGB III.

Über diese Voraussetzungen im Einzelnen soll entlang der gesetzlichen Regelungen im Folgenden nur ein Überblick gegeben werden. Für vertiefende Ausführungen wird auf weitergehende Literatur verwiesen.[1311] Zudem wird zunächst nur auf die grundsätzlichen Voraussetzungen des Kurzarbeitergeldes eingegangen. Spezifische Vorschriften anlässlich und während der COVID-19-Pandemie werden anschließend gesondert behandelt.

aa) *Erheblicher Arbeitsausfall mit Entgeltausfall, § 95 S. 1 Nr. 1 SGB III*

Ein Arbeitsausfall ist erheblich, wenn er auf wirtschaftlichen Gründen oder einem unabwendbaren Ereignis beruht, er vorübergehend ist, er nicht vermeidbar ist und im jeweiligen Kalendermonat (Anspruchszeitraum) mindestens ein Drittel der in dem Betrieb beschäftigten Arbeitnehmer von einem Entgeltausfall von jeweils mehr als 10 Prozent des monatlichen Bruttoentgelts betroffen ist; der Entgeltausfall kann auch jeweils 100 Prozent des monatlichen Bruttoentgelts betragen, § 96 Abs. 1 S. 1 SGB III. Der Entgeltausfall bestimmt sich nach § 106 SGB III.[1312] Dabei ist darauf hinzuweisen, dass die wirksame Einführung von Kurzarbeit ungeschriebene Voraussetzung des Entgeltausfalls ist.[1313]

1311 Siehe etwa *Bieback*, in: Rolfs/Giesen/Kreikebohm/Meßling/Udsching (Hrsg.), BeckOK Sozialrecht, 62. Edition, Stand: 01.09.2021, § 95 f. SGB III.

1312 *Bieback*, in: Rolfs/Giesen/Kreikebohm/Meßling/Udsching (Hrsg.), BeckOK Sozialrecht, 62. Edition, Stand: 01.09.2021, § 95 SGB III vor Rn. 1.

1313 *Bauer/Günther*, NZA 2020, 419. Siehe BSG, Urt. v. 21.07.2009 – B 7 AL 3/08R, NZA-RR 2010, 216.

(1) Beruhend auf wirtschaftlichen Gründen oder einem unabwendbaren Ereignis, § 96 Abs. 1 S. 1 Nr. 1 SGB III

Der Arbeitsausfall muss zunächst auf wirtschaftlichen Gründen oder einem unabwendbaren Ereignis beruhen, § 96 Abs. 1 S. 1 Nr. 1 SGB III.[1314] Klassisches Beispiel für wirtschaftliche Gründe ist etwa ein konjunkturbedingter Auftragsrückgang.[1315] „Ein unabwendbares Ereignis liegt [insbesondere][…] vor, wenn ein Arbeitsausfall durch behördliche oder behördlich anerkannte Maßnahmen verursacht ist, die vom Arbeitgeber nicht zu vertreten sind […].“[1316] Erforderlich ist jedenfalls in beiden Fällen, dass das den Arbeitsausfall begründende Ereignis „von Außen“ kommt.[1317] Blickt man auf die Auswirkungen einer Pandemie, kann sowohl ein wirtschaftlicher Grund gegeben sein, wenn diese zu einem Auftragsmangel führt, als auch ein unabwendbares Ereignis, wenn behördliche Anordnungen zu Betriebsschließungen führen. Es überrascht daher nicht, dass in der Literatur der Arbeitsausfall teilweise pauschal bejaht wird. So liegt nach Auffassung von *Geulen* und *Vogt* der tatbestandliche Arbeitsausfall vor bei „[s]taatliche[n] Schutzmaßnahmen aufgrund der Corona-Krise, notwendigen Betriebsschließungen, Auftragsrückgängen[n] oder Lieferschwierigkeiten […].“[1318] Bei differenzierender Betrachtung dürfte sich in einer Pandemie allerdings eher das unabwendbare Ereignis verwirklichen. Diese Einschätzung teilt

---

1314 § 96 Abs. 2 und 3 SGB III sehen ergänzende Regelungen zu wirtschaftlichen Gründen und einem unabwendbaren Ereignis vor. Nach § 96 Abs. 2 SGB III beruht ein Arbeitsausfall auch auf wirtschaftlichen Gründen, wenn er durch eine Veränderung der betrieblichen Strukturen verursacht wird, die durch die allgemeine wirtschaftliche Entwicklung bedingt ist.
Nach § 96 Abs. 3 S. 1 SGB III liegt ein unabwendbares Ereignis insbesondere vor, wenn ein Arbeitsausfall auf ungewöhnlichen, von dem üblichen Witterungsverlauf abweichenden Witterungsverhältnissen beruht. Ein unabwendbares Ereignis liegt auch vor, wenn ein Arbeitsausfall durch behördliche oder behördlich anerkannte Maßnahmen verursacht ist, die vom Arbeitgeber nicht zu vertreten sind, § 96 Abs. 3 S. 2 SGB III.

1315 BSG, Urt. v. 15.12.2005 – B 7a AL 10/05R, BeckRS 2006, 41834.

1316 § 170 Abs. 3 S. 2 SGB III a.F., zitiert in BSG, Urt. v. 11.12.2014 – B 11 AL 3/14 R, NZS 2015, 355.

1317 *Bieback*, in: Rolfs/Giesen/Kreikebohm/Meßling/Udsching (Hrsg.), BeckOK Sozialrecht, 62. Edition, Stand: 01.09.2021, § 96 SGB III vor Rn. 1; *Röder/Chakrabarti*, DB 2020, 1960 (1961).

1318 *Geulen/Vogt*, ArbRAktuell 2020, 181 (183); so auch *Röder/Chakrabarti*, DB 2020, 1960 (1961).

auch die Bundesagentur für Arbeit.[1319] Grund dafür ist, dass auch der Auftragsmangel im Pandemiefall häufig auf behördliche Maßnahmen zurückzuführen sein wird. Ohne behördlich angeordnete Schließungen würde etwa ein Auftragsmangel für die Lieferanten in vergleichbarem Ausmaß nicht entstehen.[1320]

(2) Vorübergehender Arbeitsausfall, § 96 Abs. 1 S. 1 Nr. 2 SGB III

Der Arbeitsausfall muss zudem vorübergehend sein. Dieses Tatbestandsmerkmal setzt voraus, dass die Gesamtumstände die Rückkehr zur Vollbeschäftigung in absehbarer Zeit erwarten lassen.[1321] Teilweise wird als Indikator des noch vorübergehenden Arbeitsausfalls die maximale Bezugsdauer des Kurzarbeitergeldes von zwölf Monaten (§ 104 Abs. 1 S. 1 SGB III) herangezogen.[1322] Es sind aber zudem Verordnungen zu berücksichtigen, die auf Grundlage von § 109 Abs. 1 und Abs. 1a SGB III erlassen werden können. In diesen kann die Bezugsdauer auf bis zu 24 Monate verlängert werden. Mithin kann bis zu dieser Dauer eine vorübergehende Natur des Arbeitsausfalls noch bejaht werden.

(3) Vermeidbarer Arbeitsausfall, § 96 Abs. 1 S. 1 Nr. 3 SGB III

Der Arbeitsausfall darf nicht vermeidbar sein, § 96 Abs. 1 S. 1 Nr. 3 SGB III. Dies ist der Fall, wenn in einem Betrieb alle zumutbaren Vorkehrungen getroffen wurden, um den Eintritt des Arbeitsausfalls zu verhindern, § 96 Abs. 4 S. 1 SGB III.[1323] Als vermeidbar gilt insbesondere ein Arbeitsausfall, der überwiegend branchenüblich, betriebsüblich oder saisonbedingt ist oder ausschließlich auf betriebsorganisatorischen Gründen beruht, § 96 Abs. 4 S. 2 Nr. 1 SGB III. Der Pandemiefall und dessen Auswirkungen sind weder branchen- noch

---

1319 Siehe *Agentur für Arbeit*, Merkblatt 8a, Kurzarbeitergeld, Dienste und Leistungen der Agentur für Arbeit, Informationen für Arbeitgeber und Betriebsvertretungen, Ziffer 2.2.1, nach dem behördliche Anordnungen aufgrund des Coronavirus als Beispiel für ein unabwendbares Ereignis genannt werden. Abrufbar unter: https://www.arbeitsagentur.de/datei/merkblatt-8a-kurzarbeitergeld_ba015385.pdf.

1320 In diesem Sinne auch *Röder/Chakrabarti*, DB 2020, 1960 (1961).

1321 *Bieback*, in: Rolfs/Giesen/Kreikebohm/Meßling/Udsching (Hrsg.), BeckOK Sozialrecht, 62. Edition, Stand: 01.09.2021, § 96 SGB III Rn. 15.

1322 *Röder/Chakrabarti*, DB 2020, 1960 (1962).

1323 *Bertz*, NJW-Spezial 2020, 242 (243) nennt „[a]ls arbeitsorganisatorische Maßnahmen zur Vermeidung des Arbeitsausfalls – ihre rechtliche Zulässigkeit, wirtschaftliche Vertretbarkeit und betriebstechnische Möglichkeit vorausgesetzt – […] Arbeit auf Lager, die Umsetzung der Arbeitnehmer in vollarbeitende Betriebsabteilungen und die Anordnung von Aufräum-, Instandsetzungs- oder Füllarbeiten […].“

betriebsüblich, saisonbedingt oder beruhen auf organisatorischen Gründen. Vielmehr ist darin eine Situation zu sehen, die Naturkatastrophen ähnelt.[1324] Mithin scheidet eine Vermeidbarkeit gemäß § 96 Abs. 4 S. 2 Nr. 1 SGB III aus.

Ein Arbeitsausfall gilt ferner als vermeidbar, wenn dieser durch die Gewährung von bezahltem Erholungsurlaub ganz oder teilweise verhindert werden kann, soweit vorrangige Urlaubswünsche der Arbeitnehmer der Urlaubsgewährung nicht entgegenstehen, § 96 Abs. 4 S. 2 Nr. 2 SGB III. Zu berücksichtigen ist dabei, dass Urlaub gegen den Willen des Arbeitnehmers grundsätzlich nicht angeordnet werden darf.[1325]

Als letztes Regelbeispiel für einen vermeidbaren Arbeitsausfall führt § 96 Abs. 4 S. 2 Nr. 3 SGB III den Fall an, dass der Arbeitsausfall durch die Nutzung von im Betrieb zulässigen Arbeitszeitschwankungen ganz oder teilweise vermieden werden kann. Mithin müssen zunächst Möglichkeiten einer flexiblen Arbeitszeitgestaltung ausgeschöpft werden.[1326] Wohl bezugnehmend auf eine Fachliche Weisung der Bundesagentur für Arbeit[1327] sei nach Auffassung von *Geulen* und *Vogt* zwar verbleibender Urlaub aus dem Vorjahr zu nehmen, für den Urlaubsanspruch aus dem aktuellen Kalenderjahr gelte das aber nicht.[1328] Vermeidbar ist der Arbeitsausfall nach zutreffender Auffassung auch dann, wenn zunächst Arbeitszeitguthaben und Überstunden abgebaut werden können.[1329]

(4) Quote, § 96 Abs. 1 S. 1 Nr. 4 SGB III

Letzte Voraussetzung eines erheblichen Arbeitsausfalles ist, dass im jeweiligen Kalendermonat (Anspruchszeitraum) grundsätzlich mindestens ein Drittel der in dem Betrieb beschäftigten Arbeitnehmer von einem Entgeltausfall von jeweils

---

1324 Zumindest in zeitlicher Hinsicht ist eine Vergleichbarkeit mit Naturkatastrophen aber nicht gegeben.

1325 *Bertz*, NJW-Spezial 2020, 242 (243). Siehe auch Teil 3 Kapitel 4 B. III. 2. b).

1326 *v. Bockelmann*, in: Tödtmann/v. Bockelmann (Hrsg.), COVID-19, Arbeitsrecht in Not- und Krisenzeiten, 2. Aufl. 2021 A. Rn. 53.

1327 Siehe *Agentur für Arbeit*, Fachliche Weisung 202003015 vom 30.03.2020 – Weisung, Verbesserungen für das KUG bis 31.12.2020, abrufbar unter: https://www.arbeitsagentur.de/datei/ba146387.pdf.

1328 *Geulen/Vogt*, ArbRAktuell 2020, 181 (183).

1329 *Geulen/Vogt*, ArbRAktuell 2020, 181 (183); *Röder/Chakrabarti*, DB 2020, 1960 (1962).

mehr als 10 Prozent des monatlichen Bruttoentgelts betroffen ist, § 96 Abs. 1 S. 1 Nr. 4 Hs. 1 SGB III.[1330]

bb) Vorliegen der betrieblichen Voraussetzungen, § 95 S. 1 Nr. 2 i.V.m. § 97 SGB III

Die betrieblichen Voraussetzungen sind erfüllt, wenn in dem Betrieb mindestens ein Arbeitnehmer beschäftigt ist, vgl. § 97 S. 1 SGB III. Betrieb im Sinne der Vorschriften über das Kurzarbeitergeld ist auch eine Betriebsabteilung, § 97 S. 2 SGB III, sodass Kurzarbeitergeld auch nur für ausgewählte Betriebsabteilungen beansprucht werden kann.

cc) Vorliegen der persönlichen Voraussetzungen, § 95 S. 1 Nr. 3 i.V.m. § 98 SGB III

Die persönlichen Voraussetzungen ergeben sich aus § 98 SGB III. Sie sind erfüllt, wenn der Arbeitnehmer nach Beginn des Arbeitsausfalls eine versicherungspflichtige Beschäftigung fortsetzt, aus zwingenden Gründen aufnimmt oder im Anschluss an die Beendigung eines Berufsausbildungsverhältnisses aufnimmt,[1331] das Arbeitsverhältnis nicht gekündigt oder durch Aufhebungsvertrag aufgelöst ist und der Arbeitnehmer nicht vom Kurzarbeitergeldbezug ausgeschlossen ist, § 98 Abs. 1 SGB III. Personengruppen, bei welchen die persönlichen Anforderungen nicht erfüllt sind, sind in § 98 Abs. 3 und 4 SGB III normiert.

dd) Anzeige bei der Agentur für Arbeit, § 95 S. 1 Nr. 4 i.V.m § 99 SGB III

Zuletzt ist der Arbeitsausfall bei der Agentur für Arbeit, in deren Bezirk der Betrieb seinen Sitz hat, schriftlich oder elektronisch anzuzeigen, § 99 Abs. 1 S. 1 SGB III. Die Anzeige kann nur der Arbeitgeber oder die Betriebsvertretung erstatten, § 99 Abs. 1 S. 2 SGB III. Mit dieser ist glaubhaft zu machen, dass ein erheblicher Arbeitsausfall besteht und die betrieblichen Voraussetzungen für das Kurzarbeitergeld erfüllt sind, vgl. § 99 Abs. 1 S. 4 SGB III. Daher muss insbesondere ein Nachweis der Rechtsgrundlage zur Einführung von Kurzarbeit erbracht werden.[1332] Darüber hinaus sind regelmäßig „[...] geeignete Nachweise über die

---

1330 Der Entgeltausfall kann auch jeweils 100 Prozent des monatlichen Bruttoentgelts betragen, § 96 Abs. 1 S. 1 Nr. 4 Hs. 2 SGB III.

1331 Mithin sind geringfügig Beschäftigte i.S.d. § 8 SGB IV vom Kurzarbeitergeld ausgeschlossen, da sie nicht versicherungspflichtig sind. Siehe auch *Zieglmeier*, DStR 2020, 729 (732).

1332 *Geulen/Vogt*, ArbRAktuell 2020, 181 (183).

Auftragslage, Einsatzpläne, Urlaubslisten, Lohnabrechnungslisten [...][vorzulegen]. Zudem müssen der voraussichtliche Zeitraum und Umfang des Arbeitsausfalls angegeben werden, ohne dass dadurch jedoch eine Bindungswirkung eintreten würde."[1333]

Die Agentur für Arbeit hat dem Anzeigenden sodann unverzüglich einen schriftlichen Bescheid darüber zu erteilen, ob auf Grund der vorgetragenen und glaubhaft gemachten Tatsachen ein erheblicher Arbeitsausfall vorliegt und die betrieblichen Voraussetzungen erfüllt sind, vgl. § 99 Abs. 3 SGB III.

ee) Rechtsfolge: Leistung von Kurzarbeitergeld

Liegen die Voraussetzungen des § 95 S. 1 i.V.m §§ 96 ff. SGB III vor, besteht der Anspruch auf Kurzarbeitergeld. Dieses wird frühestens von dem Kalendermonat an geleistet, in dem die Anzeige über den Arbeitsausfall bei der Agentur für Arbeit eingegangen ist, § 99 Abs. 2 S. 1 SGB III. Es empfiehlt sich daher, bei einem erheblichen Arbeitsausfall die Antragstellung für das Kurzarbeitergeld zeitnah in die Wege zu leiten. Beruht der Arbeitsausfall wie im Pandemiefall regelmäßig auf einem unabwendbaren Ereignis i.S.d. § 96 Abs. 1 S. 1 Nr. 1 SGB III, gilt die Anzeige für den entsprechenden Kalendermonat als erstattet, wenn sie unverzüglich erstattet worden ist, § 99 Abs. 2 S. 2 SGB III.

(1) Höhe des Kurzarbeitergeldes

Die Höhe des Kurzarbeitergeldes ergibt sich aus § 105 SGB III. Dieses beträgt für Arbeitnehmer, die beim Arbeitslosengeld die Voraussetzungen für den erhöhten Leistungssatz (mindestens ein Kind) erfüllen würden, grundsätzlich 67 Prozent, für die übrigen Arbeitnehmer 60 Prozent der Nettoentgeltdifferenz im Anspruchszeitraum. Die Nettoentgeltdifferenz entspricht der Differenz zwischen dem pauschalierten Nettoentgelt aus dem Soll-Entgelt[1334] und dem pauschalierten Nettoentgelt aus dem Ist-Entgelt,[1335] § 106 Abs. 1 S. 1 SGB III.[1336]

1333 *Röder/Nemetz*, DB 2019, 2633 (2636); direkt zitiert auch von *Zieglmeier*, DStR 2020, 729 (732).

1334 Soll-Entgelt ist Bruttoarbeitsentgelt, das der Arbeitnehmer ohne den Arbeitsausfall in dem Anspruchszeitraum erzielt hätte, vermindert um Entgelt für Mehrarbeit, vgl. § 106 Abs. 1 S. 2 SGB III.

1335 Ist-Entgelt ist das Bruttoarbeitsentgelt, das der Arbeitnehmer in dem Anspruchszeitraum tatsächlich erzielt hat, zuzüglich aller zustehenden Entgeltanteile, vgl. § 106 Abs. 1 S. 3 SGB III.

1336 Soll-Entgelt und Ist-Entgelt sind auf den nächsten durch 20 teilbaren Euro-Betrag zu runden, § 106 Abs. 1 S. 5 SGB III.

Verkürzt formuliert ergibt sich die Höhe des Kurzarbeitergeldes aus der Differenz des Nettoverdienstes ohne Kurzarbeit und des Nettoverdienstes im Zeitraum der Kurzarbeit multipliziert mit dem Faktor 0,6 bzw. 0,67.[1337]

Dem Arbeitgeber steht es frei, das Kurzarbeitergeld zu bezuschussen. Entscheidet sich dieser für eine Bezuschussung, empfiehlt es sich, diese an das Vorliegen sachlicher Kriterien zu knüpfen. Dadurch wird gewährleistet, dass der Arbeitgeber nicht gegen den arbeitsrechtlichen Gleichbehandlungsgrundsatz verstößt und ggf. Ansprüche der übrigen Arbeitnehmer erfüllen muss.[1338]

(2) Dauer der Leistung des Kurzarbeitergeldes

Das Kurzarbeitergeld wird für den Arbeitsausfall grundsätzlich für eine Dauer von längstens zwölf Monaten von der Agentur für Arbeit geleistet. Die Bezugsdauer gilt einheitlich für alle in einem Betrieb beschäftigten Arbeitnehmer. Sie beginnt mit dem ersten Kalendermonat, für den in einem Betrieb Kurzarbeitergeld vom Arbeitgeber gezahlt wird, vgl. § 104 Abs. 1 SGB III.

(3) Geltendmachung des Anspruchs auf Kurzarbeitergeld

Im Allgemeinen zu beachten ist, dass der Arbeitnehmer zwar Inhaber des Anspruchs auf Zahlung von Kurzarbeitergeld ist, er diesen mangels Aktivlegitimation aber nicht eigenständig geltend machen kann.[1339] Vielmehr sind allein der Arbeitgeber und ggf. die Betriebsvertretung zur Geltendmachung der Ansprüche berechtigt, vgl. § 99 Abs. 1 S. 2 SGB III und § 323 Abs. 2 S. 2 SGB III. Wie bereits dargestellt, hat der Arbeitgeber (oder die Betriebsvertretung) den Arbeitsausfall bei der zuständigen Agentur für Arbeit zunächst anzuzeigen, § 95 S. 1 Nr. 4 i.V.m § 99 SGB III.

Von dieser Anzeige zu unterscheiden ist der Antrag auf Auszahlung des Kurzarbeitergeldes für die betroffenen Arbeitnehmer, der in einem zweiten Schritt gestellt werden muss. Die Antragstellung kann schriftlich oder elektronisch, muss aber unter Beifügung der Stellungnahme der Betriebsvertretung erfolgen, vgl. § 323 Abs. 2 S. 1 SGB III. Kurzarbeitergeld ist für den jeweiligen Kalendermonat innerhalb einer Ausschlussfrist von drei Kalendermonaten zu beantragen; die Frist beginnt mit Ablauf des Monats, in dem die Tage liegen, für die die Leistungen beantragt werden, vgl. § 325 Abs. 3 SGB III.

1337 Vertiefend zur Berechnung siehe u.a. *Geulen/Vogt*, ArbRAktuell 2020, 181 (184 f.).
1338 *Geulen/Vogt*, ArbRAktuell 2020, 181 (185).
1339 BSG, Urt. v. 25.05.2005 – B 11a/11 AL 15/04 R, NZS 2006, 378 f.

Der Arbeitgeber hat der Agentur für Arbeit auf Verlangen die Voraussetzungen für die Erbringung von Kurzarbeitergeld nachzuweisen, vgl. § 320 Abs. 1 S. 1 SGB III. Er hat diese Leistungen kostenlos zu errechnen und auszuzahlen, § 320 Abs. 1 S. 2 SGB III.

c) Regelungen während der COVID-19-Pandemie

Während der COVID-19-Pandemie wurden zur Stärkung der Kurzarbeit als arbeits- und sozialrechtliches Instrument zahlreiche (temporär geltende) Sonderregelungen erlassen. Ein Überblick über diese ist unerlässlich, da diesen im Hinblick auf die Maßnahmen, die der Gesetz- bzw. Verordnungsgeber in künftigen Pandemien wählen wird, eine Indikatorfunktion zukommt. Gleichwohl kann aufgrund des immensen Umfangs nicht auf jede einzelne Sonderregelung eingegangen werden.[1340]

aa) Gesetz zur befristeten krisenbedingten Verbesserung der Regelungen für das Kurzarbeitergeld

Bereits am 13. März 2020 wurde das Gesetz zur befristeten krisenbedingten Verbesserung der Regelungen für das Kurzarbeitergeld erlassen.[1341] Hiermit wurde u.a. § 109 SGB III um einen Abs. 5 ergänzt, demzufolge die Bundesregierung insbesondere[1342] ermächtigt wird, für den Fall außergewöhnlicher Verhältnisse auf dem Arbeitsmarkt durch Rechtsverordnung, die nicht der Zustimmung des Bundesrates bedarf, abweichend von § 96 Abs. 1 S. 1 Nr. 4 SGB III den Anteil der in dem Betrieb beschäftigten Arbeitnehmer, die vom Entgeltausfall betroffen sein müssen, auf bis zu zehn Prozent herabzusetzen. Die Verordnung ist zeitlich zu befristen, die Ermächtigung trat mit Ablauf des 31. März 2022 außer Kraft, § 109 Abs. 5 S. 2 und S. 3 SGB III a.F.[1343] Anschließend wurde § 109 Abs. 5 SGB III neu gefasst. Bis zum 30. September 2022 ermächtigt dieser nun

---

1340 Für ausführliche Informationen zum erleichterten Kurzarbeitergeld siehe *BMAS*, Erleichtertes Kurzarbeitergeld, Stand: 01.07.2022, abrufbar unter: https://www.bmas.de/DE/Corona/erleichtertes-kurzarbeitergeld.html.

1341 Siehe BGBl. I 2020, 493.

1342 Die Bundesregierung wird darüber hinaus ermächtigt, abweichend von § 96 Abs. 4 S. 2 Nr. 3 auf den Einsatz negativer Arbeitszeitsalden zur Vermeidung von Kurzarbeit vollständig oder teilweise zu verzichten und eine vollständige oder teilweise Erstattung der von den Arbeitgebern allein zu tragenden Beiträge zur Sozialversicherung für Arbeitnehmer, die Kurzarbeitergeld beziehen, einzuführen.

1343 Zuletzt geändert durch BGBl. I 2021, 5162 (5172).

die Bundesregierung, für den Fall außergewöhnlicher Verhältnisse auf dem Arbeitsmarkt durch eine zeitlich zu befristende Rechtsverordnung, die nicht der Zustimmung des Bundesrates bedarf, eine vollständige oder teilweise Erstattung der von den Arbeitgebern allein zu tragenden Beiträge zur Sozialversicherung für Arbeitnehmerinnen und Arbeitnehmer, die Kurzarbeitergeld beziehen, einzuführen.

bb) Kurzarbeitergeldverordnung (KugV)

Auf der Grundlage des § 109 Abs. 5 SGB III a.F. hat die Bundesregierung sodann am 25. März 2020 die Kurzarbeitergeldverordnung[1344] erlassen, die rückwirkend zum 1. März 2020 in Kraft trat.[1345] Diese beinhaltete im Wesentlichen Absenkungen der Anforderungen für die Gewährung von Kurzarbeitergeld, darunter die Absenkung der Schwelle des § 96 Abs. 1 S. 1 Nr. 4 SGB III auf zehn Prozent der betroffenen Arbeitnehmer, § 1 Nr. 1 KugV. Zudem galt § 96 Abs. 4 S. 2 Nr. 3 SGB III nicht für den Aufbau negativer Arbeitszeitsalden, § 1 Nr. 2 KugV. Darüber hinaus wurde der Arbeitgeber entlastet, indem diesem für Arbeitsausfälle – verlängert durch die KugverlV – letztlich bis zum 31. März 2022 die von ihm während des Bezugs von Kurzarbeitergeld nach § 95 SGB III allein zu tragenden Sozialversicherungsbeiträge auf Antrag von der Bundesagentur für Arbeit erstattet werden, vgl. § 2 Abs. 1 S. 1 KugV. In Betrieben, in welchen „Kurzarbeit Null" eingeführt, also die Arbeitszeit auf Null reduziert wurde, fielen so gar keine Lohnkosten mehr an. Zuletzt wird die Kurzarbeit auch für Leiharbeitnehmer geöffnet, siehe § 3 KugV.

cc) Sozialschutz-Pakete

Mittels mehrerer sog. Sozialschutz-Pakete wurden u.a. weitere Sonderregelungen bezüglich der Kurzarbeit erlassen. So wurde mit dem ersten Sozialschutz-Paket vom 27. März 2020[1346] § 421c in das SGB III eingefügt, der vorübergehende Sonderregelungen im Zusammenhang mit der Kurzarbeit zum Gegenstand

---

1344 Siehe BGBl. I 2020, 595.

1345 Siehe BGBl. I 2020, 595. Zur KugV wurden zahlreiche Änderungsverordnungen erlassen. Siehe dazu etwa *BMAS*, Änderung der Kurzarbeitergeldverordnung, abrufbar unter: https://www.bmas.de/DE/Service/Gesetze-und-Gesetzesvorhaben/erste-aenderung-kurzarbeitergeldverordnung.html.

1346 BGBl. I 2020, 575 ff. Für einen Überblick über die Sozialschutzpakete siehe *BMAS*, Sozialschutz-Pakete, Stand: 10.03.2021, abrufbar unter: https://www.bmas.de/DE/Corona/sozialschutz-paket.html.

hatte bzw. hat. Dieser regelte, dass in der Zeit vom 1. April 2020 bis 31. Oktober 2020 abweichend von § 106 Abs. 3 SGB III, Entgelt aus einer anderen, während des Bezugs von Kurzarbeitergeld aufgenommenen Beschäftigung in systemrelevanten Branchen und Berufen dem Ist-Entgelt nicht hinzugerechnet wird, soweit das Entgelt aus der neu aufgenommenen Beschäftigung zusammen mit dem Kurzarbeitergeld und dem verbliebenen Ist-Entgelt aus der ursprünglichen Beschäftigung die Höhe des Soll-Entgelts aus der Beschäftigung, für die Kurzarbeit gezahlt wird, nicht übersteigt.

Ausweislich Abs. 1 der aktuellen Fassung der Regelung wurde bis zum 30. Juni 2022 Entgelt aus einer geringfügigen Beschäftigung, die während des Bezugs von Kurzarbeitergeld aufgenommen worden ist, abweichend von § 106 Abs. 3 SGB III dem Ist-Entgelt nicht zugerechnet.

Als Nachfolger des ersten Sozialschutz-Pakets hat der Gesetzgeber das Sozialschutz-Paket II[1347] vom 20. Mai 2020 beschlossen. Einer der wesentlichsten Inhalte des Pakets war es, dass das Kurzarbeitergeld abweichend von § 105 SGB III bis zum 31. Dezember 2020 für Arbeitnehmer mit Unterhaltsverpflichtung ab dem vierten Bezugsmonat auf 77 % und ab dem siebten Bezugsmonat auf 87% und für die übrigen Arbeitnehmer auf 70 % bzw. 80 % erhöht wurde, vgl. Artikel 1 2. b) des Sozialschutz-Pakets II. Diese Erhöhung, die Gegenstand von § 421c Abs. 2 SGB III war, galt bis zum 30. Juni 2022.[1348]

Im März 2021 wurde das Sozialschutz-Paket III[1349] beschlossen, das der Vollständigkeit halber erwähnt werden soll, aber keine Regelungen zur Kurzarbeit beinhaltet.

dd) Kurzarbeitergeldbezugsdauerverordnung (KugBeV)

Darüber hinaus wurden zwei KugBeV erlassen, deren Ziel die Verlängerung der Bezugsdauer für das Kurzarbeitergeld war. Gegenstand der ersten KugBeV vom 16. April 2020[1350] war es, die Bezugsdauer für das Kurzarbeitergeld für Arbeitnehmer, deren Anspruch auf Kurzarbeitergeld bis zum 31. Dezember 2019 entstanden ist, auf bis zu 21 Monate, längstens bis zum 31. Dezember 2020, zu verlängern, vgl. § 1 KugBeV. Diese Verordnung trat mit Wirkung vom 31. Januar 2020 in und am 31. Dezember 2020 außer Kraft, § 2 Abs. 1 KugBeV. Gegenstand

---

1347 BGBl. I 2020, 1055 ff.; siehe hierzu *Fuhlrott/Oltmanns*, ArbRAktuell 2020, 275.

1348 Siehe *BMAS*, Erleichtertes Kurzarbeitergeld, Stand: 01.07.2022, abrufbar unter: https://www.bmas.de/DE/Corona/erleichtertes-kurzarbeitergeld.html.

1349 BGBl. I 2021, 335 ff.

1350 BGBl. I 2020, 801 ff.

der zweiten KugBeV vom 12. Oktober 2020[1351] war es sodann, die Bezugsdauer für das Kurzarbeitergeld für Arbeitnehmer, deren Anspruch auf Kurzarbeitergeld bis zum 31. Dezember 2020 entstanden ist, bis zu 24 Monate, längstens bis zum 31. Dezember 2021, zu verlängern.

ee) Kurzarbeitergeldverlängerungsverordnung (KugverlV)

Als Nachfolger der KugBeV verlängert die KugverlV vom 30. November 2021 die Bezugsdauer des Kurzarbeitergeldes noch einmal und zudem im Wesentlichen die Maßnahmen der KugV bis zum 31. März 2022.[1352]

4. Einführung von Home-Office

Zuletzt ist knapp die Möglichkeit, Home-Office mittels Änderungskündigung einzuführen, anzusprechen.[1353] Voraussetzung derselben ist, dass personen- oder betriebsbedingte Gründe einer Leistungserbringung außerhalb des häuslichen Arbeitsplatzes entgegenstehen und abgesehen von der Leistungserbringung im Home-Office keine alternative Beschäftigungsmöglichkeit in Betracht kommt.[1354]

Der Home-Office-Einführung mittels Änderungskündigung kommt im Pandemiefall nach der hier vertretenen Auffassung jedoch keine Relevanz zu, da die Leistungserbringung im Home-Office mittels (erweiterten) Direktionsrechts

---

1351 BGBl. I 2020, 2165 ff.

1352 Für eine aktuelle Übersicht siehe *BMAS*, Erleichtertes Kurzarbeitergeld, Stand: 01.07.2022, abrufbar unter: https://www.bmas.de/DE/Corona/erleichtertes-kurzarbeitergeld.html.

1353 Von der grundsätzlichen Möglichkeit, Home-Office mittels Änderungskündigung einzuführen, ausgehend u.a. *Sievers*, jM 2020, 189 (192); *Schulze/Helmrich*, ArbRAktuell 2020, 162 (165); *Schiefer*, DB 2021, 114 (115); *Müller*, FA 2020, 123 (124); *Krieger/Rudnik/Povedano Peramato*, NZA 2020, 473 (475); die Einführung von Home-Office mittels Änderungsvereinbarung nur in „Krisen oder Notsituationen" bejahend *Temming*, in: Preis (Hrsg.), Der Arbeitsvertrag, 6. Aufl. 2020, Telearbeit/Arbeiten im Home, Mobile und Global Office Rn. 30; nach Auffassung des ArbG Köln, Urt. v. 20.05.2021 – 8 Ca 7667/20, juris „[…] können und müssen [Homeoffice- bzw. Mobile Office Vereinbarungen] ihrem Wesen nach Gegenstand einer einvernehmlichen Vereinbarung (grds. auf einzelvertraglicher Ebene, hinsichtlich der Rahmenbedingungen selbstverständlich auch durch Betriebsvereinbarung oder Tarifvertrag) sein. Sie können aber keinen geeigneten Gegenstand eines Änderungsangebots im Rahmen einer Änderungskündigung darstellen."

1354 *Müller*, FA 2020, 123 (124).

angeordnet werden kann[1355] und eine Änderungskündigung zu diesem Zweck deshalb nicht verhältnismäßig wäre.

So hatte auch das ArbG Berlin mit Urteil vom 10. August 2020 befunden, dass die Weisung, die Arbeitsleistung im Home-Office zu erbringen, als milderes Mittel zur Änderungskündigung mit dem Angebotsinhalt, an einem anderen Arbeitsort tätig zu werden, anzusehen ist.[1356] Zwar hat das LAG Berlin-Brandenburg als zuständiges Berufungsgericht am 24. März 2021 klargestellt, dass „[d]as Angebot eines Homeoffice Arbeitsplatzes […] zumindest dann keine mildere Maßnahme im Rahmen einer Änderungskündigung sein [kann], wenn es Teil der unternehmerischen Entscheidung ist, bestimmte Arbeitsplätze in der Zentrale des Arbeitgebers zu konzentrieren und für diese Arbeitsplätze kein Homeoffice Arbeitsplatz anzubieten."[1357] In der hier zu beleuchtenden Konstellation geht es aber um die arbeitgeberseitige Möglichkeit, Home-Office mittels Änderungskündigung einzuführen, die nach überwiegender Auffassung besteht.[1358]

5. *Mitbestimmung des Betriebsrats*

Sofern ein Betriebsrat gewählt wurde, ist dieser auch bei der Änderungskündigung anzuhören, und der Arbeitgeber hat diesem die Kündigungsgründe mitzuteilen, § 102 Abs. 1 S. 1 und 2 BetrVG. Andernfalls ist die Kündigung unwirksam, vgl. § 102 Abs. 1 S. 3 BetrVG.

1355 Siehe Teil 3 Kapitel 4 B. II.

1356 ArbG Berlin, Urt. v. 10.08.2020 – 19 Ca 13189/19, BeckRS 2020, 38153.

1357 LAG Berlin-Brandenburg, Urt. v. 24.03.2021 – 4 Sa 1243/20.

1358 Von der grundsätzlichen Möglichkeit, Home-Office mittels Änderungskündigung einzuführen, ausgehend u.a. *Sievers*, jM 2020, 189 (192); *Schulze/Helmrich*, ArbRAktuell 2020, 162 (165); *Schiefer*, DB 2021, 114 (115); *Müller*, FA 2020, 123 (124); *Krieger/Rudnik/Povedano Peramato*, NZA 2020, 473 (475); die Einführung von Home-Office mittels Änderungsvereinbarung nur in „Krisen oder Notsituationen" bejahend *Temming*, in: Preis (Hrsg.), Der Arbeitsvertrag, 6. Aufl. 2020, Telearbeit/Arbeiten im Home, Mobile und Global Office Rn. 30; nach Auffassung des ArbG Köln, Urt. v. 20.05.2021 – 8 Ca 7667/20, juris „können und müssen [Homeoffice- bzw. Mobile Office Vereinbarungen] ihrem Wesen nach Gegenstand einer einvernehmlichen Vereinbarung (grds. auf einzelvertraglicher Ebene, hinsichtlich der Rahmenbedingungen selbstverständlich auch durch Betriebsvereinbarung oder Tarifvertrag) sein. Sie können aber keinen geeigneten Gegenstand eines Änderungsangebots im Rahmen einer Änderungskündigung darstellen."

Zudem steht dem Betriebsrat bezüglich der Einführung von Kurzarbeit aus § 87 Abs. 1 Nr. 3 BetrVG ein zwingendes Mitbestimmungsrecht zu.[1359] Das Mitbestimmungsrecht erstreckt sich allerdings nur auf die temporäre Reduzierung der Arbeitszeit, Fragen zur Vergütung sind hingegen nicht erfasst.[1360] Die zu beachtenden Mitbestimmungsrechte im Fall der Home-Office-Einführung wurden bereits behandelt.[1361]

Es ist darauf hinzuweisen, dass der Arbeitgeber bei einem gewählten Betriebsrat auch mit diesem die Einführung von Kurzarbeit und Home-Office verhandeln kann, da für beide Änderungen auch eine Betriebsvereinbarung nach § 77 Abs. 2 BetrVG als Rechtsgrundlage in Betracht kommt. Sollte eine Einigung nicht erzielt werden, besteht gemäß § 87 Abs. 2 S. 1 BetrVG die Möglichkeit, die Einigungsstelle anzurufen, deren Spruch die Einigung zwischen Arbeitgeber und Betriebsrat ersetzt, § 87 Abs. 2 S. 2 BetrVG. Der Abschluss einer Betriebsvereinbarung ist dem Ausspruch zahlreicher Änderungskündigungen schon aus Praktikabilitätsgründen vorzuziehen. Denn zum einen erfordert die Erklärung zahlreicher Änderungskündigungen einen hohen bürokratischen Aufwand, zum anderen ist davon auszugehen, dass nicht alle Arbeitnehmer das Änderungsangebot annehmen werden. Zudem muss ggf. auch § 17 KSchG beachtet werden. Dieser schreibt eine Anzeigepflicht des Arbeitgebers bei einer bestimmten Anzahl an Entlassungen – worunter auch Änderungskündigungen fallen[1362] – im Verhältnis zu den Beschäftigten vor.[1363] Unterlässt der Arbeitgeber die Anzeige, obwohl er gemäß § 17 Abs. 1 KSchG dazu verpflichtet ist, sind die Kündigungen gemäß § 134 BGB nichtig.[1364]

1359 *Zieglmeier*, DStR 2020, 729 (730); *Geulen/Vogt*, ArbRAktuell 2020, 181 (182); *Tödtmann*, in: ders./v. Bockelmann (Hrsg.), Arbeitsrecht in Not- und Krisenzeiten, B. Rn. 203.

1360 *Röder/Chakrabarti*, DB 2020, 1960.

1361 Siehe Teil 3 Kapitel 4 B. II. 3.

1362 BAG, Urt. v. 20.02.2014 – 2 AZR 346/12, NZA 2014, 1069.

1363 So trifft den Arbeitgeber etwa eine Anzeigepflicht bei der Agentur für Arbeit, bevor er in Betrieben mit in der Regel mehr als 20 und weniger als 60 Arbeitnehmern mehr als 5 Arbeitnehmer innerhalb von 30 Kalendertagen entlässt, vgl. § 17 Abs. 1 S. 1 Nr. 1 KSchG. Die Nr. 2 und 3 normieren die Anzeigepflicht für personell größere Betriebe.

1364 BAG, Urt. v. 13.06.2019 – 6 AZR 459/18, NZA 2019, 1638 (1640) Rn. 22.

III. Zusammenfassung

Der Arbeitgeber hat im Pandemiefall nach dem hier gewählten Aufbau zwei Möglichkeiten, über die im Rahmen des (erweiterten) Weisungsrechts zulässigen Ausgestaltungsmöglichkeiten hinaus arbeitsvertragliche Modalitäten zu verändern. Erstens kann der Arbeitgeber den Arbeitnehmer in bestimmten Situationen einseitig freistellen. Dies ist der Fall, wenn der Arbeitgeber keinen ausreichenden Schutz im Betrieb gewährleisten kann oder der Arbeitnehmer im Hinblick auf eine pandemische Infektion als Risikoperson oder als Kranker zu qualifizieren ist.

Zweitens steht dem Arbeitgeber das Instrument der Änderungskündigung gemäß § 2 KSchG zur Verfügung. Zwar ermöglicht die Änderungskündigung dem Arbeitgeber nicht die einseitige Neugestaltung der arbeitsvertraglichen Bedingungen, wird aber aufgrund dessen, dass der Arbeitnehmer in der Regel seinen Arbeitsplatz sichern will, häufig arbeitnehmerseitig akzeptiert werden. Im Hinblick auf die mit einem Pandemiefall einhergehenden finanziellen Auswirkungen auf den Betrieb ist zunächst an die Änderungskündigung zur bloßen Entgeltreduzierung zu denken. Allerdings unterliegt diese strengen Voraussetzungen, bspw. muss ein umfassender Sanierungsplan bestehen. Die außerordentliche Änderungskündigung zu diesem Zweck ist nur gerechtfertigt, um der konkreten Insolvenz zu begegnen. Da in einer Pandemie in der Regel aber nicht nur die betriebliche Notwendigkeit besteht, Kosten zu reduzieren, sondern auch weniger Arbeitskraft benötigt werden wird, ist vorrangig an die Einführung von Kurzarbeit zu denken, die *ultima ratio* auch mittels Änderungskündigung eingeführt werden kann. Dies gilt freilich nur, wenn keine andere Rechtsgrundlage in Betracht kommt. Bezüglich der Voraussetzungen der Änderungskündigung zur Einführung von Kurzarbeit fehlt es bisher an höchstrichterlichen Vorgaben. Nach Auffassung des ArbG Stuttgart können die strengen Maßstäbe bezüglich der Änderungskündigung zur Entgeltreduzierung aber nicht übertragen werden. Maßgeblich ist vielmehr, dass die Verhältnismäßigkeit der Änderungskündigung dadurch gewahrt wird, dass „[…] insbesondere eine entsprechende Ankündigungsfrist und eine Begrenzung der Dauer der (möglichen) Kurzarbeit vorliegen sowie der Umstand [gegeben ist], dass Kurzarbeit nur dann eingeführt werden kann, wenn die entsprechenden Voraussetzungen zur Gewährung von Kurzarbeitergeld auch in der Person des Arbeitnehmers […] vorliegen."[1365]

1365 ArbG Stuttgart, Urt. v. 22.10.2020 – 11 Ca 2950/20, COVuR 2021, 59. Eine Ankündigungsfrist von drei Wochen wird als verhältnismäßig erachtet. Siehe ArbG Stuttgart, Urt. v. 22.10.2020 – 11 Ca 2950/20, COVuR 2021, 59 (62) Rn. 22.

Schließlich ist auch die Möglichkeit anerkannt, Home-Office mittels Änderungskündigung einzuführen. Dieser kommt nach der hier vertretenen Auffassung jedoch kaum Bedeutung zu, da die Leistungserbringung im Home-Office in der pandemischen Ausnahmesituation schon mittels (erweiterten) Weisungsrechts vorübergehend angeordnet werden kann.

Sofern ein Betriebsrat gewählt wurde, sind stets dessen Mitbestimmungsrechte zu berücksichtigen. In diesem Fall bietet sich in der Praxis jedoch ohnehin der Abschluss einer Betriebsvereinbarung anstelle der Erklärung der Änderungskündigungen an.

D. Relevante Beendigungsmöglichkeiten in der Pandemie

Zuletzt wird dargestellt, welche Beendigungsmöglichkeiten sich dem Arbeitgeber im Pandemiefall bieten. Der Aufbau unterteilt sich wie schon im allgemeinen Teil[1366] in die ordentliche (I.) und außerordentliche Beendigungskündigung (II.). Insbesondere ist stets zu beachten, dass es nach dem *Ultima-ratio*-Prinzip keine mildere Maßnahme geben darf.

I. Ordentliche Kündigung

Wie im Normalfall muss die ordentliche Kündigung des Arbeitgebers auch im Pandemiefall sozial gerechtfertigt sein, wenn der Geltungsbereich des KSchG eröffnet ist.[1367] Sie kann daher wirksam nur personen-, verhaltens- oder betriebsbedingt erfolgen, vgl. § 1 Abs. 2 S. 1 KSchG. Maßgeblich dabei ist, dass der Arbeitgeber die Tatsachen zu beweisen hat, die die Kündigung bedingen, § 1 Abs. 2 S. 4 KSchG.

1. Personenbedingte Kündigung

Wie bereits dargestellt,[1368] setzt die wirksame personenbedingte Kündigung zunächst voraus, dass dem Arbeitnehmer die Fähigkeit und Eignung fehlt, die vertraglich geschuldete Arbeitsleistung zu erbringen und „[…] mit der

---

1366 Siehe Teil 2 Kapitel 2 D.

1367 Siehe Teil 2 Kapitel 2 D. I. 1. Zur Unwirksamkeit einer Kündigung wegen einer behördlich angeordneten häuslichen Quarantäne des Arbeitnehmers zum Zwecke des Infektionsschutzes aufgrund der COVID-19-Pandemie außerhalb des KSchG siehe ArbG Köln, Urt. v. 15.04.2021 – 8 Ca 7334/20, NZA-RR 2021, 306.

1368 Siehe Teil 2 Kapitel 2 D. I. 2.

alsbaldigen Wiederherstellung der Fähigkeit und Eignung zur ordnungsgemäßen Erbringung der Arbeitsleistung nicht gerechnet werden kann […].“[1369]

a) Wegen Krankheit

Die Krankheit des Arbeitnehmers stellt grundsätzlich den relevantesten Anwendungsfall der personenbedingten Kündigung dar. Wie relevant die krankheitsbedingte Kündigung in einer Pandemie sein wird, hängt von der jeweiligen pandemischen Erkrankung und deren Auswirkungen ab. Im Fall der Erkrankung an COVID-19 werden in den meisten Fällen die Voraussetzungen für eine personenbedingte Kündigung nicht gegeben sein, da erkrankte Personen in der Regel nach spätestens 14 Tagen wieder vollständig genesen sind.[1370] Gleichwohl können auch bei Personen, die vergleichsweise milde Krankheitsverläufe erlitten haben, Langzeitbeeinträchtigungen (Stichwort: „Long Covid“[1371]) verbleiben und sich so über einen längeren Zeitraum auf die Fähigkeit und Eignung, die Arbeitsleistung ordnungsgemäß zu erbringen, negativ auswirken. In derartigen Fällen kann die ordentliche Kündigung als personenbedingte Kündigung sozial gerechtfertigt sein.

Die Prüfung der sozialen Rechtfertigung erfolgt in drei Stufen. Die erste Stufe setzt eine negative Prognose bezüglich der voraussichtlichen Dauer der Arbeitsunfähigkeit voraus. Im Rahmen dieser negativen Prognose kann „[…] eine lang andauernde krankheitsbedingte Arbeitsunfähigkeit in der unmittelbaren Vergangenheit […] ein gewisses Indiz für die Fortdauer der Arbeitsunfähigkeit in

---

1369 *Vossen*, in: Linck/Preis/Schmidt (Hrsg.), Kündigungsrecht, 6. Aufl. 2021, § 1 KSchG Rn. 124.

1370 Dies gilt zumindest im Fall eines leichten Krankheitsverlaufs. „Für die akute Krankheitsphase wird mit maximal vier Wochen gerechnet. Bei schweren Verläufen kann die akute Krankheitsphase doppelt so lang anhalten.“ Siehe *BMG*, Long-COVID und Post-COVID – Langzeitfolgen einer COVID-19-Erkrankung, Stand: 23.06.2022, abrufbar unter: https://www.zusammengegencorona.de/informieren/koerperliche-gesundheit/long-covid-langzeitfolgen-einer-covid-19-erkrankung/.

1371 „Long COVID ist ein Sammelbegriff für gesundheitliche Langzeitfolgen, die nach einer akuten Erkrankung an COVID-19 vorhanden sein können. Der Begriff ‚Long COVID‘ umfasst Symptome, die mehr als 4 Wochen nach Beginn der Erkrankung an COVID-19 fortbestehen oder neu auftreten und sich nicht durch eine PCR-bestätigte anhaltende Infektion oder andere Erkrankungen erklären lassen. Menschen, die an Long COVID leiden, sind nicht mehr ansteckend.“ Siehe *BZgA*, Infektion mit dem Coronavirus: Symptome und Krankheitsverlauf, abrufbar unter: https://www.infektionsschutz.de/coronavirus/basisinformationen/symptome-und-krankheitsverlauf/.

der Zukunft dar[stellen].“[1372] Verweisend auf die Rechtsprechung des BAG[1373] geht *Stück* davon aus, dass eine Arbeitsunfähigkeit von mindestens zwei Jahren erforderlich ist oder es „einer dauerhaften erheblichen krankheitsbedingten Leistungsminderung […]“ bedarf und der Arbeitnehmer nicht anderweitig beschäftigt werden kann.[1374] Die zweite Stufe erfordert sodann, dass durch die negative Prognose bezüglich der Dauer der Arbeitsunfähigkeit betriebliche Interessen erheblich beeinträchtigt sein müssen. Schließlich muss eine Interessenabwägung ergeben, dass der Arbeitgeber die Beeinträchtigungen nicht mehr hinnehmen muss.[1375]

Im Hinblick auf die COVID-19-Pandemie sind diese Voraussetzungen selbst bei einem schweren und damit auch längeren Krankheitsverlauf und verbleibenden Langzeitbeeinträchtigungen wohl kaum gegeben.

Praxisrelevanter können jedenfalls im Hinblick auf die COVID-19-Pandemie Fälle sein, in welchen infolge (pandemischer) Erkrankung die Eignung zur ordnungsgemäßen Erbringung der Arbeitstätigkeit entfällt. Beispielhaft zu nennen ist ein Koch, der infolge einer Corona-Erkrankung in seinem Geschmackssinn beeinträchtigt ist.[1376] In diesem Fall kann eine personenbedingte Kündigung gerechtfertigt sein.

b) Wegen fehlenden Impfschutzes

Spätestens seit in der COVID-19-Pandemie jedem Bürger ein Impfangebot gemacht werden konnte, spielt arbeitsrechtlich in vielen Bereichen die Frage, ob ein Arbeitnehmer sich einer Vakzination unterzogen hat, eine entscheidende Rolle.[1377] Eine personenbedingte Kündigung wegen fehlenden Impfschutzes des Arbeitnehmers kann allerdings nur in Betracht kommen, wenn dem Arbeitnehmer mangels Impfung die Eignung fehlt, die vertraglich geschuldete Arbeitsleistung zu erbringen. Diesbezüglich sind grundsätzlich nur zwei Fallgruppen denkbar.

1372 BAG, Urt. v. 13.05.2015 – 2 AZR 565/14, BeckRS 2015, 71891 Rn. 14.

1373 BAG, Urt. v. 13.05.2015 – 2 AZR 565/14, BeckRS 2015, 71891; BAG, Urt. v. 22.10.2015 – 2 AZR 550/14, NZA-RR, 2016, 243.

1374 *Stück*, ArbRAktuell 2021, 70 (72); *Stück*, MDR 2021, 268 (272).

1375 BAG, Urt. v. 13.05.2015 – 2 AZR 565/14, BeckRS 2015, 71891 Rn. 12.

1376 Siehe *Stück*, ArbRAktuell 2021, 70 (72) mit weiteren Beispielen.

1377 So etwa auch bei der Frage des Verschuldens im Rahmen des § 3 EFZG und § 616 BGB.

So kann der fehlende Impfschutz eine personenbedingte Kündigung rechtfertigen, wenn der Arbeitnehmer etwa als Arzt oder Pfleger beschäftigt ist und die zu behandelnden oder versorgenden Personen mangels Impfschutzes gefährdet. Dies gilt insbesondere, wenn – wie in der COVID-19-Pandemie – (mangels Genesenenstatus) eine Impfpflicht dieser Beschäftigtengruppen besteht (siehe § 20a IfSG). Kann der Arbeitnehmer aus diesem Grund die geschuldete Arbeitsleistung nicht mehr vollständig erbringen und ist eine anderweitige Beschäftigung nicht möglich, kann eine personenbedingte Kündigung angedacht werden.[1378] Im Hinblick auf eine anderweitige Beschäftigungsmöglichkeit wird allerdings zu Recht darauf hingewiesen, dass dem Arbeitgeber abhängig von dem Anteil der ungeimpften Arbeitnehmer in der Belegschaft eine Versetzung all dieser auf Arbeitsplätze, an welchen es eines direkten Patientenkontakts nicht bedarf, nicht möglich sein wird.[1379]

Darüber hinaus kann eine personenbedingte Kündigung grundsätzlich in Betracht kommen, wenn der ungeimpfte Arbeitnehmer regelmäßig in Kundenkontakt steht und die Kunden die weitere Betreuung durch den ungeimpften Arbeitnehmer ablehnen. Dies kann sogar so weit führen, dass diese dem Arbeitgeber negative Folgen in Aussicht stellen, wenn der betreffende Arbeitnehmer nicht gekündigt wird. Eine Kündigung aus diesem Grund wird als „echte Druckkündigung" bezeichnet.[1380] Jedoch sind strenge Voraussetzungen an diese Kündigung geknüpft. „Sie kommt nur in Betracht, wenn sich der Arbeitgeber zunächst schützend vor den Betroffenen gestellt und – erfolglos – alles Zumutbare unternommen hat, um den Dritten von seinem Verlangen abzubringen."[1381] Insbesondere sind sämtliche milderen Mittel wie etwa die Möglichkeit einer Versetzung auszuschöpfen.[1382] Zudem müssen erhebliche wirtschaftliche

---

1378 *Fuhlrott/Fischer*, NJW 2021, 657 (660); in diesem Sinne auch *Wittek*, ArbRAktuell 2021, 61 (63); *Pflüger*, ARP 2021, 145 (147).

1379 *Wittek*, ArbRAktuell 2021, 61 (63). *Wittek* bejaht eine Aufklärungspflicht des Arbeitgebers über die Konsequenzen des fehlenden Impfschutzes vor Erklärung der Kündigung, siehe *Wittek*, ArbRAktuell 2021, 61 (62).

1380 *Fuhlrott/Fischer*, NJW 2021, 657 (660). „Eine „echte Druckkündigung" liegt vor, wenn ein Dritter unter Androhung von Nachteilen für den Arbeitgeber die Entlassung eines bestimmten Arbeitnehmers verlangt, obwohl in dessen Verhalten oder Person keine Umstände vorliegen, die objektiv als Kündigungsgrund geeignet wären. Eine solche Kündigung ist an strenge Voraussetzungen gebunden." Siehe BAG, Urt. v. 19.07.2016 – 2 AZR 637/15, NZA 2017, 116.

1381 BAG, Urt. v. 19.07.2016 – 2 AZR 637/15, NZA 2017, 116.

1382 *Thüsing/Bleckmann/Rombey*, COVuR 2021, 66 (70) m.w.N.

Einbußen für den Arbeitgeber zu befürchten sein, wenn er die Druckkündigung nicht ausspricht.[1383] Ob diese Voraussetzungen zu bejahen sind, wird vom jeweiligen Einzelfall abhängen.

2. Verhaltensbedingte Kündigung

Eine verhaltensbedingte Kündigung ist gerechtfertigt, „[...], wenn der Arbeitnehmer mit dem ihm vorgeworfenen Verhalten eine Vertragspflicht – regelmäßig schuldhaft – verletzt, das Arbeitsverhältnis dadurch konkret beeinträchtigt wird, eine zumutbare Möglichkeit einer anderen Beschäftigung nicht besteht und die Lösung des Arbeitsverhältnisses in Abwägung der Interessen beider Vertragsparteien nach den Einzelfallumständen billigenswert und angemessen erscheint."[1384]

Im Folgenden wird ein Überblick über pandemiespezifisch relevante Fallkonstellationen gegeben, in welchen die vom BAG aufgestellten Voraussetzungen erfüllt sein werden.

a) Bei Nichtbeachtung betrieblicher Arbeitsschutzmaßnahmen

Missachtet der Arbeitnehmer bewusst rechtmäßige Weisungen zur Umsetzung von Arbeitsschutzmaßnahmen, etwa das Tragen einer medizinischen Gesichts- oder Atemschutzmaske oder verweigert die Durchführung eines Schnelltests, begeht er eine schuldhafte Pflichtverletzung, die bei wiederholter Begehung trotz Abmahnung eine verhaltensbedingte Kündigung rechtfertigen kann.[1385] Eine Abmahnung kann allerdings insbesondere dann entbehrlich sein, „[…] wenn der Arbeitnehmer die Vertragswidrigkeit kennt, seine Pflichtverletzung aber gleichwohl hartnäckig und uneinsichtig fortsetzt."[1386] Darüber hinaus kann die „[…] Außerachtlassung von elementaren Sicherheitsvorschriften, die zu erheblichen Gesundheitsrisiken führen kann, eine fristlose Kündigung […] rechtfertigen."[1387]

1383 *Fuhlrott/Fischer*, NJW 2021, 657 (660).

1384 BAG, Urt. v. 24.06.2004 – 2 AZR 63/03, NZA 2005, 158.

1385 LAG Rheinland-Pfalz, Urt. v. 14.04.2005 – 11 Sa 810/04, NZA-RR 2006, 194; *Schmidt*, in: Küttner (Begr.), Personalbuch, 29. Aufl. 2022, Stand: 01.01.2022, Kündigung, verhaltensbedingte, A. 3. Rn. 27; *Stück*, ArbRAktuell 2021, 70.

1386 LAG Schleswig-Holstein, Urt. v. 14.08.2007 – 5 Sa 150/07, BeckRS 2007, 47250.

1387 LAG Schleswig-Holstein, Urt. v. 14.08.2007 – 5 Sa 150/07, BeckRS 2007, 47250.

b) Bei ungerechtfertigter Arbeitsverweigerung

Die verhaltensbedingte Kündigung kommt nach erfolgloser Abmahnung zudem in Betracht, wenn der Arbeitnehmer die Arbeitsleistung verweigert, ohne dass ihm ein Leistungsverweigerungsrecht (etwa nach § 273 Abs. 1 BGB oder § 275 Abs. 3 BGB) zusteht.[1388]

c) Bei außerbetrieblichem Fehlverhalten

Außerbetriebliches Fehlverhalten kann eine verhaltensbedingte Kündigung grundsätzlich nicht rechtfertigen. Denn „[d]ie Gestaltung des privaten Lebensbereiches steht außerhalb der Einflußsphäre des Arbeitgebers und wird durch arbeitsvertragliche Pflichten nur insoweit eingeschränkt, als sich das private Verhalten auf den betrieblichen Bereich auswirkt und dort zu Störungen führt [...].“[1389] Nach der hier vertretenen Auffassung führt die Nichtbefolgung von behördlichen Schutzmaßnahmen aber in der Regel zu einem erhöhten Infektionsrisiko des Arbeitnehmers, das sich, sofern es sich realisiert, nachteilig auf den Betrieb auswirken kann.[1390] Insbesondere kann dadurch ein Infektionsgeschehen im Betrieb ausgelöst werden. Aus diesem Grund kann nach der hier vertretenen Auffassung auch die wiederholte außerbetriebliche Nichtbefolgung behördlicher Schutzmaßnahmen nach erfolgloser Abmahnung eine verhaltensbedingte Kündigung rechtfertigen.[1391] In der Praxis dürfte dem beweisbelasteten Arbeitgeber der Nachweis, dass der Arbeitnehmer behördliche Anordnungen in seiner Freizeit nicht befolgt hat, jedoch in der Regel nicht gelingen.

1388 *Beden/Rombey*, BB 2020, 2870 (2876); *Stück*, MDR 2021, 268 (269); *Bonanni*, ArbRB 2020, 110; *Dehmel/Hartmann*, BB 2020, 885 (886); das ArbG Kiel bejaht in einem konkreten Fall sogar die Wirksamkeit einer außerordentlichen Kündigung, siehe Urt. v. 11.03.2021 – 6 Ca 1912 c/20, BeckRS 2021, 7859.

1389 BAG, Urt. v. 23.06.1994 – 2 AZR 617/93, NZA 1994, 1080 (1082).

1390 Siehe auch Teil 3 Kapitel 3 A. III. 3. a).

1391 So nach Auffassung von *Kleinebrink*, „[...] wenn ein Arbeitnehmer in leitender Position nach dem jeweiligen Landesrecht eine Ordnungswidrigkeit iSd § 73 II IfSG begeht.“ Siehe *Kleinebrink*, NZA 2020, 1361 (1367); a.A. *Schmidt*, in: Küttner (Begr.), Personalbuch, 29. Aufl. 2022, Stand: 01.01.2022, Kündigung, verhaltensbedingte, A. 3. Rn. 28; inkonsistent scheint in diesem Zusammenhang *Stück*, MDR 2021, 268 (270), der einerseits in Verstößen gegen verbindliche Schutzmaßnahmen kein kündigungsbegründendes Verhalten sieht, ein solches aber bei bewusst erhöhtem Infektionsrisiko des Arbeitnehmers bejaht.

d) Wegen unterlassener Schutzimpfung

Da nach der in dieser Arbeit vertretenen Ansicht eine Weisung zur Durchführung bzw. Duldung einer Schutzimpfung grundsätzlich nicht rechtmäßig erteilt werden kann, kommt eine verhaltensbedingte Kündigung bei Verweigerung einer entsprechenden Anordnung nicht in Betracht.[1392]

e) Bei Diebstahl von Schutzausrüstung

Auch wenn es sich im Grundsatz hierbei nicht um eine pandemiespezifische Fallkonstellation handelt, ist der Diebstahl von Schutzausrüstung als Fallgruppe zu nennen, die eine verhaltensbedingte Kündigung rechtfertigen kann. In diesem Zusammenhang von größerer praktischer Bedeutung ist allerdings, dass in der Regel sogar die Voraussetzungen für eine außerordentliche Kündigung vorliegen dürften.[1393] Denn „[...] zum Nachteil des Arbeitgebers begangene Eigentums- oder Vermögensdelikte [...] kommen typischerweise – unabhängig vom Wert des Tatobjekts und der Höhe eines eingetretenen Schadens –als Grund für eine außerordentliche Kündigung in Betracht."[1394] Gleichwohl kann unter Berücksichtigung aller Umstände des Einzelfalles und der Abwägung der widerstreitenden Interessen die (fristlose) Kündigung nicht gerechtfertigt sein. So kann es bei langer Betriebszugehörigkeit ohne vergleichbares Fehlverhalten aus Verhältnismäßigkeitsgesichtspunkten geboten sein, zunächst eine Abmahnung auszusprechen.[1395]

3. Betriebsbedingte Kündigung

Eine Kündigung ist auch sozial gerechtfertigt, wenn sie durch dringende betriebliche Erfordernisse, die einer Weiterbeschäftigung des Arbeitnehmers entgegenstehen, bedingt ist, vgl. § 1 Abs. 2 S. 1 KSchG. Der lapidare Verweis auf pandemiebedingte Umsatzeinbußen genügt den Anforderungen einer betriebsbedingten Kündigung nicht.[1396]

Der betriebsbedingten Kündigung wird insbesondere unter Berücksichtigung der Erfahrungen der COVID-19-Pandemie nur nachrangige Bedeutung zukommen. Denn als arbeits- und sozialrechtliches Instrument zur

---

1392 In diesem Sinne *Fuhlrott/Fischer*, NJW 2021, 657 (659).

1393 Siehe dazu Teil 3 Kapitel 4 D. II.

1394 BAG, Urt. v. 10.06.2010 – 2 AZR 541/09, NZA 2010, 1227 (1229).

1395 Vgl. BAG, Urt. v. 10.06.2010 – 2 AZR 541/09, NZA 2010, 1227.

1396 Siehe etwa ArbG Berlin, Urt. v. 10.09.2020 – 34 Ca 6664/20, BeckRS 2020, 4068; ArbG Berlin, Urt. v. 25.08.2020 – 34 Ca 6667/20, BeckRS 2020, 4106.

Pandemiebekämpfung hat sich die Kurzarbeit bewährt, die zum einen ein milderes Mittel im Verhältnis zur Kündigung darstellt[1397] und zum anderen der betriebsbedingten Kündigung grundsätzlich auch entgegensteht, wenn Arbeitnehmer im Betrieb in Kurzarbeit beschäftigt sind. Denn da die Kurzarbeit einen vorübergehenden Arbeitsausfall voraussetzt, spricht diese gegen den für die betriebsbedingte Kündigung erforderlichen dauerhaft gesunkenen Beschäftigungsbedarf.[1398]

„Entfällt der Beschäftigungsbedarf [allerdings] für einzelne von der Kurzarbeit betroffene Arbeitnehmer auf Grund weiterer, später eingetretener Umstände dauerhaft, kann trotz der Kurzarbeit ein dringendes betriebliches Erfordernis für eine Kündigung vorliegen.[1399] Dies setzt voraus, dass der Arbeitgeber die Möglichkeiten zur Reduzierung der geschuldeten Arbeitszeit, die ihm die Regelungen zur Kurzarbeit bieten, in vollem Umfang ausgeschöpft hat."[1400] Auch wenn der Arbeitnehmer sich auf die Kurzarbeit nicht einlässt, kommt arbeitgeberseitig eine betriebsbedingte Kündigung in Betracht.[1401] Dabei müssen die üblichen Voraussetzungen der betriebsbedingten Kündigung gegeben sein. Insbesondere ist zu berücksichtigen, dass die Sozialauswahl keinesfalls vernachlässigt werden darf; nur bei dauerhafter und vollständiger Stilllegung des Betriebs ist diese entbehrlich.[1402]

Abschließend ist darauf hinzuweisen, dass ggf. § 17 KSchG beachtet werden muss. Hiernach besteht insbesondere eine Anzeigepflicht gegenüber der Agentur für Arbeit, wenn der Arbeitgeber innerhalb von 30 Kalendertagen abhängig von der Anzahl der regelmäßig Beschäftigten einen bestimmten Anteil der Arbeitnehmer entlässt, vgl. § 17 Abs. 1 S. 1 KSchG.

1397 *Geulen/Vogt*, ArbRAktuell 2020, 181 (183).

1398 BAG, Urt. v. 23.02.2012 – 2 AZR 548/10, NZA 2012, 852; ArbG Berlin, Urt. v. 05.11.2020 – 38 Ca 4569/20, COVuR, 701; dazu auch LAG München, Urt. v. 05.05.2021 – 5 Sa 938/20, BeckRS 2021, 15259. Zum Verhältnis von Kurzarbeit und betriebsbedingten Beendigungskündigungen siehe auch *Schmädicke/Stark*, ArbRAktuell 2020, 278 ff.

1399 Auch in dem Zeitraum, in dem Kurzarbeit geleistet wird, besteht die Möglichkeit der personen- und verhaltensbedingten Kündigung, siehe *Zieglmeier*, DStR 2020, 729 (734).

1400 BAG, Urt. v. 23.02.2012 – 2 AZR 548/10, NZA 2012, 852.

1401 *Eckert*, DStR 2020, 987 (988).

1402 *Menke/Matheja*, in: Römermann (Hrsg.), Leitfaden für Unternehmen in der Covid-19 Pandemie, 2020, Teil 8. Arbeitsrecht, Rn. 101.

II. *Außerordentliche Kündigung*

Die allgemeinen Maßstäbe zur außerordentlichen Kündigung gelten auch im Pandemiefall. Insbesondere kommt ein pandemiebedingtes außerordentliches Kündigungsrecht nicht in Betracht.[1403] Mithin müssen Tatsachen vorliegen, auf Grund derer dem Arbeitgeber unter Berücksichtigung aller Umstände des Einzelfalles und unter Abwägung der Interessen beider Vertragsteile die Fortsetzung des Dienstverhältnisses bis zum Ablauf der Kündigungsfrist oder bis zu der vereinbarten Beendigung des Dienstverhältnisses nicht zugemutet werden kann, vgl. § 626 Abs. 1 BGB.[1404] Vor dem Hintergrund einer Pandemie ist besonders relevant, dass auch eine erhebliche Nebenpflichtverletzung eine außerordentliche Kündigung rechtfertigen kann.[1405]

Ob diese Voraussetzungen vorliegen, ist stets einzelfallabhängig zu prüfen. Im Folgenden kann daher lediglich eine Auswahl an Fällen dargestellt werden, in welchen die Rechtsprechung in der COVID-19-Pandemie die Wirksamkeit außerordentlicher Kündigungen bestätigt hat.

So kann eine außerordentliche Kündigung gerechtfertigt sein, wenn ein Arbeitnehmer wesentliche Sicherheitsbestimmungen, deren Nichtbeachtung erhebliche Gesundheitsrisiken nach sich ziehen kann, vernachlässigt.[1406] Auch die Nichtbeachtung von Corona-Schutzvorschriften dürfte einen wichtigen Grund i.S.d. § 626 Abs. 1 BGB darstellen.[1407] So rechtfertigt u.a. „[...] die Verweigerung eines Mund-Nase-Schutzes eines Lehrers in der Schule [...] eine außerordentliche Kündigung."[1408] Ebenso kann die Vorlage einer Kopie eines

---

1403 *Menke/Matheja*, in: Römermann (Hrsg.), Leitfaden für Unternehmen in der Covid-19 Pandemie, 2020, Teil 8. Arbeitsrecht, Rn. 92 ff; ferner ist darauf hinzuweisen, dass die zweiwöchige Frist, innerhalb der die außerordentliche Kündigung gemäß § 626 Abs. 2 BGB zu erfolgen hat, trotz der Erschwernisse durch die COVID-19-Pandemie gewahrt werden muss. Diese „[...] führen weder zur Unmöglichkeit der Einhaltung noch zu einer Hemmung der 2-Wochen-Frist [...]." Siehe LAG Berlin-Brandenburg, Urt. v. 31.03.2021 – 23 Sa 1381/20, ArbRAktuell 2021, 301.

1404 Zu einzelnen Beispielen siehe *Niemann*, in: Müller-Glöge/Preis/Schmidt (Hrsg.), ErfK, 22. Aufl. 2022, § 626 BGB Rn. 61 ff.

1405 BAG, Urt. v. 02.03.2006 – 2 AZR 53/05, NZA-RR 2006, 636 (638).

1406 LAG Schleswig-Holstein, Urt. v. 14.08.2007 – 5 Sa 150/07, BeckRS 2007, 47250.

1407 So etwa *Kleinebrink*, NZA 2020, 1361 (1364 f.).

1408 LAG Berlin-Brandenburg, Urt. v. 07.10.2021 – 10 Sa 867/21, BeckRS 2021, 29624.

gefälschten Impfausweises zur außerordentlichen Kündigung berechtigen.[1409] Zudem kann eine außerordentliche Kündigung gerechtfertigt sein, wenn ein Arbeitnehmer die Arbeitsleistung im Betrieb nachdrücklich verweigert, um nicht den Ausfall einer anstehenden Urlaubsreise wegen einer Infektion mit dem Erreger SARS-Cov-2 zu riskieren.[1410] Als pandemiespezifisches Beispiel einer eigentlich bekannten Fallgruppe der außerordentlichen Kündigung ist – unter besonderer Berücksichtigung der pandemischen Umstände – der Diebstahl einer Flasche Desinfektionsmittel zu nennen.[1411] Ferner hat das LAG Düsseldorf etwa auch entschieden, dass „[d]as vorsätzliche Anhusten eines Arbeitskollegen mit den Worten 'Ich hoffe, Du bekommst Corona' […] auch ohne vorherige Abmahnung zur außerordentlichen fristlosen Kündigung durch den Arbeitgeber [berechtigt].“[1412]

III. Mitbestimmung des Betriebsrats

Sofern ein Betriebsrat gewählt wurde, ist dieser vor jeder Kündigung anzuhören, § 102 Abs. 1 S. 1 BetrVG, da die Anhörung eine Wirksamkeitsvoraussetzung der Kündigung darstellt, vgl. § 102 Abs. 1 S. 3 BetrVG. Der Arbeitgeber hat dem Betriebsrat die Kündigungsgründe mitzuteilen, § 102 Abs. 1 S. 2 BetrVG.

Hat der Betriebsrat gegen eine ordentliche Kündigung Bedenken, so hat er diese dem Arbeitgeber unter Angabe der Gründe spätestens innerhalb einer Woche schriftlich mitzuteilen, anderenfalls gilt die Zustimmung zur Kündigung als erteilt, § 102 Abs. 2 S. 1 und 2 BetrVG. Bei einer außerordentlichen Kündigung sind Bedenken innerhalb von drei Tagen schriftlich mitzuteilen, § 102 Abs. 2 S. 3 BetrVG.

IV. Zusammenfassung

Die Pandemie gewährt keine besonderen Kündigungsmöglichkeiten des Arbeitgebers, vielmehr gelten die bekannten Grundsätze.

1409 ArbG Düsseldorf, Urt. v. 18.02.2022 – 11 Ca 5388/21, NZA-RR 2022, 241 (nicht rechtskräftig); ArbG Lübeck, Urt. v. 13.04.2022 – 5 Ca 189/22, BeckRS 2022, 8980 (nicht rechtskräftig).

1410 ArbG Kiel, Urt. v. 11.03.2021 – 6 Ca 1912 c/20, BeckRS 2021, 7859.

1411 LAG Düsseldorf, Urt. v. 14.01.2021 – 5 Sa 483/20, NZA-RR 2021, 358; zu diesem Urteil siehe *Klus*, DB 2021, 682; nach Auffassung von *Stück*, MDR 2021, 268 (269) gilt dies gleichermaßen bei Entwendung von arbeitgeberseitig bereitgestellten FFP2-Masken.

1412 LAG Düsseldorf, Urt. v. 27.04.2021 – 3 Sa 646/20, BeckRS 2021, 8847.

Teil 4 Formularvertragliche Gestaltungsmöglichkeiten

Nachdem bisher die Pflichten, (Ausgestaltungs-,[1413]) Veränderungs- und Beendigungsmöglichkeiten der arbeitsvertraglichen Parteien außerhalb und in einer Pandemie umfassend dargestellt wurden, werden nun abschließend vertragliche Gestaltungsmöglichkeiten[1414] aufgezeigt, die im Hinblick auf eine Pandemie als wesentlich anzusehen sind. Dazu zählen Vertragsgestaltungen zur Flexibilisierung der Arbeitszeit (Kapitel 2), zum Home-Office (Kapitel 3), zur Abbedingung vergütungserhaltender Normen (Kapitel 4) und zur Freistellung des Arbeitnehmers (Kapitel 5).

Innerhalb dieser Kapitel werden zunächst Musterklauseln vorangestellt und anschließend erläutert. Die Mustervereinbarungen dienen im Wesentlichen dazu, in künftige Arbeitsverträge aufgenommen zu werden,[1415] um den vorausschauenden Arbeitgeber für kommende Pandemiefälle in den relevantesten Aspekten weitestgehend abzusichern.[1416] Gleichwohl werden – sofern passend – Klauseln teilweise auch derart dargestellt, dass diese auch für nachträgliche Änderungsvereinbarungen geeignet sind. Soweit Mitbestimmungsrechte des Betriebsrats in Betracht kommen,[1417] ist bereits vorab klarzustellen, dass diese

1413 Ausgestaltungsmöglichkeiten bezeichnen die Modifikationsmöglichkeiten im Rahmen des (erweiterten) Weisungsrechts des Arbeitgebers. Der Arbeitnehmer hat mithin keine Ausgestaltungsmöglichkeiten.

1414 In der Praxis bietet sich zu bestimmten Punkten auch der Abschluss einer Betriebsvereinbarung an. Darauf wird in dieser Arbeit allerdings nicht weiter eingegangen.

1415 Aus Gründen der Übersichtlichkeit werden auch die Klauseln zur Arbeitszeit als jeweils einzelne Klauseln dargestellt. In der Regel wird es jedoch sinnvoll sein, bestehende Formularklauseln zur Arbeitszeit um die hier aufgeführten Klauseln zu ergänzen.

1416 Nicht eingegangen werden soll auf Haftungsrisiken des Arbeitgebers bei einer Infektion des Arbeitnehmers mit dem pandemischen Erreger. Für die COVID-19-Pandemie siehe hierzu *Kibler/Wittek*, DB 2020, 2296; *Reifelsberger*, COVuR 2020, 357 (360 ff.).

1417 „Vorformulierte Arbeitsvertragsbedingungen unterliegen grundsätzlich der Mitbestimmung durch den Betriebsrat." Siehe *Bachner*, NZA 2007, 536 (540).

nur zu berücksichtigen sind, wenn ein kollektiver Bezug gegeben ist. Dieser fehlt, wenn nur ein einzelner Arbeitnehmer betroffen ist.[1418]

Da Arbeitsverträge in der Regel als AGB zu qualifizieren sind,[1419] müssen die Klauseln einer AGB-Kontrolle gemäß §§ 305 ff. BGB standhalten.[1420] Freilich besteht grundsätzlich auch die Möglichkeit, im Wege einer Individualvereinbarung i.S.d. § 305 Abs. 1 S. 3 BGB von dispositiven Normen abzuweichen. Prüfungsmaßstab sind in diesem Fall im Wesentlichen § 134 BGB und § 138 BGB.[1421] Aufgrund vergleichsweise geringer Praxisrelevanz[1422] wird hierauf jedoch nicht weiter eingegangen.

Kapitel 1 Allgemeines zur Inhaltskontrolle

Vor dem Hintergrund, dass die Mustervereinbarungen der AGB-Kontrolle standhalten sollen, bedarf es zunächst eines allgemeinen Überblicks über dieselbe.

A. Anwendungsbereich, § 310 BGB

Der Arbeitsvertrag ist nach h.M. als Verbrauchervertrag zu qualifizieren.[1423] Das hat zunächst zur Folge, dass AGB grundsätzlich als vom Arbeitgeber gestellt

---

1418 *Kania*, in: Müller-Glöge/Preis/Schmidt (Hrsg.), ErfK, 22. Aufl. 2022, § 87 BetrVG Rn. 6.

1419 *Maties*, in: Koch/Kubiciel/Wollenschläger (Hrsg.), 50 Jahre Juristische Fakultät Augsburg, 2021, 444.

1420 Gleichwohl ist darauf hinzuweisen, dass trotz sorgfältiger Bearbeitung dieses Kapitels keine Haftung für die Richtigkeit und Vollständigkeit der Klauseln und Erläuterungen übernommen werden kann.

1421 *Reitz*, in: ders. (Hrsg.), Arbeitsvertragsgestaltung und AGB-Kontrolle, 2020, § 2 Rn. 77; in Betracht kommt zudem „[...] die richterliche Kontrolle bei strukturellen Störungen der Vertragsparität, wenn der Inhalt des Vertrags eine Seite ungewöhnlich belastet und als Interessenausgleich offensichtlich ungeeignet ist. Diese Kontrolle betrifft in erster Linie die Hauptpflichten des Vertrags und erfordert grundsätzlich eine Gesamtschau der vertraglichen Regelungen. Siehe BAG, Urt. v. 25.05.2005 – 5 AZR 572/04, NZA 2005, 1111.

1422 So ist auch nach Auffassung von *Bachner*, NZA 2007, 536 „[d]ie Verwendung von vorformulierten Arbeitsverträgen durch den Arbeitgeber [...] in der betrieblichen Praxis der Regelfall."

1423 BVerfG, Beschl. v. 23.11.2006 – 1 BvR 1909/06, NZA 2007, 85; BAG, Urt. v. 25.05.2005 – 5 AZR 572/04, NZA 2005, 1111; BAG, Urt. v. 18.03.2008 – 9 AZR 186/07, NZA 2008, 1004 (1006). Wegen des arbeitsrechtlichen Kontextes wird im Folgenden (außer bei der Zitierung von Gesetzesnormen) häufig der Verwender

gelten, § 310 Abs. 3 Nr. 1 BGB. Wenig praxisrelevant ist, dass § 305c Abs. 2 BGB, §§ 306 und 307 bis 309 BGB sowie Art. 46b EGBGB wegen § 310 Abs. 3 Nr. 2 BGB bereits ab der Bestimmung zur einmaligen Verwendung Anwendung finden, soweit der Arbeitnehmer auf den Klauselinhalt keinen Einfluss nehmen konnte. Denn Arbeitsverträge sind in der Regel nicht nur zur einmaligen Verwendung bestimmt.[1424] Aus § 310 Abs. 3 Nr. 3 BGB ergibt sich, dass bei der Beurteilung der unangemessenen Benachteiligung nach § 307 Abs. 1 und 2 BGB auch die den Vertragsschluss begleitenden Umstände zu berücksichtigen sind. Zu diesen „[…] Begleitumständen gehören […] insbesondere (1) persönliche Eigenschaften des individuellen Vertragspartners, die sich auf die Verhandlungsstärke auswirken, (2) Besonderheiten der konkreten Vertragsabschlusssituation […] sowie (3) untypische Sonderinteressen des Vertragspartners […]. Die Berücksichtigung dieser Umstände kann sowohl zur Unwirksamkeit einer nach generell-abstrakter Betrachtung wirksamen Klausel als auch zur Wirksamkeit einer nach typisierter Inhaltskontrolle unwirksamen Klausel führen […]."[1425]

Darüber hinaus haben bei der Anwendung auf Arbeitsverträge auch die im Arbeitsrecht geltenden Besonderheiten angemessene[1426] Berücksichtigung zu finden, vgl. § 310 Abs. 4 S. 2 Hs. 1 BGB. Was hierunter zu verstehen ist, kann nicht abschließend bestimmt werden, vielmehr „[…] handelt es sich um unbestimmte Rechtsbegriffe, die in besonderem Maße auslegungsbedürftig sind."[1427] Beispielhaft zu nennen sind aber etwa die Höchstpersönlichkeit der Leistungsverpflichtung des Arbeitnehmers[1428] und der Ausschluss der Vollstreckbarkeit der Arbeitsleistung sowie Ausschlussfristen.[1429] Auch die arbeitsrechtlichen

---

als Arbeitgeber und der Verbraucher als Arbeitnehmer bezeichnet. Zwar ist grundsätzlich auch denkbar, dass der Arbeitnehmer AGB stellt; dies ist jedoch äußerst praxisfern.

1424 *Jacobs*, in: Rolfs/Giesen/Kreikebohm/Meßling/Udsching (Hrsg.), BeckOK ArbR, 64. Edition, Stand: 01.03.2022, § 310 BGB Rn. 7.

1425 BAG, Urt. v. 31.08.2005 – 5 AZR 545/04, NZA 2006, 324 (328).

1426 Zu der Frage der „angemessenen" Berücksichtigung arbeitsrechtlicher Besonderheiten siehe *Reitz*, in: ders. (Hrsg.), Arbeitsvertragsgestaltung und AGB-Kontrolle, 2020, § 2 Rn. 153 ff.

1427 *Jacobs*, in: Rolfs/Giesen/Kreikebohm/Meßling/Udsching (Hrsg.), BeckOK ArbR, 64. Edition, Stand: 01.03.2022, § 310 BGB Rn. 20. Siehe ausführlich dazu *Reitz*, in: ders. (Hrsg.), Arbeitsvertragsgestaltung und AGB-Kontrolle, 2020, § 2 Rn. 149 ff.

1428 *Jacobs*, in: Rolfs/Giesen/Kreikebohm/Meßling/Udsching (Hrsg.), BeckOK ArbR, 64. Edition, Stand: 01.03.2022, § 310 BGB Rn. 25.

1429 BAG, Urt. v. 18.08.2005 – 8 AZR 65/05, NZA 2006, 34 (36). Für weitere Einzelheiten siehe *Jacobs*, in: Rolfs/Giesen/Kreikebohm/Meßling/Udsching (Hrsg.), BeckOK

Besonderheiten i.S.d. § 310 Abs. 4 S. 2 Hs. 1 BGB können trotz grundsätzlicher Unwirksamkeit der Klausel noch zur Wirksamkeit derselben führen.[1430]

B. Kontrollfähigkeit der §§ 307 Abs. 1 und 2, 308, 309 BGB

Gemäß § 307 Abs. 3 S. 1 BGB gelten § 307 Abs. 1 und 2 BGB sowie § 308 und § 309 BGB nur für Bestimmungen in AGB, durch die von Rechtsvorschriften abweichende oder diese ergänzende Regelungen vereinbart werden.[1431] Somit unterliegen deklaratorische Klauseln, also solche, die ohnehin eine geltende Rechtsnorm wiedergeben und die Hauptleistungsvereinbarungen, also „Leistungsbeschreibungen und Entgeltregelungen",[1432] nicht der Angemessenheitskontrolle.[1433] In diesem Fall beschränkt sich die Inhaltskontrolle gemäß § 307 Abs. 3 S. 2 BGB auf die Frage, ob die Bestimmung klar und verständlich ist, § 307 Abs. 2 S. 1 BGB (Transparenzkontrolle).

C. Gegenstand der Inhaltskontrolle

Im Hinblick auf die nachfolgenden Musterklauseln kommt §§ 308 und 309 BGB kaum Relevanz zu. Die Wirksamkeit der jeweiligen Musterklausel wird mithin primär an § 307 BGB zu messen sein.[1434]

Aus § 307 Abs. 1 S. 1 BGB ergibt sich zunächst, dass Bestimmungen in AGB unwirksam sind, wenn sie den Vertragspartner des Verwenders entgegen den Geboten von Treu und Glauben unangemessen benachteiligen. Ob eine solche unangemessene Benachteiligung des Arbeitnehmers vorliegt, ist nach der Rechtsprechung des BAG anhand einer umfassenden Interessenabwägung zu

---

ArbR, 64. Edition, Stand: 01.03.2022, § 310 BGB Rn. 25 m.w.N.; zu Besonderheiten des Arbeitsrechts siehe auch *Preis*, in: Müller-Glöge/Preis/Schmidt (Hrsg.), ErfK, 22. Aufl. 2022, § 310 BGB Rn. 11.

1430 *Reitz*, in: ders. (Hrsg.), Arbeitsvertragsgestaltung und AGB-Kontrolle, 2020, § 2 Rn. 147.

1431 Tarifverträge, Betriebs- und Dienstvereinbarungen stehen Rechtsvorschriften i.S.d. § 307 Abs. 3 BGB gemäß § 310 Abs. 4 S. 3 BGB gleich. Auf diese wird jedoch nicht weiter eingegangen.

1432 *Preis*, in: Müller-Glöge/Preis/Schmidt (Hrsg.), ErfK, 22. Aufl. 2022, § 310 BGB Rn. 34.

1433 *Jacobs*, in: Rolfs/Giesen/Kreikebohm/Meßling/Udsching (Hrsg.), BeckOK ArbR, 64. Edition, Stand: 01.03.2022, § 307 BGB Rn. 10 f.

1434 Allgemein zur Prüfungsreihenfolge siehe *Reitz*, in: ders. (Hrsg.), Arbeitsvertragsgestaltung und AGB-Kontrolle, 2020, § 2 Rn. 105 ff.

ermitteln.[1435] „Hierbei ist das Interesse des [Arbeitgebers] an der Aufrechterhaltung der Klausel mit dem Interesse des [Arbeitnehmers] an der Ersetzung der Klausel durch das dispositive Recht (§ 306 II BGB) abzuwägen [...]. Bei der Beurteilung der Unangemessenheit ist grundsätzlich ein genereller, typisierender, vom Einzelfall losgelöster Maßstab anzulegen [...]."[1436]

Neben einer Interessenabwägung, die zu Lasten des Arbeitgebers ausfällt, kann sich eine unangemessene Benachteiligung des Arbeitnehmers auch daraus ergeben, dass die Bestimmung nicht klar und verständlich ist, § 307 Abs. 1 S. 2 BGB.

Zudem ist eine unangemessene Benachteiligung gemäß § 307 Abs. 2 BGB im Zweifel anzunehmen, wenn eine Bestimmung mit wesentlichen Grundgedanken der gesetzlichen Regelung, von der abgewichen wird, nicht zu vereinbaren ist (Nr. 1) oder wesentliche Rechte oder Pflichten, die sich aus der Natur des Vertrags ergeben, so einschränkt, dass die Erreichung des Vertragszwecks gefährdet ist (Nr. 2).

Gesetzliche Regelung i.S.d. § 307 Abs. 2 Nr. 1 BGB sind nicht nur alle dispositiven Gesetzesnormen,[1437] „[...] sondern [auch] die dem Gerechtigkeitsgebot entsprechenden allgemein anerkannten Rechtsgrundsätze [...], d.h. auch alle ungeschriebenen Rechtsgrundsätze, die Regeln des Richterrechts oder die aufgrund ergänzender Auslegung nach §§ 157, 242 BGB und aus der Natur des jeweiligen Schuldverhältnisses zu entnehmenden Rechte und Pflichten [...]."[1438]

Beginnend mit dem nachfolgenden Kapitel werden nun Mustervereinbarungen dargestellt, die aus Sicht des Verfassers der Inhaltskontrolle standhalten.[1439]

Kapitel 2 Vereinbarungen bezüglich der Arbeitszeit

Wie bereits mehrfach dargestellt, kann sich eine Pandemie grundsätzlich in zwei Richtungen auf Betriebe auswirken. Einerseits kann erhöhter Arbeitsbedarf bestehen, andererseits und wesentlich häufiger wird es Arbeitgebern aber an der

---

1435 BAG, Urt. v. 07.12.2005 – 5 AZR 535/04, NZA 2006, 423 (427).

1436 BAG, Urt. v. 07.12.2005 – 5 AZR 535/04, NZA 2006, 423 (427).

1437 *Jacobs*, in: Rolfs/Giesen/Kreikebohm/Meßling/Udsching (Hrsg.), BeckOK ArbR, 64. Edition, Stand: 01.03.2022, § 307 BGB Rn. 46.

1438 So der BGH zur Vorgängerregelung des § 307 Abs. 2 Nr. 1 BGB, namentlich § 9 Abs. 2 Nr. 1 AGBG, siehe BGH, Urt. v. 10.12.1992 – I ZR 186/90, juris Rn. 20.

1439 Gleichwohl ist erneut darauf hinzuweisen, dass trotz sorgfältiger Bearbeitung dieses Kapitels keine Haftung für die Richtigkeit und Vollständigkeit der Klauseln und Erläuterungen übernommen werden kann.

Verkürzung der Arbeitszeit und damit einhergehend an einer Reduzierung der Vergütung gelegen sein.

Die Vereinbarung nachfolgender Klauseln zu dem ein oder anderen Zweck ermöglicht es Arbeitgebern, situationsadäquat zu reagieren. Im Hinblick auf den Kontrollmaßstab ist bereits an dieser Stelle klarzustellen, dass Vereinbarungen zur Dauer der Arbeitszeit grundsätzlich nur dem Transparenzgebot des § 307 Abs. 1 S. 2 BGB standhalten müssen.[1440] Dies gilt jedoch nicht, wenn die Klausel eine Anordnungsbefugnis des Arbeitgebers beinhaltet. Denn nach der Rechtsprechung des BAG „[unterliegen e]inseitige Leistungsbestimmungsrechte, die dem Verwender das Recht einräumen, die Hauptleistungspflichten einzuschränken, zu verändern, auszugestalten oder zu modifizieren, [...] einer Inhaltskontrolle [...].“[1441]

A. Klauseln zur Erhöhung der Arbeitszeit

Zur Erhöhung der Arbeitszeit stehen dem Arbeitgeber grundsätzlich zwei Möglichkeiten zur Verfügung. Zum einen kann für einen konkreten Zeitraum die Arbeitszeit nachträglich befristet erhöht werden. Zum anderen kann – wesentlich flexibler – bereits im Arbeitsvertrag die arbeitgeberseitige Berechtigung zur Anordnung von Überstunden und Mehrarbeit verankert werden.

I. Befristete Arbeitszeiterhöhung

Zunächst wird auf die Möglichkeit der befristeten Arbeitszeiterhöhung eingegangen. Zwar wird dieser insbesondere im Hinblick auf eine Pandemie im Verhältnis zu der Möglichkeit der Anordnung von Überstunden weniger Relevanz zukommen, gleichwohl soll sie der Vollständigkeit halber knapp dargestellt werden.

1. Mustervereinbarung[1442]

In Abweichung von Ziffer [...] des Arbeitsvertrages erhöht sich die regelmäßige wöchentliche Arbeitszeit für den Zeitraum vom [...] bis [...] auf [...] Stunden.

1440 *Mahnhold*, in: Reitz (Hrsg.), Arbeitsvertragsgestaltung und AGB-Kontrolle, 2020, § 3 Rn. 28.

1441 BAG, Urt. v. 07.12.2005 – 5 AZR 535/04, NZA 2006, 423 (426).

1442 Muster in Anlehnung an *Mahnhold*, in: Reitz (Hrsg.), Arbeitsvertragsgestaltung und AGB-Kontrolle, 2020, § 4 Rn. 43.

2. *Erläuterungen*

Auch wenn bei der Befristung einer Bestimmung die Anwendbarkeit des TzBfG nahe liegt, ist die Wirksamkeit einer befristeten Arbeitszeiterhöhung nicht anhand der Befristungskontrolle nach dem TzBfG, sondern nach gefestigter Rechtsprechung des BAG anhand der Inhaltskontrolle gemäß § 307 Abs. 1 BGB zu überprüfen.[1443] Entscheidend für die Anforderungen an die Wirksamkeit der Befristung ist es, ob die Arbeitszeit in erheblichem Umfang erhöht wird. Dies ist der Fall, „[…] wenn sich das Aufstockungsvolumen auf mindestens 25 % eines entsprechenden Vollzeitarbeitsverhältnisses beläuft."[1444] Ist dieser Schwellenwert erreicht, bedarf es der Angabe eines sachlichen Grundes i.S.d. § 14 TzBfG, damit die Klausel den Arbeitnehmer nicht unangemessen benachteiligt.[1445] Andernfalls „[…] ist anhand einer umfassenden Abwägung der beiderseitigen Interessen nach § 307 I BGB zu prüfen, ob der Arbeitnehmer durch die Befristung unangemessen benachteiligt wird."[1446] Für die entworfene Klausel wird unterstellt, dass nur eine unerhebliche Aufstockung der Arbeitszeit erfolgt. Andernfalls sollte die Erhöhung der Arbeitszeit an einen sachlichen Grund i.S.d. § 14 TzBfG geknüpft werden.

Das Transparenzgebot des § 307 Abs. 1 S. 2 BGB erfordert nicht die Angabe des Befristungsgrundes,[1447] sodass auf diese verzichtet werden kann.

II. *Überstunden und Mehrarbeit*

Klauseln, die den Arbeitgeber zur Anordnung von Überstunden und Mehrarbeit berechtigen, sind in der Praxis gang und gäbe, da der Arbeitnehmer ohne entsprechende Vereinbarung grundsätzlich nicht zur Leistung derselben verpflichtet ist.[1448] Terminologisch ist klarzustellen, dass der Begriff der Überstunden die Erbringung der Arbeitsleistung über den durchschnittlichen vertraglichen

---

1443 Siehe BAG, Urt. v. 23.03.2016 – 7 AZR 828/13, NZA 2016, 881; BAG, Urt. v. 15.12.2011 – 7 AZR 394/10, NZA 2012, 674.

1444 BAG, Urt. v. 23.03.2016 – 7 AZR 828/13, NZA 2016, 881; BAG, Urt. v. 25.04.18 – 7 AZR 520/16, NZA 2018, 1061.

1445 BAG, Urt. v. 23.03.2016 – 7 AZR 828/13, NZA 2016, 881.

1446 BAG, Urt. v. 23.03.2016 – 7 AZR 828/13, NZA 2016, 881.

1447 BAG, Urt. v. 10.12.2014 – 7 AZR 1009/12, NZA 2015, 811 (815).

1448 *Maties*, in: Benecke (Hrsg.), BeckOGK, Stand: 01.03.2022, § 611a BGB Rn. 800; etwas anderes gilt ausnahmsweise in Notsituationen, siehe dazu allgemein Teil 2 Kapitel 2 B. I. 2.

Umfang hinaus bezeichnet, Mehrarbeit hingegen Arbeitsleistung über den gesetzlich zulässigen Umfang hinaus.[1449]

1. *Mustervereinbarung*[1450]

Überstunden und Mehrarbeit

(1) *Der Arbeitnehmer ist auf Anordnung des Arbeitgebers verpflichtet, in den Höchstgrenzen des Arbeitszeitgesetzes Überstunden und Mehrarbeit zu leisten, wenn betriebliche Belange dies erfordern. Dies gilt gleichermaßen für Nacht-, Sonntags- und Feiertagsarbeit.*

(2) *Die Leistung von Überstunden und Mehrarbeit wirkt sich im Übrigen nicht auf die in Ziffer […] vereinbarte regelmäßige wöchentliche Arbeitszeit aus.*

(3) *Die Anordnung von Überstunden und/oder Mehrarbeit begründet keinen Anspruch auf die künftige Leistung von Überstunden bzw. Mehrarbeit.*

2. *Erläuterungen*

Maßgeblich zur Bestimmung der Wirksamkeitsanforderungen ist einmal mehr, ob die Klausel auch der Angemessenheits- oder allein der Transparenzkontrolle unterliegt. Unter Berücksichtigung der Rechtsprechung, wonach „[e]inseitige Leistungsbestimmungsrechte, die dem Verwender das Recht einräumen, die Hauptleistungspflichten einzuschränken, zu verändern, auszugestalten oder zu modifizieren, […] einer Inhaltskontrolle unterliegen […]“,[1451] wird man davon ausgehen müssen, dass die Klausel auch der Angemessenheitskontrolle standhalten muss.[1452]

1449 *Rücker*, in: Herrler (Hrsg.), Münchener Vertragshandbuch, Band 6 Bürgerliches Recht II, 8. Aufl. 2020, XIX. 6. Nr. 4; *Salamon/Hoppe/Rogge*, BB 2013, 1720 f.

1450 Mustervereinbarung erstellt unter Berücksichtigung von *Rücker*, in: Herrler (Hrsg.), Münchener Vertragshandbuch, Band 6 Bürgerliches Recht II, 8. Aufl. 2020, XIX. 6; *Hoefs*, in: Hoffmann-Becking/Gebele (Hrsg.), Beck'sches Formularhandbuch Bürgerliches, Handels- und Wirtschaftsrecht, 14. Aufl. 2022, III. E. 2; *Mahnhold*, in: Reitz, Arbeitsvertragsgestaltung und AGB-Kontrolle, 2020, § 3 Rn. 21; *Lingemann/Diller*, in: Bauer/Lingemann/Diller/Haußmann (Hrsg.), Anwalts-Formularbuch Arbeitsrecht, 7. Aufl. 2021, Erster Teil, Kapitel 3 II.

1451 BAG, Urt. v. 07.12.2005 – 5 AZR 535/04, NZA 2006, 423 (426).

1452 Wohl *Mahnhold*, in: Reitz (Hrsg.), Arbeitsvertragsgestaltung und AGB-Kontrolle, 2020, § 3 Rn. 31; bejahend auch *Salamon/Hoppe/Rogge*, BB 2013, 1720 (1721).

Zu Abs. 1 der Mustervereinbarung

Entscheidend für die Wirksamkeit der Klausel ist zunächst, dass sich das Recht zur Anordnung der Überstunden bzw. Mehrarbeit auf den gesetzlich zulässigen Umfang beschränkt.[1453] Im Hinblick auf die Mehrarbeit bedeutet dies bspw., dass die werktägliche Arbeitszeit grundsätzlich nur auf bis zu zehn Stunden verlängert werden darf, wenn innerhalb von sechs Kalendermonaten oder innerhalb von 24 Wochen im Durchschnitt acht Stunden werktäglich nicht überschritten werden, vgl. § 3 S. 2 ArbZG. Diese Grenze gilt auch bei Abweichungen auf Grundlage des § 14 Abs. 1 oder Abs. 2 ArbZG, vgl. § 14 Abs. 3 ArbZG.

Lediglich sinnvoll, im Hinblick auf die Wirksamkeit der Klausel jedoch nicht notwendig, ist es festzuhalten, dass Überstunden nur auf Anordnung des Arbeitgebers zu leisten sind. Dadurch wird verhindert, dass der Arbeitnehmer nach Belieben Überstunden anhäuft.

Für maximale Flexibilität empfiehlt es sich auch, die Anordnungsbefugnis über Überstunden hinaus auch auf Nacht-, Sonn- und Feiertagsarbeit auszudehnen.

Umstritten ist, ob der Umfang der Überstunden in die Klausel mitaufgenommen werden muss. Richtigerweise kann dies insbesondere wegen der Unvorhersehbarkeit des Umfangs des zusätzlichen Arbeitsbedarfs aber nicht vorausgesetzt werden.[1454] Zudem wird man aus dem gleichen Grund auch nicht verlangen können, dass spezifische betriebliche Erfordernisse als sachlicher Grund für die Überstunden in der Klausel enthalten sind.[1455] Die allgemeine Voraussetzung einer betrieblichen Erforderlichkeit muss daher genügen.[1456]

1453 *Schneider*, in: Preis (Hrsg.), Der Arbeitsvertrag, 6. Aufl. 2020, Arbeitszeit Rn. 101; *Mahnhold*, in: Reitz (Hrsg.), Arbeitsvertragsgestaltung und AGB-Kontrolle, 2020, § 3 Rn. 31.

1454 *Mahnhold*, in: Reitz (Hrsg.), Arbeitsvertragsgestaltung und AGB-Kontrolle, 2020, § 3 Rn. 31; a.A. *Salamon/Hoppe/Rogge*, BB 2013, 1720 (1721).

1455 *Mahnhold*, in: Reitz (Hrsg.), Arbeitsvertragsgestaltung und AGB-Kontrolle, 2020, § 3 Rn. 32; *Lingemann*, in: Bauer/Lingemann/Diller/Haußmann (Hrsg.), Anwalts-Formularbuch Arbeitsrecht, 7. Aufl. 2021, Erster Teil, Kapitel 2 II. M 2.1a Rn. 39.

1456 So auch *Mahnhold*, in: Reitz (Hrsg.), Arbeitsvertragsgestaltung und AGB-Kontrolle, 2020, § 3 Rn. 32.

Zu Abs. 2 der Mustervereinbarung

Die Klarstellung, dass die Arbeitszeit im Übrigen unverändert besteht, dient letztlich nur der Transparenz und ist im Hinblick auf § 307 Abs. 1 S. 2 BGB der Wirksamkeit förderlich.

Zu Abs. 3 der Mustervereinbarung

Der letzte Absatz der Mustervereinbarung bezweckt den Ausschluss einer betrieblichen Übung.[1457]

3. *Weitere Hinweise*

Allgemein ist zu bedenken, dass neben der Anordnungsbefugnis auch die Modalitäten der Vergütung der Überstunden vertraglich geregelt werden sollten. In Betracht kommen hier Freizeitausgleich und die Auszahlung der Überstunden.[1458] Im Rahmen der vertraglichen Regelung ist jedenfalls zu berücksichtigen, dass eine Klausel, der zufolge Überstunden mit dem Monatsgehalt abgegolten sind, wegen Verstoßes gegen das Transparenzgebot gemäß § 307 Abs. 1 S. 2 BGB unwirksam ist, „[...] wenn sich der Umfang der [...] ohne zusätzliche Vergütung zu leistenden Überstunden nicht hinreichend deutlich aus dem Arbeitsvertrag ergibt."[1459]

Sofern ein Betriebsrat gewählt wurde, ist dieser gemäß § 87 Abs. 1 Nr. 3 und Nr. 10 BetrVG zu beteiligen.[1460]

B. Kurzarbeitsklausel

Kurzarbeit ist das klassische Mittel zur Krisenbewältigung. Wurde sie wirksam eingeführt, werden Arbeits- und Vergütungspflicht proportional – ggf. bis hin zu „Kurzarbeit Null" – reduziert und der Arbeitnehmer erhält bei Vorliegen der §§ 95 ff. SGB III Kurzarbeitergeld. Dabei ist die wirksame arbeitsrechtliche Einführung der Kurzarbeit Voraussetzung des sozialrechtlichen Anspruchs auf

---

1457 *Lingemann*, in: Bauer/Lingemann/Diller/Haußmann (Hrsg.), Anwalts-Formularbuch Arbeitsrecht, 7. Aufl. 2021, Erster Teil, Kapitel 2 II. M 2.1a Rn. 42.

1458 Siehe hierzu Teil 3 Kapitel 4 B. III. 1. d).

1459 BAG, Urt. v. 01.09.2010 – 5 AZR 517/09, BeckRS 2010, 74881; für Möglichkeiten zur Vergütungsregelung siehe etwa *Lingemann*, in: Bauer/Lingemann/Diller/Haußmann (Hrsg.), Anwalts-Formularbuch Arbeitsrecht, 7. Aufl. 2021, Erster Teil, Kapitel 2 II. M 2.1a Muster Ziffer 4 Abs. 2.

1460 *Preis*, in: Müller-Glöge/Preis/Schmidt (Hrsg.), ErfK, 22. Aufl. 2022, § 611a BGB Rn. 663.

Kurzarbeitergeld.[1461] Trotz der hohen Relevanz der Kurzarbeit fehlt es den meisten Arbeitsverträgen an entsprechenden Vereinbarungen.[1462] Arbeitgeber sind jedoch gut beraten, in zukünftige Arbeitsverträge Kurzarbeitsklauseln aufzunehmen. Denn fehlt es an einer wirksamen Einführung der Kurzarbeit, schuldet der Arbeitgeber bei Annahmeverzug über § 615 S. 1 BGB Lohnfortzahlung in der vollen vertraglich vereinbarten Höhe.[1463]

I. Überblick über relevante Rechtsprechung

Höchstrichterliche Rechtsprechung zur Wirksamkeit von formularvertraglichen Kurzarbeitsklauseln gibt es bisher nicht.[1464] Allerdings hat zunächst das LAG Berlin-Brandenburg in einer viel beachteten Entscheidung aus dem Jahr 2010[1465] konkrete Wirksamkeitsanforderungen an eine Kurzarbeitsklausel gestellt, wobei es hier die Maßstäbe, die für Betriebsvereinbarungen gelten, übertragen hat. Danach soll eine wirksame Kurzarbeitsklausel[1466] zumindest „[…] Umfang und Ausmaß[1467] der Kurzarbeit, den betroffenen betrieblichen

---

1461 BSG, Urt. v. 21.07.2009 – B 7 AL 3/08R, NZA-RR 2010, 216.

1462 So *Maties*, in: Koch/Kubiciel/Wollenschläger (Hrsg.), 50 Jahre Juristische Fakultät Augsburg, 2021, 421; *Geulen/Vogt*, ArbRAktuell 2020, 181 (182).

1463 *Müller/Deeg*, ArbRAktuell 2010, 209; *Klocke*, RdA 2020, 331 (333); *Geulen/Vogt*, ArbRAktuell 2020, 181 (182); *Braig*, SPA 2021, 77.

1464 *Hartmann*, in: Tödtmann/v. Bockelmann (Hrsg.), Arbeitsrecht in Not- und Krisenzeiten, 2. Aufl. 2021, B. II. 1. a) Rn. 44.

1465 LAG Berlin-Brandenburg, Urt. v. 07.10.2010 – 2 Sa 1230/10, NZA-RR 2011, 65.

1466 Zwar handelt es sich bei der vom LAG geprüften Klausel um eine Anordnungsbefugnis zur Einführung von Kurzarbeit und nicht um eine Kurzarbeitsabrede. („*Kurzarbeit kann, wenn sie vom Arbeitsamt anerkannt wird, für den Betrieb, eine Betriebsabteilung oder einzelne Arbeitnehmer nach deren Ankündigung eingeführt werden*"). Allerdings können diese strengen Anforderungen nach hier vertretener Auffassung höchstens an eine Kurzarbeitsabrede gestellt werden. Siehe dazu Teil 4 Kapitel 2. B. II. 2 b) bb).

1467 Hinsichtlich des Ausmaßes der Kurzarbeit ist erwähnenswert, dass nach überzeugender Auffassung im Schrifttum die Maßstäbe zur Arbeit auf Abruf gemäß § 12 Abs. 2 S. 2 TzBfG, wonach der Arbeitgeber bei vereinbarter Höchstarbeitszeit nur bis zu 20 Prozent der wöchentlichen Arbeitszeit weniger abrufen darf, nicht beachtet werden müssen. Denn dies wäre mit der den § 95 ff. SGB III zugrunde liegenden gesetzgeberischen Wertung, Kurzarbeit mit der Leistung von Kurzarbeitergeld zu fördern, um betriebsbedingte Beendigungskündigungen zu verhindern, nicht vereinbar. Eine solche Begrenzung würde sich nachteilig auf die Effektivität der Kurzarbeit auswirken und den Zweck derselben zumindest teilweise aushebeln. Siehe dazu *Mahnhold*,

Bereich, den betroffenen Personenkreis [und] die Art und Weise der Einbeziehung des betroffenen Personenkreises […]"[1468] regeln.[1469] Zudem soll eine wirksame Kurzarbeitsklausel auch einer Ankündigungsfrist bedürfen.[1470]

Im Februar 2021 hat sich auch das ArbG Frankfurt (Oder) mit der Wirksamkeit einer Kurzarbeitsklausel befasst und sich in seinen Ausführungen dem LAG Berlin-Brandenburg angeschlossen. Es verlangt auch eine Ankündigungsfrist, Begrenzungen des Umfangs und Maßgaben zur personellen Konkretisierung der Kurzarbeit.[1471]

Diese Anforderungen decken sich auch mit denen des BAG an eine Betriebsvereinbarung zur Einführung von Kurzarbeit. Danach „[…] sind mindestens die Bestimmung von Beginn und Dauer der Kurzarbeit, die Regelung der Lage und Verteilung der Arbeitszeit sowie die Auswahl der betroffenen Arbeitnehmer […]"[1472] erforderlich. Nach Auffassung von *Fuhlrott* sollen formularvertragliche Kurzarbeitsvereinbarungen mindestens die Vorgaben enthalten, die das BAG für Betriebsvereinbarungen zur Einführung von Kurzarbeit verlangt.[1473] Die Mustervereinbarungen werden – soweit jeweils sinnvoll – diese Anforderungen erfüllen.

II. Mustervereinbarungen

Vorab ist klarzustellen, dass zur Einführung von Kurzarbeit grundsätzlich zwei Klauselalternativen denkbar sind. Zum einen können die Parteien die Kurzarbeit im konkreten Pandemiefall für eine bestimmte Dauer vereinbaren (Kurzarbeitsabrede). Zum anderen können diese bereits bei Vertragsschluss vorsehen, dass der Arbeitgeber unter bestimmten Voraussetzungen einseitig Kurzarbeit anordnen darf (Anordnungsbefugnis). Auch wenn die Kurzarbeitsabrede in der akuten Krisensituation noch taugliches Mittel zur Einführung von Kurzarbeit

in: Reitz (Hrsg.), Arbeitsvertragsgestaltung und AGB-Kontrolle, § 3 Rn. 33; zuvor Bezug nehmend auf die §§ 169 ff. SGB III schon *Bauer/Günther*, BB 2009, 662 (664).

1468 LAG Berlin-Brandenburg, Urt. v. 07.10.2010 – 2 Sa 1230/10, NZA-RR 2011, 65 (67).

1469 Dazu auch *Schmidt*, in: dies. (Hrsg.), Kurzarbeit in Zeiten von Corona, 2. Aufl. 2021, II. 5.

1470 LAG Berlin-Brandenburg, Urt. v. 07.10.2010 – 2 Sa 1230/10, NZA-RR 2011, 65 (66).

1471 ArbG Frankfurt (Oder), Urt. v. 10.02.2021 – 1 Ca 1076/20, BeckRS 2021, 5755 Rn. 21 ff.; siehe zu dieser Entscheidung auch *Fuhlrott*, ArbRAktuell 2021, 225.

1472 BAG, Urt. v. 18.11.2015 – 5 AZR 491/14, NZA 2016, 565.

1473 *Fuhlrott*, ArbRAktuell 2021, 225.

sein kann, empfiehlt es sich insbesondere aus Flexibilitätserwägungen, bereits bei Abschluss des Arbeitsvertrages vorzusorgen.

1. Anordnungsbefugnis zur Einführung von Kurzarbeit

Da die Anforderungen an die Anordnungsbefugnis und die Kurzarbeitsabrede weitestgehend identisch sind, der Anordnungsbefugnis aber höhere Relevanz zukommt bzw. zukommen sollte, wird diese zunächst dargestellt.

a) Musterformulierung[1474]

Kurzarbeitsvereinbarung

(1) *Der Arbeitgeber ist unter Wahrung einer Ankündigungsfrist von drei Wochen zur einseitigen Anordnung von Kurzarbeit berechtigt, wenn ein erheblicher Arbeitsausfall vorliegt, der auf wirtschaftlichen Gründen oder einem unabwendbaren Ereignis beruht (§ 96 Abs. 1 Nr. 1 SGB III) und die Agentur für Arbeit das Vorliegen eines solchen Arbeitsausfalls bestätigt hat. Die Kurzarbeit wird auf unbestimmte Zeit, jedoch nur solange angeordnet, wie der erhebliche Arbeitsausfall besteht. Wird das Kurzarbeitergeld von der Agentur für Arbeit nicht gewährt, weil die persönlichen Voraussetzungen (§ 98 SGB III) nicht vorliegen, endet die Kurzarbeit des Arbeitnehmers mit formloser Information durch den Arbeitgeber über die Nichtgewährung des Kurzarbeitergeldes mangels Vorliegen der Voraussetzungen.*

(2) *Unabwendbares Ereignis i.S.d. Abs. 1 ist insbesondere der Ausbruch einer Pandemie und das darauffolgende Pandemiegeschehen.*

(3) *Der Arbeitgeber ist jederzeit berechtigt, die Kurzarbeit des Arbeitnehmers zu beenden und die Rückkehr zur Vollbeschäftigung des Arbeitnehmers anzuordnen.*

(4) *Der Arbeitnehmer stimmt zu, dass bei Anordnung der Kurzarbeit auf Grundlage dieser Regelung die Arbeitszeit entsprechend der Anordnung und anteilig auch die Vergütung nach Ziffer […] reduziert wird.*

1474 Muster erstellt unter Berücksichtigung von *Kleinebrink*, ArbRB 2020, 221 (223); *Zieglmeier*, DStR 2020, 729 (731); *Mahnhold*, in: Reitz (Hrsg.), Arbeitsvertragsgestaltung und AGB-Kontrolle, § 3 Rn. 21; ähnlich auch *Hartmann*, in: Tödtmann/v. Bockelmann (Hrsg.), Arbeitsrecht in Not- und Krisenzeiten, 2. Aufl. 2021, B. II. 1. a) Rn. 45; *Lingemann*, in: Bauer/Lingemann/Diller/Haußmann (Hrsg.), Anwalts-Formularbuch Arbeitsrecht, 7. Aufl. 2021, Erster Teil, Kapitel 2 II. M 2.1a Muster Ziffer 3 Abs. 2.

b) Erläuterungen[1475]

aa) Allgemeines zum Prüfungsmaßstab

Die Kurzarbeitsklausel in Form der Anordnungsbefugnis muss zunächst § 308 Nr. 4 BGB standhalten. Danach ist die Vereinbarung eines Rechts des Verwenders in AGB, die versprochene Leistung – hier die Beschäftigung des Arbeitnehmers zu den vertraglich vereinbarten Arbeitszeiten[1476] – zu ändern oder von ihr abzuweichen, unwirksam, wenn nicht die Vereinbarung der Änderung oder Abweichung unter Berücksichtigung der Interessen des Verwenders für den anderen Vertragsteil zumutbar ist.[1477] Ob eine solche Veränderung zumutbar ist, wird mittels Abwägung der Interessen des Arbeitgebers an der Möglichkeit der Leistungsänderung und denen des Arbeitnehmers an deren Unveränderlichkeit ermittelt.[1478] „Die Zumutbarkeit einer Leistungsänderungsklausel ist zu bejahen, wenn die Interessen des Verwenders die für das jeweilige Geschäft typischen Interessen des anderen Vertragsteils überwiegen oder ihnen zumindest gleichwertig sind."[1479]

Bei der zugrunde zu legenden typisierenden Betrachtung[1480] liegt das Interesse des Arbeitgebers darin, durch vorübergehende Reduzierung der Arbeitszeit die Personalkosten zu senken und gleichzeitig die Arbeitsplätze zu erhalten. Zweck dieser Maßnahme insgesamt ist es, den Fortbestand des Betriebes in einer Krisensituation zu gewährleisten. Dem steht das Interesse des Arbeitnehmers gegenüber, für eine feste monatliche Arbeitszeit Beschäftigung zu haben und damit einhergehend ein konstantes, kalkulierbares Einkommen zu beziehen, um seinen Lebensunterhalt zu bestreiten. Insbesondere unter Berücksichtigung des vorübergehenden Charakters der Kurzarbeit ist die Interessenabwägung grundsätzlich zugunsten des Arbeitgebers zu lösen und eine Unwirksamkeit wegen § 308 Nr. 4 BGB abzulehnen.

Darüber hinaus ist die Wirksamkeit der Anordnungsbefugnis zur Einführung von Kurzarbeit auch an der Inhaltskontrolle des § 307 BGB zu messen.[1481]

1475 Vertiefend zur Zulässigkeit von Kurzarbeitsklauseln im Arbeitsvertrag siehe *Klocke*, RdA 2020, 331.

1476 *Klocke*, RdA 2020, 331 (335).

1477 *Klocke*, RdA 2020, 331 (335).

1478 BAG, Urt. v. 18.05.2017 – 2 AZR 721/16, NZA 2017, 1195 (1197).

1479 BAG, Urt. v. 18.05.2017 – 2 AZR 721/16, NZA 2017, 1195 (1197).

1480 BGH, Urt. v. 10.12.2013 – X ZR 24/13, NJW 2014, 1168 (1170).

1481 Dies folgt aus der Rechtsprechung des BAG, wonach „[e]inseitige Leistungsbestimmungsrechte, die dem Verwender das Recht einräumen, die Hauptleistungspflichten einzuschränken, zu verändern, auszugestalten oder zu modifizieren, […] der

Allerdings kommt die Unwirksamkeit einer Kurzarbeitsklausel gemäß § 307 Abs. 2 Nr. 2 BGB gleichsam wegen des vorübergehenden Charakters der Kurzarbeit in der Regel nicht in Betracht.[1482] Zudem führt die Vereinbarung von Kurzarbeit, wenngleich mit dieser eine gewisse Verlagerung der von § 615 BGB intendierten Risikoverteilung einhergeht, noch nicht zur Unvereinbarkeit mit dem wesentlichen Grundgedanken des § 615 BGB.[1483] Denn dadurch wird das Wirtschaftsrisiko nicht vollständig auf den Arbeitnehmer verlagert, da dieser auch im Fall des Widerrufes des Kurzarbeitergeldes durch die Agentur für Arbeit den Vergütungsanspruch in Höhe des Kurzarbeitergeldes behält.[1484] Eine Unwirksamkeit gemäß § 307 Abs. 2 Nr. 1 BGB scheidet somit auch aus.[1485]

bb) Einzelerläuterungen zur Musterformulierung

Auch wenn Kurzarbeitsklauseln in Arbeitsverträgen heute keine Seltenheit mehr sind, empfiehlt es sich im Hinblick auf § 305c Abs. 1 BGB, über die Überschrift auf den Klauselinhalt der Kurzarbeitsvereinbarung hinzuweisen.[1486]

Zu Abs. 1 der Anordnungsbefugnis

Abs. 1 der Mustervereinbarung beinhaltet die Befugnis des Arbeitgebers, Kurzarbeit einzuführen, und knüpft an die §§ 95 ff. SGB III an, die die Voraussetzungen für die Gewährung des Kurzarbeitergeldes normieren. Zwar scheint dieser Bezug auf den ersten Blick nicht besonders einleuchtend, da die wirksame Vereinbarung von Kurzarbeit nach der Rechtsprechung des BSG ungeschriebene Voraussetzung für das Kurzarbeitergeld ist und nicht umgekehrt.[1487]

Inhaltskontrolle unterliegen." Siehe BAG, Urt. v. 13.04.2010 – 9 AZR 113/09, NZA-RR2010, 457 (458).

1482 *Klocke*, RdA 2020, 331 (337).

1483 *Klocke*, RdA 2020, 331 (338).

1484 BAG, Urt. v. 11.07.1990 – 5 AZR 557/89, AP BGB § 615 Betriebsrisiko Nr. 32.

1485 So auch *Bauer/Günther*, BB 2009, 662 (664) wegen §§ 169 ff. SGB III (heute §§ 95 ff. SGB III). Nach Auffassung des LAG Berlin-Brandenburg und des ArbG Frankfurt (Oder) ist darin, dass sich durch die Einführung von Kurzarbeit auch die Vergütung reduziert, eine Abweichung von § 611 BGB und § 2 KSchG zu sehen, die eine unangemessene Benachteiligung darstellen kann, wenn diese nicht billigenswert ist. Siehe LAG Berlin-Brandenburg, Urt. v. 07.10.2010 – 2 Sa 1230/10, NZA-RR 2011, 65 (66) und ArbG Frankfurt (Oder), Urt. v. 10.02.2021 – 1 Ca 1076/20, BeckRS 2021, 5755 Rn. 19 f.

1486 *Müller/Deeg* empfehlen die Kennzeichnung der Klausel in ArbRAktuell 2010, 209.

1487 *Heinze*, RdA 1998, 14 (22 f.) geht davon aus, dass bei Vorliegen der Voraussetzungen für Kurzarbeitergeld auch die Vereinbarung über die Einführung von Kurzarbeit

Gleichwohl findet sich in nahezu jeder Musterformulierung zur Kurzarbeit die grobe Wiedergabe der §§ 95 f. SGB III.[1488] Dies ist darauf zurückzuführen, dass das Vorliegen der sozialrechtlichen Voraussetzungen des Kurzarbeitergeldes die Wirksamkeit der Klausel zumindest indiziert.[1489]

Anders als weitläufig verbreitet, schlägt *Klocke*, der sich sehr differenziert mit der Zulässigkeit von Kurzarbeitsklauseln befasst, die Verknüpfung der arbeitsrechtlichen Kurzarbeitsklausel mit dem sozialrechtlichen Anspruch auf Kurzarbeitergeld dergestalt vor, dass „[…] etwa […] die Bestätigung des Arbeitsausfalls zu einer Voraussetzung und die Versagung im Leistungsverfahren zu einer auflösenden Bedingung gemacht wird."[1490] Dieser Vorschlag überzeugt, wie im Folgenden dargestellt wird.

Der Bescheid der Agentur für Arbeit, der unverzüglich zu erteilen ist und den Arbeitsausfall bestätigt, „[…] stellt […] bindend fest, dass die Voraussetzung des erheblichen Arbeitsausfalls und [die] betrieblichen Voraussetzungen des Kurzarbeitergeld[s] gem. §§ 96 und 97 [SGB III] vorliegen."[1491] Damit ist die erste Stufe des zweistufigen Verfahrens abgeschlossen und der Arbeitgeber kann monatlich Kurzarbeitergeld beantragen.[1492] Allerdings zahlt der Arbeitgeber dem Arbeitnehmer bereits ab diesem Zeitpunkt den verkürzten Lohn und zusätzlich das Kurzarbeitergeld.[1493]

In dem zweiten Schritt muss der Arbeitgeber gemäß §§ 323 Abs. 2, 325 Abs. 3 SGB III das Kurzarbeitergeld noch beantragen. In diesem Antragsverfahren wird dann geprüft, ob die persönlichen Voraussetzungen des jeweiligen

---

wirksam ist. So auch *Schneider*, in: Preis (Hrsg.), Der Arbeitsvertrag, 6. Aufl. 2020, IV. 2. d) Rn. 111.

1488 Siehe etwa *Kleinebrink*, ArbRB 2020, 221 (223); *Zieglmeier*, DStR 2020, 729 (731); *Mahnhold*, in: Reitz (Hrsg.), Arbeitsvertragsgestaltung und AGB-Kontrolle, § 3 Rn. 21; ähnlich auch *Hartmann*, in: Tödtmann/v. Bockelmann (Hrsg.), Arbeitsrecht in Not- und Krisenzeiten, 2. Aufl. 2021, B. II. 1. a) Rn. 45; *Lingemann*, in: Bauer/Lingemann/Diller/Haußmann (Hrsg.), Anwalts-Formularbuch Arbeitsrecht, 7. Aufl. 2021, Erster Teil, Kapitel 2 II. M 2.1a Muster Ziffer 3 Abs. 2.

1489 *Klocke*, RdA 2020, 331 (337).

1490 *Klocke*, RdA 2020, 331 (337).

1491 *Bieback*, in: Rolfs/Giesen/Kreikebohm/Meßling/Udsching (Hrsg.), BeckOK Sozialrecht, 62. Edition, Stand: 01.09.2021, § 99 SGB III Rn. 17.

1492 *Bundesagentur für Arbeit*, Kurzarbeitergeld, abrufbar unter: https://www.arbeitsagentur.de/m/corona-kurzarbeit/.

1493 *Bundesagentur für Arbeit*, Kurzarbeitergeld, abrufbar unter: https://www.arbeitsagentur.de/m/corona-kurzarbeit/.

Arbeitnehmers vorliegen.[1494] Liegen diese nun nicht vor, hat der Arbeitgeber das Kurzarbeitergeld an den Arbeitnehmer aber bereits ausgezahlt, trägt er dieses finanzielle Risiko. Denn nach der Rechtsprechung des BAG bleibt der Lohnanspruch des Arbeitnehmers in Höhe des Kurzarbeitergeldes auch bestehen, wenn dessen Voraussetzungen nicht vorliegen.[1495] Dieses Risiko kann abgefangen werden, indem die Kurzarbeitsvereinbarung mit dem Arbeitnehmer in der Form auflösend bedingt ist, dass diese endet, wenn die persönlichen Voraussetzungen für das Kurzarbeitergeld nicht vorliegen.

Wie bereits dargestellt, setzt die Rechtsprechung für die Wirksamkeit der Kurzarbeitsklausel auch eine Ankündigungsfrist voraus.[1496] Zwar wird dieses Erfordernis im Schrifttum durchaus kritisch gesehen.[1497] Allerdings sind Arbeitgeber auf der sicheren Seite, wenn sie eine Ankündigungsfrist in die Kurzarbeitsklausel aufnehmen und die im Schrifttum für angemessen erachtete Frist von drei Wochen[1498] wahren.

Im Weiteren ist knapp darauf einzugehen, dass die Rechtsprechung – wie bereits gezeigt – zusätzliche Voraussetzungen an die Wirksamkeit einer Kurzarbeitsklausel gestellt hat. Diese sollte nach Auffassung des LAG Berlin-Brandenburg zumindest „[...] Umfang und Ausmaß der Kurzarbeit, den betroffenen betrieblichen Bereich, den betroffenen Personenkreis [...] [sowie] die Art und Weise der Einbeziehung des betroffenen Personenkreises [...]“[1499] regeln.[1500] Zu beachten ist allerdings, dass das LAG hier Maßstäbe, die für Betriebsvereinbarungen gelten, auf die vertragliche Einführung von Kurzarbeit übertragen hat. Hierbei wird jedoch übersehen, dass Arbeitgeber und Arbeitnehmer bei Vertragsschluss

---

1494 *Bieback*, in: Rolfs/Giesen/Kreikebohm/Meßling/Udsching (Hrsg.), BeckOK Sozialrecht, 62. Edition, Stand: 01.09.2021, § 99 SGB III Rn. 17.

1495 BAG, Urt. v. 11.07.1990 – 5 AZR 557/89, NZA 1991, 67; BAG, Urt. v. 22.04.2009 – 5 AZR 310/08, NZA 2009, 913.

1496 LAG Berlin-Brandenburg, Urt. v. 07.10.2010 – 2 Sa 1230/10, NZA-RR 2011, 65 (66); ArbG Frankfurt (Oder), Urt. v. 10.02.2021 – 1 Ca 1076/20, BeckRS 2021, 5755 Rn. 21.

1497 *Klocke*, RdA 2020, 331 (339).

1498 *Müller/Deeg*, ArbRAktuell 2010, 209 (210); *Bauer/Günther*, BB 2009, 662 (665); *Braig*, SPA 2021, 77 (78); *Schneider*, in: Preis (Hrsg.), Der Arbeitsvertrag, 6. Aufl. 2020, Teil II A 90 Rn. 109 hält eine Ankündigungsfrist von zwei Wochen für ausreichend.

1499 LAG Berlin-Brandenburg, Urt. v. 07.10.2010 – 2 Sa 1230/10, NZA-RR 2011, 65 (67).

1500 Dazu auch *Schmidt*, in: dies. (Hrsg.), Kurzarbeit in Zeiten von Corona, 2. Aufl. 2021, II. 5. Wie bereits dargestellt, hat auch das ArbG Frankfurt (Oder) ähnliche Anforderungen aufgestellt, siehe ArbG Frankfurt (Oder), Urt. v. 10.02.2021 – 1 Ca 1076/20, BeckRS 2021, 5755.

weder absehen können, ob überhaupt und falls ja, in welchem Umfang und Ausmaß die Kurzarbeit erforderlich werden wird. Genauso wenig können zu diesem Zeitpunkt der betriebliche Bereich oder der betroffene Personenkreis oder die Art und Weise dessen Einbeziehung festgelegt werden. Demgegenüber ist dies bei Abschluss einer Betriebsvereinbarung in Ansehung einer Pandemie möglich. Diese strengen Voraussetzungen können mithin höchstens in einer Kurzarbeitsabrede, die in Anbetracht einer aktuellen Krisensituation getroffen wird, verlangt werden, nicht aber im Rahmen einer Anordnungsbefugnis. So ist auch *Maties* der Auffassung, „[...] dass zumindest Klauseln, die hinreichend konkret angeben, wann Kurzarbeit angeordnet werden kann, und in denen eine konkrete Vorlaufzeit der Ankündigung vorgesehen ist, als wirksam angesehen werden können."[1501]

Zu Abs. 2 der Anordnungsbefugnis

Abs. 2 der Musterklausel beinhaltet lediglich die Klarstellung, dass das pandemische Geschehen ein unabwendbares Ereignis i.S.d. Abs. 1 darstellt.

Zu Abs. 3 der Anordnungsbefugnis

Soweit ersichtlich, fehlt den existierenden Musterklauseln der arbeitgeberseitige Vorbehalt, die Kurzarbeit auch einseitig wieder beenden zu können. Insbesondere im Hinblick auf § 305c Abs. 1 BGB sollte eine entsprechende Formulierung in der Kurzarbeitsklausel enthalten sein.[1502]

Zu Abs. 4 der Anordnungsbefugnis

Die Darstellung der Rechtsfolge der Kurzarbeit dient der Transparenz der Klausel und ist mithin im Hinblick auf § 307 Abs. 1 S. 2 BGB der Wirksamkeit der Klausel zuträglich.

cc) Abschließender Hinweis

Bei der einseitigen Anordnung von Kurzarbeit auf Grundlage der entsprechenden Klausel muss der Arbeitgeber schließlich § 315 BGB beachten. Der Arbeitgeber muss daher die Kurzarbeit unter Wahrung des billigen Ermessens gegenüber dem Arbeitnehmer anordnen, vgl. § 315 Abs. 1 und 2 BGB. „Eine Leistungsbestimmung entspricht billigem Ermessen, wenn die wesentlichen Umstände des

---

1501 *Maties*, in: Koch/Kubiciel/Wollenschläger (Hrsg.), 50 Jahre Juristische Fakultät Augsburg, 2021, 452.

1502 *Klocke*, RdA 2020, 331 (332).

Falls abgewogen und die beiderseitigen Interessen angemessen berücksichtigt worden sind.“[1503]

2. *Kurzarbeitsabrede*

Fehlt es an einer vertraglichen Anordnungsbefugnis des Arbeitgebers zur Einführung von Kurzarbeit, kann diese auch erreicht werden, wenn die betroffenen Arbeitnehmer in eine Kurzarbeitsabrede einwilligen.

a) Mustervereinbarung

Kurzarbeitsabrede

Der Arbeitnehmer erklärt sich mit der Einführung von Kurzarbeit ab dem […] bis zum […] einverstanden, da pandemiebedingt ein erheblicher Arbeitsausfall vorliegt und die Agentur für Arbeit das Vorliegen eines solchen Arbeitsausfalls bestätigt hat. Dabei wird die wöchentliche Arbeitszeit des Arbeitnehmers in Abweichung zu Ziffer […] des Arbeitsvertrages um […]% und entsprechend die Vergütung des Arbeitnehmers reduziert. Die verkürzte Arbeitszeit ist an den üblichen Arbeitstagen von […] Uhr bis […] Uhr zu leisten.

b) Erläuterungen

aa) Allgemeines zum Prüfungsmaßstab

Die Kurzarbeitsabrede unterliegt wie die Anordnungsbefugnis der unbeschränkten Inhaltskontrolle. Zwar betrifft eine Vereinbarung zur Kurzarbeit die vertraglich vereinbarte Arbeitszeit und weicht insofern nicht von einer Rechtsvorschrift oder diese ergänzende Regelungen ab,[1504] sodass die Kontrollfähigkeit

---

1503 BAG, Urt. v. 24.01.2017 – 1 AZR 772/14, AP BetrVG 1972 § 87 Lohngestaltung Nr. 151.

1504 Siehe BAG, Urt. v. 31.08.2005 – 5 AZR 545/04, NZA 2006, 324 (328), wonach „[…] Klauseln, die den Umfang der von den Parteien geschuldeten Vertragsleistung festlegen […]“ nur der Kontrolle nach § 307 Abs. 3 S. 2 BGB unterliegen; nach *Maties*, in: Koch/Kubiciel/Wollenschläger (Hrsg.), 50 Jahre Juristische Fakultät Augsburg, 2021, 447 wird höchstens vom Grundsatz „pacta sunt servanda“ abgewichen; a.A. LAG Berlin-Brandenburg, Urt. v. 07.10.2010 – 2 Sa 1230/10, NZA-RR 2011, 65 (66), das in einer Kurzarbeitsklausel, die den Arbeitgeber zur einseitigen Einführung von Kurzarbeit berechtigt, eine Abweichung von § 611 BGB und § 2 KSchG sieht; so auch ArbG Frankfurt (Oder), Urt. v. 10.02.2021 – 1 Ca 1076/20, BeckRS 2021, 5755 Rn. 19 f.

der in § 307 Abs. 3 S. 1 BGB genannten Normen eigentlich abzulehnen wäre.[1505] Allerdings ist nach der Rechtsprechung des BAG die Wirksamkeit der Befristung einer Arbeitszeitverkürzung an der Inhaltskontrolle der §§ 307 ff. BGB zu messen,[1506] sodass die Kurzarbeitsabrede wegen derselben und auch nur hinsichtlich dieser doch der Inhaltskontrolle unterliegt.

bb) Einzelerläuterungen zur Musterformulierung

Auch hier empfiehlt es sich wegen § 305c Abs. 1 BGB über die Überschrift der Klausel auf den Inhalt der Kurzarbeitsvereinbarung hinzuweisen. Wie die Mustervereinbarung zur Anordnungsbefugnis nimmt auch die Musterklausel zur Kurzarbeitsabrede Bezug auf die §§ 95 ff. SGB III, wenn sie an einen pandemiebedingten erheblichen Arbeitsausfall anknüpft. Insoweit kann auf die obigen Ausführungen verwiesen werden.[1507] Zudem sollten auch hier grundsätzlich die von der Rechtsprechung aufgestellten Anforderungen berücksichtigt werden.

So ist zunächst gleichlaufend unter Anwendung der Grundsätze des BAG zur Einführung von Kurzarbeit mittels Betriebsvereinbarung „[...] mindestens die Bestimmung von Beginn und Dauer der Kurzarbeit [...] sowie die Regelung der Lage und Verteilung der Arbeitszeit [...]“[1508] erforderlich. Das LAG Berlin-Brandenburg fordert weiter, in der Klausel „[...] den betroffenen betrieblichen Bereich, den betroffenen Personenkreis [und] die Art und Weise der Einbeziehung des betroffenen Personenkreises [anzugeben]“.[1509]

Allerdings muss im Rahmen der Kurzarbeitsabrede, da diese mit jedem Arbeitnehmer einzeln getroffen wird, auf die Auswahl der betroffenen Arbeitnehmer verzichtet werden können.[1510] Dies muss gleichermaßen für die Angabe des betroffenen betrieblichen Bereichs und Personenkreises sowie dafür relevante Kriterien gelten.[1511] Beginn und Dauer der Kurzarbeit sowie grundsätzlich

---

1505 *Klocke*, RdA 2020, 331 (335).

1506 BAG, Urt. v. 10.12.2014 – 7 AZR 1009/12, AP BGB § 307 Nr. 70. Ausführlich zur Anwendbarkeit der Inhaltskontrolle auf die Befristung einzelner Arbeitsbedingungen siehe *Biedermann*, NZA-RR 2019, 345 (346 ff.).

1507 Siehe Teil 4 Kapitel 2 B. II. 1. b) bb).

1508 BAG, Urt. v. 18.11.2015 – 5 AZR 491/14, NZA 2016, 565.

1509 LAG Berlin-Brandenburg, Urt. v. 07.10.2010 – 2 Sa 1230/10, NZA-RR 2011, 65 (67).

1510 So auch *Klocke*, RdA 2020, 331 Fn. 121.

1511 Das LAG hatte diese Anforderungen aus den für Betriebsvereinbarungen geltenden Maßstäben übertragen. Das ist allerdings insbesondere im Fall der Kurzarbeitsabrede, die mit jedem Arbeitnehmer einzeln getroffen wird, nicht sachgerecht. Siehe LAG Berlin-Brandenburg, Urt. v. 07.10.2010 – 2 Sa 1230/10, NZA-RR 2011, 65 (67).

auch Lage und Verteilung der verbleibenden Arbeitszeit[1512] sind hingegen in die Klausel zu ergänzen.

Die Ankündigungsfrist, hinsichtlich derer bekanntlich drei Wochen als angemessen angesehen werden,[1513] kann so umgesetzt werden, dass die Kurzarbeit nicht sofort eingeführt wird, sondern drei Wochen nach Einigung über die Kurzarbeitsabrede. Nach überzeugender Auffassung von *Fuhlrott* ist eine Ankündigungsfrist in einer Kurzarbeitsabrede jedoch nicht erforderlich, da der Arbeitnehmer in der konkreten Situation entscheiden kann, ob er die Kurzarbeitsabrede treffen möchte.[1514]

Allgemein ist darauf hinzuweisen, dass insbesondere Zuschüsse zum Kurzarbeitergeld oder befristete Beschäftigungszusicherungen einen Anreiz für den Arbeitnehmer schaffen können, der Kurzarbeit zuzustimmen.[1515] Sollte der Arbeitgeber dazu bereit sein, ist die Klausel entsprechend zu ergänzen.

3. *Abschließende Hinweise*

Bei der Einführung von Kurzarbeit ist, sofern ein Betriebsrat existiert, dessen Mitbestimmungsrecht gemäß § 87 Abs. 1 Nr. 3 BetrVG zu berücksichtigen.[1516] Allerdings wird dieses in diesem Fall regelmäßig durch Abschluss einer Betriebsvereinbarung gewahrt.[1517] Der Einführung von Kurzarbeit mittels vertraglicher Vereinbarung kommt in der Praxis daher primär in Betrieben ohne Betriebsrat oder gegenüber leitenden Angestellten, auf die das BetrVG gemäß § 5 Abs. 3 S. 1 BetrVG grundsätzlich keine Anwendung findet, Bedeutung zu.[1518] Das

---

Auch *Klocke*, RdA 2020, 331 (338) vertritt die Auffassung, dass für die Kurzarbeitsabrede die Rechtsprechung des BAG zu Betriebsvereinbarungen über Kurzarbeit herangezogen werden kann.

1512 Im Fall von „Kurzarbeit Null" kann auf die Angabe von Lage und Verteilung der verbleibenden Arbeitszeit freilich verzichtet werden.

1513 *Müller/Deeg*, ArbRAktuell 2010, 209 (210); *Bauer/Günther*, BB 2009, 662 (665); *Braig*, SPA 2021, 77 (78); *Schneider*, in: Preis (Hrsg.), Der Arbeitsvertrag, 6. Aufl. 2020, Teil II A 90 Rn. 109 hält eine Ankündigungsfrist von zwei Wochen für ausreichend.

1514 *Fuhlrott*, ArbRAktuell 2021, 225.

1515 *Geulen/Vogt*, ArbRAktuell 2020, 181 (182).

1516 *Maties*, in: Koch/Kubiciel/Wollenschläger (Hrsg.), 50 Jahre Juristische Fakultät Augsburg, 2021, 421; *Geulen/Vogt*, ArbRAktuell 2020 181 (182).

1517 Zu den Anforderungen einer Betriebsvereinbarung zur Einführung von Kurzarbeit siehe BAG, Urt. v. 18.11.2015 – 5 AZR 491/14, NZA 2016, 565; *Zieglmeier*, DStR 2020, 729 (730 f.).

1518 *Röder/Nemetz*, DB 2019, 2633.

Mitbestimmungsrecht erstreckt sich nicht auf Vergütungsaspekte, sodass der Betriebsrat als Voraussetzung für dessen Zustimmung nicht die Bezuschussung des Kurzarbeitergeldes durch den Arbeitgeber verlangen kann.[1519]

Kapitel 3 Home-Office-Vereinbarung

Da es in einer Pandemie stets gilt, Infektionsrisiken zu vermeiden, kommt der Kontaktvermeidung und damit der Leistungserbringung im Home-Office[1520] außerordentliche Relevanz zu. Wie bereits dargestellt, gibt es zwar grundsätzlich weder eine gesetzliche Pflicht zur noch einen Anspruch des Arbeitnehmers auf die Leistungserbringung im Home-Office. Demgegenüber kann[1521] bzw. muss[1522] der Arbeitgeber den Arbeitnehmer in einer Pandemie ggf. sogar anweisen, die Leistung im Home-Office zu erbringen. Dabei bleiben allerdings regelmäßig wichtige rechtliche Aspekte unberücksichtigt, da Arbeitnehmer in einer Pandemie oft „von jetzt auf gleich" ins Home-Office wechseln.

Es empfiehlt sich daher, schon bei Vertragsschluss die arbeitgeberseitige Möglichkeit zur Anordnung von Home-Office vertraglich zu vereinbaren und alle relevanten Modalitäten hinreichend zu regeln. Die nachfolgende Klausel enthält aus Gründen der Übersichtlichkeit alle für das Home-Office wesentlichen Aspekte, nimmt gleichwohl aber Bezug auf übliche Klauseln eines Standardarbeitsvertrags. Freilich können die einzelnen Bestandteile der Home-Office-Musterklausel auch Klauseln in einem bereits vorhandenen Formularvertrag ergänzen. Durch die hier gewählte Gestaltung ist die Klausel aber auch geeignet, als Grundlage für eine Zusatzvereinbarung zu einem bereits bestehenden Arbeitsvertrag zu dienen.

A. Vorüberlegungen

I. Home-Office- oder Mobile-Office-Vereinbarung

Vorab ist die grundsätzliche Frage zu stellen, ob sich eher der Abschluss einer Home-Office- oder einer Mobile-Office-Vereinbarung empfiehlt.[1523] *Reinhard*

1519 *Röder/Nemetz*, DB 2019, 2633 (2634).

1520 Zur Terminologie rund um den Begriff „Home-Office" siehe Teil 2 Kapitel 1 A. I. 1. c) bb) (1).

1521 Zur Anordnungsmöglichkeit des Arbeitgebers siehe Teil 3 Kapitel 4 B II.

1522 *Schliemann*, FA 2020, 90 (92); *Mues/Müncheberg*, ArbRB 2020, 214 (215); *Günther/Böglmüller*, ArbRAktuell 2020, 186 (187).

1523 Zur Terminologie rund um den Begriff „Home-Office" siehe Teil 2 Kapitel 1 A. I. 1. c) bb) (1).

etwa befürwortet die Nutzung der „[…] Ausgestaltung des mobilen Arbeitens […]".[1524] Die Anforderungen seien wesentlich geringer.[1525]

1. Anwendbarkeit der ArbStättV

Diese Einschätzung dürfte primär damit zusammenhängen, dass der Begriff des Home-Office für viele suggeriert, dass ein Telearbeitsplatz i.S.d. § 2 Abs. 7 S. 1 ArbStättV vorliegt. Dessen Vorliegen hat zur Folge, dass gemäß § 1 Abs. 4 ArbStättV gewisse Normen der ArbStättV Anwendung finden, die Pflichten des Arbeitgebers normieren.[1526] Liegt ein Telearbeitsplatz i.S.d. ArbStättV nicht vor, finden die Vorschriften der ArbStättV keine Anwendung.[1527]

Telearbeitsplätze sind vom Arbeitgeber fest eingerichtete Bildschirmarbeitsplätze im Privatbereich der Beschäftigten, für die der Arbeitgeber eine mit den Beschäftigten vereinbarte wöchentliche Arbeitszeit und die Dauer der Einrichtung festgelegt hat, § 2 Abs. 7 S. 1 ArbStättV. Ein fest eingerichteter Telearbeitsplatz liegt nur vor, wenn Arbeitgeber und Beschäftigte die Bedingungen der Telearbeit arbeitsvertraglich oder im Rahmen einer Vereinbarung festgelegt haben und die benötigte Ausstattung des Telearbeitsplatzes mit Mobiliar, Arbeitsmitteln einschließlich der Kommunikationseinrichtungen durch den Arbeitgeber oder eine von ihm beauftragte Person im Privatbereich des Beschäftigten bereitgestellt und installiert ist, § 2 Abs. 7 S. 2 ArbStättV.[1528] Ausweislich des Verordnungsentwurfes gilt die ArbStättV ausdrücklich nicht für sog. Mobiles Arbeiten.[1529]

1524 *Reinhard*, ArbRB 2020, 148 (151).

1525 *Reinhard*, ArbRB 2020, 148 (151).

1526 Dazu zählt gemäß § 1 Abs. 4 Nr. 1 ArbStättV zunächst § 3 ArbStättV, nach dem vom Arbeitgeber eine Gefährdungsbeurteilung vorzunehmen ist. Anhand dieser Gefährdungsbeurteilung hat der Arbeitgeber die Telearbeitnehmer gemäß § 6 ArbStättV zu unterweisen, vgl. § 1 Abs. 4 Nr. 2 ArbStättV. Zuletzt gilt auch Nr. 6 des Anhangs der ArbStättV, der Maßnahmen zur Gestaltung von Bildschirmarbeitsplätzen beinhaltet, § 1 Abs. 4 Nr. 2 ArbStättV.

1527 *Köhler/Schürgers*, BB 2020, 2613 (2615); *Hidalgo*, NZA 2019, 1449 (1452).

1528 Es wird vertreten, dass entgegen dem Wortlaut des § 2 Abs. 7 S. 2 ArbStättV ein Telearbeitsplatz auch vorliegen kann, wenn nicht sämtliches Mobiliar und alle Arbeitsmittel vom Arbeitgeber bereitgestellt wurden. Siehe dazu etwa *Hidalgo*, NZA 2019, 1449 (1451).

1529 „'Mobiles Arbeiten' (gelegentliches Arbeiten von zuhause aus oder während der Reisetätigkeit, Abrufen von Emails nach Feierabend außerhalb des Unternehmens, Arbeit zuhause ohne eingerichteten Bildschirmarbeitsplatz usw.) unterliegt nicht

Da § 2 Abs. 7 S. 1 ArbStättV für einen Telearbeitsplatz voraussetzt, dass die Dauer der Einrichtung festgelegt ist, muss das Vorliegen desselben abgelehnt werden, wenn der Arbeitgeber sich wie in der hier entworfenen Mustervereinbarung hinsichtlich der Dauer der Leistungserbringung im Home-Office nicht festlegt.[1530] Dementsprechend gelten unter Verwendung der hier formulierten Home-Office-Vereinbarung die Normen der ArbStättV nicht. Im Hinblick darauf, den Pflichten der ArbStättV entgehen zu können, bietet der Abschluss einer Mobile-Office-Vereinbarung zumindest im Vergleich zu der hier gewählten Klausel keinen Mehrwert für den Arbeitgeber.

2. Sonstige arbeitsschutzrechtliche Pflichten

Indessen ist aber zu beachten, dass die allgemeinen arbeitsschutzrechtlichen Pflichten gemäß § 618 BGB und dem ArbSchG auch bei der Leistungserbringung im Home-Office (ohne dass eine Telearbeitsplatz i.S.d. ArbStättV vorliegt) und im Mobile-Office gelten.[1531] Eine Pflicht zur Durchführung einer Gefährdungsbeurteilung und Unterweisung ergibt sich auch aus dem ArbSchG (§ 5 und § 12 ArbSchG). Dabei ist jedoch offensichtlich, dass die Pflichten des Arbeitgebers nur soweit gehen können, wie dieser sie realistischerweise erfüllen kann. Während im Fall des Home-Office eine Gefährdungsbeurteilung noch denkbar ist,[1532] ist eine solche im Fall des Mobile-Office – wenn also der Arbeitsort nicht festgelegt ist – nur sehr beschränkt durchführbar.[1533] Eine Unterweisung gemäß § 12

---

der ArbStättV; es handelt sich dabei nicht um Telearbeit im Sinne der Verordnung.", siehe BR-Drs. 506/16, 36.

1530 Eine solche Festlegung wäre im Hinblick auf das nicht vorhersehbare und einschätzbare Pandemiegeschehen auch nicht sachgerecht.

1531 *Köhler/Schürgers*, BB 2020, 2613 (2614 f.); *Hidalgo*, NZA 2019, 1449 (1450, 1452) m.w.N.; *Günther/Böglmüller*, ArbRAktuell 2020, 186 (188); allgemein zu den Pflichten nach dem ArbSchG siehe Teil 2 Kapitel 2 A. I. 2. b) bb) (1).

1532 Es ist darauf hinzuweisen, dass es nach überzeugender Auffassung für die Gefährdungsbeurteilung nicht des Zugangs zum Home-Office-Arbeitsplatz des Arbeitnehmers bedarf, sondern der Arbeitgeber diese aufgrund arbeitnehmerseitig bereitgestellter Informationen durchführen kann, siehe *Krieger/Rudnik/Povedano Peramato*, NZA 2020, 473 (479).

1533 Grundsätzlich kann argumentiert werden, dass im Fall des Mobile-Office eine Gefährdungsbeurteilung nicht durchgeführt werden kann und daher auch nicht durchgeführt werden muss. Dies grundsätzlich anerkennend etwa *Hidalgo*, NZA 1449 (1455). Mithin scheint nach ihrer Auffassung „[j]edes Bemühen um eine Gefährdungsbeurteilung […]" ausreichend. Diese empfiehlt eine abgestufte Vorgehensweise. *Oberthür*, NZA 2013, 246 (247 f.) bejaht auch bei Mobile-Office die Pflicht

ArbSchG kann zwar in beiden Fällen erfolgen, kann jedoch im Fall des Home-Office bei entsprechender Mitwirkung des Arbeitnehmers zielgerichteter sein.

Exkurs

Welche Maßnahmen des Arbeitgebers bei der Leistungserbringung des Arbeitnehmers im Home-Office im Einzelnen erforderlich sind, soll davon abhängen, ob der Arbeitnehmer überwiegend (an mindestens drei von fünf Arbeitstagen) am betrieblichen oder häuslichen Arbeitsplatz tätig wird.[1534] Wird der Arbeitnehmer überwiegend im Betrieb tätig, soll wegen der teilweisen Leistungserbringung im Home-Office weder eine Gefährdungsbeurteilung noch eine Unterweisung nötig sein. Wird der Arbeitnehmer hingegen überwiegend im Home-Office tätig, empfiehlt sich zumindest die Unterweisung über mögliche Gefahren.[1535] Eine Pflicht zur Durchführung einer Gefährdungsbeurteilung soll aber nach wie vor nicht bestehen.[1536]

Im Hinblick auf den Pandemiefall hilft dieses System direkt nur weiter, wenn Arbeitnehmer abwechselnd am betrieblichen Arbeitsplatz und im Home-Office tätig werden, wie es in der COVID-19-Pandemie teilweise praktiziert wurde. Insbesondere in pandemischen Wellen, also in Phasen mit sehr hohem Infektionsgeschehen, werden Arbeitnehmer aber überwiegend zumindest temporär ausschließlich im Home-Office tätig werden. Umgekehrt werden Arbeitnehmer in Phasen mit geringerem Infektionsgeschehen häufig wieder ausschließlich im

---

zur Durchführung einer Gefährdungsbeurteilung und führt als „[t]ypische Gefährdungspotentiale […] Belastungen durch ungünstige ergonomische Arbeitshaltung und die Bedingungen der Bildschirmarbeit (Beleuchtung, Bildschirmbeschaffenheit und -größe), Belastungen durch störende äußerliche Einflüsse (Geräusche, Temperatur), Belastungen durch unzureichenden kommunikativen Austausch mit Kollegen, fehlende soziale Anbindung an das betriebliche Geschehen und vor allem die psychischen Belastungen durch Zeitdruck, ständige Erreichbarkeit und unzureichende Erholungszeiten [an]." Gleichwohl kann bei der Leistungserbringung im Mobile-Office eine Beurteilung potenzieller Gefahren etwa durch ungünstige Arbeitshaltung oder äußere Einflüsse gerade nicht erfolgen – der Arbeitsort steht schließlich nicht fest. Nach Auffassung von *Günther/Böglmüller*, ArbRAktuell 2020, 186 (188) muss im Fall von Mobile-Office „[…] eine allgemeine Gefährdungsbeurteilung ausreichend sein, bei der allenfalls typische Gefahren identifiziert werden müssten."

1534 *Köhler/Schürgers*, BB 2020, 2613 (2615); ähnlich *Hidalgo*, NZA 2020, 1449 (1455 f.).

1535 Zur Unterweisung gemäß § 12 ArbSchG siehe etwa *Krieger/Rudnik/Povedano Peramato*, NZA 2020, 473 (479 f.). Für Beispiele aus der Praxis zu Arbeitsschutzmaßnahmen im Home-Office siehe *Häfeli*, ARP 2022, 24 ff.

1536 *Köhler/Schürgers*, BB 2020, 2613 (2615).

Betrieb arbeiten. In der erstgenannten Situation wird der Arbeitnehmer aber zumindest vorübergehend ausschließlich im Home-Office tätig, sodass zumindest die Sicherheitsunterweisung gemäß § 12 ArbSchG[1537] erfolgen sollte.

3. *Zusammenfassung*

Sofern die ArbStättV mangels Vorliegen eines Telearbeitsplatzes i.S.d. § 2 Abs. 7 S. 1 ArbStättV keine Anwendung findet, gelten bei der Leistungserbringung im Home- und Mobile-Office dem Grunde nach dieselben allgemeinen arbeitsschutzrechtlichen Pflichten für den Arbeitgeber. Dass diese sich in ihrem Umfang unterscheiden, liegt in der Natur der Sache.

Wie die COVID-19-Pandemie gezeigt hat, werden die meisten Arbeitnehmer, deren Tätigkeit es zulässt, im Home-Office arbeiten. Nun könnte man auf die Idee kommen, trotzdem eine Mobile-Office-Vereinbarung zu schließen. Wenn der Arbeitnehmer aber faktisch nur im Home-Office tätig wird, gelten die Arbeitgeberpflichten in dem Umfang, als wäre von vornherein eine Home-Office-Vereinbarung geschlossen worden.

Da also vor dem dieser Arbeit zugrunde gelegten pandemischen Hintergrund dem Home-Office im Vergleich zum Mobile-Office wesentlich höhere Relevanz zukommt und die Pflichten nur durch die andere Bezeichnung nicht umgangen werden können, wird im Folgenden eine Home-Office-Mustervereinbarung dargestellt.[1538]

II. *Art der Home-Office-Vereinbarung*

Maßgeblich für die konkrete Ausgestaltung der Home-Office-Vereinbarung sind zunächst die Interessen des Arbeitgebers. Will er sich die Möglichkeit vorbehalten, jederzeit unter bestimmten Voraussetzungen einseitig Home-Office anordnen zu können, feste Home-Office-Arbeitstage festlegen oder nur zeitlich befristet Home-Office anordnen? Vor dem für diese Arbeit maßgeblichen Hintergrund einer Pandemie ist davon auszugehen, dass dem Arbeitgeber an höchstmöglicher Flexibilität gelegen ist. Daher wird in dessen Interesse regelmäßig die Vereinbarung einer Anordnungsbefugnis sein, sodass die Mustervereinbarung entsprechend formuliert wurde.

1537 Zur Unterweisung gemäß § 12 ArbSchG siehe *Krieger/Rudnik/Povedano Peramato*, NZA 2020, 473 (479 f.).

1538 Für eine Mobile-Office-Vereinbarung siehe etwa *Mahnhold*, in: Reitz (Hrsg.), Arbeitsvertragsgestaltung und AGB-Kontrolle, § 4 Rn. 23.

B. Mustervereinbarung[1539]

Home-Office

(1) *Die in Ziffer […] beschriebene Arbeitsleistung ist grundsätzlich vollständig im Betrieb [ggf. Adresse einfügen] zu erbringen.*

(2) *Der Arbeitgeber ist allerdings berechtigt, jederzeit nach billigem Ermessen gemäß § 106 S. 1 GewO mit einer Ankündigungsfrist von […] anzuordnen, dass der Arbeitnehmer seine Arbeitsleistung fortan im Home-Office erbringt, wenn nicht überwiegende berechtigte Interessen des Arbeitnehmers dieser Home-Office-Anordnung entgegenstehen. Unter Wahrung der in S. 1 genannten Ankündigungsfrist ist der Arbeitgeber nach billigem Ermessen gemäß § 106 S. 1 GewO auch berechtigt, die Rückkehr zur Arbeitsleistung im Betrieb anzuordnen, wenn keine dringenden Gründe des Arbeitnehmers entgegenstehen.*

(3) *Der Arbeitnehmer hat auch im Home-Office die in Ziffer […] hinsichtlich Dauer und Lage vereinbarte Arbeitszeit zu leisten. Dabei wird der Arbeitnehmer die Vorgaben des Arbeitszeitgesetzes, insbesondere die tägliche Höchstarbeitszeit gemäß § 3 ArbZG und die Ruhezeit gemäß § 5 ArbZG, bei seiner Tätigkeit im Home-Office einhalten. Der Arbeitnehmer gewährleistet, dass er während dieser Arbeitszeit sowohl telefonisch als auch über den dienstlichen E-Mail-Account erreichbar ist. Der Arbeitnehmer hat seine Arbeitszeit zu dokumentieren und dem Arbeitgeber auf Anfrage vorzulegen. [Alternativ: Die Dokumentation der Arbeitszeit erfolgt auch bei Tätigwerden im Home-Office durch das Zeiterfassungssystem des Arbeitgebers]. Überstunden und Mehrarbeit dürfen nur auf Anordnung des Arbeitgebers oder mit dessen vorheriger schriftlicher Zustimmung geleistet werden.*[1540]

(4) *Ist der Arbeitnehmer aufgrund einer Anordnung nach Abs. 2 verpflichtet, die Arbeitsleistung im Home-Office zu erbringen, wird der Arbeitgeber die benötigten Arbeitsmittel [ggf. spezifizieren] dem Arbeitnehmer rechtzeitig zur Verfügung stellen. Die überlassenen Arbeitsmittel verbleiben im Eigentum des Arbeitgebers und dürfen nicht für private Zwecke genutzt werden. Wurde die Rückkehr zur Erbringung der Arbeitsleistung im Betrieb angeordnet, kann der Arbeitgeber die Herausgabe der bereitgestellten Arbeitsmittel verlangen.*

1539 Musterklausel erstellt unter Berücksichtigung von *Mahnhold*, in: Reitz (Hrsg.), Arbeitsvertragsgestaltung und AGB-Kontrolle, 2020, § 4 Rn. 7; *Hoppe*, in: Kramer (Hrsg.), IT-Arbeitsrecht, 2. Aufl. 2019, B. VIII. 9. Rn. 676; *Imping*, in: Taeger/Pohle, Computerrechts-Handbuch, Werkstand: 36. EL. Februar 2021, 70.11 Rn. 18.

1540 Zu einer Klausel zu Überstunden und Mehrarbeit siehe auch Teil 4 Kapitel 2 A. II.

(5) *Der Arbeitnehmer erhält zusätzlich zu der in Ziffer [...] vereinbarten monatlichen Vergütung eine Aufwandsentschädigung in Höhe von EUR [...] pro Monat, in dem die Arbeitsleistung ausschließlich am Home-Office-Arbeitsplatz erbracht wurde. Wurde der Arbeitnehmer weniger als einen vollen Monat im Home-Office tätig, reduziert sich die Aufwandsentschädigung anteilig. Mit Leistung der Aufwandsentschädigung sind sämtliche durch die Home-Office-Tätigkeit anfallenden Mehrkosten des Arbeitnehmers, insbesondere höhere Stromkosten, abgegolten. Weitergehende Entschädigungsansprüche gegen den Arbeitgeber wegen der Leistungserbringung im Home-Office bestehen nicht.*

(6) *Der Arbeitnehmer ist zur Einhaltung der datenschutzrechtlichen Vorgaben, insbesondere der DSGVO und des BDSG, verpflichtet. Der Arbeitnehmer stimmt zu, alle Maßnahmen umzusetzen, um die Vertraulichkeit der betrieblichen Daten zu gewährleisten, insbesondere durch Sperrung des Desktops bei Verlassen des häuslichen Arbeitsplatzes und sicheren Transport, sichere Ablage und Vernichtung von betrieblichen Dokumenten in Papierform.*

(7) *Tritt am Home-Office-Arbeitsplatz des Arbeitnehmers eine technische Störung auf, die sich auf die Erbringung der Arbeitsleistung auswirkt, muss der Arbeitnehmer dem Arbeitgeber diese Störung unverzüglich mitteilen und das weitere Vorgehen mit dem Arbeitgeber besprechen. Ist die vertragsgemäße Erbringung der Arbeitsleistung infolge der technischen Störung nicht mehr möglich, kann der Arbeitgeber verlangen, dass die Arbeitsleistung im Betrieb erbracht wird.*

(8) *Der Arbeitnehmer räumt dem Arbeitgeber ein Zugangsrecht zu dessen Home-Office-Arbeitsplatz ein, wenn ein berechtigtes Interesse des Arbeitgebers besteht und nicht im Einzelfall schutzwürdige Interessen des Arbeitnehmers überwiegen. Ein berechtigtes Interesse liegt insbesondere vor, wenn der Zugang zur Überlassung, Überprüfung oder Wartung der Arbeitsmittel erforderlich ist. Der Arbeitgeber kann dieses Recht auf folgende Beauftragte [ggf. spezifizieren] übertragen. Der beabsichtigte Zugang zum Home-Office-Arbeitsplatz durch den Arbeitgeber oder dessen beauftragte Personen ist dem Arbeitnehmer außer in Notsituationen mindestens eine Woche im Voraus anzukündigen und der Arbeitnehmer hat formlos sein Einverständnis für den jeweiligen Einzelfall zu erklären.*

C. Erläuterungen

Zu Abs. 1 der Mustervereinbarung – Grundsätzlicher Arbeitsort des Arbeitnehmers

Ist es seitens des Arbeitgebers gewollt, dass der Arbeitnehmer seine Arbeitsleistung grundsätzlich in der betrieblichen Arbeitsstätte (bzw. in einer der betrieblichen Arbeitsstätten im Fall von mehreren Standorten) erbringt, sollte die Klausel zunächst eine entsprechende Klarstellung beinhalten. Es empfiehlt sich, die Adresse der betrieblichen Arbeitsstätte aufzuführen.

Zu Abs. 2 der Mustervereinbarung – Anordnungsbefugnis

Im Weiteren ist sodann die arbeitgeberseitige Befugnis zur Anordnung, die Arbeitsleistung im Home-Office zu erbringen, in die Vereinbarung aufzunehmen. Der Wortlaut der Mustervereinbarung knüpft daran an, dass der Arbeitgeber gemäß § 106 S. 1 GewO den Ort der Arbeitsleistung nach billigem Ermessen näher bestimmen kann. Da dieses Direktionsrecht nach h.M. wegen Art. 13 GG aber grundsätzlich nicht die Möglichkeit umfasst, die Arbeitsleistung im Home-Office einseitig anzuordnen,[1541] bedarf es dieser vertraglichen Vereinbarung. Hier scheint es im Hinblick auf die Angemessenheit der Klausel unerlässlich, auch die Interessen des Arbeitnehmers zu berücksichtigen. Dies kann allerdings zur Folge haben, dass im Einzelfall überwiegende Interessen des Arbeitnehmers der Home-Office-Anordnung entgegenstehen können. Zur Wahrung der Arbeitnehmerinteressen wurde die Anordnung auch an eine Anordnungsfrist geknüpft.[1542] Wie bei der Anordnung von Kurzarbeit werden auch hier drei Wochen für angemessen gehalten.[1543]

An dieser Stelle der Mustervereinbarung sollte der Arbeitgeber sich zudem das Recht vorbehalten, wieder die Rückkehr des Arbeitnehmers in den Betrieb anzuordnen. Diesbezüglich ist ein Urteil des LAG Düsseldorf aus dem Jahr 2014 anzusprechen, wonach „[e]ine Vereinbarung in allgemeinen Arbeitsvertragsbedingungen, welche die Beendigung einer vereinbarten alternierenden Telearbeit für den Arbeitgeber voraussetzungslos ermöglicht und nicht erkennen lässt, dass dabei auch die Interessen des Arbeitnehmers zu berücksichtigen sind, […] wegen Abweichung von dem gesetzlichen Leitbild des § 106 S 1 GewO gem § 307 I 1 BGB iVm § 307 II Nr. 1 BGB unwirksam [ist].“[1544] Vor diesem Hintergrund empfiehlt es sich, auch bei der Anordnung zur Rückkehr in die betriebliche Arbeitsstätte die Interessen des Arbeitnehmers zu berücksichtigen.

1541 *Benkert*, NJW-Spezial 2019, 306; *Richter*, ArbRAktuell 2019, 142 (143).

1542 Gleichwohl ist nach Auffassung von *Mahnhold*, in: Reitz (Hrsg.), Arbeitsvertragsgestaltung und AGB-Kontrolle, § 4 Rn. 13 die Ankündigungsfrist kein notwendiger Bestandteil der Klausel.

1543 *Köhler/Schürgers*, BB 2020, 2613 (2614).

1544 LAG Düsseldorf, Urt. v. 10.09.2014 – 12 Sa 505/14, BeckRS 2014, 73155; siehe auch *Köhler/Schürgers*, BB 2020, 2613 (2614).

Nachdem der gesetzliche Grundsatz (§ 269 Abs. 1 BGB) jedoch ist, dass die Arbeitsleistung im Betrieb erbracht wird, muss es hier genügen, dass der Arbeitnehmer nur dringende Gründe gegen die Rückkehr in den Betrieb vorbringen kann.[1545]

Zu Abs. 3 der Mustervereinbarung – Arbeitszeit[1546]

Ferner sollte klargestellt werden, dass auch bei der Leistungserbringung im Home-Office die Arbeitszeit unverändert bestehen bleibt und dass auch in diesem Fall die Bestimmungen des ArbZG einzuhalten sind.[1547] Zwar obliegt die Pflicht zur Einhaltung des Arbeitszeitschutzes grundsätzlich dem Arbeitgeber. Da dieser die Einhaltung bei der Leistungserbringung im Home-Office jedoch kaum kontrollieren kann, sollte hier der Arbeitnehmer verpflichtet werden.[1548] In diesem Zusammenhang empfiehlt es sich auch, die nach § 16 Abs. 2 ArbZG bestehende Pflicht, die über die werktägliche Arbeitszeit des § 3 S. 1 ArbZG hinausgehende Arbeitszeit der Arbeitnehmer aufzuzeichnen, auf den Arbeitnehmer zu übertragen.[1549]

Darüber hinaus sollte die Klarstellung aufgenommen werden, dass Überstunden und Mehrarbeit nur auf Anordnung des Arbeitgebers oder mit vorheriger schriftlicher Zustimmung des Arbeitgebers geleistet werden dürfen. Anderenfalls besteht das Risiko, dass der Arbeitnehmer zu seinen Gunsten mehr arbeitet als vertraglich geschuldet bzw. gesetzlich zulässig.

1545 Nach Auffassung des LAG München, Urt. v. 26.08.2021 – 3 SaGa 13/21, COVuR 2021, 620 (623) „[…] ist [der Arbeitgeber] nach § 106 GewO grundsätzlich berechtigt, eine Homeoffice-Tätigkeit durch Weisung zu beenden […].“ Nach Auffassung von *Köhler/Schürgers*, BB 2020, 2613 (2614) muss die Widerrufsklausel den Arbeitnehmer erkennen lassen, wann dieser in den Betrieb zurückkehren muss.

1546 Alternative Klauselgestaltungen bezüglich der Arbeitszeit auch bei *Temming*, in: Preis (Hrsg.), Der Arbeitsvertrag, 6. Aufl. 2020, Teil II T 20 IV. 2. Rn. 31.

1547 *Köhler/Schürgers*, BB 2020, 2613 (2614). Sollten andere arbeitszeitliche Modalitäten gewünscht sein, müsste die Klausel an dieser Stelle entsprechend umgestaltet werden.

1548 *Mahnhold*, in: Reitz (Hrsg.), Arbeitsvertragsgestaltung und AGB-Kontrolle, 2020, § 4 Rn. 21; *Köhler/Schürgers*, BB 2020, 2613 (2614).

1549 *Tödtmann*, in: ders./v. Bockelmann (Hrsg.), Arbeitsrecht in Not- und Krisenzeiten, 2. Aufl. 2021, B. Rn. 147.

Zu Abs. 4 der Mustervereinbarung – Arbeitsmittelüberlassung[1550]

Geregelt werden sollte zudem, ob der Arbeitnehmer mit eigenen Mitteln, bspw. dem eigenen PC, die Arbeitsleistung erbringt (Stichwort: „Bring Your Own Device") oder der Arbeitgeber die Arbeitsmittel zur Verfügung stellt. Ist ersteres der Fall, sollte aus datenschutzrechtlichen Gründen gewährleistet sein, dass die persönlichen Daten des Arbeitnehmers und die betrieblichen Daten des Arbeitgebers separat verarbeitet werden. Vor diesem Hintergrund empfiehlt sich die Vereinbarung, dass Geräte des Arbeitgebers nicht zu privaten Zwecken genutzt werden dürfen.

Der ggf. kompliziert umzusetzenden Datenseparierung bedarf es nicht, wenn der Arbeitgeber die Arbeitsmittel vollständig zur Verfügung stellt. Mithin ist insbesondere aus Praktikabilitätserwägungen die Bereitstellung der Arbeitsmittel durch den Arbeitgeber empfehlenswert und wird in der Musterklausel so umgesetzt. Sollte dies nicht gewünscht sein, muss insbesondere die angesprochene Datenseparierung bei der Vertragsgestaltung berücksichtigt werden. Es empfiehlt sich zudem die vertragliche Vereinbarung, dass der Arbeitgeber bei Beendigung der Leistungserbringung im Home-Office die überlassenen Arbeitsmittel herausverlangen kann.

Zu Abs. 5 der Mustervereinbarung – Pauschale Aufwandsentschädigung[1551]

Unabhängig davon, ob der Arbeitnehmer eigene Arbeitsmittel oder solche des Arbeitgebers nutzt, sollte auch eine Kostentragungsregel in die Home-Office-Vereinbarung aufgenommen werden, wobei sich hier die Regelung einer Pauschalvergütung empfiehlt.[1552] Diese beläuft sich in der Praxis auf 50 Euro bis 100 Euro monatlich.[1553] Fehlt es an einer solchen Regelung, kann der Arbeitnehmer vom Arbeitgeber in der Regel Aufwendungsersatz analog § 670 BGB für die erforderliche Einrichtung des Home-Office-Arbeitsplatzes und mit der Home-Office-Tätigkeit einhergehende Kosten wie erhöhte Stromkosten verlangen.[1554]

1550 Alternative Klauselgestaltung bezüglich der Arbeitsmittel auch bei *Temming*, in: Preis (Hrsg.), Der Arbeitsvertrag, 6. Aufl. 2020, Teil II T 20 IV. 4. Rn. 46.

1551 Alternative Klauselgestaltungen bezüglich der Kostenerstattung auch bei *Temming*, in: Preis (Hrsg.), Der Arbeitsvertrag, 6. Aufl. 2020, Teil II T 20 IV. 5. Rn. 49.

1552 *Kamann*, ArbRAktuell 2016, 75 (77).

1553 *Köhler/Schürgers*, BB 2020, 2613 (2614).

1554 *Tödtmann*, in: ders./v. Bockelmann (Hrsg.), Arbeitsrecht in Not- und Krisenzeiten, 2. Aufl. 2021, B. Rn. 142; anders nach Auffassung des BAG bei einem arbeitnehmerseitig überwiegenden Interesse am Home-Office, siehe BAG, Urt. v. 12.04.2011 – 9 AZR 14/10, NZA 2012, 97 (99 f.).

Nach Auffassung von *Köhler* und *Schürgers* kann allerdings auch vereinbart werden, „[...] dass diese Kosten bereits durch das Grundgehalt gedeckt sind, sofern dieses dann im Ergebnis über dem Mindestlohn liegt."[1555]

Zu Abs. 6 der Mustervereinbarung – Datenschutz[1556]

Die datenschutzrechtlichen Vorgaben müssen auch im Home-Office eingehalten werden. Hier wird teilweise vorausgesetzt, dass der im Home-Office tätige Arbeitnehmer die Arbeitsleistung in einem abschließbaren Raum erbringt.[1557] Dies kann indes nicht gefordert werden, da nicht erwartet werden kann, dass jeder Arbeitnehmer über ein separates Arbeitszimmer verfügt, das er absperren kann. Vielmehr ist zu verlangen, dass der Arbeitnehmer alle zumutbaren Maßnahmen zur Gewährleistung der Datensicherheit umsetzt, welche auch immer dies im Einzelfall sein mögen.[1558] In der Literatur wird etwa die Nutzung sog. Mobile Container als sichere Verstauungsmöglichkeit im Home-Office genannt.[1559]

Zu Abs. 7 der Mustervereinbarung – Technische Störungen

Treten im Home-Office des Arbeitnehmers technische Störungen auf, die sich auf die Möglichkeit der Leistungserbringung auswirken, sollte eine Anzeigepflicht des Arbeitnehmers vereinbart werden. Bei schweren technischen Störungen empfiehlt sich die Verankerung des Vorbehalts, den Arbeitnehmer zur Arbeitsleistung in der betrieblichen Arbeitsstätte anweisen zu können.

Zu Abs. 8 der Mustervereinbarung – Zutrittsrecht des Arbeitgebers[1560]

In der Theorie zwar häufig erwähnt, in der Praxis wohl aber wenig relevant[1561] ist die Vereinbarung eines arbeitgeberseitigen Zutrittsrechts in die Wohnung des

---

1555 *Köhler/Schürgers*, BB 2020, 2613 (2614).

1556 Alternative Klauselgestaltung etwa bei *Temming*, in: Preis (Hrsg.), Der Arbeitsvertrag, 6. Aufl. 2020, Teil II T 20 IV. 7. Rn. 61.

1557 Siehe etwa *Imping*, in: Taeger/Pohle, Computerrechts-Handbuch, Werkstand: 36. EL. Februar 2021, 70.11 Rn. 18 Nr. 3.

1558 Weiterführend siehe *Paal/Pauly*, in: dies. (Hrsg.), Datenschutz-Grundverordnung, 3. Aufl. 2021, E. II; *Bertram/Falder*, ArbRAktuell 2021, 95 ff.; *Kiesche*, ARP 2021, 210 (212 f.).

1559 *Häfeli*, ARP 2022, 24 (26).

1560 Alternative Klauselgestaltung etwa bei *Temming*, in: Preis (Hrsg.), Der Arbeitsvertrag, 6. Aufl. 2020, Teil II T 20 IV. 8. Rn. 63.

1561 Dem Verfasser ist persönlich kein Fall bekannt, in dem der Arbeitgeber einmal von einem derartigen Zutrittsrecht Gebrauch gemacht hat.

Arbeitnehmers. Da ein solches ohne ausdrückliche Vereinbarung unter Berücksichtigung von Art. 13 GG aber nicht besteht,[1562] empfiehlt sich eine entsprechende vertragliche Vereinbarung. Entscheidend ist, dass es wegen Art. 13 GG stets einer Interessenabwägung bedarf. Zudem sollte das Zugangsrecht nicht auf den Arbeitgeber beschränkt sein, sondern auch beauftragte Personen erfassen. Mit Ausnahme von Notsituationen sollte der geplante Zugang zum Home-Office-Arbeitsplatz des Arbeitnehmers rechtzeitig angekündigt und von diesem bestätigt werden.

Ergänzungsmöglichkeiten

Darüber hinaus kann angedacht werden, ob eine Vereinbarung zur Haftung des Arbeitnehmers bei Beschädigung oder Zerstörung der Arbeitsmittel des Arbeitgebers aufgenommen werden sollte. Zwar ändert sich an den Grundsätzen zur Arbeitnehmerhaftung nichts dadurch, dass der Arbeitnehmer an einem anderen Arbeitsort tätig wird. Gleichwohl ist zu bedenken, dass ggf. auch im Haushalt des Arbeitnehmers lebende Dritte die überlassenen Arbeitsmittel beschädigen könnten. Nach Auffassung von *Kamann* wäre die interessengerechteste Lösung der Abschluss einer Haftpflichtversicherung durch den Arbeitgeber mit einer Selbstbeteiligung des Arbeitnehmers.[1563] Folgt man dieser Auffassung, bedarf es in dieser Hinsicht keiner weiteren Regelung in der Home-Office-Vereinbarung.[1564] Einer Vereinbarung zum Unfallschutz[1565] bedarf es inzwischen nicht mehr. Nach dem neuen § 8 Abs. 1 S. 3 SGB VII[1566] besteht bei der Leistungserbringung im Home-Office Versicherungsschutz in gleichem Umfang wie bei Ausübung der Tätigkeit in der Unternehmensstätte.

D. Hinweise zum kollektiven Arbeitsrecht

Existiert ein Betriebsrat, können zunächst je nach Ausgestaltung der Home-Office-Vereinbarung dessen Mitbestimmungsrechte gemäß § 87 Abs. 1

1562 So etwa *Müller*, öAT 2021, 45 (47); *Günther/Böglmüller*, ArbRAktuell 2020, 186 (187).

1563 *Kamann*, ArbRAktuell 2016, 75 (78); a.A. *Imping*, in: Taeger/Pohle, Computerrecht-Handbuch, Werkstand: 36. EL Februar 2021, 70.11 Rn. 18, der die Versicherungspflicht dem Arbeitnehmer auferlegt (Ziffer 4 der Mustervereinbarung).

1564 Für eine Musterhaftungsklausel siehe etwa *Temming*, in: Preis (Hrsg.), Der Arbeitsvertrag, 6. Aufl. 2020, Teil II T 20 IV. 6. Rn. 54.

1565 Siehe hierzu *Richter*, ArbRAktuell 2019, 142 (143 f.).

1566 Siehe hierzu *Buhr*, NZS 2021, 825 ff.

Nr. 1, 2, 3, 6, 7 und 14 BetrVG zu beachten sein.[1567] Darüber hinaus ist die Änderung des Arbeitsorts ggf. als Versetzung i.S.d. § 95 Abs. 3 S. 1 BetrVG zu qualifizieren,[1568] sodass ggf.[1569] auch das Mitbestimmungsrecht des § 99 Abs. 1 BetrVG zu beachten ist.[1570]

Kapitel 4 Abbedingung vergütungserhaltender Normen

Für den Arbeitgeber kann es sinnvoll sein – soweit möglich –, dispositive vergütungserhaltende Normen vertraglich abzubedingen. Relevante Normen vor dem Hintergrund einer Pandemie sind insbesondere § 3 EFZG, § 615 BGB und § 616 BGB.

A. Dispositive Natur der vergütungserhaltenden Normen

Von gesetzlichen Regelungen kann nur wirksam abgewichen werden, wenn diese kein zwingendes Recht normieren.[1571] Ob eine Norm zwingendes Recht regelt, kann entweder aus der Norm selbst ersichtlich sein, im Wege der Auslegung ermittelt werden oder sich aus der Gesetzessystematik ergeben.[1572]

Wie sich aus § 12 EFZG ergibt, ist § 3 EFZG eine zwingende Norm. Demgegenüber spricht insbesondere der Umkehrschluss aus § 619 BGB sowohl für eine dispositive Natur des § 615 BGB als auch des § 616 BGB.[1573] Denn § 619 BGB besagt, dass nur die nach den §§ 617, 618 BGB obliegenden Verpflichtungen nicht im Voraus durch Vertrag aufgehoben oder beschränkt werden können.

1567 *Schulze/Simon*, ArbRAktuell 2021, 119 (120); *Krieger/Rudnik/Povedano Peramato*, NZA 2020, 473 (476).

1568 *Schulze/Simon*, ArbRAktuell 2021, 119 (120).

1569 Voraussetzung ist, dass in dem Unternehmen in der Regel mehr als zwanzig wahlberechtigte Arbeitnehmer beschäftigt sind, vgl. § 99 Abs. 1 S. 1 BetrVG.

1570 Ausführlicher zu den Mitbestimmungsrechten des Betriebsrats siehe etwa *Richter*, ArbRAktuell 2019, 142 (144); *Müller*, FA 2020, 123 (128 f.).

1571 Eine abweichende Vereinbarung ist auch ausgeschlossen, „[…] wenn tarifvertraglich oder betriebsverfassungsrechtlich die Unabdingbarkeit des Vergütungsanspruchs vereinbart wurde (vgl. § 77 Abs. 4 BetrVG, § 4 Abs. 4 TVG)." Siehe *Henssler*, in: Säcker/Rixecker/Oetker/Limperg (Hrsg.), MüKoBGB, 8. Aufl. 2020, § 615 BGB Rn. 11.

1572 *Maties*, in: Koch/Kubiciel/Wollenschläger (Hrsg.), 50 Jahre Juristische Fakultät Augsburg, 2021, 444.

1573 Für § 615 BGB etwa *Krause*, in: Henssler/Willemsen/Kalb (Hrsg.), Arbeitsrecht Kommentar, 10. Aufl. 2022, § 615 BGB Rn. 107; für § 616 BGB etwa *Krause*, in: Henssler/Willemsen/Kalb (Hrsg.), Arbeitsrecht Kommentar, 10. Aufl. 2022, § 616 BGB Rn. 49.

Die Tatsache, dass dieser § 615 BGB und § 616 BGB nicht nennt, spricht für die dispositive Natur derselben.[1574]

I. Dispositive Natur des § 615 BGB

Zwar ist § 615 BGB grundsätzlich als dispositiv zu bewerten. Dafür sprechen neben dem Umkehrschluss aus § 619 BGB auch „[...] der Ausnahmecharakter der Norm [und] der Grundsatz der Vertragsfreiheit [...].“[1575] Der Umfang der Abdingbarkeit des § 615 BGB ist jedoch höchstrichterlich nicht geklärt und im Schrifttum streitig.

1. Meinungsstand zum Umfang der Dispositivität

So sind innerhalb der dargestellten grundsätzlichen Dispositivität zunächst einige Einschränkungen denkbar. Bspw. werden im Schrifttum grundsätzliche Zweifel an der Zulässigkeit einer formularvertraglichen Abbedingung geäußert.[1576]

Nach Auffassung von *Maties* kommt in Betracht, dass § 615 BGB nicht in seiner Gesamtheit, sondern nur entweder § 615 S. 1 BGB, der die Pflicht zur Leistung von Annahmeverzugslohn normiert, oder § 615 S. 3, der dem Arbeitgeber das Betriebsrisiko auferlegt, dispositiv ist.[1577] Dafür spricht jedenfalls, dass sich beide Sätze in dem Umfang der Risikozuweisung unterscheiden. So schuldet der Arbeitgeber gemäß § 615 S. 1 BGB in jedem Fall des arbeitgeberseitigen Annahmeverzugs verschuldensunabhängig Lohnfortzahlung. Gemäß § 615 S. 3 BGB i.V.m. den Grundsätzen der Betriebsrisikolehre trägt dieser aber „nur“ das Betriebsrisiko.[1578]

1574 Auch wenn § 56 IfSG gar keine vergütungserhaltende, sondern eine Entschädigungsnorm darstellt, ist der Vollständigkeit halber klarzustellen, dass auch diese als staatliche Auffangregelung zwingendes Recht regelt.

1575 *Henssler*, in: Säcker/Rixecker/Oetker/Limperg (Hrsg.), MüKoBGB, 8. Aufl. 2020, § 615 BGB Rn. 10.

1576 *Preis*, in: Müller-Glöge/Preis/Schmidt (Hrsg.), ErfK, 22. Aufl. 2022, § 615 BGB Rn. 8.

1577 *Maties*, in: Koch/Kubiciel/Wollenschläger (Hrsg.), 50 Jahre Juristische Fakultät Augsburg, 2021, 446 f. Nach Auffassung von *Baumgärtner*, in: Hau/Poseck (Hrsg.), BeckOK BGB, 62. Edition, Stand: 01.05.2022, § 615 BGB Rn. 7 „[...] ist § 615 sowohl im Hinblick auf S. 1 als auch auf S. 2 durch individualrechtliche oder kollektivrechtliche Vereinbarungen abdingbar [...].“ Nach Auffassung von *Henssler*, in: Säcker/Rixecker/Oetker/Limperg (Hrsg.), MüKoBGB, 8. Aufl. 2020, § 615 BGB Rn. 10 m.w.N. „[...] ist S. 3 ebenfalls dispositiv.“

1578 *Maties*, in: Koch/Kubiciel/Wollenschläger (Hrsg.), 50 Jahre Juristische Fakultät Augsburg, 2021, 446 f.

Insbesondere unter Berücksichtigung der strengen AGB-rechtlichen Vorgaben zieht *Maties* den Schluss, dass ein Ausschluss des § 615 BGB faktisch nur in einem Tarifvertrag, auf den die Inhaltskontrolle gemäß § 310 Abs. 4 S. 1 BGB keine Anwendung findet, möglich ist. Im Ergebnis hält derselbe § 615 BGB nur im Rahmen des § 611 BGB für dispositiv, sodass eine abweichende Regelung in Arbeitsverträgen unwirksam wäre.

Gewissheit scheint jedenfalls in der Hinsicht zu bestehen, dass eine beliebige Abbedingung des § 615 BGB in AGB ausgeschlossen ist und das Wirtschaftsrisiko nicht vollständig auf den Arbeitnehmer verlagert werden darf.[1579] Fest steht zudem, dass eine Abbedingung klar und verständlich sein muss.[1580]

2. *Stellungnahme*

Die Musterformulierung einer formularvertraglichen Abbedingung von § 615 BGB ist eine Gratwanderung. Es besteht erhebliche Rechtsunsicherheit, unter welchen Voraussetzungen eine solche wirksam gestaltet werden kann. Dies wird insbesondere dadurch untermalt, dass, soweit ersichtlich, in der arbeitsrechtlichen Kommentarliteratur keine einzige Musterklausel zur Abweichung von § 615 BGB aufzufinden ist.[1581]

Eine Entscheidung hinsichtlich des Umfangs der Dispositivität des § 615 BGB kann in dieser Arbeit aber dahinstehen, wenn jedenfalls die in einer Pandemie zweckmäßigen Abbedingungen ohnehin als unwirksam zu qualifizieren wären. Denn dann wäre der Versuch einer Gestaltung vergebene Müh'.

Wie die Konstellationen zur Vergütungspflicht gezeigt haben, kommt § 615 BGB grundsätzlich primär in zwei Konstellationen hohe Bedeutung zu. Zum einen im Fall der behördlichen Betriebsschließung, zum anderen im Fall der Freistellung des Arbeitnehmers.

1579 LAG Nürnberg, Urt. v. 30.05.2006 – 6 Sa 111/06, NZA-RR 2006, 511 (512); *Krause*, in: Henssler/Willemsen/Kalb (Hrsg.), Arbeitsrecht Kommentar, 10. Aufl. 2022, § 615 BGB Rn. 107; *Henssler*, in: Säcker/Rixecker/Oetker/Limperg (Hrsg.), MüKoBGB, 8. Aufl. 2020, § 615 BGB Rn. 11.

1580 Das ergibt sich bereits aus § 307 Abs. 1 S. 2 BGB. Ausdrücklich auch BAG, Urt. v. 09.07.2008 – 5 AZR 810/07, AP BGB § 615 Nr. 123 Rn. 25; *Preis*, in: Müller-Glöge/Preis/Schmidt (Hrsg.), ErfK, 22. Aufl. 2022, § 615 BGB Rn. 8.

1581 Bestätigend *Maties*, in: Koch/Kubiciel/Wollenschläger (Hrsg.), 50 Jahre Juristische Fakultät Augsburg, 2021, 450.

Im Fall der flächendeckenden behördlichen Betriebsschließung verwirklicht sich nach Auffassung des BAG nicht das Betriebsrisiko des Arbeitgebers,[1582] sodass es diesbezüglich schon gar keiner Abbedingung der Norm und damit der Risikoverlagerung auf den Arbeitnehmer bedarf.

Vor dem BAG hatten das LAG Niedersachsen[1583] und das LAG Düsseldorf[1584] entschieden, dass die pandemiebedingte Betriebsschließung noch zum Betriebsrisiko des Arbeitgebers zählt, sodass er Lohnfortzahlung gemäß § 615 S. 3 BGB schuldete. Könnte der Arbeitgeber dieses Risiko wirksam auf den Arbeitnehmer abwälzen, hätte dies zur Folge, dass der Arbeitnehmer für den Zeitraum der Betriebsschließung keinen Lohn erhält. Nach überwiegender Auffassung ist § 56 Abs. 1 IfSG, der eine Entschädigung im Fall einer Betriebsschließung nicht vorsieht, auf diesen Fall auch analog nicht anwendbar.[1585] In der Folge stünde der Arbeitnehmer für die Dauer der Betriebsschließung also ohne jeglichen Verdienst dar. Dies wäre mit dem wesentlichen Grundgedanken des § 615 BGB nicht vereinbar, sodass eine solche Bestimmung gemäß § 307 Abs. 2 Nr. 1, Abs. 1 S. 1 BGB unwirksam wäre.

Mithin würde – selbst wenn man der Auffassung des BAG nicht folgt – eine Abbedingung des § 615 BGB im Hinblick auf behördliche Betriebsschließungen scheitern.

Im Fall der einseitigen Freistellung durch den Arbeitgeber kann § 615 S. 1 BGB formularvertraglich auch nicht wirksam ausgeschlossen werden, da das Wirtschaftsrisiko dadurch vollständig auf den Arbeitnehmer verlagert würde

---

1582 BAG, Urt. v. 13.10.2021 – 5 AZR 211/21, siehe dazu auch *Fuhlrott*, Kein Lohnanspruch bei Corona-Lockdown, erschienen in der LTO, abrufbar unter: https://Kap.. lto.de/recht/hintergruende/Kap./bag-urteil-5azr21121-betriebsrisiko-arbeitgeber-behoerdliche-schliessung-corona-lohnanspruch-geringfuegig-beschaeftigte/; siehe *BAG*, Pressemitteilung vom 13.10.2021, 31/21 – Betriebsrisiko und Lockdown, abrufbar unter: https://www.bundesarbeitsgericht.de/presse/betriebsrisiko-und-lockdown/. Zuvor hatten das LAG Niedersachen und das LAG Düsseldorf dem Arbeitgeber im Fall der Betriebsschließung das Betriebsrisiko noch auferlegt, siehe LAG Niedersachsen, Urt. v. 23.03.2021 – 11 Sa 1062/0, NZA-RR 2021, 293 und LAG Düsseldorf, Urt. v. 30.03.2021 – 8 Sa 674/20, COVuR 2021, 563.

1583 LAG Niedersachsen, Urt. v. 23.03.2021 – 11 Sa 1062/0, NZA-RR 2021, 293.

1584 LAG Düsseldorf, Urt. v. 30.03.2021 – 8 Sa 674/20, COVuR 2021, 563.

1585 OLG Brandenburg, Urt. v. 01.06.2021 – 2 U 13/21, BeckRS 2021, 14869 Rn. 40 ff.; LG Hannover, Urt. v. 09.07.2020 – 8 O 2/20, NJW-RR 2020, 1226; LG Stuttgart, Urt. v. 05.11.2020 – 7 O 109/20, BeckRS 2020, 31215 Rn. 29 ff.

und spätestens in diesem Fall der Umfang der Abdingbarkeit seine Grenze erreicht.[1586]

Eine pandemiespezifische, für den Arbeitgeber zweckmäßige und wirksame formularvertragliche Abbedingung des § 615 S. 1 BGB ist mithin nicht vorstellbar.

II. Dispositive Natur des § 616 BGB

Die Abdingbarkeit des § 616 BGB wird wie bei § 615 BGB aus dem Umkehrschluss zu § 619 BGB hergeleitet.[1587] *Maties* wirft zwar nachvollziehbar die Frage auf, ob sich der Umkehrschluss neben dem Dienstvertrag überhaupt auf den Arbeitsvertrag erstrecken soll, war der Arbeitsvertrag bei Erlass des § 619 BGB dem BGB doch noch fremd.[1588] Gleichwohl bejaht er in Einklang mit der h.M. im Ergebnis die Dispositivität des § 616 BGB, da subsidiäre Regelungen wie § 45 SGB V oder § 56 IfSG quasi keinen Anwendungsbereich hätten, wenn § 616 BGB als zwingende Regelung alle Fälle in deren Anwendungsbereich erfassen würde.[1589] Mithin ist § 616 BGB in seiner Gesamtheit als dispositiv zu bewerten.

1. Mustervereinbarungen

Da der zulässige Umfang der Abdingbarkeit des § 616 BGB umstritten ist,[1590] können Arbeitgeber je nach Risikoaffinität zwischen dem vollständigen Ausschluss des § 616 BGB und einer abschließenden Konkretisierung desselben wählen.

1586 *Bieder*, in: Benecke (Hrsg.), BeckOGK, Stand: 01.07.2022, § 615 BGB Rn. 142 m.w.N.; *Krause*, in: Henssler/Willemsen/Kalb (Hrsg.), Arbeitsrecht Kommentar, 10. Aufl. 2022, § 615 BGB Rn. 107.

1587 *Preis*, in: Müller-Glöge/Preis/Schmidt (Hrsg.), ErfK, 22. Aufl. 2022, § 616 BGB Rn. 13; *Baumgärtner*, in: Hau/Poseck (Hrsg.), BeckOK BGB, 62. Edition, Stand: 01.05.2022, § 616 BGB Rn. 4; *Henssler*, in: Säcker/Rixecker/Oetker/Limperg (Hrsg.), MüKoBGB, 8. Aufl. 2020, § 616 BGB Rn. 74.

1588 *Maties*, in: Koch/Kubiciel/Wollenschläger (Hrsg.), 50 Jahre Juristische Fakultät Augsburg, 2021, 445 f.

1589 *Maties*, in: Koch/Kubiciel/Wollenschläger (Hrsg.), 50 Jahre Juristische Fakultät Augsburg, 2021, 446.

1590 Siehe dazu sogleich Teil 4 Kapitel 4 B. I.

a) Vollständiger Ausschluss des § 616 BGB

Ausschluss des § 616 BGB

Die Parteien vereinbaren, dass § 616 BGB, der die Entgeltfortzahlung bei unverschuldeter Arbeitsverhinderung des Arbeitnehmers wegen eines persönlichen Grundes für eine verhältnismäßig nicht erhebliche Zeit regelt, keine Anwendung findet.[1591]

b) Abschließende Konkretisierung des § 616 BGB[1592]

Entgeltfortzahlung bei Arbeitsverhinderung wegen eines persönlichen Grundes

(1) *Von § 616 BGB wird abschließend in der Form abgewichen, dass der Arbeitnehmer nur in den in Abs. 2 aufgeführten persönlichen Verhinderungsgründen und für die jeweils angegebene Dauer Entgeltfortzahlung erhält.*

(2) *Der Arbeitnehmer hat Anspruch auf Entgeltfortzahlung im Fall*
   - a) *der Niederkunft der Ehefrau/der Lebenspartnerin im Sinne des Lebenspartnerschaftsgesetzes für einen Arbeitstag,*
   - b) *des Todes der Ehegattin/des Ehegatten, der Lebenspartnerin/ des Lebenspartners im Sinne des Lebenspartnerschaftsgesetzes, eines Kindes oder Elternteils für zwei Arbeitstage,*
   - c) *des Umzugs aus dienstlichem oder betrieblichem Grund an einen anderen Ort für einen Arbeitstag,*
   - d) *des 25- und 40-jährigen Arbeitsjubiläums für einen Arbeitstag,*
   - e) *schwerer Erkrankung*
     - aa) *einer/eines Angehörigen, soweit sie/er in demselben Haushalt lebt für einen Arbeitstag im Kalenderjahr,*
     - bb) *eines Kindes, das das 12. Lebensjahr noch nicht vollendet hat, wenn im laufenden Kalenderjahr kein Anspruch nach § 45 SGB V besteht oder bestanden hat, für maximal vier Arbeitstage im Kalenderjahr,*
     - cc) *einer Betreuungsperson, wenn der Arbeitnehmer deshalb die Betreuung seines Kindes, das das 8. Lebensjahr noch nicht vollendet hat*

1591 Alternativ kann auch eine Formulierung wie „*Lohn wird nur für geleistete Arbeit gezahlt.*“ gewählt werden. Nach der Rechtsprechung des BAG wird dadurch § 616 BGB ausgeschlossen, siehe BAG, Urt. v. 09.03.1983 – 4 AZR 301/80, AP BGB § 615 Betriebsrisiko Nr. 31.

1592 Muster erstellt in Anlehnung an § 29 TVöD.

oder wegen körperlicher, geistiger oder seelischer Behinderung dauernd pflegebedürftig ist, übernehmen muss, für maximal vier Arbeitstage im Kalenderjahr,

f) *der Wahrnehmung einer während der Arbeitszeit erforderlichen ärztlichen Behandlung für die dafür notwendige Zeit einschließlich der Wegzeiten.*

(3) *Der Anspruch nach Abs. 1 besteht nicht, wenn der Arbeitnehmer die Verhinderung zu verschulden hat.*

2. Umfang einer zulässigen Abweichung von § 616 BGB in AGB[1593]

Soweit ersichtlich, ist höchstrichterlich bislang nicht geklärt worden, ob der vollständige Ausschluss des § 616 BGB in AGB wirksam vereinbart werden kann.[1594] Es bedarf daher eines Überblickes über den Meinungsstand in der Rechtsliteratur.

a) Meinungsstand in der Literatur

Während in Tarifverträgen eine vollständige Abbedingung des § 616 BGB als zulässig erachtet wird, wird diese jedenfalls ohne sachliche Rechtfertigung in AGB wegen Verstoßes gegen § 307 Abs. 2 Nr. 1 BGB teilweise als unwirksam bewertet.[1595] Dem hält etwa *Bieder* entgegen, „[…] dass § 616 [insbesondere] angesichts seiner Beschränkung auf kurzzeitige Arbeitsausfälle [und] der Existenz vieler weiterer Sonderregelungen über die Entgeltfortzahlung bei Arbeitsverhinderungen […] nicht den für eine Anwendung des § 307 Abs. 2 Nr. 1 oder 2 erforderlichen herausgehobenen Stellenwert im Rechts- und Pflichtengefüge eines herkömmlichen unbefristeten Arbeitsvertrags besitzt."[1596] Ein vollständiger Ausschluss des § 616 BGB soll so nach der Auffassung von *Bieder* wirksam möglich sein, wenn dem Arbeitnehmer eine Form der Kompensation

---

1593 Abweichende Regelungen von § 616 BGB sind in der Praxis vorwiegend in Tarifverträgen zu finden, siehe etwa § 29 TVöD. Das wird wohl darauf zurückzuführen sein, dass die AGB-rechtlichen Vorschriften gemäß § 310 Abs. 4 S. 1 BGB auf Tarifverträge keine Anwendung finden und die Tarifparteien hinsichtlich des Umfangs der Abbedingung verhältnismäßig frei sind.

1594 So auch *Schwarz*, NZA-RR 2021, 1; ausdrücklich offen gelassen in BAG, Urt. v. 07.02.2007 – 5 AZR 270/06, NJOZ 2007, 4407 (4411).

1595 *Tillmanns*, in: Kiel/Lunk/Oetker (Hrsg.), MHdB ArbR, Band 1: Individualarbeitsrecht I, 5. Aufl. 2021, § 77 Rn. 14; *Preis*, in: Müller-Glöge/Preis/Schmidt (Hrsg.), ErfK, 22. Aufl. 2022, § 310 BGB Rn. 82; *Henssler*, in: Säcker/Rixecker/Oetker/Limperg (Hrsg.), MüKoBGB, 8. Aufl. 2020, § 616 BGB Rn. 75.

1596 *Bieder*, in: Benecke (Hrsg.), BeckOGK, Stand: 01.07.2022, § 616 BGB Rn. 52.

zugutekommt, etwa „[...] die Gewährung eines hinreichend langen Mehrurlaubs."[1597] *Schwarz* hält den voraussetzungslosen vollständigen Ausschluss für zulässig.[1598]

Nach Auffassung von *Tillmanns* sollen „[...] Konkretisierungen der Verhinderungsfälle oder Regelungen über die Höhe und Berechnung der Entgeltfortzahlung grds. gem. § 307 BGB zulässig [sein]."[1599] Eine ähnliche Auffassung vertritt *Linck*, der empfiehlt „[...] in einem vorformulierten Arbeitsvertrag einzelne Anlässe und die dafür gewährte bezahlte Freizeit abschließend zu regeln."[1600]

b) Stellungnahme

Aus dem Vorgesagten ergeben sich für Arbeitgeber im Wesentlichen zwei Möglichkeiten.

Zum einen kann ein vollständiger Ausschluss des § 616 BGB vereinbart werden, wobei hier ein verhältnismäßig größeres Unwirksamkeitsrisiko besteht. Die Rechtsfolge in diesem Fall ergibt sich aus § 306 Abs. 2 BGB, wonach sich der Inhalt des Vertrages nach den gesetzlichen Bestimmungen richtet. § 616 BGB gilt dann, als wäre die abweichende Regelung nie getroffen worden.

Zum anderen kann in Anlehnung an tarifvertragliche Abweichungen von § 616 BGB eine Abbedingung in der Form erfolgen, dass eine Entgeltfortzahlung für bestimmte Fälle vorgesehen wird. Eine solche Regelung wird von den Arbeitsgerichten mit wesentlich höherer Wahrscheinlichkeit als wirksam erachtet werden, da die Arbeitnehmerinteressen in größerem Umfang berücksichtigt werden. Mithin können sich Arbeitgeber je nach Risikoaffinität für die eine oder die andere Klausel entscheiden. Die konkretisierende Musterklausel kann freilich nach Belieben angepasst werden. Zu beachten ist allerdings, dass die Wahrscheinlichkeit, dass die Klausel als unwirksam beurteilt wird, steigt, je weniger die Interessen des Arbeitnehmers berücksichtigt werden.

Kapitel 5 Freistellungsklausel

Vertragliche Freistellungsklauseln haben in der Regel zum Gegenstand, dass der Arbeitgeber den Arbeitnehmer im Fall der Kündigung bezahlt freistellen

1597 *Bieder*, in: Benecke (Hrsg.), BeckOGK, Stand: 01.07.2022, § 616 BGB Rn. 52.

1598 *Schwarz*, NZA-RR 2021, 1 (2).

1599 *Tillmanns*, in: Kiel/Lunk/Oetker (Hrsg.), MHdB ArbR, Band 1: Individualarbeitsrecht I, 5. Aufl. 2021, § 77 Rn. 14.

1600 *Linck*, in: Schaub (Begr.), ArbR-Handbuch, 19. Aufl. 2021, § 97 Rn. 32.

kann, wenn ein sachlicher Grund vorliegt.[1601] Spezifische Freistellungsklauseln für einen Pandemiefall sind indes bisher nicht in der Praxis angekommen.[1602] Gleichwohl sind Arbeitgeber gut beraten, eine Freistellungsklausel für bestimmte Situationen in einer Pandemie in künftige Arbeitsverträge aufzunehmen.

A. Mustervereinbarung

Freistellung des Arbeitnehmers in einer epidemischen Lage von nationaler Tragweite

(1) *Der Arbeitgeber ist berechtigt, den Arbeitnehmer unter Fortzahlung der üblichen Vergütung freizustellen, wenn der Verdacht besteht, dass der Arbeitnehmer sich mit einem pandemischen Erreger infiziert hat.*

(2) *Ein solcher Verdacht besteht insbesondere, wenn der Arbeitnehmer ungeschützten Kontakt zu einem nachweislich pandemisch Infizierten hatte oder dieser sich zuvor in einem Risikogebiet (i.S.d. § 2 Nr. 17 IfSG) aufgehalten hat. Ein ungeschützter Kontakt liegt insbesondere vor, wenn die von dem Robert Koch-Institut vorgegebenen Handlungsempfehlungen wie Abstandsgebote oder das Tragen eines Mund-Nasen-Schutzes nicht befolgt wurden.*

B. Erläuterungen

Eine generelle, einschränkungslose Freistellungsklausel ist unwirksam.[1603] Dies ist auf den Beschäftigungsanspruch des Arbeitnehmers zurückzuführen, der als richterrechtlich anerkannter Anspruch im Rahmen des § 307 Abs. 2 Nr. 1 BGB berücksichtigt werden muss.[1604] Daher ist der Arbeitgeber nur berechtigt, den Arbeitnehmer freizustellen, wenn dessen schutzwürdige Interessen das Beschäftigungsinteresse des Arbeitnehmers überwiegen.[1605]

1601 Siehe etwa *Greiner*, in: Preis (Hrsg.), Der Arbeitsvertrag, 6. Aufl. 2020, Freistellung des Arbeitnehmers Rn. 36; die Angabe sachlicher Freistellungsgründe soll jedenfalls wirksamkeitsbegründend sein, siehe etwa *Lingemann*, in: Bauer/Lingemann/Diller/Haußmann (Hrsg.), Anwalts-Formularbuch Arbeitsrecht, 7. Aufl. 2021, Erster Teil, Kapitel 2 I. 2. Rn. 103.

1602 So auch nach der Auffassung von *Maties*, in: Koch/Kubiciel/Wollenschläger (Hrsg.), 50 Jahre Juristische Fakultät Augsburg, 2021, 424.

1603 LAG Baden-Württemberg, Urt. v. 05.01.2007 – 7 Sa 93/06, NZA-RR 2007, 406 (411).

1604 LAG Hessen, Urt. v. 14.03.2011 – 16 Sa 1677/10, juris Rn. 29.

1605 Siehe Teil 3 Kapitel 4 C. I. 1.

Zu Abs. 1 der Mustervereinbarung

Im Hinblick auf die Schutzpflichten des Arbeitgebers, die in einer Pandemie besonders ausgeprägt sind, kann ein solches überwiegendes schutzwürdiges Interesse angenommen werden, wenn ein Arbeitnehmer der Infektion mit dem pandemischen Erreger verdächtig ist und nicht bereits infektionsschutzrechtlich abgesondert wurde oder einem Tätigkeitsverbot unterliegt.[1606]

Zu Abs. 2 der Mustervereinbarung

Es empfiehlt sich, die relevantesten Regelbeispiele eines Infektionsverdachts in die Mustervereinbarung aufzunehmen. Dazu zählen jedenfalls in der COVID-19-Pandemie Arbeitnehmer, die ungeschützten Kontakt zu nachweislich infizierten Personen hatten oder von einer Reise in ein Risikogebiet zurückkehrten. Wann ein ungeschützter Kontakt vorliegt, wird von dem jeweiligen pandemischen Erreger abhängen, insbesondere von den Übertragungswegen. Der Absatz orientiert sich an den während der COVID-19-Pandemie einzuhaltenden Geboten und ist bei künftigen Pandemien ggf. anzupassen.

C. Hinweis zum kollektiven Arbeitsrecht

Da diese Musterklausel dem Gesundheitsschutz der Belegschaft dient, ist, sofern ein Betriebsrat gewählt wurde, dessen Mitbestimmungsrecht aus § 87 Abs. 1 Nr. 7 BetrVG zu berücksichtigen.[1607] Voraussetzung ist freilich, dass diese Klausel nicht nur mit einem einzigen Arbeitnehmer individuell vereinbart wird, es also nicht am kollektiven Bezug fehlt.

1606 *Maties*, in: Koch/Kubiciel/Wollenschläger (Hrsg.), 50 Jahre Juristische Fakultät Augsburg, 2021, 424; in diesem Sinne auch *Bonanni*, ArbRB 2020, 110 (111); *Dehmel/Hartmann*, BB 2020, 885 (888).

1607 Siehe hierzu *Adjan/Lettmeier*, NZA 2021, 161 (165).

Teil 5 Schlussbetrachtung

Die Arbeit hat die Pflichten, Ausgestaltungs-, Veränderungs- und Beendigungsmöglichkeiten der arbeitsvertraglichen Parteien außerhalb und in einer Pandemie aufgezeigt und vertragliche Gestaltungsmöglichkeiten im Hinblick auf einen Pandemiefall dargestellt. Die wesentlichen Erkenntnisse werden im Folgenden noch einmal zusammengefasst. Anders als nach dem bisherigen Aufbau werden dabei die Pflichten, Veränderungs- und Beendigungsmöglichkeiten der arbeitsvertraglichen Parteien parallel beleuchtet, um abschließend eine ganzheitliche Betrachtung des Individualarbeitsrechts in einer Pandemie zu ermöglichen.

Arbeits- und Vergütungspflicht in den pandemiespezifischen Fallkonstellationen

Die allgemeinen arbeits- und schuldrechtlichen Grundsätze gelten auch im Pandemiefall. Der Arbeitnehmer ist also zur Arbeitsleistung aus § 611a Abs. 1 S. 1 BGB verpflichtet, sofern die Arbeitspflicht nicht infolge Unmöglichkeit gemäß § 275 Abs. 1 BGB oder der Geltendmachung des Leistungsverweigerungsrechts aus § 275 Abs. 3 BGB erlischt oder der Arbeitnehmer eine Einrede wie das Zurückbehaltungsrecht des § 273 Abs. 1 BGB geltend machen kann. Umgekehrt ist der Arbeitgeber grundsätzlich auch zur Leistung der Vergütung verpflichtet, § 611a Abs. 2 BGB.

Bei bloßer Angst vor der Pandemie

Da die bloße Angst vor der Pandemie weder zum Erlöschen der Arbeitspflicht führt noch eine Einrede des Arbeitnehmers in Betracht kommt, ist der Arbeitnehmer auch im Pandemiefall grundsätzlich zur Arbeitsleistung verpflichtet. Verweigert der Arbeitnehmer die Arbeitsleistung aus Angst vor der Pandemie, wird diese aufgrund der Charakterisierung als absolute Fixschuld mit Zeitablauf unmöglich. Die Vergütungspflicht des Arbeitgebers entfällt dann grundsätzlich gemäß § 326 Abs. 1 S. 1 Hs. 1 BGB.

Verweigert der Arbeitnehmer die Arbeitsleistung, weil der Arbeitgeber keine ausreichenden Schutzmaßnahmen getroffen hat, kann dem Arbeitnehmer das Zurückbehaltungsrecht des § 273 Abs. 1 BGB zustehen. Dieses wird insbesondere gegeben sein, wenn der Arbeitgeber öffentlich-rechtliche Arbeitsschutzvorschriften außer Acht lässt. Macht der Arbeitnehmer das Zurückbehaltungsrecht geltend, gerät der Arbeitgeber in Annahmeverzug und ist gemäß § 615 S. 1 BGB zur Fortzahlung der Vergütung verpflichtet. Wenn aufgrund der fehlenden Schutzmaßnahmen objektiv eine Gefahr von erheblichem Ausmaß oder für Leib oder Leben des Arbeitnehmers besteht, kann dieser die Arbeitsleistung auch gemäß § 275 Abs. 3 BGB verweigern. Da der Arbeitgeber mangels Implementierung angezeigter Schutzmaßnahmen allein verantwortlich für die Unzumutbarkeit der Leistungserbringung des Arbeitnehmers ist, bleibt dieser gemäß § 326 Abs. 2 S. 1 Var. 1 BGB zur Vergütungsleistung verpflichtet.

Bei symptomatischer Erkrankung des Arbeitnehmers

Erkrankt der Arbeitnehmer symptomatisch in einer Pandemie, wird dessen Arbeitspflicht in der Regel erlöschen. Je nach vertretener Auffassung wird dem Arbeitnehmer die Arbeitsleistung mit der symptomatischen Erkrankung entweder unmöglich (§ 275 Abs. 1 BGB) oder unzumutbar (i.S.d. § 275 Abs. 3 BGB). In letzterem Fall entfällt die Arbeitspflicht anders als im Fall der Unmöglichkeit nicht *ipso iure*, sondern durch die Geltendmachung des Leistungsverweigerungsrechts gemäß § 275 Abs. 3 BGB. Im Fall der symptomatischen Erkrankung des Arbeitnehmers schuldet der Arbeitgeber in der Regel über § 3 Abs. 1 S. 1 EFZG Entgeltfortzahlung.

Wird der symptomatische Arbeitnehmer als Kranker i.S.d. IfSG Betroffener einer infektionsschutzrechtlichen Absonderungsanordnung oder eines Tätigkeitsverbots (§§ 28 ff. IfSG), wirkt sich dies auf die Arbeitspflicht nicht aus. Zwar führt die infektionsschutzrechtliche Anordnung in der Regel zur rechtlichen Unmöglichkeit der Arbeitsleistung. Im Krankheitsfall des Arbeitnehmers ist die Arbeitspflicht jedoch regelmäßig bereits infolge der Krankheit erloschen, sodass sich die infektionsschutzrechtliche Anordnung nicht mehr auswirken kann. Entgegen vielfach vertretener Auffassung im Schrifttum bleibt daher auch bei Hinzutreten der infektionsschutzrechtlichen Anordnung die Vergütungspflicht über § 3 Abs. 1 S. 1 EFZG bestehen. Denn sofern der Arbeitnehmer zum Zeitpunkt der Bekanntgabe der infektionsschutzrechtlichen Anordnung bereits krank war und von seinem Leistungsverweigerungsrecht Gebrauch gemacht hat, ist dieser durch Arbeitsunfähigkeit infolge Krankheit und nicht infolge der erst später hinzugetretenen infektionsschutzrechtlichen Anordnung verhindert.

Bei asymptomatischer Erkrankung des Arbeitnehmers

Bei einem asymptomatischen Krankheitsverlauf bleibt die Hauptpflicht des Arbeitnehmers grundsätzlich bestehen, diese ist weder unmöglich noch unzumutbar. Schließlich weist der Arbeitnehmer keine Symptome auf und ist nach subjektiver Einschätzung gesund. Kenntnis erlangt man von einer asymptomatischen Erkrankung daher nur, wenn der Arbeitnehmer positiv auf den pandemischen Erreger getestet wird. Da diesbezüglich eine Meldepflicht bestehen wird (zunächst auf Verordnungs- und später auf gesetzlicher Grundlage), wird der asymptomatische Arbeitnehmer, der als Ausscheider i.S.d. IfSG zu qualifizieren ist, immer Betroffener einer infektionsschutzrechtlichen Absonderungsanordnung oder eines Tätigkeitsverbots werden. Dadurch wird dann auch dem asymptomatischen Arbeitnehmer die Arbeitsleistung rechtlich unmöglich, § 275 Abs. 1 BGB, soweit der Arbeitnehmer die Arbeitsleistung nicht im Home-Office erbringen kann und muss. Mangels krankheitsbedingter Arbeitsunfähigkeit schuldet der Arbeitgeber in diesem Fall keine Entgeltfortzahlung über § 3 Abs. 1 S. 1 EFZG. Als anspruchserhaltende Norm kommt dann § 616 S. 1 BGB in Betracht. Ob dieser greift, wird maßgeblich davon abhängen, ob der Geltungszeitraum der infektionsschutzrechtlichen Anordnung noch eine verhältnismäßig nicht erhebliche Zeit darstellt. Da nach überwiegender Auffassung nur wenige Tage noch verhältnismäßig nicht erheblich sind, wird § 616 S. 1 BGB unter Berücksichtigung der in der COVID-19-Pandemie lange Zeit maßgeblichen Absonderungszeiträume von 14 bzw. zehn Tagen tendenziell eher nicht greifen. § 616 S. 1 BGB erhält den Lohnanspruch dann auch nicht anteilig für einen verhältnismäßig nicht erheblichen Zeitraum. Mithin schuldet der Arbeitgeber dem asymptomatischen Arbeitnehmer grundsätzlich keine Vergütung. Dem Arbeitnehmer kann aber der infektionsschutzrechtliche Entschädigungsanspruch aus § 56 Abs. 1 S. 1 oder S. 2 IfSG zustehen. Soweit der Arbeitnehmer im Home-Office seiner Arbeitspflicht nachkommt, besteht freilich die Vergütungspflicht aus § 611a Abs. 2 BGB.

Bei Ansteckungs- oder Krankheitsverdacht des Arbeitnehmers

Ansteckungsverdächtige i.S.d. IfSG sind insbesondere Kontaktpersonen nachweislich Infizierter, die selbst weder krank noch krankheitsverdächtig sind oder symptomlos den Erreger ausscheiden. Aus diesem Grund ist dem ansteckungsverdächtigen Arbeitnehmer die Arbeitsleistung weder unmöglich noch unzumutbar, sodass dieser grundsätzlich zur Arbeitsleistung verpflichtet ist. Kommt der Arbeitnehmer dieser nach, besteht auch die Vergütungspflicht wie gewöhnlich aus § 611a Abs. 2 BGB.

Wird der ansteckungsverdächtige Arbeitnehmer Betroffener einer infektionsschutzrechtlichen Anordnung, erlischt dessen Arbeitspflicht grundsätzlich auch infolge rechtlicher Unmöglichkeit, sodass bezüglich der Vergütungspflicht auf die Ausführungen zum asymptomatischen Arbeitnehmer verwiesen werden kann.

Der krankheitsverdächtige Arbeitnehmer ist zwar nicht im infektionsschutzrechtlichen, aber im medizinischen Sinne krank, sodass er nicht zur Arbeitsleistung verpflichtet ist und der Arbeitgeber Entgeltfortzahlung über § 3 Abs. 1 S. 1 EFZG schuldet. Wie beim Kranken i.S.d. IfSG ändert sich daran nichts, wenn der krankheitsverdächtige Arbeitnehmer wegen des bereits bestehenden Krankheitsverdachts Betroffener einer infektionsschutzrechtlichen Anordnung wird.

Bei Freistellung des Arbeitnehmers

Mit der Freistellung des Arbeitnehmers erlischt dessen Arbeitspflicht für den Freistellungszeitraum. Sofern der Arbeitgeber die Freistellung einseitig angeordnet hat, schuldet dieser über § 615 S. 1 BGB Annahmeverzugslohn. Dies ändert sich, wenn der freigestellte Arbeitnehmer Betroffener einer infektionsschutzrechtlichen Anordnung wird, die die rechtliche Unmöglichkeit der Arbeitsleistung nach sich zieht. Da der Arbeitnehmer dann nicht mehr leistungsfähig i.S.d. § 297 BGB ist, befindet sich der Arbeitgeber nicht mehr im Annahmeverzug.

Bei Betriebsverbot

Wird der Betrieb infolge behördlicher Anordnung geschlossen, erlischt die Arbeitspflicht des Arbeitnehmers aufgrund rechtlicher Unmöglichkeit, soweit die Arbeitsleistung nicht im Home-Office erbracht werden kann. Hinsichtlich des Schicksals der Vergütungspflicht ist zu differenzieren.

Wird nur gegenüber einem einzelnen Betrieb ein Betriebsverbot verhängt, ist dieses in der Regel auf im Betrieb liegende Gründe zurückzuführen, etwa auf die unzureichende Umsetzung von Schutzmaßnahmen. In diesem Fall bleibt die Vergütungspflicht des Arbeitgebers nach § 326 Abs. 2 S. 1 Var. 1 BGB erhalten. Sollte der Arbeitgeber den Umstand, der zum Betriebsverbot geführt hat, nicht zu vertreten haben, erhält § 615 S. 3 BGB den Vergütungsanspruch aufrecht.

Nachdem das BAG in seiner Entscheidung vom 13. Oktober 2021 die Frage, ob flächendeckende pandemiebedingte Betriebsschließungen noch zum Betriebsrisiko des Arbeitgebers gehören, verneint hat, erhält der Arbeitnehmer in diesem Fall keine Lohnfortzahlung über § 615 S. 3 BGB. Da auch im Übrigen keine vergütungserhaltende Norm greift und das IfSG für den Fall der Betriebsschließung keine Entschädigung vorsieht, erhält der Arbeitnehmer im Fall des Betriebsverbots weder Lohn noch Entschädigung. Der Gesetzgeber sollte hier tätig werden und das IfSG für diesen Fall ergänzen.

Bei familiärer Betreuungsverpflichtung des Arbeitnehmers

Muss der Arbeitnehmer im Pandemiefall familiären Betreuungsverpflichtungen nachkommen, wird diesem in der Regel das Leistungsverweigerungsrecht des § 275 Abs. 3 BGB zustehen, dessen Geltendmachung den Arbeitnehmer von der Leistungspflicht befreit. Zudem stehen dem Arbeitnehmer ggf. die subsidiären, sozialrechtlich verankerten, aber arbeitsrechtlichen Freistellungsansprüche gemäß § 45 Abs. 3 und 5 SGB V zu. Dem PflegeZG wird hingegen nur untergeordnete Bedeutung zukommen, da die erforderliche Pflegebedürftigkeit in der Regel nicht gegeben sein wird.

Im Hinblick auf die Vereinbarkeit von Arbeitspflicht und Betreuungsverpflichtung im Home-Office ist darauf hinzuweisen, dass von einem teilweisen Leistungsverweigerungsrecht des betreuungsverpflichteten Arbeitnehmers auszugehen ist, wobei im Rahmen der Interessenabwägung des § 275 Abs. 3 BGB sämtliche Umstände des Einzelfalls zu berücksichtigen sind.

Als lohnerhaltende Norm kommt grundsätzlich § 616 S. 1 BGB in Betracht, wobei auch hier wieder maßgeblich sein wird, ob der Verhinderungszeitraum noch verhältnismäßig nicht erheblich ist. Greift dieser nicht, kommt subsidiär ein Anspruch auf Kinderkrankengeld gemäß § 45 Abs. 1 S. 1 SGB V oder gemäß § 45 Abs. 2a S. 3 SGB V Betracht. Erleidet der Arbeitnehmer einen Verdienstausfall, da er wegen der Schließung von Bildungs- oder Betreuungsinstitutionen die Betreuung seines Kindes selbst sicherstellen muss, kann dem Arbeitnehmer ein Entschädigungsanspruch aus § 56 Abs. 1a IfSG zustehen.

Bei Dienstreisen des Arbeitnehmers

Der Arbeitnehmer kann nur in Einzelfällen die Durchführung einer Dienstreise verweigern. Dies ist etwa der Fall, wenn eine ausdrückliche Reisewarnung des Auswärtigen Amtes vorliegt und am Zielort ein höheres Infektionsgeschehen herrscht als im Inland. Tritt der Arbeitnehmer die Dienstreise an, besteht freilich die Vergütungspflicht gemäß § 611a Abs. 2 BGB.

Verweigert der Arbeitnehmer die Dienstreise, wird die Arbeitsleistung spätestens mit Zeitablauf unmöglich und der Vergütungsanspruch erlischt grundsätzlich gemäß § 326 Abs. 1 S. 1 Hs. 1 BGB. Es kommt jedoch in Betracht, dass der Arbeitnehmer im Übrigen ordnungsgemäß seine Arbeitsleistung anbietet. Beschäftigt der Arbeitgeber den Arbeitnehmer sodann billig und zumutbar, schuldet dieser wie gewöhnlich über § 611a Abs. 2 BGB die Leistung der Vergütung. Nimmt der Arbeitgeber das ordnungsgemäße Angebot des Arbeitnehmers auf zumutbare Beschäftigung nicht an, schuldet der Arbeitgeber gemäß § 615 S. 1 BGB Annahmeverzugslohn. Verweigert der Arbeitnehmer die Dienstreise gemäß § 275 Abs. 3 BGB, sprechen gute Gründe dafür, dass die Vergütungspflicht des Arbeitgebers gemäß § 326 Abs. 2 S. 1 Var. 1 BGB bestehen bleibt.

Zu den Nebenpflichten

Im Pandemiefall realisieren sich sowohl für den Arbeitnehmer als auch für den Arbeitgeber umfassende Pflichten zur Rücksichtnahme auf die Rechte, Rechtsgüter und Interessen des jeweils anderen. So werden Arbeitnehmer insbesondere verpflichtet sein, rechtmäßig angeordneten Hygienevorgaben nachzukommen.

Sie können in Ausnahmefällen aber auch verpflichtet sein, Überstunden zu leisten oder andere als vertraglich geschuldete Tätigkeiten zu übernehmen.

Den Arbeitgeber treffen umfassende Schutzpflichten. Insbesondere muss dieser beachten, dass über § 4 Nr. 3 ArbSchG i.V.m. § 618 BGB auch eigentlich unverbindliche Stellungnahmen und Empfehlungen zum Arbeitsschutz im Rahmen des Auswahlermessens bezüglich der Schutzmaßnahmen berücksichtigt werden müssen. Zudem müssen Arbeitgeber stets auf dem aktuellen Stand sein, da mit häufigen pandemiebedingten Gesetzesänderungen zu rechnen ist, die Pflichten wie das Angebot von Tests, medizinischen Gesichts- oder Atemschutzmasken sowie Home-Office beinhalten können und oft zeitnah nach Gesetzesbeschluss in Kraft treten und Geltung erlangen.

Zu Ausgestaltungsmöglichkeiten des Arbeitgebers

Die Ausgestaltungsmöglichkeiten des Arbeitgebers sind die Möglichkeiten, die diesem im Rahmen des (erweiterten) Direktionsrechts nach § 106 GewO zustehen, um auf die arbeitsvertraglichen Modalitäten einzuwirken. Der Arbeitnehmer hat mithin keine Ausgestaltungsmöglichkeiten. Ausgangspunkt ist, dass das Weisungsrecht dazu dient, die Leistungspflichten zu konkretisieren. So kann der Arbeitgeber Inhalt, Ort und Zeit der Arbeitsleistung nach billigem Ermessen näher bestimmen, soweit diese Arbeitsbedingungen nicht durch den Arbeitsvertrag, Bestimmungen einer Betriebsvereinbarung, eines anwendbaren Tarifvertrages oder gesetzliche Vorschriften festgelegt sind. Dieses allgemeine Weisungsrecht wird dem Arbeitgeber im Pandemiefall jedoch häufig noch nicht den Spielraum ermöglichen, den er benötigt, um auf pandemiebedingte Situationen adäquat reagieren zu können. Hohe Bedeutung kommt deshalb dem erweiterten Weisungsrecht zu, mit dem der Arbeitgeber im Not- oder außergewöhnlichen Fall rechtmäßige Anordnungen treffen kann, die über die eigentlichen Grenzen des Weisungsrechts hinausgehen. Wichtig in diesem Zusammenhang ist, dass nach der hier vertretenen Auffassung eine Pandemie nicht pauschal als Not- oder außergewöhnlicher Fall angesehen werden kann. Vielmehr ist auf eine konkrete Situation abzustellen, in der sich die Pandemie erst mit betrieblichen Auswirkungen realisiert. Mittels dieses erweiterten Weisungsrechts kann der Arbeitgeber den Arbeitnehmer etwa anweisen, geringer- oder höherwertige Tätigkeiten zu übernehmen, die Arbeitsleistung im Home-Office zu erbringen, Überstunden zu leisten oder Betriebsferien anordnen.

Zu den Veränderungsmöglichkeiten der arbeitsvertraglichen Parteien

Gewährt auch das erweiterte Weisungsrecht nicht mehr genügend Handlungsspielraum, stehen dem Arbeitgeber Veränderungsmöglichkeiten zur Verfügung.

So kann er den Arbeitnehmer freistellen oder unter bestimmten Voraussetzungen eine Änderungskündigung zur Entgeltreduzierung, zur Einführung von Kurzarbeit oder Home-Office aussprechen.

Die Kurzarbeit stellt insbesondere im Hinblick auf die COVID-19-Pandemie das geeignetste arbeits- bzw. sozialrechtliche Instrument dar, um die Folgen einer Pandemie abzufedern. Entscheidend ist, dass die Kurzarbeit wirksam in den Betrieb eingeführt wird. Da der Arbeitgeber die Kurzarbeit nicht mittels Direktionsrechts einführen kann, bedarf es entweder einer individual- oder kollektivrechtlichen Grundlage. Fehlt es an diesen, bleibt nur die Änderungskündigung, wobei hier jedenfalls die ordentliche Änderungskündigung das Risiko birgt, wegen des Ablaufs der Kündigungsfrist ihr Ziel nicht zu erreichen. Es empfiehlt sich daher, entweder individualvertraglich – wie dargestellt – oder kollektivrechtlich eine Regelung zu treffen.

Anders als Ausgestaltungs- stehen auch dem Arbeitnehmer Veränderungsmöglichkeiten zu. Hier kommt primär der Frage hohe Relevanz zu, ob dem Arbeitnehmer in der Pandemie ein Anspruch zusteht, die Arbeitsleistung im Home-Office zu erbringen. Gesetzlich fehlt ein allgemeiner Home-Office-Anspruch – anders als etwa in den Niederlanden – in Deutschland bisher. Nach langen Diskussionen wurde in der COVID-19-Pandemie in § 28b Abs. 7 IfSG (später § 28b Abs. 4 IfSG) schlussendlich nicht nur eine Home-Office-Angebotspflicht des Arbeitgebers, sondern auch eine Annahmepflicht des Arbeitnehmers gesetzlich normiert, sodass letztlich eine gesetzliche Home-Office-Pflicht bestand. Allerdings hat es zum einen lange gedauert, bis diese Regelung überhaupt geschaffen wurde. Zum anderen galt sie nur temporär (§ 28b Abs. 10 IfSG) und ausweislich des Titels ohnehin nur für die COVID-19-Pandemie. Es wird sich daher mit hoher Wahrscheinlichkeit auch in der nächsten Pandemie wieder die Frage stellen, ob in der pandemischen Ausnahmesituation ein Home-Office-Anspruch des Arbeitnehmers besteht. Nach der hier vertretenen Auffassung kann ein solcher Anspruch unter bestimmten Voraussetzungen gegeben sein.

Zu den Beendigungsmöglichkeiten der arbeitsvertraglichen Parteien

Während arbeitnehmerseitigen Beendigungsmöglichkeiten im Pandemiefall wohl keine Bedeutung zukommt – schließlich ist Arbeitnehmern bei praxisnaher Betrachtung doch in der Regel daran gelegen, auch in Krisenzeiten einen sicheren Arbeitsplatz zu haben –, ist die Arbeitgeberkündigung ungleich relevanter. Allerdings gelten hier die allgemeinen Grundsätze, ein pandemiebedingtes Kündigungsrecht gibt es nicht.

Zu den vertraglichen Gestaltungsmöglichkeiten

Zuletzt wurden formularvertragliche Gestaltungen aufgezeigt, die vorausschauende Arbeitgeber in künftige Formularverträge mitaufnehmen oder ggf. bei bestehenden Verträgen ergänzen können. Überwiegende Bedeutung kommt dabei insbesondere der Home-Office-Vereinbarung zu. Dies liegt daran, dass bei der Leistungserbringung im Home-Office zahlreiche Aspekte zu berücksichtigen sind, die mit einer Vereinbarung vollständig und rechtssicher abgedeckt werden können. Zudem sind aufgrund der pandemie- bzw. krisenbedingten Relevanz der Kurzarbeit auch die diesbezüglich vorgeschlagenen Klauseln von hoher Praxisrelevanz. Zum einen wurde ein Instrument bereitgestellt, um in Anbetracht einer konkreten Situation noch einvernehmlich Kurzarbeit einführen zu können. Zum anderen wurde eine Klausel vorgeschlagen, die den Arbeitgeber unter bestimmten Voraussetzungen zur Einführung von Kurzarbeit berechtigt – sollte dies eines Tages wieder erforderlich sein.

Literaturverzeichnis

Adam, Inka: Pandemiebedingte Betriebsschließung, SPA 2021, 71-72.

Adjan, Laura/Lettmeier, Florian: „Der vorsichtige Arbeitgeber“: Einseitige Freistellung als Schutzmaßnahme in der Pandemie, NZA 2021, 161-166.

Aligbe, Patrick: Das Vierte Bevölkerungsschutzgesetz: Die „Bundes-Notbremse“, ARP 2021, 134-139.

Allmendinger, Johannes: Urlaub wider Willen? – Ein Streifzug durch das Urlaubsrecht in Zeiten der Corona-Pandemie, SPA 2020, 101-103.

Arnold, Christian/Roll, Michael: Dienstreisen und Corona-Pandemie, NZA 2021, 240-247.

Bachner, Michael: Die Mitbestimmung des Betriebsrats nach § 87 BetrVG bei der Gestaltung von Formulararbeitsverträgen, NZA 2007, 536-540.

Baeck, Ulrich/Deutsch, Markus/Winzer, Thomas: Arbeitszeitgesetz, 4. Auflage, München 2020.

ders./Winzer, Thomas/Abend, Tobias: Neuere Entwicklungen im Arbeitsrecht, Corona-Virus und kein Ende in Sicht: Das wichtigste aus arbeitsrechtlicher Sicht, NZG 2020, 1129-1131.

Bauer, Jobst-Hubertus/Opolony, Bernhard: Arbeitsrechtliche Änderungen in der Gewerbeordnung, BB 2002, 1590-1594.

ders./Günther, Jens: Kurzarbeit zur Krisenbewältigung – Einführung durch Änderungskündigung?, NZA 2020, 419-422.

dies.: Ungelöste Probleme bei Einführung von Kurzarbeit, BB 2009, 662-667.

ders./Lingemann, Stefan/Diller, Martin/Haußmann, Katrin: Anwalts-Formularbuch Arbeitsrecht, 7. Auflage, Köln 2021.

Bayer, Bastian: Corona-Testpflicht in Unternehmen, GWR 2021, 255-258.

Becker, Ulrich/Kingreen, Thorsten: SGB V, Gesetzliche Krankenversicherung, 8. Auflage, München 2022.

Beden, Yannik/Rombey, Sebastian: Leistungsverweigerung des Arbeitnehmers wegen Zugehörigkeit zur COVID-19-“Risikogruppe“, Ideen zum Ausgleich von Arbeits- und Fürsorgepflicht, BB 2020, 2870-2876.

Benkert, Daniel: Arbeitsrechtliche Aspekte einer Tätigkeit im Home-Office, NJW-Spezial 2019, 306-307.

Bertram, Axel/Falder, Roland: Datenschutz im Home Office – Quadratur des Kreises oder Frage des guten Willens?, ArbRAktuell 2021, 95-98.

Bertz, Marcus: Kurzarbeit in Zeiten der Corona-Krise, NJW-Spezial 2020, 242-243.

Besgen, Nicolai: Coronavirus – Pandemie und Arbeitsrecht, B+P 2020, 235-239.

Biebl, Martin: Lockdown zählt zum Betriebsrisiko des Arbeitgebers, SPA 2021, 81-82.

Biedermann, Anna Kristin: Die Rechtsprechung zur Zulässigkeit der Befristung einzelner Arbeitsbedingungen, NZA-RR 2019, 345-351.

Boecken, Winfried/Düwell, Franz Joseph/Diller, Martin/Hanau, Hans: Gesamtes Arbeitsrecht, Baden-Baden 2016.

ders./Bantele, Jannis: Rechtliche Fragen im Zusammenhang mit der Testangebotspflicht des Arbeitgebers nach § 5 Abs. 1 SARS-COV-2-Arbeitsschutzverordnung (Corona-ArbSchV), COVuR 2021, 322-330.

Böhm, Annett: Pflegezeitgesetz, 2. Auflage, Baden-Baden 2015.

Bonanni, Andrea: Die Folgen von Corona für Arbeitnehmer und Arbeitgeber, ArbRB 2020, 110-117.

Braig, André: Aktuelles zur Kurzarbeit, SPA 2021, 77-79.

Brink, Stefan/Joos, Daniel: Datenschutz in Zeiten der Corona-Pandemie, NZA-Beilage 2021, 17-21.

Brose, Wiebke: Das erkrankte Kind des Arbeitnehmers im Arbeits- und Sozialrecht, NZA 2011, 719-724.

Buhr, Laura: Nach über einem Jahr Pandemie: Gesetzgeber regelt Unfallversicherungsschutz im Homeoffice, NZS 2021, 825-827.

Canaris, Claus-Wilhelm: Die Reform des Rechts der Leistungsstörungen, JZ 2001, 499-524.

Cohnen, Karl-Dietmar/Röger, Hendrik: Kurzarbeit als Antwort auf kurzfristig auftretende Konjunkturschwächen, Arbeitsrechtliche und sozialversicherungsrechtliche Grundlagen, BB 2009, 46-52.

Däubler, Wolfgang: Arbeitsrecht in Zeiten der Corona-Krise, Rechte und Pflichten im Ausnahmezustand, Frankfurt am Main 2020.

ders./Hjort, Jens Peter/Schubert, Michael/Wolmerath, Martin: Arbeitsrecht, Individualarbeitsrecht mit kollektivrechtlichen Bezügen, 5. Auflage, Baden-Baden 2022.

Dehmel, Esther/Hartmann, Nina: Das Coronavirus (COVID-19) auf dem Vormarsch – Die wichtigsten arbeitsrechtlichen Themen, BB 2020, 885-891.

Dohrmann, Vanessa Dorothea: Referentenentwurf eines Mobile Arbeit Gesetzes – Ein Schritt in die Arbeitswelt 4.0!?, NZA 2021, 691-697.

Dreier, Horst: Grundgesetz-Kommentar, 3. Auflage, Tübingen 2013.

Düwell, Franz Josef: Rechtsfragen zur Arbeitsunfähigkeit bei COVID-19, BB 2020, 891-894.

ders.: jurisPR-ArbR 14/2021 Anm. 1.

Eckart, Christian/Winkelmüller, Michael: BeckOK Infektionsschutzrecht, 10. Edition, München, Stand: 15.01.2022.

Eckart, Christian/Winkelmüller, Michael: BeckOK Infektionsschutzrecht, 12. Edition, München, Stand: 01.07.2022.

Eckert, Michael: Ausgewählte Fragen im Zusammenhang mit der Pandemiegefahr, Entgeltfortzahlungs- und Erstattungsansprüche (COVID-19), BC 2020, 157-159.

ders.: Blick ins Arbeitsrecht, DStR 2021, 354-361.

Eckert, Niklas/Reinbach, Hubertus/Burmeister, Sina: Arbeitsrechtliche Alternativen zur Kurzarbeit, GWR 2020, 216-219.

Edenfeld, Stefan: Die Fürsorgepflicht des Arbeitgebers bei Auslandseinsätzen, NZA 2009, 938-943.

Ennuschat, Jörg/Wank, Rolf/Winkler, Daniela: Gewerbeordnung, Kommentar, 9. Auflage, München 2020.

Epping, Volker/Hillgruber, Christian: BeckOK Grundgesetz, 51. Edition, München, Stand: 15.05.2022.

Erbs, Georg/Kohlhaas, Max (Begr.): Strafrechtliche Nebengesetze, München, Werkstand: 240. EL April 2022.

Eufinger, Alexander: Lohnfortzahlungspflicht bei fehlender Impfbereitschaft, BB 2021, 504-507.

Falter, Gernot: Die Arbeitsleistung in der Pandemie, Die Auswirkung der Schutzpflichten des Arbeitgebers auf die Verpflichtung zur Arbeitsleistung der betriebsnotwendigen Arbeitnehmer, BB 2009, 1974-1980.

Feichtinger, Peter/Malkmus, Hans: Entgeltfortzahlungsrecht, Arbeitsrecht I Sozialrecht I Bürgerliches Recht, 2. Auflage, Baden-Baden 2010.

Felisiak, Michaela/Schlamp, Martina: Aktuelle Herausforderungen bei grenzüberschreitenden Arbeitnehmereinsätzen, SPA 2020, 105-107.

Felz, Sebastian: Gerichtlich überprüft: Der Corona-Test im betrieblichen Infektionsschutz, ARP 2021, 193-195.

ders.: (Kein) Ende der epidemischen Notlage: 3G am Arbeitsplatz, Homeoffice-Pflicht und weitere Verschärfungen, ARP 2021, 358-362.

ders.: Konformitätsanforderungen an Atemschutzmasken in der Pandemie, ARP 2021, 159-162.

ders.: Die neue Corona-Arbeitsschutzverordnung, ARP 2021, 34-36.

Fischinger, Philipp/Hengstberger, Silas: Arbeitsrechtliche Fragen in der Corona-Krise, JA 2020, 561-568.

Fuhlrott, Michael: Arbeitsrechtliche Fragestellungen im Zusammenhang mit der Coronavirus-Pandemie, GWR 2020, 107-110.

ders.: Corona-Warn-App: Nutzungspflicht für Arbeitnehmer?, GWR 2020, 275-277.

ders.: Kündigungen von ungeimpften Arbeitnehmern im Pflege- und Gesundheitssektor?, GWR 2022, 22-24.

ders.: Unwirksamkeit einer formularvertraglichen Vereinbarung zur Einführung von Kurzarbeit, ArbRAktuell 2021, 225.

ders./Fischer, Katharina: Corona: Virale Anpassungen des Arbeitsrechts, NZA 2020, 345-350.

dies.: Arbeitsrecht und Corona 2.0 – Weitere gesetzliche Änderungen, NZA 2020, 409-413.

dies.: Impfpflicht im Arbeitsverhältnis?, NJW 2021, 657-661.

dies.: Das gesetzliche Fragerecht für Unternehmen nach dem Impfstatus, ArbRAktuell 2021, 489-492.

ders./Mai, Matthias: Beweiskraft ärztlicher Arbeitsunfähigkeitsbescheinigungen, NZA 2022, 97-101.

ders./Oltmanns, Sönke: Befristetes Recht auf Homeoffice: Die SARS-CoV-2-Arbeitsschutzverordnung und der Weg dahin, ArbRAktuell 2021, 64-69.

dies.: Pandemie und Rechtsprechung: 10 wichtige Entscheidungen aus dem Jahr 2021, ArbRAktuell 2022, 29-32.

dies.: Sozialschutz-Paket II: Änderungen bei Kurzarbeit, Arbeitslosengeld und Verfahrensrecht, ArbRAktuell 2020, 275-278.

ders./Schäffer, Katharina: 3G im Betrieb und Homeoffice: Fragestellungen bei Umsetzung der neuen gesetzlichen Vorgaben, NZA 2021, 1679-1684.

Gerhardt, Jens: Infektionsschutzgesetz (IfSG), 6. Auflage, München 2022.

ders.: Corona-Impfpflicht zur Herstellung einer Herdenimmunität?, ARP 2021, 149-153.

Geulen, Felix/Sothmann, Jannis: Entschädigungen nach dem Infektionsschutzgesetz – Quarantäne, Kita- und Schulschließung in der Corona-Krise, ArbRAktuell, 2020, 217-220.

ders./Vogt, Volker: Kurzarbeit in der Corona Krise, ArbRAktuell 2020, 181-185.

Gotthardt, Michael/Greiner, Stefan: Leistungsbefreiung bei Krankheit des Arbeitnehmers nach § 275 Abs. 1 oder 3 BGB, DB 2002, 2106-2112.

Greiner, Stefan: Familienfreundliches Arbeitsrecht? - Die Erkrankung des Kindes als Gegenstand widersprüchlicher Regelungen, NZA 2007, 490-495.

Grimm, Detlef: Covid 19 und das Problem der Urlaubsrückkehrer, ArbRB 2020, 230-231.

ders.: Lohnfortzahlung und Entgeltrisiko bei Corona (COVID-19), DB 2020, 1177-1182.

ders./Göbel, Malte: Corona, Quarantäne, Kinderbetreuung – Welche Entschädigungen gibt es wofür? Details zu den Entschädigungsansprüchen des § 56 IfSG und zum Kinderkrankengeld nach § 45 Abs. 2a und 2b SGB V, ArbRB 2021, 47-51.

Gritzki, Annina/Bux, Kersten: Infektionsschutzgerechtes Lüften – Konkretisierung durch die geänderte SARS-CoV-2-Arbeitsschutzregel, ARP 2021, 70-74.

Grobys, Isabella/Panzer-Heemeier, Andrea: StichwortKommentar Arbeitsrecht, 3. Auflage, Edition 16, Baden-Baden 2021.

Grüneberg, Jan/Lenuck, Vadim: Antigen-Schnelltests und Impfungen im Betrieb – Was ist zu beachten?, ARP 2021, 140-144.

Grunewald, Barbara/Maier-Reimer, Georg/Westermann, Harm Peter: Erman, BGB, Handkommentar mit AGG, EGBGB (Auszug), ErbbauRG, HausratsVO, LPartG, ProdHaftG, UKlaG, VAHRG und WEG und ausgewählten Quellen des IPR, 16. Auflage, Köln 2020.

Gsell, Beate/Krüger, Wolfgang/Lorenz, Stephan /Reymann, Christoph (GesamtHrsg.), Benecke, Martina (Hrsg.): BeckOGK, Stand je nach Norm: 01.03.2022; 01.05.2022 oder 01.07.2022, München.

Günther, Jens/Böglmüller, Matthias: COVID-19-Pandemie und Home-Office, ArbRAktuell 2020, 186-188.

Häfeli, Sylvia: Arbeitsschutzmaßnahmen im Homeoffice – Beispiele aus der Praxis, ARP 2022, 24-27.

Hau, Wolfgang/Poseck, Roman: BeckOK BGB, 62. Edition, Stand: 01.05.2022, München.

Heilmann, Joachim: Urlaubs(rechts)fragen in der Pandemie, ARP 2020, 191-194.

Heinze, Meinhard: Die arbeitsrechtliche Zulässigkeit der Einführung von Kurzarbeit, RdA 1998, 14-23.

Henssler, Martin/Willemsen, Josef/Kalb, Heinz-Jürgen: Arbeitsrecht Kommentar, 10. Auflage, Köln 2022.

Herfs-Röttgen, Ebba: Die Corona-Arbeitsschutzverordnung und ihre Stolpersteine, NZA 2021, 388-392.

Herrler, Sebastian: Münchener Vertragshandbuch, Band 6. Bürgerliches Recht II, 8. Auflage München 2020.

Hidalgo, Martina: Arbeitsschutz im Home Office – ein Lösungsvorschlag, NZA 2019, 1449-1458.

dies./Ceelen, Christoph/Buziek, Lisa: „3G-Regelung" im Betrieb – Nicht so unzulässig wie gedacht?, NJW 2021, 3151-3157.

Hoffmann-Becking, Michael/Gebele, Alexander: Beck'sches Formularbuch Bürgerliches, Handels- und Wirtschaftsrecht, 14. Auflage, München 2022.

Hohenstatt, Klaus-Stefan/Krois, Christopher: Lohnrisiko und Entgeltfortzahlung während der Corona-Pandemie, NZA 2020, 413-418.

ders./Sittard, Ulrich: Arbeitsrecht in Zeiten von Corona, Ein Leitfaden für Betriebe und Beschäftigte, 2. Auflage, München 2021.

Hromadka, Wolfgang: Unbillige Weisungen, NZA 2017, 601-607.

Huber, Peter/Faust, Florian: Schuldrechtsmodernisierung, Einführung in das neue Recht, München 2002.

Hülsemann, Jörn: Der SARS-CoV-2 Arbeitsschutzstandard des BMAS – verbindliche Vorgabe oder unverbindliche Empfehlung?, ArbRAktuell 2020, 467-469.

Hussing, Marcus: Arbeitsschutz ist Gesundheitsschutz – SARS-CoV-2 aus Sicht der Prävention, ARP 2021, 171-174.

Huster, Stefan/Kingreen, Thorsten: Handbuch Infektionsschutzrecht, München 2021.

Jessen, Andrea: Erhöhtes Risiko bei COVID-19: Alter, Vorerkrankung und Demenz, Heilberufe 72, 18-19 (2020).

Joussen, Jacob: Arbeitsrecht und Schuldrechtsreform, NZA 2001, 745-751.

Kamann, Jannis: Arbeitsvertragliche Gestaltung von Telearbeitsverhältnissen, ArbRAktuell 2016, 75-78.

Kibler, Nathalie/Wittek, Wolfgang: Haftungsrisiken für Arbeitgeber bei Infektionen von Mitarbeitern mit dem Virus SARS-CoV-2, DB 2020, 2296-2301.

Kiel, Heinrich/Lunk, Stephan/Oetker, Hartmut: Münchener Handbuch zum Arbeitsrecht, Band 1: Individualarbeitsrecht I, 5. Auflage, München 2021.

Kießling, Andrea: Infektionsschutzgesetz Kommentar, 2. Auflage, München 2021.

Kießling, Erik/Jünemann, Michael: Dienstbefreiung, Entgeltfortzahlung und Kündigung bei der Erkrankung von Kindern, DB 2005, 1684-1690.

Kiesche, Eberhard: Rechtssicheres Homeoffice und Arbeitsschutz, ARP 2021, 210-213.

ders.:/Kohte, Wolfhard: Arbeits- und Gesundheitsschutz in Zeiten von Corona, Der Leitfaden für Betriebe und Beschäftigte, 2. Auflage, München 2020.

Klein, Christian: Arbeitsrechtliche Problem- und Fragestellungen der Corona-Pandemie, NJ 2020, 377-387.

Kleinebrink, Wolfgang: Arbeitsbefreiung zur Betreuung des Kindes, DB 2020, 952-957.

ders.: Arbeitsrechtliche Grundlagen für die Einführung von Kurzarbeit, ArbRB 2020, 221-224.

ders.: Arbeitsrechtliche Sanktionen bei einem Verstoß eines Arbeitnehmers gegen Corona-Schutzvorschriften, NZA 2020, 1361-1368.

ders.: Die arbeitsschutzrechtliche Fürsorgepflicht des Arbeitgebers in Zeiten der Pandemie, Welche Vorgaben bestehen und welche Sanktionen drohen bei Nichtbeachtung?, ArbRB 2020, 377-380.

Klocke, Daniel: Die Zulässigkeit von Kurzarbeitsklauseln im Arbeitsvertrag, Die Grundlagen der Kontrolle nach §§ 305 ff. BGB, RdA 2020, 331-339.

Kloepfer, Michael/Deye, Sandra: Pandemien als Herausforderung für die Rechtsordnung, DVBl. 2009, 1208-1221.

Klus, Anna-Katharina: Außerordentliche Kündigung wegen Entwendung von Desinfektionsmittel rechtmäßig, DB 2021, 682.

Knothe, Hans-Georg/Kohler, Jürgen: Status Familiae, Festschrift für Andreas Wacke zum 65. Geburtstag, München 2001.

Koch, Arnd/Kubiciel Michael/Wollenschläger, Ferdinand: 50 Jahre Juristische Fakultät Augsburg, Tübingen 2021.

Koenen, Ron-Jo/Lehnart, Thomas: Schutzpflichten des Arbeitgebers für die Gesundheit der Beschäftigten, Arbeits-und strafrechtliche Aspekte am Beispiel der Corona-Pandemie, BB 2020, 1525-1531.

Köhler, Matthias/Schürgers, Adrian: Home-Office und mobiles Arbeiten: Praktisch umgesetzt, BB 2020, 2613-2617.

Kolbe, Sebastian: Kindergartenstreik und Konsequenzen, BB 2009, 1414-1416.

Köllmann, Thomas: Die Corona-Warn-App, Schnittstellen zwischen Datenschutz- und Arbeitsrecht, NZA 2020, 831-836.

Kramer, Stefan: IT-Arbeitsrecht, 2. Auflage, München 2019.

Krieger, Steffen/Rudnik, Tanja/Povedano Peramato, Alberto: Homeoffice und Mobile Office in der Corona-Krise, NZA 2020, 473-480.

Kroiß, Ludwig: Rechtsprobleme durch COVID 19, Baden Baden 2020.

Kühl, Christof: Arbeitsrecht in Zeiten der COVID-19-Pandemie – insbesondere Neuigkeiten zu virtuellen Betriebsratsbeschlüssen, SPA 2020, 65-67.

Kühn, Thomas: Rechtsfolgen rechtswidriger Weisungen, NZA 2015, 10-14.

Küttner, Wolfdieter (Begr.): Personalbuch 2022, Arbeitsrecht Lohnsteuerrecht Sozialversicherungsrecht, 29. Auflage, München 2022.

Lepke, Achim: Krankheitsbegriff im Arbeitsrecht, NZA-RR 1999, 57-63.

Lichtenberg, Lucas: Kurzfristige Urlaubsunterbrechung durch E-Mail-Lektüre, RdA 2020, 265-269.

Linck, Rüdiger: Offene Fragen des Pflegezeitgesetzes, BB 2008, 2738-2743.

ders./Preis, Ulrich/Schmidt, Ingrid: Kündigungsrecht, Großkommentar zum gesamten Recht der Beendigung von Arbeitsverhältnissen, 6. Auflage, München 2021.

Löwisch, Manfred: Zweifelhafte Folgen des geplanten Leistungsstörungsrechts für das Arbeitsvertragsrecht, NZA 2001, 465-467.

Lützeler, Martin: Mitwirkung des Betriebsrats bei der Bekämpfung des Coronavirus, ARP 2020, 117-119.

Mestwerdt, Wilhelm/Spengler, Bernd/Dubon, Alexander: Kündigungsschutzrecht, 2. Auflage, Baden-Baden 2021.

Meyer-Michaelis, Isabel: LAG Rheinland-Pfalz: Kein Anspruch auf Versetzung an einen anderen Arbeitsort, ArbRAktuell 2015, 158.

Michels, Eckard: Die „Spanische Grippe" 1918/19, Vierteljahrshefte für Zeitgeschichte, 58. Jahrgang, Heft 1, Januar 2010, S. 1-34.

Mues, Werner/Müncheberg, Kai: Die Einführung von Home-Office in Pandemiezeiten, ArbRB 2020, 214-217.

Müller-Bonanni, Thomas/Bertke, Anne-Kathrin: Einhaltung von Arbeitsschutzstandards durch Arbeitgeber, Vermeidung von Haftungsrisiken durch Corona, NJW 2020, 1617-1620.

Müller-Glöge, Rudi/Preis, Ulrich/Schmidt, Ingrid: Erfurter Kommentar zum Arbeitsrecht, 22. Auflage, München 2022.

Müller, Elke-Luise: Ein Recht auf Home-Office?, öAT 2021, 45-48.

Müller, Knut/Deeg, Oliver: Kurzarbeitsklauseln in Arbeitsverträgen, ArbRAktuell 2010, 209-211.

ders./Ahrendt, Tizian: Arbeitsrechtliche Impfpflicht für jedermann oder Gleichbehandlung für alle?, ArbRAktuell 2021, 309-312.

Müller, Stefan: Arbeitsvertragliche Pflichten und pandemiebedingte Kinderbetreuung, FA 2010, 2-4.

ders.: Homeoffice im Pandemiefall, FA 2020, 123-129.

ders.: Entzug und Anordnung einer Homeoffice-Tätigkeit durch Weisung des Arbeitgebers, DB 2019, 1624-1626.

ders.: Die neue Home-Office-(Angebots-)Pflicht nach der SARS-CoV-2-Arbeitsschutzverordnung, BB 2021, 372-357.

ders./Becker, Marc: Pandemiebedingte Leistungshindernisse in der Arbeitsrechtspraxis, COVuR 2020, 126-130.

dies.: Die Anwendung der 3G-Regelung in der betrieblichen Praxis, ArbRAktuell 2021, 683-687.

dies.: Verpflichtende Corona-Tests im Arbeitsverhältnis, ArbRAktuell 2021, 201-204.

Naber, Sebastian/Schulte, Willem: Können Arbeitnehmer zu einer Corona-Impfung oder einem Impfnachweis verpflichtet werden?, NZA 2021, 81-86.

dies.: Impfpflicht im Arbeitsverhältnis und die Frage nach dem Impfstatus, Newsdienst Compliance 2021, 230004.

Niklas, Thomas/Köllmann, Thomas: Die Covid-19 Impfung im Arbeitsverhältnis, Ein Überblick über die wichtigsten Rechte und Pflichten, ArbRB 2021, 77-80.

Noack, Karoline: Entgeltfortzahlung und Entschädigung – Entgeltrisiko und Durchsetzbarkeit des Anspruchs aus § 56 IfSG, NZA 2021, 251-256.

Oberthür, Nathalie: Arbeitsrecht in Zeiten der Pandemie, Gesetzliche Neuregelungen aus Anlass der Corona-Krise, ArbRB 2020, 178-182.

dies.: Die Arbeitssicherheit im Mobile Office, NZA 2013, 246-249.

Paal, Boris/Pauly, Daniel A.: Datenschutzgrundverordnung, Bundesdatenschutzgesetz, 3. Auflage, München 2021.

Pflüger, Nina: Die Impfpflicht kraft Direktionsrechts des Arbeitgebers?, ARP 2021, 145-148.

Preis, Ulrich: Unbillige Weisungsrechte und überflüssige Änderungskündigungen, NZA 2015, 1-10.

ders.: Der Arbeitsvertrag, 6. Auflage, Köln 2020.

ders./Mazurek, Daniel/Schmid, Matthias: Rechtsfragen der Entgeltfortzahlung in der Pandemie, NZA 2020, 1137-1144.

ders./Nehring, Linda: Das Pflegezeitgesetz, NZA 2008, 729-736.

Reifelsberger, Christina: Arbeitsschutz und COVID-19 – Haftung des Arbeitgebers, COVuR 2020, 357-363.

Reinhard, Barbara: Betriebliche Pandemievereinbarungen, Wie können sich Unternehmen auf künftige Betriebsausfälle oder -einschränkungen infolge einer Pandemie besser vorbereiten?, ArbRB 2020, 148-151.

Reitz, Henning: Das arbeitsrechtliche Mandat, Arbeitsvertragsgestaltung und AGB-Kontrolle, Bonn 2020.

Richter, Tim: Arbeitsrechtliche Herausforderungen bei der Einführung und Durchführung von Home-Office (Teil 1), ArbRAktuell 2019, 142-144.

Rieble, Volker/Picker, Christian: Arbeitsschutz und Mitbestimmung bei häuslicher Telearbeit, ZfA 2013, 383-432.

Röder, Gerhard/Chakrabarti, Josefine: Update zu Kurzarbeit, Kurzarbeitergeld und Restrukturierungen, DB 2020, 1960-1965.

Rolfs, Christian/Giesen, Richard/Kreikebohm, Ralf/Meßling, Miriam/Udsching, Peter: BeckOK Arbeitsrecht, 64. Edition, München, Stand: 01.06.2022.

Rolfs, Christian/Giesen, Richard/Kreikebohm, Ralf/Meßling, Miriam/ Udsching, Peter: BeckOK Arbeitsrecht, 64. Edition, §§ 307 ff. BGB, München, Stand: 01.03.2022.

Römermann, Volker: Leitfaden für Unternehmen in der Covid-19 Pandemie, Insolvenzrecht – Gesellschaftsrecht – Arbeitsrecht – Steuerrecht, München 2020.

Rosenau, Marc: Die Anordnung von Überstunden, NJW-Spezial 2010, 754-755.

Säcker, Franz Jürgen/Rixecker, Roland/Oetker, Hartmut/Limperg, Bettina: Münchener Kommentar zum BGB, 8. Auflage, München 2020.

Sagan, Adam/Brockfeld, Marius: Arbeitsrecht in Zeiten der Corona-Pandemie, NJW 2020, 1112-1117.

dies.: Arbeitsschutzstandard und Arbeitsschutzregel, Soft law gegen die Corona-Pandemie, NZA-Beilage 2020, 17-23.

ders./Witschen, Stefan: Homeoffice im Infektionsschutzgesetz: Der neue § 28 b VII IfSG, NZA 2021, 593-596.

Salamon, Erwin/Hoppe, Christian/Rogge, Nico: Überstunden im Fokus der jüngeren Rechtsprechung, BB 2013, 1720-1725.

Schäfer, Horst: Pflicht zu gesundheitsförderndem Verhalten, NZA 1992, 529-534.

Schaub, Günter (Begr.): Arbeitsrechts-Handbuch, 19. Auflage, München 2021.

ders.: Rechtsprobleme der Arbeitsverhinderung, AuA 1996, 82-84.

ders./Koch, Ulrich: Arbeitsrecht von A-Z, 26. Auflage, München 2022.

Schiefer, Bernd: Mobile Arbeit – Aktuelle Fragen und der 2. Referentenentwurf „Mobile-Arbeit-Gesetz" (MAG), DB 2021, 114-123.

Schlegel, Rainer/Meßling, Miriam/Bockholdt, Frank, COVID-19, Corona-Gesetzgebung – Gesundheit und Soziales, 2. Auflage, München 2022.

Schliemann, Harald: COVID-Arbeitszeitrecht – eine Hilfe?, NZA 2020, 565-569.

ders.: Homeoffice wegen Corona – eine arbeitsrechtliche Skizze, FA 2020, 90-93.

Schmädicke, Axel/Stark, Eva: Kurzarbeit und betriebsbedingte Beendigungskündigung, ArbRAktuell 2020, 278-281.

Schmidt, Bettina: Kurzarbeit in Zeiten von Corona, Ein Leitfaden zu Kurzarbeit und Kurzarbeitergeld mit den Änderungen für 2021, 2. Auflage, München 2021.

Schmidt, Kerstin/Novara, Fabian: Arbeitsrechtliche Aspekte der Pandemievorsorge und -bekämpfung, DB 2009, 1817-1822.

Schneider, Daniel David: Entgeltfortzahlung und Konkurrenzen, Schriften zum Sozial- und Arbeitsrecht Band 332, Berlin 2014.

Schrader, Peter/Thoms, Tina/Mahler, Maike: Auskunft durch den Arbeitnehmer: Was darf er? Was muss er?, NZA 2018, 965-974.

Schreiber, Otto: Die Reichsgerichtspraxis im deutschen Rechtsleben, Festgabe der juristischen Fakultäten zum 50jährigen Bestehen des Reichsgerichts, Band IV, Berlin und Leipzig 1929.

Schucht, Carsten: Schutzmasken als Gegenstand der neuen SARS-CoV-2-Arbeitsschutzverordnung, ARP 2021, 75-79.

Schulze, Marc-Oliver/Helmrich, Christian: Betriebsratsarbeit im Zeichen der COVID-19-Pandemie, ArbRAktuell 2020, 162-165.

ders./Simon, Alexander: Anspruch auf Homeoffice, ArbRAktuell 2021, 119-122.

Schulze, Reiner (Schriftleitung): Bürgerliches Gesetzbuch, Handkommentar, 11. Auflage, Baden-Baden 2021.

Schwarz, Christian: Ausgewählte Probleme zur AGB-Kontrolle, Mögliche Fallstricke bei der Abbedingung von § 616 BGB, bei Schriftformklauseln und Ausschlussfristen, NZA-RR 2021, 1-4.

Schwede, Joachim: Einheitlicher Arbeitsschutz gegen das Coronavirus – Arbeitsschutzstandard COVID 19, ArbRAktuell 2020, 220-222.

ders.: Homeoffice wegen Covid-19 – Arbeitsschutzrechtliche Erwägungen, ArbRAktuell 2020, 160-162.

Schwiering, Sebastian/Zurel, Burak: Das Homeoffice in der Arbeitswelt 2.0 – Rechtliche Rahmenbedingungen für Telearbeit, ZD 2016, 17-21.

Seiwerth, Stephan/Witschen, Stefan: Die Dreifachwirkung des Arbeitsschutzrechts gegen Risiken der Corona-Pandemie, Prävention, Unfallversicherung und Haftung, NZA 2020, 825-831.

Siebert, Jens/Pletke, Matthias: Mobile Arbeit/Homeoffice – Anspruch und Verpflichtung während der Pandemie und was kommt danach?, öAT 2021, 96-99.

Sievers, Jochen: Infiziertes Arbeitsrecht? Wie ein Virus auf das Arbeitsrecht einwirkt, jM 2020, 189-201.

von Staudinger, Julius (Begr.): Kommentar zum Bürgerlichen Gesetzbuch mit Einführungsgesetz und Nebengesetzen/ Buch 2. Recht der Schuldverhältnisse §§ 611-613 BGB, Berlin, Neubearbeitung 2020/2022.

von Steinau-Steinrück, Robert/Jöris, Nils: Arbeitsschutz bei Corona – Versuch einer Entwirrung, NJW-Spezial 2020, 370-371.

ders./Mosch, Ulrich: Arbeitsrechtliche Maßnahmen bei ausgebrochener Pandemie, NJW-Spezial 2009, 578-579.

Stöß, Jan/Putzer, Max: Entschädigung von Dienstausfall während der Corona-Pandemie, NJW 2020, 1465-1471.

Stück, Volker: Abmahnung und Kündigung im Zusammenhang mit Corona, ArbRAktuell 2021, 70-73.

ders.: Die Beendigung von Arbeitsverhältnissen aufgrund der Corona-Pandemie, MDR 2021, 268-273.

ders.: Corona Covid-19 und Compliance: Aktuelle arbeitsrechtliche Aspekte zur präventiven und repressiven Bewältigung der viralen Herausforderung, CCZ 2020, 205-218.

ders.: Pandemie – Praktische und arbeitsrechtliche Maßnahmen zur Vorbeugung und Bekämpfung, MDR 2009, 1209-1213.

ders.: Vitale erste Hilfe in der viralen Krise COVID-19: Präventive & repressive unternehmerische Maßnahmen und arbeitsrechtliche Fragen, GmbHR 2020, 631-644.

ders./Wein, Boris: Influenza-Pandemie: Arbeitsort, Arbeitszeit und Mitbestimmung, Maßnahmen zeitig treffen, AuA 2007, 345-348.

Stückmann, Roland/Kohlepp, Christina: Verhältnismäßigkeitsgrundsatz und „ultima-ratio-Prinzip“ im Kündigungsrecht, Richterliche Praxis ohne dogmatische Begründung, RdA 2000, 331-341.

Szabó, Béla: Die Homeoffice-Pauschale, SPA 2021, 33-35.

Taeger, Jürgen/Pohle, Jan: Computerrechts-Handbuch, 36. Ergänzungslieferung, München, Stand: Februar 2021.

Thüsing, Gregor/Bleckmann, Lena/Rombey, Sebastian: Impfpflicht des Arbeitnehmers? Arbeits- und datenschutzrechtliche Implikationen, COVuR 2021, 66-72.

Tödtmann, Ulrich/ v. Bockelmann, Eler: Arbeitsrecht in Not- und Krisenzeiten, COVID-19, 2. Auflage, München 2021.

Treichel, Stefan: Nochmals: Das Leistungsverweigerungsrecht nach § 275 III BGB im Spannungsfeld von Beruf und Familie, NZA 2016, 459-463.

Volk, Tatjana: Entgeltfortzahlung bei Arbeitsverhinderung, ARP 2021, 64-66.

Voßberg, Veit: LAG Niedersachsen: Entgeltzahlung trotz COVID 19-Schließung, SPA 2021, 84-85.

Wank, Rolf: Das Verhältnismäßigkeitsprinzip bei der betriebsbedingten Kündigung, Insbesondere Versetzung statt Kündigung, RdA 2012, 139-146.

ders.: Telearbeit, NZA 1999, 225-235.

ders./Hirte, Heribert/Frey, Kaspar/Fleischer, Holger/Thüsing, Gregor: Festschrift für Herbert Wiedemann zum 70. Geburtstag, München 2002.

Weber, Michael W.: Betriebliche Pandemie-Vorsorge und Arbeitsschutzmaßnahmen, ARP 2020, 120-123.

Weller, Benjamin/König, Tassilo-Rouven: Kurzarbeit durch Änderungskündigung – Nur ein theoretisches Konstrukt?, BB 2020, 953-958.

Weller, Marc Philippe/Lieberknecht, Markus/Habrich, Victor: Virulente Leistungsstörungen – Auswirkungen der Corona-Krise auf die Vertragsdurchführung, NJW 2020, 1017-1022.

Weth, Stephan/Thomae, Heike/Reichold, Hermann: Arbeitsrecht im Krankenhaus, 2. Auflage, Köln 2011.

Wilrich, Thomas: Der SARS-CoV-2-Arbeitsschutzstandard des BMAS, Nur unverbindliche Empfehlung – aber Bedeutung im Arbeitsschutzrecht, NZA 2020, 634-637.

Wittek, Wolfang: COVID-19 Impfpflicht im Arbeitsverhältnis?, ArbRAktuell 2021, 61-64.

Zieglmeier, Christian: Corona-Schutzschirm: Kurzarbeit und Kurzarbeitergeld, DStR 2020, 729-735.

Internetquellen

Alle zuletzt abgerufen am: 12.08.2022

Agentur für Arbeit: Fachliche Weisung 202003015 vom 30.03.2020 – Weisung, Verbesserungen für das KUG bis 31.12.2020, abrufbar unter: https://www.arbeitsagentur.de/datei/ba146387.pdf

Agentur für Arbeit: Kurzarbeitergeld, abrufbar unter: https://www.arbeitsagentur.de/m/corona-kurzarbeit/

Agentur für Arbeit: Merkblatt 8a, Kurzarbeitergeld, Dienste und Leistungen der Agentur für Arbeit, Informationen für Arbeitgeber und Betriebsvertretungen, abrufbar unter: https://www.arbeitsagentur.de/datei/merkblatt-8a-kurzarbeitergeld_ba015385.pdf

Arbeitsausschüsse beim BMAS: SARS-CoV-2-Arbeitsschutzregel, Stand: 24.11.2021, abrufbar unter: https://www.baua.de/DE/Angebote/Rechtstexte-und-Technische-Regeln/Regelwerk/AR-CoV-2/pdf/AR-CoV-2.pdf?__blob=publicationFile&v=4

BAG: Betriebsrisiko – Corona bedingte Betriebsschließung, abrufbar unter: https://www.bundesarbeitsgericht.de/entscheidung/5-azr-211-21/

BAG: Pressemitteilung vom 13.10.2021, 31/21 – Betriebsrisiko und Lockdown, abrufbar unter: https://www.bundesarbeitsgericht.de/presse/betriebsrisiko-und-lockdown/

BAG: Pressemitteilung vom 30.11.2021, 41/21 – Urlaubsberechnung bei Kurzarbeit, abrufbar unter: https://www.bundesarbeitsgericht.de/presse/urlaubsberechnung-bei-kurzarbeit/

BAG: Pressemitteilung vom 01.06.2022, 28/22 – Corona-Testpflicht für Arbeitnehmer, abrufbar unter: https://www.bundesarbeitsgericht.de/presse/corona-testpflicht-fuer-arbeitnehmer/

BAG: Pressemitteilung vom 10.08.2022 – Annahmeverzug nach Vorlage eines negativen Corona-Tests, abrufbar unter: https://www.bundesarbeitsgericht.de/presse/annahmeverzug-nach-vorlage-eines-negativen-corona-tests/

BAuA: Gefährdungsbeurteilung, abrufbar unter: https://www.baua.de/DE/Themen/Arbeitsgestaltung-im-Betrieb/Gefaehrdungsbeurteilung/Gefaehrdungsbeurteilung.html

BAuA: SARS-CoV-2-Arbeitsschutzregel (aufgehoben), abrufbar unter: https://www.baua.de/DE/Angebote/Rechtstexte-und-Technische-Regeln/Regelwerk/AR-CoV-2/AR-CoV-2.html

Berliner Zeitung: Spahn betont: „Es wird keine Impfpflicht geben“, Stand: 18.11.2020, abrufbar unter: https://www.berliner-zeitung.de/news/spahn-betont-es-wird-keine-impfpflicht-geben-li.119772

BMAS: Empfehlung zum infektionsschutzgerechten Lüften, Stand: 16.09.2020, abrufbar unter: https://www.bmas.de/DE/Service/Presse/Pressemitteilungen/2020/empfehlungen-zum-infektionsschutzgerechten-lueften.html

BMAS: Erleichtertes Kurzarbeitergeld, Stand: 01.07.2022, abrufbar unter: https://www.bmas.de/DE/Corona/erleichtertes-kurzarbeitergeld.html

BMAS: Kurzarbeitergeldverordnung, abrufbar unter: https://www.bmas.de/DE/Service/Gesetze-und-Gesetzesvorhaben/erste-aenderung-kurzarbeitergeldverordnung.html

BMAS: Lohnfortzahlung bei Kinderbetreuung, Stand: 15.03.2020, abrufbar unter: https://www.bmas.de/DE/Service/Presse/Meldungen/2020/lohnfortzahlung-bei-kinderbetreuung.html

BMAS: Referentenentwurf des BMAS, (Erster) Entwurf eines Gesetzes zur mobilen Arbeit, Verband der freien Berufe im Lande Niedersachsen e.V., abrufbar unter: https://freie-berufe-niedersachsen.de/wp-content/uploads/2020/10/BMAS-Entwurf-eines-Gesetzes-zur-mobilen-Arbeit.pdf

BMAS: SARS-Cov-2-Arbeitsschutzstandard, Stand: 22.02.2021, abrufbar unter: https://www.bmas.de/SharedDocs/Downloads/DE/Arbeitsschutz/sars-cov-2-arbeitsschutzstandard.pdf?__blob=publicationFile&v=1

BMAS: SARS-CoV-2-Arbeitsschutzstandard, VBG, Stand: 22.02.2021, noch abrufbar unter: https://www.vbg.de/DE/3_Praevention_und_Arbeitshilfen/3_Aktuelles_und_Seminare/6_Aktuelles/Coronavirus/Arbeitsschutzstandard/Sars-CoV2-Arbeitsschutzstandard.pdf

BMAS: SARS-CoV-2-Arbeitsschutzverordnung, abrufbar unter: https://www.bmas.de/DE/Service/Gesetze-und-Gesetzesvorhaben/sars-cov-2-arbeitsschutzverordnung.html

BMAS: Sozialschutz-Pakete, Stand: 10.03.2021, abrufbar unter: https://www.bmas.de/DE/Corona/sozialschutz-paket.html

BMG: Aktuelle Regelungen, abrufbar unter: https://www.zusammengegencorona.de/informieren/alltag-und-reisen/aktuelle-regelungen/

BMG: Aktueller Impfstatus, Stand: 12.08.2022, abrufbar unter: https://impfdashboard.de

BMG: Ansprüche auf Ersatz des Verdienstausfalls für Arbeitnehmer und Selbstständige, Fragen und Antworten zu den Entschädigungsansprüchen nach § 56 des Infektionsschutzgesetzes (IfSG), Stand: 25.03.2022, abrufbar unter: https://www.bundesgesundheitsministerium.de/coronavirus/informationen-arbeitnehmerselbstaendige.html

BMG: Gesetz zur Änderung des Infektionsschutzgesetzes und weiterer Gesetze anlässlich der Aufhebung der Feststellung der epidemischen Lage von nationaler Tragweite, abrufbar unter: https://www.bundesgesundheitsministerium.de/ministerium/gesetze-und-verordnungen/guv-20-lp/ifsg-aend.html

BMG: Long-COVID und Post-COVID – Langzeitfolgen einer COVID-19-Erkrankung, Stand: 23.06.2022, abrufbar unter: https://www.zusammengegencorona.de/informieren/koerperliche-gesundheit/long-covid-langzeitfolgen-einer-covid-19-erkrankung/

BMG: Mit AHA + A + L durchs Jahr, abrufbar unter: https://www.zusammengegencorona.de/mitmachen/mit-aha-durchs-jahr/

BMG: Verordnung zur Änderung der COVID-19-Schutzmaßnahmen-Ausnahmenverordnung und der Coronavirus-Einreiseverordnung, Stand: 14.01.2022, abrufbar unter: https://www.bundesgesundheitsministerium.de/service/gesetze-und-verordnungen/vo-aend-covid-19-schausnahmv-und-coronavirus-einreisev.html

BMG: Wann muss ich in Quarantäne, wann in Isolierung? Stand: 03.08.2022, abrufbar unter: https://www.zusammengegencorona.de/informieren/sich-und-andere-schuetzen/wann-muss-ich-in-quarantaene-und-wann-nicht/

BMG: Wirksamkeit und Sicherheit, abrufbar unter: https://www.zusammengegencorona.de/impfen/impfstoffe/wirksamkeit-und-sicherheit/

Braun, Christian/Reiter, Sabine/Bartels, Cornelius/Haas, Walter: Influenzapandemie. Begriff, Grundlagen, Entstehung, abrufbar unter: https://www.rki.de/DE/Content/InfAZ/I/Influenza/IPV/Bevoelkerungsschutz_03-2007.pdf?__blob=publicationFile

Buitrago-Garcia, Diana/Egly-Gany, Dianne/Counotte, Michel J./Hossmann, Stefanie/Imeri, Hira/Ipekci, Aziz Mert/Salanti, Georgia/Low, Nicola: Occurrence and transmission potential of asymptomatic and presymptomatic SARS-CoV-2 infections: A living systematic review and meta-analysis, PLOS Medicine, Stand: 22.09.2020, abrufbar unter: https://journals.plos.org/plosmedicine/article?id=10.1371/journal.pmed.1003346

Bundesrat: Ausgewählte Tagesordnungspunkte der 999. Sitzung am 18.01.2021, abrufbar unter: https://www.bundesrat.de/DE/plenum/bundesrat-kompakt/21/999/999-node.html

Bundesregierung: Corona-Arbeitsschutzverordnung endet, Stand: 24.05.2022, abrufbar unter: https://www.bundesregierung.de/breg-de/suche/corona-arbeitsschutzverordnung-2042670

Bundesregierung: Corona-Pandemie: Das haben Bund und Länder vereinbart, Stand: 21.03.2022, abrufbar unter: https://www.bundesregierung.de/breg-de/themen/coronavirus/corona-diese-regeln-und-einschraenkung-gelten-1734724

Bundesregierung: Die Corona-Warn-App: Unterstützt uns im Kampf gegen Corona. Abrufbar unter: https://www.bundesregierung.de/breg-de/themen/corona-warn-app

Bundesregierung: Fernsehansprache von Bundeskanzlerin Merkel, abrufbar unter: https://www.bundesregierung.de/resource/blob/975232/1732182/d4af29ba76f62f61f1320c32d39a7383/fernsehansprache-von-bundeskanzlerin-angela-merkel-data.pdf

Bundesregierung: Unternehmen müssen Tests anbieten, Stand: 20.04.2021, abrufbar unter: https://www.bundesregierung.de/breg-de/themen/coronavirus/testpflicht-unternehmen-1888764

Bundesregierung: Wie funktioniert und was kann die Corona-Warn-App, Stand: 15.06.2020, abrufbar unter: https://www.bundesregierung.de/breg-de/themen/corona-warn-app/corona-warn-app-erklaerfilm-1758828

BZgA: Infektion mit dem Coronavirus: Symptome und Krankheitsverlauf, abrufbar unter: https://www.infektionsschutz.de/coronavirus/basisinformationen/symptome-und-krankheitsverlauf/

BZgA: Mutationen: Virusvarianten von SARS-CoV-2, Stand: 01.07.2022, abrufbar unter: https://www.infektionsschutz.de/coronavirus/basisinformationen/varianten-des-coronavirus-sars-cov-2/

BZgA: Was bedeuten die 3G-, 3G-Plus-, 2G- und 2G-Plus-Regeln?, abrufbar unter: https://www.infektionsschutz.de/download/5609-1640004234-BZgA_Infografik_2G_3G.pdf/

BZgA: Wirksamkeit und Sicherheit, Wann tritt die volle Schutzwirkung der COVID-19 Impfung ein? Stand: 11.08.2022, abrufbar unter: https://www.infektionsschutz.de/coronavirus/fragen-und-antworten/alles-zu-den-impfstoffen/wirksamkeit-und-sicherheit

Cell: The Omicron variant is highly resistant against antibody-mediated neutralization: Implications for control of the COVID-19 pandemic, abrufbar unter: https://www.sciencedirect.com/science/article/pii/S0092867421014951

Centers for Disease Control and Prevention: 1918 Pandemic (H1N1 virus), abrufbar unter: https://www.cdc.gov/flu/pandemic-resources/1918-pandemic-h1n1.html

Centers for Disease Control and Prevention: 2009 H1N1 Pandemic (H1N1pdm09 virus), abrufbar unter: https://www.cdc.gov/flu/pandemic-resources/2009-h1n1-pandemic.html

Corona-Warn-App: Allgemeine Website abrufbar unter: https://www.coronawarn.app/de/#howto

Corona-Warn-App: Datenschutzerklärung zur Corona-Warn-App, Stand: 13.04.2021, abrufbar unter: https://www.coronawarn.app/assets/documents/cwa-privacy-notice-de.pdf

DGUV: Informationen für spezifische Branchen zu SARS-CoV-2, abrufbar unter: https://www.dguv.de/de/praevention/corona/informationen-fuer-spezifische-branchen/index.jsp

FAU: Omikron-Variante weitgehend resistent gegen antivirale Medikamente, Stand: 11.01.2022, abrufbar unter: https://www.fau.de/2022/01/news/wissenschaft/omikron-variante-weitgehend-resistent-gegen-antivirale-medikamente/

FAZ: Koalition streitet über Recht auf Homeoffice, Stand: 05.10.2020, abrufbar unter: https://www.faz.net/aktuell/wirtschaft/koalition-streitet-ueber-recht-auf-home-office-nach-heil-vorstoss-16986452.html

Fuhlrott, Michael: Kein Lohnanspruch bei Corona-Lockdown, LTO, 13.10.2021, abrufbar unter: https://www.lto.de/recht/hintergruende/h/bag-urteil-5azr21121-betriebsrisiko-arbeitgeber-behoerdliche-schliessung-corona-lohnanspruch-geringfuegig-beschaeftigte/

Imöhl, Sören/Ivanov, Angelika: Die Zusammenfassung der aktuellen Lage seit Ausbruch von COVID-19 im Januar 2020, Handelsblatt, Stand: 06.12.2021, abrufbar unter: https://www.handelsblatt.com/politik/corona-chronik-aerztebund-fordert-impfungen-auch-am-wochenende/25584942.html?ticket=ST-7864698-3aaBaCTb15t0ZeKNe4RF-cas01.example.org

Kultusministerkonferenz, KMK: Schulen müssen offen bleiben / Gesundheits- und Infektionsschutz hat oberste Priorität, 27.10.2020, abrufbar unter: https://www.kmk.org/aktuelles/artikelansicht/kmk-schulen-muessen-offen-bleiben-gesundheits-und-infektionsschutz-hat-oberste-prioritaet.html

Kutzner, Maximilian: Die Debatte über die Asiatische Grippe, Ein systemrelevantes Beispiel für die Gegenwart?, Bundeszentrale für politische Bildung, Stand: 19.05.2020, abrufbar unter: https://www.bpb.de/geschichte/zeitgeschichte/deutschlandarchiv/310154/debatte-zur-herkunft-der-asiatischen-grippe-1957

Maaz Kai/Diedrich, Martina: Schule unter Pandemiebedingungen: „Lockdown" – „Hybridmodell" – „Normalbetrieb", Bundeszentrale für politische

Bildung, 11.12.2020, abrufbar unter: https://www.bpb.de/apuz/schule-2020/322683/schule-unter-pandemiebedingungen

MDR: Ab Montag: FFP2-Masken im Nahverkehr und 2G-Regel in Sachsen, Stand: 05.11.2021, abrufbar unter: https://www.mdr.de/nachrichten/sachsen/corona-verordnung-zwei-g-strengere-regeln-kabinett-100.html

Ministerium für Arbeit, Gesundheit und Soziales des Landes Nordrhein-Westfalen: Antrag bei Verdienstausfall wegen Quarantäne oder Tätigkeitsverbot, abrufbar unter: https://ifsg-online.de/antrag-taetigkeitsverbot.html

NDR: 2G-Optionsmodell in Hamburg gilt: Geteilte Meinungen, Stand: 29.08.2021, abrufbar unter: https://www.ndr.de/nachrichten/hamburg/coronavirus/2G-Optionsmodell-in-Hamburg-gilt-Geteilte-Meinungen,corona8652.html

NTV: Schweden meldet erste Mehrfachinfektion, Stand: 16.10.2020, abrufbar unter: https://www.n-tv.de/panorama/Schweden-meldet-erste-Mehrfachin fektion-article22106961.html

Paul-Ehrlich Institut: COVID-19-Impfstoffe, Stand: 01.07.2022, abrufbar unter: https://www.pei.de/DE/arzneimittel/impfstoffe/covid-19/covid-19-node.html

Paulsen, Nina/Holdampf-Wendel, Adél: Corona-Pandemie: Arbeit im Homeoffice nimmt deutlich zu, Bitkom, Stand: 18.03.2020, abrufbar unter: https://www.bitkom.org/Presse/Presseinformation/Corona-Pandemie-Arbeit-im-Homeoffice-nimmt-deutlich-zu

RKI: Antworten auf häufig gestellte Fragen zur Influenzapandemie 2009, Stand: 10.01.2017, abrufbar unter: https://www.rki.de/SharedDocs/FAQ/Pandemie/Pandemie.html

RKI: Antworten auf häufig gestellte Fragen zur Pandemieplanung, Stand: 05.12.2016, abrufbar unter: https://www.rki.de/SharedDocs/FAQ/Pandemieplanung/FAQ_Liste_Pandemieplanung.html

RKI: Beschluss der STIKO zur 2. Aktualisierung der COVID-19-Impfempfehlung und die dazugehörige wissenschaftliche Begründung, Stand: 29.01.2021, abrufbar unter: https://www.rki.de/DE/Content/Infekt/EpidBull/Archiv/2021/05/Art_01.html

RKI: Beschreibung des bisherigen Ausbruchsgeschehens mit dem neuartigen Coronavirus SARS-CoV-2 in Deutschland, Stand: 13.02.2020, abrufbar unter: https://www.rki.de/DE/Content/Infekt/EpidBull/Archiv/2020/07/Art_02.html

RKI: COVID-19: Fallzahlen in Deutschland und weltweit, Fallzahlen in Deutschland, Stand: 04.08.2022, abrufbar unter: https://www.rki.de/DE/Content/InfAZ/N/Neuartiges_Coronavirus/Fallzahlen.html

RKI: Empfehlungen zu Isolierung und Quarantäne bei SARS- CoV- 2- Infektion und - Exposition, Stand: 02.05.2022, abrufbar unter: https://www.rki.de/DE/Content/InfAZ/N/Neuartiges_Coronavirus/Quarantaene/Absonderung.html

RKI: Epidemiologisches Bulletin, Ausgabe 18/2009, abrufbar unter: https://www.rki.de/DE/Content/Infekt/EpidBull/Archiv/2009/Ausgaben/18_09.pdf?__blob=publicationFile

RKI: Epidemiologisches Bulletin, Ausgabe 21/2010, abrufbar unter: https://www.rki.de/DE/Content/Infekt/EpidBull/Archiv/2010/Ausgaben/21_10.pdf?__blob=publicationFile

RKI: Epidemiologisches Bulletin, Ausgabe 39/2020, abrufbar unter: https://www.rki.de/DE/Content/Infekt/EpidBull/Archiv/2020/Ausgaben/39_20.pdf?__blob=publicationFile

RKI: Epidemiologisches Bulletin, Ausgabe 8/2004, abrufbar unter: https://www.rki.de/DE/Content/Infekt/EpidBull/Archiv/2004/Ausgabenlinks/08_04.pdf?__blob=publicationFile

RKI: Infektionsschutz und Infektionsepidemiologie, Fachwörter – Definitionen – Interpretationen, abrufbar unter: https://www.rki.de/DE/Content/Service/Publikationen/Fachwoerterbuch_Infektionsschutz.pdf?__blob=publicationFile

RKI: Informationen und Hilfestellungen für Personen mit einem höheren Risiko für einen schweren COVID-19-Krankheitsverlauf, Stand: 29.10.2020, abrufbar unter: https://www.rki.de/DE/Content/InfAZ/N/Neuartiges_Coronavirus/Risikogruppen.html

RKI: Informationen zur Ausweisung internationaler Risikogebiete durch das Auswärtige Amt, BMG und BMI, Stand: 01.06.2022, abrufbar unter: https://www.rki.de/DE/Content/InfAZ/N/Neuartiges_Coronavirus/Risikogebiete_neu.html

RKI: Kontaktpersonen-Nachverfolgung (KP-N) bei SARS-CoV-2-Infektionen, Stand: 14.01.2022, abrufbar unter: https://www.rki.de/DE/Content/InfAZ/N/Neuartiges_Coronavirus/Kontaktperson/Management.html

RKI: Quarantäne- und Isolierungsdauern bei SARS-CoV-2-Expositionen und -Infektionen; entsprechend Beschluss der Ministerpräsidentenkonferenz vom 7. und 24. Januar 2022, außer Kraft seit 02.05.2022, Stand: 21.03.2022, abrufbar unter: https://www.rki.de/DE/Content/InfAZ/N/Neuartiges_Coronavirus/Quarantaene/Absonderung-Archiv.html

RKI: STIKO-Empfehlung zur COVID-19-Impfung, Stand: 21.07.2022, abrufbar unter: https://www.rki.de/DE/Content/Infekt/Impfen/ImpfungenAZ/COVID-19/Impfempfehlung-Zusfassung.html

RKI: Von der STIKO empfohlene Impfstoffe und Impfabstände zur Grundimmunisierung und Auffrischimpfung gegen COVID-19 von Immungesunden, 29.11.2021, abrufbar unter: https://www.rki.de/SharedDocs/FAQ/COVID-Impfen/Tabelle_Grundimmunisierung_Auffrischimpfung.pdf?__blob=publicationFile

RKI: Was ist eine Pandemie?, Stand: 10.06.2009, abrufbar unter: https://www.rki.de/SharedDocs/FAQ/Pandemie/FAQ18.html

RKI: Weitere Informationen zu Schutzimpfungen deutscher und internationaler Institutionen, Stand: 27.01.2022, abrufbar unter: https://www.rki.de/DE/Content/Infekt/Impfen/Links/links_node.html

RKI: Wirksamkeit (der COVID-19-Impfstoffe), Stand: 07.06.2022, abrufbar unter: https://www.rki.de/SharedDocs/FAQ/COVID-Impfen/FAQ_Liste_Wirksamkeit.html

Rudnicka, J: Veränderung des Bruttoinlandsprodukts (BIP) in Deutschland gegenüber dem Vorquartal (preis-, saison- und kalenderbereinigt) vom 3. Quartal 2017 bis zum 3. Quartal 2021, Statista, abrufbar unter: https://de.statista.com/statistik/daten/studie/2284/umfrage/veraenderung-des-bruttoinlandsprodukts-der-deutschen-wirtschaft/

Rudnicka, J.: Anzahl der Kurzarbeiter in Deutschland von 1991 bis 2019 (Jahresdurchschnittswerte) und in den Monaten von Januar 2020 bis Oktober 2021, Statista, Stand: 25.11.2021, abrufbar unter: https://de.statista.com/statistik/daten/studie/2603/umfrage/entwicklung-des-bestands-an-kurzarbeitern/

Schilling, Julia/Tolksdorf, Kristin/Marquis, Adine /Faber, Mirko/Pfoch, Thomas/Buda, Silke/Haas, Walter/Schuler, Ekkehard/Altmann, Doris/Grote, Ulrike/Diercke, Michaela: Die verschiedenen Phasen der COVID-19-Pandemie in Deutschland: Eine deskriptive Analyse von Januar 2020 bis Februar 2021, abrufbar unter: https://link.springer.com/content/pdf/10.1007/s00103-021-03394-x.pdf

Scholz, Valerie: Feiern bis der Arzt kommt, FAZ, Stand: 19.03.2020, abrufbar unter: https://www.faz.net/aktuell/gesellschaft/gesundheit/coronavirus/virologe-warnt-vor-corona-partys-feiern-trotz-pandemie-16685265.html

SPD: Mehr Fortschritt wagen, Bündnis für Freiheit, Gerechtigkeit und Nachhaltigkeit, Koalitionsvertrag zwischen SPD, Bündnis 90/Die Grünen und FDP, abrufbar unter: https://www.spd.de/fileadmin/Dokumente/Koalitionsvertrag/Koalitionsvertrag_2021-2025.pdf

Tagesschau: Heil will dauerhaften Anspruch auf Homeoffice, Stand: 12.01.2022, abrufbar unter: https://www.tagesschau.de/wirtschaft/unternehmen/homeoffice-anspruch-arbeitsminister-heil-101.html

Tagesschau: Impfpflicht in Pflege und Klinik ab März, 03.12.2021, abrufbar unter: https://www.tagesschau.de/inland/gesellschaft/impfpflicht-pflege-maerz-101.html

Tagesschau: Keine Impfpflicht gegen das Coronavirus, Stand: 16.05.2020, abrufbar unter: https://www.tagesschau.de/inland/braun-keine-impfpflicht-corona-101.html

Tagesschau: Politik des Zweifels, Stand: 26.01.2022, abrufbar unter: https://www.tagesschau.de/inland/analyse-impfpflichtdebatte-bundestag-101.html

Tagesschau: WHO erklärt internationale Notlage, Stand: 31.01.2020, abrufbar unter: https://www.tagesschau.de/ausland/coronavirus-who-101.html

Tenberg, Lucas: „Jede Pandemie geht irgendwann zu Ende", Interview in der WirtschaftsWoche, Stand: 22.11.2021, abrufbar unter: https://www.wiwo.de/politik/deutschland/hongkong-grippe-die-vergessene-pandemie-jede-pandemie-geht-irgendwann-zu-ende/27097334.html

Ulrich, Wolf-Christian: 2G-Regel als Anstoß zum Impfen, ZDF, Stand: 08.11.2021, abrufbar unter: https://www.zdf.de/nachrichten/politik/corona-oesterreich-impfen-anreize-100.html

UN Bonn: Die Omikron-Variante: Fakten von Mythen trennen, Stand: 24.01.2022, abrufbar unter: https://www.unbonn.org/de/news/die-omikron-variante-fakten-von-mythen-trennen

WDR: Keine Masken, kein Abstand: Corona-Demos ohne Regeln erlaubt? Stand: 12.12.2021, abrufbar unter: https://www1.wdr.de/nachrichten/corona-demos-versammlungen-proteste-querdenker-schutzmassnahmen-100.html

WHO: Coronavirus (COVID-19) Dashboard, abrufbar unter: https://covid19.who.int

WHO: Pandemic Influenza Preparedness and Response, Stand: 03.03.2009, Download möglich unter: https://apps.who.int/iris/rest/bitstreams/52477/retrieve

Wissenschaftliche Dienste des Deutschen Bundestages: Ausschluss Ungeimpfter von der Entschädigung nach § 56 IfSG, WD 3 – 3000 – 164/21 und WD 9 – 3000 – 081/21, abrufbar unter: https://www.bundestag.de/resource/blob/866096/a0759f3d6b5c1e7fe7abd19-d03db807a/WD-3-164-21-pdf-data.pdf

Wissenschaftliche Dienste des Bundestages: Kurzinformation, Zum Ausschluss des Entschädigungsanspruches bei Verdienstausfall nach § 56 Abs. 1 S. 4 IfSG infolge fehlender Auffrischimpfung, abrufbar unter: https://www.bundestag.de/resource/blob/878084/352d19493c49ec3137ea83b2ebd7f2a9/WD-9-003-22-pdf-data.pdf

ZDF: Interview, Designierter Kanzler im ZDF, Stand: 30.11.2021, abrufbar unter: https://www.zdf.de/nachrichten/politik/corona-olaf-scholz-impfpflicht-100.html

Zeit-Online: Hubertus Heil rückt vom Recht auf Homeoffice ab, Stand: 14.11.2020, abrufbar unter: https://www.zeit.de/arbeit/2020-11/recht-auf-homeoffice-hubertus-heil-union